東洋哲學의 基礎的 研究

柳正東 著

成均館大學校出版部

序

　玄潭 柳正東선생께서 他界하신지도 어느덧 2년이 넘었다. 그동안 선생의 후배와 제자들이 뜻을 모아 선생의 人格과 學德을 기리고자 玄潭 柳正東先生紀念事業會를 조직하여 작년(1985년) 年末에는 선생의 遺稿 가운데 論說集에 해당하는 「韓國儒學의 再照明」을 上梓하기에 이르렀다.

　이는 무엇보다도 선생의 학문과 인격의 소치라고 생각된다. 「朱子語類」卷 94에 보면 朱子의 말 가운데 「歉吝之病」이란 말이 보이는데, 겸인지병이란 先人의 학설을 부족하게 여겨 그 평가에 인색한 병, 즉 남의 흠을 잡는 폐해를 말한다. 「韓國儒學의 再照明」의 序言에서도 말한 바 있거니와, 나는 선생의 溫厚篤實한 풍모를 때때로 추모하게 되는데 선생에게는 이같은 歉吝之病이 전혀 없었다. 道理를 明徹하게 꿰뚫었으니 자연 이같은 歉吝之病이 없었던 것이다.

　그리하여 이같은 선생의 성품이었기에 光復 後 물밀듯 들어온 西歐思想의 홍수 속에서도 先賢의 학문에 대한 탐구에의 뜻을 굳힐 수 있었던 것이 아닌가 생각되기도 한다. 아무튼 선생께서는 돌보는 사람이 많지 않던 시대에 儒學을 붙들고 儒敎를 지켜 왔다. 斯道를 부당한 공격, 비판으로부터 방위하기 위하여, 어떤 때는 순순히 상대를 타이르고 어떤 때는 날카로운 論理로 상대의 雷同의 언설을 설파하기도 하였는데, 이같이 儒脈을 지키는데 혼신의 힘을 기울이시던 선생의 모습은 지금도 눈에 선하다.

4

    이제 따로이 단행본으로 이미 上梓되었던 著書 이외에 여러 곳에 발표하였던 論文과 未發表의 遺稿 論文을 한데 모아, 선생의 研究論文集이라 할 수 있는 「東洋哲學의 基礎的 研究」가 成均館大學校 出版部 발행으로 햇볕을 보게 되기에 즈음하여 다시 한번 感懷가 無量하지 않을 수 없다.

    끝으로 이 책의 출판을 快히 맡아 주신 成均館大學校 出版部長 金喆洙교수를 비롯한 출판부의 부원 여러분, 그리고 編輯校正에 많은 수고를 아끼지 않은 同學 여러분들에게 깊은 감사를 드린다.

1986년 12월   일

玄潭 柳正東先生紀念事業會

會長 安 炳 周

《目　次》

儒學의 根本精神과 道學

儒學의 形成과 根本思想

儒學의 形成

儒學은 中國의 夏殷周 三代(堯·舜·禹·湯·文·武·周公) 文化를 계승하여 孔子(BC 551~479)에 이르러서 정립되었다.

① 淵源과 三代文化

Ⓐ 中國文化의 淵源

神話와 文化와 歷史는 그 始源이 반드시 똑 같다고는 말할 수 없으나 그렇다고 해서 전연 관계없는 異質의인 것이라고 단정하기는 어렵다. 歷史以前에 文化가 있고 文化以前에는 神話가 있다고 할 수 있기는 하나 시기를 엄격하게 구분하기보다는 서로 연관되어 발전되어 온 것으로 이해해야 할 것이다. 孔子以前에는 三代文化가 있었고 三代文化는 또한 古代神話와 떼어서 생각할 수 없다.

中國神話에는 盤古神話[1]와 天柱神話[2] 및 世界樹神話[3] 등이 있다. 天地의 開闢과 함께 盤古라는 巨體가 등장하여 天地人 一體를 말해주었고 天地사이에 支柱구실을 하는 天柱를 말하여 그 一體를 시사하였고, 扶桑樹의 天盤과 三泉을 이어주는 큰 모습을 말하여 三者의 뗄 수 없는 관계를 보여주고 있다. 이는 天界와 地界間에서 人間界를 뗄 수 없고 人間이 天地에 參與하여 三才로서 귀중한 存在며 役割을 한다는 의미로서 이 神話들 속의 共通點으로 지적된다.

中國民族은 약 5000년전 黃河流域에 정착하여 農耕社會를 이룩하고 文化의 起源을 열어주었다. 中國文化의 開祖로서는 伏羲·神農·黃帝를 든다. 伏羲는 中國最初의 地域을 다스린 사람으로서 魚網을 만드는 법을 만들어 고기잡이를, 그리고 사냥하는 법을 가르쳐 주었

---

1) 述異記──晋의 祖冲之의 作(四庫提要 子部 小說家類)
2) 神異經──漢의 東方朔撰, 晋의 張華注(四庫提要 子部 小說家類)
3) 太平律覽──宋의 李昉等의 奉勅撰考證學의 淵藪라고 칭함

고, 神農은 農事器具를 만들어 五穀을 재배하는 農事法을 가르치고
百草를 시험하여 醫藥을 만들어 治療法을 가르쳤을 뿐만 아니라 市場
을 열어 교역하는 商法을 시작하였다.⁴⁾ 黃帝는 四方의 蠻夷戎狄을 征
服하여 처음으로 漢民族을 統一하여 一統政治를 하고 國政이 안정되
어가면서 漸次로 文化事業에 힘썼다. 舟車를 만들어 交通機關을 마련
하고, 貨幣를 제정하여 通貨政策을 시행하고, 弓矢로 武器를 만들어
國防을 굳게하는 한편 절구를 만들어 精米法을 가르쳤고, 文字와 音樂
을 제정하여 새로운 政治를 하였다.⁵⁾ 이렇게 함으로서 全國土는 安定
을 보게 되었고 精神文化를 싹트게 하는 前奏期를 이룩하였음과 동시에
理想政治가 실현될 수 있는 기틀을 마련해 주었다. 이처럼 伏羲와 神
農과 黃帝는 中國의 古代文化의 始源을 열어 준 중요한 분들이다.

⑧ 三代의 文化

孔子는 自身을 老彭에 비교하기도 하고 堯舜文武를 매우 존경하였
으며 周公을 사모하는 말을 하기도 하였다. 이런 점으로 보아서 이들
은 孔子에게 영향을 준 중요한 人物들이라 하겠다.

論語 述而篇 1章에 보면 孔子는 「先王의 道를 근본으로 해서 진술
하는 것 뿐이요 결코 새로 主觀을 함부로 독단하지는 않으며, 이렇
게 하므로서 마음 속으로부터 옛 先王의 道를 믿고 좋아하여 나를 저
老彭에게 比해본다」⁶⁾라고 하였다. 老彭은 莊子에 나오는 彭祖라고
(皇侃, 邢昺, 呂覽高註)도 하고 또는 老子와 彭祖라고(鄭玄, 王弼)도 하
는 主張도 있으나 朱子는 殷의 賢大夫라고 하였다. 老彭은 殷人이요
孔子의 先人도 宋人(宋은 殷의 子孫國)이므로 魯民이라는 同質感과 人
格上 賢人이었다는 점으로 미루어 朱子의 說이 統論으로 되어 있다.
老彭의 事蹟에 관해서는 그 자세한 것이 전해오지 않으므로 알 수 없
으나 賢人이라는 것과 述而不作하고 信而好古하는 그의 태도를 孔子
가 높이 산 것으로 보인다.

中庸 30章에 의하면 「仲尼는 堯舜의 思想을 基本으로 後世에 전하
고 文王과 武王의 思想을 法으로 펴시었다」⁷⁾라고 보인다. 堯帝 舜帝와
文王 武王이 孔子에게는 祖述憲章의 대상이었음을 알 수가 있다. 그들

---

4) 易 繫辭下 2章 1~5
5) 易 繫辭下 2章 5~13
6) 子曰述而不作信而好古竊比於我老彭(論語 述而)
7) 仲尼祖述堯舜憲章文武上律天時下襲水土(中庸 30章)

의 治績을 통해서 그 人格과 思想을 이어받은 것이다.

論語 述而 5章에는 周公에 관해서 언급되어 있다. 「내 항상 사모하는 周公이 이제는 꿈에 잘 안보이니 심히 늙었도다」[8]라고 孔子는 한탄하고 있다. 꿈에 자주 보였음은 매우 사모했던 때문이요, 老衰해서 안보임을 한탄함은 역시 周公을 잊지 못하고 있음을 말해 주는 것이다. 周公의 人格 및 그 思想은 孔子의 본받는 바가 되었을 것이다.

周公은 周初 三王(文王・武王・成王)을 보좌한 賢相으로서 武王의 동생이요, 成王의 叔父이기도 하다. 그는 周나라 800년의 기틀을 닦아놓은 功臣이요, 周代의 文物制度를 完備한 治人이요, 堯舜 이후의 傳統思想을 學問으로 터닦아 놓은 學者이다. 社會는 政治에 의해서 安定되며 政治는 사람에 의해서 이루어지므로 그 어진 사람을 구하는 일은 政治上 무엇보다도 중요한 일이다. 國事를 염려하는 어진 사람이 食事中에 찾아왔을 때 놓칠세라 입속의 음식물을 토하고 즉시 만나며 목욕중에 찾아온 客에게는 또한 그 賢人을 놓칠세라 감던 머리를 걷어 올리고 즉시 만난다고 하는 吐哺握髮의 故事마저 남긴 사람이다. 武王이 病들어 그 治癒를 하늘에 기도할 때 周公은 그가 대신 가겠다고 까지 決意했던 것이 書經에 전해오기도 한다.[9]

그의 治績은 成王이 武王의 뒤를 계승한 후 攝政으로 內亂을 平定하고 夷族을 물리치며 禮樂刑政이 完備되고 敎化가 원만히 이루어지므로써 두렷하였다. 學制로서는 8세에 小學工夫를 學行으로 하게 하였고 15세가 지나면 大學에 들어가서 窮理正心, 修齊治平의 道理를 배우게 하였다.[10] 더우기 武王의 革命을 도와 殷을 정복하여 中國의 歷史上 처음보는 政治組織과 周代文化의 大成을 보게 되었다.

과연 周公에 의한 周代의 文化란 어떠한 것인가? 三代文化의 定立이요 組織이라고 하겠다. 그러나 다만 思想的 內面的인 것 뿐이 아니라 外面的 文化의 大構成이요 古來의 未曾有의 新文化였다. 이제 周代의 封建制・官制・稅法・學制・世態의 大略을 살펴보기로 한다.

　ⓐ 封建制 : 一族, 功臣을 四方에 封하고 公・侯・伯・子・男의 五
　　爵을 두어 王室의 藩屛으로 삼았다.

---

　8) 子曰甚矣吾衰也 久矣吾不復夢見周公(論語 述而)
　9) 書經 金縢
10) 大學章句序

ⓑ 官制 : 中央에는 다음의 六官을 두었다.

天官—天官의 長을 冢宰라고 하여 庶政을 總理한다(國務總理와
　　　같음).

地官—地官의 長을 大司徒라고 하여 民事와 敎育을 담당한다(文
　　　敎部長官과 같음).

春官—春官의 長을 大宗伯이라고 하여 祭祀禮儀를 담당한다(內務,
　　　文公部長官과 같음).

夏官—夏官의 長을 大司馬라고 하여 軍事를 담당한다(國防部長官
　　　와 같음).

秋官—秋官의 長을 大司寇라고 하여 刑律을 담당한다(法務部長官
　　　과 같음).

多官—多官의 長을 大司空이라고 하여 工藝를 담당한다(商工部長
　　　官과 같음).

ⓒ 田制와 稅法 : 方一里 九百畝를 九等分하여 井田으로 하고 그 가
운데 八分을 私田으로 삼아 八家口에 나누어주고 一分을 公田으로
해서 公家에 경작토록 하되 그 수확을 田租로 官에 납부토록 하
였다. 이밖에 國民을 土木에 使役하는 力役의 征, 絹布를 貢納토
록 하는 布縷의 征等의 制度를 마련하였다.

이토록 周代에는 六官을 설치하여 有德한 사람으로 충당하는 한편
또 田制租法 등을 마련해서 私有財産의 公平을 기하여 天下平治를 도
모하였다. 특히 天子는 億兆의 君師로서 敎育을 독려하였으므로 이
時代의 敎育은 歷史上 처음으로 制度의 完備를 보았다.

ⓓ 學制 : 天子의 都邑에는 辟雍(大學)을 두었다.

諸侯의 都邑에는 頖宮(國學)을 두었다.

各村里에는 小學을 두었다.

庶民의 子弟로서 7~8세가 되면 小學에 入學해서 洒掃·應對·進
退의 節度를 배우고 禮·樂·射·御·書·數의 六藝의 중요한 科目을
이수토록 하였다. 小學을 졸업하는 연령은 대개 14~15세로 지금의
國民初等敎育에 해당한다.

貴族의 子弟와 庶民가운데서 뛰어난 자의 15세 이상은 頖宮 또는
辟雍에 入學시켜서 大學敎育을 받도록 하였다. 이러한 大學에서는 주
로 修己治人의 道를 窮究하였고 따라서 周初에는 敎育이 성행하여 刑

을 받는 자도 적었고 文化의 惠澤은 멀리 夷狄에까지 미쳐서 훌륭한
賢人君子를 배출하기에 이르렀다. 이러한 狀況아래의 社會相은 階級
制度가 엄격하였으며 身分에 따르는 衣食住는 안정되었고 男女의 別
이 엄하여 男子 30세 女子 20세의 婚期도 엄수되었다. 男子는 주로
耕作에 女子는 주로 養蠶 紡織에 종사하고 天子皇后도 親耕과 躬桑의
儀式을 행하여 國民을 激勵하였으므로 이 風習은 길이 後世에 전하여
졌다. 요컨대 이상에서 본 바와 같이 周代의 政治와 敎育은 文王・武
王・成王의 三代를 보좌한 賢臣 周公에 의하여 大成되었고 周文化를
건설하는 主役을 담당한 그의 人品과 思想은 孔子로 하여금 周公을
夢見토록 한 것으로 보인다. 孔子에게 있어서 三代는 道가 바르게 行
해진 時期요[11] 天命이 一貫된 것으로[12] 파악되고 있어서 孔子思想의
背景이 여기에 있음을 알 수 있다.

② 孔子와 五經編纂

堯舜과 周公은 孔子가 尊慕하는 대상이었을 뿐만 아니다 그의 思想
을 體系化하는데 至大한 영향을 주었음은 앞에서 살펴보았다. 그는
비록 짧은 기간이기는 하지만 政治에도 참여했고 敎育을 하여 많은
弟子를 길러내기도 하였고 儒學經典을 펴내기도 하였다. 그의 生涯를
알아보기로 한다.

Ⓐ 生 涯

孔子는 名은 丘요 字는 仲尼니 魯襄公 22년(周靈王 21년 BC 551) 10
월 21일 魯昌平鄕 阪邑인 지금의 山東省 曲阜縣 魚原村에서 태어났
다. 父는 叔梁紇, 母는 顔徵在요, 先祖는 宋人이다.[13] 孔子에게 兄이
있었던 것은 仲尼의 仲으로도 미루어 지거니와 南容에게 兄의 딸을 妻
로 삼게[14] 하였다는 事實로서도 확실하다. 年代는 분명하지 않으나
어려서 父親을 잃고 壯年期에 母親을 여의었다. 結婚時期도 밝혀져
있지 않지만 子女도 몇 명을 두었는지 자세하지 않다. 「論語」에 언급
된 바로는 아들은 鯉(字는 伯魚)가 있었고[15] 딸은 公冶長에게 보낸

11) 斯民也三代之所以直道而行也(論語 衛靈公)
12) 孔子曰唐虞禪夏后殷周繼其義一也(孟子 萬章上)
13) 史記 孔子世家
14) 子謂南容邦有道不廢邦無道免於刑戮以其兄之子妻之(論語 公冶長)
15) 論語 季氏

바[16] 있었던 것으로 전해진다. 나면서부터 孔子는 머리의 中天부분의 모습이 圓立形이므로 그대로 丘라고 했다[17]고도 하고 尼丘山에서 기도하여 孔子를 낳았다고 하여 山이름을 본딴 것[18]이라고도 한다.

그가 누구에게 師事하였는지 알 수 없으나 특별히 가르쳐 준 스승은 전하는 바 없고 주위의 모든 사람들로부터 배워야 할 것은 배우고 경계해야 할 것은 경계하는 식으로 自己向上에 스스로 노력한 것으로 보인다.[19] 일찌기 祭祀놀이를 즐겨하였다[20]고 하며 가정이 가난한 관계로 어려서 多藝多能하였다[21]고 스스로 고백하기도 한다. 장성하여서는 委吏가 되었다. 委吏란 穀倉의 出納官이며 미천한 국가공무원으로 그 會計가 정당하였다[22]고 전한다. 또 한 때는 司職吏가 되어서 牛羊을 치는 일을 담당하였던 바 번식이 제 때를 얻어 매우 잘 되었다고 한다. 司職吏라는 것은 乘田이라고도 하는 苑圃의 芻牧을 主務로 하는 官卑祿薄의 地位이며 여기서도 그의 能力의 資質이 여실하게 보여진 것이다. 周로 老子를 訪問하여 禮를 물었다[23]고 한다. 後日에 禮를 강조한 점으로 미루어서 일찍부터 관심이 깊었었음을 알 수 있고 또한 일정한 스승을 모시고 있지않았다면 談論을 위해서 널리 相對를 구하기도 했을 것이다. 35세 때에는 魯의 季氏가 昭公을 逐出하고 反亂을 일으켜 天下가 어지러워져서 齊나라로 피난을 갔다. 景公과 政治에 관해서 대화를 나눈 것도 이 當時의 일이다. 2년 뒤에 다시 魯나라로 돌아왔다. 이 때로부터 弟子들이 이미 몰려들기 시작하였다. 43세때에 陽虎가 反亂을 이르켜서 專攻을 하니 孔子를 기용하고자 했으나 응하지를 아니하고 弟子교육에 전념하기 시작하였다. 51세때에도 召命에 不應하고 後進育成에 힘을 기울였다. 그 후 定公이 孔子를 中都의 宰로 삼으니 1년만에 四方이 안정되었다. 다시 司空으로 등용했다가 바로 大司寇로 昇進拔擢하였다. 齊侯를 夾谷에서 會見하여 功을 세운 것도 이때의 일이다. 56세서에는 攝政에 임하여

---

16) 論語 公冶長
17) 史記 孔子世家
18) 孔子家語
19) 子曰三人行必有我師焉擇其善者而從之其不善者而改之(論語 述而)
20) 史記 孔子世家
21) 吾少也賤故多能鄙事(論語 子張)
22) 孔子嘗 爲委吏矣 曰會計當而已矣 嘗爲乘田矣 曰牛羊茁 壯長而已矣(孟子 萬章下)
23) 史記 孔子世家

當時의 惡德人으로 이름높은 少正卯를 과감하게 處刑함으로써 3個月
만에 天下가 大治되었다고 한다. 季桓子가 代를 이은 後 無禮가 거듭
되므로 魯를 떠나서 衛로 간다. 이로부터 69세에 이르기까지 各國을
巡遊하여 救世濟民을 위한 政談을 君主들과 계속한다. 陳나라에 갔을
때 反亂頭目인 陽虎로 오인받아 拘置된 일도 있고 衛나라에서 南子와
相面하여 子路의 憂慮를 받은 일도 있으며 宋나라에 가서는 桓魋에게
受難을 겪기도 한다. 「하늘이 德을 나에게 주었으니 桓魋 네가 어떻
게 하겠느냐」고 氣焰을 토한 것도 여기서의 일이다. 이어서 晋을 경
유 衛로 다시간다. 그리고 陳으로 돌아간다. 季桓子가 돌아가며 遺言
으로 康子에게 孔子를 반드시 불러서 登用하도록 하였지만 말리는 臣
下가 있어서 康子는 冉求를 起用한다. 孔子는 蔡나라 葉나라를 거쳐
서 楚로 간다. 昭王이 召命하려 했으나 또한 令尹子西의 방해로 좌절
된다. 隱者들로부터 기롱당하면서도 미동도 아니한다. 다시 衛나라로
갔을 때 靈公은 이미 死後요 輒이 登極하여 爲政中이어서 康子가 孔
子를 부르자 魯나라로 발길을 옮긴다. 이 때 孔子는 68세였고 魯
에서는 기용하지도 않고 孔子自身 求仕하지도 않았다. 여기서 詩書易
樂을 정리하기 시작한다. 弟子가 대개 3,000명을 헤아렸고 六藝에 통
한 사람이 72명이라고 함도 이 때의 일이다. 71세시에 魯나라 西便
에서 기린이 수렵에서 잡혔다. 기린은 길짐승중에서 가장 吉한 동물
로서 보호해야 할 것임에도 수렵으로 참혹하게 살해한 일에 느끼는
바 있어 春秋를 서술하여 魯國 242년간의 正史를 義理로 밝혔다. 다
음해서 子路가 逝世하고 그 다음해 孔子가 돌아가니 73세였다. 魯城
北泗上에 장사지내니 모든 弟子들이 3년상을 입고 떠나갔는데 子貢
만은 여막에서 6년상을 입었다고 한다. 아들 鯉는 孔子보다 먼저 세
상을 떠났고 鯉는 子思를 낳는데 뒷날에 「中庸」을 지었다.

  中國古代의 文化가 가장 찬란했던 遺地인 魯에서 태어나서 貴族政
治가 타락하고 覇道政治도 衰하여가는 환경에서 仁政을 論談하고 仁
人으로 弟子를 교육하여 經書를 편찬하는 일로 一生을 보냈다. 일찌
기 父親을 잃고 편모슬하에서 자랐으며 20여세에 다시 母親을 여의
고 아들 鯉도 먼저 세상을 떠났는데 아끼던 顏淵마저 앞서 가버린 孔
子의 末年은 天下를 巡歷한 疲勞와 함께 그 心衷이 孤寂했음을 짐작
케 하나 그럴수록 經書의 편찬과 春秋에 담은 그의 心魂은 그의 思想

의 結晶體라고 할 것이다.

⑧ 五經의 편찬

제후들과의 政治論談은 救世濟民을 위한 현실적 방법이고 弟子들을 교육하는 일은 인간을 길러내는 방법이며, 五經을 편찬하는 사업은 道를 後世에 전하려는 방법이다. 그 어느 것도 다 중요한 일이지만 道를 길이 전하는 일은 孔子가 영원히 사는 길이라고 생각할 때 이 五經의 편찬은 孔子에 있어서 중대한 일이 아닐 수 없다. 그가 春秋 를 다 쓰고 나서「나를 아는 者도 이 春秋며 나를 罪줄 者도 오직 春 秋이다」[24]고 했다는 것도 그러한 孔子의 意中을 보여주는 말이다.

孔子가 五經을 편찬한 事蹟記錄으로는 史記 孔子世家에 처음으로[25] 보인다. 政治로부터 손을 뗀 뒤에 道를 後世에 전하기 위하여 經書편 찬에 專念하였다. 원래 六經을 述刪하였다고 하나 그 중의 樂經은 전 해오지 않고 五經만이 전해 온다. 三千弟子를 교육하기 위하여 교재 로 편찬한 것이므로 반드시 晩年事業으로만 단정할 수는 없으나, 오 랜 기간을 두고 계속적으로 노력한 결과라고 말할 수 있다.

ⓐ 詩 經

孔子는 詩를 대단히 중요시했다. 詩를 배우지 않은 사람과는 서로 대화가 어렵다[26]는 정도로 생각했고 詩는 서로 感興으로 공감하는데[27] 意義가 있는 것으로 이해하고 있다. 德行의 先行條件이 道德的 情感 에 있으므로 知와 行의 連結作用은 여기에 기대하게 된다. 道德的 情

---

24) 知我者其惟春秋乎 罪我者其惟春秋乎(孟子 滕文公下)
25) 孔子之時周室微而禮樂廢 詩書缺 追迹三代之禮序書傳 上記唐虞之際下至秦繆 編次其 事 曰夏禮吾能言之杞不足徵也 殷禮吾能言之宋不足徵也足則 吾能徵之矣 觀殷夏所損 益吾後雖百世可知也 以一文一質周監二代 郁郁乎文哉吾從周 故書傳禮記自孔子 孔子 語魯太師樂其可知 始作翕如縱之純如 皦如繹如也 以成 吾自衛反魯然後樂正雅頌各 得其所 古者詩三千餘篇及至孔子去其重取可施於禮 上采契後稷 中述殷周之盛 至幽厲 之缺 始於衽席故曰關雎之亂以爲風始 鹿鳴爲小雅始 文王爲大雅始 清廟爲頌始 三百 五篇 孔子皆弦歌之以求合韶武雅頌之音 禮樂自此可得而述 以備王道成六藝 孔子晚而 喜易序象象說卦文言 讀易韋編三絕 曰假我數年 若是我於易則彬彬矣 孔子以詩書禮 樂教 (中略) 吾道不行矣 吾何以自見於後世哉 乃因史記(魯國史記)作春秋 上至隱公 下訖哀公十四年十二公 據魯親周故殷運之三代約其文辭而指博 故吳楚之君自稱王而春 秋貶之曰子 踐土會之實召周天子而春秋諱之曰天王狩于河陽 推此類以繩當世 貶損之 義 後有王者舉而開之 春秋之義行則天下亂臣賊子懼焉(中略)爲 春秋筆則筆 削則削 夫之徒不能贊一辭 弟子受春秋 孔子曰後世知丘者以春秋 而罪丘者亦以春秋(史記 孔子世家)
26) 不學詩無以言(論語 季氏)
27) 興於詩立於禮成於樂(論語 泰伯)

感은 한마디로 말해서 「思無邪」[28]로 돌아가는데 있다. 人間의 情緖陶
冶를 극히 重視한 孔子가 詩를 교육에 중요부분으로 생각한 것은 당
연하다고 할 것이다. 古詩 3000여편 중에서 305편을 가려내서 교정
한 것이다.

ⓑ 書 經

書經은 古代帝王의 施政方法 또는 勅令 등을 기록한 것이다. 孔子
以前에 虞夏商周四代의 政道를 명기하여 尙書라고 불렀다. 虞舜時代의
錄事를 虞書, 夏代의 것은 夏書, 商代의 것은 商書, 周代의 것을 周
書라고 불러온 것을 총칭해서 書經이라고 부르게 되었다. 孔子以前에
있었던 尙書가 몇 편인지는 분명하지 않으나 刪定後는 100편이었다고
한다. 王陽明의 말과 같이 堯舜以後의 政治史라고 생각할 때 「中」의
精神으로 禪讓한 三代의 政治는 祖述堯舜한 孔子의 立場에서 핵심적
인 부분이 아닐 수 없다.

ⓒ 易 經

易은 孔子 스스로가 매우 探究하려고 노력한 經書이다. 萬世道統의
根源이요 聖人經綸의 原理를 述한 것이다. 論語에는 「나로 하여금 數
年을 더 살게해서 易을 배우게 한다면 大過없겠다」[29]라고 한 것이라
든지 史記에 「易을 읽고 가죽끈이 세번이나 끊어졌다」[30]고 있듯이 晩
年에 갈수록 尊信한 것으로 보인다. 儒學의 哲學에 있어서 本體論은
易의 原理를 源流로 해서 발전해온 것이므로 易의 이해는 儒學에 있
어서 매우 중요한 것이요, 특히 宋代의 性理學은 이 이해없이는 어려
운 것으로 알려져 있다. 元來는 代羲가 八卦를 그리고 文王 周公에 의
해서 六十四卦와 經文이 이루어졌는데 여기에 孔子가 十翼을 補했다[31]
고 전한다.

ⓓ 禮 經

孔子는 그의 아들 伯魚에게 「禮를 배우지 않으면 몸가짐을 제대로
할 수 없다」[32]고 하여 禮를 行動規範으로[33] 가르쳤고, 生時나 葬時나

---

28) 子曰詩三百一言以蔽之曰思無邪(論語 爲政)
29) 子曰加我數年五十以學易可以無大過矣(論語 述而)
30) 孔子晩而喜易 序彖繫象說卦文言 讀易緯編三絶(史記 孔子世家)
31) 同上
32) 不學禮無以立(論語 季氏)
33) 君子義以爲質禮以行之(論語 衛靈公)

또는 死後나 모두 禮로 섬겨야 할 것[34]을 강조하고 있다. 禮書는 3종이 있어서 周禮・儀禮・禮記가 그것이다. 孔子 이전의 禮經을 알 길이 없으나 禮記에 周公이 攝位 6년에 制禮作樂했다는 事實로 보아서 周公의 制禮는 확실하다. 孔子는 儀禮와 더불어 禮記를 刪定한 것으로 전하고 樂經은 전해오지 않는다.

ⓔ 春 秋

孔子의 刪述中의 가장 주요한 것이 春秋이다. 書經을 刪하고 詩經을 편찬하고 禮經을 修定하고 易經을 贊述하고 樂經을 정한 孔子는 그 晚年에 畢生의 業으로 春秋刪定에 임하였다. 내가 政治에 뜻을 거두고 자신의 敎學을 後世에 전하고 千載後의 知己를 구하려 결심하여 이 春秋를 編述하였다. 自己의 功罪의 결론을 이 春秋에 걸었던 것이다. 魯國의 史記를 筆削修訂하여 隱公 元年(BC 722)부터 哀公 14年(BC 481)까지 242년간에 걸친 編年體 中國最初의 歷史로서 孔子의 서거 3년전에 완성한 것이다. 大義名分을 바로잡고 王道의 참 精神을 밝히고자 한 이 春秋는 後日에 三傳이 그 簡을 補하게 되었으니 左氏傳・公羊傳・穀梁傳이 그것이다.

儒學의 根本思想

① 儒學의 意義

Ⓐ 儒와 學

ⓐ 儒

儒는 論語 雍也篇에 다음과 같이 보인다.

「女爲君子儒毋爲小人儒」

이것은 孔子가 子夏에게 君子儒가 되라고 일러준 말이다. 여기의 儒는 學者라는 뜻으로 오늘의 知識人이라는 意味와 같다. 孔子의 생각으로는 바람직한 知識人을 君子라는 범주안에 넣어서 생각하려는 뜻이다. 孔子이전에도 儒는 있었다.

說文에 따르면 「儒는 柔라」고 설명되어 있다. 그 뜻은 優柔로 사람을 가르침을 말한다. 즉 교육자라는 의미로 사용되어 왔다. 또한 同

---

34) 生事之以禮 死葬之以禮 祭之以禮(論語 爲政)

書에 「儒는 潤이라」고도 설명되어 있다. 潤은 젖는다는 말이다. 白紙
를 물에 넣으면 그 물이 점점 白紙에 번져가는 것처럼 자연스럽게 同
化되어 相對方의 心中에 이쪽의 생각을 無理없이 傳送할 수 있음을
의미한다. 이리하여 儒는 교육자라는 뜻이 된다. 柔라고 하든지 潤이
라고 하든지 간에 中國音으로는 共通되어 그 뜻도 통용된다. 그러므
로 儒는 柔나 潤이라고 하여 교육자라는 뜻으로 쓰여져왔음을 알 수
있다. 뿐만 아니라 이 교육자는 사회적으로 地位를 갖고 있었다.

사회인으로서의 儒의 이름은 周禮[35])에 처음으로 보인다. 여기에는
儒를 師와 相對해서 制定하고 있다. 周代制度에 의하면 사회인을 9
계층으로 나누고 그 가운데 세번째를 師 네번째를 儒라고 하였다. 賢
을 가지고 百姓을 얻는 것은 師요 여기에 대해서 道를 가지고 百姓을
얻는 것이 儒라고 설명하고 있다. 賢은 賢行者의 賢이므로 賢德으로
국민을 인도하는 것이요 道는 道藝人의 道므로 道藝를 가지고 국민을
인도하는 것으로 구별하고[36]) 있다. 그리고 儒者는 일정한 복장(儒服)
을 입었으며 넓은 띠에 긴 소매의 모습이 특징이었다고 한다. 그러던
것이 孔子代에 이르러 매우 중요시하게 되기는 하였으나 스스로 儒
家라 자칭하지는 않았다. 孟子代에 와서는 樣相이 달라진다. 孟子當
時에 墨翟의 學問을 하는 夷子와 道德議論이 빈번하였다. 夷子가 孟
子를 공격비난할 때는 언제나 「儒家의 道」 또는 「儒者의 道」라고 特
稱하여 孟子를 儒家 또는 儒者로 지칭하고 있다. 孟子 또는 당시의
사람들은 모두 墨翟의 學說을 따르거나 아니면 楊朱의 주장을 따르면
兩者사이를 방황하고 있는 실정이지만 만일에 儒道로 돌아온다면 인수
해서 가르쳐주겠노라고 말한 점으로 미루어 儒者로 自任했음을 알 수
있다. 孟子 이후의 荀子는 儒者의 功效를 다음과 같이 높히고 있다.

「儒者는 옛 聖王을 벗삼고 예의를 존중하며 남의 신하 또는 아들
이 된 이들을 가르쳐 언행을 조심하게 하고 존경을 다 하게 한다.
만일 임금이 이런 사람을 임용한다면 朝廷이 세력을 얻어 모든 일
이 원만하게 잘되어나갈 것이다. 임용이 안되는 경우에는 물러가서
일반 민중들과 함께 정직한 마음으로 반드시 윗사람의 뜻에 순종한
다. 곤궁한 때를 만나서 기한에 떨어도 결코 사악한 방법으로 이익

---

35) 十三經의 하나
36) 儒敎講話 p4 諸橋轍次 目黑書店 1944

을 탐내는 행위를 하지 않는다. 털끝만한 땅을 소유함이 없어도 국
가를 유지하기 위한 大義에 밝으며 불러서 아무도 대답조차 해줄 사
람이 없는데도 만물을 이루고 백성을 양육하는 도리에 통달하고 있
다. 儒者야 말로 윗자리에 앉으면 王侯감이요, 아랫자리에 들면 忠
臣이요, 임금의 보배이다. 비록 누추한 집에 산다 해도 모든 사람
들이 존경해 마지않으니 이것은 그 몸에 儒家의 높은 道가 갖추어
져 있기 때문이다」[37]

이것을 보면 孟子와 더불어 荀子는 儒家의 道를 매우 높였고 儒者
의 人格을 존중히 여겼음을 엿볼 수 있다.

孔子의 三千제자와 그 이후의 孔門學派들의 儒道를 崇尙하는 모습
에서 他와 구별하여 世人들은 儒家라고 부르기에 이르렀다.

이렇게 해서 孔子와 儒는 처음에는 관계가 없었던 것이 제자와 뒤
에 學派들을 통하여 관계를 맺게 되었다. 결코 孔子 자신이 스스로
儒者라고 자칭한 일이 없으나 후세의 사람들이 孔子의 門下生들을 儒
家로 부르게 되었고 또 門下의 學派들이 儒로 自處할 필요성이 생기
게 되었다. 九流百家들의 諸說이 점점 강하게 주장되기에 이르러 그
들과 서로 대치하게 된 때문이다. 당시에는 九流가 派生한 가운데서
도 楊朱墨翟의 說이 더욱 성하였다. 그들은 스스로를 「墨家」니 「楊家」
니 하여 旗幟를 높여 도전해 왔다. 여기에 응해서 孔子의 門下와 그
學流를 이은 사람들이 儒家로 旗幟를 올려 護道하였다. 이렇게 해서
종전의 儒에 孔子의 人格과 學問이 가하여져서 儒家와 儒道는 확립되
었다.

우리말로는 「儒」를 선비유라고 한다. 儒字는 人과 需의 合한 字이
다. 需는 필요하다는 뜻이니 人과 需는 필요한 사람이라는 말로 풀이
된다. 선비는 그 時代에 필요한 사람이란 말이다. 時代는 변하므로
어떻게 변해가던지 그 時代에 充足한 사람을 말한다고 할 것이다. 그
러나 여기 주의해야 할 일은 「변한다」는 것은 「변하지 않음」과의 관
련에서의 「변함」이라는 이해이다. 古今의 斷絕에서가 아니라 古今을
이어주는 변함이요, 또 여기서 적응과 충족이 가능한 사람을 儒, 또
는 선비라고 해야 할 것이다.

ⓑ 學

---

37) 荀子 八 儒効篇

學이란 무엇인가?

西洋에서는 哲學이 「愛知」라는 뜻으로 사용되었고 學이라고 할 때는 일반적으로 지식의 체계를 의미해 왔다. 실험에 의해서 얻은 단편적인 지식은 學이라고 하지 않는다. 學을 형성하는데 필요한 중요한 素材이기도 하지만 개개의 단편이 일련의 관계를 갖고 필연성을 지니는 전체적인 조직체계를 갖추었을 때 비로소 學이라고 하는 것이 通例이다. 그러나 儒學이라고 할 때의 學은 이와는 구별된다. 論語에

「學而時習之不亦說乎」(學而)

라고 한 學의 註譯에 따르면

「學이란 본받는다는 말이다. 人性이 다 善한 것이고, 깨달음에는 先後가 있으니 나중 깨닫는 사람은 먼저 깨달은 사람의 所行을 반드시 본받아야만 善을 밝혀서 그 본래로 돌아갈 수가 있다」

라고 하였다. 이 말은 學이 단순히 개념적이고 認識論적인 지식체계만을 뜻하는 것 뿐만이 아니라 구체적이고 實踐論적인 행위체계까지를 포함하고 있음을 시사해주는 것이다. 孔子는 寢食을 잃을 정도로 생각만 하기보다는 學하는 것이 났다[38]고 하였고 또 顔子의 好學[39]을 칭찬하기도 하였다. 또 學은 敎의 뜻도 아울러 가진다. 書經에 의하면 가르치는 일의 절반은 배우는 일이라고[40] 한 것을 보면 敎와 學은 밀접한 관계임을 엿볼 수 있다. 이제 儒學이 지니는 意義가 무엇인가를 다음에 살펴본다.

Ⓑ 儒學의 意味

앞에서 살펴본 바와 같이 儒에는 學行 이외에 人間, 人格의 要素를 지니고 있으며 學에는 學問的인 개념외에 실천적인 要素를 같이 지니고 있는데서 西洋의 學問과 비교 구별된다. 그 定義를 내리는데 難點도 여기에 있는 것이다. 「史記」五宗世家에는 「河間獻王德이 儒學을 좋아했다」고 하여 儒學이란 말이 보인다. 대체로 中國思想의 大宗인 孔子의 學說을 祖述하는 敎學으로서 仁의 諸德을 一貫하고 修身齊家로 부터 治國平天下를 이룩함을 本旨로 하는 것으로 이해하고 있는 것이 通念으로 되어 있다. 孔子가 「나의 道는 하나로 貫通되었느니

---

38) 吾嘗終日不食終夜不寢以思無益不如學也(論語 衞靈公)
39) 哀公問弟子孰爲好學孔子對曰有顔回者好學不遷怒不貳過不幸短命死矣(論語 雍也)
40) 惟斅學半 念終始典于學厥德修罔覺(書經 說命)

라」[41]라고 한 것은 그의 學問의 核心處라고 할 것이다. 그 一貫之道라고 하는 것은 결코 많이 듣고 많이 보는 일[42]만 가지고 되는 것이 아니라 孔子는 學과 思의 并行으로서[43] 얻어지는 것으로 생각한다. 孔子는 그 道를 구하는 일을 생명보다도 소중하게 생각[44]하였다. 儒學이 孔子를 떠나서 생각할 수 없다면 또한 道를 떠나서도 생각할 수 없는 것이다. 儒道라고 할 때 바로 이러한 道를 강조하는 의미로 표현된 것이다. 儒學은 바로 이 道를 습득하는 學問的인 뜻이 있는 것이며 儒敎라고 할 때는 이 道를 敎化하는 의미를 가지며 儒術이라고 할 때는 이 道를 實現하는 方法的인 뜻을 가지는 것이다. 그러므로 儒學이라고 할 때 一貫之道에서 그 범위 매우 넓음을 이해할 수 있다. 文化全般에 걸쳐서 관련되므로 社會·倫理·哲學·宗敎·藝術의 側面을 소홀히 할 수 없다. 道가 구현되어야할 곳이 社會이기에 政治와 經濟問題가 道를 떠날 수 없으며 倫理問題는 곧 道의 當爲規範이며 哲學은 즉 道의 根源을 탐구하는 任務를 지니게 되고 이 根源을 밝힐 뿐만 아니라 自我의 本源을 實踐하는 뜻에서 祖上에 대한 報本과 聖賢에 대한 希願은 尊慕와 誠敬으로 儒學의 중요한 부분을 차지한다. 따라서 이 道를 가르쳐 國家의 久遠한 발전을 도모함은 敎育의 所在이라고 하겠다. 孔子의 「道에 뜻을 두어 德에 근거하고 仁을 어기지 않으며 禮樂의 文과 射御書數의 法을 아름답게 한다」[45]는 생활태도는 과연 「마음에 하고자 함에 따라서 행하여도 법도를 넘지않는다」[46]는 自由의 心境과 더불어 藝術의 世界를 游泳하는 모습이라 할 것이다.

이러한 道란 儒學에만 있는 것이 아니다. 老子도 莊子도 道를 말하고 佛敎에서도 道를 말하지 않는 것이 아니지만 自然에 沒入되거나 人心에 취해버림이 없이 天道에 입각하여 人道를 지키는데 儒學의 특징이 있으며 나아가서 自然科學과 社會科學의 發達이 오늘의 世界人에 人間喪失이라는 病弊를 가져왔다면 自然과 社會를 一貫하는 人道를 확립하는데 儒者의 의의가 있다고 할 것이다.

---

41) 吾道一以貫之(論語 里仁)
42) 多聞而擇其善者而從之 多見而識之知之次也(論語 述而)
43) 子曰學而不思則罔 思而不學則殆(論語 爲政)
44) 朝聞道夕死可矣(論語 里仁)
45) 志於道據於德依於仁游於藝(論語 述而)
46) 吾十有五而志于學 三十而立 五十而不惑 五十而知天命 六十而耳順 七十而從心所欲 不踰矩(論語 爲政)

② 儒學의 變遷

Ⓐ 中國儒學의 變遷

儒學思想은 三代를 지나면서 형성되어 갔고 孔子에 이르러서 集大成되었다. 孔子의 서거후에는 여덟派로 갈라졌음을 韓非子는 말하고 있다. 즉

「孔子가 간 뒤로부터 子張・子思・顏氏・漆雕氏・仲良氏・孫氏・樂正氏의 學들이 있었다」(顯學)

라고 한 것을 보면 孔門이 8派로 파생되어 갔음을 엿볼 수 있다. 「史記」儒林傳에는

「孔子가 돌아가신 뒤 70제자의 무리가 諸侯로 흩어져서 크게는 師傅와 卿相이 되고 적게는 士大夫를 友敎하였고 어떤이는 숨어서 세상에 나타나지 않았다. 그러므로 子路는 衛에 있었고 子張은 陳에 있었고 澹臺子羽는 楚에 있었고 子夏는 西河에 있었고 子貢은 齊에서 일생을 마쳤다. 田子方과 段干木같은 사람은 모두 子夏의 門下에서 글을 배워 王者의 스승이 되었다」

라고 설명되어 있어 孔子思想이 全地域으로 전파되어 갔음을 알리고 있다. 그 가운데서도 가장 孔子學說의 核心을 파악한 제자는 顏子와 曾子로서 孔門의 嫡傳을 얻었다. 孔子의 孫子인 子思는 曾子에게서 受學하였으며 孟子는 子思의 계통을 계승하여 顏子・曾子・子思・孟子는 孔門의 正系를 이어갔다.

秦代에는 焚書坑儒의 受難을 겪었고 漢代惠帝때에 이르러 挾書律의 해제와 더불어 儒學이 소생하게 되었으며 董仲舒(BC 179~104)의 건의로 인해서 정책상으로 약간의 반영을 보았다. 그러나 漢代전체로 보아서 神秘思想에 압도되었고 後漢末에 佛敎의 전래와 더불어 그 참다운 振興을 보지 못하였으며 訓詁註釋을 主로 하는 儒學을 벗어나지 못하였다. 더우기 三國, 魏晋, 隋代에 와서는 佛敎의 敎勢가 점점 강해져가는 가운데 文詞나 淸談속에 儒學은 진작되지 못하였다. 唐代에 이르러서는 佛敎는 더욱 성하여 中國化되어 갔고 崇佛하는 爲政은 儒學을 한층 더 衰微하게 만들었다. 韓退之(768~824)와 같은 文章家가 나와서 排佛論을 지어 儒學의 再興을 시도하기는 하였으나 大勢는 道家佛家思想에 기울어지고 漢唐代는 訓詁註釋으로 護道하는 시기를 면할 수가 없었다.

宋代는 儒學을 復興하는 획기적인 시기이다. 六朝以來로 老佛이 盛行하여 침체되었던 儒學은 宋太宗의 聖學권장으로부터 勃興되기 시작하였다. 儒學者들이 크게 일어나 漢唐의 訓詁風을 일신하고 道學을 高唱하게 되었다. 中庸 章句序에 이른 바「子思子 道學의 그 전함을 잃을까 두려워」하는 심정으로 모든 儒學者들이 道學研究에 몰두하였다. 宋史 道學傳에는

「道學의 이름은 옛날에는 없었다. 三代 隆盛할 때 天子는 이것으로서 政敎를 삼고 大臣・百官・有司는 이것으로서 직업을 삼고 黨・庠・術・序・師・弟・子는 이것으로서 講習을 삼고 사방의 백성은 날마다 이 道를 쓰면서도 알지 못하였다. 그러므로 天地間에 가득한 萬有中 一民이나 一物이라도 이 道의 덕택을 힘입어서 그 性을 완수하지 아니하는 것이 없었다. 이 때에 있어서 道學의 이름이 어찌 성립되었겠는가?」

옛날에는 그 필요를 느끼지 않았으므로 그 이름이 성립될 수 없었으나 他學의 자극으로 말미암아 이제 이름을 붙일 수 밖에 없게 되었다는 취지인 것이다.

秦火로 인하여 孟子 이후 事實上 끊어졌던 道統이 宋代의 周敦頤에 이르러 太極圖說과 通書로 깊이 연구되었고 張載는 西銘을 지어 理一分殊를 밝혔다. 程子는 周子에게 師事하였고 大學과 中庸二編을 禮記로부터 表章하여 論語・孟子와 함께 四書로 병행케 해서, 위로는 帝王傳心의 속으로부터 아래로는 初學入德의 문에 이르기까지 融會貫通하여 남김이 없었다. 朱熹(1130~1200)는 程子의 系統을 이어 格物致知로 先을 삼고 明善誠身으로 要를 삼았다. 이렇게 해서 宋代의 儒學은 道學으로 발전되어 갔다.

元代는 中國을 領有한지 불과 百年間이어서 대체로 程朱學의 범위를 넘어서지 못하였다. 宋末의 陸學이 간혹 있기는 하였지만 微微해서 부진한 상태였다. 宋의 道學은 元을 거쳐서 明代에 이르러서 그 學風이 心學으로 변한다. 그 代表者가 王陽明이다. 程朱의 性即理說보다 陽明의 心即理說이 盛行하게 된다. 學界의 동향은 대개 程朱學派, 陸王學派 또는 折衷學派의 세 경향을 보였다. 陽明學은 明末에 더욱 성하였으나 虛疎의 病이 날로 심하여 갔고 性命의 깊은 뜻은 空談의 弊를 초래했다. 淸初의 여러 學者들은 이 弊端을 교정하는데 노력하였

다. 顧炎武(1613~1682)는 空談의 잘못을 물리치고 經世實用의 道를
首倡하고 王夫之(1619~1692), 黃宗羲(1610~1695)는 經術義理에 沈潛하
면서 致用의 방법을 구하여 浮虛의 習을 改新하고 마침내 淸代學術의
徵實한 기초를 세웠다. 今에 徵하여 事實을 당시에 구하고 古에 徵하
여 實證을 典籍에 구함이 徵實이라고 하여 여기서 考證學의 學風이 일
어나게 되었다. 이 考證學派에는 閻若璩(1636~1704)와 毛奇齡(1623~
1713)과 같은 大家들이 있다. 이 밖에 程朱學派・陸王學派・折衷學
派・公羊學派・實學派들이 있었으나 대체로 考證學派와 더불어 實學
派는 淸代의 儒學을 특징지워 주었다.

Ⓑ 韓國儒敎의 變遷

儒學이 韓國으로 전해 온 것은 文獻不足으로 분명히 밝히기는 어렵
다. 建國 이후 최초로 받아들인 것이 儒學이다. 여기 주의깊이 생각해
야 할 것은 이것을 受容하는 韓民的인 氣質이다.

中國사람들은 韓國사람을 夷라고[47] 불러 東夷 즉 東方之人을 뜻하
였다. 그리고 君子의 나라요 仁한 사람들이라고 評[48]하고 있을 뿐만
아니라 山海經에서도 君子國[49]이라고 하였다. 後漢書에 의하면 性品
이 仁하며 柔順하고 道를 아는[50] 우수한 민족으로 찬양하고 있다. 더
우기 孔子가 道의 행하여지지 않음을 한탄하여 九夷에 살고자 하기도
하고, 떼를 타고 바다를 건너고 싶다[51]고 말한 바를 보면 東夷를 君
子의 나라로 생각하였음을 뒷받침해 주고 있다. 孟子도 舜은 東夷之
人이라(離婁下)한 것을 볼 때 中國사람들이 생각하는 東方人은 善良하
고 禮儀있는 百姓들로 이해해 왔음이 사실이다. 이렇게 생각할 때 儒
學이 우리나라로 들어올 때는 그 民族性에 비추어 거부반응없이 순조
롭게 수입되었으리라고 추측된다. 언제 들어왔느냐 하는 것은 분명하
지 않으나 高句麗 小獸林王 2년에 太學을 세워서 子弟를 교육하였다[52]
고 하는 史實로 비추어 西紀 372년 보다는 훨씬 그 이전에 수입되었
음을 시사해주고 있다. 新羅는 善德女王 9년(AD 640)에 唐太宗이

---

47) 夷東方之人也 从大从弓(說文)
48) 夷唯東夷从大 大人也 夷俗仁仁者壽 有君子不死之國(說文註)
49) 有君子之國有不死民(山海經)
50) 仁而好生 天性柔順 易以道御 有君子不死之國焉(後漢書 東夷傳)
51) 孔子曰道不行乘桴浮于海(論語 公冶長) 子欲居九夷(論語 子罕)
52) 三國史記 高句麗本紀 小獸林王 2年條

經學을 장려하기 위하여 國學을 크게 증축하고 海內外의 學生을 모집할 때 留學生을 보내기는 했으나 國學設立은 비교적 늦어서 神文王 2년(AD 682)에야 실시되었다. 百濟는 學校設立年代를 알 수 없으나 古爾王 52년(AD 285)에 王仁이 「論語」와 「千字文」을 日本에 전한 史實을 볼 때 新羅나 高句麗보다 앞서서 실시되었으리라고 짐작된다. 高麗末까지의 대표적인 學者로 薛聰・崔致遠・安裕・李齊賢・李穡・鄭夢周・權近・鄭道傳 등을 예거할 수 있으나 그 가운데 薛聰・崔致遠・安裕・鄭夢周는 大成殿에 配享받은 분들이다. 대체로 이 무렵의 學風은 人智草昧하고 漢文學의 이해가 불충분하며 儒學思想자체의 발달이 미숙하여 經傳을 잘 이해하고 史記를 잘 알아서 政治上에 운용할 수 있는 官吏가 되는 일과 詩賦와 文章을 잘 하는 文人이 되는 일에 있었다. 따라서 이 時期의 學風은 漢唐風이었다고 할 것이다. 그러나 弘益人間의 건국이념은 민족적 특징에서 우러난 것이라고 생각할 때 漢唐學風이라고 할지라도 민족적인 방향으로의 기반을 잃지 않으면서 朱子學을 받아들이게 되었고 그러한 의미에서 麗末의 鄭夢周의 學行은 주의깊게 보아야 할 것이다.

李朝初葉은 朱子學을 익혀가면서 性理學全盛期로 옮겨가는 過渡期로 볼 수 있다. 이 時期의 學者들은 金宗直을 위시해서 金宏弼・鄭汝昌・成三問・趙靜庵・金安國 등을 들 수 있다. 麗朝로부터 李朝로 바뀌는 政治變動속에서 忠孝와 義理가 문제안될 수 없고 金宗直의 史草나 死六臣과 같은 士獄의 일은 韓國儒學의 發展途程이 史上에 반영된 것이다. 趙靜庵이 急進派로 지목되어 保守派로부터 제거당하는 비극은 儒學의 史程으로 볼 때 道學의 試鍊期요, 앞으로의 발전을 잉태하는 時期로 여겨진다. 史草나 死六臣문제속에는 人間으로서의 義理와 忠孝가 얽혀 있고, 趙光祖의 己卯士禍 裏面에는 道學의 至治로 太平聖代를 이룩하고자 하는 格君의 강인한 人間意志가 스며있음을 간과할 수 없다. 이러한 人間觀의 政治的 實現이 士禍로 좌절되었을 때 學問的인 硏究로 그 방향이 전환되어 갔음은 事理의 당연한 귀추라고 할 것이다. 이렇게 해서 性理學은 中國과는 달리 韓國的인 발전을 거듭하게 되었고 드디어 다음에 그 全盛期를 초래하게 된다.

此期의 學者들은 徐敬德・李彦廸・李滉・奇明彦・李珥・成渾 등을 위시해서 曹植・李恒・金麟厚・張顯光 등을 들 수 있다. 李晦齋彦廸

은 無極太極문제를 논한 韓國最初의 學者요, 徐花潭敬德은 中國의 氣
論을 도입한 사람이요, 退溪는 朱子學의 正統을 계승한 분으로서 互
發說을 주장한 學者요, 栗谷은 韓國性理學을 정립하여 一途說을 주창
한 분이다. 이 性理學 絕頂期의 理論은 互發說과 一途說로 요약된다.
여기서 또한 주의깊게 보아야 할 것은 中國의 性理學과는 유달리 人
間의 性情문제가 중심이었다는 점이다. 人間을 문제삼는다고 하더라
도 心理學的으로만 본다던가 宗敎的으로만 이해한다는 식이 아니라
天人관계에서 人間을 살피고 哲學的으로 理論을 전개해간다는 점이
특징이라고 하겠다.

다음에 변천을 다시 나누어 본다면 禮를 중심문제로 삼았던 時期와
人物性同異문제가 중심이었던 時期, 그리고 實學을 중심문제로 삼았
던 時期, 끝으로 西敎전래 이후로 구분할 수 있다. 理氣論의 抽象性
을 탈피해서 具體性으로의 전향이 神學中心期라고 할 수 있고 主理派
主氣派로의 分岐點에서 人物性同異論이 문제되었으며 論理追求의 非
社會性에서 일단 實學이 문제되었고 西勢東漸으로 인한 主權守護의
政治的 憂慮와 主體護道의 哲學的 意圖는 斥邪衛正의 방향으로 이끌어
갔다.

禮나 人物이나, 實이나 주체문제도 한결같이 人間을 떠나서 문제될
수 없다. 단군의 弘益人間을 건국이념으로 제시한 이래로 政治的으로
나 學問的으로나 人間문제가 핵심으로 다루어졌다는 것은 韓國의 文
化史上 간과될 수 없는 일이라고 하겠다. 다시 民族과 人類의 장래를
내다볼 때에 現代의 諸問題 해결을 資賴할만한 歷史라고 할 것이다.

中庸思想의 哲學的 考察

序　論

學이 人類의 사회생활에 끼친 공헌은 지대한 바 있다고 하겠으나 人間自體에 대하여는 그 기여에 正比例했던가 하는 것은 의심의 餘地를 남긴다. 學하는 人間自體를 對象化할 수 없기 때문이다. 哲學의 어려움도 여기에 있다고 생각된다.

有와 無, 一과 多, 善과 惡의 문제 등은 哲學에서 매우 중요한 것이다. 中國哲學 특히 性理學에서는 이것들이 無極과 太極, 理와 氣, 性과 情의 문제로 부각되고 있다. 哲學이 形而上學과 實踐論 등으로 나눌 수 있다고 하더라도 兩者는 하나의 學으로서 의미를 갖게 된다. 그렇다고 人間問題가 學만으로 완성되느냐 하는 것도 문제이다.

形而上學에서 學의 客觀性이 강조된 나머지 主觀的인 共感이 상실되거나 또는 實踐論에서 學의 躬行에 치중된 나머지 客觀的인 인식이 배제된다면 어느 것도 바람직한 學이 될 수 없을 것이다. 그러한 뜻에서 中庸의 思想은 새롭게 생각해볼만 한 일이요, 그 論理를 전개함에 있어서 난점이 어디에 있는가를 살펴보는 일은 그다지 무익한 일만은 아니라고 생각된다.

① 中庸에 대한 關心

孔子와 子思, 釋迦와 龍樹, 그리고 Platon 과 Aristoteles 는 시대와 지역을 달리하면서 다같이 中庸에 대하여 관심을 깊이 가진 사람들로 생각된다.

Aristoteles 는 그의 Eudaemonian 倫理學의 끝부분에서
「自然的으로 善한 것—그것이 육체의 善이건 金錢이건 親友이건 또는 그 밖의 善이건 간에—이것들의 善한 것을 선택하고 또는 소유하는 일이 神의 觀照를 가장 많이 하도록 하는 것이라면 그 일은 가장 좋은 것이요 가장 아름다운 規準이다. 그러나 어떤 선택 내지 소유

가 缺乏에 의한다거나 또는 超過에 의해서 神을 받들고 神을 觀照하는 것을 방해한다면 그것은 惡한 것이다.」[1]

이 말 속에서 우리는

ⓐ 自然的으로 善한 것

ⓑ 이것을 選擇하고 所有하는 일

ⓒ 神의 觀照

ⓓ 選擇·所有에 있어서의 缺乏과 過超

등 네 가지 문제를 생각할 수 있다. ⓐⓑⓒ는 善과 아름다운 規準에 관해서이며, ⓓ는 惡에 관한 것이다. 여기서 주의하고자 하는 것은 선택과 所有上 缺乏과 過超가 惡이라는 점이다. 즉 善은 惡이 아니어야 하며 惡이 아니려면 缺乏과 過超가 없어야 한다는 말이니, 그러한 상태는 과연 어떤 것인가 하는 의문이 제기된다.

世尊은 仙人들이 있는 鹿野苑에 이르러서 五人의 比丘에게 다음과 같이 말한 일이 있다.

「比丘들이여 出家한 몸은 이들 두가지의 極端에 근접해서는 아니된다. 하나는 諸欲에 있어서 愛欲貪著을 일삼으니 卑劣하고 野鄙해서 어리석은 사람이 하는 일이니 聖스럽지 못하여 眞實義가 없다. 또 다른 하나는 스스로 煩惱를 일삼아서 괴로워하는 것이니 聖스럽지 못하고 眞實義가 없다.

比丘들이여 如來는 이것들의 두 極端을 버리고 中道를 證知하였느니라.」[2]

世尊의 이 말속에서는

ⓐ 兩極端에는 近接하지 말라

ⓑ 愛欲貪著과 煩惱의 제거

---

1) 1249b 16~23

Therefore whatever mode of choosing and of acquiring things good by nature whether goods of body or wealth or friends or the other goods-will best promote the contemplation of God, that is the best mode, and that standard is the finest; and any mode of choice and acquisition that either through deficiency or excess hinders us from serving and from contemplating God-that is a bad one.

2) 佛說轉法輪經 後漢安息三藏安世高譯

止 於是佛告諸比丘 世間有二事墮邊行 行道弟子捨家者 終身不當與從事 何等二 一爲念甚貪欲無淸淨志 二爲猗著身愛不能精進 是故退邊行 不得置佛道德具人 若此比丘不念貪欲著身愛行 可得受中 如來最正覺得眠得慧 從兩邊度自致泥洹 (大正藏 第二卷阿含部下 吾三頁)

ⓒ 中道를 證知한 如來

등의 세가지로 區分해서 문제를 생각할 수 있겠다. 兩極端, 즉 愛欲貪著과 煩惱를 떠나라는 것이 ⓐⓑ임에 비해서 이것이 실현된 것이 ⓒ의 中道라는 것이다. 이 中道란 어떤 상태인가 하는 의심을 품게 된다.

孔子는 中庸에서

「君子中庸 小人反中庸 君子之中庸也 君子而時中 小人之中庸也 小人而無忌憚也」

라고 하였다. 여기서는

ⓐ 中庸은 君子가 行한다

ⓑ 그 中庸은 時中이다

라는 두가지 내용으로 간추려진다. 君子의 中庸인 時中이 어떤 것인가에 관심을 불러일으킨다.

위의 三者는 缺乏과 過超가 없는 것, 二邊兩極이 탈피된 것, 그리고 君子의 時中을 각각 바랐던 것이며, 이것은 그 當時 뿐만아니라 오늘에도 여전히 바람직한 일이라고 생각된다.

② 中의 多樣한 뜻

① 中은 比인가

價値意識은 그 사람의 人生觀에 속한다. 人間存在의 本質이 倫理的인 존재이기도 하며 思惟的인 존재이기도 하다면 人間의 행복을 문제삼을 때 理論上 德의 倫理面과 思惟面을 自然 구분해서 생각하게 된다. 여기서 Aristoteles는 倫理的인 德을 原始感情에 대한 바른 상태로 想定하고 思惟的인 德과 구별을 하고 있다. 그래서 恐怖·快樂·憤怒 등의 日常感情에 대해서는 勇敢·節制·溫和를 또 財産이나 名譽의 追求에 대해서는 寬厚·豪莊·矜持를, 그리고 社交上으로는 誠實·機知·親愛 등을 또한 기타 廉恥·義憤·正義·抑制 등을 倫理的인 德으로 간주하면서 이 德은 中庸에 의해서 보전되며 過超와 부족으로 인해서 파괴된다는 것이다. 여기서 中庸으로 倫理的인 德이 유지된다고 할 때의 이 中庸이란 算術的인 比例中項이 아니라는[3] 점에 주의할 필

3) A. (NICOMACHEAN ETHICS BK. Ⅱ: CH. 6)
    EN. 1106a 33~34
    For instance, if ten is many and two is few, six is intermediate, taken in terms of the object; for it exceeds and is exceeded by an equal amount; this

요가 있다. 平均數値로서의 中은 萬人에게 同一하지만 實際로 行爲를
選擇하는 경우 中庸을 萬人이 劃一的으로 정할 수는 없다는 데서 문
제가 생긴다. 그러므로 이러한 中庸은 絶對的이거나 超人間的일 수는
없다는 것이다. 따라서 超過나 부족에 대한 正確한 比率에 불과하다
고 한다. 그는 이 比를 理(logos)라고 이해한다. 이렇게 생각하면 이
比率이란 量的인 개념이요 그의 倫理的 德에는 量的인 것을 所有하고
있음을 본다. 뿐만 아니라 그에게 있어서는 理도 우선 이와같은 量的
關係에서 이해하게 된다. 요약해 말한다면 Aristoteles의 中庸이란 價
値的인 것, 善한 것, 倫理的인 德의 테두리 안에서의 문제라는 데 특
징이 있는 것으로 보인다. 倫理가 哲學을 根底로 하는 이상 中庸의
倫理性에도 그 哲學的인 요구가 뒤따른다.

② 中은 絶對인가

世尊이 中道를 證知한 如來를 높이고 二邊兩極을 피해야 할 것을 說
한 轉法輪經에서도 무엇을 中이라고 하느냐에 대한 대답에서 「八直之
道」라고 한 것을[4] 보면 倫理的인 의미로 채워져 있음을 본다. 그러나
龍樹의 中論頌에 따르면 여기에 그치지 않는다. 그는 空과 假名으로
中道를 分析 說明하고 있다.[5] 空은 外境의 대상을 부정하고 內識으로
도입하는 것이요 假名은 다시 內識으로 파기하여 一點도 남기지 않음
을 말한다. 이렇게 해서 內外俱空의 眞空妙有가 實現된다는 것이다.
宇井伯壽는 一切 모두는 絶對의 顯現이니 中은 결코 中庸이나 절충과
같은 뜻이 아니라 絶對의 의미라고[6] 주장한다. Aristoteles의 量的인
比와는 대조를 이루고 있다.

龍樹의 理論에 의하면 生住滅은 幻夢과 같다고[7] 하여 인연의 깊은
뜻을[8] 먼저 八不中道로 說한다. 이 生滅常斷, 一異來去의 八不로서
時間 또는 운동에 대한 영원으로서의 인도를 시도한다. 뿐만 아니라

---

is intermediate according to arithmetical proportion.
  B. 理想, 亞力斯多德의 二個德(茂手木元藏) 429號 1962 日本理想社
4) 何謂受中 謂受八直之道 一曰正見 二曰正想 三曰正言 四曰正言 五曰正命 六曰正治
七曰正志 八曰正定
5) 衆因緣生法 我說即是空 亦爲是假名 亦是中道義(中論 觀四諦品 第24)
6) 「中ば決して中庸てか折衷てかの意味ではなくして絶對の意味である」(宇井伯壽著 印
度哲學史 日本評論社 1942 中道)
7) 如幻亦如夢 如乾闥婆城 所說生住滅 其相亦如是(中論 觀三相品 第7)
8) 不生亦不滅 不常亦不斷 不一亦不異 不來亦不去 能說此因緣 善滅諸戲論 我稽首禮佛
諸說中第一(中論 破因緣品 第1)

空間에 관해서도 有無를 부정하여 그 無限을 논한다. [9] 이와 같이 時間과 空間을 부정하면서 그 論理構造를 世俗諦와 第一義諦의 二諦[10]로 나누었고 認識主體로서의 自我를 無我 無非我로 설명한다. [11] 그러나 다시 無我와 無非我의 無에 집착되어서는 아니됨을[12] 강조한 점에 유의할 필요가 있다. 이렇게 되면 中을 絶對視한다는 말을 龍樹에 적용할 수 있을까하는 의문이 생긴다.

③ 中은 太極인가

太極은 孔子(BC 551~419)가 말한[13] 이후로 周濂溪(1017~1073)는 無極而太極[14]이라고 하여 太極外에 無極이라는 用語를 새로 사용해서 太極의 뜻을 밝히고자 하였다. 邵康節(1011~1077)은 太極이 道의 極[15]이라도 하고 心이 太極[16]이라고도 하였다. 朱子(1130~1200)에 이르러서 太極이 理[17]라고 定立된다. 朱子의 이 주장에서는 太極을 理氣先後로 분석한데서 종전의 太極 설명과의 차이점이 발견된다. 朱子의 이 견해에 대하여 陸象山(1139~1191)은 異見을 표시하고 極을 中[18]이라 하였다. 그는 異議根據를 네가지를 들어서 「첫째 옛 聖賢은 無極이라는 用語를 쓴 일이 없으며 그것은 老子의 말이니 太極圖說은 老莊系의 産物이며, 둘째 太極上에 無極을 添加함은 易大傳에 비추어 不當하며 疊床之床의 결과를 초래할 뿐 無極은 無用之長物이고, 셋째 極은 至極의 의미가 아니라 洪範의 皇極의 極과 같아서 無極은 無中이 되는 것이며, 넷째 太極圖說은 周子의 未定說로서 通書에 한마디의 언급도 없는 것으로 미루어 그의 獨創說도 아니요 道子 陳希夷로부터 전래된 것」이라고 지적하였다. 朱子는 이에 대하여 다음과 같이 응수하였다. 즉 「첫째 前聖이 말하지 않은 것도 後聖이 발명할 수 있으며, 둘째 太極은 極이며 至極이고, 셋째 無極이란 말은 老莊의 用法과는 그 뜻이 다르며, 넷째 太極圖說에서 陳述된 것이 通書에 없는 것은 각

---

9) 諸佛依二諦 爲衆生說法 一以世俗諦 二第一義諦(中論 觀四諦品 第24)
10) 是故知虛空 非有亦非無 非相非可相 餘五同虛空(中論 破六種品 第5)
11) 諸佛或說我 或說於無我 諸法實相中 無我無非我(中論 觀法品 第18)
12) 大聖說空法 爲離諸見故 若復見有空 諸佛所不化(中論 破行品 第13)
13) 易有太極 是生兩儀…(易繫辭上 11章)
14) 無極而太極 太極動而生陽…(太極圖說)
15) 道爲太極(皇極經世卷五觀物外篇上)
16) 心爲太極文曰道爲太極(皇極經世 卷5 觀物外篇上)
17) 太極只是一個理字 太極只是萬物之理 在天地言則天地之中 有太極 在萬物言則萬物之中 名有太極 未有天地之先 畢竟是先有此理(性理大全 卷26 總論 太極)

각 다른 분야를 서술했기 때문이라」[19]고 논박하고 있다.

위의 論辨中에서 문제의 초점은 太極이 中인가 理인가 하는 것과 太極外에 無極이 필요한가 필요없는가의 두가지로 集約된다.

兩者의 기본입장은 性則理와 心則理에 있다. 性則理에서 볼 때는 無極이 필요하며 極을 中으로 볼 것이 아니라 至極으로 이해해야 한다는 것이 되며, 心則理의 입장에서는 無極이 太極外에 필요없으며 極은 역시 中으로 보아야 한다는 것이다. 이러한 주장의 분기점은 앞서 말한 바와 같이 性이 理인가 心이 理인가에 있다. 즉 문제는 둘인 것 같지만 따지고 보면 理의 견해차이로 귀결된다. 筆者는 이것을 論理的인 분석과 事實的인 분석의 差別로 이해하고자 한다. 性則理란 心合理氣의 基底에서 氣를 배제한 程朱學의 認識論理的인 言志이며 心則理란 宇宙內事가 己分內事라는 基底에서 天人을 나누지 않는 陸王學의 實踐論的인 言表로 비교된다. 즉 無極과 太極을 엄격하게 구분하여 極을 窮極의 至極이라고 함은 事理와 論理를 혼동하지 않으려는 認識的인 의도가 들어 있는 것이며, 無極은 불필요하고 極이 中이라는 판단은 前者의 구분이 知行을 분열시키는 誤謬를 범한다는 實踐的인 旨意가 內在해 있다고 본다. 요컨대 認識을 통한 實踐인가 實踐을 통한 認識인가 하는 주장으로 비교된다. 이와 같은 論旨의 展開는 孔子로부터 1670 년후의 일이니, 1670 년전의 孔子의 입장에서는 어떻게 평가될 것인지 자못 의심을 일으키게 된다.

④ 君子의 中庸

孔子는 無極을 말한 일이 없고 理氣를 言表한 바도 없다. 太極을 말한 일은 있으나 그 太極이 道라던가 心이라던가 한 일도 없다. 人性이 善하다거나 惡하다거나 한 일도 없으며 中庸에 대한 哲學的 理論展開도 볼 수 없다. 따라서 比라든가 絕對라든가 太極이 中이라는 설명도 하지 않았다. 다만 中庸에 대하여는 「君子는 中庸이요」라고 하고 그 「中庸은 時中」이라고 말하고 있다.

孔子는 學을 現代와 같이 세분한 일이 없으나 다만 中庸思想의 哲學的 檢討를 위해서 孔子思想의 體系를 二方面에서 우선 고찰해보기로 한다.

---

18) 象山全集 卷2 與朱元晦
   荊門軍上元設廳講義 皇大也 極中也(全集 卷23)
19) 朱子文集 卷36 答陸子靜

本　論

① 正統儒學에 대한 理解

① 孔子思想의 底邊

論語全篇의 思想이 仁으로 求心된다고 할 때 과연 仁은 哲學的인 表現인가 倫理的인 개념인가 할 때 어느 한쪽으로만 한정지을 수가 없을 것이다. 仁者는 人이라고[20] 한 것으로 미루어서 仁을 개념화하는 일은 더욱 無理한 것이라고 할 것이다. 人間性을 높히는 極致로서 仁을 제창한 것이므로 學을 말한다고 할지라도 그 최후의 목표는 知命耳順하는 진정한 自由獲得에 두었다[21]고 해야 할 것 같다. 그래서 孔子의 思想을 굳이 學問으로 말한다면 全人的인 學問이라고 불러도 좋을 것이다. 이러한 全人的인 學問의 의미를 대표하는 말로는 「道」라고 지적하고 싶고 그 道는 다름아닌 「一以貫之」의 道[22]라고 믿는다. 그렇기에 그 道를 아침에 들으면 저녁에 죽어도 좋겠다[23]고 할 만큼 간절하게 원했던 것이다. 뿐만 아니라 敎育도 여기서 찾으려고 하였다.[24]

이 孔子의 道는 堯舜文武에 淵源을 두었고 天地를 본받은 것[25]이니 首弟子인 顔子가 우러러보는[26] 바를 보아도 짐작이 간다. 이것은 顔子의 外的 관찰에 지나지 않지만 孔子 스스로의 內外 兩面은 그 말씀을 통하여 더욱 선명해지는 것 같다.

「君子不器」[27]는 초월한 사람의 高邁함을 말한 것 같고 「無可無不可」[28]는 상대적인 가치를 넘어선 義의[29] 自由로움을 말한 것 같다. 그렇다고 普遍性이나 一般性만을 강조하지 않는다. 周하는 普遍가운데

---

20) 仁者人也 親親爲大…(中庸章句 20章)
21) 吾十有五而志于學 三十而立 四十而不惑 五十而知天命 六十而耳順 七十而從心所欲 不踰矩(論語 爲政)
22) 子曰 參乎 吾道一以貫之(論語 里仁)
23) 子曰 朝聞道 夕死可矣(論語 里仁)
24) 修道之謂敎(中庸章句 1章)
25) 仲尼祖述堯舜憲章文武 上律天時 下襲水土(同)
26) 顔淵喟然歎曰 仰之彌高 鑽之彌堅 瞻之在前 忽然在後(論語 子罕)
27) 論語 爲政
28) 論語 微子
29) 子曰 君子之於天下也 無適也 無莫也 義之與比(論語 里仁)

도 不比하는 特殊性이 있으며[30] 學과 道와 立을 더불어 할 수 있는 一般性 속에도 최후에 함께 할 수 없는 權의 신성한 個別性이 있음[31]을 말하고 있다. 이러한 말씀들은 曾子가 一貫之道를 忠恕로 代辨한[32] 것과는 분석했다는 점에서 다르게 생각된다. 朱子에 의해서 忠은 盡己하는 것이고 恕는 推己하는 것으로 풀이되어 더욱 분석되어 갔다.

② 孔子의 基本的 理論
㉠ 本源으로서의 道

孔子께서 太極을 말한 이후로 그 太極은 儒家哲學의 중심문제로 다루어져 왔다. 一을 말하고 多를 말할 때에 兩者의 關係의 體系를 세우는 일은 古今東西의 哲人들에게 주어진 難題였다.

太極이라고 할 때 이것은 과연 一에 속하는가, 多에 속하는가, 아니면 어느 쪽에도 속하지 않는 것일까, 또는 양쪽에 다 소속한다고 할 것인가 하는 等等의 문제가 발생할 수 있을 것이다.

그런데 孔子는 太極이 그 어느 쪽에 있다는 言及이 없고 다만 「易有太極」이라고만 하였다. 易과 太極과의 관계해명이 필요하게 된다.

易이 運動하는 시간적인 변화라고 할 때 「易有太極 是生兩儀」에서 是生兩儀의 是는 무엇인가? 易이 生生하는[33] 운동이라면 운동하겠끔 해주는 것은 무엇일까? 太極이 運動의 原因者라면 「太極生兩儀」라고 해야 옳을 일인데 「是生兩儀」라고 한 데는 이유가 있을 것이다. 朱子도 初年에는 太極은 體요 動靜은 用이라고 이해하였다가 晚年에 太極은 體가 아니라 「本然之妙」로 訂正한 바[34] 있다. 太極과 易(陰陽)의 所在處가 각각 다르게 인식되어서는 아니되기 때문이다. 여기서 「是生兩儀」라고 한 의도를 이해할 수 있다. 「是生兩儀」의 是는 「易有太極」의 易과 太極을 겸해서 이어받는 대명사이니 만큼 條理上으로는 이 양면에서 고찰되어야 할 것이다. 그러므로 太極의 統體的인 측면에서도 一太極이요 易이 各一物의 측면에서도 또한 各具 一太極이라고[35] 朱子는 말하고 있다. 따라서 太極은 統體一太極側에서만 보거나

---

30) 子曰 君子周而不比 小人比而不周(論語 爲政)
31) 子曰 可與共學 未可與適道 可與適道 未可與立 可與立 未可與權(論語 子罕)
32) 曾子曰 夫子之道 忠恕而己矣(論語 里仁)
33) 當有之謂大業 日新之謂盛德 生生之謂易…(易 繫辭上)
34) 熹向以太極爲體 動靜爲用 其言固有病 後己改之曰 太極者本然之妙也 動靜者所乘之機也(朱子文集 卷45 答楊子直)
35) 萬一各正 小大有定 言萬個是一個 一個是等個 蓋統體是一太極 然又一物各具一太極

一物各具一太極側에서만 보는 弊端은 제거되어야 할 것이다. 즉 一에
서도 多에서도 아울러 살펴보아야 하는 동시에 太極에서도 一과 多를
고찰함이 필요할 것이다.

　周濂溪는 無極을 말했을 뿐만 아니라 「太極動而生陽 動極而靜 靜而
生陰 靜極而復動…」[36]이라고 運動變化를 太極과 연관시켰다. 「是生兩
儀」의 生과 「太極動而生陽…」의 生이 어떻게 비교되느냐 하는 새로운
문제에 逢着하게 된다. 「是生兩儀」의 是는 「易有太極」을 받는 그 生
이므로 陰陽과 太極이 아울러 작용되고 있음을 알 수 있음에 비추어
「太極動而生陽…」의 生은 太極만이 관여하고 있음에 주의할 필요가 있
다. 「一動一靜 互爲其根」하여 動靜無端한 理를 太極으로 闡明해주
었으나 반면에 그 理의 本末先後라는 새로운 論理的인 문제를 안게 되
었다. 「是生兩儀」의 生에서는 太極만이 아니라 陰陽이 함께 관여하고
있는 만큼 理와 함께 氣의 요소를 배제하지 않고 있다. 孔子의 이러
한 本源에 대한 道的인 이해는 周濂溪에 의하여 理的인 이해로 전환
되어 간 것이 아닌가 생각된다.

　孔子는 本源에 대해서만이 아니라 運動變化에 대해서도 道로 이해
하는 특색을 가지는 것으로 보인다.

　㉡ 流行으로서의 道

　乾道의 變化(乾象)라든가, 反復道(乾三象)라든가, 乾道乃革(乾文四)
또는 通乎晝夜之道(繫上 4章) 등의 표현은 道의 變化(繫下10章) 즉 時
間性을 나타내는 말들이다. 條理上 이 변화는 변화하는 事實과 변화하
는 理致로 구분하여 道와 器로 나누고 있지만[37] 易有太極의 의미에서
는 理致와 事實이 하나의 道로서 不可分離임을 위에서 살펴보았다.
「一陰一陽之謂道」[38]라고 할 때 이 道는 변화하는 사실이 아니라 변화
하는 理致를 가리키는 道이기는 하지만 그 道는 陰陽을 떠나서 표현된
것은 아니다. 論理上 形上의 道와 形下의 器를 가르기도 하였으나 程
子는 이것을 간파했기에 道와 器의 不可分離를[39] 말했을 것으로 생각
된다. 따라서 器나 陰陽이나 事實의 變化의 理解는 바로 道의 時間性

　　　　(朱子語類 卷94)
　36) 無極而太極 太極動而生物 動極而靜 靜而生陰…(周濂溪 太極圖說)
　37) 形而上者 謂之道 形而下者 謂之器(易繫辭上 12章)
　38) 同上 頣
　39) 器亦道 道亦器(二程全書)

파악이 될 것이다.

時間問題의 骨子는 永遠을 만나는데 있다고 할 것이다. 「陰陽不測之謂神」이라고[40] 하고 時가 중요한 것을 매우 강조하면서도[41] 永遠에 대한 條理의 知的 說明은 피하고 있는 것 같다. 다만 乾卦 全體 속에 함축되어 있는 것이 아닌가 생각된다.

周濂溪에 이르러서 陰陽動靜의 時間的 理論이 새롭게 시도된 바 있다. 그의 「動極而靜…靜極而復動」(太極圖說)한다는 時間變化와 「動而無動 靜而無靜」[42]의 神妙萬物은 그의 永遠觀이라 할 수 있을 것이다. 그러나 「動而生陽…靜而生陰」한다고 말할 때 그 말에 집착이 되어서는 間斷이 생기는 病痛이 생기기 쉽다.

栗谷(1536~1584)의 말이 상기된다. 즉

「動靜의 機는 別途로 그 무엇이 있어서 시키는 것이 아니다. 理氣도 또한 先後로 말할 수 있는 것이 아니다. 다만 氣의 動靜은 理가 根柢가 되므로 太極이 動해서 陽을 낳고 靜해서 陰을 낳는다고 말한 것 뿐인데 만일 이 말에 집착이 되어서 太極을 陰陽에 앞서 독립하여 陰陽이 無로부터 有로 된다고 생각한다면 陰陽에 시작이 있는 것이 되는 가장 活看해서 깊이 玩味해야 한다」[43]

고 하여 그의 時間觀을 설파한 바 있다. 天行이 健하다[44]는 의미의 설명으로 받아들여진다.

그런데 여기서 動과 靜을 이어주는 계기가 무엇인가 하는 것이 문제가 된다. 즉 動極而靜이나 靜極而後動의 極이 무엇인가 하는 문제이다.

---

40) 易繫辭上 5章
41) 豫之時大矣哉(易豫彖)
　　隨之時義大矣哉(同 隨彖)
　　大過之時大矣哉(同 大過彖)
　　險之時用大矣哉(同 彖坎彖)
　　與時行也(同 遯彖 太過彖)
　　解之時大矣哉(同 解彖)
　　革之時大矣哉(同 革彖)
42) 動而無靜 靜而無動物也 動而無動 靜而無靜神也 動而無動 靜而無靜 非不動不靜也 物則不通 神妙等物(通書 動靜第16)
43) 臣按 動靜之機 非有以使之也 理氣亦非有先後之可言也 第以氣動靜也 須是理爲根柢 故曰 太極動而生陽 靜而生陰 若執此言以爲太極獨立於陰陽之前 陰陽自無而有 則非所謂陰陽無始也 最宜活看而深玩也(聖學輯要 卷2 無極而太極條)
44) 天行健 君子以自彊不息(易乾象)

極은 몰라서도[45] 아니되며 時極을 잃어도 아니되는[46] 지극히 중요한 것이다. 계기로서의 極을 易에서는 善이라고 하였으나[47] 一寒一暑하는 一年 季節變化에서는 그 極으로서 春分·夏至·秋分·多至를 들 수 있을 것이다. 善이라고 지적한 極은 一陰一陽之謂道의 理를 주로 하여 하는 말이요 季節變化를 일으키는 분수령으로서의 極은 陰陽推移의 中點을 주로 해서 하는 말이다. 여기에서도 極이 至極의 理인가 또는 中인가 하는 견해의 分岐點이 있는 것으로 看做된다. 孔子는 理나 中으로 말하지 않았고 善이 繼之한다고 하였으니 이 善이란 理로 볼 것인가 아니면 中으로 이해할 것인가 하는 哲學的인 문제가 들어 있다.

먼저 中에 관한 文獻上의 고찰을 해보기로 한다.

② 文獻上에 보이는 「中」

① 「論語」에서의 「中」

「論語」에 보면 「中」에 관한 언급이 다음과 같이 모두 25 個處에 달한다.[48]

 1 祿在其中矣(爲政 18 章)
 2 雖在縲絏之中(述而 1 章)
 3 中道而廢(雍也 12 章)
 4 中人以上(雍也 21 章)
 5 中人以下(雍也 21 章)
 6 中庸之爲德也(雍也 29 章)
 7 樂亦在其中矣(述而 16 章)
 8 立不中門(鄉黨 3 章)
 9 車中(鄉黨 19 章)
 10 言必有中(先進 14 章)
 11 億則屢中(先進 18 章)
 12 則刑罰不中(子路 3 章)
 13 刑罰不中(仝上)

---

45) 濡其尾 亦不知極(易 未濟初象)
46) 不出門庵凶 失時極(易 節二象)
47) 一陰一陽之謂道 繼之者善 成之者性也…(易 繫辭上 5 章)
48) 中直與九五因卦中直同即中正也(來駐易經圖解 卷4 同人九五駐)

　　14　直在其中(仝 18 章)
　　15　不得中行而與之(仝 21 章)
　　16　耕也餒在其中矣(衛靈公 32 章)
　　17　學也祿在其中矣(仝上)
　　18　且在邦域之中矣(季氏 1 章)
　　19　龜玉毀於櫝中(仝上)
　　20　中論(微子 8 章)
　　21　行中慮(仝上)
　　22　身中淸(仝上)
　　23　廢中權(仝上)
　　24　仁在其中矣(子張 6 章)
　　25　允執其中(堯曰 1 章)

　위의 25 處의 中은 다음의 몇가지로 類別할 수 있다. 즉 첫째는 단순히 장소를 가리킨 中이 5 個處(2, 8, 9, 18, 19)이고, 둘째는 愼言·愼行·飮食·耕作·博學 등의 行爲過程을 의미한 곳이 7 個處(1, 3, 4, 7, 16, 17, 24)가 된다. 셋째로는 適中의 뜻으로 사용된 中이 8 個處(10, 11, 12, 13, 20, 21, 22, 23)며, 넷째 無適不及을 의미한 것이 2 個處(6, 25)며, 끝으로 사람을 지칭한 곳이 3 個處(4, 5, 15)에 이르고 있다. 이 가운데서도 直(14)이나 權(23)이나 仁(24)이나 人(11, 12, 15)을 中과 관련해서 말한 것은 그 뜻이 간단하지 않다.
　四書「中庸」에서 말한 中을 다음에 살펴본다.

　②「中庸」에서의「中」
「中庸」에서「中」字가 보인 곳은 모두 다음과 같이 22 個處에 나타난다.

　　1　未發謂之中(1 章)
　　2　發而皆中節(仝上)
　　3　中也者天下之大本(仝上)
　　4　致中和(仝上)
　　5　君子中庸(2 章)
　　6　小人反中庸(仝上)
　　7　君子之中庸(仝上)
　　8　君子而時中(仝上)
　　9　小人之中庸(2 章)

10 中庸其至矣乎(2章)

11 用其中於民(6章)

12 陷阱之中(7章)

13 擇乎中庸(仝上)

14 擇乎中庸(8章)

15 中庸不可能也(9章)

16 中立而不倚(10章)

17 君子依乎中庸(11章)

18 不勉而中(20章)

19 從容中道(仝上)

20 道中庸(27章)

21 齊莊中正(31章)

22 洋溢乎中國(仝上)

위의 22個處의 中은 다음의 몇가지로 유별된다. 즉 첫째는 內面과 有關한 것이 한 곳(1)이요, 둘째는 外面과 관계있는 것이 1個處(1)이며, 셋째는 槪念規定의 뜻으로 쓰인 것이 2個處(3,7)이다. 넷째로는 一貫性이 부여된 中으로 4個處(4,10,15,17)에 언급되어 있으며, 價値的인 뜻으로 人 또는 君子와 관련해서 쓰여진 곳이 8個處(5,8,9,11,13,14,16,20)이다. 그밖에 장소를 나타내는 것이 2個處(12,22)이며, 適中의 中이 3個處(18,19,21)로 되어 있다. 장소나 가치의 中은 간단하지만 一貫性이나 사람과의 관계, 혹은 內面·外面·槪念規定 등에 이르러서는 단순하지 않다.

「論語」중에 표현된 中과 中庸의 中과 비해서 中庸 중에는 中·中節·中和·中庸·時中·中立·中正 등으로 다양하게 사용되고 있는 것이 주목된다.

③ 易에서의 中

鄭玄은 易緯乾鑿度를 참고하여 易의 三義를 變·不變·簡易(周易正義卷一 論易之三名)로 이해하였다. 변하는 現象 속에서 변하지 않는 理致를 알면 事物處理도 쉬울 것은 事理에 비추어서 당연하다고 할 것이다. 陰陽의 변화속에서 所以의 道를 이해시키고 일상생활을 쉽고 바르게 인도하는 理論이라고 할 것이다.

易에서는 陰陽을 爻로 구별했고 道는 三才로 一貫했고 판단의 척도

로서 中正을 제시해주고 있다. 易傳 중에는 中字가 모두 85回나 사
용되고 있다. 二五爻位에 따라서 中을 의미하고 初三五를 陽位의 正,
二四上을 陰位의 正으로 보아서 中正의 뜻을 나타냄은 易의 독특한 意
味附與라고 하겠다. 中字가 관계된 文句를 보면 모두 50個處에 다음
과 같이 사용되었다.

  1 其於中古乎(繫下七)
  2 中吉終凶(訟)
  3 有孚窒惕中吉(訟象)
  4 在師中吉(師二)
  5 仝(師二象)
  6 故謂之中男(說十)
  7 故謂之中女(說十)
  8 仝(說十一)
  9 得中道也(蠱二象)
10 仝(離二象)
11 仝(解二象)
12 仝(夬二象)
13 以中道也(旣濟二象)
14 中孚遯魚吉(中孚)
15 中孚柔在內而剛得中…(中孚象)
16 澤上有風中孚(上孚象)
17 故受之以中孚(序下)
18 中孚信也(雜)
19 不戒以孚中心願也(泰四象)
20 鳴謙貞吉中心得也(謙二象)
21 其子和之中心願也(中孚二象)
22 中心疑者其辭枝(繫下十二)
23 剛健中正純粹精也(乾文)
24 以中正也…(需五象)
25 仝(訟五象)
26 仝(豫二象)
27 仝(晋二象)
28 仝(艮五象)
29 尙中正也(訟象)

30 剛中正履帝位而不疚(履象)
31 文明以健中正而應(同人象)
32 中正以觀天下(觀象)
33 柔麗乎中政故亨(離象)
34 中正有慶(益象)
35 剛遇中正(姤象)
36 九五含章中正也(姤五象)
37 寒泉之食中正也(井五象)
38 剛巽乎中正而志行(巽象)
39 中正以通(節象)
40 同人之先以中直也(同人五象)
41 乃徐有說以中直也(困五象)
42 得尙于中行(泰二)
43 仝(泰二象)
44 中行獨復(復四)
45 仝(復四象)
46 有孚中行(益三)
47 中行告公從(益四)
48 中行无咎(夬五)
49 仝(夬五象)
50 則非其中爻不備(繫下九)

위의 50 個處에 달하는 中句는 中古(1)가 1回, 中吉(2, 3, 4, 5)이 4回, 中男(6)이 1回, 中女(7)가 2回 中道(9, 10, 11, 12, 13)가 5回, 中孚(14, 15, 16, 17, 18)가 5回, 中心(19, 20, 21, 22)이 4回, 中正(23~39)이 17回, 中直(40, 41)이 2回, 中行(42~49)이 8回, 中爻(50)가 1回의 頻度를 나타내고 있다. 그 中에 中正이 단연코 首位며 中行, 中道, 中心의 順位로 되어 있다. 中正 또는 中道는 일반적으로 많이 쓰이고 있으나 中直은 그렇지 않은 感이 있다. 이 中直의 來知德은 中正으로 이해하고 있다. [49] 爻의 陰陽關係로 해석하였으므로 爻位로 보아 他卦의 경우와 마찬가지로 一理없는 것은 아니로되 어찌하여 同人五와 困五에 한하여 中正이라 하지 않고 中直으로 구별하였느냐 하는 점이 의심스럽다.

---

49) 或生而知之 成學而知之 或困而知之 及其知之 一也 或安而行之 或利而行之 或勉强而行之 及其成功 一也(中庸 20章)

中庸에 나타난 中에 비교해서 易의 경우는 陰陽卦爻의 뜻으로 표현된 것이 一般的인 특징이라고 하겠으나 用語上 中正과 中直에 대하여는 특별히 유의하고자 한다.

③ 中庸의 理論的 考察

위에서 「論語」「中庸」「易傳」의 文獻上 中을 살펴보았다. 中에 관해서 가장 많이 사용된 用語가 論語에서는 中(16回)이요, 中庸에서는 中庸(10回)이요, 易에서는 中正(17回)이었다. 總而言之하면 三者의 가장 많았던 것을 中字로 共約할 수 있다. 論語에서의 「中人」과 中庸에서는 「君子」와 易에서는 「聖人」과 관련하여 直과 時中과 中正(直)의 中을 논하고자 한다.

① 中人과 直

「中人以上 可以語上也 中人以下 不可以語上也」(雍也 21章)에서 두가지 疑心이 생긴다. 語上의 上이 무엇인가 하는 것이 첫째요, 中人은 以上과 以下에 어느 쪽에 속하는가 함이 둘째이다. 「形而上者 謂之道 形而下者 謂之器」(繫上 12章)의 上이라면 語上의 上은 道라고 해야 할 것이다. 그러므로 中人以上은 道를 말할 수 있으나 中人以下와는 道談이 不可하다는 말로 이해된다. 이 때의 中人은 文理로 보아서 이상과 이하에 어느 쪽에 속하는가? 上人과 中人만이 論道가 가능하다면 下人은 물론 道談이 不可하다고 하겠으나 그렇다면 「下人不可以語上」이라고 할 일이지 어찌하여 「中人以下」라고 中人을 부쳤을까? 「中人以下」가 中人을 포함해서 그 以下라면 中人은 「中人以上」의 中人과 重複이 된다. 그러나 人間이란 數와 같이 上中下로 分齊되는 것이 아니기 때문에 生知・學知・因知의 구별이 있다고 하더라도 知之에 이르러서는 같으며 安行・利行・勉行의 差가 있다고 하더라도 그 成功에 이르러서는 같다고 할 수 있다. 이 때 上中下를 연결시켜 줄 수 있는 根據는 과연 무엇인가? 性三品說[50]이 連想되기도 한다. 그러나 理論的인 분석이 아니라 孔子가 이것을 端的으로 지적해준 것이 바로 「直」이라고 생각된다. 사람은 直이어야 살 수 있고 이것없이 살 수 있다면 요행이라고[51]까지 하였다. 이렇듯이 「直」이 소중하기는 하나 그

---

50) 韓愈 原性
51) 子曰 人之生也 直 罔之生也 幸而免(論語 雍也)

의미가 黑白中의 어느 하나가 아니라 그것을 넘어서는데 뜻이 있음을
주목해야 할 줄 안다. 父는 子를 위해서 숨겨주고 子는 父를 위해서
숨겨주는 가운데 直이 있다고[52] 한 本旨가 즉 그것이라고 하겠다. 그
러면서도 이 直에는 個人的으로는 禮가 수반되어야 한다[53]는 것이며
社會的으로는 이런 사람을 등용해서[54] 他人의 模範으로 높여야 한다
고 孔子는 말하였다. 禮가 制中의 所以라고[55] 한다면 直도 또한 中에
맞는 것이어야 함은 물론이요 이 中이 權과 有關[56]함을 주의해야 할
줄 안다. 禮의 근본을 물었을 때 「奢侈스러운 것 보다는 검소한 것이
낫고 節次進行에 簡易한 것 보다는 슬퍼함이 낫다」고 대답한 低意를
짐작할 만하다. 다음에 논할 中庸에서의 理論은 論語에 비해서 매우
分析的인 것이 刮目된다.

② 君子의 中庸과 時中

中庸에서 언급된 中에 관한 가장 많은 표현은 「中庸」이었다. 「君子
中庸 小人反中庸」에서 보는 바와 같이 中은 君子의 必須條件으로 이해
되고 있다. 그러한 君子의 中庸은 「君子而時中」이라고 해서 時中이 中
庸의 附隨條件으로 되어 있다. 따라서 君子中庸時中은 一連의 관계를
지속하고 있는 것으로 생각된다.

未發과 已發로 분석되어 中과 和로 구분된[58] 것은 中庸에서 처음 보
인다. 致中和면 天地位焉하고 萬物이 育焉한다(1章)고 한 中和는 實
相이 中과 和로 二分된 것은 아니지만 理論上 분리한 것 뿐이다. 앞
서 말한 君子의 時中은 이 和에 속한 문제라고 하겠다. 和는 陰陽界
內의 일이며 時中의 時도 陰陽內事이니 만큼 時中은 達道로서의 和에
속한다고 해야 할 것이다. 「小人而無忌憚」의 忌와 憚이 兩邊의 의미
를 갖는다면 이 兩邊이 무시된 것이 곧 「小人而無忌憚」일 것이며 忌
와 憚의 兩端을 버리지 않으면서 中節된 것이 時中으로 받아들여진다.

---

52) 葉公語孔子曰 吾黨有直躬者 其父攘羊而子證之 孔子曰 吾黨之直者 異於是 父爲子隱
　　子爲父隱 直在其中(論語 子路)
53) 直而無禮 則絞(論語 泰伯)
54) 子曰 擧直錯諸枉 能使枉者直(論語 顏淵)
55) 夫禮 所以制中…(禮記)
56) 謂虞仲夷逸 隱居放言 身中淸 廢中權(論語 微子)
57) 林放問禮之本 子曰 大哉問也 禮與其奢也 寧儉 喪與其易也 寧戚(論語 八佾)
58) 喜怒哀樂之未發謂之中 發而皆中節謂之和 中也者天下之大本也 和也者天下之達道也
　　(中庸 1章)

孔子는 舜의 大知인 理由도 이 時中實現에 능한 까닭[59]이라고 하겠다.

得中의 방법은 무엇인가? 博學·審問·愼思·明辯의 知와 篤行의 行을 들 수 있다. 行에는 三達德, 五達道의 個人的인 방법과 治國九經의 社會的인 方法의 두가지가 있으나 所歸者는 하나의 誠이라는 것이다. 一身이 있으니 天을 아는 터전이 되고 一身을 가졌기에 天이 될 수는 없는 人間에게는 誠을 알고 誠之하는 것이 最上의 方法이 아니겠는가? 擇善固執하여 誠之하는 과정에서 心身 공히 負擔感을 털어 버리고 自由를 얻도록 希望하는[60] 것이 最善의 方法이 될 것이다. 그러나 또한 孟子의 말과 같이 中이 좋기는 하지만 집착하는 病弊는 막아야[61] 할 것이다.

이 처럼 論語에 비하여 中庸에서는 內外로 분석하여 中庸을 설명하였고 知的인 認識과 돈독한 실천을 들어 理論을 시도하고 있음이 類別하다고 하겠다. 이어서 「易」에서의 中의 理論을 살펴본다.

③ 聖人과 中正(中直)

繫辭上 9章에는 다음과 같이 말하고 있다.

「易 无思也 无爲也 寂然不動 感而遂通天下之故 非天下之至神 其孰能與此 夫易 聖人之所以極深而硏幾也」

여기서 생각되는 것은 聖人과 易이며 易에 통달한 聖人의 境地가 어떤 것인가의 의심을 불러 일으킨다. 그 易은 「易有太極」의 易일 것이다. 「易有太極」을 陰陽으로 爻化하여 64卦로 條理를 세웠으니 變과 不變과 簡易의 의미가 그 가운데 들어 있다. 卦의 位置와 爻의 時位는 乾坤陰陽으로 설명되고 있으나 특별히 유의하고 싶은 두가지는 中正이 그 하나요 調和가 둘이다.

앞서 본 바와 같이 中에 관해서는 易中에 「中正」이 가장 많이 사용되었다. 「中直」이란 用語가 2回 쓰여지고 있으나 이것을 같은 中正의 뜻으로 評釋한 것이 앞서 言及했듯이 來知德이었다. 人生의 지침을 위해서 中正이 무엇보다 소중함은 이해에 어렵지 않다. 周子가 聖人의 中正仁義를 강조함[62]도 그러한 뜻이라고 생각된다. 그런데 來氏

---

59) 子曰 舜其大知也與 舜好問而好察邇言 隱惡而揚善 執其兩端 用其中於民 其斯以爲舜乎(中庸 6章)

60) 誠者 天之道也 誠之者 人之道也 誠者 不勉而中 不思而得 從容中道 聖人也 誠之者 擇善而固執之者也(中庸 20章)

61) 執中無權 猶執一也 所惡執一者 爲其賊道也 擧一而廢百也(孟子 盡心上)

의 말대로 中直이 中正의 뜻이라면 굳이 表現을 달리 할 필요가 어디 있는가 하는 疑心이 생긴다. 여기에는 「直」의 의미가 高調된 것이 아닌가 싶다. 2個處의 「直」이란 同人五象과 困五象에 보인다. 兩卦의 九五는 君位에 있으면서 苦境을 「人生而直」의 「直」으로 극복하는 象이라고 해석할 수는 없을까? 단순히 바르다는 爻位나 社會的인 의미로만 생각할 것이 아니라 困五象에서의 祭祀의 精誠이나 同人五象에서의 先咷하는 忍耐가 生直의 直에 연유된다고 이해하고자 하는 것이다. 아울러 兩卦의 대조적인 性格의 苦痛이 같은 直으로 疏通이 되는 데도 妙味를 느낀다.

다음에 調和에 관해서는 다른 데서 볼 수 없는 特殊性을 지니고 있는 것으로 看做된다. 理性의 一般性은 東西古今이 함께 높혀 왔지만 感性의 同質性을 條理化한 文獻은 易을 제외하고 찾기 어려울 것 같다. 知보다는 好함을 好보다는 樂을 孔子는 高揚하였지만[63] 中의 樂이란 樂天知命(繫上第4章)의 樂에서 더 한 것이 있으랴. 周乎萬物하는 知와 敦乎仁하는 行이 觀念的 認識으로 虛하지 않고 陰陽調和를 통한 感性의 同質인 覺得으로 實을 기하는 일은 바람직한 일이라고 하겠다. 男女夫婦와 自然陰陽의 調和를 中正으로 理論化하여 至善의 즐거움을 공여하려는 의도가 易에 反映되어 있는 것이라면 이미 知的인 理論을 넘어선 것이고, 또한 그것이 易이 가지는 *活力素*라고도 생각된다.

結 論

① 中과 「나」

自己의 座標를 空間에서 無限으로 확산시킬 때에 自身의 위치가 달라짐을 발견한다. 圓의 半徑이 길면 길수록 그 面積은 넓어지겠지만 圓心의 位置는 如前히 존속할 것이다. 그러나 半徑을 일단 無限大로 化한다면 空間上의 圓心의 座標數値가 무의미하고 自身이 서 있는 곳이 宇宙의 中心이 될 것이다.

時間의 문제에 있어서도 類推가 가능할 것 같다. 祖上以來로 吾身

---

62) 聖人定之以中正仁義 而主靜立人極焉 (太極圖說)
63) 子曰 知之者 不如好之者 好之者 不如樂之者 (論語 雍也)

에 이르기까지 年代의 算出이 가능할 것이며 吾以來에 어느 年代까지
는 年數計算이 분명할 수 있겠으나 祖上이전으로 무한히 遡及하고 吾
孫以後로 延長을 無限化할 때에 吾代前後의 時間이 계산될 수 없고 다
만 나, 또는 至今 刹那 등으로 時間感覺이 전환될 것이다. 換言하면
나의 存在란 時空內外의 境界에서의 「이제(今)」와 「여기(此)」와 「앎
(知)」이라는 3次의 斷面이 아닐까? 이 3次란 역시 理論的인 分析에
불과하며 이것을 端的으로 「誠」이라고 지적한 것이 아닌가 생각된다.
鳶魚 및 費隱의 世界와 나 自身의 구별이 있고 없음으로써 「誠」과 「誠
之」이 경계가 달라질 줄 안다.

　Aristoteles는 比率의 中을 論理의 價値로 想定했으나 神의 觀照와
連關을 맺은 데 儒家의 中과의 차이가 있으며, 龍樹의 中이 「絕對」라
면 더욱 말할 것도 없거니와 그것이 아니라고 하더라도 二邊을 부정
하는 데 儒家의 中과 다른 점이 있다. 樂天知命하는 가운데 中正이 實
現되니 毘神과 다르며 執其兩端하는 가운데 時中으로 實踐되니 兩邊
을 부정하는 中과도 같을 수는 없다. 皇極과 人極과는 구별되어야 할
것이니 極을 中이라고 할 수도 없다. 다만 執着을 경계해야 한다는(一
部라고 할지라도) 共通意見이 발견됨은 소홀히 넘길 수 없는 사실이다.

　그러나 時空의 無限化가 物理的으로 성립될 수 있느냐 하는 것과 宇
宙의 創造의 始源을 어떻게 파악하는가 하는 問題는 쉽게 主張을 統
一하기는 어려울 것이다. 여기 前言한 3次의 개념은 孔子와 周子와
朱子를 이어 내려온 理論을 전제로 해서 구성된 것임을 밝혀둔다.

　끝으로 中의 理論을 전개하는 데 있어서 문제로 남는 것이 있음을
添言해야 하겠다.

② 理論化에 남는 問題

馮友蘭은 그의 「中國哲學史」에서 다음과 같이 말하였다.

　「惜在中國哲學中 邏輯不發達 朱子在此方面 亦未着力 故其所謂理
有本只應爲邏輯的者 而與倫理的相混 如視之理 如指視之形式而言 則
爲邏輯的 如指視應該明而言 爲倫理的 朱子將此兩方面合而爲一 以爲
一物之所以然之理 亦即爲其所應該 蓋朱子之興趣 爲倫理的 而非邏輯
的 栢拉圖亦有此傾向 特不如朱子爲甚耳 中國哲學 皆多注重此方面也」
（第 13 章 朱子）

朱子의 理論이 非論理的인 理由가 그의 理에는 倫理的인 理가 混在해
있기 때문이라는 것이다.

孔子는 一道字를 本源과 流行의 兩面에서 보았고, 周子는 그 가운
데에서 理를 方便上 구분해보았고, 朱子는 다시 理氣로 분석해서 體
系를 구성하였다. 그러나 孔門後學이 孔子의 理論을 누가 분석했다고
하더라도 孔子의 道를 基本으로 想念하지 않는다면 온당하다고 할 수
는 없을 것이다. 孔子는 中을 말하더라도 人間과 遊離시키지 아니하
였다. 「中人과 直」, 「君子의 中庸과 時中」, 「聖人과 中正」 등은 그러
한 의미에서 本論文의 줄거리로 다루었다. 따라서 馮友蘭의 立場에서
는 本論文 역시 非論理的이라고 비난을 할 것이며 費隱이나 鳶魚境界
는 非論理層階라고 할 것이다.

그러나 學問이 自然과 社會와 人間에 관한 한 人間과 遊離될 수는
없다. 全人的인 學問理論 속에서 論理的인 體系를 세운다고 하여 時
空을 배제한 「知」만을 論理라고 해야 할 것인가는 문제이다. 여기서
東西의 求知差異가 발생된다. 純粹知라고 할 때 그것이 物理的인 것,
心理的인 것, 倫理的인 것, 宗敎的인 部分을 제거한 餘他에 있다고 한
다면 孔子의 「知」와는 다르다. 孔子의 知의 眞意는 知人에 있으며[64]
知人則哲로 미루어 소위 西洋의 純粹知와는 구별된다. 이와같은 차이
를 밝힘이 없이 일방적으로 평가될 수는 없다.

그렇다고 해서 知人의 形式이 倫理的인 것만이라는 뜻은 아니다. 人
間이 思惟的이며 倫理的이고 倫理的이면서 思惟的이라면 兩者는 분단
될 수가 없을 것이다. 致知만이 소위 論理의 全部가 아니며 格物만이
全部일 수도 없다. 明만이 論理가 아니라 誠도 論理여야 할 것이다.
여기서 知的 眞僞가 明으로 인식되며 價値의 善惡이 誠으로 판단되는
窮極問題에 봉착하게 된다. 中庸이 眞僞와 善惡을 天人으로 문제삼을
때 普遍과 特殊의 상봉이 요구되며 明과 誠의 一元論理가 요청된다.
擇善하는 自由에서 固執를 必然化하는 論理는 論理槪念을 새롭게 하
기 전에는 여전히 問題로 남는다고 하겠다. 서로 만나려면 내려다 보
고 쳐다보는 過程에서 이루어질 것이라고 생각할 때 觀(☲)하는 誠과
臨(☷)하는 법은 매우 重要한 것으로 요약된다. 同을 同에서만 구하

---

64) 樊遲問仁 子曰 愛人 問知 子曰 知人…(論語 顏淵)
65) 惟帝 其難之 知人則哲 能官人 安民則惠 黎民懷之…(書經 皐陶謨)

거나 異를 異에서만 구하는 論理로부터 同而異[66]을 中庸論理로의 轉
換이 兩端의 차질을 求心하는데는 절실하게 요청되는 것으로 생각된
다. 뿐만 아니라 知人의 知와[67] 愛人하는 仁[68]이 一元化될 수 있는 가
능성을 발견하게 된다.

---

66) 上火下澤 君子以同而異（易 睽象)

67) 論語 顔淵

68) 同上

自由에 관하여
—— 孔子의 不踰矩를 中心으로 ——

1

　오늘날 自由라고 할 때 혹은 政治的인 의미로 쓰이기도 하고 經濟的인 뜻으로도 쓰이며, 또는 社會的인 角度에서 말하기도 한다. 居住의 自由라든가 集會와 結社나, 言論의 自由 등 人權의 尊重과 더불어 平等을 高調함은 民主主義社會에서 일반적으로 논의되고 있다.

　우리들은 역시 항상 ①「人間의 意志는 自由다」라든가, ②「그 사람의 一生은 典型的인 自由人의 生涯였다」라든가, 또는 ③「貧困으로부터의 自由」혹은「獨裁政權下에서는 自由가 없다」라는 말들을 사용한다. 이러한 自由라는 用語들은 똑같은 뜻이 아니다. 이처럼 동일한 意味內容으로 쓰지 아니하여도 별로 異常히 여기지 아니한다. 自由는 본래 人間存在의 全體에 관한 問題인 까닭에 그 뜻의 多樣함도 당연하다고 생각된다.

　대체로 ①과 ②는 內的 自由, 그리고 ③과 ④는 外的 自由라고 해도 無妨할 것이다. 內的 自由는 意志와 관련되고 外的 自由는 行動과 관련되는 것이다. 여기서 問題가 생긴다. 즉 意志의 自由와 行動의 自由의 關係는 一致하는가 對立되는가 하는 점이다. 一致한다면 必然性을 보일 것이요, 대립된다면 自由와 必然은 矛盾이 될 것이다. 즉 必然이라고 할 때 他律이 되어 버리고 自由에서는 客觀性을 잃어버리게 될 것이다. 이 問題에 대해서는 東西間에 차이를 볼 수 있고 같은 西洋學者들 사이에서도 반드시 같지는 아니하다.

2

　意志는 內的 自由를, 行動은 外的 自由를 保全한다고 할 때, 意志의 自由는 行動의 自由의 基礎가 된다고 생각된다. 內的 自由에 관한 論

議는 歷史的으로 본다면 그것은 選擇하는 自由와 自律로서의 自由로 전개되어 왔다고 이해된다.

自由意志의 明證性을 적극적으로 肯定할 때, Sartre처럼 自由는 하나의 존재가 아니라, 自由는 人間의 存在,[1] 人間은 항상 全體的으로 自由이다[2]라고 하여 自由를 絕對的으로 주장하는 立場이 가능하게 된다는 것이다. 그러나 우리들은 스스로의 行動이 어떠한 先行條件에 의해서 이미 결정되어 있는 것이 아닌가 하는 疑問을 품을 수가 있다. Spinoza는 「自然 가운데는 단 하나도 우연이라는 것이 없다. 모든 것은 一定한 方法으로 存在하고 움직이고 있는 것처럼, 神的 本性의 必然性에 의해서 결정되어 있다.」[3] 意志의 自由에 의한 決定은 神에 있어서도 생각될 수 없다. 「人間이 스스로를 自由라고 잘못 생각하는 것은 人間은 스스로의 行爲를 意識할 뿐이요, 스스로를 그 行爲에로 결정하는 모든 원인을 모르기 때문이다」[4]라고 主張한다. 여기서 우리는 명백한 決定論의 立場에 설 수 있다는 것을 알 수가 있다. 神的 本性에 의해서 결정된다고 생각한다면, 우리의 自由意識은 물론 目的이라든가 善惡·美醜와 같은 개념도 하나의 妄想으로서 배척되지 아니하면 안 될 것이다.

그러나 항상 自由와 必然은 대립되는 것일까? 그렇다면 自由나 必然中에서 하나를 選擇을 해야만 하게 될 것이요, 만일 對立하는 것이 아니라면, 自由와 必然은 하나로 疏通이 되어야 할 것이다. Spinoza는 「自己本性의 必然性만에 의해서 存在하고 自己에 의해서만 行動하도록 決定되는 것이 自由라는 것이다. 여기에 대해서 어떠한 一定한 方法으로 存在하거나 활동하거나 하는 것처럼 他力에 의해서 決定되는 것은 必然的이라고 하거나 또는 오히려 强制 당하고 있다고 말할 수 있다」[5]라고 말한다. 즉 必然이 自由와 대립이 아니되는 경우도 생각할 수 있을 것이다.

여기서 밝혀져야 할 것은 必然性에 대한 이해라고 생각된다.

1) J.P. Sartre—L'etre et le néant p516 哲學硏究 第508號 自由와 必然 戶田省二郎 所引
2) O.P. cit., p516 同上
3) B. de Spinoza—Ethica 1 Propositio XXIX 同上 戶田氏所引
4) O.P. cit. Ⅰ Propositio XXXV Scholium 同上 戶田氏所引
5) O.P. cit. Ⅱ Definitis Ⅶ 同上 戶田氏所引

③

Aristoteles에 의하면 必然性에는 ⓐ일 수밖에 없다는 것 ⓑ强制的인 것 ⓒ必要不可缺한 것 ⓓ論證의 네가지로 설명되고 있다.[6]

무엇무엇일 수밖에 없다고 할 때 두가지의 경우를 생각할 수 있다. 自己本性의 必然性에 의해서 결정된다고 할 때의 必然性과, 무엇무엇하도록 他力에 의해서 必然的으로 결정된다고 할 때의 必然性과는 각각 그 뜻이 다르다. 自律과 强制의 차이라고 할 수 있다. Aristoteles의 경우 ⓐ는 自律에 속하고 ⓑ는 强制에 속한다. 여기서 또다시 문제 되는 것은 自律이라고 할 때에도 主體에 根源하는 自律이라는 점이다. 그러나 用語를 主體와 客體, 또는 自律과 他律, 또는 自由와 必然 등으로 分明하게 분리해 놓고서는, 兩者의 連接點은 그 표현으로서는 不完全하다고 생각된다.

대개 西洋의 思想에서의 必然에 대한 理解面을 위에서 살펴보았거니와, 과연 東洋思想 특히 孔子에 있어서는 어떻게 다루어지는가 하는 점을 간단히 살펴보고자 한다.

④

自由를 心理的 自由(消極的)와 倫理的 自由(積極的)로 구분한다면, 모든 制約이나 속박으로부터 떠나서 自己 마음대로 하고 싶은 대로 하는 것은 心理的 自由라고 할 수 있으며, 私私로운 情이나 物欲에 이끌리지 아니하고 感情에 흐르지 않는 바른 生活을 위해서, 規範을 세우고 自主的이며 自律할 수 있는 것은 倫理的 自由라고 할 수 있다.

三軍을 거느리는 軍團長을 포로로 잡기는 어려운 일이지만, 그러나 그것도 일단 하고자 決心하면 가능한 일이다. 그렇지만 아무리 身分이 천한 卒兵이라고 할지라도, 그 마음을 세우고 그것을 굳게 지켜가는 사람의 뜻을 빼앗을 수는 없다.[7] 이처럼 他力에 의해서 움직이지 아니하는 굳은 意志는 自由로서만 지킬 수 있는 것이다. 自主性을 잃

---

6) Cf Aristoteles: Metaphysica △5 (1015a30∼1015bg) 同上 戸田氏所引
7) 三軍可奪帥也 匹夫不可奪志也(論語 子罕)

고 他人에 따라 附和雷同하고 主體性없이 威力에 굴복하는 것은 積極
的 自由가 喪失되는 것이다. 判斷에 혼들리지 아니하고 事物에 근심
하지 아니하며 威力에 겁내지 아니함은 倫理的 自由인 것이다.[8] 匹
夫에게서도 빼앗을 수 없는 의지가 있음을 볼 수 있고, 이러한 意志
는 引導如何에 따라서 미혹되지도 않으며 근심하지도 않으며 겁내지
도 아니하는 온전한 人間이 될 수 있다는 것이다. 이러한 것은 누구
에게도 바람직한 일이지만 누구에게나 다 가능한 것은 못된다. 孔子
께서는 君子를 물었을 때, 「안으로 反省해서 부끄러움이 없으니 무엇
을 근심하며 무엇을 두려워 하랴」[9]고 司馬牛에게 대답하였다. 孟子께
서도 「스스로를 돌이켜보아서 바르면, 비록 千萬人이 앞으로 온다고
하더라도 나는 가겠노라」[10]고 하였다. 이러한 大勇은 心中에 秋毫도
그릇됨이 없을 때 可能하다는 것이다. 즉 不憂不懼할 수 있는 心志없
이 大勇大行이 이루어질 수는 없다. 그러므로, 「대개 意志란 氣의 거느
리는 바이기에, 그 意志를 堅固하게 維持하고 氣를 함부로 하지 말라」[11]
고 孟子는 말하였다. 氣를 害함이 없이 意志를 항상 바르게 가지는 일
은 매우 중요한 일이다. 意志는 目的이요 氣體는 手段이므로, 目的的
인 意志일 때 自主獨立의 自由人이 가능한 것으로 믿어진다. 孟子는 浩
然의 氣를 말한다. 牛馬가 제 아무리 主人의 飼養으로 몸이 기름지다
고 할지라도 고삐에 끌려다니는 限, 어찌 고삐없이 自適하는 牛馬의 自
由를 당하랴. 氣의 拘碍됨이 없어야 目的的일 수 있다. 孟子는 이렇게
말한다. 「天下의 廣居에 居하고 天下의 正位에 서서 天下의 大道를 행하
여 뜻을 얻으면 國民과 더불어 實行하고, 뜻을 얻지 못하면 홀로 그 道
를 행하니, 富貴도 犯할 수 없고 貧賤도 옮길수 없고 威武도 그를 屈
伏시키지 못한다」[12]고, 그의 微動도 아니하는 自由를 엿볼 수 있다.

孔子는 一生을 回顧하여 다음과 같이 말한 바 있다.

「나는 15세 때 學問에 뜻을 두었고, 30세에 立志가 되었고, 40세
때에는 主觀이 혼들리지 아니하게 되었고, 50세 때에 天命을 알게

---

8) 知者不惑 仁者不憂 勇者不懼(論語 子罕)
9) 司馬牛問君子 子曰君子不憂不懼曰不憂不懼斯謂之君子己乎子曰內省不疚夫何憂何懼
 (論語 顏淵)
10) 自反而縮雖千萬人吾往矣(孟子 公孫丑上)
11) 夫志氣之帥也氣體之充夫志至焉氣次焉曰持其志無暴其氣(孟子 公孫丑上)
12) 居天下之廣居立天下之正位行天下之大道得志與民由之不得志獨行其道富貴不能淫貧賤
 不能移威武不能屈(孟子 滕文公下)

되었고, 60세 때에는 모든 事理理解에 부족이 없게 되었고, 70세 때에는 마음에 하고자 하는데 좇아도 法度를 넘지 않게 되었다.」[13]
여기서 보면 공부를 시작한 後는 立志·不惑·知天命·耳順·自由의 段階로 발전해온 過程을 짐작해볼 수 있다.

孔子가 생각했던 진정한 自由란 과연 어떠한 것일까? 나의 道는 하나로 꿰였다[14]라든가, 나는 이와 달라서 可한 것도 없고 可하지 않은 것도 없다[15]고 한 것이라든가, 또는 君子는 고집하는 일도 없고 否定만 해버리는 일도 없이 다만 義를 따를 뿐이다[16]고 한 것이라든가, 심지어는 無爲로 다스리는 이는 舜임금[17]이라고 말한 등등은, 한결같이 하나의 境界를 表明해 준 것으로 看做된다. 이 하나의 境界의 端初는 우리들의 意志일 것이다. 端初로서의 意志는 自律的인 同時에, 行動의 自由 즉 周圍環境이 行動을 구속할 수 없는 大勇을 수반해야 한다. 즉, 意志는 自律的이며 行動은 能動的임을 의미한다. 여기서 유의해야 할 것은 意志의 自律을 말할 때 그 所由來가 어디 있는가 하는 점이다. 全體를 위하는 公과 義에서 由來된 것인가, 그렇지 아니하면 하나의 私己에 根源한 것인가, 하는 점은 앞에서 언급한 바 孔子의 하나의 境界를 連接시켜주느냐, 단절시켜 버리느냐의 重要한 分岐點으로 보인다.

그러나, 自律 또는 主體의 端初로서의 意志라고 할 때의 自律이나 主體가, 他律과 客體와 相對 對立 내지는 단절되어버린 自律이나 主體라고 한다면, 그 意志는 行爲結果와 반드시 一致하지 않을 것이다. 다시 말하면, 公과 義가 私己와 對立 또는 단절된 것이라면 엄격히 말해서 그것도 不足한 것이다. 公義라는 普遍은 특수라는 個體위에, 그리고 個體라는 特殊는 公과 義라는 普遍에서만 그 眞義를 살릴 수가 있다고 생각된다. 그러므로 이 兩者를 一連하는 關係에서 이해하지 아니할 때에는, 비록 公과 義라고 할 때에도 完全하지 못한 것이요, 私와 己라고 할 때에도 부정할 수만은 없게 된다. 즉 一貫性 속에서 動

---

13) 子曰吾十有五而志于學三十而立四十而不惑五十而知天命六十而耳順七十而從心所欲不踰矩(論語 爲政)
14) 吾道一以貫之(論語 里仁)
15) 我則異於是無可無不可(論語 微子)
16) 子曰君子之於天下也無適也無莫也義之與比(論語 里仁)
17) 子曰無爲而治者其舜也與夫何爲哉恭己正南而已矣(論語 衛靈公)

靜의 端初로서의 意志가 그 무엇에 의해서 命令되는 것이 아니라 스스로 命할 때에 이것이 참으로 意志의 自由로 이해된다. 우리가 무엇을 하고자 할 때의 그 하고자 하는 所由來의 根源으로서의 自由라는 의미인 것이다.

안으로의 自由意志가 밖으로 실현될 때의 行爲는 何等의 外部制約을 받음이 없이 自由意志를 보장해주는 行爲일 수 있다면, 그 行爲는 自由를 成就해주는 행위요, 따라서 이러한 意志와 行爲는 自由와 必然을 分離시켜 주지 아니하는 원만한 一貫性을 지니는 것으로 보인다. 孔子가 마음에 하고자 하는데 따라서 行動하여도 法度를 넘지 않는다고 한 70세 心境은 一生을 學으로 쌓아올린 收穫이라고 믿어진다. 마음에 하고자하는데 따라서라는 말은 換言하면 慾求로 인한 發端이 意志自由를 의미함이요, 行動해서 法度를 아니넘는다는 말은, 行爲의 必然性을 뜻해 주는 것으로 생각된다. 물론 他律의 侍女로서의 必然이란 말은 아니다. 自由意志를 실현 보장해주는 뜻의 行動을, 行爲의 必然性으로 이해하고자 하는 뜻에서 하는 말이다.

5

必然이 自由와 有關하다고 할 때, 과연 그 必然은 强制 당한 것인가, 또는 自律的인 것인가에 대하여 위에서 살펴보았다. 그리고 孔子의 不踰矩의 自由를 생각해보았다.

여기서 주의해야 할 것은 主體問題이다. 强制 당한다면 강요하는 主體가 있어야 하고, 自律이라고 한다면 自律하는 主體가 있어야 한다. 前者와 後者의 主體는 어떤 關係에 있는가 하는데 대한 이해는, 매우 중요하며 根源的인 問題로 보인다. 兩者가 전연 異質的인 것이라고 한다면, 必然은 一致할 수도 있고 一致하지 않을 수도 있을 것이다. 他律과 自律의 主體가 同質的인 경우를 생각할 수 있다면, 必然은 항상 一致가 可能하지 않을까 생각된다. 즉 自律에서 얻어지는 必然은 바로 孔子의 心境이었고, 이것은 他에게 命令을 받지 아니하고 스스로 發하는 自由인가 한다. 이러한 自由의 획득은 바람직한 일이다. 그러나 一朝一夕에 이루어지는 것이 아니라 眞積日久에 얻어진다고, 古人들은 한결같이 말하고 있다.

「論語」에서는, 처음에 學을 강조하고 끝에 가서 命을 알아야 君子
가 된다[18]고 하여, 배워서 知識蓄積으로 그치지 아니하고 君子가 되
어야 할 것을 말하고 있다. 大學에서는, 天賦의 明德을 밝히고 百姓을
새롭게 하고 至善에 그칠 것[19]을 처음에 三綱領으로 제시하였고, 끝
에 가서 國家는 利를 利로 삼지 아니하고 義로써 利로 삼아야 할 것[20]
을 가르쳐 修己와 治人을 다같이 중요시하고 있다.

「中庸」에서는 처음에 人間의 本性은 하늘이 命해 준 것[21]이라고 하
여 他律과 自律의 主體的 一貫性을 일러주었고, 끝에 가서 詩 大雅의
皇矣篇 一節을 인용하여[22] 無聲無臭의 上天의 世界를 말하여 초월을 설
명하였다. 요컨대 學을 통하여 君子가 되는 일이라든가, 修己治人으로
大同世界를 建設하는 일이라든가, 人間의 本性을 誠으로 保全하여 초
월하는 일과 같은 것들은 모두 人間의 진정한 自由의 획득과 확보를
위해서 심히 소중한 敎訓이라고 믿어진다.

---

18) 學而時習之不亦說乎(論語 學而) 不知命無以爲君子(論語 堯曰)
19) 大學之道在明明德在親民在至於止善(第 1 章)
20) 此謂國不以利爲利以義爲利也(第 10 章)
21) 天命之謂性(第 1 章)
22) 詩云德猶如毛毛猶有倫上天之載無聲無臭至矣(第 33 章)

儒學의 倫理思想

善의 問題

① 性과 善惡

Ⓐ 性의 意義

넓은 의미에서는 性이라고 할 때 物性과 人性을 다 포함한다. 그러나 性論이라고 하면 一般的으로 人性論을 말한다. 儒學이 「大學」에서 명시되어 있듯이 至善의 世界를 확립하는 것이 궁극의 목표라면 이것의 달성을 위해서는 자연 對他·對自관계가 전제된다. 즉 對自는 自我에 관한 것이요, 對他는 社會에 관한 것이다. 自我에 관한 것은 바로 個人倫理를 뜻하는 말이며 社會에 관한 것은 社會倫理를 가리킨다. 個人倫理나 社會倫理는 보다 앞서서 本質的인 性과 善에 대한 해명이 선행되어야 할 것이다.

人性을 논할 때 대개 天賦的인 것으로 理解한다.[1] 하늘로부터 性品을 부여받았다는 것이다. 그렇다고 하더라도 出生 이전에는 性을 말할 수 없으므로 性은 形體를 가지고 태어난 뒤에 할 수 있는 말이다. 程明道가 靜以上은 說明이 불가능하다고 한 것도 까닭이 있는 것이다.[2] 그러나 出生 이전의 것을 出生 이후에야 언급할 수 있다고 하더라도 두가지 측면에서 고려할 수 있음을 주의해야 할 것이다. 하나는 先天性을 강조하는 立場이요 둘째는 後天性을 강조하는 입장이다. 天賦的인 性을 지나치게 주장하면 形體를 떠나버린 形而上學的인 理로 바뀌어 具體性을 잃을 염려가 있고 後天的인 性을 지나치게 주창하면 形體에 붙들려서 形而下學的인 物로 전락되어 先天性을 상실할 念慮가 있다. 人性을 이해하는데 難點이 여기에 있다.

人間을 學的인 理論으로 파악한다는 것은 無理한 일이다. 마찬가지로 人性을 規範的인 理論으로 체계화한다는 것도 어려운 일이다.

---

1) 天命之謂性 率性之謂道 修道之謂敎(中庸 1章)
2) 生之謂性 人生而靜以上不容說(二程全書 卷~13 面)

앞서 말한 바와 같이 先天性을 잃은 後天性을 고취하거나 後天性을 무시한 先天性을 강조함은 다 같이 一偏에 지나지 않는 것이다. 孔子는 「性相近也習相遠也」(論語 陽貨)라고 하였다. 天賦的인 先天性과 後天的인 氣質性을 겸해 가졌다는 말이니 先天的인 人性으로 말하면 사람사람이 비슷하고 後天的인 習性으로 말하면 피차의 거리가 멀다는 뜻이다. 本源은 서로 가까운데 後習으로 個人差가 심해진다는 말이다.

程子가 性은 곧 理라[3]고 한데 대해서 王陽明(1472~1529)은 心이 바로 理라고 하였다. 여기 性과 心을 구분할 필요가 있다. 心은 理氣를 겸한 것으로 이해하는 傳統的 立場에서는 性은 氣를 가려낸 理로 보는 것이 性則理라는 것이니 따라서 心則理라고 하면 氣의 잠입으로 天性의 純理를 지키기 어렵다는 것이다. 宇宙와 人生을 하나로 파악하는 心則理에서 보면 性則理의 性論은 抽象에 기울어진다는 것이다. 學問的으로 주장을 세우는데 각각 立地의 특징이 있기는 하지만 그 입장을 넘어서서도 妥當性이 있어야 하며 또 필요한 일이다. 같은 孔子의 學說을 기반으로 해서 각각 다른 理論이 나올 수 있다는데 그 外延의 넓음을 알게 된다. 父와 子는 血統이 같다는 同質性이 있는 반면에 엄연히 父格과 子格에서는 차이가 있는 것처럼 天과 人이 生成上으로는 과연 同氣的이라고 하더라도 天格과 人格이 같을 수 없음을 간과할 수 없다.

文章이란 主部와 述部로 구성된다. 形而上學이 主部를 탐구하는 學問이라면 形而下學은 述部를 연구하는 自然社會科學이라고 할 수 있다. 主部만을 탐색하여 人間性을 잃어버리는 일이 있거나 述部만의 窮究로 本源處를 잃어버리는 일이 있다면 이것은 다같이 바람직한 일이 아니다. 여기에 孔子가 말한 性習遠近이 人間에 있어서 분리됨이 없이 하나로 연속되어 있음을 갈파한 점의 眞價를 보여준다. 따라서 人間理解는 主部만의 形而上學工夫나 述部만의 自然社會科學工夫를 止揚해서 文章工夫 또는 文章鑑賞에서 얻어지는 것이라고 하겠다. 人性문제가 人間理解를 그 저변으로 할 때 올바르게 파악된다면 儒學은 더욱 중요시될 것이다.

揚子雲이 「天과 地와 사람에 통한 것을 儒라고 하고 天과 地에 통

---

3) 性即理(中庸 1章 朱子註)

하고 人에 통하지 못한 이를 伎라고 한다」[4]

고 한 것은 人間의 儒學的 이해를 높여준 것이라고 하겠다. 모든 가치의 認識論的 中心이 人性으로 求心될 때 흔들리고 있는 價值觀의 정립을 기대할 수 있고, 분열되어 있는 世界思潮의 整流도 바랄 수 있어서 世界史의 方向設定에 기여된다고 할 것이다.

B 性과 善惡

人性을 모든 가치의 認識論的 求心點이라고 한다면 善은 모든 가치의 實踐論的 求心點이라고 할 것이다. 白紙위에 白色을 그기리 어려운 것처럼 素善위에 相對善을 비교하는 일은 쉬운 일이 아니다. 여기 人間의 本性理解가 어려운 것과 같이 人性의 善함을 논술하는데 難點이 있는 것이다. 孟子는 人性을 善하다[5]고 하였다. 그 善함을 말할 때 반드시 堯舜을 함께 칭하였다. 性의 막연한 一般性을 特定人物을 들어 입증하는 태도이다. 말하자면 堯舜은 性善을 실현한 人物이라는 것이다.

人性의 善함을 孟子는 대개 두가지의 방향에서 論證하고 있다. 演繹的으로는 詩書와 子思의 說을 계승하고 있다. 하늘은 萬民을 나아주었고 萬物에는 法則이 주어졌다[6]는 것은 人과 物이 다 같이 天賦的인 것이 있다는 말이다. 書經에는 「오직 上帝께서 中을 百姓들에 내려주었다」[7]고 하여 仁義禮智信의 不偏不倚의 中을 하늘이 사람에게 주었다는 것이다. 詩書의 이러한 人間에 있어서의 先天性은 子思에 의해서 中庸에 천명하는데 이르렀다.[8] 하늘이 命해준 것이 本性이라고 한 이 뜻의 背景이 詩書의 天, 上帝의 生하고 降한데 있다고 보는 것이다. 孟子는 子思의 「하늘이 命한 것을 性이라고 한다」는 생각을 이어서 性의 先天的인 것을 확신한 것으로 보인다. 周易에는

「한번은 陰하고 한번은 陽한다. 이것을 天地自然의 道라고 한다. 이것을 계승한 것이 善이요, 이것을 형성한 것이 本性이다」[9]

라고 하여 本性의 善함을 말하였다. 本性의 天然的인 것을 詩·書·

---

4) 通天地人曰儒通天地而不通人曰伎(揚子雲 法言)
5) 道性善言必稱堯舜(孟子 滕文公章句下)
6) 天生蒸民有物有則(詩經 大雅)
7) 惟皇上帝降衷于下民(湯誥)
8) 天命之謂性 率性之謂道 修道之謂敎(中庸 1章)
9) 一陰一陽之謂道繼之者善也 成之者性也(周易 繫辭下 5章)

中庸에서 그리고 善함을 易에서 받아들인 것으로 보인다. 이처럼 사람의 本性이 先天的이며 모두 善하다고 할 때 聖凡의 구별없이 萬人이 皆善이라고 할 수 있다. 이러한 普遍性을 孟子는 사람의 感覺속에서도 추출한다.

「味覺에 普遍性이 있어 이것을 먼저 파악한 사람이 易牙며……聽覺에 普遍性이 있어 이것을 먼저 터득한 사람이 師曠이며……視覺에도 普遍性이 있어 子都를 美人으로 보는 까닭도 여기에 있는 것이니……마음에만 오직 普遍性이 없겠는가?」[10]

마음과 感覺에 다 같이 普遍性을 인정한다는 말이다. 感覺의 普遍性을 먼저 체득한 사람이 易牙며 師曠이라는 것이며 마찬가지로 마음의 普遍性을 先得한 사람이 聖人이라고 한다.

이렇듯이 孟子는 사람의 本性이 善한 것으로 이해하였다. 性善이라고 할 때 惡의 원인이 무엇인가 하는 의심을 일으키게 된다. 物慾이 本心을 빠뜨리게 하고 이 物慾은 우리가 肉體를 가지고 있는 때문이라는 것이다. 形色을 天性이라고 하면서도 味覺이나 視覺이나 聽覺이나 臭覺이나 四肢의 安侠 등은 이것을 性이라고 말하지 않는다고 함은 肉體的인 欲望을 惡의 원인으로 보기 때문이다. 즉 孟子에 있어서는 性을 精神的으로는 善, 肉體的으로는 惡의 원인이 될 수 있다고 보았다. 그는 性善을 大者라고 하고 肉體的 欲望을 小者라 하여 大者를 먼저 확립하여 小者을 統制할 것을 역설하고 있다.

한편 人性이 惡하다고 荀子는 주장한다. 배워서 되는 것이 아니며 일삼아서 되는 것이 아닌, 나면서 저절로 그러하다는 것이다. 春秋戰國末期에 극도로 문란하여 倫理綱常이 무너진 社會人들의 모습에서 利를 좋아하고 爭奪를 일삼으며 疾惡殘賊에 기울어지는 惡相을 보아 性惡說을 始唱하기에 이르렀다. 주리면 부르고자 하고 추우면 더웁고자 하고 피로하면 편안하고자 하는 이 傾向性을 방치할 때 禮義文理가 망하게 된다. 그래서 聖王의 王道政治와 聖人의 禮義教育이 필요하게 된다는 것이다.

이렇게 人性을 孟子는 善으로 보았고 荀子는 惡으로 把握하였다. 人性의 先天性을 지적한 것은 兩者의 공통적이라고 하겠으나 孟子는 精神的인 側面에서 善의 天賦性을 荀子는 肉體的인 側面에서 惡의 天

---

10) 口之於味有同耆也……至於心獨無所同然乎(孟子 告子章上)

賦性을 제창한 것은 兩人의 着眼點의 차이라고 하겠다.

荀子에 의하면 師法禮義를 매우 강조한다. 그 師法禮義가 聖人을 기다려서 이루어진다고 할 때 본래 惡한 것이 어디에 聖人이 될 수 있는 可能根據가 있는가 하는 것이 의심스러워진다. 즉 聖凡의 구별 없이 모두 性惡이라고 할 때 聖人이 어떻게 나올 수 있으며 혹 遵法 順禮를 말한다고 하더라도 최초의 禮法을 지은 이 또한 사람이라고 할 때 그 사람도 性惡이 아닐 수 없어서 禮法生起의 原初點이 혼들리 게 되는 모순을 면할 수 없게 된다.

本來의 방향을 따르는 것이 惡이라고 할 수는 없다. 本來의 방향에 는 두가지가 있을 수 없는 의미에서는 善惡以前이라고 해야 옳을 일 이나 當爲的인 의미에서 惡이라고 해서는 아니될 것이다. 性과 善의 本旨가 부정되기 때문이다. 人間의 삶은 聖스러운 것이며 本性은 이 것을 긍정하는 방향에서 善한 것이며 이것을 실현할 수 있는 가능성 도 또한 여기에 있다고 해야 할 것이다.

② 善과 性情

Ⓐ 善의 意義

善字는 「착할 선」이라고 하여 人心의 착한 것을 뜻한다. 원래 착한 動物인 「羊」과 「口」를 모아서 善字가 된 것이다. 아름다운 社會는 사 람들의 善을 기본단위로 해서 형성된다. 性이 哲學 또는 本質的인 표 현이라면 善은 倫理 또는 氣質的인 표현이라고 할 수 있다. 最高價値 를 의미한다. 四書 「大學」의 三綱領中의 제 3 綱領인 「止於至善」은 이 最高價値를 社會的으로 실현함을 의미한다.

과연 무엇을 善이라고 하는가? 孟子는 「하고자 할만 한 것이 善이 라」[11]고 하였다. 可欲이란 「하고자 해야 할 것」이라고도 해석이 가능 하다. 사람의 「하고자 함」이란 善도 惡도 어느 것도 다 가능하나 바 람직한 方向에서 「할만한 것」 즉 「하고자 할만 한 것」이 善의 眞意라 고 하겠다. 그렇지 아니할 때에 「하고자 함」이란 모두 善으로 착각되 기 쉽다. 즉 孟子의 本意는 「순수意欲」을 뜻하는 것이다. 죽기를 싫 어하고 살기를 원하는 「하고자 함」이란 條件없는 순수意欲이다. 그러 므로 이 好生惡死는 사람의 常情인 것이다. 살고자 하는 마음은 그대

---

11) 可欲之謂善(孟子 盡心章下)

로 本性인 것이요 善한 것이다. 性字는 生과 心의 合字로 보아 그 뜻
을 잘 나타내고 있다. 欲心이란 善惡 어느쪽으로도 結果될 수 있느니
만큼 願生의 本來方向으로 순수하게 욕구되어야 하며 또 그러한 欲望
이 善이라는 것이다. 孟子가 性善을 말하되 空虛한 것으로가 아니라
반드시 堯舜을 함께 일컬었을[12] 뿐만 아니라, 堯舜은 本性대로 살고
또 政治를 실현했고 湯王·武王은 道를 행하는데 노력[13]하였다고 한
다. 子思의 말과 같이 하늘이 稟賦해준 것이 性으로서, 堯舜은 이 性
대로의 社會를 具現했고 孟子는 이러한 性을 善으로 판단한 것이다.
이와 같은 善을 인식한다는 것은 매우 중요한 일이다. 삶의 거룩한
欲求를 性善의 方向에서 파악함은 覺醒을 意味하는 것이요 삶과 죽음
의 分別이 뚜렷하지 못한 것은 가장 迷惑된 일이다. 40세에 가서야
不惑의 知를 얻었다[14]는 孔子는「살기를 좋아하고 죽기를 싫어하는
것은 사람들의 常情인데 살고저 하면서 또 죽고자 함은 바로 이것이
惑이라」[15]고 말하고 있다.

　荀子는 善을 人爲라[16]고 한다. 그가 주장하는 性惡論의 근거로 이
렇게 말한다.

「사람의 性에는 날 때부터 利를 좋아하는 바가 있다. 그러므로
이것을 따르면 爭奪이 생기고 辭讓이 없어진다. 날 때부터 질투하
고 싫어하는 바가 있다. 그래서 이대로 가면 남을 해치는 일이 생
기고 忠信이 없어진다. 나면서부터 耳目感性의 欲을 따르는 바가
있어서 聲色을 좋아하는 바가 있다. 그래서 이대로 가면 淫亂이 생
기고 禮義와 文理가 없어진다. 그러니 사람의 性을 좇고 사람의 情
을 따르면 반드시 爭奪이 일어나 分數를 犯하고 다스림을 어지럽혀
서 포악하게 되므로 師法의 敎化와 禮義의 道理를 실천한 뒤에야 辭
讓이 나오고 文理에 맞게 되어 잘 다스려지게 될 것이다. 이것으로
본다면 사람의 본성은 惡한 것이 명백하고 善은 人爲에 의해서 이
루어진다. 」

---

12) 道性善言必稱堯舜(孟子 滕文公章下)
13) 孟子曰堯舜性之湯武身之五覇假之也(孟子 盡心上)
14) 吾十有五而志于學三十而立四十而不惑五十而知天命六十而耳順七十而從心所欲不踰矩
　　(論語 爲政)
15) 愛之欲其生惡之欲其死旣欲其生又欲其死是惑也(論語 顏淵)
16) 人之性惡其善者僞(荀子 性惡)

사람의 天性에는 여러 가지 情欲이 있어서 이것을 따라 행동해 나가면 반드시 惡한 일이 일어나니 사람의 性이 본디 惡하다는 것을 알 수 있다는 말이다. 사람의 性은 본래 惡한 것이기 때문에 반드시 禮義法度가 있어야 한다. 그 禮義法度로 사람의 情性을 바로 잡고 가구어서 바르게 하고 그것으로 사람의 情性을 길들여 인도하여야 비로소 善하게 된다는 論調다. 그는 그것을 다음과 같이 증명한다.

「구부러진 나무는 반드시 삶아서 틀로 바로잡은 뒤에야 곧게 되고 무쇠는 반드시 숫돌에 갈아야 날카로와 진다. 이제 사람의 性은 惡한 것이니 반드시 본받아야 할 師法에 의거한 뒤에야 바로되고 禮義를 얻은 뒤에라야 다스려진다. ……그러므로 性이 善한 것이라면 聖王의 가르침을 저버리게 되고 禮義가 무너지게 된다. 性이 惡하면 聖王의 가르침이 興하고 禮義를 소중히 하게 된다. 그러므로 檃栝은 굽은 나무를 위해서 생기고 繩墨은 곧지 못한 것을 위해서 생긴다. 君上을 세우고 禮義를 밝히는 것은 性이 惡한 것이기 때문이다.」

惡하므로 禮法이 필요하게 되고 이 실천에 따르는 人爲努力이 善을 가져오게 된다는 것이다.

본래 性이 善하다는 孟子의 견해는 순수 意欲이 바로 善이라는데 있고 性이 惡하다는 荀子의 견해는 僞 즉 人爲의 結晶이 善이라는데 있다. 따라서 한편은 本性을 따르는 것이 善이 되는데 비해서 다른 한편은 聖人의 禮法을 지키는 것이 善을 가져오는 방법이라는데 차이가 있다. 禮法制作의 淵源이 聖人의 心性에 있는 한 本性의 先天的인 源泉으로 소급될 수 밖에 없고 따라서 元善은 聖人의 禮法에 앞서서 人性에서 發現됨을 이해하게 된다.

B 善과 性情

善이란 人性의 순수함이요, 心情의 可欲임을 「孟子」에서 보았다. 이제 心과 性과 情에 관해서 좀더 자세히 살펴보기로 한다. 사람은 누구나 「차마 못하는 마음」[17]을 가지고 있다. 天地의 마음은 萬物을 낳아주는데 있고 그 마음은 사람에게 稟受되어 「사람을 차마 못하는 마음」으로 간직된다.[18] 사람이 측은한 마음을 일으킬 수 있는 것도

17) 人皆有不忍人之心(孟子 公孫丑上)
18) 天地以生物爲心而所生之物因各得天地生物之心以爲心所以人皆有不忍人之心(同上註)

이 까닭이다. 이러한 마음은 어느 一部人만이 아니라 모든 사람에게
주어진 것이다. 孟子는 다음과 같이 증명한다.

「이제 사람이 어린이가 우물에 빠지려는것을 보았을 때, 모두 불
쌍하고 측은한 마음을 가진다. 그것은 그 어린이의 父母와 교제를
맺기 위함도 아니요, 그 마을사람들로부터 칭찬을 받기 위함도 아
니며 또한 비난받는 것을 싫어해서 그런 것도 아니다.」[19]

저절로 마음속에서 일어나는 현상이지 결코 條件이 있어서 充足을
위함이 아니라는 것이다. 마음의 보편적인 傾向이며 그렇게 기우러질
수 있는 까닭은 天賦의 性善이요, 反應流出된 것은 善情이라고 하겠
다. 그러므로 모두가 이러한 마음을 가지고 있는데도 이 마음을 갖고
있지 않다면 사람이 아니라고 하였다. 마음의 보편적인 傾向性을 다
시 네가지로 분류한다. 즉 惻隱함을 느끼게 되는 것은 仁性에 기인한
것이요, 남의 잘못을 미워하고 나의 잘못을 부끄럽게 느끼는 것은 義
性에, 辭讓하는 마음을 일으키게 되는 것은 禮性에, 옳고 그름을 분
별하게 되는 것은 知性에 기인한다. [20] 이렇듯이 惻隱·羞惡·辭讓·
是非는 人心의 측면에서 하는 말이요, 仁·義·禮·智는 人性의 측면
에서 하는 말이다. 따라서 人性은 心中에 天命으로 주어진 부분이요,
느껴서 善으로 유출된 것은 心中의 善情인 것이다. 心中의 性은 理로
서 體가 되고 心으로부터 유출된 情은 氣로서 用이 된다. 여기 流出
이란 것은 心의 機能이요, 이 機能如何에 따라서 情은 惡으로도 善으
로도 結果될 수 있다. 즉 善惡은 性과 情에 대한 心의 統率에 매여
있다. 天賦의 性의 方向으로 心이 순종하는 機能은 善情으로 結果되
고 氣質에 끌리어 性이 아닌 방향으로 心의 機能이 작용될 때 이는
惡情으로 結果된다. 心은 理와 氣를 합친 것이요, 性과 情을 통솔하
는 것이다. 惻隱·羞惡·辭讓·是非는 性의 仁義禮智의 端緖로 心中
에 반응된 善情으로서 孟子는 이것을 四端이라고 하였다. 栗谷은 人
性의 自然直出이 善이며 心中에서 計較商量되어 私己로 기울어진 것
이 惡으로 유출된다[21]고 한다. 즉 心이 性대로 곧게 작용된 것이 善이

---

19) 今人乍見孺子將入於井皆有怵惕惻隱之心非所以內交於孺子之父母　非所以要譽於鄕黨
　　朋友也　非惡其聲而然也(同上)
20) 惻隱之心仁之端也　羞惡之心義之端也　辭讓之心禮之端也　是非之心智之端也(孟子 公
　　孫丑上)
21) 此情之發而不爲形氣所揜直遂其性之本然故善而中節可見其爲仁義禮智之端也直發故直

며 心이 情에 끌리어 性이 곧게 作用되지 못한 것이 惡이다. 善과 惡의 情이 心의 기능에 따라서 결정된다고 할 때 문제가 생긴다. 즉 心의 作用으로 性이 善情을 結果할 때 그 善이란 純粹善인가 相對善인가 하는 의심을 불러일으킨다. 韓國儒學史上 退溪와 高峰間의 四七論辯의 中心이 바로 여기에 있다. 純粹善의 善과 相對善의 善이 같다고 하는 견해는 高峰이었고 구별해야 한다고 하는 견해는 退溪의 立場이었다. 純粹善은 性에서 유래된 것이고 相對善은 情에서 유래된 것이라고 생각할 때 性과 情의 二源의 문제가 생긴다. 人間主體의 二源이 있을 수 없다면 純粹善의 善과 相對善의 善은 같아야 하고 善이 다르다면 二源을 면할 수 없게 된다. 善도 性도 情도 다 人間의 心에 관한 것인 以上은 分立될 수 없고 一貫性이 있어야 할 것이다. 그 心이 또한 天地生物의 心이 사람에게 稟賦된 것이라면 天과 性과 性과 情은 각각 단절되어 있는 것이 아니라 일련의 관계를 갖고 있다고 할 것이다. 결과적으로 같은 善이라고 하더라도 所從來를 天賦의 神聖性과 氣質에서 유래된 것과 嚴格하게 구별을 하려고 함이 退溪의 입장이다. 그래서 純粹善의 神聖性과 人間氣質의 相對善을 異質的인 것으로 오해할 때 所從來의 二源을 비난하게 된다. 二源의 非理를 모르는 바 아니나 天理와 人欲을 혼동할 수 없다는 本意를 견지하는 태도라고 해야 할 것이다.

人心과 道心을 논하다 成牛溪와 李栗谷 사이에서 性과 情의 관계에 대한 栗谷의 견해를 석연하게 이해못하는 牛溪를 안타깝게 생각한 나머지 栗谷은 「理氣詠」의 詩를 주었다. 그 詩가운데 「잠잠히 性이 情이 되는 것을 體驗하라」[22]고 한 바 있다. 人心中의 道心 人心문제는 人間의 主體的인 문제와, 性과 情의 문제는 本體와 主體의 관계에 대한 문제라는데 차이가 있다.

荀子가 善을 僞라고 한 것은 後天的인 人爲努力의 結果라는 판단으로서 人心의 氣面에 觀心을 모은 때문이다. 天과 心과 性과 情의 一貫性은 보는 見地에 따라서 의견을 달리할 수 있겠으나, 儒學의 正統的인 입장에서는 孔子와 子思와 孟子를 연결하는 思想的 系譜에서 이

書(答成浩原 心性情圖)

22) 元氣何端始無形在有形窮源知本合沿派見群精水逐方圓器空隨小大瓶二岐君莫惑默驗性爲情(理氣詠呈牛溪道兄 栗谷全書 卷10)

해되어야 할 것이다.

個人倫理

自然과 社會가 遊離될 수 없는 것처럼 社會와 個人도 또한 분리될 수 없다. 家庭도 하나의 작은 社會로 보아서 個人은 家庭과 社會의 基本이 된다. 孟子는 나라의 根本은 家에 있고 家의 根本은 身에 있다[23]고 하였다. 個人과 社會의 관계에서 공존하고 있는 面과 社會를 형성하는 基本單位로서의 個人의 兩面을 살펴야 할 것이다. 個人의 誠敬의 內實과 仁行의 實踐은 社會의 規範을 견고하게 해줄 것이다.

① 誠과 敬

個人에 있어서 人道는 사람이 實踐해야 할 當爲며 誠과 敬은 이 모든 行爲의 資質이 된다.

Ⓐ 誠

儒學에 있어서의 天人合一思想은 天에 대한 原始的인 信仰形態로부터 學問으로 발전해온 것이다.

中國의 自然은 地上에 濕氣가 많고 北方과 南方의 차이는 있으나 空中의 찬란한 天體의 異彩로움에 비교하면 사람들은 하늘에 더 많은 關心을 가지고 살아왔다. 氣候風土에 영향받은 個人生活의 幸不幸을 하늘의 秩序에 依託하고자 하는 태도는 사람들의 信仰心을 싹트게 한 것이다. 그리하여 生活의 吉凶禍福을 하늘이 左右하는 것으로 생각하게 되었다. 나아가서 天은 萬物을 지배하는 主宰者며 天下를 주관한다는 뜻에서 帝라는 用語가 나오게 되었다. 단순한 하나의 大空으로서의 天이 人間을 관장하는 主宰的인 天으로 化하게 되면서 天人의 관계를 뗄 수 없는 것으로 이해하게 되었다. 다시 天과 人間을 抽象化하므로써 公約値를 살피게 되었고 여기서부터 信仰을 學問으로 體系化하는 起點이 시작된다. 그러한 의미에서 宋代부터 天은 理로 받아들이게 되었다. 程子는 自身의 學問이 周濂溪로부터 받기는 하였으나 天理 二字는 스스로의 체득한 바[24]라고 말하고 있음은 이를 입증해주

---

23) 國之本在家家之本在身(孟子 離婁上)
24) 吾學雖有所受天理二字却是自家體拈出來(上蔡語錄 卷上 p5 馮友蘭所引)

고 있다. 子思의 말과 같이 하늘이 命한 것이 「性」이라고 할 때, 이 것은 天理의 顯現이라고 이해하게 됨으로써 人間이란 個人이 아니라 全體를 抽出하여 人性의 哲學이 나타나게 되었다. 天의 理와 人間의 性은 天人을 擬人視하는 天人合一思想의 基盤에서 당연히 同一한 것으로 歸結이 되었다. 天理와 人性을 同一한 것 즉 性則理라고 생각하여 兩者의 性質을 理論化한 것이 즉 性理學이다. 誠은 이 天理와 人性사이에서 문제된다.

「大學」의 三綱領八條目중의 第三條目에 「誠意」가 있다. 뜻을 誠되게 한다는 것이다. 좀 더 구체적으로 설명해서

「이른바 그 뜻을 誠되게 한다는 것은 스스로를 속이지 않는 것이니 惡臭를 싫어함과 같고 好色을 좋아함과 같으니 이것을 自謙이라고 한다. 그러므로 君子는 그 홀로를 삼가한다」[25]

라고 하였다. 남을 속일 수는 있어도 自己는 속이지 못한다. 악취를 싫어하고 好色을 좋아함은 他人에게 정직한 것이 아니라 스스로를 기만하지 않는다는 의미다. 여기에 自謙을 느끼는 것이 바로 誠意라는 것이요, 따라서 君子는 남이 모르는 자기의 홀로에 自謙하도록 삼간다는 것이다.

中庸에는 이 誠에 대하여 다음과 같이 말하고 있다.

「誠이라고 하는 것은 하늘의 道요 誠되려고 하는 것은 사람의 道다. 誠이라는 것은 힘쓰지 않아도 적중되고 생각하지 않아도 얻어지며 조용히 道에 맞는 것이니 이러한 사람이 聖人이요 誠되려고 함은 善을 선택해서 고집하는 것을 말한다」[26]

힘쓰지 않고 생각하지 않고도 조용히 道에 맞는다 함은 그대로 방치해도 된다는 말이 아니라, 善을 가려서 實踐을 거듭거듭하여 부단한 修鍊의 결과로 따로 부담감을 느끼지 않고도 實行이 가능한 경지에 이른다는 것이다. 즉 人道로서의 擇善固執에 의해서 天道에로 접근해 가는 과정과 그 결과를 意味하는 것이다. 즉 天道의 誠과 人道의 誠之하는 誠은 天人의 橋梁이 됨을 생각할 수 있다. 註에 보면 誠이란 眞實無妄한 것이며 誠之란 眞實無妄하지 못한 사람이 眞實無妄하고자

---

25) 所謂誠其意者毋自欺也如惡惡臭如好好色此之謂自謙故君子必愼其獨也(大學 6章)
26) 誠者天之道也誠之者人之道也 誠者不勉而中不思而得從容中道聖人也 誠之者擇善而固執者也(中庸 20章)

함을 말한다고 하였다. 그래서 誠은 天理의 本然한 것이며 誠되고자
함은 人事의 당연이라고 하였다. 따라서 誠은 個人倫理實踐의 資賴해
야할 바이며 誠되려는 노력으로서의 擇善固執은 매우 중요한 것이다.
知性에 밝고 德性을 높이는 일은 이 誠實現을 위한 두가지 側面이다.
德性을 높이는데서 참으로 知性이 밝아질 수 있고 知性을 밝힘이 없
이는 참으로 德性을 높일 수 없다. 德性은 誠에 관한 것이요, 知性은
明에 관한 것으로서 誠으로부터 明함을 性이라고 하며 明으로부터 誠
함을 敎라고 해서 誠하면 明하고 明하면 誠하다고 子思는 말하고 있
다. [27] 道德淵源으로서의 誠은 居敬하는 內省自戒하는데서 보존된다.

B 敬

誠이 子思에 의해서 논술된데 비해서 敬은 程子와 朱子에 의해서
강조되었다. 誠이 對內的인 것이라면 敬은 對外的인 것이며, 敬이 對
自的인 것이라면 恭은 對他的인 것이라고 할 것이다. 그러므로 誠과
敬, 敬과 恭은 表裏關係라고 할 수 있다. 程子는 「誠되면 敬하지 않
음이 없고 아직 誠에 이르지 못했으면 敬然後에 誠이 가능하다」고 말
한다.

論語에서는 「平常無事時에는 공손(外貌)하고 유사시에는 敬하라」[28]
고도 하고 「自己修養은 敬으로 하라」[29]고도 하였다. 孟子에서는 「他
人을 공경하는 사람은 自己도 항상 공경을 받는다」[30]라고 함을 볼 수
있다. 論語와 孟子에 보이는 敬은 행위의 外的 態度를 의미한다. 書經
에서도 「五敎를 敬敷하되 너그럽게 하라」[31]하고 詩經에서도 「공경하
여 들으라」[32]고 하여 論語와 孟子에서 처럼 행위의 外樣態度를 의미
하고 있다. 易經에서는 「敬해서 內를 곧게 하고 義로 바깥을 方正하
게 한다」[33]고 하여 敬과 義를 內外表裏로 말하고 있다. 그러나 程子
는 「義가 밖으로 나타난다고 함은 義가 밖에 있다는 말이 아니다. 敬
과 義가 連結되어서 비로소 그 德이 성하다」[34]고 하여 敬과 義의 不

----

27) 自誠明謂之性自明誠謂之敎誠則明矣 明則誠矣(中庸 22章)
28) 居處恭執事敬(論語 子路)
29) 修己以敬(憲問)
30) 敬人者人恒敬之(離婁下)
31) 敬敷五敎在寬(舜典)
32) 敬而聽之(小節)
33) 敬以直內義以方外(坤卦)
34) 義形於外非在外也 敬義旣立其德盛矣(易傳 坤卦)

可分의 관계를 명시하고 나아가서 「敬은 一을 主로 해서 나아감이 없는 것」[35]이라고 하여 主體的인 의미를 가지게 되었다. 修養에 있어서 德性涵養은 敬으로 하고 進學은 致知에 있음을[36] 아울러 말해주고 있다.

退溪는 「마음은 一身의 主宰요, 마음의 主宰는 敬이라」[37]고 하여 人間의 主體를 敬으로 생각하여 萬事의 根本이 敬에 매어있는 것[38]으로 파악하였다. 물론 每事의 決斷이 他意에서가 아니라 自意의 主體的 判斷이 바람직하기는 하지만 어떻게 해서 主宰力을 지닌 主體를 확립하느냐 하는 것이 결국은 문제가 된다. 일찌기 李德弘(1541~1596)이 退溪에게 어떻게 하면 主體確立이 가능한가를 물었더니 잠시 후에 敬이면 가능하다고 대답했고 敬說이 또한 허다한데 어떻게 하면 忘助의 病에 빠지지 않겠느냐를 물었을 때 그는 많은 說가운데서도 程謝尹朱의 주장이 가장 절실한 것이라[39]고 대답하였다. 이 程謝尹朱의 說이라는 것은 程子와 謝上蔡와 尹和靖과 朱子의 主張을 의미한다. 어떤 사람이 朱子에게 敬은 어떻게 用力해야 하는가를 물었을 때 朱子의 答이 程子는 일찌기 主一無適이라 하고 또 整齊嚴肅이라고도 하였으며 그의 門人 謝氏의 說은 惺惺法이라 했고 尹氏의 說로는 純粹收歛을 말한다는 것이었다. 이 四者의 說은 쉬지않는 無息의 一貫性에 공통점이 있다. 敬이 聖學의 始終이라는[40] 始終도 실은 一貫性을 뜻하는 것이며 또 誠이 基盤이 되어서 間斷이 없는데 도달할 수 있다[41]는 것이다. 움직여 일을 할 때나 일없이 고요히 있을 때나 動靜에 喜厭없이 敬해야 하고 大學에서 일러주고 있는 戒懼나 愼獨은 다 같이 敬工夫[42]라는 것이다. 主體는 有事時나 無事時를 막론하고 버릴 수 없는 것이요, 主宰는 살아있는 한 잃어버릴 수 없는 機能源이 아닐 수 없으니 動靜이나 有無事時를 一貫하는 主體나 主宰야말로 敬의

35) 又曰主一無適敬以直內便有浩然之氣(易傳 坤卦)
36) 涵養須用敬進學則在致知(二程遺書 卷18 p7)
37) 蓋心者一身之主宰而敬又一心之主宰(聖學十圖 心學圖)
38) 敬者一心之主宰而萬事之本根也(聖學十圖 大學圖)
39) 如何可以能立其主宰乎 久之曰敬以立主宰 曰敬之爲說多端何如可以不陷於忘助之病乎 曰其爲說雖多而莫切於程謝尹朱之說乎(退溪言行錄 卷2)
40) 吾聞敬之一字聖學之所以成始而成終者也(聖學十圖 小學圖)
41) 敬是入道之門必以誠然後不至於間斷(言行錄 卷2)
42) 戒懼靜時敬也 愼獨動時敬也(雲峯胡氏 戒愼註)

功이라는 것이다. [43)]

敬이란 실로 入道하는 門이요, 들어간 뒤에 최후로 도달하는 終點은 誠이며 그 결과는 動靜을 통관해서 諸般事用工에 적중한다는 것이다.

사실상 思惟와 행위는 끊어지는 것이 아니다. 思惟없는 행위나 행위없는 思惟란 있을 수 없는 것이다. 敬이 종래에 人間行爲의 外貌로 지적되었던 것이 점차로 內面心性과 관련시켜 생각하게 된 것도 그 때문이다. 人間의 內面의 深淵을 파헤친 그 밑바닥을 靜이라고 周濂溪는 그의 太極圖說에서 말하고 있다. 이 靜을 程子는 敬으로 바꾸어 생각하였다. 儒學에 있어서의 現實性과 積極性으로 인한 對老佛의 소치라고 지적된다.

이렇게 誠과 敬은 互相連關을 가지면서도 兩極化로 弊를 자초하는 일은 경계해야 할 일이다. 敬과 단절된 誠의 極限化로 獨存의 오만을 자처하거나 誠과 단절된 敬의 極限化로 無主의 奴隷가 되어도 바람직한 일이 못된다. 人間을 自覺하여 天道의 誠을 敬으로 誠之하는 生活은 과연 바람직한 일이라고 하겠다.

② 仁과 行

孔子는 仁을 說하고 孟子는 義를 역설하였으며, 易繫辭에 의하면 仁義는 人之道라고 하였다. 仁義는 참으로 儒道의 本領이며 儒者의 體用으로 삼는 바이다. 모든 行爲는 仁에 資賴된다.

Ⓐ 仁의 意義

論語 全篇이 仁으로 요약되지만 仁이 무엇인가라는 概念設定은 없다. 여러 弟子들이 물은데 대한 答辯은 다양하다. 司馬牛에 대하여는 말을 함부로 아니하고 참는 것[44)]이라 하였고 子貢에 대해서는 「일을 잘하는 技術을 원한다면 먼저 그 器具를 날카롭게 해야 한다. 이 나라에 居할진댄 어진 大夫를 섬기고 선비중에서도 仁者를 벗삼는 일」[45)]이라 하였고 樊遲에 대하여도 세번 물은 첫째 答에 「平素에 無事時에는 공손히 하고 有事時에는 敬으로 하되 사람들과 더불어 忠되기를

---

43) 惟敬之功通動靜庶幾不差於用工爾(答李叔獻)

44) 其言也訒(論語 顏淵)

45) 工欲善其事必先利其器 居其邦也事其大夫之賢者友其士之仁者(論語 衛靈公)

비록 夷狄地方에 가더라도 버리지 않는 일이라」[46]하였고 두번째는「먼저 고난을 겪은 뒤에 얻어지는 것」[47]이라 하였고 세번째는「사람을 사랑하는 일」[48]이라 하였다. 子張에 대하여는「공손하면 사람들로부터 모욕받지 않고 너그러우면 大衆의 지지를 얻고 義를 지키면 사람들에게 信任을 받고 일을 부지런히 하면 功이 있고 은혜를 베풀면 사람들을 부리는데 충분하다」[49]하였다. 仲弓에 대하여는「門을 나서서는 귀한 손님을 모시듯이 하며 백성을 부리기를 大祭모시듯이 하며, 내가 원하지 않는 일을 他人에게 베풀지 말라」[50]고 하였다.

위의 모든 대답은 그때그때의 행동에 구체적인 말씀이요, 결코 仁의 全體的인 개념설명이 아니다. 斷片斷片을 예거해서 말해준데 불과하다. 孔子 스스로「나의 道는 하나로 貫通되어 있다」고 하여 全體事物을 一貫하는 普遍者를 파악하고 있음을 말해주고 있다. 子思가 中庸에서「仁이란 곧 사람이다」고 말한 것으로 보아「仁이 무엇인가」라는 물음은 바로「사람이 무엇인가」라는 것과 같아서, 한 말로 그 개념을 설명한다는 것은 무리한 일이다. 그러나 大體로 自己를 완성하는 方向과 社會를 共濟하는 方向에서 고찰할 수가 있다.

仁者가 말을 잘 참는다는 것은 함부로 경솔히 말안한다는 뜻이다. 하는 말에 책임을 느끼므로 조심하게 된다. 無責任한 사람은 豪言壯談하게 마련이다. 劉安世(宋徽宗)가 司馬溫公(1019~1086)에게 一生 동안 지켜야 할 것을 한 마디로 물으니 溫公은 誠이라고 대답하였다. 誠에 도달하는 방법을 물으니 溫公은「妄語를 아니하는 것으로부터 시작된다」고 일러주었다는 것이다. 평소에 獨居時에는 공손하고 有事時에는 敬하라든가 하는 말이 다 誠을 닦는 일 즉 自己完成을 기하는 일이라고 보겠다. 따라서 巧言令色은 鮮仁이라든가 處約이나 處樂에 오래 감내하지 못함은 仁者가 되는데 害로움을 교사해준 말들이다. 自己完成을 위한 肯定과 否定 兩面의 說明들이다.

愛人思想은 社會共濟의 根本原理이다. 樊遲의 물음에「사람을 사랑하는 것」이라고 孔子가 답한 것도 이러한 愛人思想의 發露라고 하겠

---

46) 居處恭執事敬與人忠雖之夷狄不可棄也(論語 子路)
47) 先難而後獲(論語 雍也)
48) 愛人(論語 顏淵)
49) 恭則不侮 寬則得衆 信則人任焉 敏則有功 惠則足以使人(論語 陽貨)
50) 出門如見大賓 使民如承大祭 己所不欲勿施於人(論語 顏淵)

다. 仁者는 능히 사람을 사랑할 줄도 알고 능히 미워할 줄도 안다고 할 때의 能은 積極的인, 能動的인 것으로서 好惡에 대한 올바른 制裁요, 公平한 事理判斷이기도 하다. 이와 같이 孔子의 仁가운데는 一面 自己完成과 他面 社會共濟의 道가 있는 것이다.

孔子가 말한 「一以貫之」를 못알아들은 弟子들이 나중에 曾子에게 물었더니 그는 忠恕라고 대답하였다. 朱子는 忠을 盡己라 하고 恕를 推己라 하였다. 盡己는 天賦의 本來性을 發現하는 것으로서 自我實現이요, 推己란 自我를 미루어 彼我의 구별을 없애고 萬物一體를 통찰하는 根本人情으로 사람을 다스리는 가장 중요한 要諦이다. 孟子는 측은하게 느끼는 마음이 仁의 단서라고 하였다. 朱子는 仁을 사랑하는 理致요, 마음의 德이라고 한다. 事實上 惻隱之心이나 사랑하는 理致나 공통된 뜻이며, 普遍의 의미로 간주된다. 彼我가 하나되는 普遍 또는 一體意識은 自我實現의 긴요한 기초가 된다. 길을 가다 버러지를 밟고 순간이나마 느끼는 그 心境에서 自他의 경계가 없는 仁의 단서를 본다. 凡人은 이 자리를 지나가면 잊어버리고 말지만 어진 사람일 수록 이 心境을 길게 유지한다는 것이다. 顏子를 석달간이나 仁을 어기지 않는다고 칭찬한 것은 이러한 惻隱之心의 持續性을 지적해준 말이라 할 것이다. 그 顏子가 仁을 물었을 때 孔子는 「克己復禮」라고 가르쳐주었다. 보편 또는 一體意識으로서의 仁의 達成은 克己復禮로서 가능하다는 것이다. 自己克服과 禮의 실천이 自我實現의 要諦라는 것이다. 그 具體的인 방법을 다시 물었을 때 네가지를 제시해주었다. 그것이 바로 「禮가 아니면 보지말고 禮가 아니면 듣지 말고 禮가 아니면 말하지 말고 禮가 아니면 행동하지 말라」는 것이다.

程子는 仁을 桃仁, 杏仁하는 말과 같이 種子처럼 생각하였다. 全體性으로부터 이탈되어 部分的으로 독립될 때, 換言하면 健康한 身體에서 手足이 마비되었을 때 手足이 不仁하다고 한다. 部分的인 故障이란 全體性을 喪失했다는 뜻이니 不仁하다는 말을 통하여 仁을 미루어 볼 수 있는 것이다. 이러한 仁의 全體性은 朱子의 말대로 사랑하는 理致요 마음의 德이라고 하겠으나 모든 바람직한 행위를 통해서 더욱 명확해지는 것이다.

B 行

行은 행위를 의미한다. 行爲 이전에 판단이 되어야 하고 판단하기 이전에 思惟過程이 있어야 하며, 思惟하기 이전에는 思惟할 수 있는 心志가 있다. 따라서 모든 行爲는 心志에서 우러 나온다고 해야 할 것이다. 一般性 普遍性에서 個別性 特殊性이 유래되듯이 仁한 心志에서 모든 행위의 當爲規範이 緣由된다고 보아야 할 것이다. 孔子思想에서 價値의 源泉을 仁에, 百行의 根本을 孝弟에 두고 있음을 발견할 수 있다. 論語에

　「君子는 根本을 힘쓰는 것이니 根本이 서고서 道가 生한다. 孝弟라　고 하는 것은 仁을 實踐하는 根本인가 보다」[51]

라고 언급되어 있음에 비추어 孝弟가 仁을 실천하는 행위의 근본이 되는 것이요, 그 由來處가 바로 仁임을 확인할 수가 있다. 根本을 밝혀서 當爲規範을 따를 수도 있고 當爲規範의 실천을 거듭해가는 동안에 根本을 밝혀낼 수도 있는 두가지 방법이 있다. 어느 쪽이든간에 君子는 根本을 힘쓰고 孝弟를 실천한다는 것이다. 사람됨의 바탕이 孝弟로 되어 있는 사람은 犯上하는 일이 거의 없으며 犯上을 좋아하지 않으면서 作亂을 좋아[52]하는 사람은 없다고 有子는 말한다. 下剋上이 없는 안정된 社會를 유지하는 根本價値를 仁과 孝弟의 행으로 생각하는 것이다. 즉 仁이 愛를 주로하는 것이라고 할 때 愛는 愛親보다 더 큰 것이 없으므로 孝弟는 仁을 실천하는 根本이 된다.[53] 따라서 孝行은 仁에 資하여 愛親實現을 그 으뜸으로 한다. 家庭이나 社會를 막론하고 倫理秩序의 기반이 愛親하는 孝弟에 있다는 것이다. 즉 君臣・父子・夫婦・朋友・長幼의 秩序는 이 孝弟에 의해서 유지된 것이 과거의 傳統社會였다. 이 孝는 君臣에 있어서는 義로, 父子에 있어서는 親으로, 夫婦에 있어서는 別로, 朋友에 있어서는 信으로, 長幼에 있어서는 序 등 五倫으로 알려지고 있다.

　君臣이란 民主主義社會에서는 用語의 개념을 行政體系에서 이해할 수 있다. 君은 公選된 首腦요, 臣은 規程따라 임명된 閣僚公務員들이다. 피차에 義를 지킴은 仁政의 民主的 實現에 一助가 될 것이다.

　父子는 人爲나 契約관계가 아니라 天倫이라는데 특징이 있다. 父慈子孝는 傳統社會의 縱的 倫理의 根幹이었다. 父는 子를 사랑하며 人格을 존중하고 子는 父를 孝로서 侍奉하는 일은 父子間의 仁親을 民主

---

51) 君子務本 本立而道生 孝弟也者其爲仁之本與(論語 學而)
52) 有子曰其爲人也孝弟而好犯上者鮮矣 不好犯上而好作亂者未之有也(仝上)
53) 仁主於愛愛莫大於愛親故曰孝弟也者其爲仁之本與(同上註)

的으로 실현하는데 중요한 일이다.

夫婦는 家庭倫理의 橫的 中心이다. 夫婦의 意義는 각각 相對에서 발견할 때 새로워진다. 즉 夫義는 婦에서, 婦義는 夫에서 구해진다는 뜻이다. 相互의 義務도 따라서 달라질 수 있다. 이것을 別이라고 한다. 서로가 別을 간직하는 일은 夫婦間의 仁愛를 달성하는데 가치있는 일이다.

長幼와 朋友는 社會에서의 對人관계로서 피할 수 없는 사람사람의 因緣이다.

長幼는 우선 연령상의 차이를 생각할 수 있으며 父母兄弟의 사이를 미루어서 이해된다. 父母에 대한 尊敬心과 兄弟間의 友愛心을 기초로 해서 長幼間의 倫理는 지켜지게 된다. 孟子에 의하면

「우리집의 老人을 존경하므로서 他人의 老人을 모시는 데까지 미치며, 나의 어린이를 어린이로 사랑하므로서 다른 사람의 어린이에게까지 확대해갈 수 있다면, 天下를 다스리는 일은 손바닥 뒤집는 것처럼 쉽다」[54]

라고 하여 家庭으로부터 社會에로 넓혀가는 基點을 말해주고 있다. 연령이 2배가 되는 어른에 대하여는 父에 대하는 존경심으로 모시고 10년의 年上者는 兄에 대하듯 하고 5년 차이는 친구로 대하며 5인 이상 모여 있을 때면 반드시 長者의 자리를 달리한다[55]는 傳統倫理는 長幼間의 序를 지키는 社會秩序로 民主主義의 法秩序와 더불어 긴요한 일이다.

朋友라고 할 때 朋은 同門을, 友는 同志를 말한다. 交友에는 信을 價値의 기준으로 함이 原則이다. 孔子는 벗을 가리는데 益友와 損友의 別을 「直・諒・多聞」과 「便辟・善柔・便佞」으로 말하고 있다. 孟子는 尙友를 다음과 같이 說한다.

「一鄕의 善士는 一鄕의 善士를 벗으로 삼고, 一國의 善士는 一國의 善士를 벗으로 삼고, 天下의 善士는 天下의 善士를 벗으로 삼는다. 天下의 善士를 벗으로 삼고서도 오히려 부족하다고 생각하여 古人을 尙論한다. 그 詩를 頌하고 그 書를 읽고서 그 사람을 몰라

---

54) 老吾老以及人之老 幼吾幼以及人之幼 天下可運於掌(孟子 梁惠王上)
55) 年長以倍則父事之 十年以長則兄事之 五年以長則肩隨之 群居五人則長者必異席(禮記 曲禮)
56) 孔子曰益者三友損者三友 友直友諒友多聞益矣 友便辟友善柔友便佞損矣(論語 季氏)

서 되겠는가? 그래서 當世를 논하니 이것을 尙友라고 한다.」[57]

當代의 善士를 벗을 삼는데 부족을 느끼면 다시 거슬러 올라가서 古人을 벗삼는다는 말이다. 當代건 過去건 交友에는 信이 소중하니, 그것은 또한 그렇게 해서 輔仁을 위하는 일이 되기 때문이다. 朋友는 相互 切磋琢磨해야 하며, 曾子는 交友로 인하여 輔仁할 것[58]을 주장하고 있다.

行爲는 行爲 이전에 그 資는 바가 있어야 하며 그 資處는 仁이요, 家庭과 社會에 대한 義務로서 五倫은 바람직한 행위가 되는 것이다.

社會倫理

人間社會는 對人關係의 總體로 보아서 家庭과 國家로 나누어진다. 家庭은 父子와 夫婦中心의 道德社會요, 國家는 大衆의 法治社會이다. 孝를 縱으로 하는 信·義·忠·禮는 橫으로 紐帶感을 높여주며 社會를 아름답게 해줄 것이다. 天子의 孝는 天下의 政治를 성공적으로 誘導하고 家長의 孝는 家庭의 安定을, 子女의 孝는 一家의 幸福을 가져오는 것으로 생각해왔다. 孝의 사상을 經으로 하는 緯로서의 信과 義와 忠과 禮는 社會秩序를 유지하는 根本要素이다.

① 信과 義

金力과 權力이 자칫 잘못하면 社會의 균형을 깨치게 되는 경우가 없지 않다. 社會의 現實은 주로 政治力에 좌우되지만 公信과 義理가 수반되므로 해서 더욱 고무되는 것이다.

Ⓐ 信의 意義

天地間의 만물가운데 人間이 가장 고귀하다고 함은 理性을 가지고 天地化育에 참여할 수 있다는데 있다. 생각할 줄 알고 言語를 가지고 있으므로 文化를 창조해오기도 했다. 사람들은 思惟能力으로 道具를 만들어내서 生活에 便利를 도모하였고 言語를 가지고 彼此의 의사를 교환하였다. 이 때의 사람(人)들의 말(言)은 서로 믿었던(信) 것이

57) 孟子謂萬章曰一鄕之善士 斯友一鄕之善士 一國之善士斯友一國之善士 天下之善士斯友天下之善士 以友天下之善士爲未足 又尙論古之人 頌其詩讀其書不知其人可乎 是以論其世也是尙友也(孟子 萬章下)
58) 曾子曰君子以文會友以友輔仁(論語 顏淵)

다. 言語는 그 사람의 主體에서 發現되므로 그것을 의심할 수는 없다. 믿을 신字는 이처럼 사람들 사이에서 意思交流로 쓰여지는 말에서 시작되었다. 서로의 信賴는 말로써 맺어진다. 그래서 그 말에 대한 責任을 중요시하므로 「君子가 居室하여 其言이 善하니 千里밖에서도 응한다」[59]고도 하고, 반면에 그렇지 못할 경우에 「말을 먹는다(食言)」고 까지 한다. 古代의 中國民族이 人性이 善하다고 한 것을 능히 짐작할 수가 있다.

曾子는 「朋友와 더불어 사귀는데 不信스러운 일이나 없었던가」[60]라고 하여 信에 대한 自我反省을 강조했고, 子夏는 「친구와 더불어 사귀는데 그 하는 말에 信이 있으면 비록 배우지 아니했다고 하더라도 나는 반드시 배웠다고 하리라」[61]고 하였다. 古來로 儒學에서는 信을 朋友間의 의무로 생각해왔음은 孟子의 說과 다를 바 없다. 그러나 信은 반드시 朋友間의 의무만은 아니다.

孔子는 「言忠信 行篤敬」이라 하고 有子는 「信이 義에 가까우면 言은 實踐할만한 것이다」[62]라고 한 것을 보면 信이 言에 관한 것은 물론이다. 孟子는 「有諸己之謂信」이라고 하여 性善을 의미하고 있고 朱子注에는 信은 言之實이라고 말하고 있다.

孔子가 信을 중시한 말은 더욱 절실한 바가 있다.

「사람이면서 信이 없으면 옳은 것을 알지 못할 것이니 大車에 輗가 없고 小車에 軏가 없으면 그 수레가 어떻게 굴러갈 수가 있겠는가.」[63]

車에 輗軏이 없으면 구르지 못함과 같이 信없는 사람은 사람으로 유지가 어렵다는 뜻이다.

또한 信은 政治에 있어서도 긴요한 것이다. 「千乘의 나라를 다스리는데 事를 敬하되 信이 있어야 한다」[64]든가 「信이 있은 後에 百姓을 부린다」[65]는 것들은 모두 政治的인 信을 의미하는 것이다. 孔子와 子貢의 대화에서 더욱 간절함을 읽을 수 있다.

---

59) 子曰君子居其室出其言善則千里之外應之況其邇者乎(易繫辭上)
60) 與朋友交而不信乎(論語 學而)
61) 與朋友言而有信雖曰未學吾必謂之學矣(同上)
62) 有子曰信近於義言可復也恭近於禮遠恥辱也因不失其親亦可宗也(同上)
63) 子曰人而無信不知其可也 大車無輗小車無軏其何以行之哉(論語 爲政)
64) 子曰道千乘之國敬事 而信節用而愛人使民以時(論語 學而)
65) 君子信而後勞其民(論語 子張)

子貢이 政治를 물으니 孔子이르시되 「식량을 풍부하게 하고 국방을 견고하게 하고 百姓이 이것을 信賴하는 일이다.」 子貢이 묻기를 「반드시 부득이해서 하나를 빼라면 셋중에서 어느 것을 빼야하겠읍니까?」 이르시되 「국방을 빼라.」 子貢이 또 묻기를 「부득이 해서 또 하나를 빼라면 두가지 중에서 어느 것을 빼야하겠읍니까?」 이르시되 「식량을 빼라. 예로부터 사람은 다 죽게 마련인데 百姓의 信望없이 유지된 政府는 없었다.」[66]

차라리 죽을지언정 信은 차마 버릴 수는 없는 일이다. 朝令暮改는 政治에서 가장 禁忌되어야 할 일이다.

그러나 信이란 義를 따르므로서 眞正한 信일 수 있음을 주의해야 할 것이다. 言은 반드시 믿고 行은 반드시 完遂해야만 한다고 생각함은 小人이[67]라는 것이며, 大人은 義를 따를 뿐[68]이라 한 참뜻을 이해해야 할 것이다. 有子語古注의 所謂尾生과 같은 信은 바람직한 것이 못되며 義를 수반하는 信이라야 참다운 信임을 이해해야 할 것이다.

B 義의 意義

義라고 할 때 그것은 人間社會와 具體的인 관계가 맺어진 표현이다. 맺어지기 이전은 義의 기반이요, 그것을 仁이라고 생각한다면 四德(仁義禮智)을 포괄하는 仁이다. 一般者로서의 仁에 근거해서 義의 행위는 실천될 수 있다는 것이다.

義는 周禮에 보이는 六德인 仁聖義忠和中의 하나이다. 論語에도 義의 言及이 여러 곳에 散見되고 孟子도 또한 仁義를 高調하지만, 특히 義를 힘써 강조함이 孔子와 구별되는 점의 하나이다. 中庸에는 義는 宜라고 하였다. 六德 가운데 義라든지 孔子의 論語中의 義라든지 子思 中庸의 義라든지 모두 社會性을 띠고 표현된 義들이다.

孟子는 政客을 상대로 하여 政治的인 義를 갖고 대화를 나누었다. 梁惠王과의 對話는 그 대표적인 것이다. 측은히 느낄 수 있는 마음씨로 政治를 행하면 자연히 仁政이 이루어지고 仁政은 반드시 義를 앞세우게 된다고 한 것은 역시 義는 仁의 기반에서 나온다는 말이다.

---

66) 子貢問政子曰足食足兵民信之矣　子貢曰必不得已而去於斯三者何先　曰去兵　子貢曰必不得已而去於斯二者何先　曰去食自古皆有死民無信不立 (論語 顏淵)

67) 言必信行必果硜硜然小人哉 (論語 子路)

68) 孟子曰大人者言不必信行不必果惟義所在 (孟子 離婁下)

만일에 利를 앞세우고 義를 소홀히 할 때는 서로가 利害爲主의 行爲
一邊到로 기울어지게 되어 下剋上의 無秩序의 風을 가져오고야 말게
된다는 것이니 또한 孟子는 四德인 仁義禮智를 말하면서 羞惡之心은
義之端[69]이라고 하였다. 스스로의 잘못을 부끄럽게 생각하고 남의 잘
못을 미워함이 羞惡라는 것이니 부끄러워하고 미워할 줄 아는 마음은
곧 義의 단서가 된다는 것이다. 부끄러움을 아는데서 勇氣도 나오고[70]
부끄러움을 아는데서 義行도 나올 수가 있다는 것이다. 이러한 義는
또한 理와 더불어 人心의 普遍者라고 孟子는 지적[71]하고 있으며, 浩
然의 氣도 道와 義가 짝이 되어 이루어진다[72]는 것이며 義를 모으지
않고서는 浩然의 氣는 얻어지지 않는다[73]고 하였다.

利에 醉하면 불의에 빠지게 되므로 利를 보면 義를 생각해야 하고[74]
利에 銳敏한 사람은 小人이며 義에 銳敏한 사람은 君子[75]라고 한 것
이다.

漢代의 董仲舒(BC 179～104)는 義를 바르게 하고 利를 꾀하지 말며
그 道를 밝히고 그 功을 계책하지 말라[76]고 해서 義의 중요성을 말하
였다. 國家政治에서도 大義名分을 밝히는 일은 매우 중요한 일이다.
그러므로 君主가 臣下에 義로 임하며 臣下도 君主를 義로 섬긴다는 것
이 바로 五倫의 「君臣有義」이기도 하다. 朱子는 孟子의 梁惠王章에서
仁은 心之德이요 愛之理이며, 義는 心之制요 事之宜라고 註釋하였다.
心之制라고 한 것은 義의 體를 말한 것이며 이것은 程子가 말하는 處物
爲義라는 것이다. 事之宜란 것은 모든 世事에 각각 마땅한 곳에서 하
는 말이다. 楊雄은 義行으로서 일을 마땅히 한다고 하였고 韓愈는 行
動을 마땅하게 함을 義라고 하였다. 일찌기 孟子와 告子는 仁義를 가
지고 內外로 나누어 논란한 바 있다. 孟子가 仁義의 先天性을 인정하
여 仁義는 모두 內라고 생각하는데 비해서 告子는 끝내 仁內義外說을

---

69) 惻隱之心仁之端也 羞惡之心義之端也 辭讓之心禮之端也 是非之心智之端也(孟子 公
　　孫丑上)
70) 知恥近乎勇(中庸 20章)
71) 心之所同然者何也理也義也 聖人先得我心之所同然耳(孟子 告子上)
72) 其爲氣也配義與道無是餒也(孟子 公孫丑上)
73) 是集義所生者非義襲而取之也(同上)
74) 見利思義見危授命(論語 憲問)
75) 君子喩於義小人喩於利(論語 里仁)
76) 正其義不謀其利 明其道不計其功(春秋繁露)

주장하고 있다. 義를 마음의 斷制라고 볼 때 그 義는 內 또는 외 어느 쪽에 속하는가 하는 이해는 매우 중요한 일이다. 程子가 處物爲義라고 한 것은 역시 外部와 관련된 표현이기는 하지만 그렇다고 해서 그의 處物이란 內를 단절해버린 것은 아니다. 朱子는 孟子뿐만 아니라 董仲舒(BC 179~104), 楊雄(BC 53~AD 18), 韓愈(768~824), 程子 등의 견해를 참고로 해서 그 나름으로 義를 정의하기를 心之制요 事之宜라고 하였으며, 退溪는 다시 이 주장을 따르게 되었다.

退溪의 義에 관한 생각은 敬과 더불어 강력하게 주장된다. 敬과 義는 어느 한쪽도 버려서는 아니된다는 것이다. 오로지 集義에만 힘쓰고 主敬을 알지 못할 때 虛驕와 急迫의 病이 있어서 그 義는 혹 義가 아니며 또한 오로지 主敬만을 일삼고 日常生活 속에서 일어나는 모든 일에 公私義利의 分別을 해서 행동을 할 줄 모른다면, 昏憒와 雜擾를 면할 수 없어 敬이 혹 敬이 아닐 수 있게 된다[77]고 한다. 즉 敬은 義를 떠나서는 敬일 수 없고 義는 敬을 떠나서는 義일 수 없다는 退溪의 그 견해는 그로 하여금 敬工夫를 열심히 하게 하였고 義를 一貫하여 실천하는 生涯를 보내게 한 것으로 보인다. 心經을 愛誦함과 官界에의 進退는 이 敬과 義를 明證해주는 것처럼 생각된다.

國家로 볼 때는 利를 利로 생각하지 말고 義를 利로 삼아야[78] 하며, 儒者는 義와 利를 엄격히 구분할 줄 알아야[79] 한다. 그러나 여기서 주의해야 할 일은 利를 無條件 排斥만 한다는 것이 아니라 正義를 목적으로 해서 수반된 利益은 당연한 것으로 儒者는 이것을 바랄지언정 배척할 아무 이유도 없다. 그러므로 원래 利라는 것은 義之和[80]라고 하였던 것이다.

② 忠과 禮

孝子忠臣이 社會의 거울로 欽慕받던 時節의 忠이란 어떤 것인가? 가치를 現實化하는 形式이 禮라면 그 禮는 과연 어떠한 것인가? 仁義를 忠으로 得하고 이 忠을 禮로서 구현한다는 것은 역시 社會에서

---

77) 理學通錄 卷三 余正叔條
78) 國不以利爲利以義爲利也(大學 10章)
79) 義利之說乃儒者第一義(朱子百選 上延平先生)
80) 利者義之和也(易 乾文)

는 바람직한 일이라고 하겠다.

A 忠

忠誠이니 忠臣이니 해서 對人關係에서 그것도 上下秩序에서 강조되
어 온 것이다. 그러나 一般社會에서 云謂되어 오듯이 皮相的 意味로 간
과할 것이 아니다.

孔子의 一貫之道를 忠恕로 曾子는 파악하였다. 「夫子의 道는 忠恕
일 따름」이라고 하였다. 仁義는 原理的인 방면에서 한 말이요, 孝悌
라고 함은 그 實踐的인 방면에서 한 말이요, 誠敬이라고 함은 修養的
方面에서 한 말이요, 謙勇이란 處事的 方面에서, 勤儉은 그의 生活方
面에서, 知藝는 그의 文華的 方面에서 한 말이니 忠恕라고 함은 對人
方面에서 하는 말이다.

人生은 어떠한 원리에서, 어떻게 修養하여 어떻게 실천하고, 어
떻게 對人하며, 어떻게 處事하며, 어떻게 생활하며, 어떠한 文華가
있어야 할까 하는 問題들이 있다. 儒學은 이러한 人生問題에 대하
여 仁義 · 誠敬 · 孝悌 · 忠恕 · 謙勇 · 勤儉 · 知藝로서 대답한다. 仁義
는 儒學的 原理의 요령이요, 誠敬은 儒學的 修養의 要法이며, 孝悌
는 儒學의 實踐的 要路인 것이요, 忠恕는 儒學의 對人的 要訣인 것이
며, 謙勇은 儒學的 處事에 필요한 것이요, 勤儉은 儒學的 生活에 중요
한 것이다. 그리고 또한 知藝는 儒學的 人間의 文華로서 장식하는 것
이었다. 이러한 一連의 人間問題속에서 忠恕는 社會生活에서 對人關係
를 말해준다. 「中庸」에 의하면 「忠恕는 道에서 어그러짐이 멀지 않으
니 내 스스로 원하지 않는 것을 他人에게 베풀지 말라」고 言及되어 있
다. 忠恕가 더욱 중요한 것은 社會問題와 결합되어 있기 때문이다.

陳北溪(?南宋)는 「中心爲忠是盡己之中心 無不實故爲忠」이라 하였고
朱子는 「忠者盡己之心 無少僞妄以其必於此而本焉故曰道之體」라고 하
였으니, 내마음에 맞게함이 忠이라고 보면 그 마음을 미루어서 他人
을 포용해가는 것이다. 즉 내 마음에 맞는다 함은 나의 主體라는 뜻
이요, 따라서 自我確立없이 對人으로 미루어간다는 것은 불가능한 일
이다. 確立된 自我 즉 나의 主體에 機能性이 담긴 것이 忠이라면 前
後上下左右의 사람들에게 원만한 行動이 이루어질 것이다. 「大學」에

---

81) 儒道槪論 柳正基 p94

「上에서 싫어하는 바를 下에 부리지 말며 下에서 싫어하는 바를
上에 섬기지 말고 前에서 싫어하는 바를 後에 먼저하지 말며 後에
싫어하는 바를 前에 따르지 말며 右에서 싫어하는 바를 左에 사귀
지 말며 左에서 싫어하는 바를 右에 사귀지 말라」[82]
고 했음은 忠되도록 일러준 것으로 받아들여진다. 또 그토록 忠이 쉽
지 않음을 孔子는 다음과 같이 한탄하고 있다.

「君子의 道에 네가지가 있는데 나는 그 중 하나도 능하지 못하다.
아들에게 구하는 마음으로 아버지를 능히 섬기지 못하며 臣下에게
구하는 마음으로 임금을 섬기는 일이 未能하며 동생에게 구하는 마
음으로 兄을 섬기는 일이 未能하며 朋友에게 구하는 마음으로 먼저
베푸는 일이 未能하다.」[83]

父子·君臣·兄弟·朋友間에 원만한 對待는 忠으로 말미암아서 달
성된다는 뜻이다. 그래서 忠信을 주로 하라는[84] 말씀을 하기도 하고
言忠信이나 또는 文行忠信이라고도 하였다. 孟子는 敎人을 善으로써
함이 忠이라고 하였다. 또 夫子께서는 「忠焉能勿誨乎」라고 하여 忠한
이에게 가르치지 않을 수 없음을 말하고 있다. 하필 가르치는 일뿐
만이 아니라 忠을 體로 한다면 모든 用은 바람직하다고 한 것이다.
이렇게 忠은 다만 社會에 대하여서 補益性이 있을 뿐만 아니라 國家
的으로의 歸一性도 있는 것이다. 元來에 個人自體가 中心을 다하여
相對者를 補益하여 주는 의미를 國家全體로 확대하여 생각할 때에 全
國의 中心으로 個個人의 中心이 歸一될 수 있음을 示唆한다고 하겠다.
모든 人間이 自己의 中心을 다 하여 他人을 補益하여 준다면 그는 반
드시 전체의 中心에로 歸一될 수 있는 것이다. 中心은 같지만 個人
과 全體의 相違가 있을 따름이다. 自己의 中心을 다하여 全體의 中心
으로 돌아가는 것이 君主에 대한 忠誠이다. 「論語」에 「事君以忠」이나
孝經에 「以孝事君則忠」이라고 함은 다 그 일례라고 하겠다. 그러나
現今에 와서는 忠孝의 原意는 상실되고 政治가 權力化하고 人間은 利
己化함으로서 忠은 이미 個人의 中心에서 國家의 中心으로의 良心的

---

82) 所惡於上無以使下所惡於下無以事上所惡於前無以先後所惡於後無以從前所惡於右無以
交於左所惡於左無以交於右(大學 傳 10章)
83) 君子之道四丘未能一焉 所求乎子以事父未能也 所求乎臣以事君未能也 所求乎弟 以事
兄未能也 所求乎朋友先施之未能也(中庸 13章)
84) 主忠信(論語 學而)

德行이 아니라 도리어 外勢를 빌려서 私欲을 채우는 方便的 폐단만이 남아서 忠을 다만 封建的 殘滓로 오해하고 있음을 밝게 分辨해야 할 것이다.

B 禮

禮記 曲禮上에 의하면 禮는 毋不敬이라고 하여 敬에서 禮가 생기는 것으로 표현되어 있다. 원래 禮字의 구성을 보아 禮가 가지는 始初의 의미를 짐작할 수 있다. 禮字는 示와 豊을 모은 字이다. 示는 原字가 神字中의 示만을 뗀 것이며, 示는 또 다시 二와 小를 합친 字이다. 二는 二로서 上을 뜻하며 小는 上天으로부터 日月星의 光線이 내려 비쳐주는 形象이요, 豊은 曲과 豆를 합친 바 豆는 祭器요 曲은 그릇에 祭物을 담은 모습이다. 祭器에 祭物을 담아서 神에 올리는 敬心의 표현이 禮라는 것이다. 시초에는 이렇듯이 神에게 祭物을 바치는 형식으로 비롯된 것이나 天命의 政治를 하면서 이러한 敬畏之心은 禮를 政治的 法制・社會的 典禮・倫理的 禮儀로 실천하도록 확대해 갔다.

周官은 옛 周代의 法制를 기록한 것이며 이것은 周禮라고 한다. 古代는 祭政一致로 君主의 命令은 즉 天意라고 생각하였다. 法制는 곧 禮요 禮樂政治를 이상으로 하는 儒敎에서 볼 때 王道實現에 매우 중요한 일로 생각되어 왔다.

社會的 典禮로서는 儀禮・禮記에 기록된 바 吉凶軍賓嘉의 五禮라든가 冠婚喪祭의 四大禮 등을 열거할 수 있다. 보통 말하는 禮儀禮式은 주로 이 社會的 典禮를 가리킨다. 風俗 習慣 등이 여기에 속한다.

倫理的 禮儀란 五常의 禮이다. 그러나 倫理的 禮儀라고 하더라도 政治的 法制와 社會的 典禮와 전연 獨立된 別種의 것을 말하는 것은 아니다. 社會的 儀式이나 政治的 法制內에 倫理的 意義를 인정해서 이것을 倫理的 禮儀라고 한다.[85]

禮란 다만 形式的 儀式만이 아니라 더욱 중한 本質的 의의를 갖고 있는 것이다. 形式面과 本質面을 아울러 가지고 있으므로 알맞는 실천이 어려워진다.

「禮라 禮라 말하지만 어찌 玉帛을 말하겠느냐」[86]라는 夫子의 말씀에는 玉帛이라는 形物外에 보다 소중한 一面이 빠져서는 아니되

---

85) 支那哲學槪論 p177 宇野哲人
86) 禮云禮云玉帛云乎哉 (論語 陽貨)

겠다는 말이다. 林放이 禮의 근본을 물었을 때 孔子는

「그 질문이 매우 크구나, 禮란 그 사치스런 것보다는 차라리 검소한 것이 낫고, 장례절차를 쉽게 넘기는 것보다는 차라리 슬퍼하는 것이 낫다」[87]

고 하였다. 검소한 것이 낫고 슬퍼하는 것이 낫다고 하는 것이지 그것이 禮의 근본이라고는 아니 했다. 낫다는 것은 禮의 근본에 가깝다는 말이다. 禮를 門이라[88]고 함도 內(本質) 外(形式)가 마주 만나 있다는 점에서 門이라고 한 것이다. 뿐만 가니라 禮가 가지는 兩面의 또 하나로서는 人情面과 節制面을 들 수가 있다.

禮記坊記에는 「禮란 人情으로 인해서 節制를 하는 것」[89]으로 설명되어 있다. 人情이 치우치면 節制가 아니되고 節制가 지나치다 보면 人情에 금이가는 염려가 생긴다. 그러므로 有子는

「禮의 用이 和가 貴한 것인데 先王의 道는 아름다운지라 小大가 다 이에 말미암느니라. 行하지 못할 바 있으니 和할 것을 알아서 和하기만 하고 禮로서 節制치 아니하면 또한 可히 행치못하느니라」[90]

라고 한 것을 볼 때 人情으로 말미암아서 節制가 무시되지도 않는 이른바 和가 貴하다는 것이며 先王의 道란 다 이와 같이 해서 아름답다고 한 것이다. 孟子에 따르면 「仁之實은 事親이 是也라 義之實은 從兄이 是也라 禮之實은 節文斯二者是也라」고 하였고, 荀子는 禮는 人道의 極이라고 하였다. 朱子는 이어서 禮를 天理의 節文이요, 人事의 儀則이라고 定義하였다.

孔子는 禮 以前에 소중함이 있음을 가르쳐준다. 「사람이 仁하지 못하면 禮가 있은들 무엇하랴」[91]라고 한 말이나, 「그림 그리는 일은 素한 뒤의 일」[92]이라고 한 말들은 다 禮 以前에 人間이 되어야 한다는 뜻으로 이해된다.

---

87) 林放問禮之本 子曰大哉問 禮與其奢也寧儉喪與其易也寧戚(論語 八佾)
88) 禮門也(孟子 萬章下)
89) 禮者因人之情 而爲之節文以民坊者也(禮記 坊記)
90) 有子曰禮之用和爲貴先王之道斯爲美小大由之 有所不行知和而和不以禮節之亦不可行也(論語 學而)
91) 子曰人而不仁如禮何人而不仁如樂何(論語 八佾)
92) 繪事後素(論語 八佾)

禮는 毋不敬이어야 함은 더 말할 것도 없으려니와, 살아서도 禮로 모시고 돌아가신 뒤에도 禮로 모시고 오래오래 祭祀로서 禮를 드리는 일은 社會安定을 위해서 매우 중요한 일이 아닐 수 없다.

儒學倫理思想의 變遷

① 中國의 倫理思想

敬天思想은 中國文化의 始源을 이루고 있으며 政治·道德·宗教의 根幹으로 일관되어 왔다. 修身齊家治國平天下의 儒學理論에서 修身은 對自的으로 齊家治國平天下는 對他的으로 倫理說을 형성하여 갔다. 修身은 各家의 修養說을, 그리고 齊治는 忠孝의 價値觀을 정립하기에 이르렀다. 편의상 先秦漢唐代와 宋明淸代로 나누어서 살펴본다.

Ⓐ 先秦漢唐代

中國古代社會의 倫理說은 대부분이 君臣間의 문답을 통해서 알 수 있고 그 내용도 治國平天下에 관한 것이 많고 個人間의 倫理說은 거의 보이지 않는다. 堯舜時代부터 家族倫理는 百行의 根本으로 생각되어 온 것이 孟子 告子下篇에 「堯舜의 道는 孝弟뿐」이라고 한 것이나 尙書의 堯舜二典에 비추어 대략 그 명백함을 볼 수 있다. 尙書堯典에 의하면 堯는 自身의 德을 推廣해서 一身으로부터 一家에 一家로부터 一國에 一國으로부터 天下에 미칠 것을 말하고 있다.[93] 따라서 堯의 倫理는 修齊治平을 根本으로 해서 後世에 孔子·子思·孟子 등이 「大學」이나 「中庸」이나 「孟子」에서 언급한 三綱領八條目과 같은 것도 이 사상에 기본된 것으로 이해되고 있다.

堯는 孝弟和親의 道德을 근본으로 하였으니 이것은 中國特有의 家族制度에서 비롯된 것이다. 堯帝의 「以親九族」이란 말은 後世 孔子로 하여금 父子의 道를 第一로 하는 근거가 된 것으로서 孝를 수행하는 사람이 忠臣이 될 수 있다고 생각하여 忠臣은 孝子의 門에서 난다고 하기에 이르렀다.

舜은 堯의 修齊治平의 倫理를 대체로 계승하였다. 愼徽五典이라는 舜의 말을 보아서 알 수 있고 五典 즉 君臣·父子·夫婦·兄弟·朋友

---

93) 克明峻德 以親九族 九族旣睦 平章百姓 百姓昭明 協和萬邦 黎民於變時雍(書經 堯典)

의 倫理는 모두 家族制度에 있어서 重要한 德目이다. 舜代에 특히 비교되는 것은 執中訓 즉 中의 價値觀이라고 할 것이다. 「中」이란 中庸을 말하는 것이며 모든 일에 極端을 취하지 않고 不偏不倚 過不足없음을 말한다. 孔子는 말하기를

「舜은 大知이시다. 묻기를 좋아하며 邇言을 살피기를 좋아하며 惡는 숨기고 善을 宣揚하되 兩端을 잡고 그 中으로 百姓을 다스리니 이것이 舜된 所以인가 보다」[94]

라고 한 점을 미루어 中庸의 德은 舜에 의해서 굳어져간 것으로 보인다. 물론 中庸의 道는 堯로부터 발원된 것[95]이기는 하나 스스로 中道를 실천하여 億兆의 君上이 된 것은 舜의 德이라고 하겠다. 舜의 中의 가치는 다시 箕子에 의하여 이어져갔다.

箕子를 가리켜서 孔子는 殷의 三仁中의 한 사람으로 推奬하였다. 史記에서는 武王이 殷을 정복한 뒤에 箕子를 찾아 天道를 물었을 때 洪範을 제시해주었다고 전한다. 이 洪範은 箕子가 생각하는 國家統治의 大經大法이요 行爲範疇인 것이다. 그 내용을 보면 個人的인 修養으로 貌言視聽思의 五事와 君上의 三德으로 正直, 剛柔의 調和를 주장하고 大中至正의 皇極을 강조하여 中庸의 德이 언급되어 있다. 五事는 古代의 修己法으로 後世 孔子는 「君子에 九思가 있다」[96] 하여 이것을 부연하고 있다.

周公은 禮樂刑政을 大成하여 封建制度를 남긴 聖人으로 그의 價値中心은 文武의 道를 계승하여 禮를 社會的으로 실현하는데 있었다. 孔子·子思·孟子에 의해서 禮가 중시되었고 더우기 荀子에 이르러서는 禮를 立敎의 根本으로 삼았다. 孟子는 禮를 先天的인 것으로 이해한데 비교해서 荀子는 聖人의 作爲라고 보았으나 다 같이 禮敎를 중요시한 것은 周公에 연유한 것이라고 하겠다.

孔子는 堯舜禹湯文武周公의 道統을 이어서 儒學을 集大成하였다. 周公을 몹시 思慕하여 末年에는 꿈에조차 보이지 않음을 한탄하고 있다.[97] 孔子는 周公의 禮樂을 높이기는 하였으나 仁을 앞세우고 모든

---

94) 子曰舜其大知也與 好問而好察邇言 隱惡而揚善 執其兩端 用其中於民 其斯以爲舜乎 (中庸 6章)

95) 堯曰咨爾舜 天之曆數在爾躬 允執厥中 四海困窮 天祿永終(論語 堯曰)

96) 孔子曰君子有九思 視思明 聽思聰 色思溫 貌思恭 言思忠 事思敬 疑思問 忿思難 見得思義(論語 季氏)

97) 子曰甚矣 吾衰也久矣 吾不復夢見周公(論語 述而)

가치의 根源을 여기에 두었다. 그러므로 禮樂이 소중하기는 하지만 우선 사람이 仁해야 한다[98]고 말한다. 사람이 仁하지 못하면 制度上에 禮樂이 아무리 정비되어 있다고 하더라도 무의미하다는 것이다. 그리하여 孔子는 바람직한 人間像을 君子로 그리게 되었다. 知仁勇 三者의 조화는 君子의 人格이기도 하거니와 仁者는 사람을 사랑하고[99] 知者는 사람을 안다[100]고 한 말들은 모두 사람됨을 중요시한 孔子의 표현이다.

子思는 誠을 우주의 근본이라고 하였고 人性이 또한 여기서 벗어나지 않는다고 보았다. 그리하여 天人間의 誠을 最高價値로 생각하였다.

孟子는 孔子와 子思의 人間重視의 경향에서 人間의 義理를 역설함과 동시에 人性이 善함을 創說하여 價値基準을 비로소 善에 놓았다. 性善說은 萬古의 創見이며 義理를 높임은 社會倫理의 가치를 밝힌 것으로 孟子學說의 主된 功獻面이기도 하다.

周末에 處士들이 橫議하고 百家들이 並興하나 秦에 의하여 潛息되었다. 漢代에 이르러 儒學이 높여졌으나 治經者들이 故訓을 되찾는데 겨를이 없었고 魏晉 이후 亂中에 學者들은 時勢를 따르는데 불과하였다. 佛敎導入으로 印度思想을 皮相的으로 이해하거나 淸談을 일삼는 風은 唐이 일어나면서 새롭게 轉換이 되어갔으나, 이 時期의 倫理로 말하면 특별히 儒學의 側面에서 언급할만한 것이 別無하다. 漢代의 董仲舒, 唐代의 韓愈가 있기는 하나 道家나 佛家의 사상은 社會倫理의 消極性을 조장하고 積極面의 一助가 되기는 어려웠던 時期라고 할 것이다.

B 宋明淸代

五代의 亂은 中國의 暗黑時代였으나 宋太祖에 의해서 天下가 統一되었고 특히 孔子를 至聖文宣王으로 諡하는 한편 많은 文獻을 편찬하여 儒學을 장려하는데 힘썼다. 明代도 또한 太祖의 類다른 배려로 儒者를 등용하고 禮樂을 진흥시키고 國子監을 두어 人才를 교육하여 紀綱振肅에 一新을 기했다. 淸代의 學術은 漢學·宋學·考證學·實學 등을 들 수 있으나 대체로 西歐思想이 수입되면서 그 受容에 傳統이

---

98) 子曰人而不仁如禮何 人而不仁如樂何(論語 八佾)
99) 樊遲問仁子曰愛人(論語 顏淵)
100) 問知子曰知人(同上)

동요되어가는 時期라고 하겠다.

周濂溪는 純粹至善을 人間의 最高價値로 보아 聖人을 그 代表者라고 생각한다. 즉 人間의 本性은 誠이라고 할 수 있고 이것은 天賦的이라는 것이다. 天側으로 보면 太極이라 하고 人側에서는 誠이라고 한다. 이름은 다르지만 필경은 同一不二한 것이니 太極圖說에 人極이라고 함이 바로 誠이라는 것이다. 濂溪는 本體를 靜止的인 것으로 이해하므로 誠도 당연히 靜止的인 것이며 寂然不動하다고 본다. 靜止間의 至善은 外物에 접해서 느끼는 순간에 善惡의 구별이 생기게 된다. 그래서 聖人은 主靜으로 人極을 세운다고 그는 말한다.[101] 五性이 감동해서 惡이 생김은 欲心때문이라고 하여 無欲을 理想으로 한다. 일찌기 孟子는 「마음을 기르는 것은 寡欲보다 더 좋은 것이 없다」[102]고 한 바 있으나 그는 進一步해서 無欲을 주장하고 있다. 그는 修養法으로 말하면 한마디로 愼動無欲으로 요약된다. 寡欲에서 欲無으로 발전시킨 것은 老子思想에 根本한 것으로 보인다. 요컨대 誠과 中正仁義를 내세워 聖人을 人間의 模範이라고 함은 그의 倫理觀에서 유래되는 것이다.

張橫渠(1020~1077)는 人間의 타락을 氣質의 탓이라고 생각하여 그의 倫理說은 氣質變化論이 기초를 이루고 있다. 사람의 氣質에는 偏正과 淸濁이 있으나 偏者도 修養의 결과에 따라서 天地의 性으로 복귀할 수 있으므로 사람들이 學問하는 目的은 그 氣質을 변화시키는데 있다는 것이다. 氣質의 正偏이 天賦이기는 하지만 修養에 의해서 변화의 가능성이 있고 그 방법으로 두 가지를 제시한다. 즉 內面的인 修養으로는 마음을 바르게 하여 虛心平坦을 유지하도록 하며 外面的으로는 禮를 중시한다는 것이다. 橫渠의 이러한 주장은 周易과 老子와 佛敎思想을 종합하여 그의 특유한 實在論을 구성하였다. 이 本體論을 기초로 하여 哲學的인 組織으로 倫理說을 세웠으며 孟子 이후에 周濂溪를 이어서 禮를 주장하게 된 것이다. 그는 人性의 문제에 관해서 本然과 氣質로 分說한 것은 그의 創見이며 孟子와 荀子를 포용하는데 기인한 것으로 보인다.

程伊川(1033~1107) 學問의 특징은 分析的이요, 主知的인 데 있다.

___

101) 主靜立人極(太極圖說)
102) 養心莫善於寡欲(孟子 盡心下)

그의 兄인 程明道의 學說에 있어서 論理上 不備한 점을 충실히 하고
확대하였다. 二程子는 同心協力해서 聖學을 唱導하여 그 學問의 경향
을 대체로 같이 하고 있다. 다만 性格差異에서 明道는 直覺을 說하고
伊川은 誠敬과 致知의 二者를 大悟貫徹의 방법으로 생각하였다. 즉
伊川의 역점은 誠敬과 致知를 위한 涵養과 進學에 있다. 用敬을 통해
서 涵養을, 致知로 말미암아서 進學을 도모한다. [103] 그리고 伊川에서
새롭게 主唱된 것이 바로 敬을 主一無適으로 설명한 점이다. 一을 주
로 해서 나아감이 없음이 主一無適이며 그의 이러한 주장은 앞으로
儒者들의 敬工夫를 강조하는 契機를 이루었다.

明道는 일찌기 誠敬으로 物我一體의 境地에 들어야 비로소 仁을 체
득할 수 있다고 說한 바 朱子도 또한 明道의 뜻을 얻음으로서 仁의
極致로 생각하는 동시에 仁의 體를 분석적으로 연구하여 學的 體系를
이루었다. 즉 그는 仁을 가지고 乾元의 德으로 비유하여 道德淵源으
로 삼고 前代未聞의 仁의 大組織을 완성하였다. 그의 주장에 따르면
克己復禮・忠恕・四端・博愛 등만이 仁中에 總合되는 것이 아니라 이
밖에 古代의 三德九德은 물론 五常도 仁體를 분석한 一部分에 불과하
다는 것이다. 즉 仁이란 天地에 있어서는 块然히 生物하는 마음이요,
사람에 있어서는 溫然히 사람을 사랑하고 他人을 利롭게 하는 마음이
며, 四德을 포용하는 마음이라고[104] 한다. 換言하면 仁이란 倫道의 理
法이라는 것이다. 그러나 이것은 仁을 廣義로 해석한 것이고 狹義의
仁이란「마음의 德이며 사랑의 理致」라고 하여 學的인 說明을 시도하
고 있다. 孔子當代나 또는 弟子들에 의한 仁의 說明이 매우 막연하였
으나 朱子의 出現으로 비로소 全般的인 解義를 얻은 것은 그의 큰 貢
獻인 것이다. 伊川의 修養法을 계승하여 居敬과 窮理를 들고 있다.
居敬이란 主一無適을 이어받은 것으로 自己의 德性을 함양하는 즉 心
理的인 修養을 의미한다. 窮理란 널리 事物의 理致를 窮究하여 知識
을 확충하는 즉 學業에 의한 知識鍊磨를 말한다. 尊德性의 內的 修養
과 道問學의 外的 窮理는 朱子修養의 방법적 兩面이라고 하겠다. 朱子
의 이와 같은 방법보다는 內外無分의 合一修鍊을 事上에서 구체적으
로 거듭함이 옳다는 견해를 내세운 것이 王陽明(1473~1528)이었다.

---

103) 涵養須用敬進學則在致知(二程遺書 卷18 p7)
104) 朱子大全 卷67 仁說

陸象山(1139~1192)의 心卽理說을 계승한 陽明은 소위 知行合一論으로 在來의 方法論에 맞섰다. 知와 行을 二分할 수 없는 互相關聯을 가진 것으로 본다. 心外에 따로 理가 있는 것이 아니므로 致知란 事上에 致良知하는 것이며 實行이 수반하지 않는 知는 眞知일 수 없다는 것이다. 知行이 合一되지 않은 知識은 空想에 불과하다. 朱子와 같이 知를 經驗的 知識이라고 하여 널리 事物의 理致를 窮究함이 致知라면 당연히 先知後行이 되나 陽明은 物心一如로 보아 知라고 하면 이미 理는 밝고 行이 필연적으로 따른다고 한다. 知는 즉 行의 시작이며 行은 知의 완성이라고 한 그의 提唱은 理論만 진술하고 實行을 등한히 하던 당시 學界에 一大警鍾이 아닐 수 없었다.

淸朝의 學問은 明의 遺臣과 黃宗羲・顧炎武 등에 의하여 비롯되었고 黃宗羲는 陽明學을 顧炎武는 宋學을 주로 하면서 漢唐訓詁學과 淸朝考證學을 겸하였다. 李顒의 改過日新說은 耶蘇敎的 色彩가 짙다. 康熙時代에는 宋學을 존중하고 宋學을 절충하기도 하였다. 乾隆時代에는 漢學이 성행하였다. 淸朝學術이 精密을 極한 것은 漢學勃興에 힘입은 바 크다. 그들은 宋學을 風影과 같이 空疎한 것이므로 보잘것 없는 것이라 평하고 모름지기 漢唐訓詁學을 주로 하며 考證을 정확히 해서 經書의 眞意를 밝히는데 힘쓸 것이며 스스로 實事求是의 學이라고 칭하였다. 考證은 때때로 聖人의 道를 밝히는 일을 잃어버리고 도리어 考證自體에 몰두하는 弊도 생기게 되었다. 考證學은 明末淸初에 渡來한 西洋의 學風에 영향되었다고 할 것이다. 이 時期의 實事求是의 傾向中에서 顔習齋(1635~1704)의 實用主義를 간과할 수 없다. 그는 「一日生存하면 마땅히 生民을 위해서 一日之事를 辨해야 한다」는 標語로 自己思想의 本旨로 삼고 實用主義를 가지고 一切學問에 임하였다. 그의 思想은 古代로는 墨子에 近한 바 있고 近代에 구한다면 近代社會主義의 「일하지 않는 者는 먹지말라」는 思想에 근사하다. 宋學을 엄격하게 嘖問하면서 實學을 강하게 주장하였다. 精神道德으로부터 物質科學으로 그 價値意識의 轉移의 자취를 볼 수가 있다.

② 韓國의 倫理思想

外來思想에 물들지 않았던 古代의 韓民族의 순수한 感情을 밝혀내는 일은 오늘과 같이 부족한 史料에서는 어려운 일이다. 그러나 우리의 고유의 것이 마치 없는 것처럼 속단하거나 착각해서는 아니 될 것이다.

이 땅에 아직 外來思想이 전래되기 이전에 순수했던 우리 民族感情이 外來文化를 100퍼센트 거절했다면 種類如何를 막론하고 上陸하지 못하였을 것이다. 받아들이기 전의 생활은 他意에서가 아닌 自身의 소신대로 영위되었을 것은 물론이니 환원하여 主體的으로 살았다는 뜻이기도 하다. 여기 처음으로 儒學이 전래되었다. 처참한 戰爭에 굴복된 民族이 異國의 文化를 강요당한 경우가 아니라면 自發的인 受容 속에 主體意識이 맥뛰어 있었으리라고 추측된다. 異質文化의 접촉속에서 작용된 主體意識은 곧 新文化消化의 酵素구실을 했을 것이요, 동시에 土着化하는 原動力이 되었으리라고 생각된다. 韓國에 전래된 最初의 外來文化가 儒敎였다면 그것을 받아들인 우리의 先人들의 태도속에서 이 점이 간과되어서는 아니될 것이다. 拒否反應없이 수용됨은 그 이전에 民族個性속에 儒學的 氣質을 생각할 수 있고 따라서 能動的, 主體的으로 소화하였음을 주의깊게 보아야 할 것이다. 國祖檀君의 建國以來로 麗末까지를 먼저 살펴본 다음에 李朝時代를 언급하고자 한다.

Ⓐ 檀箕 이후 麗末까지

高句麗代에 儒學이 傳來되기 以前은 즉 韓民族이 固有文化로 살아온 시기라고 하겠다. 檀君의 建國理念이 말해주듯이[105] 弘益人間의 理想은 國民의 平和와 利用厚生의 根幹이었고 社會生活의 指針이었다. 여기 人間이란 표현은 政治的인 意味의 國民이라는 用語와 비교되는 점에 주의해야 할 것이다.

箕子의 禁八條는 그 全條項이 전해오지를 않아 알길이 없으나, 殺人者에게는 死刑을, 傷人者에게는 罰金을 가한다는 內容은 古代 各國 罰則의 공통점이라고 하겠지만 이 時期에 특별히 중시된 것은 男女風紀에 유달리 엄했다는 사실이다.[106] 社會倫理의 紀綱으로서 男女문제

---

105) 昔有桓因庶子桓雄數意天下貪求人世　父知子意下視三危太伯可以弘益人間(三國遺事 古朝鮮條)

106) 古來樂浪朝鮮民間有犯禁八條 其一曰相殺以當時償殺 其二曰相傷以穀償 其三曰相盜 者男沒入爲家奴女子爲婢欲自贖者人五十萬……國俗猶恥之嫁娶無配匹 是以其民終不 相盜無門戶之閉婦人貞信不淫辟云(漢書地理志 燕條)

를 무겁게 취급함은 「夫婦는 人倫의 시작」[107]이라고 보는 儒學倫理에 부응되는 일이다.

高句麗代에는 이미 太學을 세워서 敎育을 시작했다(AD 372)는 史의 기록으로 미루어 일찍이 儒學이 도입되었다고 보아야 할 것이며, 그 敎育도 우리의 固有思想을 토대로 한 儒學이 그 내용이었으리라고 짐작된다. 즉 弘益人間이나 禁八條라는 社會思想 위에 儒學敎育이 실시되었다고 해야 할 것이다. 또한 高句麗當代에 婚禮風俗이 現代의 自由結婚에 가까운 면이 있었음은 놀란 만한 일이다. 夫婦의 倫理를 중요시함은 箕子以後의 傳統이지만 男女가 서로 기뻐하고 승락되어야 成婚이 되었다[108]는 것은 當事者의 의견을 最大限으로 존중한다는 오늘날에 비추어 매우 先見의 風이 아닐 수 없다고 하겠다.

新羅時代의 社會를 지배한 價値意識으로는 花郎精神을 들 수 있다. 南毛와 俊貞의 두 美女를 골라서 源花로 삼고 300여인이 모여 學德을 쌓는 일로부터 비롯된 것이 美貌의 德이 있는 男子 1人을 택해서 花郎으로 삼도록 고쳐진 뒤로 이 集團은 孝悌忠信의 敎育을 더욱 힘써 받게 되었고 社會的으로도 上敬下順하며 五常과 六藝와 三師와 六正이 널리 世上에 행하여지게 되었다.[109] 制度上으로나 理念上으로 儒學이 토착화되어 감을 여기서 엿볼 수 있고 실제로 社會에 많은 기여를 하였다. 그들은 서로 道義를 相磨하고 歌樂을 즐기며 山水에 널리 노닐면서 사람들의 邪正을 살펴서 善한 사람을 朝廷에 추천하는 것[110]이 특징이기도 하였다. 圓光法師의 世俗五戒인 事君以忠・事親以孝・交友以信・臨戰無退・殺生有擇 중의 終一戒를 제외하고는 모두 儒學의 倫理德目임은 自明한 일이다. 新羅가 隆興强盛하게 된 것은 이러한 時代精神에 기인하는 바 크다고 할 것이다.

高麗時代에 儒學을 가장 높인 治者는 成宗이며 當時의 儒臣으로 崔

---

107) 夫婦人倫之始(易序 咸卦)

108) 有婚嫁取男女相悅即爲之(北史高句麗傳, 及隋書高麗傳)

109) 天性風味多尙神仙……敎之以孝悌忠信亦理國之大要也……選良家男子有德行者改爲花郎始奉薛原郎 爲國仙此花郎國仙之始故竪碑於溟州 自此使人俊惡更善 上敬下順五常 $\binom{仁義禮}{智\ \ 信}$ 六藝 $\binom{禮樂射}{御書數}$ 三師 $\binom{大師太傅太保}{皆師傅之官也}$ 六正 $\binom{聖臣\ 良臣\ 忠臣}{智臣\ 貞臣\ 直臣}$ 廣行於代(三國遺事 卷 3 彌勒仙花條眞興王項)

110) 或相磨以道義 或相悅以歌樂 遊娛山水 無遠不至 因此知其人邪正 擇其善者 薦之於朝(三國史記 新羅本記眞興王 37年條)

承老(927~989)가 유명하다. 그는 모든 일에 儒學의 道理로 임하고자
하였고 또 그와 같은 精神으로 成宗을 보필하였다. 成宗에게 글을 올
려서 倫理紀綱을 진작할 것을 건의하기도 하였다. 20餘條를 上書한
중에서

「華夏의 制度는 반드시 준수해야 할 것이나 四方의 習俗이 다르므
로 알맞도록 다 고칠 수는 없읍니다. 禮樂詩書의 가르침과 君臣父
子의 道理는 마땅히 中華를 따라서 비루한 風俗을 일신해야 합니
다」[111]

라고 건의된 部分을 볼 때 儒學의 敎育과 倫理의 緊要性을 강조하여
治家理國의 法으로 삼고 있음을 알 수 있다. 이러한 治敎는 高麗社會
의 綱常을 견고히 해주었고 末期에 圃隱과 같은 忠臣이 나올 수 있을
만큼 君臣父子의 忠孝의 道가 國家나 家庭倫理의 根幹을 이루고 있
었다.

B 李朝時代

麗末에 朱子學이 전래한 후로는 從來의 文章이나 詩賦 위주, 또는
經書에 통하고 史記를 밝히는 學風이 점차로 일신되어 李朝時代에는
儒學에서도 특히 性理學을 연구하는 傾向으로 옮겨가면서 李朝文化의
특징을 형성하여 갔다. 李太祖의 登極으로 인한 社會變動, 戊午甲子
士禍와 己卯乙巳士禍로 말미암은 朝野의 충격, 壬辰丙子의 兩國難 등
은 李朝時代 價値意識에 屈曲을 점철해갔다.

李太祖의 李朝建國을 전후해서 심각했던 倫理問題는 麗朝의 君臣父
子의 忠孝觀에 비추어 不事二君이라는 君臣의 義理에 있었다. 善竹橋
에서 희생된 鄭圃隱은 高麗王朝를 지키려는 節義를 사수하였고 李期
初의 建國功臣中에는 麗朝의 一部 舊臣들도 참여하고 있다. 혹은 一
生을 守節하고 山林에 은둔하여 齋塾을 私設하고 學徒를 모아 敎育에
종사하는 人士도 있었다. 요컨대 政治變動은 君臣의 義라는 價値意識
으로 舊朝를 고수하는 側과 新朝에 出仕하는 측의 두 경향으로 갈라
놓았다. 出仕한 朝臣들은 功臣으로 출세하고 守節한 舊臣들은 山野에
서 綱常을 심는 役軍이 되었다. 이렇게 해서 節義를 지킨 頂上이 圃
隱이며 出仕功臣의 頂上을 三峯이 차지하였으며 官界의 兩班과 山林

---

111) 華夏之制不可不遵 然四方習俗各隨土性 似難盡變 其禮樂詩書之敎 君臣父子之道 宜
法中華以革卑陋(高麗史列傳)

의 선비의 始源을 이루어주었다.

舊君을 지키려는 忠節은 端宗復位問題로 인하여 死六臣에 의한 節義로 계승된다. 비록 復位는 失敗되었으나 成三問 외 5명의 忠義는 李朝倫理史에 章을 이룬다.

金宗直(1431~1492)은 弔義帝文을 지어 事君의 忠誠을 그 속에 담았다. 史局에서 이것을 問題삼아 燕山君의 處斷으로 士禍를 초래했으니 儒者들의 受難史는 여기서부터 시작되었다. 世祖가 端宗을 廢位시키므로 해서 일어나는 現象은 政治權力으로 진정시켰으나, 生六臣・死六臣의 歷史는 막을 수가 없었고 이러한 흐름은 金宗直・金宏弼・鄭汝昌 이하 40여명에게 또 다시 禍를 불러다주었다.

金宗直은 社會의 風俗이 어지러워지고 政治가 잘 되지 않는 病源을 學校講學이 不明한데 있다[112]고 지적하면서 學校敎育이 훌륭하게 이루어지면 孝悌忠信의 政敎를 잘 지켜서 社會도 안정되며 五倫의 秩序가 서서 四方의 百姓들이 각각 職分에 편안할 것이라[113]고 하였다. 비록 禍가 死後에 미쳐서 剖棺斬屍를 당하였으나 그 思想의 흐름은 弟子들에 의해서 連綿하게 이어져갔다. 金宏弼(1454~1504)과 鄭汝昌(1450~1504)은 유명한 그의 弟子이다.

寒暄堂 金宏弼은 佔畢齋에 직접 受學한 사람이다. 일찌기 昌黎集을 愛讀하였고 勸告에 따라서 小學을 30세에 이르기까지 열심히 공부하였다고 한다. 그는 誠敬을 매우 중시하였고 存養省察을 體로 하고 修齊治平을 用으로 삼아서 大聖의 地境을 실현하는 것을 이상으로 생각하였다.[114] 靜庵 趙光祖(1482~1519)와 思齋 金正國(1485~1541)은 그의 高弟이기도 하다.

一蠹鄭汝昌은 어려서 先考를 잃었고 獨學으로 대성한 巨儒이다. 일찌기 孤子됨을 슬퍼하여 母親을 至誠으로 봉양한 그의 孝行이 높이 평가되고 있다. 항상 慈母의 곁을 떠나지 아니하고 母心을 慰悅하는데 게을리 하지 않았다. 그의 學問이 智異山中에서의 修練을 거쳐 높은 境地에 이르렀고 庸學註疏와 主客問答・進修雜著 등의 著書가 있

---

112) 鄕閭風俗所以漓薄 朝廷政化所以壅閼 其病源專在於學校講學之不明也(佔畢齋集 卷1 p22)

113) 講學苟明則孝悌忠信之敎 人人服習 由庠序而及閭巷 薰蒸條鬯不能自已 五倫各得其序 四民各安其業 比屋可封之俗(同上)

114) 先生日誦小學大學書以爲規模 探頤六經力持誠敬 以存養省察爲體修齊治平爲用 期至 大聖閫域(金宏弼行狀 高峯撰)

었으나 戊午士禍 때 夫人에 의하여 소각되었다고 전한다. 비록 學問
全貌를 알길이 없으나 그의 독실한 孝道는 師友에 의해서 길이 전해
지고 있다.

無道한 燕山主를 폐하고 政局이 反正됨에 따라서 人才를 등용하여
善政을 펴려 할 때 田野의 士林들이 새로운 意氣를 얻게 되었으며 이
당시에 등장한 이가 靜庵이다. 孔孟의 道를 政治나 經濟나 敎化에 실
제로 구현하려는 것이 時代的 要求이기도 하였다. 靜庵은 中宗을 모
시면서 道學을 높이고 人心을 바로 잡으며 聖賢을 본 받고 善政을 振
作한다는데 목표를 두었다. [115] 이 實現을 위해서 그는 人間의 誠實을
강조한다. [116] 더우기 政治는 君心이 根本됨을 力說하여 侍講에 주력
하였고 愼獨誠實工夫로 自化를 기하였다. 保守勢力에 그의 理想인 至
治實現이 좌절되기는 하였으나 그의 忠君愛父의 倫理觀[117]은 이후 栗
谷과 退溪에게 전승되어 敬을 주장하게 된다.

栗谷 李珥(1536~1584)는 忠君愛國의 精誠을 모아「聖學輯要」를 지어
宣祖에게 올렸다. 그에 의하면 朱子의 持敬과 程子의 敬說을 인용하
고서 窮理이전에 收斂이 重함을 들면서 聖學의 始終으로 주장하고 있
음[118]을 볼 수 있다. 靜庵에 대해서는 그의 學行이 높아서 斯道에 功
이 있음을 높이 평하고[119] 있다.

退溪 李滉(1501~1570)의 思想에서는 哲學的인 理와 倫理的인 敬이
그 핵심이라고 하겠다. 특별히 敬에 대해서는 주력하였고 學뿐만이
아니라 事君하는 篤行은 그의 生涯가 입증해준다. 이미 앞에서 언급
한 바와 같이 마음은 一身의 主宰이며 敬은 또한 一心의 主宰라고 하
였고 또 이러한 見解는「聖學十圖」중 心學圖에 기록하여, 政界를 떠
나면서 宣祖에 드리는 忠誠으로 올렸던 것이다. 退栗의 思想은 다시
重峯 趙憲(1544~1592)에게로 이어졌다. 그는 趙靜庵의 忠孝와 退溪의
學問이 栗谷에게 유감없이 반영되고 있는[120] 것으로 이해하였고 自號

115) 玄相允 朝鮮儒學史 p50
116) 古云至誠感神 又曰不誠無物 君之遇臣臣之事君皆以誠實則治化可期其成也(靜庵集 進
　　啓)
117) 愛君如愛父 憂國若憂家 白日臨下土 昭昭照丹衷(靜庵集 絶命詩)
118) 臣按敬者聖學之始終也 故朱子曰持敬是窮理之本 未知者非敬無以知 程子曰入道莫如
　　敬未有能致知而不在敬者(聖學輯要 收斂章 第三)
119) 文正雖於進退之幾 有所未瑩學者從此知理之可宗 王可貴伯可賤 其有功于斯道不可泯
　　也 後人仰之若泰山北斗(石潭日記)
120) 靜庵忠孝 退陶學 一脈昭昭在石潭(重峯先生文集 卷13 後栗精舍上樑文)

를 後栗 또는 陶原이라고 했을 정도로 陶栗을 신봉하였다.

重峯의 學은 窮理修身하는 實事를 소홀히 하지 않았다. 壬辰倭亂에 스스로 軍卒을 모아서 抗戰하다가 殉節한 義行을 보아 충분히 짐작할 수 있다. 讀書를 해도「책은 책이요, 나는 나」式이 아니라 讀書의 힘이 綱常을 維持해야 하며[121] 모든 實踐의 根源이 되어야 할 것으로 믿었다. 때마침 國難을 맞아서 忠節을 보일 時期를 얻기도 하였거니와 그의 忠과 義는 空理가 아닌 生命이 있는 것이었다.

丙子胡亂은 우리의 國權을 앗아가기는 했으나 民族의 主體意識은 빼앗지 못하였다. 重峯의 忠孝思想과 自主精神은 淸陰 金尙憲(1570～ 1652), 尤庵 宋時烈(1607～1689), 勉庵 崔益鉉(1833～1906) 등의 義理思想으로 발전되어 갔다.[122] 淸陰은 胡亂에 精神的 屈伏을 끝내 아니했고 尤庵은 崇明을 통하여 民族主體를 지켰고 勉庵은 倭族에 항거하여 죽음으로서 主體意識을 굽히지 아니했다.

檀君의 開國 이래 李朝末에 이르기까지 일관되어 오는 忠孝의 민족적인 價値意識은 현재 내지 미래에 도약하는 밑받침으로 계승되어야 할 것이다.

---

121) 抗義新編 請斬倭使第二封事
122) 李東俊 16世紀 韓國性理學派의 歷史意識에 관한 研究 p228

新儒學派의 節義思想

①

節義는 節介와 義理를 의미한다. 節介는 주로 夫婦間에, 義理는 주로 君臣間에, 孝道는 주로 父子間에 지켜야 할 道理로 생각되어 왔다. 그러므로 孝子·烈女·忠臣은 이 나라의 綱常을 지켜온 模範人物들로 칭송되어 왔다.

宋代의 儒學을 新儒學이라고 할 때 安珦(1243~1306)이 忠烈王 15년 (1289)에 朱子全書를 도입한[1] 이래로 本邦新儒가 시작되었으며 孔孟의 道義實踐은 오히려 元보다도 앞서고 있었다고[2] 한다. 鄭夢周(1337~1392)는 朱子家禮를 본떠서 家廟를 세우고 先祀를 받들게 하였으며[3] 한편 東方理學의 祖로 추대되었고 金宏弼(1454~1504)·趙光祖(1482~1519)로 계승되어 그 最高峯을 이루었다.[4] 대개 始源을 鄭夢周로 잡고 吉再(1353~1419)는 鄭夢周에서, 金叔滋(1389~1456)는 吉再에서, 金宗直(1431~1492)은 金叔滋에서, 金宏弼은 金宗直에서, 趙光祖는 金宏弼에서 統을 이은 것으로[5] 생각되는데 역시 麗朝의 圃隱과 朝鮮朝의 寒暄堂, 靜庵은 道學의 主要人物[6]로 이해되고 있다.

玄相允씨는 그의 朝鮮儒學史에서 死六臣과 生六臣을 中心으로 節義

---

1) 元에서는 忠烈王 15年(元世祖의 至元 26年)에 高麗儒學提擧司를 두었음(高麗時代史 p843, 金庠基)

2) 高麗小國也 匠工奕技皆勝漢人 至於儒人皆通經書 學孔孟 漢人惟務課賦吟詩將向用焉(元史趙良弼傳 同上 p682)

3) 同上 p816

4) 嘗言吾東方理學以鄭圃隱爲祖而金寒暄趙靜庵爲首 但此三先生著述無徵 今不可考 其所學之深 近見晦齋集 其所學之正 所得之深殆近世爲最也(退溪全書下 言行錄 p717 大東文化研究院發行 東國文化社出版)

5) 趙光祖之學正其所傳者有自來矣 自少慨然有求道之志受業於金宏弼 宏弼學於金宗直 宗直之學傳於其父司藝叔滋 叔滋之學傳於高麗吉再 吉再之學得於鄭夢周之門 夢周之學實爲吾東方之祖則其學之淵源類此(治隱言行拾遺 卷中 大學生疏語 p498 高麗名賢集 4 大東文化研究院)

6) 栗谷又曰我國理學無傳矣 前朝鄭夢周始發其端 而規矩不精 我朝金宏弼接其緒 而猶未大備 及趙光祖倡道 學者翕然推尊之 今之有性理學者 光祖之力也(石潭日記 朝鮮儒學史 p56 玄相允)

問題를 다루고 있다. 여기서는 이들을 起點으로 하여 節義思想을 살펴보고자 한다.

②

高麗朝와 朝鮮朝의 文化를 비교할 때 우선 儒佛共存의 時期와 儒敎獨存의 時期로 구분된다. 그러면서 叔姪間에 政權授受가 兩朝에 다 있었건만은 어찌하여 端宗때에만 復位謀議가 있을 수 있었는가 하는 의심을 갖게 된다.

麗末鮮初의 政治變革期에서 吉再(1353〜1419)는 孝로써 保命을 하였고 李穡(1328〜1396)은 麗亡後 出仕하지 않은 채 驪江에서 命을 못다 했으며 鄭夢周(1337〜1392)는 李芳遠의 策動으로 趙英珪 一黨에게, 李崇仁(1349〜1392)은 鄭道傳의 心腹人인 黃居正에게 죽임을 당하였다. 金宏弼은 戊午士禍(1498)때 金宗直 一派로 몰려서 熙川順天에 流配되었다가 甲子士禍(1504)때 희생되었고 趙光祖는 綾州로 귀양을 갔다가 己卯士禍(1519)때 賜死되었다.

端宗의 復位를 도모하던 成三問(1418〜1456)·朴彭年(1417〜1456)·河緯地(1387〜1456)·李塏(?〜1456)·兪應孚(?〜1456)·柳誠源(?〜1456)은 世祖에게 決死로 항거하였고 金時習(1435〜1493)·元昊(?〜?)·李孟專(?〜?)·趙旅(1420〜1489)·成聃壽(?〜1456)·南孝溫(1454〜1492)은 隱居로 終生한 사람들이다. 儒學敎育이 高句麗 小獸林王 2년(372)부터 시작되었으며[7] 高麗를 거쳐서 朝鮮朝에 이르는 동안 계속되었거늘 어찌하여 同一한 叔姪間의 政權싸움이 高麗에도 있었는데 獻宗時에는 復位圖謀가 없었는가 하는 問題가 제기된다.

高麗 15代 肅宗(在位 1095〜1105)은 그의 姪인 獻宗의 王位를 讓受받은 임금으로서 好學愛書하고 經史에 博通한 것이 世祖와 비슷하다.[8] 獻宗은 在位 1년(1095)이었고 端宗의 在位는 2년(1453〜1454)이었다. 兩件을 비교할 때 첫째는, 肅宗과 世祖가 처했던 時代의 文化背景의 差異가 주목된다.

高麗太祖는 治國을 政誡와 誡百寮書로 根本을 삼았으며 訓要十條를

---

7) 立太學敎育子弟(三國史記 高句麗條)
8) 國史大觀 p213 李丙燾

治家의 原理로 하여 嫡子嫡孫의 繼承을 原則으로 하되 元子가 不肖할
때에는 次子, 次子가 不敏하면 그 兄弟中에서 선택하게 하는, 儒佛이
共存하는 時代에 肅宗이 처했었던데 비해서, 李太祖가 儒敎立國으로
鄭道傳의 排佛政策과 아울러 朱子家禮에 따라 禮俗이 강요되는 儒敎
獨存의 社會로 전환된 후에 처했던 것이 世祖였다.

둘째는 安珦의 程朱學 導入으로부터 肅宗就位는 148년전의 일이며
世祖의 執權은 211년 후의 일이니, 獻宗과 端宗은 新儒學이 들어오기
前과 後의 時期로 구별된다. 三隱의 生存期間이 1328년부터 1396년
에 이르는 68년이라고 할 때 이 期間은 安珦 後 85년의 일이며 端宗
은 126년후의 일이라는 점을 주의하게 된다. 이것은 新儒學導入後의
距離를 의미한다.

셋째는 世宗의 治績이 컸음을 지적할 수 있을 것이다. 그의 自主意
識은 檀君을 國家祀典에 始祖로 祭祀드리게 하고 高麗史를 편찬하게
하였으며 한글을 創制하고 五禮儀, 三綱行實등을 펴서 綱常을 든든
히 하는데 致力하였다. 더우기 死六臣들로서는 世宗으로부터 元孫(端
宗)을 補佐하라는 命托[9] 받은 것을 잊을 수가 없었을 것이다.

이와 같이 살아서는 不義의 權勢와 妥協하지 않은 채 保命했거나,
生命을 걸고 항거하다가 희생되어 간 儒者들에게는 生死間에 굳게 지
켜간 것이 있음에 想到하게 된다.

圃隱은 麗朝와 朝鮮朝의 건널목에서 抑佛崇儒의 方向을 가지고 이
나라의 理學을 열어준 분이요, 그의 丹心歌[10]가 전해주듯이 그의 思
想은 赤誠으로 具現되었음을 볼 수 있다.

___

③

___

圃隱과 死六臣은 비록 意圖는 좌절되었지만은 뒷날의 士林들에게 至
大한 영향을 주었다. 壬辰倭亂을 겪을 때 降伏을 거절하면서 東萊城
을 死守한 宋象賢(1551~1592)은 父母의 恩惠는 오히려 君臣의 義보다
가볍다고[11] 읊어 陳中詩를 父親께 發信한 일도 있다. 丙子胡亂 때 金

___

9) 朝鮮儒學史 p40 玄相允
10) 此身死了死了一百番更死了 白骨爲塵土魂魄也無 向主一片丹心寧有改理歟(麗季名賢
集圃隱文集續錄 卷1 p1090 大東文化 硏究院)
11) 孤城月暈 列鎭高枕 君臣義重 父子恩輕

尙憲(1570~1652)은 淸의 無道 앞에 무릎을 꿇지 않았고 反淸代表로 압
송된 三學士도 또한 끝까지 意思를 굽히지 않았다. 韓日合邦期의 崔
益鉉(1833~1909)은 倭人 앞에 生을 거부하였으며 柳麟錫(1842~1915)은
義兵의 都總帥로 終生하였다. 前朝를 지키려던 圃隱과 死六臣은 宗統
守護의 對內問題에 一命을 바친데 비해서 壬辰・丙子와 韓末合邦期의
義士들은 國權守護의 國際問題 앞에 終生한 것이 다르다. 그러나 그
들은 宗統과 國家主權을 지키는 일에 대하여 生死를 걸었다는 데 共
通點이 발견된다. 이제 節義思想의 理論을 살펴보고자 한다.

儒者는 원래 司徒之官으로부터 나왔고 그들은 人君을 도와 自然에
順應하고 敎化를 밝히는 사람들로서 六藝 중에 특히 仁義에 뜻을 두
었으며 孔子를 宗師로 하되 그 系譜를 堯舜文武로 삼고 있다.[12] 子思
와 孟子 이후에 程子로 계승된[13] 儒統은 朱子에 의하여 宋代의 新儒
學을 大成하기에 이르렀다. 孔子는 仁을 가르쳤고 君子에 있어서는 義
가 重視되어야 함[14]을 말하였다. 孟子는 梁惠王에게 대하여 仁義를 강
조[15]하였고 朱子의 政治哲學은 王覇를 明分하는데[16] 있었다. 이러한
仁과 義의 인식뿐만 아니라 生死를 決判할 수 있는 價値基準으로서 行
爲根據가 되고 있다는 점이 중요하다고 생각된다. 生死岐路에서의 順
安한 行動姿勢에는 不動의 主體가 요구된다. 여기에는 迷惑이 없어야
할 것이다. 生과 死가 分裂되는 데서 발생되는 惑을 孔子는 子張에게
일러주었다.

「사람들은 사랑하면 그가 살기를 바라고 미워하면 그가 죽기를 바
라니 살기를 바라고 또 죽기를 바라는 일은 그것이 바로 惑이다」[17]
라는 이 말은 主體가 生이나 死에 있는 것이 아니라 무엇을 위해서 살
며 무엇을 위해서 죽느냐에 있음을 시사해준다고 하겠다. 그러므로 生
死義理에 관해서 일찌기

「生도 또한 바라는 바요, 義도 또한 바라는 바이나 둘을 겸해서

---

12) 儒家者流蓋出於司徒之官 助人君順陰陽明敎化者也　游文於六藝之中　留意於仁義之際
　　祖述堯舜 憲章文武 宗師仲尼(漢書藝文志)
13) 河南程氏兩夫子出而有以接乎孟氏之傳(朱子大學序文)
14) 君子喩於義 小人喩於利(論語 里仁)
15) 孟子對曰王何必曰利 亦有仁義而已矣(孟子 梁惠王上)
16) 朱子以爲吾人不當只論其「盡與不盡」 更當論其「所以盡與不盡」 甚「所以盡與不盡」 即
　　王覇之所由分也(中國哲學史 p923 馮友蘭)
17) 愛之欲其生 惡之欲其死 旣欲其生 又欲其死 是惑也(論語 顏淵)

充足시키지 못할 때는 生을 버리고 義를 취하겠노라」[18]
라고 하여 孟子가 不義는 死보다도 더 미워함을 말하고 있다.

　朱子는 義와 利害問題의 明辨을 儒學의 本領[19]으로 생각하였다. 義는 麗末 이후 朱子學 도입 이래 政治社會에서 倫理의 重要問題로 대두되었다.

　安珦은 聖人의 道를 國子諸生에게 孝・忠・禮・信・敬・誠으로 가르쳤다.[20] 圃隱 鄭夢周는 儒者의 道를 日用平常之事라고 하면서 堯舜의 道를 존중하였고,[21] 牧隱 李穡은 君臣의 道에 있어서 나라가 달라지고 君이 달라졌는데 立朝할 수 없음을[22] 일찍이 말하고 있다. 吉再는 太宗의 召命에 대하여 不仕二姓의 뜻을 밝히고서 응하지 않았다.[23] 成三問은 世祖 앞에서 「하늘에 二日이 없고 百姓에게 二主가 없다」고 하여 그의 周公으로 自處했음을 공박하였고[24] 寒暄堂 金宏弼은 儒者의 道를 五倫으로 말하면서 그의 行實에 있어서 服仁守義를 高調하였다.[25] 靜庵 趙光祖는 獄中에서 疏를 올려 「吾君으로 하여금 堯舜과 같은 聖君이 되게끔 盡力한 것 뿐이요 또한 이 일은 太陽이 밝게 비치고 있으니 다른 邪心이 나에게 없다」[26]는 心衷를 밝혔고 臨終에 愛國忠君의 五言律詩를 남기기도 하였다.[27]

　위와 같은 義士들의 思想이 오늘에 과연 어떠한 意味를 주는가를 다음에 고찰해본다.

---

18) 生亦我所欲也 義亦我所欲也 二者不可得兼 捨生而取義者也(孟子 告子上)

19) 義利之說乃儒者第一義也(朱子答上延平先生)

20) 聖人之道不過日用倫理 爲子當孝 爲臣當忠 禮以制家 信以交朋 修己必敬 立事必誠而己(朝鮮陞廡諸賢文選 安珦 論國子諸生文 p9)

21) 儒者之道皆日用平常之事 飮食男女人所同也 至理存焉 堯舜之道亦不外此 動靜語默之得其正即是堯舜之道 初非甚高難行(麗季名賢集 圃隱文集續錄 p1091 大東文化研究院)

22) 臣所事謂之君 君所使謂之臣 生于楚而用于晋 是不可以國分也 佞於隋而忠於唐 是不可以人別也(高麗名賢集 3 牧隱文藁 p870 直說三篇)

23) 臣無二主 乞放歸田里終養老母以遂臣不事二姓之志(高麗名賢集 4 冶隱言行拾遺 三綱行實 p491 大東文化研究院)

24) 朝鮮儒學史 p42 玄相允

25) 儒之爲道不過父子有視 君臣有義 夫婦有別 長幼有序 朋友有信 其文詩書易春秋 其法札樂刑政 其行守義 其爲道易明而其爲敎易行也(朝鮮陞廡諸賢文選 第5編)

26) 使吾君爲堯舜之君 玆豈爲身親 天日照無他邪心(李朝初葉名賢集選 靜庵集 獄中聯名疏 p24 大東文化研究院)

27) 愛君如愛父 憂國如憂家 白日臨下土 昭昭照丹衷(朝鮮陞廡諸賢文選 第5編 p18)

④

위에서 말한 여러 義人들의 行動은 宗統을 지키는 일로 集約될 수
있을 것이다. 天無二日이란 말도 그러한 뜻에서 쓰여진 것이라고 생
각된다. 社會란 構造的인 意味에서 人間의 關係體系라고 할 수 있다
면 모든 問題는 人間으로 求心되어야 할 것으로 안다. 現代社會의 특
징을 보는 角度따라 달리 말할 수 있을 것이나, 한마디로「動搖」라고
지적하고 싶다. 個人的으로는 主體가, 國家社會로는 主權이, 흔들리
고 있다고 하겠다. 오늘날 個人의 自殺事件이 늘어가고 있으며 春秋
戰國時代[28]에 못지않은 오늘의 世界는[29] 端的으로 이것을 뒷받침해주
고 있다. 심지어는 聖職者가 自殺을 하고 敎皇마져도 被擊을 당하는
現實이고 보면 무엇이 主가 되며 무엇이 從이 되어야 할 것인지를 自
省하게 되며, 가장 좋은 것이 무엇인지, 즉 最高善의 定立은 時急한
問題로 登場된다.

적어도 國家社會를 領導한 君主가 國民生活의 安定과 幸福을 定着
시키는 私人이 아니라 公格者로서의 眞理實現의 使者라면, 그 聖業遂
行에 헌신한 人士들의 忠節은 높은 價値를 지닌다고 할 것이다. 다만
다 같은 人間이기에 一面 私格을 가졌고 眞理의 形象體로서 一面 公
格을 아울러 지닌 것이 父와 君의 아이로니한 兩面이라고 할 때, 孝
와 忠에 있어서 盲從과 孝子·私臣과 忠臣의 갈래 길이 생기게 마련
이다. 眞理의 普遍機能이 構造的으로 가까이는 家庭의 和睦이요, 멀
리는 人類의 平和라고 한다면 그 機能의 端初를 孝와 忠에서 발견할
수 있을 것 같다. 물론 相對的 關係에서 一方通行의 孝·忠이 아니라
父慈子孝의 孝[30]며, 君使臣以禮하고 臣事君以忠[31]하는 忠임을 주의해

---

28) 春秋時代의 諸侯被殺件數
　　夫れ春秋は 242 年の紀なり……日食凡そ36, 君を弑するもの36, 國を滅するもの52
　　…(春秋左氏傳上解題 p9 國民文庫刊行會 鶴田久作)
29) 近 100 年間의 元首·指導者級人士 被擊 ①사다트埃及大統領被擊(81.10) ②이란大
　　統領被擊(81.8) ③朴正熙大統領被擊(79.10) ④캐네디大統領被擊(63.11) ⑤쿠바 루
　　뭄바被擊(61) ⑥콩고首相被擊(61.2) ⑦日社會黨首被擊(60) ⑧간디 被擊(48.1) ⑨포
　　루갈 칼르루시王暗殺(1908.2) ⑩프랑스國王被擊(1905.6) ⑪스페인王被擊(1905.6)
　　⑫세르비아王과 王后被擊(1903.6) ⑬美 매킨리大統領暗殺(1901.9) ⑭이태리 움베
　　르트王被擊(1900.7) ⑮프랑스 카르노大統領暗殺(1894.6) ⑯토로쓰키暗殺(1940)
30) 詩云 穆穆文王 於緝熙敬止 爲人君止於仁 爲人臣止於敬 爲人子止於孝 爲人父止於慈
　　(大學 傳3章)

야 할 줄 안다. 여기서 父子와 君臣의 兩者間의 共約되는 義의 價値가 실현되며 이 義는 또한 오늘의 利益社會에서 外面되지 않은 利를 가져다 주는, 眞正한 의미의 利로서, 生產이 가능해지리라고 믿는다.[32] 宗統의 기능적인 의미가 個人의 主體에서, 그리고 國家의 主權에서 이해될 때, 現代의「動搖」를 가라앉히는 鎭定劑가 무엇인가를 구하고 있는 오늘에서, 우리의 先人들의 節介와 義理에 現代的인 意味賦與가 可能해질 것이다. 生老病死가 人生公路라고 하지만 好生惡死 또한 人之常情이고 보면 生生의 方向에서 生死事實에서가 아니라 根據로서의 義로부터 生死의 意味를 찾은 그들의 지녔던 共如한 思想을 엿보게 한다. 個人의 心身이 個人의 獨所有가 아니라고 생각할 때 이 몸을 所重히 하고 마음가짐을 맑게 하려는 샘(泉)이 시작된다고 본다. 여기서 비로소 現實的으로 肉身의 來源인 父母를 생각하게 되며 마음의 向路를 위하여 聖賢을 높이는 出發이 가능해지리라고 믿는다.

---

31) 定公問 君使臣 臣事君如之何 孔子對曰君使臣以札 臣事君以忠(論語 八佾)
32) 文言曰元者善之長也 亨者嘉之會也 利者義之和也 貞者事之幹也(易 乾文言)

倫理的 側面에서 본 忠孝思想

머 리 말

나 스스로가 몸가짐을 원만하게 하고, 집안이 화목하며, 나라가 發展하고 人類가 平和를 유지한다는 것은, 오늘 뿐만이 아니라 東西古今을 통한 永遠한 所望이라고 할 것이다. 이제 새삼스럽게 문제삼게 된다는 것은 個人의 行爲에서나, 家庭 안에서의 和平이라든가, 國家의 繁榮이라든가, 世界의 安定性에 비추어, 이 現實이 그만큼 不安함을 뜻하는 것으로 안다. 世界史의 一翼을 맡은 韓民族은, 지니고 있는 歷史的 特殊性을 통해서 새로운 文化創造에 필요하고도 충분한 寄與가 있어야 할 것이며, 忠孝의 旗幟가 높게 오르게 된 것도 우연한 일이라고만 하기에는 너무도 절실한 現實로 느껴진다.

「25時」의 作家인 게오르규는 韓國에 온 紀念講演에서 우리를 지적하기를 「君子의 傳統을 살려서 試鍊을 이겨온 韓國人은 巨木에 핀 蘭草」라고 비유하였다. 이제 이 蘭草의 香氣는 世界史를 살찌게 해야 할 때가 온 것으로 보인다.

① 民族倫理의 傳統性

國祖 檀君께서 나라를 創建할 때에 「弘益人間」을 國是로 내 놓은 바 있음은 周知된 사실이다. 人間이라는 말이 當時의 政治的인 用語였는지는 알 길이 없으나, 弘益國民이라고 하지 않고 弘益人間이라고 表現한 점에 유달리 관심이 간다. 人道主義的인 心底에서 우러나온 것으로 看做된다.

箕子의 統治는 禁8條에 의한 것이었다고 하나, 그 內容의 全部를 알 수 없음이 유감스럽지만, 전해오는 3條는 다음과 같다.

① 相殺 以當時償殺——사람을 죽인 자는 즉시 死刑에 처한다.
② 相傷 以穀償——남의 身體를 傷害한 자는 穀物로써 갚는다.
③ 相盜者 男沒入爲家奴 女子爲婢 欲自贖者 人五十萬——남의 물건을 도적질 한 자는 原則的으로 所有主집에 잡혀 들어가서 奴隷가

되나, 自贖하려는 자는 每人앞 50 萬錢을 내놓아야 한다.

이 세 條文은 法律의 성격을 가진 것이지만, 3 條끝에는 「雖免爲民 俗猶羞之 嫁娶無所讎」라는 것이 이어져 있다. 이것은 그 당시의 나라 풍속을 말해주는 것으로서, 비록 돈으로 自贖하여 良民이 된다고 하 더라도, 國俗으로서는 이것을 부끄럽게 생각하여 결혼의 相對者를 구 하지 못한다는 것이다. 漢書地理志에는 이 8 條禁法에 관련해서 「是 以其民終不相盜 無門戶之閉 婦人貞信不淫辟」이란 것이 보인다. 즉 朝 鮮사람들은 도적질을 하지 않고, 밤에 門을 닫지 않으며, 女子들은 貞 節이 있어 淫亂하지 않다는 것이다. 本來 古朝鮮에서는 貞操를 굳게 지킴을 美德으로 삼아왔음을 전해주는 것이다.

扶餘에서는 男女間에 姦淫을 하거나, 婦女 사이에 妬忌가 심한 자 에 대하여는 極刑에 處하였다. 衣服은 白色을 숭상하였고, 死者에 대 하여는 厚葬하는 風俗이 있다고 한다.

周書 異域傳에 의하면, 高句麗의 禮俗으로는 婚禮時에 거의 財幣로 하지 않고, 만일에 財物을 받는 者는 賣婢라고 하여 매우 부끄럽게 여 겼으며, 父母와 男便喪에는 華夏服制에 따른다고 되어 있다. 北史高 句麗傳에는 좀더 자세하게 기록되어 「男女가 서로 좋아하면 婚嫁를 하 되, 男家에서는 猪酒를 보낼 뿐 財聘하는 일이 없으며, 혹 財物을 받 는 者가 있으면 사람들이 모두 부끄럽게 여겨 賣婢라고 하였다. 사람 이 죽었을 때는 殯所를 屋內에 두고, 3 年이 지난 뒤에야 吉月을 택 해서 葬禮를 치르되, 父母와 夫喪은 三年服을 입고, 兄弟는 三月服을 입으며, 初終에 哭泣하고, 葬禮時는 鼓舞作樂으로 보낸다」라고 되어 있다.

新羅時代는 더우기 道義精神을 높이고, 知行合一의 氣風下에 實踐 躬行이 강조된 時期로 이해된다. 花郎道의 世俗五戒는 그 代表的인 德 目으로 생각된다. 圓光法師의 始唱이라고 하는 「事君以忠」「事親以孝」 「交友以信」「臨戰無退」「殺生有擇」은 유명하거니와, 唐將인 蘇定方은 百濟를 정복하고 돌아와서 高宗에게 아뢰기를

「新羅의 人君은 仁하여 百姓을 사랑하고, 臣下는 忠으로 나라를 섬기며, 아랫사람이 윗사람 섬기기를 父兄과 같이 한다」(三國史記 金庾信傳)

라고 하였다고 한다.

高麗 太祖는 19년에 海內를 안정하고, 臣子의 禮節을 바로 잡기 위해서 「政戒」 1卷과 「誡百寮書」 8篇을 지어서 中外에 반포하였다고 하나, 지금 전해 오지 않아서 알길이 없다. 또, 太祖 晚年에 後嗣를 위해서 「信書」와 「訓要」 十條를 지어 대대로 龜鑑을 삼게 하였다. 太祖의 思想과 信心이 엿보이기는 하지만, 무엇보다도 高麗時代의 대표적인 것은, 鄭圃隱의 忠을 제외할 수가 없을 것이다. 太祖가 後世君臣들의 濫越을 경계한 信書와 訓要의 뜻은 圃隱에 의해서 本旨가 유감없이 지켜진 것으로 보인다.

李朝時代로 접어들면서 儒敎立國의 영향도 있었겠지만, 國難을 통해서 발견되는 民族倫理의 意識은 더우기 뚜렷한 바를 볼 수가 있다. 端宗을 옹호하는 死六臣의 모습, 南袞·沈貞의 誣告로 희생이 된 趙光祖, 宣祖의 將來를 염려하는 老臣 李退溪, 國權이 빼앗긴 뒤에도 끝내 굽히지 않은 金淸陰 등 하나하나 열거하려면 한이 없을 것이다.

이상에서 檀君 이후로부터 李朝에 이르기까지 禮俗 속에 지녀오는 우리 民族의 價値意識의 흐름을 槪觀하였다. 대체로 婚俗과 忠孝로 요약되며, 男女間에 貞節을 重要視한 것과 犧牲的인 忠孝精神의 斷面을 보여주고 있다. 이제 좀더 구체적으로 몇가지를 살펴보기로 한다.

② 忠孝로 點綴된 價値意識

忠孝의 事例는 「三綱行實圖」나 「五倫行實圖」를 참고할 만 하지만 그보다도 歷史的인 背景과 함께 널리 稱頌되어 오는 몇가지를 다음에 들어본다.

① 圃隱의 人間理解

圃隱은 비록 李芳遠에 의하여 肉身은 희생되었으나, 그의 節義는 民族과 함께 살아 있는 줄 안다. 사람이란 사람을 잘 알아야 하며, 사람을 잘 알려면 自己를 먼저 잘 알아야 할 줄 믿는다. 소크라테스의 말을 빌릴 것도 없이, 나 자신을 아는 工夫를 우리 祖上들은 진정한 學問으로 여겨왔던 것이다. 圃隱의 나이 겨우 아홉살로 外家에 갔을 때 있었던 일화는 매우 有名하다. 外家의 여자종이 어린 圃隱에게 「남편에게 보내는 편지를 써달라」고 졸았더니, 圃隱은 글 모르는 그 여자종의 안타까운 心情을 딱하게 여겨서 붓을 들었다.

「구름은 모였다가 흩어지고, 달은 찼다가 이지러지지만, 저의 마

음은 조금도 변함이 없읍니다」(雲聚散月盈虧妾心不移)
라고 써준 이 글이 너무 간결하여 熱情의 못다함을 아쉽게 여겨, 좀
더 써 달라고 졸랐더니, 어린 夢周는 다시 봉한 것을 떼고서
「봉했다가 다시 열어 한 말씀 더 하온대, 세상에 병이 많지만 그
대 그리워함이 상사병인가 하옵니다」(緘了却開添一語世間多病是相思)라
고 적어 주었다고 한다.

일찌기 사람의 마음을 헤아릴 줄 알았던 그가 56세 때에 芳遠의 心
思를 어찌 몰랐으랴. 丹心歌는 芳遠의 內心을 꿰뚫어 答한 것이며 善
竹橋上의 얼룩진 핏자욱은 그의 忠義의 結晶이라고 할 것이다. 高麗
末期의 君臣의 義理를 忠으로 장식한 것은 역시, 이 時代의 價値觀의
焦點이 여기에 있었던 까닭이라고 해도 과언이 아닐 줄 안다. 여기에
한가지 강조하고 싶은 것은 圃隱의 忠信이 個人의 忠僕이 아니라 民
族의 正當한 主權에 대하여 尊嚴한 守護였다는 점이다. 따라서 李朝
의 建國이란 價値意識의 民族的 陣痛을 면할 수가 없었다고 생각된다.

② 賜藥 마시는 靜庵

保守派의 密告로 綾城에 下獄된 靜庵에게 伸救와 請斬이 엇갈리는
가운데 賜藥이 내렸고, 執行當日의 모습을 年譜에는 다음과 같이 전
한다. 靜庵은
「主上께서 臣에게 죽음을 내리셨는데, 罪名이 合當한지 恭聽하고
죽기를 請하노라.」
都事「……」
靜庵은 뜰 아래로 내려가서 北向再拜하고 꿇어앉아서 敎旨를 받고
묻기를「君上의 健康이 어떠하신가? 三公六卿台諫侍從들이 누구들인
가」하고 家族들에게는 한마디 遺言도 아니하였다.
都事가 賜藥을 마시기를 빗발치듯 독촉을 한다. 靜庵이
「옛사람은 詔書를 안고 엎대여 哭을 하면서 傳했는데, 지금 사람은
이렇듯 다르단 말인가.」
드디어 沐浴을 하고 옷을 갈아입은 다음에 자리에 나아가서 앉고 所
懷를 읊으니, 그것이 널리 알려지고 있는 絕句
「愛君如愛父 憂國若憂家
白日臨下土 昭昭照丹衷」
이다. 그는 藥을 받아서 마셨지만, 37세의 젊은 나이인지라 숨이 얼

른 넘어가를 않는다. 府卒들이 달려들어서 목을 밧줄로 매려하니,
靜庵은

「이놈들! 聖上도 臣의 목을 保護하려 藥을 내렸는데, 너희들이
敢히 이렇듯 하느냐.」

藥을 더 가져오라고 하여 다시 마신 뒤에 운명을 했다는 것이다.

이제 賜藥을 받은 靜庵이 君上의 健康을 묻고, 그곳을 向해 再拜하
는 그의 마음을 이해하는데 부담이 갈 程度이지만, 그의 最後所懷一
首를 통해서 國家와 君上에 대한 眞心을 엿볼 수 있는 것 같다. 죽음
을 걸고 하는 忠誠도 힘든 일이지만, 生을 完遂하면서 忠誠을 다한다
는 일은 더욱 어려운 일일까 한다.

③ 奉命으로 終生한 退溪

圃隱을 理學의 祖라고 하였고, 系統을 寒暄堂, 靜庵으로 이어서 보
는 退溪이니만큼, 그 道義心의 命脈 또한 그로부터 흘러온 것으로
짐작이 간다. 前二者는 非命에 간데 비해서, 退溪는 天命을 다한 데
差異가 발견된다.

出仕의 動機가 生計에 마지못함에 있었고, 母親의 가르침을 받들어
出世를 피하려는 心算이었건만, 君上의 命을 어길 수 없어서 辭讓으로
進退를 거듭하게 된 結果가 奉命의 一生이요, 畢生의 忠誠이었던 것
이다. 退溪의 誠忠을 이루다 例擧할 수는 없겠으나, 대체로 두가지
傾向性에서 特徵을 가지는 것으로 보인다. 첫째는, 本意아닌 官職生
活이기에 물러가고자 원했고, 君王의 命이기에 어기지 않고 順從했다
는 점이다. 母親의 경계말씀과 아울러 中年(53세) 이후 學問으로 終生
하겠다는 決心을 한 바도 있으나, 病苦에 시달려 가면서 70生涯를 王
命받드는 일로 보냈다는 것은 先生의 誠과 敬을 충분히 입증해주는
事實이라고 하겠다. 둘째는, 흔히 疏文 올리는 일로 能事를 삼는데,
上疏內容에 學問을 담은 일이 歷史上 最初라는데 意義가 있다. 즉
「聖學十圖」는 나어린 宣祖에게 올린 學問的인 赤誠이다. 實事獻誠도
중요하지만 實理를 위한 至誠을 헌납하는데 비길 수 있으랴. 入道하
는 門으로서 積德하는 基로서 올린다는 誠心은 萬機를 장악하고 百責
이 모인 聖主一心의 定立을 위한 先生의 忠義라고 할 것이다. 周易說
卦에 窮理盡性하야 以至於命이라고 한 바와 같이, 그 學問의 깊이와
人格의 至高함은 命을 完遂하는 生路를 확보해준 것으로 믿어진다.

④ 主權을 지킨 淸陰의 忠

聖上에 대한 忠과 國家에 대한 忠이 다를 수가 없으나, 淸陰의 경우는 그 특이함을 보게 된다.

丙子胡亂에 우리는 衆寡不敵으로 敗戰을 당했고, 三田渡에서 九叩頭禮의 羞侮를 겪어야 했다. 南漢山城 안에서는 和戰兩論이 맞서서 仁祖가 결심을 내리는데 時間이 걸리기는 하였으나, 大勢는 기울어진채 降伏의 屈辱을 歷史에 기록하게 되었다. 崔鳴吉과 金尙憲은 兩論의 代表였고, 淸陰 金尙憲은 끝내 主戰을 고집하여, 仁祖下山에 隨行을 하지 않았다. 뿐만 아니라 그 후에도 淸과의 國交관계나 援兵에 不應하였으므로 淸國으로서는 淸陰을 反淸者로 指目하고 捕縛하에 義州를 거쳐서 瀋陽으로 호송하였다.

仁祖가 斥和를 고집하는 淸陰에게

「禮曹判書(淸陰)는 今後로 方便之部를 深思해서 고집하지 말라」

라고 하였더니, 淸陰은

「臣이 어찌 謬見을 고집해서 國事를 망치겠읍니까. 다만 忠을 願하고자 하되 計慮가 淺短하여 裨益되는 바 없으니 또한, 감히 雷同隨衆해서 初心을 저버릴 수가 없을 뿐입니다. 上으로부터 마음을 굳게 정하시고 동요하지 마셔야겠읍니다」

라고 하여 도리어 聖上이 確固不動한 姿勢를 취할 것을 요구할 정도였다.

義州에 도착하여 龍骨大의 問招를 받았다.

「丁丑에 國王이 下城할 때 홀로 淸國을 섬길 수 없다고 하여 下城에 隨行하지 않은 것은 무슨 뜻인가.」

이에 淸陰은 대답하기를

「내 어찌 吾君을 쫓고자 않겠는가. 老病으로 쫓지 못했을 뿐이다.」

다시 龍胡는 丁丑以後에 官職을 除叙하는데도 받지 아니하고 敎旨를 返還한 일이며, 援兵을 請했는데도 上疏로 이것을 沮止한 理由를 따졌다. 淸陰은

「나의 뜻을 내가 지키고 내가 내 君主에게 告하였는데도 國家가 내 말을 들어주지 않았다. 이와같은 일을 他國이 반드시 알고자 하는가.」

이에 대하여 龍骨大는

「兩國이 이미 一國이 되었는데, 어찌 他國이라고 하는가」

고 묻자 淸陰은 이렇게 대답하였다.

「兩國은 각각 國境을 갖고 있으니, 어찌 他國이 아니겠는가.」

더우기 仁祖下城時에 隨行하지 않은 일에 대하여 사람들이 追窮하는
데 대하여

「大義있는 곳은 털끝만치도 구차스러워서는 아니된다. 臣下는 君에
대해서 義를 따르는 것이지 命令을 쫓는 것이 아니니, 士君子의 進
退는 오직 義일 따름이다」(淸陰集 豊岳問答)

라고 대답하고 있다. 國家의 主權에 대한 守護, 그리고 義理를 쫓는
그의 不屈의 態度 속에서 그가 믿고 있는 忠誠을 窺見할 수 있을 것
같다.

이상에서 살펴본 바, 그들의 忠을 과연 오늘의 社會에서는 어떻게
評價해야 할 것인지, 顚倒된 價値意識에서는 반드시 肯定的인 것만은
아닌 것으로 보인다.

③ 새로운 倫理의 要請

送舊迎新은 新年에만 필요한 것이 아니라, 時時刻刻이 新陳代謝되
는 것이라고 한다면, 現代社會라고 해서 독특하게 새로운 倫理가 요
청된다는 말은 不當한 것처럼 들린다. 不當함에도 군이 하는 理由는
新陳代謝가 안되고 있다는 證佐며, 新陳代謝가 안될수록 고통을 겪
고 있는 것으로 생각된다.

傳來의 精神價値가 物質價値로 전환이 되고, 從前의 縱的 倫理가 橫
的 倫理로 바뀌고 있는데서 斷層이 깊어가고 있다. 이미 30년이나 中
毒된 物質價値를 하루아침에 洗滌한다는 것은 不可能한 일이나, 그렇
다고 해서 抛棄할 수도 없는데 고민이 있다. 벌써 4半世紀나 自由에
迷惑된 夫婦倫理를 하루저녁에 父子倫理로 回復시킨다는 것은 不可能
한 일이지만 그렇다고 해서 포기해 버릴 수도 없는데 고통이 있다. 物
質을 따르느냐, 精神을 따르느냐, 夫婦를 따르느냐, 父子를 따르느냐
는 우리 民族이 부딪히고 있는 歷史의 물결 속에서 택해야 할 岐點에
서 있는 것으로 보인다. 그러나, 선택을 해야만 한다고 해서 前者 아
니면 後者를 가리는 식으로 問題가 해결될 것인가는 疑問이다. 지금
이 時點에서 物質價値를 버릴 수 있겠는가. 夫婦單位의 核家族의 倫

理를 버릴╲수 있겠는가. 西洋이 東洋을 찾고 東洋이 西洋을 찾는 일은 필요한 일이기는 하나, 각각 自己를 버린다는 뜻은 아니다. 여기서 멀게는 東과 西의, 가까이는 物質과 精神, 夫婦와 父子의 조화가 필요하게 되는 同時에 이 해결은 現代에서 이룩해야 할 時代的인 課題로 생각된다. 忠과 孝의 傳來의 價値가 精神的이요 縱的 倫理에 있었다면, 오늘날 이것을 物質과 그리고 橫的 倫理와의 調和方向으로 가늠해 가는 일이 자못 새로운 課業이 아닐 수 없다. 方法上의 問題이지 本末이 전도될 수는 없다.

④ 오늘날의 忠孝

縱的 體系의 社會構造가 橫的 構造로 바뀐 오늘에 있어서 忠과 孝의 方法을 過去대로 인식하려는 것은 錯誤라고 할 것이다. 낡은 船舶의 키로서 새로운 船舶을 운전하려는 것과 다름이 없을 것이다. 키의 모양은 새 船舶에 맞게 製作되어야 하겠지만은, 機能上의 差異는 있을 理가 없다. 民主主義社會에서 가장 重視되는 것이 自由와 平等임은 더 말할 것도 없거니와, 이 自由와 平等이 個體와 全體의 有機的 關聯 속에서 達成된다고 생각할 때 「自我」는 求心的인 問題로 등장된다. 따라서, 오늘의 忠과 孝는 自我와 관련해서 이해 실천되어야 할 것이며 또, 그렇게 함으로써 앞서 言及한 兩者間의 調和도 기대할 수 있을 것으로 본다.

① 孝와 自我

孝는 子息이 어버이에게 대하는 當爲規範으로 생각되어 왔다. 父子를 天倫關係로 생각한다면 統體에서 볼 때, 拒逆하는 일이 있어서는 안될 것이다. 「論語」學而篇에 「그 사람됨이 孝弟이면서 윗사람을 犯하는 일이 거의 없으며, 윗사람을 犯하기를 좋아하지 않으면서 亂을 일으키는 일이 결코 없다」고 하였다. 一統體上으로 본다면 그것이 곧 天倫이요, 이 天倫實踐을 위해서는 謀叛하거나 拒逆하는 일이 있을 수 없다는 것이다. 프랑스의 人權革命이 擧族的인 抗拒運動으로 政治的인 民權을 획득한 史例는 人權革命을 겪지 않은 新生民主國家의 百姓들에게 적지 않은 反抗心을 조성해주었고, 따라서 順從을 美德으로 알고 지켜온 孝의 倫理에 지대한 動搖를 가져오게 하였다. 反抗과 順從의 葛藤은 오늘의 孝의 방향을 喪失케 하고 있다. 여기 분명하게 이해해야 할 것 가운데 세가지를 지적해본다.

첫째는 順從의 의미요, 둘째는 抗拒의 倫理的 理解요, 세째는 오늘의 孝하는 방법이다. 順從해야 한다는 말이 가장 誤解를 불러 일으키기 쉬운 부분이라고 본다. 아버지란 一統體로서의 父格과 自然으로서의 父體라는 兩面을 지니고 있다고 할 때, 父格에는 順從할 수밖에 없고, 만일에 이 父格을 犯한다면 그것은 統體를 흔드는 결과가 된다는 점을 納得해야 할 것이다.

抗拒란 말은 倫理的인 의미에서는 西歐의 用語를 번역 使用해 오는 것으로 보이나, 順從의 뜻과 連關性있게 이해할 수 없을까를 생각해본다. 順從이나 抗拒는 盲目的인 意味라면 잘못된 것이 아닌가 한다. 順從과 反抗을 안한다는 것과는 구별되어야 할 것이요, 또한 反抗을 안한다는 것과 盲目的인 服從과도 區別되어야 할 것이다. 즉, 父格은 犯할 수 없고, 父體의 過誤는 諫해야 한다는데, 孝行의 어려운 점이 있다. 「父母를 섬기되 幾諫이니라(論語 里仁)」고 한 幾諫이란 말이 보여 주듯이, 착한 말로 조용조용히 諫한다는 뜻은 盲順하라는 뜻이 아니다. 「父母님에게 허물이 있을 때에는 흥분하지 말고, 和氣띤 顔色과 부드러운 音聲으로 諫하라(禮記 內則)」는 것이다. 諫하면서 順從함은 盲從과는 다르다. 父母의 慈愛와 子女의 至誠은 諫을 결코 無意味하게 하지 않을 것이다. 舜의 大孝로서의 괴로움이 여기에 있었고 五十怨慕의 奏効도 여기에 있었다. 이것을 父母의 一方的인 요구라든가, 子女들의 盲目的인 服從이라고는 할 수 없다.

孝行의 오늘의 방법에 대해서는 위와 같은 基本姿勢에 따를 때, 길게 說明할 필요가 없을 것이다. 現代生活을 해나가는데 適應될 수 있는 방법이란 얼마든지 多樣하겠기 때문이다. 오늘의 社會에서 父母喪을 墓幕에서 3년을 입을 수는 없다. 할 수 있었던 過去의 社會와 이미 달라졌기 때문이다. 그렇다고 百日脫喪이어야만 한다는 것도 부당하다. 父母의 恩功을 잊지말자는데 趣旨가 있다면, 방법을 달리해서 3년을 지키는 일이 어렵지 않은 일이기 때문이다. 昏定晨省도 이 時代에는 無用이라고 하기 前에, 本意를 살릴 수 있는 從來와 다른 方法이 얼마든지 있을 수 있다. 要컨대는 可變的인 방법의 舊態에 執着하여 不可變의 本質과 錯覺하는 데서 斷層의 現象이 오는 것으로 생각된다. 方法은 변천하는 社會에 따라서 外形的인 改善이 가능하지만

本質은 不變하는 自我와 더불어 內面的인 一貫性이 필요하게 된다. 時代에 적응할 수 있는 百行은, 自我에서 流出되는 孝心에서 期待가 가능한 것으로 이해된다.

② 忠과 自我

忠은 封建社會에서 君上이나 國家에 헌신하는 것으로 이해해 왔다. 임금 섬기기를 忠으로써 하라(論語 八佾)고 한 것이라든가, 君이 孝하고 慈하면 臣들이 忠誠한다(論語 爲政)고 한 것이나, 또는 사람들과 일을 議論하는데 不忠한 일이나 없었던가(論語 學而)하는 등은 外形的인 對人關係에서 하는 말이다. 그것이 全部가 아니라 對內的인 意味가 더욱 중시되어야 함을 소홀히 할 수 없다. 孔子의 一以貫之의 道를 曾子는 對自的인 忠과 對他的인 恕로 파악하고 있다. 朱子도 역시 盡己之謂忠이라고 해서 對內的으로 忠을 推己之謂恕라고 해서 對外的인 것으로 恕를 이해하고 있다. 具體的인 實踐에서 忠을 말할 수 있으나, 對自的인 中心이 먼저 정립되어야 함을 생각해 볼 때, 自己確立이 先行되어야 할 것을 생각 아니할 수 없다. 이렇게 볼 때, 忠君이나 忠國이란 다만 外形的인 그리고, 一方的인 倫理的인 要請이라고 할 것이 아니라, 어디까지나 使臣以禮하는(論語 八佾) 君上에 대해서 中心으로부터 우러나는 事君以忠임을 認識해야 할 것이다. 특히, 主權在君의 時代로부터 主權在民으로 전향된 社會에서 職分上에 自己誠實을 다하는 것은 바로 忠의 時代的 適應이라고 할 것이요, 동시에 우리의 傳統倫理의 正統的인 現實化라고 이해된다.

맺음말

民族의 固有思想으로 儒學을 受容하고 儒學이 지니는 理論의 韓國的 展開가 바로 韓國의 儒學史라고 한다면, 儒學에 있어서의 忠孝倫理 속에는 民族倫理의 正統的인 맥박이 뛰고 있음을 생각할 수가 있다. 그러한 뜻에서 앞서 열거한 儒者들의 忠孝思想 특히, 忠의 思想은 主體的인 의미를 갖는 것이라고 하겠다. 더우기 오늘의 民主社會에서 忠과 孝를 自我와 연관하여 正己, 責己로 이해하고 實踐한다는 것은 自由와 平等의 主體가 확립된 然後의 問題일진댄, 진정한 의미의 自由, 平等實現의 底力이 될 줄로 생각된다.

禮論의 諸學派와 그 論爭

禮論의 史的 位置

　朝鮮의 禮論은 性理學의 絶頂期의 뒤를 이어 일어나게 되었고, 諸派는 政治勢力의 派閥意識이 그 底邊에 깔려서 형성되었으며, 論爭은 服喪問題가 중심이 된 것으로 안다. 먼저 禮論이 대두하게 된 歷史的인 位置를 살펴보고 禮의 槪念을 그 不變性과 可變性을 통해서 고찰한 다음에 禮訟論爭의 自初至終을 通觀하고 나서 兩派의 系譜를 간략하게 말하고자 한다.

　儒學을 「理」論과 「禮」論으로 大分할 수 있다면 前者는 人文, 後者는 社會로 비교된다. 그러나 이러한 구분은 學問의 分化 이후에 하는 말이고 未分化期의 原始儒學에서는 명확하게 구별하지는 아니한다. 더우기 「理」는 宋代 이후에 性理學이 登場되면서 중요하게 다루어진 것에 지나지 않는다. 孔子에게서는 性과 天道에 관해서는 들을 수가 없다[1]고 함을 보면 孔子는 일부러 회피했는지도 모른다. 오히려 學問의 分化가 全體性의 균형을 잃게 하고 思惟의 調和로부터 분열을 불러일으키게 된다면 차라리 미연에 방지함이 현명한 일이라고 할 것이다. 따라서 理와 禮는 理論上으로나 實踐上으로 분리되어서는 아니될 不可分의 관계에 있기는 하나, 儒學이 수용되어 변천해가는 과정에서 그 주장의 力點에 차이가 생겨 時代的인 특징을 보이게 되었다고 할 것이다.

　高句麗時代에 전래된 儒學이 制度上으로 교육의 내용이 된[2] 이래 朱子學이 들어오기까지는 文章을 익히고 史記를 기본삼아 政治나 法律의 제도를 밝혀서 그것을 운영할 만한 선량한 官吏가 되는 일이 주된 力點이었다. 이것을 通經明史와 詞章의 學風[3]이라고 한다.

---

1) 子貢曰 夫子之文章可得而聞也 夫子之言性與天道不可得而聞也(論語 公冶長)
2) 二年夏六月秦王遣使……立大學敎子弟……(三國史記 高句麗本記 第6)
3) 玄相允 朝鮮儒學史 p14

朱子學이 白頤正에 의하여 忠肅王 元年(1314)에 전래되었고,[4] 權溥·禹倬의 노력으로 布敎되었다. 權溥는 「四書集註」를 간행했으며, 禹倬은 閉門月餘에 程子易傳을 통하여 제자들을 가르쳤으니 理學이 비로소 행하여지게 되었다[5]고 한다 이후 圃隱·三峯·陽村 등 牧隱의 제자들은 朱子學을 깊이 연구하게 되었으며, 牧隱은 圃隱을 가리켜 東方理學之祖라고 일컫고[6] 徐居正은 그 系譜를 益齋·稼亭·牧隱·三峯 陽村으로 파악하고[7] 있다. 高麗 科擧試에서 詩賦를 폐지하고 經學을 중시하여 德行에 중점을 두면서부터 朱子의 性理學은 발전의 氣運을 타게 되었다. 한편 佛敎에 대한 비판이 朱子 입장에서 가해져 가면서 高麗의 衰亡과 함께 朝鮮朝의 建立이 이루어졌다. 開國功臣 중의 三峯과 陽村은 儒敎政策의 背後人物이었다. 그러나 그들보다는 性理學을 朝鮮朝로 넘겨주는 데는 圃隱의 忠節이 비중이 컸으며, 世祖의 登極으로 인한 紀綱의 동요는 死六臣의 義理를 빛내주었으며, 中宗의 反正 이후 政府 施策은 趙靜庵에게 용기를 주었었다. 이렇게 해서 性理學의 理論探究에 앞서서 거듭되어온 政變에 짙게 덮인 暗雲을 걷어치우는 作業으로서의 儒學이 필요하게 되었다. 소위 至治主義의 儒學이라고 한다. 그런데 모처럼 돌아온 生脈도 政治的 保守勢力으로 말미암아 처참한 士禍의 되풀이로 學界를 위축시키는 史上의 汚點을 남기게 되었다. 그러나 한편으로 純粹한 性理學을 탐구케 하는 자극이 되었다면, 불행한 가운데서도 득이 된 점이라고 할 수 있을지 모른다. 벼슬을 하기보다는 거절하여 學을 行으로 지킨 圃隱의 뒤를 이어간 學者들, 그리고 政變의 그늘 밑에서 官衙에 참여하여 官祿으로 學을 兼究한 사람들, 이렇게 해서 이 나라의 學派에는 士大夫儒者와 山林儒家 兩派의 性格을 띠어가게 되었으며, 點綴된 士禍의 歷史는 오히려 韓國 性理學의 中心問題를 心性情으로 집중시키는 酵素가 되었음직만한 일이다. 이제 詞章·通史 中心의 儒學이 政治的인 實踐 위주의 至治主義의 儒學을 거쳐서 性理學 중심의 儒學의 제3기로 접어들게 되

4) 東國通鑑 忠肅王 元年 春正月條……尹瑢均所引「朱子學の傳來とその影響に就いて」 p31
5) 尹瑢均 同上 p32
6) 圃隱文集 卷4 年譜 27年條
7) 忠烈以後輯註始行 學者駸駸入性理之域 益齋而下稼亭牧隱圃隱三峯陽村諸先生相繼而作 倡明道學文章 氣習庶幾近古 而詩賦四六亦自有優劣矣(徐居正 東人詩話)

었다.

佔畢齋 金宗直·寒暄堂 金宏弼·一蠹 鄭汝昌·靜庵 趙光祖에 뒤이어 花潭 徐敬德·晦齋 李彦廸을 지나서 退溪와 栗谷의 性理學 全盛期를 맞이하게 된다. 儒學을 性理로 분석함이 바람직한 것인가는 문제가 있기는 하지만 政治的 社會的인 實相과 관련하여 儒者들이 本然의 이론을 체계화하는 필요성에서 蓄積해간 塔인 줄안다. 佛教理論에 대항하고 이를 비판하는데 遠心的인 요구가 宋學이었다면 전래의 政治나 社會의 無實한 樣相에 理論的 照明의 求心的 요구는 韓國의 性理學이었던 것으로 생각된다. 退溪와 栗谷의 性理說은 儒學本然의 廣場을 共有하면서 그 주장의 특수성을 보여 絕頂期를 장식한다. 特殊面에의 執着으로 인해서 後繼學者들은 學派를 형성하게 되었고, 마침내는 主氣와 主理의 갈등으로 말미암아 理氣論의 原來 조화를 잃고 이번에는 政治와 社會의 無實이 아니라 學問上의 無實을 범하기에 이른다. 이러한 無實하고 空疎한 것을 보충해야 한다는 요구는 당연한 趨勢라고 할 것이다. 玄相允씨는 다음과 같이 말한다.

「通經明史나 文章을 힘쓰던 時代에 비하여 至治主義나 敎化主義를 힘쓰던 實踐儒學時代나, 爲己之學을 힘쓰고 踐履를 篤信하던 理學時代가, 더 한층 禮를 힘쓰며 존중하고 禮學을 숭상하게 된 것은 論理에 있어서 必然的 趨勢라 아니할 수 없으니 결코 우연한 일이 아니다.」[8]

禮學은 이렇게 해서 출현한 것이기는 하나 이 또한 政權에 편승하여 勢力葛藤에 이용되는 불행을 저질렀다. 禮學이 요구된 까닭이 失實한 理論 탐구의 경향으로부터 탈피해서 得實한 理論 實踐의 방향으로의 전환에 있었음에도 불구하고 한갓 政爭의 道具로 전락되어 所期의 목적을 달성치 못한 感이 없지 않다. 거듭된 國難에 뒤이어 온 政局의 疲弊와 社會의 빈곤은 儒學을 實學의 방향으로 또 한번 돌려주는 계기를 만들어주었다. 오늘의 實學概念이 다양하게 다루어짐은 儒學 본래의 입장에서 본다면 당시의 요구에 어긋나는 것이며, 禮學이 爭訟으로 파급되었음은 儒學 本來의 입장에서 볼 때 당시의 요구에 어긋나는 것이며, 마찬가지로 性理學이나 至治儒學이 儒學본래의 입장에서 본다면 당초의 요구에서 빗나갔던 것이다. 즉 弊端에 직면할 때

---

8) 玄相允 朝鮮儒學史 p172

마다 儒學 본래의 時代的 要請으로 노출된 것이 至治主義의 儒學·性理學·禮學·實學으로 점철되어 간 것으로 간주된다.

儒學에서의 禮의 槪念에 관하여 잠깐 살펴보기로 한다.

禮의 槪念에 관하여

그 不變性과 可變性

儒學에 있어서「理」를 不變者로 생각할 때「禮」는 可變者로 이해된다. 다시 禮의 本質을 不變者라고 한다면 禮의 형식은 可變者라고 해야 할 것이다. 變과 不變을 함께 가지고 있는 禮를 黑白論理로 槪念化한다는 것은 간단하지 않다.

「禮라는 것은 그 사치스러운 것보다는 검소한 것이 낫고, 喪禮는 그 節次를 쉽게 넘기기보다는 차라리 슬퍼하는 것이 낫다」[9]

라는 말은 林放이 孔子에게 禮의 根本을 물었을 때 한 대답이다. 사치와 검소, 절차상 잘못이 없이 쉽게 진행하는 것과 약간의 절차상 잘못이 있더라도 슬퍼한다는 일, 이것들은 그 어느것도 禮의 根本은 아니다. 儉과 戚은 根本은 아니로되 비교해서 根本에 가깝다는 말이다. 根本이 바로 이것이라고 드러내서 말해주지 않는 데 문제가 있다. 孔子는 孝를 樊遲에게 설명하기를

「生時에 섬기기를 禮로써 하고 돌아갔을 때 葬事를 禮로써 하고 돌아간 뒤에 祭祀를 禮로써 할지니라」[10]

라고 하여 生·死 前後를 一貫해서 禮로써 섬기는 일을 孝라 일러주었다. 또 禮의 표시로는 반드시 物이 따른다. 배우고자 해서 束脩로 來訪한 사람은 孔子는 누구도 다 가르쳐주었다. [11] 束脩도 禮物이기는 하나 그것은 薄至한 것이고 厚한 것으로는 당시에 玉帛이 있다. 그러나 후하다고 해도 그것은 어디까지나 物質이요 禮의 전부는 아니다. [12] 또 禮의 實踐에 있어서 和가 중요하기는 하지만 和할 것만 알

---

9) 禮與其奢也寧儉 喪與其易也寧戚(論語 八佾)

10) 孟懿子問孝 子曰 無違 樊遲御子告之曰 孟孫問孝於我 我對曰 無違 樊遲曰 何謂也 子曰 生事之以禮 死葬之以禮 祭之以禮(論語 爲政)

11) 子曰 自行束脩以上 吾未嘗無誨焉(論語 述而)

12) 禮云禮云 玉帛云乎哉(論語 陽貨)

고 節制할 것을 모른다면 그것은 또한 本然의 禮라고는 할 수 없다. [13]
사실상 禮物의 物에 치우치거나 和만을 중시하여 樂에 치우친다면 本
을 잃어버리고 末에 흐르는 결과가 되어 바람직하지 못하다[14]는 것이
다. 孟子는 仁과 義의 實한 것(節文된 것)을 禮라[15]고 한다. 「禮記」에
의하면

「樂은 內를 修하는 바요 禮는 外를 修하는 바이며, 禮樂은 中에 交
  錯하는 것」[16]

이라고 하여 옛 三王이 世子에게 가르치기를 반드시 禮樂으로서 했음
을 밝히고 있다.

위에서 말한 사치와 검소, 검소와 哀戚이라든가 禮와 樂, 또는 仁
과 義 등은 다 끊어질 수 없는 一連性이 있으므로 中을 잃었을 때 한
편으로 치우치게 되어 失實의 결과를 가져오게 되는 것이다. 「禮記」
에서의 交錯이나 「孟子」의 節文은 이 中을 의미하는 것으로 생각된다.
孟子가 禮를 門이라[17]고 풀이한 것을 보면 內室 外方을 통하는 門 구
실을 禮가 한다는 뜻으로 간주된다. 顔子에게 禮가 아니면 視聽言動
을 하지 말라[18]고 한 孔子의 뜻도 中대로 하라는 의미인 것이며, 검
소한 것이 낫다든가 슬퍼함이 낫다고 하고 中을 말하지 않은 까닭은
子莫의 執中[19]을 우려해서가 아니었던가 생각되기도 한다. 이러한 禮
에로의 回復은 孔子에 있어서는 克己가 된 연후의 일[20]이라는 것이다.

禮를 中이나 門으로 생각하는 이유로서는 不變의 本質과 可變의 형
식이 끊어질 수 없기 때문이며, 또한 어느 쪽으로도 기울어질 수 없
는 까닭이라고 이해된다. 眞理의 現實的인 實踐이 禮라면 時代의 變
遷에 따라서 可變的인 형식이 不變의 本質과의 타당한 관련을 가져야
할 것은 당연하다 할 것이다.

---

13) 有子曰 禮之用和爲貴 先王之道 斯爲美小大由之 有所不行知和而和 不以禮節之 亦不
可行也(論語 學而)
14) 禮云禮云 玉帛云乎哉 樂云樂云 鍾鼓云乎哉(論語 陽貨)
15) 孟子曰 仁之實事親是也 義之實從兄是也 智之實知斯二者弗去是也 禮之實節文斯二者
是也 云云(離婁章句上)
16) 凡三王敎世子 必以禮樂 樂所以修內也 禮所以修外也 禮樂交錯於中(文王世子)
17) 夫義路也 禮門也(萬章章句下)
18) 顔淵曰 請問其目 子曰 非禮勿視 非禮勿聽 非禮勿言 非禮勿動 顔淵曰 回雖不敏 請
事斯語矣(論語 顔淵)
19) 子莫執中執中爲近之執中無權猶執一也(盡心章句上)
20) 顔淵問仁 子曰 克己復禮爲仁(論語 顔淵)

儒敎 倫理의 家庭的 社會的 機能 중에서 冠婚喪祭는 매우 무거운 비중을 차지한다. 그 중에서도 葬事를 禮로써 치른다는 것이나 愼終追遠이면 民德이 歸厚한다[21]는 것은 더욱 중요시되어 오는 바 禮論의 爭點이 발생한 것도 바로 이 喪禮 부분에서였던 것이다. 다음에 禮論의 論爭을 살펴보기로 한다.

禮訟 論爭의 顚末

私家에서도 喪禮는 四禮 중에서 가장 중시하는 바라 王家에서는 더말할 것도 없다. 「中庸」에
「王位를 계승하여 그 禮를 행하고 樂을 연주하여 그 높일 바를 恭敬하고 그 親할 바를 사랑하며 죽음을 섬기되 살아 있는 이 모시듯하고 故人을 섬기되 生存해 있는 이 섬기듯 함이 지극한 孝道이니라」(19章)
라고 한 것과 같이, 王統을 이어 孝行을 지성으로 하는 일은 萬百姓을 거느리는 王座에서는 더욱 신중하게 해야 할 일로 생각되어 왔다.
論爭의 문제점은 趙大妃의 孝宗 승하에 대한 服喪 문제가 그 하나이며, 孝宗의 妃요 顯宗의 母后인 仁宣王后 張氏가 세상을 떠난 뒤에그의 시어머니인 趙大妃의 服喪 문제가 그 둘째이다.

① 趙大妃의 孝宗에 대한 服喪 문제

仁祖(1955~1649)의 長子인 昭顯世子(1612~1645)는 仁祖보다 5년 앞서 세상을 떠났으므로 仁祖가 승하한 뒤에는 둘째 아들인 孝宗(1619~1659)이 17代 王으로 位를 계승하게 되었다. 孝宗의 繼母인 趙大妃가孝宗이 승하했을 때에도 살아 있었으므로 아들인 孝宗을 위하여 喪服을어떻게 입어야 하는가가 論爭의 端初가 되었다. 즉 家統으로 보면 次子가 되고 王統으로 보면 嫡子라고 하는 孝宗이 지니는 身分上의 二重性이 趙大妃가 입어야 할 服에 대한 문제를 불러 일으키게 한 것이다.
喪을 당했을 때 입는 服에 5종이 있다. 中國의 周代 이후의 禮制는「朱子家禮」와 함께 韓國에 전래되어 줄곧 시행되어 왔다. 斬衰(3년)·

---

21) 曾子曰 愼終追遠 民德歸厚矣(論語 學而)

齊衰(3년 또는 1년)·大功(9개월)·小功(5개월)·緦麻(3개월)의 5등급으로 나누어 親疎에 따라서 그 服喪 期間의 구별을 규정하고 있다. 從來로 父母喪에 3年服을 입고 長子喪에도 그 父母는 次男과 구분하여 3年服을 입도록 되어 있었다.

이제 孝宗이 승하하고 나서 살아 있는 趙大妃가 그 아들을 위한 服을 입는데 문제된 것은 孝宗이 가지는 身分上의 兩面을 解釋 여하에 따라서 見解를 달리할 수 있다는 점이다. 즉 家統上 次男으로 보는 경우와 王統上 嫡子로 보는 경우가 그것이다. 어느 쪽으로 보느냐에 따라서 服을 입는 期間이 달라질 수 있는 것이다. 여기에 宋時烈과 宋浚吉은 朞年(1年)服을, 尹鑴와 許穆은 3年服을 주장해서 서로 맞서게 되었다. 朞年服으로 결정이 되기까지의 경위를 다음에 알아본다.

政府에서는 大臣과 儒臣에게 의논케 하여 領議政 鄭太和와 吏曹判書 宋時烈과 右參贊 宋浚吉이「禮經」朞年說과 國制를 참고해서 朞年服이 적당하다는 의견을 모으게 되었다.

尹鑴(1617~1680)는 여기에 대해서「儀禮」斬衰章 賈疏의 註釋을 근거[22]로 해서 反論을 편다. 第1長子가 죽었을 때 第2長子를 세우되 그도 또한 長子라고 한다는 것을 이유로 드는 까닭이 宋時烈이 주장하는「母爲子服朞」의 子로 孝宗을 인정할 때 現位의 王統을 계승한 분을 長子 아닌 衆子로 格下시키는 결과가 되기 때문이라는 것이다. 즉 의견의 대립은 宋時烈은 孝宗을 衆子의 하나로 인정하고 있으나 尹鑴는 長子로 이해해야 한다는 차이 때문이었다.

宋時烈은 尹鑴의 指摘을 首肯하면서도 그 疏下에 또 庶子는 長子가 될 수 없다[23]는 것이 있고, 3年條 疏에「體而不正」說이 있어 신체는 비록 아버지를 계승했지만(體) 嫡長이 아닌(不正) 경우에 3年服을 입지 아니한다[24]는 것이 있는데, 이 두가지는 다 같이 疏說인즉 前疏는 취하고 後疏만을 버리거나 後疏만을 취하고 前疏를 버릴 수 없으니 兩疏를 다 적용한다고 할 때 역시 1年服으로 歸結될 수밖에 없다는 것이다. 領相 鄭太和는 宋時烈의「體而不正」說의 引證을 듣고서「自古로 帝王家의 일은 私家와 달라서 조금만 잘못되면 大禍가 생길 수 있

---

22) 第一子死也 則取適妻所生第二長者立之 亦名長者(儀禮疏 卷29 喪服)
23) 庶子不得爲長子(同上)
24) 雖承重不得三年有四種 一則正禮不得傳重謂適子有癈疾不堪主宗廟也 二則傳重非正體庶孫爲後是也 三則體而不正立庶子爲後是也 四則正而不體立適孫爲後是也(同上)

으니 後日에 만일 奸人이 體而不正說을 흠잡아서 화를 일으킬는지도
모른다」[25]고 우려를 나타냈다.

宋時烈은 다시 大明律과 國制에 「長子와 衆子를 막론하고 一律的으
로 朞年服을 입는다」는 條項 그리고 「喪禮備要」의 記載 內容을 이끌
어 3年服의 부당함을 지적하였다.

이러한 宋時烈의 의견대로 朝議는 일단 朞年服으로 결정되어 시행
하게 되었다. 여기 尹鑴와의 견해 차이는 孝宗을 長子(王統上)로 보아
야 하느냐 庶子(衆子)로 보느냐에 있다. 그래도 尹鑴는 內宗은 다 斬
衰服을 입는다는 것으로 다시 항변했지만 「內宗이 君王을 위해 모두
斬衰한다는 것은 君王의 喪事에 대하여 감히 私戚으로서 服을 입을 수
없기 때문인 것인데, 지금 大王大妃는 先王께서 臣事해온 바인데 지
금 어찌 臣下의 身分으로 君王의 喪事에 대한 服을 입을 수 있겠느
냐」라고 宋時烈은 응수하였다. 尹鑴는 다시 武王이 父母를 臣下로 한
說을 援用하므로 宋時烈은 「朱子가 이미 劉侍讀의 말을 인용하여 말
하기를 〈아들이 어머니를 臣下로 하는 義理가 없다〉고 하였으니 대개
이것은 邑姜을 이른 것이지 後人이 어찌 감히 이 말을 거론하랴」[26]고
하여 尹鑴의 주장을 물리쳐버렸다. 朝廷에서 결정이 났으면 그것으로
終結지어야 할 것임에도 불구하고 거듭 거론을 한 것은 國論分裂을
助長하고 學者間의 論爭을 일으키는 促進劑가 되었다. 이상은 宋時烈
과 尹鑴의 견해 차이에 지나지 않으나 다음해(1660) 4월에 許穆이 다
시 上疏해서 3年服을 다음과 같이 주장하였다.

「大王大妃의 朞年服으로 정한 것은 갑자기 初喪을 당해서 儀禮 諸
臣들이 자세하게 생각할 여유가 없었던 탓인지는 몰라도 〈儀禮〉註
疏에 의하면 嫡妻의 所生인 第2長子도 또한 長子요 適適相承을 正
體라고 말하여 3年服을 입어서 衆子承統者를 同一하게 처리하는 것
인데 庶子爲後를 體而不正이라고 해서 3年服을 입지 아니함이 妾
子인 까닭이라고 하였으니 이제 孝宗이 大王大妃에 대해서는 이미
嫡子요 또 承統 即位했는데도 불구하고 體而不正이므로 朞服者와 同
一하게 처리한다는 것은 무엇에 의거한 것인지 알 수 없는 일입니
다. 禮官에게 命해서 服을 追正하시기를 청합니다」[27]

25) 成樂熏 韓國文化史大系 黨爭史 p296
26) 玄相允 朝鮮儒學史 p199
27) 記言 卷64 追正喪服失禮疏

는 것이었다. 그래서 王은 大臣과 儒臣들에게 의론하기를 命하였다.
領敦寧府事 李景奭과 領議政 鄭太和는 朞年服을 옳다고 하고, 判中樞
府事 元斗杓는 3年服이 옳다고 하였다. 右贊成 宋時烈은 朞年服이 옳
은 것을 다음과 같이 거듭 주장한다.

「儀禮에 말한 體而不正이란 庶子는 長子가 아닌 次子로 해석되는
데 許穆이 그것을 妾子라고 하니 儀禮 어느 곳에 그런 明文이 있는
가? 다만 長子가 아니면 모두 庶子라고 칭하는 까닭에 孝宗大王을
仁祖大王의 庶子라고 해도 무방한 것이다. 대개 帝王家에서는 長子
가 있는 경우도 庶子(次子)를 世子로 세우는 일이 흔히 있으나 禮法
을 만들 때에는 長子와 次子의 구별이 크게 유의되어야 한다. 일찌
기 周文王이 長子인 伯邑考를 두고도 次子인 武王에게 나라를 전하
였지만 周公이 禮法을 만들 때에는 長子와 次子의 구별을 엄하게 하
였으니 지금은 다만 禮法을 중심으로 논하는 것이 타당하다. 물론
儀禮에 長子가 죽으면 第2子를 세워서 長子로 삼는다는 것이 있고
許穆도 이것을 引證하나 그것은 長子가 어릴 때에 죽어서 父가 喪
服도 입지 아니한 경우라고 생각된다. 만일 穆의 말대로 한다면 禮
記에 언급된 檀弓과 公儀子에 관한 事實[28]은 무의미한 것인가?」

이와 같이 古禮에 의한 자기의 소견을 강조하여 朞年服의 타당성을
거듭 주장한다.

第2長子도 長子이니 斬衰를 服해야 한다는 것과 庶子를 妾子라고
보는 것이 許穆의 견해이고 보면 宋時烈과는 正面으로 맞서게 된다.
長子냐 次子냐의 차이가 3年服과 朞年服으로 맞서게 되었고 庶子냐
妾子냐의 차이로 感情의 激化를 가져오게 된다. 여기서 宋時烈의 주
장하는 근거에 대하여 분명하게 이해함이 필요하다고 생각된다.

즉 첫째로 長子 死後에 第2長子를 세운 경우 長子가 成人이 된 뒤
에 죽고 그 父가 그 아들을 위해 이미 斬衰 3년을 입었다면 그 후에
次男을 第2長子로 세웠다고 해서 그 第2長子가 죽은 뒤에 또 斬衰
3년을 입을 수는 없다는 것이다. 統에 둘이 있을 수 없고 斬衰를 두
번 입지 아니한다는 本義에 違背할 수 없기 때문이다. 長子가 未成時
에 죽고 次嫡을 세워 嗣者로 삼아서 長子로 했을 때 그 長子가 죽으

---

28) 長子가 먼저 죽은 公儀子에게 孫子가 있었는데 그 후 公儀子가 죽으니 長孫을 제
쳐놓고 次子로서 喪主를 세운 일(禮記 檀弓上)

면 3년을 입는다는 것은 거론할 필요조차 없다는 것이다.

둘째 庶子를 반드시 妾子라고 볼 수 없다는 점이다. 「立庶子爲後不得爲三年妾子故也」라고 했는데 妾子를 庶子라고 하는 경우도 있지만 次嫡 이하는 비록 人君母第라도 庶子라고 칭하므로 疏에 庶子 妾子의 구별이 있고 嫡子 第2子도 또한 庶子라고 부르므로 孝宗大王도 仁祖大王의 庶子라고 해서 안될 것 없다는 것이다. 妾子故 3字는 許穆이 自作해서 덧붙인 것이며 疏說 가운데는 어디에도 그런 말이 없다. 또 疏說 중의 庶子라고 함은 반드시 妾子로만 이해해야 하고 衆子라는 뜻은 없는 것인가의 의심은 면할 수가 없게 된다. 그러나 許穆의 말대로 하면 疏說 중에는 「立次長亦爲三年」이라고 했으며 그 아래에 「庶子承重不爲三年」이라고 한 것을 볼 때 여기의 次長은 第1子가 無後로 죽은 뒤에 長子가 된 것이며 第1子의 喪을 이미 그 父가 입었다고 보아야 「庶子承重不爲三年」이라는 庶子의 의미가 분명해진다. 뿐만 아니라 人情事理로 보아도 統을 존중한다고 해서 第一長子가 죽은 뒤에도 3年服을 입고 第2子가 承統하여 죽은 뒤에 또 3年服을 입고 이렇게 해서 第3子에게도……第〇子까지 이르도록 如斯한 服을 되풀이한다면 嫡統이 不嚴하고 至尊한 父의 斬服이 過多하게 된다. 大王大妃가 昭顯世子의 喪을 이미 仁祖와 함께 長子三年服으로 입었는데 또 다시 仁祖의 次長子인 孝宗을 위해서 3年服을 입음을 타당치 않다는 것이 宋時烈의 確固不動한 견해이다.

許穆은 다시 上疏하여 前說을 되풀이하였고 宋浚吉은 宋時烈을 지지하는 要旨의 疏를 다음과 같이 올렸다. [29]

「穆의 말대로 하면 嫡妻 所生이 10餘子가 있을 때 第1子 死後에 그 父가 3年服을 입고 第2子 死後에 또 3年服을 입고 不幸해서 第3, 4, 5……이렇게 3년을 다 服해야 한다는 것이 되니 아마도 禮意가 결코 이렇지는 않을 것입니다. 또 註疏에 밝혀서 말하기를 第2子 이하를 庶子라고 總稱하고 그 下文에 말하기를 體而不正한 것이니 곧 庶子가 後된 경우라고 하였읍니다. 이 庶子를 穆이 꼭 妾子라고 보려하니 과연 그렇다면 疏說이 前後 矛盾되니 이러할 리가 없을 것입니다. 疏에서 第1子死라고 한 것은 즉 下文의 소위 嫡子가 廢疾이나 다른 이유가 있어서 죽고 또 受重할 嗣子도 없는 경우

---

29) 顯宗大王實錄 卷2 元年庚子 4月丙子 p240

이니 3年을 服할 수는 없읍니다. 이처럼 第1子의 受重치 못한 자
가 죽으면 嫡妻 所生의 第2子를 長子로 삼았는데 불행하게도 이 長
子가 또 죽으면 이미 第1子를 위하여 3年服을 입지 아니했으므로
당연히 第2後者를 위하여 3年服을 입어야 하고 만일 第1子가 廢
疾이 있거나 또는 아들이 있어 이미 그 아들을 위하여 3年服을 입
었다면 第2子가 비록 다음에 嗣後가 되었다고 하더라도 3年을 服
하지 아니하고 다만 朞年服을 입을 것이니 즉 下文에 소위 體而不
正이 바로 그 말입니다. 만일 妾子가 後嗣가 되었을 때 비록 第1
子가 廢疾無子하고 죽어서 3년을 服하지 아니하였을지라도 또한 妾
子를 위해 3年服을 입음은 不可합니다. 그러므로 上文에 특히 嫡
妻 所生이라는 것을 밝혀 말한 것으로 생각됩니다. 穆說 이외에도
帝王家에 繼統을 중히 여길 것을 말하는 자가 없지 않습니다. 太上
皇이 嗣君의 喪을 당했을 때 비록 支子가 後嗣했을 경우라도 마땅
히 3年服을 입어야 한다고 논하지만 과연 그렇다면 형이 아우를 잇
고 叔이 姪을 이었다고 할지라도 正體非正體를 막론하고 다 3年服
을 입어야 한다는 말입니까? 禮에 없는 禮를 경솔하게 논해서는 안
될 것입니다.」

朝廷이 매우 시끄러워졌다. 그러나 顯宗은 領議政 鄭太和와 左議政
沈之源 등의 의견을 존중하여 朞年服을 변경하지 아니하였다.

尹鑴는 李惟泰에게 글을 보내 다음과 같이 말했다.[30]

「孝宗이 國家의 宗統을 받았는데도 長子가 아니요 宗統이 아니란
말인가? 옛날 漢의 宗統이 武帝에게 옮기지 않고 臨江王(武帝의 兄
임, 이 兄을 제쳐놓고 武帝가 太子가 됨)에게로 돌아갔단 말인가? 宗統
과 喪服은 일치하는 것인데 喪服을 깎는 것은 宗統을 깎는 것이다.
長이니 庶니 하는 말을 고집해서 宗統의 중함을 모른다는 말인가?」

여기에 대하여 宋時烈은

「喪服을 降等시키는 것과 王統을 받는 일은 別個의 것이다」[31]

라고 응수하였다.

許穆은 다시 3年服의 妥當性과 庶子의 칭호는 妾子를 말한 것임을
요지로 다음과 같이 주장하였다.

30) 成樂熏 韓國文化史大系 黨爭史 p298
31) 同上

「이미 第1長子를 위해 斬服을 입었으면 第2長子를 위해서는 3
年服을 입는 것이 불가하다는 말이 禮經에는 없으며, 第1子로부터
第5, 6子에 이르도록 다 3年服을 입게 된다는 말은 무엇을 가리키
는지 모르겠다. 소중한 것은 祖禰를 계승하는 正體에 있는 것이고
第1子의 服에 있는 것이 아니다. 儀禮 喪服傳註에 嫡妻所生皆名嫡
子라고 했고, 또 嫡妻所生第二長子是衆子라고 했으며 또 庶子妾子
之號라고 하였다. 衆子를 들어 말한 것은 正服圖에 爲長子斬衰三年
爲衆子不杖朞是也란 것이 있고 庶子에 관해서는 庶子不得爲三年是
也란 것이 있다. 嫡子와 庶子의 구분이 엄격해서 雖承重不得三年 註
에도 嫡子庶孫과 庶子嫡孫의 구별이 있어서 一嫡一庶를 명백하게 가
려 嫡妻所生은 다 嫡子라고 하며 庶子의 稱號를 妾子의 뜻으로 사
용한 것이다. 嫡子 庶子를 불문하고 第1子가 아니면 3年服이 불
가하다면 爲長子斬衰三年이란 것은 第1子를 위한 것인가 아니면 正
體 傳重을 위한 것인가? 孝宗이 仁祖를 계승한 宗廟 正統으로 君
臨했는데도 3年服喪을 不可하다하여 朞年으로 降等한 것은 體而不
正의 朞인가 아니면 傳重而非正體의 朞인가? 長子를 위한 服制와
嫡子 庶子의 구별을 作圖해서 도리어 裁擇해주기 바란다.」[32]

許穆의 이 주장을 王은 宋時烈에게 문의하였는데 時烈은 다음과 같
이 辨駁하였다.

「上下疏를 보면 父爲長子條에 立第二者亦名長子라 하였고 그 아래
에 또 第二長子同名爲庶子라고 했으며, 그 다음에 또 體而不正庶子
爲後是也라 한 것을 볼 때, 이 3說은 一貫해서 생각할 일이요 取舍
選擇할 수는 없는 일입니다.

第二長者亦名長子而服斬이라고 함은 아마도 第1子가 殤年이나 또는
癈疾로 죽은 뒤 그 父가 3年服을 입지 않은 뒤에 第2長子의 死後
3年服을 의미할 것입니다. 그러나 만일 第1長者가 傳重할 때를 당
하여 죽어서 그 父가 3年을 服했으면 第2長子를 세워서 承統했을
지라도 또한 庶子이므로 3年을 입을 수가 없는 것입니다. 이렇게
이해하면 上下疏說의 뜻이 어긋나지 않을 것입니다.

第二子同名爲庶子라는 것은 대개 第2嫡子를 妾子와 구별하기 위해
서는 庶라고 이릅니다. 庶子라고 하는 것은 이미 妾子와 次嫡의 通

稱이라고 했는데 下記의 體而不正의 庶子가 다만 妾子만을 뜻한다고 볼 수는 없읍니다.

體而不正庶子爲後라고 함은 만일 妾子만 의미한다면 賈疏에는 반드시 여기에 대한 한마디 변명이 있어야 할 것입니다. 碁服疏에 君之嫡夫人第二子以下及妾子皆名庶子라고 했고 朱子는 凡正體在乎上者謂下正猶爲庶也라고 한 것을 보면 正體는 祖의 嫡이요 下正은 禰의 嫡을 의미하는 것입니다. 비록 직접 禰에게는 嫡이 되어도 祖에게는 庶가 되므로 庶라고 하는 것입니다. 소위 正體在乎上者는 嫡子가 父後를 계승한 것이고 소위 下正은 次嫡의 嫡子를 의미합니다. 이제 碁服疏와 朱子說에 비추어보면, 穆이 말하는 庶子爲後者를 妾子로만 이해한다는 것은 믿을 수 없는 일입니다.」[33]

여전히 庶子란 次嫡 이하를 兼稱하는 것으로 확신하는 태도를 보인다. 前參議 尹善道가 許穆의 주장을 지지하면서 宋時烈과 宋浚吉의 禮論을 공격하는 上疏를 다음과 같은 요지로서 올렸다.

「禮란 것은 家庭에서는 父子의 倫이 분명해지고 國家에 있어서는 君臣의 分이 엄하여지는 것입니다. 孝宗에 대한 大王大妃의 服制는 宗統을 정하기 위해서는 3년을 服해야 할 것이 昭然합니다. 許穆의 말은 禮의 大經일 뿐만 아니라 國家를 위한 지극한 계책입니다. 宋時烈이 次子에게 長子의 服을 입히면 嫡統이 엄하지 못하다고 하는 것은 孝宗大王이 비록 王位에 올랐더라도 嫡統이 될 수 없는 결과가 되어 悖理가 됩니다. 次子가 父命을 받고 天命을 받아 王位를 계승했는데도 嫡統이 될 수 없다면 假世子란 말입니까, 攝政王이란 말입니까? 王位를 계승한 次子는 이미 죽은 長子의 子孫에게는 임금이 될 수 없으며 또 그 子孫은 王位를 이은 次子에게 臣下가 될 수 없다는 말입니까? 時烈의 뜻은 王位를 계승한 임금에게는 宗統을 돌리고 이미 죽은 長子에게는 嫡統을 인정한다는 말입니까? 이렇게 되면 宗統과 嫡統이 二分되는 것이니 이러한 이치는 없는 것입니다.」[34]

사태는 喪服 문제를 벗어나서 孝宗의 王統을 가지고 是非를 벌이는 感情어린 激論으로 화하였다. 右尹 權諰는 上疏하여 尹善道를 求하려

---

33) 宋子大全 卷26 練服變改及許穆圖說辨破議
34) 成樂熏 韓國文化史大系 黨爭史 p298

고 했으나 도리어 罷職을 당하였고, 尹善道도 또한 遠竄되었다. 차츰 政治勢力의 紛爭으로 바뀌어갔고 勢力版圖의 변화에 따라서 爭訟은 심해져갔으나, 國禁으로 외형상은 終息된 것처럼 보였다.

② 趙大妃의 仁宣王后에 대한 服喪問題

顯宗 15년(1674) 2月에 孝宗의 妃이고 顯宗의 母后인 仁宣王后가 세상을 떠났다. 이 때 仁宣王后의 시어머니되는 趙大妃가 아직 살아 있었으므로, 趙大妃의 孝宗에 대한 喪服이 문제되었던 것처럼, 이번에는 趙大妃의 張大妃에 대한 喪服 문제가 대두될 수밖에 없었다.

禮曹判書 趙珩은 朞年服으로 案을 세웠으나 朝廷의 議論은 大功 9月服으로 訂正해서 아뢰었다. 西人들의 의견을 따른 것이다. 여기에 대하여 都愼徵(嶺南 儒生)이 다음과 같이 反對上疏를 하였다. [35]

「大王大妃의 服을 大功으로 고친 것은 어느 典禮에 의거한 것입니까? 長子와 長婦의 服을 다 朞年으로 한다는 것은 國朝五禮儀에 분명한데 孝宗의 喪에는 大王大妃에게 朞年長子服을 입으시게 하고 이제 와서는 國制의 衆庶婦의 服인 大功으로 한다 하니 前後가 모순이 아닙니까? 孝宗은 10년간 宗祀의 主가 되신 임금인데 어찌하여 그 配偶者인 張大妃에게는 嫡長婦의 服을 입지 않는 것입니까? 예로부터 王統을 이은 임금이 嫡이 못되고 衆庶로 칭호를 돌리는 일이 과연 어디 있읍니까?……」

이 疏는 顯宗에게 적지 않게 衝動을 주었다. 顯宗은 六判 三司에게 都愼徵의 疏를 논의토록 명하여 「己亥服制는 國制에 의하여 정한 것인데 지금의 9月服은 己亥服制와 같은가 다른가」를 보고하라고 하였다. 領議政 金壽興·判中樞 金壽恒·吏判 洪處亮 등이 「당초에는 國制에 따라서 정해졌으나 그 後에 諸臣들의 古禮의 朞年服으로 論爭을 벌여서 中外人들이 모두 古禮에 의한 衆子의 服이라」고 말하므로 이번에 衆婦의 服으로 개정한 것이라고 아뢰었다. 顯宗은 다시 다음과 같이 물었다.

「己亥年에는 國制로 시행하였고 古禮에 의한 것이 아닌데 이제 古禮를 따라서 衆庶婦의 服을 말함은 무슨 이유인가?」

大臣들은 다시 前에 주장하던 宋時烈의 「體而不正說」을 引證하여 孝

---

35) 顯宗改修實錄 卷28 甲寅 7月 戊辰 p187

宗이 長子가 아니라는 의미로 아뢰었다. 顯宗은

「己亥의 服制는 國制에 의한 것으로 아는데 諸臣들은 古禮에 따른 것이라고 하니 國家에서 정한 것은 輕하고 諸臣들의 의견은 重한가? 卿들은 先王을 體而不正이라고 하니 임금에게 薄하고 어디에 厚하게 할 것인가? 國制에 있는 朞年服으로 정하도록 하라」

고 자못 怒氣어린 결정을 내렸다.

이렇게 해서 張大妃에 대한 趙大妃의 服 문제는 일단 매듭이 지어졌으나 政治人들의 南西 偏黨의 勢力 葛藤으로 악용되었고 不美한 政治史를 남기게 되었다.

結果的으로 孝宗에 대한 服도 朞年으로 끝났고 張大妃에 대한 服도 朞年으로 끝났다. 어느 쪽도 다 顯宗의 최종 결정사항이기는 하지만 孝宗에 대한 服은 諸臣들의 건의에 따라 정한 것이었고, 張大妃에 대한 服은 顯宗의 怒氣 어린 결정이었다. 勢力 扶植을 위하여 顯宗의 의사에 편승할 素地를 충분히 남기게 되었던 것이다.

論爭의 意味

國家의 紀綱과 社會의 秩序 維持를 위해서 宗廟 社稷의 統과 일반 가정의 統을 높이는 일은 매우 중요한 일이다. 하늘에 두 太陽이 없고 나라에 두 임금이 없고 家庭에 두 家長이 있을 수 없다는 것은 하나의 眞理를 구현하려는 精神的 土臺로서 生前 死後를 막론하고 禮制가 설계되는 根幹이기도 하다. 見解의 차이가 있기는 하지만 服喪 문제에 대한 論難은 이러한 禮에서 가장 重要視되는 統을 지키려는 데 그 취지가 있었다. 따라서 어떻게 하는 것이 統을 守護하는 데 접근된 방법인가가 판단의 기준이어야 할 것이다.

趙大妃가 孝宗에 대하여 입어야 할 服은 朞年으로 정해졌으나 의견의 裏面에는 각각 차이가 있었다.

ⓐ 宋時烈의 의견은 衆子服으로 朞年을 입었다.

ⓑ 顯宗의 의견은 長子의 服으로 朞年을 입었다.

ⓒ 鄭太和 등은 中間 模糊策으로서 長이거나 衆이거나(國制에는 모두 朞年) 朞年을 입었다.[36]

---

36) 成樂薰 韓國文化史大系 Ⅱ p306

衆子服의 근거는 古禮에 있었고 長子服의 근거는 國制에 있었다. 衆子나 長子냐 어느 것으로 생각하느냐는 統을 존중하는 의미에서 중요하기도 하려니와, 顯宗으로서는 感情을 불러일으킬 수 있는 素地이기도 하다. 孝宗을 衆子라 하면 統을 손상시키는 것처럼 되고, 長子라고 하면 服喪의 견해차이를 가져오게 된다. 孝宗의 身分上의 二重性은 衆子나 長子의 어느 편으로도 생각할 수 있게 하는 것이며, 服制의 朞年과 3年은 古禮나 國制에 따라 適用 여하에 매여 있다. 여기서 주의해야 할 것은 制度 이전에 禮의 本旨를 간과해서 안될 것이다. 孝宗은 統을 계승한 것은 틀림이 없고 禮의 本旨에 비추어 이 統이 존중되는 服이 되어야 할 것이다. 張大妃를 위한 趙大妃의 服 문제도 마찬가지로, 張大妃가 統을 이은 孝宗의 妃임에는 틀림 없으며 朞年인가 大功인가 하는 것도 禮의 本旨에 어긋나지 않도록 해야 할 것이다.

孝宗에 대한 趙大妃가 입어야 할 服의 결정은 臣下들 사이의 葛藤이 심했고 張大妃에 대한 趙大妃가 입어야 할 服의 결정은 顯宗의 感情이 짙게 作用되었다. 禮는 制度 이전에 바탕이 맑아야 할 것이다.[37] 制度化에서 오는 不連續的인 폐단은 繪事後素라고 하니 後素의 素에서 구할 수밖에 없을 것으로 생각된다. 素라고 하더라도 木石이 아닌 人間으로서의 素이며 感性의 同質性으로서의 人意의 아름다움이 素地가 되어야 할 줄 안다. 따라서 모든 禮의 규제도 여기에 根源해야 될 것으로[38] 믿어진다. 兄嫂의 손을 잡아서 안되는 禮를 무시하고라도 溺死狀態의 兄嫂는 손으로 건져야 할 것이며[39] 무시할 수 있는 근거는 살아야 한다는 人情의 所致인 것이다. 살아야 하겠기에 共生을 위해 規制가 필요하게 되고, 동시에 살아야 하겠기에 規制를 무시할 수 있는 權道도 또한 필요하게 된다. 制度化에 따르는 不連續的 폐단이 權道의 點綴로 補完이 가능하기 때문이다.

禮訟 論爭의 焦點은 두 가지로 集約된다. 孝宗의 長次 문제가 그 하나요, 服의 朞年과 3年이 그 둘째 문제이다. 長子로 보아도 朞年과

---

37) 子夏問曰 巧笑倩兮美目盼兮素以爲絢兮何謂也 子曰繪事後素 曰禮後乎 子曰起予者商也始可與言詩已矣(論語 八佾)
38) 禮者因人之情而爲之節文(禮記 坊記 2)
39) 淳于髡曰男女授受不親禮與 孟子曰禮也 曰嫂溺則援之以手乎 曰嫂溺不援是豺狼也 男女授受不親禮也 嫂溺援之以手者權也(離婁上)

3年服의 어느 것으로도 정할 수 있는 古禮와 國制의 근거가 있었기에 兩論이 벌어졌던 것이다. 朞年으로 하면 統을 흔든다는 비난이 나올 수 있고 3年으로 하면 次子로서 저촉된다는 비난이 나올 수 있다. 庶子가 妾子인가 衆子인가는 역시 統을 존중하는 의미에서 구별을 명백히 해야 할 것은 당연하나, 庶子의 妾子 衆子를 뜻하는 二重性으로 말미암아 激論이 벌어질 수 있는 素地가 여기에도 있었다. 妾子라고 固執함은 統을 흔든다고 비난하기 위함이요, 衆子라고 고집함은 朞年服의 타당성을 주장하기 위함이다. 孝宗이 지니는 身分上의 二重性, 朞와 3年服을 뒷받침하는 古禮와 國制, 그리고 妾子 衆子의 兩意를 兼有하는 庶子 등 이 세가지는 두가지 판단을 초래하게 되는 根源處이었다.

　國家 朝廷에서 결정된 사항은 존중되어야 할 것이며, 朝議의 根據는 확실해야 할 것이며, 禮制의 土臺는 또한 단절을 메꿀 수 있는 感情의 素地를 망각해서는 안될 것이다. 國朝의 議決 실천된 事項을 끊임없이 되풀이해 論難하여갔고, 古禮와 國制를 我田引水格으로 각각 고집하였으며, 禮制의 根源 素地가 感情의 公約値에서 찾아졌어야 할 것이나, 彼我의 感情의 대립으로 政勢에 편승된 채 악순환을 거듭한 결과가 된 것으로 생각된다. 따라서 禮論의 諸派들이라고 해도 學的인 問題 규명을 위한 派라기보다는 政爭의 偏黨과 같은 인상을 띠게 된다.

禮論의 諸派

　朝鮮朝 이전의 禮는 「朱子家禮」가 일반 대중의 規範으로 통용된 것으로 보이나, 그 전래에 대하여는 불투명하다. 明文이 없어 未詳이나 麗末에 전해온 것으로 보는 것이 이제까지의 일반론으로 보인다.[40] 韓國에서의 禮의 관심은 新羅 統一時代에 三禮의 受容에서 볼 수 있으나 구체적으로는 高麗 後期에 들어와서 具現되고 있다.[41] 麗末 恭讓王 元年(1389) 12월에 大司憲 趙浚 등이 上疏해서 「自今 이후로 朱

　40) 李朝法典考 稻葉岩吉 黃元九 所引
　41) 儒敎의 禮樂說 Ⅲ 東洋學報 19卷 3條 津田左右吉 同上

子家禮를 사용하여 大夫 이상은 3世를 祭祀하고 6品 이상은 2世를,
7品 이하 庶人에 이르기까지는 다만 그 父母를 祭祀한다」는 官制 改
革을 한 바 있고, 「圃隱年譜」 恭讓王 2年條에는 圃隱이 「朱子家禮」를
본따서 廟堂을 세워 先祖를 받들게 하였으므로 禮俗이 復興하였다고
한다. 「高麗史」(卷 3)에 의하면 恭讓王 3년(1391) 6월에 家廟立祀制가
시행되었다고 보인다. 朝鮮朝에 들어와서는 太祖 4년(1395) 6월에 中
樞院事 權近에 명하여 冠婚喪祭의 禮를 詳定하도록 하고 3年喪과 같
이 家廟制가 申明되었다. 太宗 3년(1403) 6월부터는 初入仕者에게 朱
文公「家禮」를 幷試하도록 했으며, 같은 해 8월에는 「家禮」 150부를
인쇄해서 平壤府로 하여금 各司에 頒布하게 하였다. [42] 李太祖가 승하
했을 때에는 그 治喪이 한결같이 「朱子家禮」에 의해서 행해졌다. [43] 이
렇게 되고 보면 朝野가 모두 「家禮」를 지켜온 셈이다. 뿐만 아니라
家廟立祀를 이행하지 않는 사람에게는 嚴罰을 내리도록 시달되기도 하
였다. [44] 太宗 10년(1410) 8월에는 儀禮祥定所가 施設되었다. 世宗 5
년(1474)에는 許稠에게 명해서 「國朝五禮儀」를 撰하도록 하여(成宗 5년
에 완성) 古禮와 함께 朝廷의 禮儀規範 구실을 해온 것으로 생각된다.

金麟厚(1510〜1560)에 이르러 「家禮考誤」가 나왔으며 鄭寒岡(1543〜
1620)이 「五先生禮說」·「禮記喪禮分類」·「家禮輯覽補注」·「五服沿革
圖」·「深衣制度」 등을 엮어 자못 禮學의 大家로 그 頭角을 나타내게
되었다. 金長生(1548〜1636)도 또한 「疑禮問解」 8권, 「家禮集覽」 3권,
「喪禮備要」·「家禮便覽」 등의 著書를 내어 儒學에 있어서의 禮學 부
분의 大家로서 인정받게 되었다. 金長生은 그의 子 金集에게 禮學을
전하였고 宋時烈은 그들로부터 이어받은 것으로 보인다. 禮論에 대한
論爭을 계기로 처음에 대립된 이가 尹鑴이었다. 尹鑴에게는 「周禮說」
이 있다. 이렇게 해서 朝鮮朝의 禮學은 처음으로 服喪문제를 契機로
하여 分立되었다. 宋時烈의 주장은 宋浚吉에 의해 옹호되었으며, 尹
鑴의 持論은 許穆에 의하여 지지됨으로써 兩派의 성격을 굳혀가게 되
었다. 그 밖에 兩論을 각각 지지하는 政治人과 儒生들로 勢를 더해 가
기에 이르렀으나, 學派 아닌 黨派의 性格으로 變貌 전락해버렸다. 대
체로 앞에서 고찰해온 禮訟에 등장되는 人物을 類別해본 데 불과하나

---

42) 太宗實錄 卷35
43) 太宗實錄 卷15 8年 5月 壬申
44) 太宗實錄 卷8 4年 8月 己丑, 同 13年 5月 戊子

政治勢力의 갈등으로 화하여 經傳 註解 문제와 함께 學問의 자유에 큰 위협을 주게 되었다.

　이후로는 대체로 是非叢中에 들어 피해입을 것을 피하여, 著述 傾向을 보더라도 한갓 禮書의 諺解라든가 解說 또는 간편하게 실천을 유도하는 註釋에 불과한 것으로 보인다. 李退溪(1501~1570)의 「喪祭禮問答」, 李恒福(1556~1618)의 「四禮訓蒙」, 李栗谷(1536~1584)의 「祭儀」, 柳成龍(1542~1607)과 金誠一(1538~1593)의 「喪禮考證」, 曺好益(1545~1609)의 「家禮考證」, 朴世采(1632~1695)의 「家禮要解」·「家禮外篇」·「南溪禮說」 등에서 보듯이 家禮, 四禮의 解說이나 考證을 주로하는데 지나지 않았다. 中國의 禮說을 도입하여 우리의 見解로 주장을 시도한 最初의 것이 權陽村(1352~1409)의 「禮記淺見錄」이었다. 그는 「禮記」뿐만 아니라 五經에 대하여 모두 淺見錄을 저술하였으니 中國 儒學의 韓國的 이해로 그 역사적인 意義를 갖는다고 보겠다.

　대개 禮學派라고 해도 論爭의 兩派로 나누어본 데 지나지 않으며, 性理學派들의 一元論이니 二元論이니 一元論的 二元論이니 主理니 主氣니 해서 복잡하게 分化되어 간 것과는 달리 政治勢力에 말려들어 黨派로 변하고, 비교적 學的으로는 學派 形成의 단조로움이 차이점으로 느껴진다.

斥 和 義 理
—— 淸陰 金尙憲先生을 中心으로 ——

序 言

弱小國으로서 强大國 틈에 끼어 國權을 수호한다는 問題는 용이한 일이 아니다. 高麗末期에 元과 明 사이에서 國交를 어떻게 유지해야 하느냐 했던 問題, 李朝로 들어서면서 新興 權力者인 後金과 明 사이에서 國交를 어떻게 유지하느냐 했던 問題, 末期에 와서 淸과 露와 日사이에서 外交를 어떻게 맺느냐 했던 問題 등은 우리 民族을 試鍊하는 중대한 時機였다.

불행하게도 韓末에 國權을 日帝에 侵奪 당했었으나 2次大戰이 끝나면서 光復된 것만은 다행한 일이지만, 아직도 失地를 회복 못한채로 蘇聯와 中共과 日本의 强大國 사이에 위치한 우리의 地政學的 條件은 예나 지금이나 조금도 변하지 않고 있다.

여기 國權守護의 問題는 分斷된 國土를 統一해주는 심각한 우리民族의 存亡을 가늠해줄 뿐아니라, 人類平和의 방향을 정해주는 主體問題로 등장되었다.

丁卯胡亂은 新興外勢의 한때의 侵略이었지만 丙子胡亂은 마침내 屈尋의 民族歷史를 기록하게 하였다. 三學士는 異域에서 孤魂이 되었고 崔鳴吉과 金尙憲은 主和와 斥和의 爭論으로 意言을 달리하기도 했었다. 그들은 다같이 韓國民으로서 持論은 달랐다고 하더라도 憂國之心은 서로가 한가지로 지녔었을 것이다. 이제 金尙憲의 斥和義理를 논하기에 앞서 兩胡亂의 顚末에 대하여 먼저 살펴보고 나서 그의 義理問題를 窺見하고자 한다.

우리의 民族統一과 世界의 人類平和問題는 직결되어 있는 것이며, 이 解決을 위해서는 主體性의 확립과 主權의 尊重은 매우 중요한 問題로 등장된다. 여기 淸陰이 兩胡亂을 통해서 취한 行과 心을 살피고자 하는 所以가 있다.

胡亂의 槪要

Ⓐ 丁卯胡亂의 始終

丁卯胡亂은 明과 後金 사이에서 벌어지는 葛藤에 隣接弱小國으로서 말려든 하나의 피해라고 할 수 있다. 後金은 仁祖 5년(丁卯)에 3만 兵力으로 朝鮮을 침략해 들어왔다. 明과 朝鮮과의 國交를 끊어놓고 朝鮮을 정벌하여 明의 本土侵攻에 後患을 없애자는 의도에서였다. 1월에 鴨綠江을 넘어 義州를 공략하고 龍川을 함락시키고 晴川江을 건넜다. 仁祖는 이 소식을 듣자 兵曹判書 張晚을 都元帥로 명하고 金起宗 등과 함께 이를 防禦케 하고 諸道에 勤王兵을 모집하였다. 事勢는 불리하여 防禦線이 무너지자 仁祖는 金尙容을 留都大將으로 하여 都城을 지키게 하고 都禮察使 李元翼·左議政 申欽·西平府院君 韓浚謙 등을 시켜 世子湦를 받들어 全州로 南下하도록 하고 王은 친히 廟祀의 神主를 받들어 江華島로 향하니 領議政 尹昉·右議政 吳允謙을 비롯해서 金瑬·金藎國·李廷龜·李貴·李聖求·崔鳴吉 등이 뒤따랐다.

그때 서울에서는 백성들은 흩어지고 留都大將 金尙容은 御庫와 戶·兵曹諸倉에 불을 질러 國儲는 灰燼되고 鷺梁津에 두었던 糧米 1,000餘石도 散失되어 副將 呂裀吉이 수척의 木船을 징발해서 겨우 200餘石을 싣고 떠났다.

地方에서는 여러 곳에서 義兵이 일어나서 侵略軍을 위협하였던 바 그중에서도 前靈山縣監 鄭鳳壽는 그의 弟 麟壽와 함께 鐵山 龍骨山城에 들어가 後金軍과 內通한 彌串僉使 張士俊을 베고 城中의 殘餘兵을 모아 決死盟約하여 士氣를 올려 敵의 완강한 攻城을 물리쳤다. 또 倭亂때에도 素沙에서 戰功을 세운 바 있는 前訓鍊判官 李立의 義兵도 鐵山小爲浦에 結柵해서 많은 전과를 올렸다.

平壤을 지나 黃州에 도달한 後金軍은 다음 3條를 내세워 脅迫하였다.

① 後金에 割地할 것

② 毛文龍을 잡을 것

③ 明을 討伐할 때에 朝鮮에서도 兵 一萬을 보내 後金을 도울 것

敵은 平山에 일단 머무르고 和議를 교섭해 왔다. 江華島에서는 守備가 약한데다가 平山까지는 가까운 거리에 있어서 모두 危懼를 느끼

기도 했지만 감히 媾和를 公言하는 사람이 없던 바 參判 崔鳴吉이 媾
和의 불가피한 大勢를 역설하여 仁祖도 이것을 僉議키로 했다. 敵側
에서는 劉海를 시켜서 明의 年號인 天啓를 쓰지 말 것과 王子를 人質
로 할 것 등의 조건을 제시하여 媾和를 청해왔다. 朝鮮서는 이를 꺼
려서 王子는 아직 어려서 質子로 갈 수 없다는 이유로 宗室 原昌副令
玖를 封君, 王弟라고 칭하여 和議에 응하게 하였다.

다음의 조건으로 講和는 성립되었다.

① 後金軍은 平山을 넘어서지 말 것

② 盟約後 後金軍은 直時 철군할 것

③ 後金軍은 撤兵後에 다시 鴨綠江을 넘지 말 것

④ 兩國은 兄弟國으로 칭할 것

⑤ 朝鮮은 後金과 和約을 맺되 明에 敵對하지 않을 것

이렇게 해서 同年 3 월 3 일 江華府城의 門外에서 서로 立誓하여
講和儀式을 마치었다. 4월에 仁祖는 江華島로부터 還都하고 副將 沈
正芴 등을 後金에 보내어 義州鎭兵의 撤軍을 요구하니 後金은 明人이
朝鮮國境內에 들어오지 못하도록 한다는 約束下에 義州의 駐屯軍을
거두었다.

胡亂이 일어나자 北京에 使臣으로 가 있던 金尙憲은 本國의 亂을 듣
고 明의 兵部에 청하여 本國을 구원토록 하였고 또 나와 있던 毛文龍
도 情勢의 급함을 고하였다. 明은 遼東巡撫 袁崇換을 시켜 水師를 鴨
綠江에 보내어 毛文龍을 돕게 하는 한편 左補 趙率敎 등을 시켜 精兵
을 이끌고 遼河의 支流인 三岔口에 이르러 後金軍을 견제하려 하였으
나 和議가 성립되자 還軍하고 말았다. 결과적으로 崔鳴吉의 講和提議
는 받아들여졌고 金尙憲의 請에 의한 明의 朝鮮後援은 시기가 늦어
그 效를 거두지 못하였다.

그러나 條約이 성립된 후에도 이를 어겨 軍糧을 强請하고 征明을
위한 兵船을 요구하는 일이 계속되었고, 鴨綠江을 넘어 掠奪行爲가 심
해감에 따라서 朝鮮에서는 興兵擊胡로서 君臣의 大義를 분명히 해야
한다는 斥和排金論者가 늘어가게 되었다.

仁祖 5 년(1627)에 朝鮮侵入에 성공한 후 後金은 內蒙古로 진출하여
仁祖 10 년(1632)에는 滿州全域 北京부근까지 攻略을 시작하는 동시에
兄弟之國을 君臣之國으로 고쳐 맺으려 하여 오기에 이르렀다. 朝鮮서

는 이를 중대시하여 春信使 申得淵을 瀋陽으로 보냈으나 중도에 돌아
왔고 金大乾을 보냈으나 역시 도중에 回程하였다. 都元帥 金時讓은 義
州에서 上疏하여 「强弱이 不同하니 그 歡心을 잃지 않는 것이 좋다」
고 하였다가 竄逐을 당하기도 하였다. 後金서는 仁祖妃 韓氏의 弔喪
을 겸하여 太宗에게 올리는 尊號를 알리기 위해서 馬夫太·龍骨大 등
을 보내왔다. 朝鮮의 激昂은 절정에 이르러 掌令 洪翼漢과 館學儒生
들은 斬使焚書를 주장하였으며 弘文館 司諫院도 斥和宣戰을 極陳하였
다. 仁祖도 主戰論을 좇아 使臣의 接見을 거절하고 後金의 國書도 안
받은 채 使臣을 감시하니 그들은 험악한 事態를 눈치채고 民家의 馬
匹을 빼앗아 도망하였다. 朝廷에서는 八道에 諭文을 띄워 宣戰의 不
可避한 이유를 들어 從征의 兵을 모으기로 하였던 바 도망가던 後金
의 使臣이 平安監司에게 내린 諭文을 빼앗아 돌아가니 朝鮮의 決意를
비로소 알게 되어 그들을 第2次의 침략을 감행하게 되었던 것이다.

B　丙子胡亂의 顚末

　後金의 太宗은 「寬溫仁聖皇帝」의 칭호를 받고 國號를 淸, 年號를 崇
德이라고 改元하였다. 이 卽位式에 참석했던 羅德憲·李廓 등은 毆打
를 당하면서도 끝내 허리를 굽히지 않았다. 太宗은 이들을 돌려보내
면서 「王子를 人質로 보내어 사죄하지 않으면 大軍으로 공격하겠다」
고 협박해왔다. 朝廷에서는 主和와 斥和論이 엇갈렸다. 斥和論者인
吳達濟·尹集 등은 主和論者인 崔鳴吉을 斬할 것을 上疏하는 등 排金
의 機運은 갈수록 높아갔다. 朝鮮使臣이 瀋陽에 이르자(仁祖 14년 11
월) 「王子, 大臣 및 斥和論의 主唱者를 入送하되 듣지 않으면 發兵하
겠다」고 경고해왔으나 묵살해버리고 말았다.

　淸太宗은 12월 1일 淸·蒙·漢人의 混成의 10만 大軍을 몰고 9일
에 鴨綠江을 건너 서울을 향해서 進擊을 시작하였다. 13일에야 淸軍
이 安州에 달한 것을 알았고 14일에 開城을 통과한 것을 알게 된 朝
廷에서는 原任大臣 尹昉과 金尙容을 시켜 廟社를 받들게 하고 餘他는
江華로 避兵케 하였다. 仁祖도 江華로 행하려고 南大門까지 나왔다가
馬夫太가 數百騎로 이미 弘濟院에 이르러 漢江을 차단하고 江華島로
의 통로를 끊은 뒤라 城內로 부득이 回程하였다. 이때 崔鳴吉과 李景
稷은 敵陣에 나아가서 酒肉으로 犒軍하여 出兵의 이유를 물으면서 時

刻을 지연시키는 동안 仁祖는 世子와 百官을 이끌고 水口門을 통해 南漢山城으로 피하였다. 다시 江華로 移避하려고 떠났다가 山路가 험하고 얼어붙은 길이라 부득이 되돌아왔다. 城中의 兵力은 13,000, 各道에 勤王兵을 모으도록 하는 한편 明에 急告하여 來援을 청하였다. 管餉使 羅萬甲의 報告에 의하면 그때 粮은 14,300石, 醬 220餘甕으로 겨우 50餘日分에 불과하였다고 한다. 淸軍은 12월 16일에 南漢山城에 도착하고 서울에 입성한 譚泰의 軍은 곧 漢江을 건너 南漢山城을 포위하기에 이르렀다. 淸太宗은 다음해 1월 1일에 南漢山城下의 炭川에서 20만 大軍으로 結陣하고 城東의 望月峯에 올라서 城中을 俯瞰하였다. 포위당한 朝鮮軍은 12월 18일에 淸兵 6명, 20일에 30명을 살해하는 戰果를 올렸으나 酷寒과 飢餓속에 40餘日을 重圍되어 苦境에 빠졌다. 明은 國內流賊때문에 來援할 힘이 없는데다가 보내온 舟師도 風浪으로 되돌아갔다. 忠淸監司 鄭世規의 軍은 險川에서 敗沒하고 慶尙左兵使 許完·右兵使 閔栐의 軍도 廣州 雙嶺에서 潰滅당했고, 全羅兵使 金俊龍은 水原에서 全軍이 潰散되고, 平安監司 洪命耈는 金化에서 戰死하고, 都元帥 金自默의 軍은 兎山에서 패주하고, 江原監司 趙廷虎·咸鏡監司 閔聖徽 등의 軍도 각각 패배를 당하니, 南漢山城은 의지할 곳 없이 孤立狀態에 빠지고 말았다.

民間義兵이 全羅道에서 鄭弘演, 慶尙道에서 金湜會 등으로 출동하였으나 鄭弘演은 朝淸間의 講和가 이루어진 후라서 罷兵되고 金湜會는 驪州에서 패주하는 慶尙監司 沈演의 軍과 鳥·竹 兩嶺間에 潛伏하였다가 淸兵이 來襲한다는 訛聞에 逃散하고 말았다.

城內는 기울어진 大勢에 講和論이 일어나기 시작했고 禮曹判書 金尙憲·吏曹參判 鄭蘊 등의 반대에도 불구하고 吏曹判書 崔鳴吉 외 數名에게 國書를 기초하도록 명하는 한편 左議政 洪瑞鳳·戶曹判書 金藎國을 淸營에 보내어 和好를 청하게 하였다. 그러나 淸太宗의 答書는 「仁祖가 친히 城밖에 나와서 軍門에 항복하고 壞盟主謀者 2,3명을 縛送하라」는 내용이었다. 1월 22일에는 江華府城이 함락되었고 前右議政 金尙容·前工曹判書 李尙吉 등은 放火 자살하였다. 淸軍은 江華에서 捕虜된 大君의 手書와 尹昉 등의 狀啓를 보이며 出降을 독촉하니, 이것으로 江華陷落의 事實을 확인한 仁祖는 드디어 出城을 결정하지 않으면 안될 階梯에 이르렀다.

이때 金尙憲·鄭蘊 등은 自殺을 꾀하다가 救解되었고 吏曹參議 李
敬興는 死守의 義를 진언했으나 大勢는 이미 정해진 뒤라 洪瑞鳳·崔
鳴吉·金盡國 등이 敵陣을 왕복하며 降伏의 조건을 교섭했고 淸使 龍
骨大·馬夫太 등이 城中에 와서 條件을 제시한 결과 아래와 같이 條
約에 合意를 보았다.

① 朝鮮은 淸에 대하여 君臣의 禮를 행할 것
② 朝鮮은 明의 年號를 폐하고 明과의 往來通交를 끊고 明에서 받
　은 誥命册印을 내놓을 것
③ 朝鮮王의 長子와 第2子, 諸大臣의 子(無子者는 弟)를 瀋陽으로
　보내어 人質로 할 것
④ 聖節·正朝·多至·千秋(中宮과 太子) 慶弔 등 使節은 明의 舊例
　에 따를 것
⑤ 淸이 征明의 出兵을 요할 때에는 期會를 어기지 않을 것
⑥ 淸이 回兵時에 椵島를 공략하려 하니 兵船 50 隻을 발할 것
⑦ 明人의 逋逃을 容隱치 않을 것
⑧ 內外諸臣이 婚姻을 맺어 和好를 굳게 할 것
⑨ 朝鮮은 新舊城垣을 繕築치 말 것
⑩ 朝鮮의 對日貿易은 從來대로 할 것
⑪ 朝鮮은 淸에 己卯年(仁祖 17년)부터 定額의 歲幣를 보낼 것

　1월 30일 仁祖는 世子와 함께 淸의 강요대로 藍戎服을 입고 滿城
號哭속에 西門으로 나아가 漢江東岸 三田渡에서 城下之盟을 행하였다.
九層의 受降壇上의 淸太宗을 향하여 仁祖는 地上에서 三拜九叩頭의
禮를 행한 후 漢江을 건너서 서울로 돌아왔다. 朝鮮의 世子·嬪宮·
鳳林大君(後의 孝宗)을 人質로 하고 斥和論의 主謀者 吳達濟·尹集을
잡아 瀋陽으로 대동하여 갔다. 비록 月餘의 短期間의 亂이었지만 그
피해는 壬辰亂의 버금가는 막심한 것이었고 우리의 歷史上에 일찌기
없었던 一大 屈辱으로 결말을 맺은 것이다.

　Ⓒ 屈辱의 大淸皇帝功德碑

　兄弟의 盟을 君臣의 義로 바꾼 淸은 意氣冲天했고 城下之盟을 기념
하는 碑를 세운다는 것은 그들에게는 바람직한 일이지만 朝鮮國으로
서는 恥辱의 傷處를 碑文으로 새겨서 後世에 전한다는 일은 차마 못

할 노릇이다. 그러나 事態가 이쯤 되고 보면 아니할 수도 없어 仁祖
는 碑文起草를 張維・李慶全・趙希逸・李景奭 등에게 명하기에 이르렀
다. 三田渡에는 胡亂 직후 馬夫太의 監督으로 大淸皇帝功德碑를 세워
仁祖 17년 12월에 준공하니, 이 碑는 高宗 32년 淸日戰爭 때에 매몰
하였다가 日人이 다시 세운 것을 1955년에 또다시 매몰하였다고 李
相伯씨는 말하고 있지만(韓國史 最近世後期篇 p107 震壇學會) 어느 때인
지 다시 복원되어 지금 現地에는 千秋의 屈辱을 전하는 碑가 그대로
서 있다. 碑文 起草를 下命받은 네 사람은 물론 쓰고 싶은 意慾이 動
할 리 萬無했을 것이다. 모두 辭命하려 上疏하였지만 允許되지 않았
다. 그 中에서 李景奭의 起草文이 채택되어 淸國에 송달되었다. [1]

淸國에 보내기는 張維와 李景奭의 所進碑文을 함께 보내어 自擇하
도록 하였던 바 景奭의 글이 선택되었고 그들에 의해서 修正되었다는
것이다. [2]

이제 恥辱의 碑文을 다음에 기록한다.

〈大淸皇帝功德碑〉

大淸崇德元年冬十有二月　寬溫仁聖皇帝以壞和自我始赫然怒以武臨之直擣而東
莫敢有抗者時我寡君棲于南漢凜凜若履春氷而待白日者殆五旬東南諸道兵相繼崩
潰西北帥逗撓峽內不能進一步城中食且盡當此之時以大兵薄城如霜風之卷秋籜爐
火之燎鴻毛而　皇帝以不殺爲武　惟布德是先乃　降勑諭之曰來朕全爾否屠之若
英馬諸大將承　皇命相屬於道於是我寡君集文武諸臣謂曰予托和好于　大邦十年
于玆矣由于惛惑自速　天討萬姓魚肉罪在予一人　皇帝猶不忍屠戮之　諭之如此
予曷敢不欽承以上全我宗社下保我生靈乎大臣協贊之遂從數十騎詣軍前請罪　皇
帝乃　優之以禮　拊之以恩一見而　推心腹　錫賚之恩遍及從臣禮罷即還我寡君
于都城立召兵之南下者振旅而西　撫民勸農遠近之雉鳥散者咸復厥居詎非大幸歟
小邦之獲罪上國久矣己未之役都元帥姜弘立助兵明朝兵敗被擒　太祖武皇帝只留
弘立等數人餘悉放回　恩莫大焉而小邦迷不知悟丁卯歲今　皇帝命將東征本國君
臣避入海島遣使請成　皇帝允之視爲兄弟國疆土復完弘立亦還矣自玆以往　禮遇

1) 命張維 李慶全 趙希逸 李景奭 撰三田渡碑文　維等皆上疏辭之 上不從　三臣不得已皆
　製進 而希逸故澁其辭 冀不中用 李慶全病不製 卒用李景奭之文(仁祖實錄 卷35 仁祖
　15年 丁丑 11月)
2) 以張維 李景奭所撰三田渡碑文 入送淸國 使之自擇 范文程等　見其文 以張維所撰 引
　喩失當 景奭之文可用　而但中有添入之語 今我國改撰而用之 上命景奭改之……(仁祖
　實錄 16年 戊寅 2月)

不替冠盖交跡不幸浮議扇動搆成亂梯小邦中飭邊臣言涉不遜而其文爲使臣所得
皇帝猶寬代之不卽加兵乃先　降明旨諭以師期丁寧反覆不翅若提耳面命而終未免
焉則小邦羣臣之罪益無所逃矣　皇帝旣以大兵圍南漢而又　命偏師先陷江都宮嬪
王子曁卿士家小俱被俘獲　皇帝戒諸將不得擾害　命從官及內侍看護旣而　大霈
恩典小邦君臣及其被獲眷屬復歸於舊霜雪變爲陽春枯草轉爲時雨區宇旣亡而復存
宗社已絕而還續環東土數千里咸囿於生成之澤此實古昔簡策所希覯也於戱盛哉漢
水上流三田渡之南卽皇帝駐蹕之所也壇場在焉我寡君爰命水部就壇所增而高大之
又伐石其碑之垂諸永久以彰夫　皇帝之功之德直與造化而同流也豈特我小邦世世
而永賴抑亦　大朝之仁聲武誼無願不服者未始不基于玆也顧摹天地之大畵日月之
明不足以彷彿其萬一謹載其大略銘曰　天降霜露載肅載育惟　帝則之竝布　威德
皇帝東征十萬其師殷殷轟轟如虎如貔西蕃窮髮曁夫北落埶戣前驅蹴蹴靈赫赫　皇帝
孔仁誕降恩言十行昭回旣嚴且溫始迷不知自貽伊慼　帝有明命如寐之覺我后祗服
相率而歸匪惟怵惕威懷德之依　皇帝嘉之澤洽禮優載色載笑爰束戈矛何以　錫之駿
馬輕裘都人士女乃歌乃謳我后言旋　皇帝之錫　皇帝班師活我赤子　哀我蕩析勸
我稼事　金甌依舊翠壇維新枯骨再肉寒荄復春有石魏然大江之頭萬載三韓皇帝之
休

　仁祖는 吳竣에게　命하여　書寫토록 하고 이것을 印出해서 淸에 보내
는 동시에 三田渡에 그 建立을 시작하여 17년 12월에 준공되었던 것
이다. 그 후 淸에서도　機會 있는대로 이 碑를 돌아보았고[3] 朝鮮서도
그 管理를 잘 하기 위해서 守直을 定配하도록 하였다.[4]

　이상에서 丁卯와 丙子의 兩胡亂을 거쳐서 南漢山城下之盟을 맺은
개요와 三田渡碑 建立의 顚末에 대하여 살펴보았다. 孝宗이 등극한 후
에는 政治的으로는 屈辱에 대한 報復 즉 北伐問題, 學問的으로는 義
理에 관한 問題들이 크게 대두하기에 이르렀다.

　崔鳴吉(1586~1647)・金尙憲(1570~1652)은 兩胡亂을 겪는 동안 다같
이 國政에 참여한 사람이지만 時務에 있어 의견을 달리한 그 代表的
인 人物이라고 생각된다. 衰해가는 明勢力과 新興하는 淸勢力을 사이
에 놓고 弱小國 朝鮮으로서 어떻게 대처해야 할 것이냐 하는 問題는
政治的으로 중요한 일이 아닐 수 없었다. 兩人은 歷史가 말하고 있듯
이 和議와 斥和로 의견이 맞섰던 것이다.

3) 丙午 淸使兩人 率家丁 往觀三田渡碑閣 夕還舘(顯宗實錄 3年 壬寅 12月)
4) 京畿道監司許啓 啓請定軍守直三田渡碑閣 兵曹言宜以犯罪者三四人定配守直 上從之
仍下敎曰令本道 檢飭守護俾無虛踈之患(仁祖實錄 18年 庚辰 10月)

胡亂과 斥和

Ⓐ 丁卯胡亂과 清陰

清陰(金尙憲 1570~1652)은 宣朝 3년(1570) 漢陽城南에 있는 外家인 鄭氏宅에서 태어났다. 都正公을 따라서 9세때부터 工夫를 시작하였다. 15세에 冠禮를 올렸고 16세에 結婚, 21세때에 進士에 합격하였고 27세 때 殿試 丙科에 합격하여 承文院副正字로 官界에 발을 들여놓게 되었다. 83세에 이르기까지 여러 官職을 겪었으며 그 中에서도 丁卯와 丙子의 兩亂은 그에게 있어서 가장 큰 충격적인 일이었다고 생각된다.

丁卯胡亂(仁祖 5년, 1627) 당시 清陰은 北京에 있었다. 亂이 일어나기 1년전인 丙寅 5월에 聖節兼謝恩陳契使로서 명을 받고 入城하여 6월에 出發, 8월에 渡海, 10월에 北京에 도착하였다. 明將 毛文龍의 誣揑을 明辯하고 朝鮮의 事情을 자세히 설명하여 明과의 國交에 추호도 변함이 없음을 강조하였다. 明에서도 清陰의 力辯에 安心을 하였다. [5]

皇朝는 小邦을 子息처럼 사랑하고 小邦은 皇明을 父母와 같이 섬기는데 子息이 어찌 貳父之名을 들 수 있으며 父母가 子息의 마음을 의심할 수가 있으랴. 그리고서야 子息된 者가 어떻게 子息으로 자처할 수 있겠는가? 小邦은 200年來 赤心으로 事大해온 것은 天下가 다 아는 바인데 携貳의 말이 나올 수가 있을 수 없다 [6] 는 것이다.

清陰이 登州에 이르렀을 때 擊柝을 듣고 지은 詩

「擊柝復擊柝 夜長不得息
何人寒無衣 何卒飢不食
萬家各安室 獨向城上宿
豈是親與愛 亦非相知識
自然同胞義 使我心肝惻」(朝天錄)

를 華人이 보고 眞君子의 말이라고 탄복하였다는 것이다. 단순한 政

---

5) 禮部因呈文題本曰看得屬國之於 中朝不霣戴皇天而依父母果懷疑貳之心則罪誠難逭若秉堅貞之節則忠自可嘉今朝鮮陪臣金尙憲等快示昭雪一呈力辨絕無携貳導奴之事云云 (呈文禮部 辨毛文龍誣揑 本國事情 清陰年譜)

6) 皇明視小邦如子 小邦事 皇明如父母子而得貳父之名父而有疑子之心爲其子者當何以自處乎小邦二百年來赤心事大……天下之所共聞携貳之言爰爲而至哉(同上)

治的인 形式的 外交에서라기 보다 淸陰의 생각에는 진심으로 尊明을
통해서 義를 높이고 있는 경향을 보이듯, 이 詩 한 首속에서도「自然
同胞義」라고 한 義의 表現을 관심깊게 읽을 수가 있다. 北京에 있으면
서 그는 本國에 奴兵이 침범한 것을 모르고 있다가 路上에서 우연히
듣고 놀라서 闕下에 나아가서 확인하게 되었다. 그리하여 글을 禮兵
部에 올려 援兵을 간청했던 바 水兵數千과 太監四人을 鴨綠江까지 특
파받기도 하였다. 그러나 이미 和議成立(1927. 3. 3)이 된 후이므로 罷
歸, 大軍의 出動이 필요없이 끝나버렸다.

B 丙子胡亂과 淸陰의 斥和

丙子胡亂(1636, 淸陰 67세)이 일어나던 仁祖 14년 12월에 淸陰은 吏
曹判書를 사퇴하고 鄕里 石室에 退歸中이었다. 12일에 石室서 消息
을 들었고 13일에 敵의 哨馬가 이미 鳳山에 다다랐음을 알았다. [7]

14일에는 先塋을 哭辭하여 서울로 들어왔다. 이미 仁祖는 南漢山
城으로 떠난 뒤이므로 뒤따라 南漢으로 달렸다. 15일에 山城南門에
도착했으나 淸陰은 두 다리가 붓고 몸이 아파서 16일을 病席에 누었
다가 17일에야 仁祖를 肅拜하게 되었다. 敵은 16일에 이미 三田渡를
건너 城門은 閉關하였고 宰相이 馬胡를 迎見하여 議和之事가 進行
中이라는 所聞이 도는 中이었다. 淸陰은 仁祖 앞에서 아뢰옵기를

「羣臣의 罪를 이루 다 말할 수 있겠읍니까. 그러나 이미 不諫한 일
이니 돌이킬 수 없는 일인즉 오늘의 計策으로서는 반드시 먼저 싸
운 뒤에 和해야 할 것이요 만일 한갖 卑辭를 일삼아 和를 請한다면
和도 또한 바라기 어렵습니다. 宋人의 말에 外形으로는 和를 취하
고 國權守護로 內實을 삼아 戰鬪로서 대응한다고 하였으니 잘 모르
겠으나 이 말이 오늘에 있어서는 가장 절실한 듯 하온대 上意는 어
떠하옵니까?」[8]

라고 하니 仁祖께서는 卿의 말이 옳다고 하였다는 것이다. 그리고 崔
鳴吉·韓汝溭·尹暉·李景稷 등이 前後 馬胡를 往見했다는 것을 확인
할 수가 있었고, 그중 崔鳴吉만 胡虜는 결단코 申盟外에 他意는 없고

---

7) 崇禎九年十二月十二日在石室聞西報甚急十三日……虜勢猋烈哨馬已到鳳山(南漢紀略)
8) 羣臣之罪可勝言哉然往不諫今日之計必須先戰後和若徒事卑辭請和則和亦不可望宋人
有言以和爲形以守爲實以戰爲應此言在今日最切未知 上意以爲何如也(南漢紀略)

王子를 人質로 보내면 반드시 退軍하리라는 의견이었다고 한다.[9]

19일에는 朝堂에 나아가서 王世子 就質의 議論을 반격하여 이때의 領相에 대하여 추궁하였더니 相金瑬는 宗社를 위해서는 부득이한 일이라고 대답하였다. 清陰은 엄숙하게 詰責하였다.

「宗社에 主가 없으면 어떻게 宗社될 수가 있겠는가. 어찌 臣下로서 太子와 賊의 흥정을 할 수있으랴. 나와 이 建議를 한 사람들과는 太陽 아래에서 살 수는 없다. 相公은 즉시로 다시 들어와서 前計의 잘못을 진술하라. 그렇지 않으면 忠臣義士가 반드시 팔을 걷고 일어날 者가 있을 것이다」[10]

라고 하니 辭氣가 嚴竣하여 모두가 나아갈 바를 몰랐고 이때부터 疾視를 받게 되었다. 21일에 禮曹判書를 拜受하였다. 南漢은 포위된 채 20여일이 지났고 內外는 隔絕된 채로 勤王之師도 아니오며 募人에 應募者 絕無한 비통속에 主和와 斥和의 兩論은 차츰 대립이 심해지게 되었다. 清陰은 사수해야 할 것을 한결같이 極陳해오던 차에 하루는 仁祖께서 備局諸宰를 引見하시고(清陰은 後列에 있었음) 下教하되

「禮曹判書는 今後로 方便之計를 深思해서 固執하지 말라」

라고 하니 清陰은 대답하기를

「臣이 어찌 謬見을 고집해서 國事를 망치겠읍니까. 다만 忠을 願하고자 하되 計慮가 淺短하여 裨益되는 바 없으니 또한 감히 雷同隨衆해서 初心을 저버릴 수가 없을 뿐입니다. 上으로부터 마음을 굳게 정하시고 動搖하지 말아야겠읍니다.」

仁祖는 다시 묻는다.

「장차 무엇을 믿겠는가?」

清陰은

「天道를 믿을 수가 있읍니다」

라고 대답하였다.[11]

洪振道라는 者의 輩語로 城中이 마치 和議로 定論인데 한두 사람의 反對者(清陰을 가리킴) 때문에 滿城人心이 怨咨하지 않음이 없다는데 동

---

9) 崔則言虜專欲申盟斷爲他意若送王子爲質退師必矣云(南漢紀略)

10) 先生切責曰 宗社無主則 何以爲宗社 豈有臣下倡爲以備君與賊之議者乎我與建此議者不可同日生也 相公即可復入自陳前計之誤不然忠臣義士必有奮臂而起者矣(清陰年譜)

11) 一日引見備局諸宰臣伏在後列大臣以下未及有新陳啓 上忽下敎曰 禮判自今亦須深思方便之計勿爲固執臣對曰臣何敢固執謬見以則國事但欲願忠而議虜淺短無所裨益亦不敢雷同隨衆以負初心 自上亦須堅定勿動 上曰將何恃臣曰天道可恃也 上默然云云(南漢紀略)

요되어 이같은 下敎가 있었다는 것이다. 이러한 事態中에서 淸陰과
同調해서 和議를 力攻하는 자는 鄭蘊뿐이었다. 1월 2일에는 針醫
李亨翼이 主和者를 斬할 것을 啓請하기도 하였다. 그러는 中에 敵陣
으로부터 國書를 보내왔다. 先年의 發兵時에는 淸에 협조하지 않고 도
리어 明朝에 협력했다는 것과 淸民을 明朝에 헌납한 事實, 그리고 來
書도 거부하니 어찌 이렇게 驕傲하냐는 責文으로 되어 있다. [12]

이 來書에 대한 答書를 작성하는데 敵의 國權을 어떻게 인정하느냐
하는 問題였다. 遲는 國亡에 무슨 名分을 구구하게 논하느냐는 태도
였고 弘胄는 答書에는 다만 大淸皇帝라고 함이 可할듯 하다고 하였
다. [13]

그러나 大淸國寬溫仁聖皇帝로 대하고 대체로 謝過하는 내용에 明
과는 父子之情을 잊을 수 없는 處地임을 밝혀서 答書를 보냈다. [14]

위의 答書를 보낸 다음날인 1월 4일 淸陰은 兇計에 빠지지 않도

---

12) 大淸國寬溫仁聖皇帝招諭朝鮮國王我國先年率征尤良哈時尔國起兵邀擊後又協助明朝茶
毒我國然念隣好意不介意及得遼地尔復招納吾民而獻之明朝朕赫斯怒丁卯興師伐尔者以
此曾亦恃强凌弱無故興師者乎 邇來何故反誘尔邊臣有不得已權許覉縻今以正義斷決卿
其曉諭列邑使忠義之士各效策略勇敢之人自願從征等語今朕視統大兵來征尔何不令智謀
者效策勇敢者從征而身當一戰哉 朕旣不恃强大毫不相犯尔以弱小之國反撓我邊採參圍
獵者何故朕有逃民尔輒納而獻之明及明朝之孔耿將來歸朕兵至彼應接尔兵放砲截戰
者何故是弄兵之端又啓於尔國也 朕之弟姪諸王臨尔於尔竟拒而不納彼乃大元皇帝之
後何不如尔大元時尔朝鮮納貢不絶 今日自高如是耶 不納來書者 尔之昏暗驕傲至此極
矣 尔朝鮮與遼金元三朝年年奉貢世世稱臣 自告以來曾有不北面事人而得任其自便者乎
(南漢丙子錄 丁丑 1月 2日)

13) 遲曰……國家存然後名分可議也 國亡則將何以議名分乎……上日不能早死見此罔極之
事仍泣下今之日諸卿之意如何 弘胄曰國事罔極罔攸爲但今答書則只稱大淸皇帝似可
矣(南漢丙子錄 丁丑 1月 3日)

14) 答淸國書：朝鮮國王謹上于大淸國寬溫仁聖皇帝小邦獲戾大國自速兵禍栖身孤城危迫朝
夕思欲專使奉書導達衷悃而兵戈阻絶無路自通昨聞皇帝臨蒞僻陋疑信相半喜恐交至玆蒙
大國不忘舊盟賜誨責偉自知罪此正小邦心事滂伸之秋也何幸何幸小邦自丁卯結好以來十
餘年間情好之篤禮節之恭不但大國所知案是皇天所監而惟是昏謬之甚事多不察如辻採蔘
及孔明時事雖非小邦本情未免積成疑阻皇蒙大國加寬恕小邦固已久在洪度中矣至於上年
春間之事小邦誠有不得謝其罪者亦緣小邦臣民識見淺隘膠守名義終臨發怒徑去而跟
行之人皆以大兵將至恐之小邦君臣未免過慮申飾辻臣而詞臣撰文語多乖刺不親觸犯大國
之怒其敢日事出群臣而非我所知乎至如擒擊使臣之言案是所無之事豈料以大國明恕猶不
能無疑於此也皇明是我父子之國而前後彼大國兵馬之入關也小邦未嘗以一鏃相向無非以兄
弟盟好爲重也請害之言奚爲而至哉然此亦出於誠信未孚見疑大國而然也尙誰尤哉且馬將
自言以好意而來故小邦信之不疑豈料終至於此乎夫往日之事已知罪矣有罪伐之知罪而怒
之此大國所以體天心容萬物者也 如蒙念丁卯誓天之約恤小邦之生靈之貪容令小邦改圖
自新則小邦之洗心從事自今日始矣若大國不肯恕加必窮其兵力小邦理窮勢以死自期而已
敢陳肝膈恭竣指敎 崇禎十年正月初三日(南漢丙子錄 1月 3日)

록 戰守의 준비를 해야 함을 再强調하고 비록 汗이 온다고 하더라도
손모아 그대로 기다릴 수는 없다[15]고 하였다.

그러나 酷寒과 불충분한 兵力을 더욱 불안하게 해주었고 主和와 斥
和의 兩論은 主和로 기울어져가는 때 敵으로부터 最後通牒이 내도하였
다. 대체로 보내온 國書를 보니 兄弟의 義에 심히 어그러지며 使臣 英
俄兒代等에 의해서 尒國의 構兵의 뜻을 알았다는 것이며, 明朝와 尒
國은 誕妄無忌하기 그지없는데다가 이제 이미 山城을 억지로 지키는
形勢가 그 命이 朝夕에 매어 있는데도 오히려 부끄러움을 모른다는
것이며, 爾國이 나의 版圖 안에 들어온다면 내 어찌 백성을 生養하고
安全하게 하는데 赤子처럼 하지 않겠느냐는 것이며, 我兵을 함부로
奴賊이라고 하니 참으로 너는 羊質虎皮라고 하고 나서 이제 너는 살
고 싶거던 속히 出城歸命할 것이고, 싸우고 싶거던 속히 나와서 一戰
을 각오하라, 兩兵의 相戰結果는 上天이 스스로 처분할 것이라는 내
용이었다. [16]

---

15) 尙憲曰小臣之意使价頻行未易陷於兇計故必嚴戰守之備事昨已陣達矣　設使汗來豈可束
手乎……(南漢丙子錄 1月 4日)

16) 大淸國寬溫仁聖皇帝詔諭朝鮮國王來書云責之太嚴反有乖於兄弟之義豈不爲上天之所怐
乎朕以丁卯盟誓爲重曾以尒國敗盟之事屢加申諭尒不畏上天不恤生靈之塗炭先有好與尒
邊臣書爲朕使臣英俄兒代等所得始實和尒國有構兵之意朕飢對尒春秋二信使及衆商人云
尒國如此無狀今將往征可歸語尒王以下至於庶人盖明諭而遣之非以詭謀興師者也　且備
書尒敗盟啓釁之事告之於天然擧兵陳若似尒負盟自畏天遣也　尒實敗盟故降之災殃　尒
何反似漠然不相關之人猶天之一字豈相附會哉　又云小邦僻在海隅惟事時書不習兵革囊
者己未之歲尒無故侵我朕以爲尒國必畵兵革　今又啓釁我兵必更精鍊矣　孰意猶以爲未
習耶然尒固好兵者倘志猶未己今而後更加操鍊可也　又云壬辰年亂朝夕且亡　神宗皇帝
動天下之兵極濟生靈於水火之中天下大矣　天下之國亦多矣救尒難者止明朝一國耳天下
諸國之兵豈盡至耶　明朝與尒國誕妄無忌不能已今旣困守山城命在朝夕猶不知恥出此
空言何益　又云惟快一朝之忿務窮兵力傷兄弟之恩閉自新之路以絶淸國之望其在大國恐
亦未爲長算以皇帝之高明何慮不及此然尒欲壞兄弟之好謀動干戈練兵繕戍慘略造車頂備
軍器惟竣朕西征之日乘間竊發茶毒我國耳　豈有施恩於我國者哉　凡若此者尒自以謂不
絶衆望也　自以謂高明也自以爲長算朕亦以謂誠哉其爲長算也又云皇帝方以英武之畧無
定諸國而首揭寬溫仁聖四字盖將以體天地之道而恢伯王之業朕之內外諸王大臣固以此尊
號上我矣　然非不恢伯王之業無故興兵昌滅爾國國害爾民興兵之故正欲伸理曲直耳且天
地之道福善禍淫至公無私惡天之道傾心歸命者優養之望風請降者安全之送命者奉天討之
黨惡櫻鋒者洙之頑民不順者仆之今倔强者知警校詐者詞窮今尒與朕為敵我故興民至此
若爾國盡入版圖朕豈有不生養安全字之者亦子者乎　且爾所言與所行甚不相同內外前後
往來文移爲我兵所得者往往呼我兵爲奴賊此盖爾之君臣素號我兵爲賊故啓國間不親至此
也閒潜身窃取之爲賊我兵爲賊爾何不攜而不問耶　爾之以口舌罵人諺所謂羊質虎皮
者誠爾之謂也　我國俗有云凡人行實貴敏而貴孫故我國每以行之不逮言之不作爲戒　孰
若爾國斯罔狡詐奸僞虛証泌入日深恬不知愧如此其妄談無忌憚者哉今爾欲生耶函宜出城

淸陰도 和議로 응해야 할 것을 생각하기는 하였지만 그러나 그것은 降伏을 의미하는 것이 아니라 敵을 물리치기 위한 하나의 수단으로서의 和議로 오늘의 形勢가 여기에 이르러서는 和로서 敵을 물리칠 수밖에 없으나 예로부터 싸우지도 않고 和를 맺는 法은 없었으니 戰具를 갖추어야 할 것을 仁祖에게 권하기도 하였다. [17]

역시 大勢는 和議를 주도하여 仁祖로 하여금 결정을 짓게 하였다. [18] 降書의 草案은 崔鳴吉에 의해서 마련되었고 病으로 참석치 못하였던 淸陰은 大臣들에 의해서 호출되어 이 降書를 보게 되었다. 이것을 읽어 내려가다가 求哀請降하는 말과 그 卑語을 다하고 臣罪擢髮難數 等에 이르러서는 憤激에 못이기어 草案을 찢어던지고 慟哭을 하였다. 鳴吉은 嬉笑하면서 이것을 다시 주워 붙이었다는 것이다. [19]

그러나 27일에는 마침내 降書를 송부하였다. 淸陰이 꺼리던 臣字는 그대로 쓰여졌고 罪를 山과 같이 지었다는 것과 300년 社稷과 數千里 生靈을 陛下에게 仰托한다는 哀願의 事緣은 그대로 기록되었다. [20]

이렇게 해서 1월 30일 三田渡에서 屈辱의 城下之盟을 강요당하였고 이 결과 世子를 비롯한 人質을 제공하게 되었고, 洪翼漢·尹集·吳達濟는 主戰者의 대표로 瀋陽에 끌려가서 처형을 받게 되었다. 淸陰은 裂書後 6일을 斷食하다가 마침내 自決하려고 하였으나 救濟된 후에 鄕里로 돌아가 있게 되었다.

歸命欲戰耶亦宜函出一戰兩兵相接上天自有處分矣崇德二年正月十七日(南漢丙子錄 丁丑 1月 17日)

17) 尙憲曰此地頭萬事不煩言業未知目前之事何以處之耶 今日之勢惟當以和却敵也 然自古無不戰定和之理而賊心又無厭何用不備戰具而只恃和事耶云(南漢日記 丁丑 1月 16日)

18) 招大臣命之曰今則事已定送人還定矣云(南漢日記 丁丑 1月 17日)

19) 先生以病不詣備局者數日請大臣促起之遂力疾以往……崔鳴吉所草 國書以示之書中 求忍請降之辭極其卑韶有臣罪擢髮難數等語先生讀未半不勝憤激慟哭裂書謂大臣曰諸公何忍爲此事……鳴吉拾取而嬉笑曰公雖毀弁吾當補綴以進矣云云(淸陰日記 丁丑 1月 16日 南漢丙子錄 丁丑 1月 18日)

20) 朝鮮國王臣謹上書于大淸國仁聖皇帝陛下 臣於本月二十日欽奉 聖旨節該今尔固守孤城 見朕手詔責切方知悔罪朕再宏度計爾自新命爾出城面朕一則見尔誠心脫服一則樹恩於尔復以立國旋師後不失信于天下耳朕方承天眷撫定四方正欲赦尔前愆以爲南朝標榜若以詭計取尔天下之大能盡讓詐取之乎是自絶末歸之路矣 臣自承 聖旨益感天地容履之大德歸附之心益切于中而循省臣切罪積丘山 非不知陛下恩信明著絲綸之降皇天是臨猶俱惶唓累 徘徊坐積逋慢之誅今聞陛下旋駕有日若不早自趨詣仰觀龍光則(?)城莫伸追悔何及第惟臣方欲以三百年 宗社數千里 生靈仰托於陛下情理誠爲可矜若或事有參差不如引劔自裁之爲愈矣 伏願聖慈侪鑒血忱明降詔旨 以聞臣安心歸命之路謹昧死以聞(承政院日記 丁丑 1月 30日)

C 亂後의 淸陰

朝廷에서 南漢扈從諸臣에게 授賞의 대상으로 선정된 것을 안 淸陰은 上疏하여 사양하였다. 그 이유를 첫째 南漢當時에 榻前에서 감히 死守의 義를 妄陳한 것과, 둘째 降書의 文字를 차마 볼 수 없어 草文을 찢은 것과, 셋째 兩宮이 親詣時에 馬前에 죽지도 못하고 隨行하지도 못한 것을 들고 있다. [21]

69세 戊寅年에 復金念祖書에 의하면

「나를 몹시 아껴주면서 나를 깊이 모르는 것이 異常하며 내가 前年에 속히 물러나고 오늘 나아가기 어려운 것은 다 그 뜻이 있는 것인데, 다만 索言하지 않은 것 뿐이며, 죽기 전에 復讐雪恥의 議論을 들 수 있다면 내 九原에 있을지라도 오히려 生氣를 갖겠다」[22]고 함을 볼 수 있다.

사람들이 大駕出城時에 수행치 않은 것을 追窮하는데 대해서 그는 「大義 있는 곳은 털끝만치도 구차스러워서는 아니된다」고 하고 臣子의 義를 논함에 있어서 「臣下는 君에 대해서 義를 따르는 것이지 命令을 좇는 것이 아니니 士君子의 進退는 오직 義일 따름」[23]이라했다.

70세 때에는 淸이 征明을 위한 援兵을 朝鮮에 請해왔다는 消息을 듣고 응하지 말아야 한다는 疏文을 올렸다. 그에 의하면 「臣下로서 君主에 대할 때 좇아야 할 것이 있고 좇아서는 아니되는 것이 있다」고 했고 「國家에서 가장 큰 일은 義에 대하여 가만이 있어서는 아니되는 일이라고 하여 義의 한 길로 가야 할 것을 간곡히 上疏하고 있다. 亂後에 故鄕으로 돌아가서도 이러한 그의 義理思想은 많은 젊은이들에게 영향을 주었고 이러한 그의 태도는 自然 淸國에까지도 들리게 되어서 瀋陽에 불려가게 되었다.

---

21) 方駕住山城也大臣執政爭勸出城而臣敢以死守之義妄陳榻前臣罪一也 降書文字所不忍見手毀其草痛哭廟堂臣罪二也 兩宮視詣敵宮臣旣下能碎首馬前病又不得隨行臣罪三也 (以扈從勞錄加崇祿大夫上疏辭不報……淸陰年譜)

22) 窃惟左右愛我之深而知我者之淺也僕前年徑退今日難進皆有其義但不敢索言……儻未及瞑獲聞復讐雪恥之議雖在九原猶有生氣也(淸陰年譜)

23) 或問 大駕出城之日子不從何也餘應之曰若蹈城外一步地則是去順效逆之日 大義所在一毫不可苟國君死社稷則從死者臣子之義也……古人有言臣之於君從其義不從其令士君子出處進退何當惟義之歸不顧禮儀惟令是從者乃婦寺之忠云云(淸陰集 豊岳問答)

24) 犯 大明臣聞之驚惑未定不以爲然夫臣之於主亦有可從不可從……國家莫大之事義不可誑默云云(上疏請勿以助虜西犯……淸陰年譜)

七旬餘의 老軀로 12月(丁丑) 18日에 灣上에 도착하여 問招를 받게 되었다. 龍骨大는 布衣草履의 淸陰을 향해서

「丁丑에 國王이 下城할 때 홀로 淸國은 섬길 수 없다고 하여 下城에 履行치 않은 것은 무슨 뜻인가?」

고 물었더니 淸陰은

「내 어찌 吾君을 좇고자 아니했겠는가. 老病으로 좇지 못했을 뿐이다.」

고 대답하였다. 다시 龍胡는 丁丑 이후에 官職을 除叙함에 하나도 받지 아니하고 敎旨를 返還한 일이며 助兵을 청했는데 上疏로 이것을 沮止한 이유를 따졌다. 淸陰의 答은 이러하다.

「나의 뜻을 내가 지키고 내가 내 君主에게 告했는데도 國家가 내 말을 들어주지 않았다. 이와 같은 일을 他國이 반드시 알고자 하는가?」

라고 했더니 龍胡는 말하되,

「兩國이 이미 一國이 되었는데 어찌 他國이라 하는가?」

淸陰은

「兩國은 각각 國境을 갖고 있으니 어찌 他國이 아니겠는가」[25]

라고 대답하였다는 것이다. 26日에는 瀋陽에 도착하였고 辛巳 1월 8일에 北館에 拘留되었다. 12월에는 疾患으로 인해서 義州로 移監되었다. 74세되던 癸未 1월에 다시 瀋陽으로 옮겼고 후에 다시 東館으로부터 北館으로 옮겼다. 이 때에 崔鳴吉이 對明外交의 叱責으로 끌려와서 마침 淸陰과 만나게 되었다. 崔鳴吉은 明과의 私通을 問招당함에 있어서 平壤서 高調文, 多克坡를 시켜 明에 보낸 書의 內容을 추궁받았다. 鳴吉의 對答이

「하필이면 글 內容을 묻는가? 이미 사람을 파견해서 글을 보내니 어찌 淸에 대해서 좋은 말이 있겠는가? 다만 우리 朝鮮의 苦情을 호소한데 지나지 않는다」

고 하였다[26]는 것이다.

---

25) 答曰吾守吾志吾告 吾君而國家 不用吾言如此之事他國必欲知乎 龍胡遽曰兩國旣爲一家何以謂之他國乎 答曰兩國各有境界安可不謂之他國乎云云 (仁祖實錄 41卷)

26) 作書遣高調文及僧人多克坡送往明國是實問鳴吉書內何詞鳴吉對曰何必問書詞旣遣人送書安有善言不過訴我朝鮮苦情耳云 (東華錄 崇德 7 年條)

한때 主和와 斥和로 의견이 맞섰던 두 사람이 獄中에서 서로 만나
니 心中이 착잡하였을 것이다. 鳴吉이 詩로서 經權의 뜻을 說하였다
즉,

「끓는 물이나 얼음이나 다 같은 물이요, 가죽옷도 갈옷도 다 같은
옷이니라」

고 읊으니 淸陰은 이어서 和答하였다.

「成敗는 天運에 매어 있으니 모름지기 義대로 행할지어다. 비록 그
렇다고 할지라도 아침과 저녁을 바꿀 수는 없는 일이며 어찌 裳衣
를 거꾸로 입을 수야 있겠는가? 權道로 혹 어질다고 한 것이 오히
려 잘못을 저질렀으니 經論은 마땅히 衆意를 어기지 말아야 한다.
理에 밝은 그대들에게 내 寄言하노니 급해도 衡機는 삼가해야 하느
니라.」[27]

4월에 質館에서 석방될 때 龍胡는 崔鳴吉과 淸陰을 불러 西向에서
謝命토록 하니 鳴吉은 혼자 서쪽을 향해서 四拜를 하고 이어서 龍胡
에게 跪謝하였으나, 淸陰은 腰痛을 빙자해서 끝내 禮를 하지 않고 잠
시 뒤에 오히려 同席했던 우리 世子에게 엄숙히 謝했으므로 해서 그
대로 質館에 머무르게 되었다. 76세 되던 해 2월에 瀋陽으로부터 돌
아왔고 石室로 귀향한 후에는 여러차례 入闕을 명했으나 上疏辭退하
였다. 孝宗이 登極한 뒤 83세로 長逝하였다.

丁卯胡亂 이후, 崔鳴吉의 和議論과 맞서 始終一貫 斥和를 주장해
왔고 이로 인해서 瀋陽까지 끌려가서 苦楚를 6년간 겪었으나 풀려나
온 후로는 入朝를 끝내 사양했고 明의 年號를 그대로 사용하면서 투
철한 義理精神으로 終身하였다. 이러한 淸陰의 生涯는 이후 思想界에
春秋義理精神을 심어주게 되었다고 생각한다.

斥和와 義理

丁卯와 丙子의 兩胡亂을 통해서 朝廷안에 현저하게 대립되어 온 主
和와 斥和의 兩論을 살펴보고 나아가서 淸나라의 힘의 亂舞앞에서 淸

27) 時崔相鳴吉亦被拘執崔以詩說經權之意云 湯氷俱是水 裘葛莫非衣 先生次其韻曰成敗
關天運 須看義與歸雖然反夙暮詎可倒裳衣 權或賢猶誤 經應衆莫違 寄言明理士 造次
愼衡機(淸陰先生年譜 癸未年條)

陰은 始終 斥和의 입장을 지켜왔음을 보았다. 義理問題가 歷史上으로
대두된 것은 春秋戰國時代였다고 미루어지거니와 富國과 强兵을 至上
目標로 삼고 弱肉强食을 일삼던 당시로 말하면 힘만이 價値처럼 믿어
졌던 것이다. 春秋 242 년간에 亡國이 52 에 달하고 弑其君한 자가 36
이나 되는 것을[28] 보아도 미루어 짐작할 만한 일이다. 周公을 꿈에
그리며 人類社會에 평화를 念願하던[29] 孔子는 春秋의 붓을 들어 魯國
242 년의 歷史를 쓰기에 이르렀다. 自身을 평가해주는 基準이 될 수
있다고까지 생각한 春秋[30]는 뒤에 無道한 亂臣賊子들의 두려워하는
바가 되었다.[31]

   그러나 勢에 있어서 大가 小를, 衆이 寡를, 强이 弱을 侵犯해올 때
는 항거하기 어려운 일이다. 힘에 굴복된다고 해서 是非曲直이 전도
될 수는 없는 일이다. 完全包圍를 하고 降伏을 강요하는 淸軍 앞에
最善을 다하는 길만이 주어진 마당에 淸陰도 和議를 생각해보았던 것
이다. 和議를 맺더라도 먼저 全力을 기울여서 最善을 다한 然後에 응
해야 할 것을 건의하였던 것이다.[32]

   할 수 없이 出城해서 淸國의 힘 앞에 屈辱的인 君臣之義를 맺게 되
었을 때 淸陰 自身은 수행하지를 않았다. 壬辰倭亂때에 後援을 얻은
明나라의 恩惠도 恩惠려니와 宗主國에 抗逆하는 後金의 행위는 淸陰
에게는 背逆無道한 것이요 義理上 도저히 용납될 수 없었던 것으로
생각된다. 君主를 모시는 臣下로서 義를 따르는 것이지 命令을 따르
는 것이 아니요, 士君子의 進退는 오직 義일 뿐이라고[33] 한 것으로
미루어 出城當日에 수행할 수 없었던 그의 心情을 살필 수가 있다.
君子가 天下에 대처할 때에는 肯定 否定이 問題가 아니라 오직 義를
쫓을 따름이라[34]고 함은 孔子가 일찌기 말한 바이다. 淸陰에 있어서
不仕二君하는 精神은 죽음보다 더 소중했더니만큼 차라리 죽을지언정

---

28) 春秋二百四十二年間亡國五十二弑君三十六(淮南子 主術)
29) 子曰甚矣 吾衰也 久矣吾不復夢見周公(論語 述而)
   老者安之 朋友信之 少者懷之(論語 公冶長)
30) 孔子懼作春秋 春秋天子之事也是故孔子曰知我者其惟春秋乎罪我者其惟春秋乎(孟子
   滕文公下)
31) 孔子成春秋而亂臣賊子懼(同上)
32) 今日之計必須先戰後和若從事卑辭請和則和亦不可望(南漢紀略 前引)
33) 臣之於君從其義不從其令士君子出處進退何常惟義之歸(豐岳問答 前引)
34) 子曰君子之於天下也無適無莫也義之與比(論語 里仁)

逆賊를 따르지 못하겠다[35]는 그의 心境은 추호도 흔들리는 바 없었
다. 寇讐를 돕고 父母를 공격하는 일은 할 수 없다는 것이다. 뿐만
아니라 胡亂이 收拾된 후에 公府文書에 盟約대로 淸의 年號를 쓰고
만일 아니 쓴 文書는 받지를 안했건만 淸陰은 干支만을 써서[36] 그의
尊主하는 태도로 終始一貫하는 모습을 보였던 것이다.

和란 中節된 것이요, 그러기에 中和가 이루어질 때 天地는 안정되
며 萬物이 잘 자란다[37]고 子思는 말하였다. 眞情한 和란 강한 것[38]이
요, 이 강한 和를 위해서는 禮節이 필요하며 따라서 先王의 政治는
小大를 막론하고 이것에 의하여 이루어졌던 것이다. [39]

禮로 節之하는데서 眞情한 의미의 和가 이루어지며, 따라서 和而不
流하는 강함을 가져올 수가 있는 것이다. 그러므로 孟子의 말과 같이
禮의 實은 仁義를 節文함으로 실현될 수 있고[40] 子思의 말과 같이 致中
和하는데서 和而不流하는 君子의 강함을 유지할 수가 있다. 斥和라고
할 때의 和가 이러한 和는 아니었다. 그것은 힘으로 降伏을 강요하는
和議였다. 明國內에서는 剋上하는 所行이요 朝鮮에 대해서는 유린하
는 所爲였다. 淸陰으로서는 이러한 行爲에 대하여 납득이 되지 않았
다. 이 밀려드는 勢力을 받아들인 崔鳴吉의 所致에 대해서 부끄럽기
그지없게 생각하였다. 秦나라가 힘으로 無道하게 趙나라를 하루사이
에 屈服시켰을 때를 연상하면서 孔子를 머리에 그려가며 趙나라는 당
시에 先生과 같은 議論이 없었으니 千秋萬古人의 羞恥를 덜어준다고
淸陰은 鳴吉에게 詩로 獄中에서 화답한 바 있다. [41]

부끄러움을 아는 일이 義의 端緖가 된다[42]고 하였거니와 이러한 義
로운 마음은 人心의 一般性으로서[43] 聖人은 이 一般性을 먼저 얻어

35) 自古無不死之人亦無不亡之國死可忍 從逆不可爲也(仁祖實錄 17年 庚辰 12月)
36) 是時公府文書皆用順治年號其不書者政院却之不受獨尙憲於疏劄呈辭只書翰枝政院以其
　　大臣章疏而不敢却 上亦不之問(仁祖實錄 23年 乙酉 3月)
37) 喜怒哀樂之未發謂之中 發而皆中節謂之和……致中和天地位焉萬物育焉(中庸 1章)
38) 君子和而不流强哉矯(中庸 10章)
39) 禮之用和爲貴先王之道斯爲美小大由之有所不行知和而和不以禮節之亦不可行也 (論語
　　學而)
40) 仁之實親親是也義之實從兄是也禮之節文斯二者是也(孟子 離婁上)
41) 月暈孤城晝暗塵 邯鄲朝暮且降奏
　　當時不有先生議 羞殺千秋萬古人(淸陰年譜一七四歲時 咏魯仲連詩)
42) 惻隱之心仁之端羞惡之心義之端辭讓之心禮之端是非之心知之端(孟子 告子上)
43) 心之所同然者何也謂理也義也聖人先得我心之所同然耳(孟子 告子上)

가진데 불과한 것이다. 大衆과 더불어 하는 마음은 곧 이 마음의 一般性을 基盤으로 한다는 뜻이며 義대로 한다는 말이다. 滕은 小國으로서 强國인 齊楚間에 끼어 있어 事齊와 事楚의 어느 것을 택해야 할지 兩難에 빠져 있을 때 去就를 孟子에게 물으니 그는,

「그러한 智謀는 없지만 다만 한가지 방법은 못을 파고 城을 쌓고 百姓들과 더불어 지키되 百姓들이 死守하고 離散치 않으면 해볼만한 일이라」[44]

고 대답하였다. 成敗는 天에 매어 있어 사람은 最善을 다하면 된다[45]고 보는 것이다. 淸은 武力으로 主上을 거역했고 朝鮮을 침략했다. 武力이 是非曲直을 뒤집어줄 수는 없다. 힘이 약해도 맞은 것은 맞은 것이다.[46] 틀린 길이기에 淸을 따를 수가 없었다. 그러기에 出城하는 仁祖를 따르지 아니했고, 淸皇 앞에 끝내 무릎을 꿇지 아니했고 世上을 떠나는 날까지 利害를 초월하여 스스로를 지켜갔다.[47]

結 語

한 民族의 力量은 그 나라의 存亡岐路에서 볼 수 있고 한 사람의 참 모습은 死生의 分岐點에서 볼 수 있다고 생각된다. 丁卯와 丙子의 兩胡亂은 우리 民族의 試鍊期였고 於間에 있어서의 淸陰의 行跡은 그 自身의 참 모습이었다고 생각된다. 그것은 그의 人生觀·義理觀의 所致였다. 그는 敵陣에 보내려는 降伏의 國書를 찢었고, 仁祖의 出城을 따르지 아니했고 扈從의 加錄을 일체 받지 아니했으며, 出兵하여 攻明하려는 淸을 돕지 말라고 上疏하였고, 淸의 年號를 쓰지 아니했고 龍將에 대할 때에도 一國의 體面을 유감없이 지켰으며, 瀋陽에서 풀려나려 할 때 淸皇에 謝하는 拜禮를 끝내 거절하였고, 歸國後에는 오로지 利害를 떠나서 一身을 지키는 것으로 終生하였다. 이 生涯를 一貫해서 지켜온 것은 明을 높이는 일이요, 弱小國으로서 事大를 일삼아

---

44) 滕文公問曰滕小國也間於齊楚事齊乎事楚乎孟子對曰是謀非吾所能及也無已則有一焉鑿斯池也築斯城也與民守之效死而民弗去則是可爲也(梁惠王 下)
45) 若夫成功則天也 君如彼何哉强爲善而已矣(同上)
46) 射不主皮爲力不同科古之道也(論語 八佾)
47) 君子有九思視思明聽思聰色思溫貌思恭言思忠事思敬疑思問忿思難見得思義(論語 季氏)

아부하는 意味에서가 아니라 스스로의 主體를 지키려는 뜻에서였다고
추측된다. 夫子의 功은 春秋에서 더 큰 것이 없고 春秋의 義理는 또
尊王보다 더 큰 것이 없으며 尊王은 主體보다 더 큰 것이 없는 것[48]
으로 생각할 때 淸陰의 尊明은 바로 그의 主體意識에서 보여진 躬行
이라고 해야 할 것이다. 淸陰의 이러한 學行은 이후 宋尤庵을 거치면
서 義理思想을 심어주었고 이 나라 儒學思想史上에 義理學派를 형성
해주는 하나의 起點이 되었다고 생각된다.

　생각컨대 人類는 平和를 달성해야 할 것이요 이 成就를 위해서는
힘의 侵略으로부터 탈피해야 할 것은 물론, 부질없는 軍備競爭을 中
止하고 正鵠을 적중시키는 競爭으로 전환되어야 할 줄로 안다. 中不
中은 힘이 基準이 될 수 없다.[49] 淸陰의 不屈의 所行이 無意味한 힘
에 항거가 아니라 主體에서 우러나오는 義理임을 이해할 때, 오늘의
世界가 武力侵略을 포기하고 相互의 主權을 존중하여 平和를 달성해
야 할 때라면, 空論 아닌 하나의 踐履의 先驅者로서 그 뜻이 매우 새
로운 것으로 믿어진다.

---

48) 夫子之功未有大於春秋而春秋之義又未有大於尊王尊王未有大於主體(肅宗實錄 9 年 6
　　月)
49) 射不主皮爲力不同科古之道也(論語 八佾)

傳統思想과 主體性
—— 斥和와 闢異斥邪를 中心으로 ——

序 言

A 問題의 所在

現實理解없이 將來를 향할 方向定立은 어려울 것이며, 民族의 歷史를 떠나서 現實을 이해하기 어려울 것이며, 傳統思想을 떠나서 民族歷史를 파악한다는 것은 어려울 것이며, 民族固有의 思想을 遊離하고서는 傳統이 성립되기 어려울 것이며, 民族主體를 무시한 固有思想이란 또한 생각하기 어려운 줄 안다. 人類의 平和를 世界의 모든 國民들이 갈망하고 있고, 南北의 統一이 民族的으로 요구되고 있는 現時點에서 새로운 文化創造를 急務로 삼음은 당연하다고 생각된다. 世界의 各國民의 安定없이 人類平和를 바란다는 것은 無謀한 일이며, 各國民의 安定은 그 나라의 歷史와 關連이 아닐될 수 없는 까닭에 우리의 安定도 우리의 歷史위에서 찾아야 하며, 우리의 歷史를 傳統속에서 살피고 우리의 傳統의 형성은 民族固有의 思想에서 파악하고 다시 固有思想 속에 內在한 우리의 主體性이 外來文化를 흡수하면서 오늘의 現實을 걸어온 歷程을 통하여 연면하게 이어 온 一貫性을 고찰한다는 것은 매우 중요하고도 有益한 일로 여겨진다. 普遍的인 人類平和란 特殊的인 民族의 安定下에서 가능하다고 보아 우리의 主體性定立은 各國民族의 그것과 똑 같이 未來의 平和를 확립하려는 方向에서 소중하고도 시급한 問題로 제기된다.

B 傳統의 槪念

傳統이라고 할 때에 傳은 나라를 물려 준다[1]는 뜻으로 사용되어 授字의 의미로 쓰여지기도 했고[2] 또한 끊이지 않고 連綿하게 계속되는

---

1) 願得傳國(呂覽 不屈) 擧天下而傳之於舜(准南子 精神訓)
2) 傳授也(呂覽 不屈注)

意義[3]로도 이해해 왔다. 이렇게 보면 나라를 끊이지 않게 이어 온 治道의 連續을 의미하는 것으로 보인다. 그러나 言語로 傳道하는 것으로 생각하여[4] 傳을 傳해 듣는[5] 뜻으로서 역시 中斷없이 주고 받는 連續性에서 이해[6]되어 오기도 했다.

統은 실마리[7] 또는 始作이라는 뜻[8]으로 생각했고 또는 系로 보아서 宗統[9]이나 皇統[10]으로도 理解해 왔을 뿐만 아니라 根本[11]으로도 해석하였다.

傳統의 傳에서는 一貫性을, 統에서는 宗이나 本을 그 要旨로 묶을 수 있는 것으로서 傳統이라고 할 때에는 古今이 단절될 수 없고 文化의 新舊를 이어 주는데 중요한 底流를 그 속에서 발견해야 할 것으로 생각된다. 歷史의 變遷을 따라서 多樣하게 나타난 思想의 여러가지 側面을 一貫性에서 이해하려는 肯定的인 의미로 傳統을 규정지어 보고자 하는 것은 將來에 대한 主體的인 方向定礎에 중요하기 때문이다.

C 方法 및 資料

史實은 史家에 의해서 기록되므로 史家의 主觀을 떠날 수 없느니만큼 肯定 또는 否定的인 兩立場을 사람따라 달리할 수 있다. 어느 立場을 고수한다고 하더라도 왜곡된 史實이 아닌 限 그 肯定的 또는 否定的인 兩面의 一貫性 속에서 평가되어야 할 줄 안다. 동시에 그런 뜻에서 또한 資料도 兩側이 共用되어야 할 것으로 생각된다.

① 否定과 肯定

歷史의 變遷過程에서 普遍的으로 나타나는 現象을 保守와 新進의 兩樣態로 구분할 수 있다면 肯定的인 방향에서 保守를, 否定的인 方向에서 新進을 강조하는 傾向에서 傳統을 이해하려는 것이 아니라, 즉 對立 속에서 差異點을 논하고자 함이 아니라, 그 自體가 하나의 主體

---

3) 傳續也(正韻) 傳者相傳繼續也(釋文)
4) 誦西方之傳道(周禮 夏官 訓方氏) 傳道世世所傳說往古之事也(同上注)
5) 而況于世之傳也(荀子 非相) 傳傳聞也(同上注)
6) 傳延也(莊子 養生主 火傳釋文) 傳鉅子於田襄子(呂覽 上德) 傳送也(同上注)
7) 統緒也 人世類相繼如統緒也(釋名 釋典藝)
8) 大一統也(公羊 隱 元) 統者始也(同上注)
9) 統系也(正字統) 德橫天地興復宗統(後漢書 光武紀)
10) 援立皇統(後漢書 鄧隲傳)
11) 鄭云統猶本也(禮 祭統 釋文) 乃統天(易 乾文) 統本也(釋文)

的인 방향에서는 어떠한 의미를 지니는가 하는 점이 보다 소중한 것으로 생각된다. 사실 問題를 對立一面만으로 이해할 것이 아니라 有無動靜의 一貫된 곳을 看過해서 안될 것이다. 程明道(1033~1086)는 이 動靜內外의 會通處를 定이라고 표현[12]하였다. 이 定處를 廓然大公, 物來順應이라고 하여 明으로 보아 物累를 면할 수 있는 것으로 自處하기도[13] 하였다. 歷史的 事實의 兩相은 定의 方向에서 검토되어야 할 것으로 생각되며 民族的 思想의 兩面도 또한 이 定의 觀點에서 이해되어야 할 것으로 믿는다.

② 資 料

우리의 歷史에서 斥和와 闢異思想, 鎖國主義와 開化思想은 함께 우리의 主體를 지키는데 적지 않게 문제되어 왔다. 歷史的 또는 思想的 兩態를 살피기 위하여 新興淸朝의 勢力을 앞에 놓고 國論이 分裂되었던 斥和問題를 중심으로 해서 淸陰集과 遲川集 그리고 李朝實錄·南漢日記를 참고하였고 闢異思想을 중심으로 해서 李晩采의 闢異編과 利馬寶의 天主實義, 柳洪烈박사의 高宗治下 西學受難의 硏究를 선택하였다. 그러나 이 論文의 基盤은 孔子思想에 두어 儒敎經典과 韓國의 儒學史를 土臺로 하였음을 添言하여 둔다.

本 論

Ⓐ 主 體 性

客體에 대해서 主體를 말할 때에 學的으로는 엄밀하게 구분된다. 즉 論理上으로는 분명히 구별이 되지만 事實的·現實的으로 공존한다고 생각된다. 主客의 區分은 論理인 것이요 主客의 共存은 事實 또는 現實인 것이다. 主體性이라고 할 때 主體의 機能이 事實 속에 優勢하게 발휘된 것으로 우선 규정지어 본다. 主體性이란 主客以前에서의 定機能을 의미한다.

主體性이라고 하더라도 여러가지 側面에서 말할 수 있으나, 여기서

---

12) 所謂定者 動亦定靜亦定 無將迎無內外 苟以外物爲外索己而從之 是以己性爲有內外也 (答張橫渠書)

13) 君子之學莫若廓然而大公 物來而順應也…定則明明則尙何應物之爲累哉(同上)

는 斥和와 闢異를 중심으로 하는데 局限해서 살피고자 한다. 즉 主體性을 政治的으로 말한다면 主權이라고 하겠고, 經濟的으로 말한다면 自立이라고 하겠으며, 民族的으로 말한다면 自主라고 할 수 있는 바 主權・自立・自主는 거듭 말해서 主體性으로 集約一貫되어야 한다. 主體性을 問題삼는 所以는 우리의 歷史에서 主體侵害의 危機를 살피고 未來를 향하는 방향을 現實 속에서 정립해보고자 하는데 趣旨가 있다. 主體의 危機는 內部的인 要因 또는 外部的인 原因으로 야기될 수 있는 바 對淸・對日關係에서 당했던 侵害는 對自的인 原因이라기 보다는 對他的인 要因에서 강요된 것으로 西歐에서의 近代化過程과 구별되는 점이라고 하겠다. 新興淸國 앞에 武力으로 屈伏 당한 일이 政治的인 主權侵害였다면 日本倭族들의 主權蠶食은 主體侵犯이었다고 생각된다. 主權守護를 위해서는 和와 斥의 兩相을 보였고 主體固守를 위해서는 開化와 闢異의 兩面으로 나타난 것으로 보인다. 먼저 新興淸國 앞에 屈伏을 강요당했던 당시의 狀況을 통하여 傳統思想에서의 歷史方向을 살펴보고자 한다.

B 斥和思想을 통해 본 主權守護의 兩面

① 恥辱的 屈伏의 顚末

仁祖 5년(1627) 1월에 後金은 3만의 兵力으로 鴨綠江을 건너 義州를 공략하고 龍川을 함락시키고 晴川江을 건너 平壤을 통과하고 黃州에 도달하였다. 彼此의 協議로서 3월 3일 江華府城의 門外에서 서로 立誓하여 다음 5個條項으로 媾和는 성립되었다.

ⓐ 後金軍은 平山을 넘지 말 것
ⓑ 盟約後 後金軍은 直時 撤軍할 것
ⓒ 後金軍은 撤兵後에 다시 鴨綠江을 넘지 말 것
ⓓ 兩國은 兄弟國으로 칭할 것
ⓔ 朝鮮은 後金과 和約을 맺되 明에 敵對하지 않을 것

後金의 野慾은 여기에 그치지 아니하고 國號를 淸으로 하여 寬溫仁聖皇帝로 就位하였고 仁祖 14年 12월 1일(1636)에는 淸・蒙・漢人으로 혼성한 10만 大軍을 몰아 9일에 鴨綠江을 넘고 14일에 開城을 통과, 16일에는 南漢山城에 도착하였다. 22일에는 江華城이 함락되었고 30일에 仁祖는 世子와 함께 漢江東岸 三田渡에서 다음의 11個條

約으로 屈伏을 강요당하였다.

ⓐ 朝鮮은 淸에 대하여 君臣의 禮를 行할 것

ⓑ 朝鮮은 明의 年號를 廢하고 明과의 往來通交를 끊고 明에서 받
은 誥命册印을 내놓을 것

ⓒ 朝鮮王의 長子와 第2子, 諸大臣의 子(無子者는 弟)를 瀋陽으로
보내어 人質로 할 것

ⓓ 聖節·正朝·冬至·千秋(中宮과 太子) 慶弔 등의 使節은 明의 舊
例에 따를 것

ⓔ 淸이 征明의 出兵을 요할 때에는 期會를 어기지 말 것

ⓕ 淸이 回兵時에 椵島를 공략하려 하니 兵船 50隻을 發할 것

ⓖ 明人의 逋逃를 容隱치 않을 것

ⓗ 內外諸臣의 婚姻을 맺어 和好를 굳게 할 것

ⓘ 朝鮮은 新舊城垣을 繕築치 말 것

ⓙ 朝鮮의 對日貿易은 종래대로 할 것

ⓚ 朝鮮은 淸에 대하여 己卯年(仁祖 17年)부터 定額의 歲幣를 보낼 것

이것은 丙子胡亂의 結末이었다. 兄弟之間의 兩國으로부터 君臣之國
으로 강제되었다. 그러나 武力에 屈伏된 것은 하나의 史實에 지나지
않는 것이요, 보다 소중한 것은 이 史實이전에 어떻게 이 强大國의 힘
앞에 主權·自立·自主를 지키려고 했느냐 하는 점에 대한 새로운 인
식일 것이다. 이 國難을 둘러쌓고 國論은 분열되어 主和論과 斥和論
의 兩論이 대두되었다.

② 兩論의 立場

ⓐ 斥和論의 主旨

和議를 반대하여 斥和를 주장한 것은 金尙憲(1570~1652)이었다. 丁
卯와 丙子의 兩胡亂을 겪으면서 始終一貫 斥和論을 고수하였다.

丁卯胡亂 당시는 마침 聖節兼謝恩陳奏使로 北京에 있었다. 明將 毛
文龍의 誣捏을 明辯하고 朝鮮의 事情을 자세히 설명하여 明國의 安心
을 구하였다. 이것은 新興淸國에 말려들 것을 의심했던 明國에게 金

---

14) 禮部因呈文題本曰看得屬國之於　中朝不宵戴皇天而依父母身懷疑貳之心則罪誠難道若
秉堅貞之節則忠自可嘉今朝鮮陪臣金尙憲等快示昭雪一呈力辨絶無携貳導奴之事云云
(呈文禮部　辨毛文龍誣捏本國事情淸陰年譜)

15) 皇明視小邦如子　小邦事　皇明如父母身而得貳父之名父而有疑子之心爲其子者當何以自
處乎小邦二百年來赤心事大…天下之所共聞携貳之言爰爲而至哉(同上)

尙憲의 辨毛는 歡心을 샀던 것이다. 특히 恩惠를 입은 明에 대해서 두 마음을 품을 수 없다[14]고 했을 뿐만 아니라 200년 이래 父母처럼 섬겨 赤心으로 대하여 왔음은 天下가 다 아는 바인데 携貳의 말을 어찌할 수 있겠느냐[15]고 하였다. 이 態度는 明을 宗主로 생각하는 뚜렷한 표현이라고 생각된다. 明에 從屬이 政治的인 것이라기 보다 그 關係를 하나의 義理에서 이해하려[16] 한 것으로 보인다. 華人이 위의 詩를 보고 眞君子라고 탄복하였다고 한다. 北京에 있으면서 奴兵이 本國을 침범한 것을 모르고 있다가 우연히 듣고 놀라서 闕下에 나아가서 確證하였고 禮兵部에 글을 올려 援兵을 간청했던 바 水兵數千과 太監四人을 鴨綠江까지 特派받기도 하였다. 그러나 이미 和義가 성립된 뒤이므로 그대로 돌아오게 되었다는 것이다.

丙子胡亂이 일어나자 仁祖는 南漢山城으로 떠났다. 뒤따라가서 때마침 進行中이던 和議에 대하여 金尙憲은 다음과 같이 말하였다.

「群臣의 罪를 이루 다 말할 수 있겠읍니까? 그러나 지난 일을 諫하지 아니하나 오늘의 計策은 반드시 먼저 싸운 뒤에 和해야 할 것이니, 만일에 한갓 卑辭를 일삼아서 和를 請한다면 和도 또한 바라기 어렵습니다. 宋人의 말에 外形으로는 和를 取하고 國權守護로 內實을 삼고 戰鬪로서 對應한다고 했으니 잘 모르겠으나 이 말이 오늘에 있어서는 가장 切實한듯 하온데 上意는 어떠하옵니까」[17]라고 하니 仁祖께서는 그 말이 옳다고 하였다는 것이다. 다시 王世子의 就質議論에도 반대하였고 和議에 대해서는 끝내 항거, 仁祖로부터 방법을 深思해서 固執을 버리라는 주의를 받기에 이르렀다. 오히려 仁祖께 마음을 굳게 정하고 動搖하지 말라는 金尙憲의 말에 仁祖는「장차 무엇을 믿겠는가?」라고 反問하였을 때 서슴치 않고「天道를 믿을 수가 있다고」[18] 하였다는 것이다. 기우러지는 形勢에 어찌할 道理가 없어서 金尙憲도 和議를 응해야 할 것을 생각은 하였으나 그것은 역시 敵을 물리치기 위한 하나의 수단이었다. [19] 드디어 崔鳴吉에 의해서 마련된

16) 擊析復擊析 夜長不得息 何人寒無衣 何卒飢不食 高家各安室 獨向城上宿 豈是親與愛 亦非相知識自然同胞義 使我心肝惻(朝天錄)

17) 群臣之罪可勝言哉然旣往不諫今日之計必須先戰後和 若徒事卑辭請和則和亦不可望 宋人有言以和爲形以守爲實以戰爲應 此言在今日最切 未知 上意以爲何如也(南漢紀略)

18) 自上亦須堅定勿動 上日將何恃臣曰天道可恃也(南漢紀略)

19) 尙憲曰到此地頭萬事不煩言第未知目前之事何以處之耳 今日之勢惟當以和却敵也 然自古無不戰定和之理而賊心又無厭何用不備戰具而只恃和事耶(南漢日記 1月 17日條)

降伏書를 金尙憲이 보다 못해 찢어버렸지만 마침내는 300년 社稷과 數千里生靈을 陛下에게 抑托한다는 哀願의 事緣으로 降伏하여 屈辱의 幕이 내려지고 말았다.

金尙憲은 出城時에 大駕를 따르지 아니했고 鄕里에 돌아가서도 征明을 위한 淸國의 援兵要請에도 反論을 펴서 上疏하기도 하였다. 大義가 있는 곳에는 털끝만치도 구차스러워서는 아니되며 臣下는 君에 대해서 義를 따르는 것이지 命을 좇는 것이 아니니 士君子의 進退는 오직 義일 따름이라[20]고 하여 君臣間의 義를 강조하고 있다. 他日에 龍骨大 앞에 끌려나와 問招를 받을 때에도 不屈의 意志를 엿보이고 있다.

「丁丑에 國王이 下城할 때 홀로 淸國은 섬길 수 없다고 하여 下城에 隨行하지 않은 것은 무슨 뜻인가」라는 龍將의 물음에 대하여

「내 어찌 吾君을 좇고자 안했겠는가. 老病으로 좇지 못했을 뿐이다」라고 尙憲이 대답하니 다시 龍胡는 丁丑 이후에 官職을 除叙하는데 하나도 받지 아니하고 敎旨를 반환한 일이며 그리고 援兵을 청했는데도 上疏로 이것을 沮止한 이유를 따졌다.

「나의 뜻을 내가 지키고 내가 나의 君主에게 告했는데도 國家가 내 말을 들어주지 않았다. 이와 같은 일을 他國이 반드시 알아야 하는가?」

尙憲의 이 말에 龍胡는

「兩國이 이미 一國이 되었는데 어찌 他國이라고 하는가?」

라고 다시 추궁하니

「兩國은 각각 國境을 갖고 있으니 어찌 他國이 아니겠는가?」[21]

尙憲의 이 대답에 더 이상 묻지 않고 그대로 그는 瀋陽으로 끌려갔다. 6년후에 풀려나올 때에 淸皇께 무릎을 꿇고 拜謝하라는 勸告를 끝내 듣지 아니하고 그대로 돌아왔고 故鄕에서는 끝내 出仕를 사양하면서 83세로 終生하였다. 武力이 是非曲直의 기준이 될 수는 없는 일이며 힘이 弱해도 옳은 것은 옳은 것이다. 淸陰은 明에 대한 義理를 높였고 物理的인 힘에 抗拒하면서 스스로의 主體意識을 死守하였다.

---

20) 大義所在一毫不可苟…古人有言臣之於君從其義不從其令士君子出處進退何當惟義之歸 (豊岳問答 淸陰集)

21) 答曰吾守吾志 告吾君而國家不用吾言如此之事他國必欲知乎 龍胡遽曰兩國旣爲一家何以謂之他國乎 答曰兩國各有境界安可不謂之他國乎云(仁祖實錄 41卷)

明을 높임은 王을 높이는 일이요 王을 높이는 생각은 主體를 지키는 일로 미루어 尊明이 바로 事大라고 하는 皮相的 판단에 앞서 苦境 속에 主體를 수호하려는 眞意였음이 파악되어야 할 것으로 생각된다. 夫子의 功은 春秋에서 더 큰 것이 없고 春秋의 義理는 尊王보다 더 큰 것이 없으며 尊王은 主體보다 더 큰 것이 없는 것으로 생각할 때[22] 淸陰의 本意는 오늘날 새롭게 이해되어야 할 것이다.

ⓑ 主和論의 要旨

動機야 어떻게 되었던 간에 降伏書는 傳達되었고 明과의 政治的 관계는 淸으로 代替된 것으로 歷史上에 記錄을 남기게 되었다. 또한 和議를 주장한 사람으로 崔鳴吉이 지칭받게 된 것도 사실이다. 歷史의 記錄을 통해서 和議가 성립될 때까지의 상황을 먼저 살펴보기로 한다.

황급하게 南漢山城으로 避亂을 하여 周圍를 포위당한 城中에서는 國家의 存亡을 앞에 놓고 그 打開策을 鳩首議論하게 되었다.

崔鳴吉이 「國家는 義理를 지켜서 이 地境에 이르렀으니 부끄러워 할 만한 일이 없을것 같다」[23]고 한데 대하여 張維는 넌즈시 和議를 맺는 수 밖에 없음을 암시하였더니 仁祖께서는 卿들은 어떠한 對策이 있겠는가를 물었다.

敵中에서 防備도 허술하고 强兵을 퇴각시킬 何等의 自信도 없이 國運을 앞에 놓은 聖上과 幕僚들에게는 심각한 討議가 아닐 수 없었을 것이다. 金鎏는 聖上의 물음에 대해서 「聖上께서 事理를 판단해주실 것 같으면 그래도 緩禍의 方案이 어찌 없겠읍니까?」[24]라고 대답했던 바 張維는 「臣下들은 아뢰옵고저 하는 바가 있어도 차마 입을 열지 못하옵고 고민할 따름입니다」[25]라고 하였더니 모여 앉은 臣들이 모두 목메어 울음보를 터뜨렸다는 것이다. 이 國權이 무너지려는 境地에서 仁祖를 中心으로 하는 幕臣들의 悲痛했던 모습이 연상된다. 戰爭이 끝날 때에 人質이 교환된 것은 戰史에서 흔히 볼 수 있었던 일로서 例事이기는 하지만 이제 그 人質로 王子를 敵이 요구하는 형편에서 감

---

22) 夫子之功未有大於春秋而春秋之義又未有大於尊王尊王未有大於主體…(宋時烈 肅宗實錄 9年 6月)
23) 崔鳴吉曰國家以守義理之故 乃至於此 似無可羞之事也(承政院日記 仁祖 14 年 12月 17日)
24) 金鎏曰自上若料理則豈無緩禍之術乎(同上)
25) 張維曰臣等欲有所啓達而不忍發口 只有悶鬱而已 一坐嗚咽痛泣(同上)

히 聖上께 그 말을 아뢰옵기 어려움은 當然한 일이었을 것으로 보인
다. 仁祖는 입을 열었다. 「世子를 胡軍의 軍營으로 보내고자 하는 말
인가？」[26] 金塗는 이 말을 그저 들어만 넘길 수 없어서 仁祖께 위안
의 말을 올린다. 「人質을 交換하는 일이 예로부터 있는데 가령 世子
께서 虜營으로 간다고 하더라도 반드시 구박하지는 않을 것이며 瀋陽
으로 데려갔다가 또한 잘 돌려줄 것입니다」[27]라고 하면서, 모인 宰臣
들이 時局이 급함을 차례로 아뢰온 결과 仁祖께서는 世子를 보낼 것
을 드디어 決心하기에 이르렀다. [28] 그 뒤로는 이 交涉을 위해서 사람
을 보내는 일, 그리고 國書를 作成하는 일, 雙方이 會盟하는 節次 등
이 처리해야 할 남은 문제들이었다. 이러한 問題들은 仁祖의 決心後
에 수반되는 行政의인 것이므로 여기서 論及이 불필요한 일이다. 다
만 和議를 맺도록 결정지어질 때까지의 前後狀況이 重要한 일로서 밝
혀져야 하며 그 사이에 있어서의 崔鳴吉의 主張 및 行動에 注意를 기
우려야 할 줄 안다. 記錄된 史上의 事實以前에 그 동기에 대한 解明이
필요한 것이며 또 평가되어야 할 점으로 보인다.

　　崔鳴吉은 仁祖反正이후에 功臣으로서 발탁되었던 것이다. [29] 國家危
難之時에 一身을 돌보지 않는 勇敢性을 발휘할 수 있는 사람이었던 것
으로[30] 보인다. 南漢山城으로 大駕를 떠나보낸 뒤에도 그는 달려오는
賊中에 남아서 胡軍의 來侵을 물을 정도의 勇敢性을 보이고 있다. [31]

　　南漢山城이 四周로 포위당하고 情探兼和意를 살피려고 사람을 파견
하고자 할 때에도 鳴吉은 自進해서 虜營에 다녀올 것을 청하기도 하
였다. [32]

　　國書로 보내온 胡營에 대한 答書與否 문제에서도 論難이 벌어졌으
나 答書를 보내야 한다는 意見으로 가만히 앉아서 亡할 수는 없다[33]는

---

26) 上曰欲送世子於虜營之說乎(同上)
27) 金塗曰交質之事自古有之 設使世子往于虜營 必不爲驅迫而入去瀋陽 亦必好還矣(同上)
28) 群情若此則吾豈惜世子乎(同上)
29) 以崔鳴吉爲吏曹參判 鳴吉參於擧義 當初謀議頗有協贊 宣力之事故反正之後寵擢最先
　　(仁祖實錄 卷 3 元年 11月條)
30) 逮成沙峴之捷當時受命征討之臣能志忘身循國之義者唯鳴吉一人而已(仁祖實錄 卷 4
　　2年 甲子 2月條)
31) 出南門之外 雨雪初收烈風甚緊山路成氷 人馬不得着足 自上不馬步行五里餘日未明矣
　　崔鳴吉在賊馳啓見胡馬之由矣(南漢日記上)
32) 鳴吉曰盡國不行則臣請出往 瑞鳳曰此時人臣何可顧身 盡國曰非敢顧身恐其無益(承政
　　院日記 仁祖 15年 正月 1日)

것을 강경히 주장하면서도 淸汗이 出來한다는 所聞에 鳴吉은 몹시 深
慮를 한[34] 것으로 보인다. 時時刻刻으로 임박해오는 敵勢 앞에서 明
朝에 대한 大義名分을 死守할 것인가, 그렇지 않으면 淸朝에 屈服할
것인가의 岐路에 서서 名分과 實利의 兩論이 일어날 수 밖에 없었다.
이러한 狀況에서 金瑬는 속히 聖上을 모시고 包圍를 풀도록 하는 일
을 가장 급하게 생각하여 名分도 國家가 存在한 然後에 논할 일이지
國家가 亡한 뒤에 무슨 名分이냐고 主張하기에[35] 이르렀다. 名分을 존
중하다가 實利를 잃거나 實利를 고집해서 名分을 잃어버릴 수만도 없
는 일이거니와 當面한 現實은 이미 存亡岐路에서 더 이상 時間을 느
출 수 없는 境地에 놓였다. 國家의 死活問題를 앞에 놓는 活路打開를
위하여 취해지는 일에 대하여는 鳴吉도 의리로 지켜온 것으로 생각하
였으므로[36] 그는 주저하지 않았다. 그러므로 胡營에 사람을 보내는 일
에 대해서도 결과의 成不成을 염려해서 決斷을 못내리는 仁祖에 대하
여 그는 우선 보내보자고 仰請을[37] 한다.

　어쩔 수 없이 彼此에 使者는 오고가게 되었고 國書도 授受되었다.
여기서 和議는 진행되어 갔으나 來書에 대한 回答書式에서 淸에 대하
여 우리의 立場을 어떻게 표현하느냐가 또한 論難거리었다. 丁卯後의
兄弟主義를 君臣으로 요청하는 강경한 敵의 態度에 응하는 名分을 찾
는 것이 우리 側의 難事였다. 鳴吉은 臣字를 쓴다면 和가 아니라 降
服이라고 주장하였다.[38] 그 뜻은 그래도 끝까지 武力에 屈伏을 피할
수 없게 된 상황에서도 君臣關係라는 汚名으로 主權을 짓밟기를 면하
고 어떻게 해서던지 和議成立의 條件을 모색해보려는 태도로 해석된
다. 또한 國書表現에 있어서도 哀乞하는 措辭는 피해야 한다는 內心
이기도 하였다.[39] 그러나 大勢의 現實은 時刻을 다투어 强迫하여 오
는 가운데 國書는 鳴吉에 의해서 起草되었고 書中에는 臣字를 넣어서

────────────
33) 鳴吉曰豈可以此坐而待亡 但比之丁卯必不易矣　量吾之力可戰則當爲彌縫　豈可以此坐
　　而待亡(同上)
34) 鳴吉曰國必亡矣　汗已出來國必亡矣(同上)
35) 瑬曰此事極重故人有所懷不敢顯發　當此急之時他事不暇　臣則只以奉聖上脫重圍爲急
　　蓋國家存然後名分可議也　國亡則將何以議名分乎　今日此事臣請擔當不避爲天不罪人矣
　　(承政院日記 仁祖 15年 1月 3日)
36) 崔鳴吉曰國家以守義理之故乃至於此似無可羞之事也(南漢日記 12月 15日)
37) 上曰如此而可成乎 鳴古曰成不成固不可必以虛事誠問如何(南漢日記 12月 28日)
38) 鳴吉曰若下臣字則降也非和也(南漢日記 1月 3日)
39) 鳴吉曰若爲謝過則逐條謝之　直爲哀乞則措辭似異何以爲之(同上)

君臣之義를 표현하였던 바 淸陰의 激憤을 사게 되어 찢어버리는 事件을[40] 일으키기도 하였다. 뒤쫓는 敵陣을 오고가며 國家의 興亡을 念慮했으며 明에 대한 義理와 또는 胡虜에 대한 答書의 表現中 謝過와 哀乞 등은 구별되어야 한다던 鳴吉은 스스로가 草案한 글 속에서는 달라져 있음을 볼 수 있다. 淸陰이 裂書하게 된 動機도 여기에 있었다. 그는 勢力에 밀리는 現實앞에 타협하였다. 淸陰이 찢어버린 것은 鳴吉은 다시 주워 붙였다. [41]

　　그러나 屈伏당한 후에도 鳴吉은 對明外交를 계속하였다. 그 罪로 말미암아 瀋陽까지 끌려가서 問招를 받았다. 明國에 보낸 書詞를 追端받았을 때 朝鮮의 苦情을 말했을 뿐이라[42]고 대답하였다는 것이다. 나중에 鳴吉은 斥和人들과의 뜻이 다르다고 함을 말한 바 있고 그들에 대해서도 300年來로 섬겨온 明朝를 違負해서는 안된다고 한 반면에 이미 大淸의 臣이 되었으니 忠을 大朝로 옮겨야[43] 한다고도 하였다.

　　大勢의 현실을 거부할 수 없어 그대로 받아들였다고 보겠다. 그리하여 朝鮮에 씌워지는 淸國의 굴레는 그로부터 시작되었던 것이다.

　　③ 斥和의 意義

　　和議를 맺을 수 밖에 없다고 하여 現實과 타결한 것은 崔鳴吉이었고, 끝내 和議를 拒斥한 것은 金尙憲이었다. 降伏書를 놓고 金尙憲은 찢어버렸고 崔鳴吉은 다시 이것을 주워 붙였다. 大勢는 기울어져 三田渡의 痛史를 기록하게 하였고 이에 대하여 後人들은 각각 兩人을 평하고 있다. 現實處理는 항상 肯定과 否定의 兩方向으로 結果될 수 있다.

　　金尙憲이 和議를 추진시켰을 경우, 또는 崔鳴吉이 斥和를 고집했을 경우도 생각해볼 수 있고, 兩人이 다 같이 和議를, 또는 斥和를 도모했을 경우도 推測이 가능해진다. 그러나 어느 경우에도 그에 따르는 결과가 올 것은 당연하지만 중요한 것은 결과를 가져오기 以前에 그 동기에 있다고 본다. 當時의 허약했던 國勢로 미루어 淸勢에 항거한다는 것은 도저히 생각할 수 없었던 形勢라고 판단할 수도 있었을

---

40) 崔鳴吉所草國書以示之書中 求哀請降之辭極其卑弱有臣罪擢髮難數等語 先生讀未牛不勝憤激慟哭裂書(淸陰年譜 正月 16日 南漢日記 丁丑 正月 18日)

41) 鳴吉拾取而嘻笑曰公雖毁弁吾當補綴以進矣(同上)

42) 問鳴吉書內何詞對曰何必問書詞旣遣人送書安有善言不過訴我朝鮮苦情耳(東華錄 崇德 7年條)

43) 鳴吉曰…斥和人與我志則不同矣 但此人等其罪有可恕者本意不過以 三百年服事明朝不可違負故也 今旣爲大淸之臣則當移忠於大朝矣(南漢日記 正月 27日)

것이나 勝敗는 오로지 天運에 매어 있다고 생각하는 側이 또한 있을 수 있다. 滕文公이 孟子에게 滕과 같은 小國이 齊楚間에 끼어 있으면서 그 强勢에 어찌할 바를 몰라서 물었을 때에 그는 「못을 파고 城을 쌓아 百姓과 함께 死守할 수 있다면 해볼만한 일」[44]이라고 말하고 있음을 볼 수 있다. 아마도 金尙憲의 固執대로 全國民이 合心해서 死守하였더라면 勝敗不關하고 할만한 일이었을 것이다. 崔鳴吉의 和議妥結이 亡國을 초래했다는 非難을 하거나 現實妥協이 救國이 되었다는 평보다는 義理를 지키고자 했고 臣字나 乞意를 降書에서 피하려고 했던 점이 看過되어서는 아니될 줄 안다. 兩人에게서 注視되어야 할 것은 國統을 혼들리지 않도록 노력한 心衷일 것이다. 史迹 속에 있었던 事實보다도 事實以前에 연면히 흘러오는 民族的 一貫性을 파악하는 일이 매우 소중한 것으로 믿어진다.

Ⓒ 闢異斥邪를 통해본 主體守護의 兩面

여기서 말하는 闢異斥邪라고 함은 우리의 歷史의 近代化過程에서 볼 수 있는 外來思想과 傳統思想의 사이에서 일어나는 葛藤面을 의미한다. 中國과 韓國에 天主敎가 들어오면서 일어나는 拒否現象은 盲目的인 排斥이 아니라 主體를 지키려는 意志에서의 發露로 보아야 할 것이다. 먼저 天主敎의 東漸해오는 과정을 살펴본다.

① 天主敎東進의 趨勢

中國에 景敎가 전래된 것은 唐太宗 貞觀 9년(635)이었으나[45] 그 敎風이 다른데다가 知識階層에 쉽게 납득되지 못할 뿐 아니라 君臨해 있는 傳統儒敎勢에 그 布敎傳道는 어려운 일이었다. 따라서 敎勢擴張과 같은 일은 거의 불가능한 일이기도 하였다. 그 후에 伊太利人 Mateo Ricci 가 明萬歷 11년(1583)에 廣州의 香山澳에 이르러 布敎를 시작하였고 29년에는 京師에 머물러 傳道에 專力하다가 38년(1610)에 卒하였다. 그는 入國後 禮遇를 받았고 中國의 習俗을 익히면서 布敎에 노력하였다. 다른 宣敎師들도 華語와 華服으로 儒書를 읽으며 儒敎에 順

---

44) 滕文公問曰滕小國也 間於齊楚 事齊乎 事楚乎 孟子對曰是謀非吾所能及也 無已則有一焉 鑿斯池也 築斯城也 與民守之 效死而民弗去則是可爲也(孟子 卷 1)
45) 大秦國有上德曰阿羅本 貞觀九祀至於長安 帝使宰臣房玄齡 賓迎入內 飜經書殿 問道禁闈深知正眞 特令傳受(大秦景敎流行中國碑 中國文化史下 西敎東來)

從[46]하므로 中國朝野에서는 대체로 好意를 베풀게 되었다. 그러나 시간의 推移와 執權者의 見解 또는 사회의 情勢에 따라서 반드시 그런 것만도 아니었다. 徐如珂·沈潅·晏文輝 등은 天主敎가 邪說惑衆이라고 해서 驅逐할 것을 上疏[47]한 바도 있었다.

韓國에 天主敎가 전래됨은 中國과는 다르다. 外國의 神父의 傳道力에 비하여 自體內의 敎化의 힘이 컸다고 하는 점이 그 특징이라고 할 수 있다. [48]

天主敎가 로마敎皇을 中心으로 해서 全世界로 전파되어가는 과정에서 西勢東漸의 風中에 韓國만이 제외될 수는 없는 일이었다. 우리가 受容하는 經路는 日本經由와 大陸經由의 두가지 經路로 나누어 볼 수 있다. 하나는 Mateo Ricci가 北京滯在當時에 우리의 使臣들의 往復에 의해서 들어온 것이 大陸經由이며, 壬辰倭亂 때 日人이 敎徒를 동원하여 敎人迫害로 轉役시켰으며 그 監督으로 Gregorie de Cespedes(포르트갈人)를 파견한 機會에 流入動機가 된 것이 日本經由라고 할 수 있을 것이다. 그러나 이 日本經由에 경우는 受容의 간접적인 동기에 불과하였다.

丙子胡亂 때에 人質로 잡혀갔던 昭顯世子가 귀국할 때 天主敎의 書籍과 敎人인 宮女內侍를 동반해왔다. 그러나 3개월만에 昭顯世子는 돌아가고 書籍은 燒却되고 敎人侍者들은 追放을 당하였다. 天主實義가 들어오면서(1603) 國內政情과 더불어 南人들에 의해서 漸次로 硏究하게 되었고 信徒들도 증가하게 되었다. 敎勢가 확장되어감에 따라서 政府에서는 이를 경계하게 되었고 入國後 傳道에 힘쓰던 外人이나 篤信하는 信徒들을 박해하게 되었다. 中國의 경우는 儀禮問題가 葛藤의 主因이었으나 우리의 경우는 祀堂이나 神主를 철폐하는 것이 加害를 받게 되는 主要原因이었던 것으로 보인다.

여기서 고려되어야 할 것은 역시 主體的인 立場에서 加害하는 側과

---

46) 敎士之入中國也 習華言易華服讀儒書從儒敎 以得中國人之信用 其敎始能推行(柳話徵中國文化史下 p19)
47) 禮部中郞徐如珂惡之 與侍郞沈潅 給事中晏文輝等合疏 斥其邪說惑衆 乞急行驅逐(明史外國傳意大里亞)
48) 朝鮮天主敎會는 西洋神父의 傳敎함이 없이 오로지 우리 學者들의 自發인 硏究結果로써 성립되게 되었으니 이것은 全世界 傳敎史上에 있어서 우리의 敎會만이 가진 一大 特徵이었다. (高宗治下 西學受難의 硏究 p6 柳洪烈)

被害받는 雙方을 분석 이해해야 할 점이 아닌가 한다.

② 兩側의 立場

ⓐ 闢異斥邪의 立論

中國의 경우를 보면 들어온 宣敎師들 사이에도 儀禮問題에 대해서는 贊反이 갈라졌다. 初代 耶蘇會會長이던 Mateo Ricci 는 祭儀를 묵인하자는 側에 속하였고 도미니코, 후란시스코兩會에서는 이를 偶像崇拜라고 반대하였다. 敎皇廳에서도 여기에 대해서 一貫性있는 태도를 취하지를 못하였다. 1645 년에 인노센트 10 世는 中國信徒들에 대한 禁止敎書를 내렸는가 하면, 1656 년 敎皇 아레끼사돌 7 世는 前者의 禁令을 해제하였고, 1669 년에는 또 다시 新敎皇 크레멘트 11 世가 禁令을 發하였다. 그 이후 康熙帝와의 協議가 없지 않았지만 1743 년 7 월 11 일 베베넥트 14 世는 敎令으로 이 문제에 대한 終結을 지웠다. 즉 中國의 祖上이나 孔子에 대한 儀禮는 偶像敎라고 판단하여 禁하도록 天, 上帝라는 用語를 쓰지 말고 「天主」라는 用語로 統一을 命하였다. 康熙帝가 敎皇의 禁令을 휴대한 아렉산데리 總主敎를 마지막으로 引見하는 자리에서 宣敎諸宗派間의 分裂現狀을 이해할 수 없는 수수께끼라고 말을 맺고 中國의 祖上이나 孔子에 대한 儀禮는 不動한 것을 暗示해줌으로서 끝났다. 이처럼 妥協이 안되고 보니 남은 것은 禁敎와 迫害만 남을 수 밖에 없었다.

韓國의 경우는 앞에서 지적했듯이 神父없이 敎會가 설 수 있었고 敎勢가 확장되어간 特徵을 지니고 있으면서 辛酉・己亥・丙寅・辛未의 여러차례의 外面的인 受難을 겪으면서 闢異斥邪의 內面的 受難을 겸해서 받아왔다. 政府에서는 斥邪綸音을 지어 全國에 돌렸고 李晚采는 闢異編을 撰하게 되었다. 中國에서는 天主實義를 Mateo Ricci 가 지어 孔子敎와의 異同을 논했고 韓國에서는 黃嗣永帛書로 外援을 호소하는데까지 迫害는 심해갔다.

韓國에 西敎洋學이 처음 전래된 것은 李承薰이 燕京을 다녀오면서부터였다. [49] 엄격하게 말해서 西書傳來를 확실히 말할 수는 없으나 李承薰 이래로 丁若銓・丁若鍾・丁若鏞・權日身・李蘗 등 敎人이[50] 늘

49) 年來有士人(指李承薰)隨行燕京得其書而來　自癸卯甲辰年間少輩之有才氣者倡爲天學之說(安順庵 天學考 闢衛編 p27)
50) 西書之東來不知自何時而柳夢寅於于野談 李晬光芝峯類說 已有其說而數百年無人學習者　至正廟癸卯多書狀官李東郁之子承薰隨而入燕　始學邪法於天主堂得其書數十種以

어가면서 世人의 耳目을 끌게 되었다.

그 中의 李蘗이라는 자는 服裝을 갖추고 說敎를 하였으며 모임은 매우 엄격하였고 그 數도 數千人으로 증가되어 무리를 형성하여 갔다. [51] 異端邪敎라고 하여 그 害毒을 지적하고 闢衛케 되었으니 대개 傳統的 儒敎文化를 흔들고 國家的 秩序를 문란케 한다는 政治的인 의미와 儒敎敎理에 어긋나는 天主洋學은 容許될 수 없다는 것이 學術的인 의미로 보인다. 安寧을 파괴한다는 政治的인 批判은 말할 것도 없거니와 數理的인 批判으로 본다면 宗敎·哲學과 倫理의 側面에서 고찰될 수 있을 것이다.

宗敎나 哲學的인 문제로서는 天과 人間靈魂에 관한 見解差異에서 오는 葛藤이요 倫理的인 問題로서는 禮에 대한 日常生活에서의 실천에 관한 것이었다. 天의 儒敎的 이해로서는 上帝를 말하고 靈魂에 관해서는 心을 들어서 비교한다. 그러나 이 天과 上帝, 靈魂과 心에는 共通點이 있으면서도 差異點이 있음을 발견할 수 있다. 즉 간단히 말해서 天主敎에서의 超越的인 解釋에 비해서 陰陽的인 見解로 지적된다.

主宰를 天에서 볼 때 帝라고 하고 人間에서 말할 때 心이라고 한다. 사람에게 이 마음이 있음은 하늘에 上帝가 있음과 같아서 心에 天君이라는 이름이 있고 따라서 이 君이라는 것은 主宰의 뜻인 것이다. [52] 하늘을 絶對者로 생각하며 사람이 原罪를 지닌 타락자로 볼 때 회개하여 용서를 빌지언정 사람 자신은 神聖할 수 없다. 따라서 하늘과 사람은 사랑과 회개로서 救濟를 받을 수 있다고 생각한다면 하늘과 人間이 하나될 수는 없다고 보여진다. 그런데 비해서 儒學에서는 上帝와 人心을 天人合一의 입장에서 풀이하고 있다. 上帝란 것은 옛 聖人이 하늘을 尊慕하는 말인데, 上天之載無聲無臭라고 함은 上帝의 形象이 없음을 표현한 것이다. 事物에 있어서는 當行之理가 上帝요 人心에 있어서는 天賦의 本性이 上帝니, 大學의 止於至善은 곧 上帝에 순종하는 바요, 中庸의 率性은 곳 上帝를 섬기는 바이고 보면 一身과 上

來傳授徒黨 始有領洗贍禮之法(乙巳秋曺摘發 闢衛編 p105)

51) 乙巳春 承薰與丁若銓若鏞等說法於掌禮院前中人金範禹家有李蘗者 以靑巾覆頭垂肩 主壁而坐 承薰及若銓若鍾若鏞三兄弟及權日身父子皆稱弟子 挾册侍坐蘗說法敎誨比之 吾儒師之禮尤嚴約日聚會 殆過數朔士夫中人會者數十人(同上)

52) 主宰乎上天者帝也 主宰乎一身者心也 人之有此心如天之有上帝故心有天君之名君者主宰之義也(愼遯窩 西學辨 闢衛編 p66)

天은 하나로 소통됨을 설명해 주고 있음[53]을 볼 수 있다. 그러나 天
人合一이라는 것은 上帝를 이해하고 실천할 수 있는 根據를 지니고 있
음을 시사해주고 있는 것이요 결코 天이 곧 人이며 人이 곧 天이라는
것은 아니다. 上帝라고 할 때에 人心과의 소통되는 점을 理로서 이해
한다.[54] 그리고 하늘을 존경한다고 할 때에 마땅히 恭敬하고 尊慕해
야 한다는 것과 尊敬하는 理由가 免罪邀福하는 求心에 있다고 함은[55]
傳統文化와 傳來된 西學에 顯著한 차이로 보인다.

靈魂에 관해서는 사람의 死生을 魂魄의 聚散으로 주장을 하되 사람
이 태어남은 陰精陽氣의 聚合된 것이요 죽은 뒤에는 魂遊魄降으로 離
散하는 것으로[56] 그 存亡을 설명한다. 이것은 또한 天主教의 靈魂不
滅說에 비교되는 바 易에 魂魄說이 그 뒷바침을 해주고 있다.

이처럼 天이나 上帝와 靈魂과 人心魂魄說에 대한 西教天主學의 異
議는 많은 儒者들의 抗疏와 政府의 彈壓을 사게 되었다. 斯道에 대한
害毒은 天主教에서 더함이 없다[57]고 하며 無父無君의 人倫을 무너뜨
리고 教化에 어긋나며 사람을 오랑캐 짐승으로 돌리는 邪學[58]이라고
治邪의 이유를 밝히고 있음을 볼 수 있다.

ⓑ 信徒의 立場

西洋神父들의 布教事業을 거치지 않고 傳道되었음이 우리의 特徵이
라고 함은 이미 앞에서 지적한 바 있거니와 처음 들어왔을 때에 受容
姿勢는 물론 儒教文化에 그 기반을 두고 있었다. 따라서 輸入初期의
信者들은 儒學을 공부한 사람들이며 儒者의 信者化는 곧 傳統儒者側

---

53) 天之主宰命之曰上帝者古聖人尊天之辭…上天地載無聲無臭則可見上帝之無形象也 在
事物則當行之理是上帝也 在人心則所賦之性是上帝也 大學之止至善乃所以順上帝也 中
庸之率性乃所以事上帝也(李艮翁 天學問答 闢衛編 p32)

54) 然人心之可比於上帝者非但以其主宰而比之也 蓋有所以主宰之理存焉(愼遯窩 西學辨
闢衛編 p66)

55) 呼呼彼爲天主之學者曰是道也乃敬天也尊天也 天固可敬可尊而彼所以敬且尊者不過如
免罪邀福寵之諸鄙事 自歸於慢天褻天也(斥邪綸音 闢衛編 p422)

56) 彼所謂天上常在之福言人死而靈魂不滅爲善者升乎天堂也 夫死生魂魄之說莫明於易易
曰原始反終故知死生之說 精氣爲物遊魂爲變故鬼神之情狀 人之生也陰精陽氣聚而成物
及其死也魂遊魄降散而爲變則存者亡矣(愼遯窩 西學辨 靈言蠡勺 闢衛編 p38)

57) 終古異端之賊害斯道者何限而未有甚於西洋所謂耶蘇之說也(進士崔照等知舊通文 闢衛
編 p135)

58) 辛酉正月十一日 大王大妃殿傳曰 先生每謂正學明則邪學自熄…人之爲人以有人倫 國
之爲國以有教化 今所謂邪學無父無君毀壞人倫背反教化歸於夷狄禽獸(辛酉治邪 純祖
元年 闢衛編 p121)

으로 볼 때에는 異端視하게 될 수 밖에 없고 信徒들의 集團禮拜는 곧 旣存價値秩序를 무너뜨리는 國家安寧을 파괴하는 逆徒로 治罪를 받게 된 원인이 되었다. 최초로 說敎에 임한 사람이 李蘗(1754~1786)이었던[59] 바 그는 服裝을 갖추고 傳道를 하였다. 忠孝의 倫理思想으로 성장해 온 李蘗으로서는 사회의 旣存秩序에 도전하는 것이 되며 새로운 眞理라고 믿는 天主敎에서 볼 때 忠孝倫理를 고수할 수만도 없는 窮境에 빠지게 되었으며 여기서 傳統倫理와 天主敎理 사이에서 李蘗의 心的 葛藤은 자못 컸으리라고 짐작된다. 그의 著書「聖敎要旨」는 天主에 대한 自身의 信仰을 儒學의 知識으로 요약한 것으로 생각된다.「報答을 받으려고 德을 쌓으면 正과 直을 兩失하게 되는 것이니 가르침을 잘 받들고 本分을 지키면 어찌 감히 나에게 罪를 犯하게 하겠는가」[60]라고 언급되어 있음을 보면 報答을 받으려고 함은 利心이므로 純德이 아니라는 態度는 義와 利를 峻別하는 儒者의 傳統的 立場을 말해주는 것처럼 보인다.

中國을 거쳐서 들어온 天主敎는 天主實義의 영향을 받은 바 크고, 이것을 著述한 Mateo Ricci는 中國에 들어와서 儒敎經典을 연구하면서 傳道하였고 그 結晶이 바로 이 天主實義였다. 따라서 實義 全編은 Mateo Ricci의 著書이기는 하지만 李朝後期의 天主敎 信者들에게 受容되는 營養素이기도 하였다. 그러나 그것은 어디까지나 天主敎를 이해시키는데 儒敎的인 설명으로 始終한 것에 지나지 않으며 따라서 天主敎의 基盤에서 儒敎敎理를 비판해본 것으로 간주된다.

丁若銓 一家는 輸入初期에 信徒로서 유명한 사람들이었으나 역시 그들이 習得한 儒學을 基盤으로 흡수하였고 傳統性 속에서 自己의 主體를 지키느냐 지키지 않느냐 하는 것은 治罪를 받느냐 안받느냐 하는 갈림길이 되기도 하였다. 茶山 丁若鏞은 스스로 撰한 墓誌銘에서「今年부터는 精修實踐하고 顧諟明命하여 餘生을 집에서 보내겠노라」[61]라고 하고 自身의 信仰의 世界를 말하면서도「나는 四書六經을 이해하고 그 行할 바를 생각하여 마음에 부끄러울 바 없다(予知四經六考厥

---

59) 乙巳春承薰與丁若銓若鏞等說法於掌禮院前中人金範禹家有李蘗者以青巾覆頭垂肩主璧而坐承薰及若銓若鍾若鏞三兄弟及權日身父子皆稱弟挾册侍坐蘗說法敎誨(前引 乙巳秋曺摘發 闢衛編 p105)

60) 修德圖報 正直兩虛 奉諭違遺 烏敢就余(蘗川遺稿 聖敎要旨 第8節)

61) 其自今年精修實踐顧諟明命以畢其餘生逸於屋(丁茶山全書上 p333 文獻編纂委員會)

攸行能不愧忸)」고 토로한 것을 보면 自信있게 儒學精神을 실천해왔던 것으로 생각된다. 餘生을 著述로 보낸 그는 信仰의 世界와 儒敎思想 사이에 갈등을 볼 수 있다. 당시의 政治社會에 彌滿되어 있는 傳統思想 앞에 감히 挑戰한다는 것이 政府의 彈壓과 더불어 어려웠으리라는 것은 능히 짐작이 가는 것이다.

이렇게 생각할 때 李蘗의 경우나 丁茶山의 경우는 함께 天主信仰에 젖으면서도 儒敎를 배반하는 敎理問題를 발견하기는 어려운 것으로 보인다. 位牌를 불사르고 祭祀를 거부하면서 犧牲되어간 사람들과는 구별된다. 民族의 傳統精神과 이어짐이 없이 盲信하였다면 그는 民族主體를 拒斥한 所行이요 당시의 社會雰圍氣로 보아 斷罪를 면할 길이 없었을 것이다. 信者로 자처했다고 하더라도 그들은 傳統文化 위에서 받아들인 것으로 이해된다.

오늘날까지 輸入된 그대로의 天主信仰이 우리의 民族傳統과의 調和없이 信行이 강요된다면 이것은 고려되어야 할 문제가 아닐까 생각된다.

③ 闢異端斥邪學의 意味

中國의 政治史에서 堯帝가 朱와 共工을, 舜帝가 四凶을 黜斥流配보냈고, 湯이 桀을, 武王이 紂를 討伐追放한 것들은 中의 實現이요 天命의 代行으로 파악된다. 孔子는 參政後 얼마 안가서 少正卯를 제거하였다. [62] 자신은 論語에서 「異端을 專治함은 害로울 따름이다」[63]라고 해서 思想的으로 경계해야 할 것을 말했고 孟子는 社會思想이 楊朱墨翟에 빠져 있음의 慨嘆하여 辯論을 펴서, 爲我主義의 楊朱와 兼愛主義의 墨子에 대하여 정면으로 그 無父無君의 亂相을 猛攻하였다.

이러한 歷史的 과정에서 생각될 수 있는 것은 中·天命·道를 수호하려는 政治요 學問이라는 점이다. 그것은 外來의 것이 아니라 中國固有의 民族的 主體的인 실현이었다는 사실이다.

우리가 李朝史를 통해서 겪어야만 했던 壬辰·丁卯·丙子의 外侵은 우리의 主權을 지키기 위해서 싸워야만 했고 李承薰 이후로 傳入되어

---

62) 孔子爲政誅之曰天下有大惡五而盜竊不與焉 心逆而險 行僻而堅 言僞而辨 記醜而博 順非而澤 少正卯兼有之 不可以不除見(家語)

63) 攻乎異端斯害也已(論語 爲政)

온 天主教의 傳統을 무너뜨리는 亂相은 막아야만 했던 辛酉·己亥·丙寅·辛未의 治邪였다. 이 對戰과 이 防禦는 우리의 中·命·道를 守護하는데 필요했던 사실로 간주된다.

이처럼 中國에 있어서나 우리나라에 있어서 그 守護에 진력한 것은 각각 自國民族의 主體로서의 道를 고수하려는 所致였던 것으로 보여지며 儒學의 純粹性에 基因되었던 것이 아닌가 한다. 四海同胞로 人類愛를 의식하면서도 純正한 道를 지키고 실현하는데는 積極的인 異端과 邪學에 대한 鬪衛는 필요하고도 바람직한 일로 생각된다.

結 論

世界平和와 人類의 安定이라는 테두리 속에서 모든 分斷國家의 統一은 달성되어야 하겠고, 이 課業은 동시에 民族的 主體的으로 달성되어야 한다는 前提에서 傳統의 槪念을 살펴보았다. 우리의 歷史에서 外侵에 응하는 兩樣相을 丙子胡亂에서 보았으며 西學傳來에 대응하는 두 모습을 治罪하는 側과 信徒의 兩側에서 일별하였고 나아가서 異端과 邪學을 鬪斥하는 意義를 고찰하였다. 사실은 언제나 兩相으로 갈라질 수 있으며 결과지어진 것이 중요한 것이 아니라 그 보다는 結果 以前의 동기는 契機點에서의 主體的 機能이 더욱 중요한 것으로 생각된다. 崔鳴吉의 和議나 天主教信徒들의 所行은 부정되기 전에 우리의 傳統思想에서의 主體機能을 긍정하는 坐標에서 평가되어야 할 줄로 믿어진다.

國祖檀君은 弘益人間을 理念으로 나라를 열었다. 人間이란, 國民이나 人民이라는 槪念보다는 人類的이다. 世界平和와 人類의 安定을 원하고 實現하려는 現代에서 이 4307년전의 建國理念은 4307년후인 오늘에 보다 切實함을 느껴본다. 高句麗의 尙武精神은 弘益人間에 淵源된 것으로 보아야 하겠으며 新羅의 和白制度 또한 尙武精神을 실현하려는 하나의 제도였던 것으로 이해해야 하겠으며, 高句麗의 忠義는 和白制度를 실천하는데 根幹이 되었어야 하며, 李朝의 義理精神은 忠義를 계승한 우리 民族의 主體性의 연면한 흐름의 모습으로 보아야 할 것으로 생각된다.

國際政治上의 相互不信 속에서도 人類는 平和를 원하고 있음에 비추어서, 理念으로서의 弘益人間은 現世界에서 가장 타당한 것으로 보여진다. 肇國爾來로 一貫되어온 弘益・尙武・和白・忠義・義理의 傳統的 主體는 중단없이 이어져야 할 것이며, 이러한 의미에서 앞으로 正義의 실천은 各國이 自國의 主體를 지키며 世界의 安定을 정립하는 데서나 우리의 主體를 수호하는 데서 매우 중요한 일이 아닌가 생각된다.

韓國儒學思想의 特性

朝鮮朝 初期에 있어서의
朱子學의 特性과 社會的 機能

序 論 / 朝鮮朝의 儒教立國으로의 **轉換**

高麗의 衰亡 이후 朝鮮朝 建國이 儒教로 이루어지는데는 세가지 要因이 고찰될 수 있다. 첫째 佛教의 타락으로 더 이상 佛教文化의 유지가 어렵게 되어서 다른 새로운 文化가 요청된 것이요, 둘째는 變革에 대한 응당한 名分이 필요했다는 점이요, 세째는 그 理論의 뒷받침으로서 朱子學의 기능을 들 수가 있다.

① 佛教의 墮落

佛教의 타락은 寺院의 利窟化와 寺院濫造와 教界의 부패를 꼽을 수 있다. 歷代朝廷의 崇佛政策과 人心의 歸依로 말미암아 寺院經濟가 크게 발전도 되었으나 國內各寺院은 寺田·寄進田·田圃의 買收·開墾 및 占奪 등으로 인해서 광대한 土地를 영유하게 되었을 뿐만 아니라 奴婢를 점유하고 수천·수백을 헤아리는 隨院僧徒를 거느리는 일종의 大莊園으로 화하였다. 그래서 土地에서 얻어지는 수익 이외에 酒類釀造·畜産·高利貸 등 각종 營利事業을 경영함으로써 寺院은 점점 謀利의 소굴로 변해갔다. 高麗史 世家顯宗 18年 6月癸未條에는 楊州의 庄義(지금의 彰義門밖)·三川·靑淵 등의 僧徒들이 法禁을 범하고 쌀 360餘石으로 술을 만들다가 斷罪된 일이 있다고 기록되어 있다. 寺院의 存本取息의 부패는 高利貸業으로 변신하는 추태마저 보이게 된다. 定宗은 穀 7萬石을 여러 큰 寺院에 施納하고 각각 佛名經寶와 廣學寶를 만들어서 學法하는 자를 권장하였다. 顯宗은 그의 老妣의 명복을 빌고자 都城남쪽에 광대한 玄化寺를 짓고 安西道의 屯田 1240 結을 그 절에 施納하고 新鑄의 鍾을 기념하기 위하여 租穀 2000餘石을 희사하고 群臣에게도 衣物匹段을 施納하게 하여 金鍾寶를 설립하였으며, 王은 宋에 청하여 金字大藏經을 들여다가 施納하는 한편 大般若經 600 권, 三

本華嚴經・金光明經・妙法蓮華經을 雕板해서 이 절에 두고 般若經寶를 설치하여 길이 이 諸經을 四方에 印施하게 하였다. 이러한 여러 가지 寶는 寺院經濟에 있어서 取利하는 資本이 되었던 것이다. 이 밖에 王子 및 權貴子弟의 出家者 가운데는 巨富를 누리고 횡포를 자행한 자도 있으니 道生僧統(文宗의 제5子)은 累鉅萬의 財物을 누리고 사람에게 厚施하니 貪利하는 자들이 그에게 많이 붙게 되므로 마침내 고발(睿宗때)되어 巨濟島로 귀양가서 죽기도 하였다. 이러한 僧侶들의 殖貨하는 風은 고려중엽 이후 점점 더 심해져서 明宗 때는 僧徒가 추악한 紙布貸與를 貧民에게 강제하는 일이 있어서 官에서 이를 금지하였다.

高宗때는 權臣 崔怡의 庶子인 萬宗(晋州 斷俗寺) 萬全(綾州 雙峰寺)이 出家해서 모두 무뢰한 惡僧들을 모아서 門徒를 삼고 오직 殖貨로 業을 삼아 金銀穀帛이 巨萬을 헤아리게 되었으며 그의 門徒인 崔氏의 권력을 배경으로 해서 각각 名寺를 차지하여 遠近에 위세를 부려 不義를 자행하고 혹은 人妻를 强姦하며 혹은 官吏를 능욕하여 못하는 짓이 없었다. 기타 호화생활을 하는 僧徒들도 萬宗・萬全의 弟子라 사칭하여 도처에 橫行하므로서 官吏들도 畏縮해서 감히 어쩔 수 없는 지경에 이르러 백성들의 원성이 높아갔다. 그 밖에 또 出家를 公認받는 度牒制는 法令의 解弛와 奸民의 違法으로 이것이 잘 勵行되지 못하여 公役을 도피하고 寺院으로 들어가서 이름을 僧籍에 올리는 자가 해마다 늘어갔다. 文宗 10년 9월에 中外寺院에 令을 내려 戒行을 精修하는 자는 안주케 하되 法禁을 어기는 자는 법으로 다스릴 것을 엄하게 명한 바 있다.

이것을 보면 당시 僧侶의 腐敗・墮落은 淸淨해야 할 道場이 營利場으로 化한 것과 公役逃避의 隱身處가 되면서 더욱 촉진되었다. 그리고 僧徒에게는 免役의 特典이 있을 뿐만 아니라 寺田에는 또 免稅의 特惠가 있으므로 간사한 무리들은 그들의 土地를 寺院에 맡겨서 脫稅를 도모하였다. 이렇게 해서 寺領田土의 增大와 逃避役民의 增加는 國家經濟의 중대한 파탄을 가져왔고 이는 權門豪族들의 土地兼倂・奴隸吸收와 아울러서 高麗朝衰亡의 經濟的 近因이 되었다. 이밖에 국가재정을 소모하게 한 또 하나의 사태는 歷代王室의 寺塔濫造와 道場・法席・燃燈・齋僧 등의 과도한 佛事濫設로 막대한 財物의 낭비였다.

② 立國의 名分

朝鮮朝 建國의 名分을 李太祖는 明皇을 皇統으로 받드는데 大義를 찾았다.

元과 明의 세력이 교체되면서 隣接國으로서의 高麗는 그 對外政策에서 對內的으로 對元派와 對明派의 대립이 생겼고 이로 인하여 때로는 親元 혹은 親明으로 흔들리기도 하였으나 麗末鮮初는 親明으로 이어져갔다.

高麗는 元에 귀속되어 蒙古의 强暴한 侵寇를 감내하기 어려웠으나 忠烈王 이후는 翁婿關係를 맺고 忠定王까지는 親交를 유지해갔다. 恭愍王代에 이르러서는 初年부터 群雄이 봉기하여 元室이 위태롭게 되자 王은 종래의 태도를 바꾸어 反抗의 태도를 취하기에 이른다. 王의 17년 8월 元順帝가 明軍에 패주하게 되자 恭愍王은 親明으로 기울어졌으며 다음해의 4월에는 王은 百官을 인솔하여 明의 冊封을 받았다.[1] 여기서 反元態度를 밝힘과 동시에 高麗는 至正의 元年號를 쓰지않기로 하고 明都로 謝恩使 洪尙載 등을 보내어 太祖의 就位를 축하하면서 明의 中國皇統을 계승[2]하였음을 승복하였다. 强者 앞의 弱勢임을 恨할 수도 있겠으나 明國을 宋의 繼統으로 名分化한 점은 유의할 만한 일이다.

그러나 恭愍王이 23년에 崔萬生・洪倫 등에 의해서 弑逆되고 당시의 宰相인 李仁任은 親元策을 쓰게 되었다. 동기는 단순히 明使를 살해한 사건이 있은 뒤에 對明關係를 우려하던 기회에 元使가 오게 된 것이 契機가 되었다.[3] 그러나 鄭夢周는 元使를 맞이해서는 아니된다는 上疏를 올려서 明國과 親交를 유지하여 正統의 天子를 받들어야 함을 主張[4]하였다. 朴尙衷도 또한 鄭夢周와 같이 元使를 물리칠 것을 上疏하여 利害를 생각해도 是非를 생각해도 禍를 입을 것이 두렵고 理로 보나 勢로 보나 明를 받드는 일이 義임을[5] 말하였다. 그러나 李仁

1) 大明皇帝 致書高麗國王 自有宋失馭 天絶其祀 元非我類(高麗史 恭愍王 18年 4月條)
2) 秉籙膺圖 復中國皇王之統 禮元居正 同萬邦臣妾之心 景命有歸 催聲旁達(高麗史 卷 41 恭愍王 世家)
3) 伯顏帖木兒王 背我歸明 故赦爾國弑之罪(高麗史 卷 126 李仁任傳)
4) 頃者元氏自取播遷 大明龍興 奄有四海 我上昇王 灼知天命 奉表稱臣 皇帝嘉之 對以 王爵 錫賚相望者 六年于玆矣(圃隱集 卷 3 請勿迎元使疏)
5) 此乃危急有亡之一大機也 勢事如此 雖至愚者 且知其利害是非之所在 今之言者 略不乃

任은 이것을 듣지 아니하고 오히려 鄭道傳을 시켜서 元을 맞게 하였지만 道傳도 反論을 펴다가 流配를 당하였다.

그 뒤에 李詹과 金伯英 등은 李仁任의 처사를 비난하여

「李仁任이 뒤에서 金義와 天使를 謀殺하고도 살아남은 것은 요행이요 國民들이 切齒痛心하는 바이다」[6]

라고 上疏하였으나 王은 도리어 그들을 左遷했을 뿐만 아니라 背元關係者들을 모두 杖殺하거나 流配보냄으로써 親元의 基盤을 굳혔고 나아가서는 明號 대신 元號「宣光」을 사용토록 하였다.

그러나 仁任 一派가 오래 못가서 쓰러지게 되니 明號를 다시 쓰게 되었고 鄭夢周는 禑王 12년에 京師에 다녀옴으로써 服飾을 明服으로 고치고 家禮를 도입하게 되었다.

생각컨대 恭愍王의 皇統尊重은 다만 弱勢의 國力에서 오는 事大로 볼 것이 아니라 儒學思想의 影響[7]을 입은 것이며, 事明派內에 儒學者가 많았던 것은 그들이 朱子學으로부터 받은 春秋思想의 大義名分에 입각[8]했음이 분명하다고 하겠다.

③ **朱子學의 影響**

朱子學이 가지는 機能은 朝鮮朝의 文化·社會의 방향을 가늠하는데 큰 힘을 발휘하였다.

佛教의 隨落으로 衰運을 맞게 되는 高麗의 國運은 李成桂의 得勢와 함께 易姓革命을 가능케 했고 新風이 요청되는 朝鮮朝初期에 佛教의 頹敗를 씻어내는 힘을 朱子排佛論에서 찾게 된다. 뿐만 아니라 高麗의 儒學이 詞章訓詁에 머물렀던 만큼 새로운 儒學이 요청되던 터에 朱子의 性理學은 麗末鮮初의 전환되는 사회의 新理論으로 새로운 文化方向에서 時宜를 얻게 된다. 주로 朱子學을 이어간 學者의 대표들로

此 畏禍之甚者也 以理而言則惠廸吉從逆凶 以勢而言則南强北弱 人之所共知者也 夫弁信而從逆 天下之不義也 背强而向弱 今日之非計也(東文選)

6) 守侍中李仁任 陰與金義謀殺天使 幸而獲免 此國人所以切齒痛心者也(高麗史 卷126 李仁任傳)

7) 恭愍王は單に明の勢力を賴んで その冊封を受けたのではなく 華夷精神が深く動いてるたことを知らねばならぬっえは 勿論當時の儒學思想の影響と云はざるを得ない (朱子學の傳來とその影響について 尹文學士遺稿 第2章 第2節)

8) この時事南派に儒者の多かったのは彼等が朱子學より受けにた春秋思想の大義各分に依ることが明たである(同上)

鄭道傳·權近을 비롯해서 鄭夢周·吉再·金叔滋·金宗直·趙靜庵 등
을[9] 例擧할 수 있겠으니, 여기서 建國功臣系列로 前者들이, 統을 존중
하는 義理學派의 系列로는 後者들이 그 始源을 이루게 된다. 이 前後
兩者들은 같은 朱子學의 입장에 서면서 排佛論을 중심으로 사회를 改
新해가는 측과 이론을 중심으로 義理를 강조해가는 측과의 兩相을 띠
어가게 된다. 朱子學이 中國에서 宋代儒學을 집성하는 것이었다면 韓
國의 朱子學은 社會改革의 具體面과 義理思想의 實際面을 歷史的으로
실현하는데 功을 세운 점이 特色으로 지적된다.

　이제 朱子學이 朝鮮朝 初葉에 작용한 기능을 보다 상세하게 살피기
위하여 朱子學의 理論을 다음에 먼저 살펴보기로 한다.

本　論 / 朱子學의 特性과 社會的 機能

---

1 朱子學 形成의 理論的 背景

　宋代는 儒學이 性理學으로 특징지워지는 時期로서, 朱子가 周張二程
의 理論을 集大成함으로써 朱子學의 위치를 굳혔다. 宋儒들의 주장은
宇宙論·性論·實踐論·排佛論으로 分類集約할 수 있으며 정립되는 朱
子學에의 周張二程의 理論的 連繫는 그 特徵理解의 背景이 됨을 간
과할 수 없다.

　宇宙論에서는 無極太極論과 虛氣對立論이, 性論에서는 心·性·情·
本然·氣質 등이, 實踐論에서는 誠·靜·敬 등이, 排佛論에 있어서는
人性과 佛性의 性이 그 主要問題였던 것이다.

A 宇宙論의 背景

　無極太極은 周子의 太極圖說에서 비롯되고 虛와 氣의 分說은 張子
의 正蒙에서 시작된다. 前者는 理에 관한 側面이, 그리고 後者는 氣에
속한 側面이 關心의 中心事였다.

　無極은 實體概念을 초월한 觀念領域에, 虛와 氣는 分說하기는 하나
虛即氣라고 하여 實體領域에 속성을 둔다.

　周子는 萬有의 生成을 五行의 互相作用으로 전개하고 그 五行은 陰

---

9) 以東方學問之次言之則以夢周爲東方理學之祖　吉再學於夢周　金叔滋學於吉再　金宗直
　學於叔滋　金宏弼學於宗直　趙光祖學於宏弼自有源流也(靜庵集 附錄第 1 事賢)

陽二氣의 相感關係로 導出하였으며 그 二氣를 또 太極으로 통일하였고 太極을 다시 無極으로 귀결시켰다. [10] 太極圖說의 첫머리에 無極而太極이라 하였고 末尾에 다시 太極本無極也라고 한 것을 보아 알 수 있다. 周子에 있어서 根本原理는 無極而太極임을 알 수가 있다. 無極과 太極은 二物이 아니며 兩者는 母子關係가 아니다. 萬物의 根柢側으로 보아 太極이라 하고 聲臭의 없는 側으로 보아 無極이라는 것이니 所在에 二處가 있을 수 없고 有時에 선후가 있을 수 없는 것이다.

張子는 太極을 一로 생각하였다. [11] 一과 二는 떨어질 수 없는 관계이며 이 二를 虛實·動靜·聚散·淸濁으로 이해하지만 궁극적으로는 一이라[12]는 것이다. 이 一을 그는 太和로 생각하고[13] 太和는 氣의 전체며 太虛요 氣의 本體[14]로 파악한다. 이렇듯 太虛가 氣에 卽해 있으니 無란 있을 수 없고[15] 오직 有뿐인 것이다. 따라서 老子의 말하는 有는 無에서 생긴다[16]는 주장은 부당하게 된다. 이 太虛에는 氣가 없을 수 없으며 이 氣의 聚散運動은 부득이한 것[17]이며 이것이야 말로 秩序的인 意味에서 理[18]인 것이고 또한 生物의 天序·天秩로[19] 생각된다.

二程에 있어서는 宇宙를 理氣의 상관관계에서 說明을 한다. 즉 明道는 理氣의 不相離側에서 伊川은 不相雜側에서 지론을 편다. 思想全體의 경향은 明道에 있어서는 平等原理를 강조하고 伊川에 있어서는 差別原理에 주력하는 것으로[20] 보인다.

---

10) 無極而太極 太極動而生陽 動極而靜 靜而生陰 靜極復動 一動一靜 互爲其根 分陰分陽兩儀立焉 陽變陰合 而生水火木金土 五氣順布 四時行焉 五行一陰陽也 陰陽一太極也 太極本無極也(太極圖說)
11) 有兩則有一 是太極也……一物而兩體 其太極之謂歟(易說 卷 3)
12) 兩不立則一不可見 一不可見則兩之用息 兩體者虛實也 動靜也 聚散也 淸濁也 其究一而已(正蒙 太和篇)
13) 此「一」又謂之爲「太和」(馮友蘭 中國哲學史 12 章 張橫渠條)
14) 橫渠所謂太和蓋指此等「氣」之全體而言 在其散而未聚之狀態中 此氣卽所謂太虛 故橫渠謂太虛無形 氣之本體(同上)
15) 氣之聚散於太虛 猶氷凝釋於水 知太虛卽氣則無無(正蒙 太和篇)
16) 有生於無(道德經 40 章)
17) 太虛不能無氣 氣不能不聚而爲萬物 萬物不能不散而爲太虛 循是出入 是皆不得已而然也(正蒙 太和篇)
18) 天地之氣 雖聚散攻取百塗 然其爲理也 順而不妄(同上)
19) 一物之成 有一定的結構組織 此所謂天序天秩也(同上)
20) 而も思想全體の傾向は明道にあっては平等原理たる性の方面强く現はれ伊川にあっては差別原理たる氣の方面重くあらはるるに似たり(支那に於ける佛敎と儒敎道敎 常盤

明道는 萬物과 天理를 不相離로 언급하였고[21] 天을 理로 認識[22]하였음은 宋代理學을 개성화하는데 한 몫을 하였다. 즉 天下의 萬物은 理의 나타남이니 物이 있으면 반드시 則이 있으므로 一物에는 반드시 一理가 있게 마련이라[23]는 것이다. 이 理는 道와도 통한다. 따라서 天理와 天道는 그 뜻에 있어서 동일하게 이해하고 있다. 그러나 氣를 宇宙의 本體로 하여 獨陰不成하고 獨陽不生하는 즉 萬物이 各有一乾坤한다는 論理는 앞서 말한 理와 더불어 密着不離의 理氣觀을 제시한다. 즉 道外에 物이 없으며 物外에 道가 없으니[24] 道도 또한 器요, 器도 또한 道[25]라는 주장을 하기에 이른다.

伊川은 明道에 비하여 理氣分別을 명백히 하는 특징을 갖는다. 분별하는 가운데에서도 理에 비중을 둔다.「理一萬殊」라고 하고 또 理가 있으면 氣가 있고 氣가 있으면 數가 있다고[26] 한 것을 보아도 理를 중시함을 알 수 있다. 伊川은 虛대신 理를 말한다. 한 때 太虛에 관해서 言及되었을 때 太虛란 결단코 없다고 하여「이것은 理인 것이다. 어찌 虛라고 하랴. 天下에 理보다 實한 것은 없다」[27]고 한 바 있다. 이 말은 추상적인 虛보다는 氣에 내재하는 理를 의미하며 따라서 伊川의 理는 抽象的 客觀的이기는 하나 氣를 떠나지 않는 것이라고 하겠다. 그러면서도 항상 理를 所以者로서 氣보다 강조함은[28] 伊川의 특징으로 지적된다.

B 人性論의 背景

周子의 경우 人性論에서 性字를 사용하지 않는다. 誠과 幾를 역설하면서 대체로 性善의 입장을 지키고 있다. 오직 人間은 萬物中의 靈

大定 5章 2節 宇宙論)

21) 萬物只是一個天理(遺書 卷 2)

22) 明道嘗曰吾學雖有所受 天理二字 却是自家拈出來(上蔡語錄 卷上)

23) 天下物皆可以理照 有物必有則 一物須有一理(遺書 卷 18)

24) 道外無物 物外無道(遺書 卷 6)

25) 道亦器 器亦道(遺書 卷 1)

26) 有理則有氣 有氣則有數(遺書 卷 46)

27) 伊川は虛といふを好まず, これに代ふるに理を以てせり. 一時太虛の事に説き至れる時に太虛なるものなしと斷じて「皆これ理なりいかんぞえを虛といふを得ん. 天下理より實なるなし(遺書四)」と言へり. (支那に於ける佛敎と儒敎道敎 常盤大定 第5章 第3節 第3)

28) 一陰一陽之謂道 道非陰陽也 所以一陰一陽也(遺書 卷 3)

長으로서[29] 純粹至善하고 이것은 所謂誠이라는 것이다. 이 誠이야 말
로 聖人의 근본이요 純粹至善者며 繼善成性의 資質[30]이라고 생각한다.
誠은 靜面으로 볼 때는 寂然不動이요 動面으로 보면 感而遂通이며[31]
그 動靜에 관해서 周子는 특이한 설명을 한다.

「動而無靜 靜而無動物也 動而無動 靜而無靜神也 動而無動 靜而無靜
非不動不靜也 物則不通 神妙萬物」[32]

이라고 하여 物理의 動靜과 神妙의 動靜을 구별하여 誠의 動靜一貫을
암시해주는 것으로, 動中의 靜과 靜中의 動을 理論化해주는 부분이라
생각된다.

또 靜은 吉한 것이고 動은 吉凶悔吝의 원천이라고 하여 愼動해야 할
것을[33] 말하고 있다. 動以前의 靜은 吉한 것인데 動後에도 이 吉이 계
승되어야 하지만 動如何에 따라서 吉凶悔吝이 갈라진다면 動時를 삼
가할 수 밖에 없다. 周子는 그 動時를 다시 구분해서 未形時와 已形
時로 나누어 생각한다. 稟賦된 天命性善을 承受하는 입장에서는 靜時
의 吉은 動之未形時로 자연스럽게 이어지는 것이요 이어진 이 吉은 그
대로 已形之動으로 轉移되어야 하기에 吉로의 愼動이 요구된다. 이 때
의 已形未形의 境界에 周子는 幾字를 놓는다.[34] 그러므로 幾를 알아
서 행동한다는 것[35]은 매우 중요한 일이다. 周子는 靜時와 動之未形
時를 연결하는 性善의 誠은 一이니 無爲이며 已形未形의 分岐點인 幾
에서 善惡이 나뉘는 것[36]으로 파악하고 있다. 따라서 聖人은 誠일 따
름[37]이요 靜時와 動之未形時의 정립을 위해서 主靜을 강조[38]하게 된다.

張子는 用語의 개념을 분명히 해서 天은 太虛로 말미암은 것, 道는
氣化로 말미암은 것, 性은 虛와 氣가 합치된 것, 心은 性과 知覺이 合

---

29) 惟人也得其秀而最靈形旣生矣 神發知矣 五性感動 而善惡分 萬事出矣(太極圖說)
30) 誠者聖人之本 大哉乾元 萬物資始 誠之源也 乾道變化 各正性命 誠斯立焉 純粹至善
    者也 故曰一陰一陽之謂道 繼之者善也 成之者性也 元亨誠之通 利貞誠之復也 大哉易
    也 性命之源乎(通書 誠 第1)
31) 寂然不動者誠也 感而遂通者神也(同上 誠幾德三)
32) 通書 動靜 第16
33) 吉凶悔吝 生乎動 噫吉一而已 動可不愼乎(同上 乾損益動 第31)
34) 動而未形 有無之間者幾(同上 誠幾德三)
35) 子曰知幾其神乎…幾者動之微…君子見幾而作 不俟終日(易 繫辭傳下 第4章)
36) 誠無爲幾善惡(通書 誠幾德三)
37) 聖誠而已矣 誠五常之本 百行之源也(同上 誠下 第2)
38) 聖人定之以中正仁義 而主靜立人極焉(太極圖說)

一된 것으로 定義한다. [39] 여기 性의 定義가 독특함은 그의 氣論에 입
각한 것으로 보인다. 太虛가 無形하고 또 그것이 氣의 本體라는 주장
으로 미루어서 虛와 氣의 合致인 性은 환언해서 氣와 氣의 合致된 것 [40]
이라 해도 무방할 것이다. 張子는 또한 氣質之性을 창출해냈다. 德性
의 天地之性에 상응하는 氣質之性을 創案하였다. 太虛의 氣로부터 氣
質之性을 導出하고 氣質을 변화시켜 天地之性을 實現하는 [41] 可能性을
부여한다. 여기서 張子가 말하는 天地之性이란 역시 氣性임을 발견하
게 되며 이 天性은 人性으로 통하고 [42] 따라서 그 能力에 있어서도 天
과 人이 다를 바 없으되 사람은 다만 그 天性을 잃을 경우가 있는 것
뿐 [43]이라고 하였다. 잃지 않으려면 嗜欲으로 心을 累하지 말아야 하
고 小로써 大를 害하지 않아야 한다 [44]는 것이다. 氣가 모여서 개체적
인 사람이 되며 個體의 人間은 自己를 我라 하고 餘他는 非我라 하여
自身과 天 또는 氣의 全體와를 구분하되 我의 自身은 小요 非我인 餘
他는 大로 생각한다. 즉 個的 一身을 위하는 飮食臭味로 인해서 大를
상실해서는 아니된다는 것이다.

　二程의 性論骨子는 「性卽理」에 있다. [45] 그러나 明道는 「道卽性」이
라고 [46] 했을 뿐만아니라 「性卽氣 氣卽性」이라고도 하는 동시에 靜以上
은 설명이 용납되지 않는다 [47]고 말한다. 그래서 性을 논할 때는 반드
시 氣를 함께 말해야 부족함이 없다 [48]고 주장하기도 한다. 「道亦器器
亦道」라는 道觀에서 생산되는 性觀으로 생각된다. 理氣不相離의 立場
을 견지하는 明道로서 「道卽性」「性卽氣」는 당연한 귀결인 것이요,
따라서 善惡의 問題도 하나의 天理에서 解得하고 [49] 있음도 無理는 아
니라고 하겠다. 伊川은 明道와 함께 「性卽理」의 立場에 서지만 그와

---

39) 由太虛有天之名 由氣化有道之名 合虛與氣有性之名 合性與知覺有心之名(正蒙太和篇)
40) 旣云太虛無形 氣之本體則所謂合虛與氣者 豈非卽等於謂合氣與氣乎(馮友蘭 中國哲學
　　史 第12章(一)의 (5))
41) 形而後有氣質性 善反之則天地之性存焉 故氣質之性君子有弗性者焉(正蒙 誠明篇 卷3)
42) 天性在人 正猶水性之在冰 凝釋雖異 爲物一也(同上)
43) 天良能 本吾良能 顧爲有我所喪耳(同上)
44) 不以嗜欲果其心 不以小害大 末喪本焉耳(同上)
45) 性卽是理 理則自堯舜至於塗人一也(遺書 卷18)
46) 道卽性也 若道外尋性 性外尋道 便不是(遺書 卷1 明道告韓持國)
47) 生之謂性 性卽氣氣卽性 生之謂也…… 蓋生之謂性 人生而靜以上不容說 才說性時 便
　　已不是性也(同上)
48) 論性不論氣不備 論氣不論性不明(同上)
49) 天下善惡皆天理 謂之惡者非本惡 但或過或不及便如此(遺書 第2上)

는 다르게 氣와 區別하여 理에 치중하는데 차이가 있다. 理는 性이요 善하다[50]고 한다. 그 性은 孟子의 性善에 입각하지만 善惡이 이 모두 天理라는 明道와는 달리 不善은 才에 원인을 둔다.[51] 그 才는 사람이 氣質을 받아서 具體化된 뒤에 갖추어진 특성이고 그 禀氣의 淸濁을 좌우하며 그 淸濁의 氣는 善不善을 갖게 된다[52]고 한다. 또 伊川은 「心卽性」이라고[53]도 하지만 性과 情을 心의 未發已發로 엄격하게 구별한다.[54] 그러므로 一身의 主인 心이 理를 따라서 本性을 실현함은 伊川에 있어서 매우 중요한 일이 된다.

Ⓒ 修養論의 背景

周子에 있어서 傳統的 價値觀과의 차이점은 그가 「靜」을 주장하는 데 있다. 그의 思想에는 老子와 周易과 中庸의 要素를 발견하게 된다. 無欲과 復歸라든가, 寂然不動이나 感而遂通이라든가, 誠과 明 등의 關心은 여기서 유래된 것으로 보인다. 靜에 관해서는 太極圖說에서 人極을 세우는 데는 靜에 致力해야 한다고[55] 강조되고 있다. 그는 이 靜에 주력한다는 구체적인 내용을 다시 「無欲故靜」이라고 스스로 註를 가하고 있다. 欲心이 없으면 靜虛動直이[56]實現된다고 생각한다. 그는 이 無欲 主靜에 의해서 至誠에 도달할 것을 기대한다. 誠이란 聖人의 근본이라[57]고 말한다. 理想的 人格이라고 생각하는 聖賢에 있어서 賢이란 誠이 확립된 사람이요 聖이란 誠立과 明達이 아울러 성취된 것을 뜻한다. 誠立과 明達의 다른 점은 무엇인가? 本性으로의 회복이 되었다고 하더라도 아직은 主靜의 부담을 놓지 못한 境域을 誠立이라 하며 性之하고 安之하고 行動擧止가 性 그대로 합치되는 境地를 誠立

---

50) 性卽理也 所謂理性是也 天下之理 原其所自 未有不善(遺書 第 22 上)
51) 孟子言人性善是也 雖荀揚亦不知性 孟子所以獨出諸儒者 以能明性也 性無不善而 有不善者才也 性卽是理 理卽自堯舜至於塗人一也(遺書 第18)
52) 性出於天 才出於氣 氣淸卽才淸 氣濁卽才濁……才則有善與不善 性則無不善(遺書 第19)
53) 孟子曰 盡其心 知其性 心卽性也 在天爲命 在人爲性 論其所主爲心 其實只是一箇道 (遺書 第56)
54) 在天爲命 在義爲理 在人爲性 主於身爲心 其實一也 心本善 發於思慮 則有善有不善 若旣發則可謂之情 不可謂之心(同上)
55) 主靜立人極(太極圖說)
56) 無欲則靜虛動直(通書 聖學二十)
57) 誠者聖人之本(通書)

明達이라고 한다. 요컨데 이를 위해서는 愼動[58]하며 無妄해야 하며 [59] 無欲해야 하며[60] 主靜해야 하는[61] 修養이 꾸준히 요구된다는 것이다.

張子는 氣質變化를 두드러지게 역설한다. 그의 思想底邊에는 太和・太虛・氣가 깔려 있음은 正蒙 首篇을 통하여 알 수 있다. 天地之性이나 氣質之性도 그의 氣觀에 입각한 구별이다 氣質을 바로잡아서 天地之性에 이르는 것은 그의 修養論의 骨子가 된다. 聖을 최고의 人間價値로 보는 것은 周子와 다를 바 없다. 聖은 我를 넘어선 大의[62] 人格者인 것이다. 여기에 도달할 수 있는 修養은 대개 知禮와 成性으로 요약할 수가 있다[63]고 한다. 知禮라는 것은 習熟纏縛을 해제하는 방법이며 이것을 妄去라고도 하고 無我라고도 한다. 習熟에 오염된 習氣를 제거하면 氣質이 변화되고 氣質이 전환되면 本性을 해하는 일이 없는 天地之性을 실현하게 된다는 것이오 이것이 成性이라는 것이다. 成性의 영역은 하늘이나 天道와 더불어 合一하는 地境이며 性과 天道의 합치로 小大之別이 없어짐에 이르러서는 태어나도 얻어지는 것이 없고 죽어도 잃는 것이 없는, 즉 虛로의 反이라고 하겠다. 이 심경이야 말로 聚해도 散해도 吾體임에 변함이 없고 死해도 不亡함을 알 때 비로소 더불어 本性을 말할 수 있다는[64] 그의 萬物一體觀에서 우러나오는 말이다. 요약컨대 張子의 修養은 爲學의 방법이지만[65] 그 爲學은 知禮와 成性에 있고 知禮는 窮理盡性하는 誠・明에서[66] 成性은 一神兩化하는[67] 妙感(氣感)에서[68] 얻어진다고 보는 것이다.

明道의 主論이 定性書와 識仁篇에 담겨 있다고 할 때 그의 修養說도 또한 여기서 발견할 수 있다. 역시 그는 聖人의 境界를 중시하며 聖人之心에 도달하는 노력을 기울여야 한다는 것이다. 그의 修養의 極

---

58) 吉凶悔吝生乎動 噫吉一而已 動可不愼乎(同上 乾損益動三十一)
59) 妄復則無妄 無妄則誠矣(同上)
60) 前出 註56
61) 前出 註55
62) 無我而後大(正蒙 神化篇)
63) 張子の修養說は知禮と成性とに之を槪括するを得べく……(支那に於ける佛敎と儒敎道敎 第3章 修道說)
64) 聚亦吾體 散亦吾體 知死之不亡者 可與言性矣(正蒙 太和篇)
65) 如氣質惡者 學即能移……但學至於成性則氣無由勝(張子全書 卷5 理窟氣質篇)
66) 自明誠 由窮理而盡性也, 自誠明 由盡性而窮理也(正蒙 誠明篇)
67) 一物兩體 氣也 一故神兩故化 此天之所以參也(正蒙 參兩篇)
68) 神天德 化天道 德其體 道其用 一於氣而已(正蒙 神化篇)

致는 識仁의 境에 들어가는 일이요 天地와 더불어 一體라는 自覺에의
달성에 있는 것이다. 義敬과 定性과 識仁은 그의 修養의 순서라고 할
것이다. 內外動靜이 二分斷絶되는 데서 病弊가 생긴다고 할 때 이 壁을
헐어버리는 일은 明道에 있어서 우선 요구되는 일이다. 만일 이 弊端
에 빠진다면 內는 是요 外는 非라는 잘못된 見解에 사로잡혀서 항상
外物의 累를 면할 수 없게 된다. 그러므로 義以方外하고 敬以直內하
는, 즉 義와 敬의 兩面工夫를 게을리하지 말고 부지런히 昔日의 習心
을 제거하는 일로부터 출발해야 한다고 한다. 그러면서도 그는 「敬」
의 관심이 더욱 짙다. 「배우는 사람은 반드시 먼데서 求할 것이 아니
라 가까이 몸에서 취할 것이니 다만 天理를 밝히는데는 敬뿐이라」[69]
함은 이것을 말해주는 것이다. 이와 같이 하여 內外動靜의 斷絶壁이
무너졌을 때 定性이 문제된다.

定性에 관해서는 橫渠에 답하는 書, 즉 定性書에서 살필 수 있다.
그에 의하면 「定」이란 動과 靜이 상대로부터 넘어선 자리이다. 즉 外
物의 累로부터 벗어나서 動靜, 內外, 將迎을 겸하게 되는 것이 소위
「定」[70]이라고 한다. 性에 內外二本이 있을 수 없고 先後에 단절이 있
을 수 없기 때문이다. 內心과 外物의 분열은 私心에서 오는만큼[71] 이
것을 제거해야 하며 孟子의 소위 「必有事焉 而勿正 心勿忘 勿助長」의
노력으로 寂然不動의 定界에 도달한다는 것이다.

定界에 안주하게 될 때 私心과 外累에 自若하게 되며 이것이 바로
識仁이라고 한다. 仁이란 天地의 性德이요 또한 心性의 體이므로 識
仁이란 盡心, 知性, 知天을 겸한 것이다. 仁者란 天地萬物을 一體로
하는 聖人이므로 情을 가지고 順萬事하되 무정하다는 것이다. 情이 있
어도 情에 累되지 않으며 情을 초월함은 識仁의 仁者요 聖人으로 그
는 이해하고 있다.

伊川은 明道의 修養論과는 차이를 보인다. 그의 修養은 心의 靜虛
로 시작해서 用敬으로 入道하고 致知로 마친다고 한다. 修養의 目的
을 致知에 둔 것은 明道가 識仁을 궁극의 目標로 한 것과는 현저한 차
이를 나타낸다. 동시에 性理學이 主知傾向을 갖게 되는 近因을 주기

---

69) 學者不必遠求 近取諸身 只明天理 敬而已矣 (遺書 卷2)
70) 所謂定者 動亦定 靜亦定 無將迎無內外……(明道 定性書)
71) 人之情各有所蔽 故不能適道 大率患在於自私而用智 自私則不能以有爲爲應迹 用智則
不能以明覺爲自然(同上)

도 하였다. 靜虛라고 하더라도 그 靜은 周子의 「主靜立人極」의 靜과
는 다르다. 敬하면 스스로 虛하고 靜하게 되지만 虛靜을 가지고 敬한
다고 말해서는 아니된다[72]고 하여 靜字를 피하고 다만 敬字를 사용한
다.[73] 周子의 主靜이 主敬으로 바뀌는 모습이다. 敬하면 心中이 虛하
지만 또한 實한 것이 되어서 虛實이 하나되는 敬을 주장하게 된다.
이것을 그는 壺水와 江湖之水로 다음과 같이 비유한다.

「만일 敬에 주력하면 자연히 안정되며 마치 물이 든 병하나를 바
다에 던지면 병속에 이미 물이 차 있으므로 江湖의 물이라 할지라
도 병에 들어 가지 못하는 것과 같다.」[74]

여기서 병에 물을 채우고 흘리지 아니하는 工夫를 필요로 하게 된
다. 채우기 위해서 병안의 잡된 물건을 쏟아버리는 作業이 첫단계로
소요되니, 이것이 虛靜이요 이미 채워진 것을 유지하는 노력이 主一
無適하는 敬工夫[75]라고 하겠다.

伊川에 있어서 敬은 致知와 무관할 수 없다. 함양하는 데는 用敬해
야 하고 進學은 致知하는 데 있다[76]하여 用敬과 致知를 매우 중시한다.
그의 主張에 따르면 致知의 方法은 다음과 같다.

「進修의 術은 正心誠意에서 더 앞서는 것이 없고 誠意는 致知에 있
으며 致知는 格物에 있다」[77]

라고 했으니 大學八條目가운데의 修己條四條目임을 알 수 있다. 이어
서 그는 窮理를 다양하게 해야 함을 강조한다.

「一物上에는 반드시 一理가 있으니 반드시 그 理致를 窮究해야 한
다. 窮理의 방법이 많으니 혹은 讀書해서 義理를 講明하기도 하고
혹 古今의 人物을 논해서 그 是非를 가리기도 하며 일에 응하고 物
에 접하여 그 마땅함에 처하는 것 등 모두가 理致를 밝히는 일이다.
……모름지기 오늘에 格一件하고 明日에 또 格一件해서 積習이 오

---

72) 敬則自虛靜 不可把虛靜喚做敬(遺書 卷 15)
73) 纔說靜 便入於釋氏之說也 不用靜字 只用敬字 纔說著靜字便是忘也(遺書 卷 18)
74) 若主於敬則自然不紛擾 譬如以一壺水投於水中 壺中旣實 雖江湖之水 不能入矣(遺書
    卷 18)
75) 所謂敬者 主一之謂 所謂一者無適之謂……易所謂敬以直內 義以方外 須是直內乃是主
    一之義 至於不敢欺 不敢慢 尚不愧於屋漏 皆是敬之事也 但存此 涵養之久 自然天理
    明(遺書 第七)
76) 涵養須用敬 進學則在致和(二程全書 易傳四)
77) 或問進修之術 何先 曰莫先於正心誠意 誠意在致知 致知在格物(遺書 卷 18)

래 된 뒤에야 脫然히 스스로 貫通處가 있게 된다」[78]
고 하여 格物致知의 階梯를 밝혀주고 있다. 대체로 整齊嚴肅하고 心
虛寡欲하며 主一無適하여 明鏡止水로 이끄는 涵養工夫와 格物致知하
여 至事中理로 天理之心을 본다는 進學工夫는 伊川에 있어서 修養의
階梯요 兩翼이기도 하다.

▣ 排佛論의 背景

張子의 佛敎에 대한 비난은 그의 主著인 「正蒙」에서 알려주고 있다.
그의 신랄한 비판은 대개 後儒들의 先鋒이 되고 있다. 다음과 같이 그
의 排佛論이 요약된다.

一切의 緣起를 唯心所造로 보아서 世界人生을 幻妄視함은 理를 모
르고 性을 모르고 命을 모르는 所致라는 것이다. 張子는 神化를 창출
하여 이것을 世界의 大道로 삼고 人生의 大事로 인정하여 佛敎의 幻
妄·空寂을 공격하며 佛敎는 實際를 모르고 人·鬼·天·道를 모른다
고 비난을 한다. 또 그는 西銘에서 「存吾順事 沒吾寧也」라고 하였다.
이 順과 寧이야말로 張子의 永遠觀처럼 생각된다. 이러한 생각들은 佛
家뿐만 아니라 道家도 함께 批判하게 된다. 寂滅이라고 함은 가고 돌
아오지 않는 佛敎의 無生을 구하는 말이요. 徇生執有라고 함은 物인
데도 化하지 않는 道家의 長生을 구하는 말이라고 하면서 張子가 생
각하는 體는 聚하나 散하나간에 生死에 得喪이 없다[79]는 虛氣에서의
주장이라고 하겠다. 生死往來가 太虛內의 일일진대 生도 그로부터 오
고 死도 그에도 돌아가는 것이니 增減이 없는 太虛氣量의 分身인 吾
體에 得失이 있을 수 없다는 견해이다. 이 認識은 어떻게 가능한가 할
때 張子는 盡性이 되면 알 수가 있다고 한다.

「本性을 극진히 한 후에야 生해도 得하는 바 없고 死해도 喪하는
바가 없다」[80]
고 하여 그의 人性觀에 언급하고 있음을 보게 된다. 子思의 盡性[81]·

---

78) 凡一物上有一理 須是窮致其理 窮理亦多端 或讀書講明義理 或論古今人物別其是非
或應事接物而處其當 皆窮理也……須是今日格一件 明日又格一件 積習旣久然後 脫然
自貫通處(同上)
79) 彼語寂滅者 往而不返 徇生執有者 物而不化 二者雖有間矣 以言乎失道則均焉……聚亦
吾體 散亦吾體 知死之不忘者 可與言性矣(正蒙 太和篇)
80) 盡性然後知生無所得則死無所喪(同上 誠明篇)
81) 惟天下至誠 爲能盡其性 能盡其性則能盡人之性……可以與天地參矣(中庸 22章)

孟子의 盡心·知性[82]을 생각케 하는 부분이기도 하거니와 得性에 있어서 生이나 有가 장애라고 보는 견해와는 저으기 상반된다고 할 것이다.

明道는 또한 反佛教·反道教의 입장에서 異端으로 공박하기는 하지만 그 害로 말하면 佛教가 더욱 심하다[83]고 한다. 심할 정도가 아니라 그 害는 限이 없다[84]고 까지 말한다.

첫째 明道는 佛者의 利心을 비난한다. 佛教人이 根塵을 괴로워함은 利心에 유래한 것[85]이고, 뿐만 아니라 死生을 두려워함도 또한 利心 所致라[86]고 본다. 여기에 비해서 儒者는 聖人이 公心을 다 하고 天地萬物의 理致를 극진히 해서 각각 그 分數를 마땅히 한다는 입장을 지키는데, 佛者는 모두 一己之私라[87]고 이해한다. 禪宗까지도 利心으로 몰아친다.[88]

둘째는 人性에 있어서 各自에 特性이 있음을 부정하고 모든 것에 佛性을 함께 인정하려는 태도를 지적한다. 儒家의 性은 性即理의 性이요 天命之謂性의 性이요 各一其性의 性이니 만큼, 공통성과 個別性의 兩面을 共認하므로 佛家의 悉有佛性의 性과는 자연 구별되는 것이다.

셋째는 覺과 理의 문제이다. 儒家에 있어서는 「敬以直內」의 內와 「義以方外」의 外를 함께 말하나 佛家의 경우는 內面의 覺을 말하면서 外面의 義를 도외시하고 있다[89]는 점이다. 「道가 밝아지지 않는 것은 異端이 이를 害하기 때문이다. 옛날의 害는 가까이 알기가 쉬웠으나 지금의 害는 奧旨로 알기가 어렵다. 옛사람은 迷暗에 편승하여 사람을 惑되게 하였으나 지금 사람은 그 高明이 惑人케 하고 있고 스스로는 窮神知化라고 하지만 開物成務에는 부족하다. 말은 周徧을 自矜하지만 실은 倫理에 벗어나고 窮深極微의 佛道라고 하지만 마침내 堯舜

---

82) 孟子曰盡其心者知其性也 知其性則知天矣(孟子 盡心章上)
83) 今異教之害 道家之說則更沒可關 唯釋氏之說 衍蔓迷溺至深 今日是釋氏盛而道家蕭索 (馮友蘭 中國哲學史 第二編 第12章(二)의 (3)註9)
84) 如道家之說 其害終小 惟佛學今則人人談之 瀰漫滔天 其害無涯(同上)
85) 釋氏苦根塵者 皆是自利者也(遺書 卷2)
86) 佛教只是以生死恐動人……佛之學爲怕死生故只管說不休……要之只箇意見 皆利心也 (遺書 1)
87) 聖人致公心 盡天地萬物之理各當其分 佛氏總爲一己之私 是安得同乎……(遺書 卷14)
88) 至如禪學者 雖自曰異此 然要之只是此個意思 皆利之心也(馮友蘭 中國哲學史 第2編 第12章(二) 第(3)節 註3 勞思光所引)
89) 佗有一箇親之理 可敬以直內矣 然無義以方之義 其直內者 要之其本亦不是(遺書 卷2)

의 道에는 들어갈 수 없다고 明道는 비난한다.

伊川의 排佛核心은「理」를 가지고 공격하는데 있다.「理」를 중시하
는 伊川은 釋氏의 理障說에 대하여 理字를 錯看한 것이고 天下에는 오
직 一理가 있을 뿐인데 이 理를 障이라고 하면 理我爲二의 病을 면할
수 없게 된다는 것이다. 그들은「理」에 밝지 못하므로 그 敎는 理에
맞지 않는 것[90]이며 또한 理論의 高深함이나 生死煩惱를 면하려고 함
은 모두 그 주장이 自私自利處로 歸結[91]된다고 한다. 뿐만 아니라 佛
敎의 定과 靜에 대해서는 儒敎의 止와 敬으로 응수 비난한다. 마땅히
止라 하고 動이라 할 것이지 定이나 靜이라고 할 수는 없다. 物의 好
惡는 자연히 없을 수 없다. 그러므로 好는 好라 하고 惡는 惡라고 해
야 한다. 그래서「人君은 止於仁, 人臣은 止於敬」이 가능한 것이다.
또 靜時에는 知覺이 있고 知覺이 있으면 이는 動이라고 할 것이다. 그
들은 靜으로 天地之心을 볼 수 있다고 하나 우리는 動으로 天地之心
을 본다고 한다. 伊川은 대개 이와같은 佛敎批判을 하고 있다.

② 朱子學의 理論體系

앞에서 周子와 張子, 그리고 二程子의 學說을 살펴보았다. 朱子는
그들의 주장을 이어서 理氣論을 정착시켰다. 바꾸어 말하면 朱子學의
背景에는 周張二程의 理論이 깔려 있다. 그러므로 앞에서 그들의 理
論을 고찰하여 朱子 이전의 宋代諸說을 이해하였다. 이제 朱子로 이어
지는 論理를 그의 太極 · 理氣 · 心情論을 통하여 구명해보기로 한다.

A 太極論

宇宙論에 있어서 朱子는 周子의 無極太極說과 伊川의 理氣說을 합
하였고 다시 明道의 道器觀을 참고하였다. 理와 氣의 兩者의 關係에
관해서는 伊川의 理一分殊說을 계승하였고 太極과 陰陽二氣의 관계에
관해서는 周子의 動靜說을 이어가진 것으로 보인다. 대체로 理氣論을
集大成한 감을 준다.

無極太極論은 周子가 발설하였지만 無極과 太極의 관계를 밝힌 것

---

90) 釋氏之學 又不可道他不知 亦儘極乎高深 然要之卒歸乎自私自利之規模 何以言之 天
地之間有生便有死 有樂便有哀 釋氏所在 便須覓一個纖姦打訛處 言免生死 齊煩惱 卒
歸乎自私(遺書 卷15)
91) 釋氏要屛事不問 這事是合有郁 合無郁 若是合有 又安可屛 若是合無 自然無了 更屛
什麼 彼方外者 苟且務靜 乃遠迹山林之間 蓋非理明者也(遺書 卷18)

은 朱子였다. 즉

「上天之載는 無聲無臭하여 실로 造化의 樞紐요 品彙의 根底이므로 無
極而太極이라고 한다. 無極의 밖에 다시 太極이 있는 것이 아니다」[92]
라고 하였다. 陸子兄弟는 周子의 저서인 通書에도 無極說이 없다고 하
여 朱子에 대하여 문제를 일으킨 바도 있었다.

朱子는 二程이 理를 發論한 것을 응용하여 太極을 「理」로 간주[93]하
기에 이른다. 明道는 天이 곧 理라고 하였고 伊川은 性卽理라고 하였
는데 朱子에 와서는 太極이 곧 「理」라고 名言하였다. 「理」의 개념이
복잡해져 갔다. 그리하여 太極은 별도로 있는 一物이 아니라 陰陽속
에, 五行속에 萬物속에 있으면서 하나의 「理」로 존재할 따름[94]이라고
한다. 그러나 理와 氣는 함께 있다고는 하지만 종국적으로는 物 以前
에 「理」가 있음을 是認[95]한다. 여기 「理」가 있다고 하는 「있다」는 말
의 의미가 중요하다.

원래 理氣에 관해서는 「形而上者謂之道 形而下者謂之器」라는 道器
觀에서 그는 「理」를 情意와 計度와 造作이 없는 것, 즉 形而上者로 이
해하고 있지만 「理」가 이미 있다고 말할 때에는 있을 곳이 필요하게
된다. 이 있을 곳이란 바로 氣라는 것이다. 그러므로 氣있는 곳에는
반드시 「理」가 함께 있는 것이며 氣가 없으면 「理」가 발붙일 곳을 잃
게 된다[96]는 것이다. 이렇듯 理와 氣는 항상 공존하고 있다고 생각하
지만 이렇게 말하면 現象說明은 될지 모르나 創造說明에는 부족하게
된다. 共存이란 함께 있다는 말이지 存在의 先後에 관해서는 구별해
주지 못한다. 朱子는 상황으로 말하자면 理와 氣의 先後를 말할 수 없
으나 그 所從來의 窮極者는 「理」라고[97] 단언을 한다. 이 때에 말하는
理가 있다는 「있음」은 理氣共存의 現象中의 有와는 구별됨에 주의할
필요가 있다.

---

92) 上天之載 無聲無臭 而造化之樞紐 品彙之根底也 故曰無極而太極 非無極之外 復有太
極也(太極圖說解)

93) 太極只是一箇理字 太極只是天地萬物之理(語類 1)

94) 太極非是別爲一物 卽陰陽而在陰陽 卽五行而在五行 卽萬物而在萬物 只是一箇理而已
(同上)

95) 雖未有物而已有物之理(文集 46)

96) 理又非別爲一物 卽存乎是氣之中 無是氣則此理亦無掛搭處(語類 1)

97) 或問必有是理 然後有是氣如何 此本無先後之可言 必欲推其所從來則須說先有此理(同
上)

氣는 形而下者의 器인 바 理의 處所를 제공하는 것으로서 氣는 凝
結하여[98] 形器를 生產한다는 것이다. 氣의 集散凝結이 形象의 生成消
滅을 가져온다는 견해는 張子 이후의 영향으로 생각된다. 그렇다면 이
理와 氣의 兩者關係를 어떻게 설명하는가? 朱子에 의하면 그 先後問
題를 흥미있게 요리한다. 때로는 本體論에서, 혹은 現象論에서 설명
하는 그는 說相을 달리하고 있다. 즉 本體論에서 論理를 전개할 때는
「理」를 大本으로 해야 한다[99]고 하면서도 現象論의 側面에서는 氣를
先으로 보아야 한다[100]고 주장한다. 이와 같이 혹은 理先으로 때로는
氣先으로 말하지만 이것은 現象의 설명에 지나지 않고 종국의 創造源
에 대해서는 그의 思想의 大體로 보아서 理를 先으로 지적하고 있음
은 분명하다. 상태로 보아서는 理氣의 先後를 말할 수 없으나 所從來
를 추구한다면 理의 先有함[101]을 인정하지 않을 수 없다는 것이다. 또
한 여기서 소홀히 할 수 없는 것은 理와 氣의 性能上의 엄격한 구별
이다. 즉 理와 氣는 現實的으로 共存하고 있기는 하지만 그 兩者의 性
能은 혼합해서 안된다는 것이다. 理는 所以者로서 氣의 主宰요 氣는
陰陽으로서 理의 卒徒구실을 한다[102]고 생각하는 것이다. 이른바 一而
二, 二而一이라 함은[103] 바로 그러한 뜻이다. 太極과 陰陽理氣의 宇宙
本體論的인 이해는 이와 같이 설명되거니와 生成論내지 時間論的인 永
遠性에 대한 理論이 보충되어야 할 것이다.

運動하는 것은 氣요 운동하게끔 하는 것이 所以로서의 理라고 할
때 形而上者인 理의 唯一性은 觀念的으로 추측된다고 하겠으나 氣의
變化上의 永遠性은 파악하기도 설명하기도 쉽지 않다.

陰陽은 다같이 氣이기는 하나 運動은 陰之陽之하여 그 質狀의 變化
態를 이름한 것이므로 二物相對가 아니다.[104] 즉 一物이지만 變化樣
相에 따라서 命名된 것이다. 이 一物로서의 陰陽은 運動上으로 先後를

---

98) 理在氣中發見處如何 曰如陰陽五行錯綜不失條緒 便是理 若氣不結聚時 理亦無所附著
　　(同上)
99) 若論本原 卽有理然後有氣 若論稟賦則 有是氣而後理隨以具 故有是氣 則有是理 無是
　　氣則無是理(中庸大全 30)
100) 才有天命 便有氣質 不能相離 若闕一便生物不得 既有天命 須有此氣 方能承當得此理
　　若無此氣則此理如何頓放(語類 4)
101) 理氣本無先後之可言 然必欲推其所從來則須澄先有是理(語類 1)
102) 中庸序
103) 太極只在陰陽之中……太極自是太極 陰陽自是陰陽……所謂一而二二而一也(全書 49)
104) 陰陽只是一氣 陰氣流行則爲陽 陽氣凝聚則爲陰 非直有二物相對也(文集 50)

나눌 수 없으며[105] 先後로 갈라지지 않는다는 것은 他力으로 나눌 수
없다는 뜻이며 스스로 連續運動裏에 先後을 갖는다[106]는 의미이다. 당
초의 一物은 湛然一氣로서 있는 것으로 설정되며 設定된 一氣는 兩儀
로 運動하되 無始無端의 極則反하는 連續樣相으로 파악하는 것이다.
周子의 動靜觀에 資賴하고 明道의 定說이 이어져서 一氣長存體의 自
能으로 이해된 것으로 생각된다.

끝으로 朱子의 唯一者와 雜多와의 관계에 대한 說明에 언급하고자
한다. 理로서의 太極과 잡다한 萬物과의 관계는 理氣關係에서 이미 보
았듯이 共存不離關係에서 설명된다. 즉 太極은 萬物의 理致이므로 天
地萬物中에 없는 곳이 없다[107]하고 全體를 종합하며 統體하는 一太極
을 말할 수 있으며 또 한편 분석해서 말할 때는 분석한 대로 物物各
各에 一太極을 수긍한다.[108] 여기서 本體一理가 現象으로 나타나게 되
며 伊川의 理一分殊說을 인용하게 된다.[109] 그렇다고 統體의 一太極이
분열해서 各具一太極의 現象을 가져오는 것은 아니며 分殊의 理도 一
太極에 지나지 않는다[110]고 한다.

B 人性論

朱子의 人性論에도 역시 張子와 伊川의 주장한 요소를 발견하게 된
다. 伊川의 理氣說에 바탕하고 張子의 天地之性, 氣質之性을 계승하
여, 理에 기인함을 天地之性, 氣에 所從함을 氣質之性이라 하고 이 兩
性間에 二而一의 의미를 부여하면서 理一分殊의 理論을 인정한다.[111]
天地之性은 변하지 않는 것이지만 氣質之性은 氣의 正偏과 淸濁厚薄
에 의해서 人과 物의 차이를 가져오며 사람과 사람 사이에도 聖凡의
구별을 자아낸다. 聖人이란 陰陽이 合德하고 五性이 全備된 中正者라
함은 周子의 說을 이은 것으로 생각된다. 天地之性이나 氣質之性은 편

---

105) 陰陽無始 不可分先後(語類 94)
106) 陰陽無始 本不可以先後言……又自有先後也(文集 49)
107) 太極只是天地萬物之理 在天地言則天地之中有太極 在萬物言則萬物中有太極(語類 1)
108) 人人有一太極 物物有一太極 合而言之萬物統體一太極也 分而言之 一物各具一太極也
　　(太極圖說解)
109) 問理與氣曰 伊川說得好 曰理一分殊 合天地萬物而言 只是一個 及在人則又各者有
　　一個理(語類 1)
110) 本只一太極 而萬物有稟受 又自各全具一太極爾(性理大全 太極圖註)
111) 有天地之性 有氣質之性 天地之性則太極本然之妙 萬殊之一本也 氣質之性則二氣交運
　　而生 一本而萬殊也(大全 性說)

의상 二分한 것 뿐이요 현실적으로는 氣質之性中에 天地之性이 공존하여 兩分될 수 없다는[112] 것이다. 이와 같은 着想은 그의 理氣의 不離不雜性에 유래되는 것으로 보인다. 즉 天地之性은 理를 專指해서 하는 말이고 氣質之性은 理와 氣를 雜而言之[113]한 것이다. 이러한 性을 朱子는 太極에 견주어 생각하고 또 理와 氣가 모여서 사람이 태어난다[114]고 하여 太極·理氣로 人間理解를 시도한다.

「性은 太極과 같고 心은 陰陽과 같다. 太極은 다만 陰陽 중에 있고 陰陽을 떠나서는 있을 수 없다. 그러나 窮極的으로 말하면 太極은 太極이고 陰陽은 陰陽이니 서로 섞이지 않으며 性과 心도 또한 그러하다」[115]

라고 한 것을 보면 그의 人性論의 性理學的 體系가 엿보인다. 그의 心性情의 理論도 이러한 기반에서 성립된다.

心은 위에서 陰陽과 같다고 말하였다. 뿐만 아니라 心은 氣의 精爽[116]이라고도 하고 心은 性과 情을 統攝한다[117]고도 한다. 陰陽과 같다고 한 心은 陰陽을 떠나서 존재할 수 없다는 데서 하는 말이며, 氣의 精爽이이라고 하는 心은 心의 靈性을 의미하며 統性情이라고 하는 心은 主宰性에서 하는 말이다. 이제 理·心·性·情의 互相關係를 좀 더 자세하게 알아본다. 우선 그는 槪念을 다음과 같이 설정한다. 즉

「仁義禮智는 性이고 側隱·羞惡·辭讓·是非는 情이다. 仁으로서 사랑하고 義로서 미워하고 禮로서 사양하고 智로서 認識하는 것은 心이다. 性이란 心의 理요 情이란 性의 動이니 心이란 性情의 主인 것이다」[118]

라고 한 것을 보면 心을 혹은 全體로 보아 渾淪一物로, 또는 분석하여 性情으로 구분하기도 한다.

性說에 관해서는 孟子·程子의 傳統立場에서 性善을 堅持[119]하면서

---

112) 天命之性若無氣質 却無安頓處(語類 4)
113) 論天地之性 則專指理言 論氣質之性 則以理與氣 雜而言之(同上)
114) 人之所以生 理與氣合而已(同上)
115) 性猶太極也 心猶陰陽也 太極只在陰陽之中 非能離陰陽也 然至論太極自是太極 陰陽 自是陰陽 惟性與心亦然……(全書 49)
116) 心者氣之精爽(語類 12)
117) 橫渠說의 最好 心統性情者也(文集 卷 30 答張欽夫)
118) 仁義禮智性也 側隱羞惡辭讓是非情也 以仁愛以義惡以禮讓以智知者心也 性者心之理 也 情者性之動也 心者性情之主也(大全 性說)
119) 性 情 心 惟孟子說得好 仁是性 側隱是情 須從心上發出來 心統性情者也(語類 5)

本然之性과 氣質之性으로 나누어 善惡을 설명한다.

　「本然之性은 본래 渾然至善해서 善惡을 넘어선 純粹善이다. 이것은
天이 나에게 부여해준 것이다. 그러나 行爲는 사람에게 달려 있으
므로 善이 있고 惡이 있다」[120]

라고 하여 사람이 가지는 氣質에 善惡이 있는 것이지 本然은 天理이
므로 純粹善이라고 주장한다. 여기서 性善과 惡因을 이해함에 있어 純
粹善과 氣質善惡의 善이 같은가, 다른가 하는 판단은 朱子의 性論 中
매우 중요한 부분이라고 할 것이다. 朱子는

　「만일에 本然之善이 있고 또 善惡相對의 善이 따로 있다면 이는 二
性이 있는 것이 된다. 하늘에서 얻은 것도 이 性이며 행하여 얻은
善도 이 性이다」[121]

라고 하여 善의 二源을 부정한다. 一源의 善을 本然과 相對善으로 구별
하는 곳에 天理와 人欲을 엄격하게 구분하는 意味[122]를 가진다. 一源을
고수하는 限에 있어서는 本然과 氣質・天理와 人欲이 同源일 수 밖에
없으며 惡의 원인은 中節을 잃은[123] 人間行爲에 책임을 돌리고 있다.

Ⓒ 修養論

　修養論에 있어서 朱子는 居敬窮理・格物致知가 그 中樞를 이룬다.
明道의 天理와 伊川의 敬을 계승한 것으로 보인다. 天理와 人性은 形
而上學的인 理에 속한 것으로, 對自的인 智의 문제요 格物과 致知는
現象論的인 氣에 속한 것으로 內外動靜을 일관하는 敬의 문제로 이해
된다. 그러나 心은 氣・理・智・敬 모두에 관련되는 속성을 가진다.
　心이 氣의 精爽이며 虛靈이 心의 本體[124]라고 함은 心의 氣部分을
지적해 말한 것이지만 이것은 性과는 區別해야 할 점이 있다. 즉 心
의 氣面을 理와 혼동할 수는 없으므로 靈處라고 하더라도 이것을 性,
즉 理와 同一視해서는 아니된다[125]는 것이다. 뒤집어서 말하자면 氣의

---

120) 本然之性　固渾然至善　不與惡對　此天之賦與我者然也　然行之在人則有善有惡(語類
　　101)
121) 若如其言　有本然之善　又有善惡相對之善　則是有二性矣　方其得於天者此性也　及其行
　　得善者亦此性也(同上)
122) 然謂性之爲善　未有惡之可對則可　謂終無對則不可　蓋性一而已 ……若乃善之所以得名
　　是乃對惡而言　其曰性善　是乃所以別天理於人欲也(文集 42)
123) 惡不可謂從善中直下來　只明不能善　則偏於一邊爲惡(語類 55)
124) 虛靈自是心之本體(語類 12)

요소를 지니는 心은 理에 맞을 수도 있고 맞지 않을 수도 있으므로 善惡을 함께 가질 수 있으나 性에는 不善이 있을 수 없다[126]는 것을 뜻한다. 性이란 心의 理面이요 情이란 心의 動面이니[127] 純善은 性이며 善惡은 情에 소속되므로 경계해야 할 것은 心의 理部分인 性의 自善보다는 動時의 兼善惡面임은 자명한 일이다. 그러므로 자연히 心은 性과 情을 統攝함이 要求[128]되는 것이다. 情이란 動處에 속하며 善惡을 겸유하므로 善을 지키고 不善을 막으려는 心의 주체적인 統率機能이 필요하게 된다. 그러므로 心上의 修養은 바로 心統性情하는 統에 있다고 할 것이다. 情은 性에 따를 수도 있고 거역할 수도 있으니 心統의 心은 情의 문제로 낙착이 된다. 統은 天理를 따르는 道心의 作用이라 하겠고 情은 人欲의 中節을 지킬 수 있는 人心의 기능이라 하여 朱子는 中庸章句序文에서 道心이 主가 되어야 함을 언급하고 있다. 二分될 수는 없는 일이지만 편의상 心을 분류해서 人心과 道心으로 구분하고 道心으로 하여금 항상 一身의 主가 되어서 人心이 일마다 命을 듣도록 하면 安著와 中庸의 實을 얻을 수 있다[129]고 朱子는 주장한다. 요컨대 朱子에 있어서 修養問題는 心의 統을 따르고 情의 中節을 기할 수 있는 道心의 확립으로 집약될 수 있을 것이다. 그는 方法으로 居敬窮理와 格物致知를 제시한 바 있다.

居敬과 窮理의 二事는 똑같이 중요한 것이며 窮理가 능하면 居敬工夫가 日進하며 居敬工夫가 능하면 窮理工夫가 日密해지는 相互關係를 가진다[130]고 하였다.

窮理는 所以然之理와 所當然之理를 밝히는 것으로서 所以然을 알면 志의 惑됨을 면할 수 있고 所當然을 알면 行이 乖謬에 이르지 않는다[131]고 한다. 窮理는 格物致知와 관련시켜 고찰하면 이해에 도움이 된다.

---

125) 虛靈處只是心 不是性 性只是理(同上)
126) 心有善惡 性無不善(同上)
127) 性者心之理 情者心之動(文集 卷30 答張欽夫)
128) 橫渠說得最好 心統性情者也(同上)
129) 然人莫不有是形 故雖上智不能無人心 亦莫不有是性 故雖下愚 不能無道心……必使道心常爲一身之主 而人心每聽命焉 則危者安 微者著 而動靜云爲無過不及之差矣(中庸章句 序文)
130) 學者工夫 惟在居敬窮理二事 是二事互相發 能窮理則居敬工夫日益進 能居敬則窮理工夫日密 其實只是一事……(語類 9)
131) 知其所以然 故志不惑 知其所當然 故行不謬(大全 卷64)

「大學或問」第1章에는 「天下의 物은 반드시 所以然之故와 所當然
之則을 함께 하고 있으니 이를 理라 한다」고 하였고, 補亡章條에는
　「心性情의 德과 人倫日用의 五常으로부터 天地鬼神의 變과 鳥獸草
　木之宜에 이르기까지 스스로 그 一物之中에 마땅히 그러해야만 하
　는 當爲와 반드시 그럴 수 밖에 없는 것을 함께 가지고 있지 않음
　이 없다」
고 함을 볼 수 있다. 事物에 구비되어 있는 이러한 理致를 窮究함이
중요한 窮理인 것이다. 그러므로 朱子가
　「窮理란 事物의 所以然과 그 所當然을 알고자 하는 것 뿐이다」[132]
고 한 것도 당연하다 하겠다. 所以然之故란 理의 源頭處와의 관련이
요 所當然之則이란 實處의 理임을 감안할 때 이 兩者의 연계는 認識
論의 핵심적인 부분임을 주의하게 된다. 이와 같은 理를 窮究하려면
格物致知工夫가 요청되며 이 工夫의 요령은 卽物窮理에 있음을 다음
과 같이 말하였다.
　「소위 致知가 格物에 있다는 것은 吾의 知를 완성코자 할진댄 物에
　卽해서 그 理致를 窮究함에 있다. 대개 人心의 신령스러움이 知를
　두지 않음이 없고 天下의 物이 理致를 갖지 않음이 없으련만 오직
　理致에 未窮함이 있으므로 그 知에 미진함이 있다」[133]
는 것이다. 知盡이 卽物窮理 如何에 매여 있다는 뜻을 알 수가 있다.
여기서 다시 卽物窮理의 구체적인 格致工夫가 밝혀져야 할 것이다.
伊川의 格致說을 이어서 그는 今日에 格一物하고 明日에 又格一物하
는 用力이 오래 쌓인 뒤에 衆理와 吾心의 精粗大用이 밝아진다[134]고
한 바 있다.
　이와 같은 窮理·格致는 吾心之知에 속하는 認識工夫요 이 밖에 다
시 居敬修鍊을 병행해야 함을 朱子는 강조한다.
　敬은 본래 意志狀態에서 하는 공부이나 伊川은 이것을 함양이라고
한다. 涵養은 敬하는데서, 進學은 致知하는데서 달성됨을[135] 伊川은

---

132) 窮理者 欲知事物之所以然與其所當然者而已(同上)
133) 所謂致知在格物者言欲致吾之知 在卽物而窮其理也 盖人心之靈 莫不有知 而天下之
　　物 莫不有理 惟於理有未窮 故其知有不盡也(大學 格致補亡章)
134) 必使學者卽凡天下之物 莫不因其已知之理而益窮之 以求至乎其極 至於用力之久而一
　　旦豁然貫通焉 則衆物之表裏精粗無不到而吾心之全體大用無不明矣(同上)
135) 涵養須用敬 進學則在致知(二程全書 伊川易傳4)

말한다. 朱子는 敬을 논함에 있어서 動靜一貫을 주장한다. 未發時의
混然함을 敬의 體라 하고 旣發時의 省察을 敬의 用이라[136]고 한다. 대
개 敬은 敬以直內, 義以方外(易坤文言)에 근거한 것으로 통용되고 있
으나 未發處의 工夫를 敬이라 하고 旣發處의 行을 義로 구별해왔다.
이 敬과 義는 夾持되어야 直上達天德이 가능한 것[137]으로 받아들였고
程子의 뜻을 계승할 때 敬을 「中」으로[138] 소화했을 뿐만아니라 敬이란
自然造化의 道理流行에 간단없는 것으로[139] 파악하기에 이른다. 無限
性을 中에서 이해하고 永遠性을 敬에서 파악하고자 하는 뜻으로 생각
된다. 天地人 三才로 天地에 참여하는 人間이 이 中과 敬의 현실화는
더 없이 중요한 일이 아닐 수 없다. 이러한 의미에서 天地自然上으로
는 實理요 人身上으로는 實心이라고 하여 不誠無物이라[140]고 朱子는
말하고 있다. 天道의 流行不息은 實理요 人間은 敬하는데서 實心處
의 현실화가 가능하다는 것이다. 人間意志上의 간단없는 實心이야
말로 敬의 所産이며 이 敬이 社會에 행동되었을 때가 義라는 이해
는 敬以直內와 義以方外의 뜻에서 벗어나지 않는다. 內敬外義의 일
관성을 중시하고 敬을 主一로 해석한[141] 伊川의 뜻을 받아서 朱子
는 主一을 兼動으로[142] 추리한다. 明道의 定性說의 定과 周子圖說
의 靜의 意連이 엿보인다. 이상에서 格物致知와 居敬窮理를 살펴
보았다. 格物致知의 知와 居敬窮理의 敬은 實心으로 현실화하는 데
에 없지 못할 兩面임을 보았다. 知는 認識論上의 問題요 敬은 實踐
志에 관한 문제라고 할 때 인식을 위한 格物致知와 실천을 위한 居
敬窮理는 飛鳥의 兩翼과도 같이 修養成德의 큰 비중을 차지한다고 할
것이다.

다음은 朱子의 學說中 批佛에 관한 부분을 언급하고자 한다.

---

136) 敬字通貫動靜　但未發時渾然是敬之體……旣發則隨事省察而敬之用行焉……故敬義非
兩截事(文集 卷 43 答林擇之)
137) 仲思問 敬義夾持 直上達天德 曰最是他下得夾持兩字好 敬主乎中 義防乎外 二者相夾
持 要放下霎時也不得(文集 上卷 另一書)
138) 只敬而無失 便不偏不倚 只此便是中(語類 96)
139) 易是自然造化 聖人本意只說自然造化流行 程子是將來就人身上說 敬則這道理流行 不
敬便間斷了(同上)
140) 就天地之間言之 是實理 就人身上言之 惟敬然後見得心之實處流行不息 敬才間斷便不
誠 不誠便無物 是息也(同上)
141) 敬 只是主一也……(遺書 卷 7)
142) 主一 兼動靜而言(語類 96)

D 排佛論

朱子의 批佛에 있어서는 대개 理와 心의 兩方面으로 분류할 수가 있다. 理는 有理와 實理・無理와 空理로 儒佛을 평하고 心은 佛性과 性理를 대조비교한다. 먼저 理에 관해서 살펴본다.

佛家는 空理를 說하고 儒家는 實理를 說한다.[143] 道家와 佛家의 無를 비난하여 그 無일 수 없음을[144] 주장한다. 衆理를 머금고 있는 太極으로 말하면 비록 時空을 초월해서 영존한다고 할지라도 生成變化의 陰陽之氣와 無關할 수 없으니 이것을 空이라고 할 수는 없다는 입장이다. 따라서 虛實二一로 儒釋을 비교해서 말하게[145] 된다. 같은 不生不滅의 地境을 말한다고 하더라도 儒는 이것을 理라하고 佛은 이를 神識이라고 한다[146]는 것이다. 宋代 당시에는 禪宗이 성했고 禪宗의 話頭의 空寂과 無義를 儒家의 義理 透澈함과 比較高揚[147]하기도 한다. 이와 같은 空理와 實理는 이를 底邊으로 하는 兩者의 心性觀에도 반영된다.

心에 있어서도 釋氏는 心空而無理요 儒家는 心空이기는 하지만 萬理가 구비되어 있다[148]는 것이다. 明德을 具衆理應萬事라고 註釋하는 저의가 보이기도 하지만 心合理氣라는 그의 心性論에 由來된다고 하겠다. 또한 主宰的인 心의 경우 意見을 달리한다. 즉 心이란 一身의 主宰인데 心外에 또 다른 心을 설정할 수는 없으므로 心은 主客으로 대립시켜서는 아니되는 것인데 心으로 心을 求한다든가 心으로 心을 부린다는 등의 일[149]은 부당하게 된다. 따라서 佛家의 識心이나 見性은 별도로 一心을 세워서 一心을 인식한다[150]는 것이 되니 불가하다는

---

143) 釋氏說空 不是便不是 但空裏面須有道理始得 若只說道我是個空 而不知有個實底道理 却敢甚用(語類 126)

144) 謙之間 今皆以佛之說爲無 老之說爲空 空與無不同如何 曰空是兼有無之名 道家說半截有 半截無 已前都是無 如今眼下都是有 故謂之空 若佛家之說 都是無 已前也是無 如今眼下也是無 色卽是空空是色……一齊都歸於無(同上)

145) 釋氏虛 吾儒實 釋氏二 吾儒一 釋氏以事理爲不緊要而不理會(同上)

146) 學禪者 只是把一個話頭去看……只是如此敎人 但他都無義理 只是個空寂 儒者之學 則有許多義理 若看得透澈 則可以貫事物 可以洞古今(同上)

147) 儒者以理爲不生不滅 釋氏以神識爲不生不滅(同上)

148) 彼見得心空而無理 此見得心雖空而萬理咸備(同上)

149) 夫心者人之所以主乎身者也 一而不二者也 爲主而不爲客者也 命物而不命於物者也 故以心觀物 則物之理得 今復有以反觀乎心則是此心之外 復有一心而能管乎此心也 釋氏之學 以心求心 以心使心 如口齕口 如目視目(文集 卷 69 別集 5)

150) 所以識心者 則必別立一心以識此心而其所謂見性者 又未嘗覩天民之衷 物之則也 旣不覩天性之本然 則物之所感 情之所發……槪以爲己累而盡絶之 雖至於反易天常殄滅人理而不顧(朱子文別集 卷8)

것이다.

性에 관해서도 天命之謂性의 性, 性則理의 性의 입장에 서는 儒家에 비해서 佛家는 理의 性이 아니라 性을 作用視하여[151] 儒家의 心과 혼동한다고 한다. 徐子融이 枯槁에 性有無를 물었을 때 朱子는

「性은 理이다. 物이 있으면 이 理가 있으니 子融의 錯覺處는 心을 性으로 삼은 곳인 즉 바로 佛氏와 서로 비슷하다」[152]

라고 대답하였다. 性을 作用으로 생각한다면 儒家의 心이나 情과 혼용되는 셈이다. 天命에 이어서 그 純粹性을 지키려는데 理의 의미를 부여하고자 하는 朱子의 주장으로 생각된다. 이와 같은 朱子의 주장이 性을 心으로 이해할 뿐 아니라 心을 意로 파악하는[153] 佛家의 說을 긍정하기는 어려운 일이다. 이와 같이 天命의 性을 心과 情을 분리하지 않은 채 혼용하고 있다는 점으로 結局 佛家는 道理를 모르는 것이고, 그들의 性觀은 告子의 生之謂性을 의미하는데 불과하다는 見解이다.

위에서 살펴본 理와 心에 대한 對佛비판은 張子의 空寂·幻妄, 明道의 性觀, 伊川의 理說 등에 힘입은 바라고 생각된다.

이상에서 朱子學이 가지는 理論體系를 宇宙論·人性論·修養論·排佛論의 順으로 살펴보았다. 그의 學形成의 背景과 體系를 통하여 볼 때 다음과 같이 그의 學說의 특징을 이해할 수 있다.

③ 朱子學의 特徵

앞에서 朱子學은 周濂溪·張橫渠·程明道·程伊川의 思想을 기반으로 해서 형성되었고 그 기반위에 理論이 體系化되었음을 보았다. 여기서 그의 學說의 특징을 다음의 몇가지로 요약해볼 수 있다.

첫째는 集大成이라는데 특징이 발견된다. 그의 著書와 注釋書는 그 量으로 보아서 압도적임을 알 수 있다. 그의 著書로서는 文集 121권이 있고 弟子들의 問答의 筆記로 이루어진 語類 140권이 있다. 이 文集도 高弟의 편찬에 의한 것이며 語類도 弟子에 의한 筆錄이나 後人들에 의해서 발췌되어 朱子全集 64권·朱子書節要 20권·張伯行의 朱

---

151) 王問曰 何者是佛 婆羅提曰 見性是佛 王曰師見性耶 答曰我見佛性 王曰性在何處 答曰性在作用(傳法正宗記)
152) 性只是理 有是物斯是理 子融錯處 是認心爲性 正於佛氏相似(語類 126)
153) 上蔡云 佛氏所謂性 正聖人所謂心 佛氏所謂心 正聖人所謂意(同上)

子文集 18권·葉龍子의 朱子語錄類要 18권 등을 비롯해서 기타 數十種의 拔萃書가 있다.

　註釋書中에서 가장 心血을 기울인 것이 四書集註며 後世에 이 集註 없이는 四書를 말하지 말라고 할 정도로 重要시되었다. 論語集義 34권, 大學·中庸의 章句와 或問 등은 集註를 완성하기 위해서 만들어진 것이다. 이밖에 중요한 註釋書로서는 周易本義 12권·易學啓蒙 4권·儀禮經傳通解 37권·家禮 5권·詩集傳 8권·太極圖說解 1권·通書解 2권·西銘解 1권·陰符經註 1권·楚辭集辨證 8권·同後語 6권·韓文考異 10권, 기타 著卦攻誤·孟子指要·中庸輯略·考經刊誤 등이 있다. 編纂書로서는 上蔡語錄 3권·程子遺書 25권·程書遺書外書 12권·近思錄 14권·伊洛淵源錄 16권·延平問答 1권·宋名臣言行錄前後 24권·小學 6권·資治通鑑綱目 60권이 있다. 이처럼 많은 量을 통하여 주장을 보이게 되었으니 그의 誠實性과 精力에 놀라게 된다. 그의 學說에 있어서 缺點有無나 創見與否보다도 우선 古代로부터의 여러 學說을 모아서 집대성한 점은 높이 평할만한 것이다. 그 努力과 博學多識은 古今을 통하여 따를 사람이 없을 정도이다. 그의 學說의 영향도 朝鮮朝 500년을 風靡했고, 日本에서도 德川時代의 主流를 이루게 되었으니 朱子를 後孔子라고 하고, 栗谷을 後朱子라고 한 尤庵의 父親말이 타당한 말로 받아들여진다.

　둘째는 그의 學說의 焦點이「理」에 있음을 지적한다. 性則理나 太極이 理라고 하는 견해는 역시 朱子가 宋代의 性理學을 정립한 核心處이다. 앞서 살펴보았듯이 周子의 太極圖說, 伊川의 理氣論이 기반으로 되어 朱子의「理」論이 성립되었고 이 理에서 모든 論理가 導出되어 나갔다고 할 수 있다.

　理와 氣가 현실적으로 妙合共存하면서 論理的인 不雜과 主從을 이루고 있다는 데 朱子的인 理의 性格이 특징지워진다고 하겠다. 宇宙의 太極之理와 人間의 人極之理는 極의 理로서 一理이기는 하지만 人間은 命之하는 天에 비하여 物일 수밖에 없고, 物인 이상 淸濁粹駁의 제한을 면할 수 없는 만큼 제한을 받지 않는 天과 理에 있어서 구별을 하지 않을 수 없다. 따라서 理에 있어서 通의 一理와 塞의 殊理로 兩面을 생각하게 되며 이 兩面의 開通作業이야 말로 朱子에 있어서는 집중적인 努力을 기울인 곳이며 이것이 바로 大學의 補亡章을 짓게 하였으며 豁然貫通의 開通을 주장한 格物致知論이 나오게 된 줄 안다. 窮理하는 格物과 盡性하는 致知는 至命하는 豁然境을 가져온다는 의미로 이해된다. 朱子의 學說을 가리켜서 先知後行論이라고 함은 識理하는 인식이 논리상 先行되어야 한다는 말이요 결코 知行의 先後를 현상으로 구별함이 아니다. 그러므로 논리상 理는 항상 主가 되며 事理上의 氣는 從이 되어야 한다는 것이다. 따라서 이러한 理는 政治制度上으로나 農業經濟上으로나, 人間의 敎育上로나 社會倫理上으로나 一貫되는 하나의 求心處로서 歸一點으로 간주된다. 그러므로 朱子의 理는 百行이 導出될 수 있는 價値의 主體요 萬善의 근원이라고 하겠다. 이렇게 생각할 때 朱子의 理氣論에 있어서는 종국에 「理」를 인식하는 認識論이 매우 중요하며 先知後行이란 결코 行보다 知를 앞세운다고 함이 現象에서의 先後구별이 아니라 인식하는 논리에서 「理」가 先임을 명백히 해야 할 것이다.

셋째, 「理」는 지켜져야 하고 「非理」는 배격되어야 하며 辨斥을 分明히 한다는 點이다. 楊朱墨翟이나 虛無寂滅을 배격하는 까닭이 여기에 있는 것이다. 이것은 學說에 있어서의 辨斥이지만 歷史에서 大義名分을 밝히는 이유도 또한 여기에 있다 할 것이다. 道理를 수호하고 大義名分의 宗統을 높이고자 하는 의미도 여기에 있다고 할 것이다. 北方의 金國이 無道를 자행하여 南宋을 侵凌하는 것을 朱子는 견딜 수가 없었던만큼 護道의 積極性을 보임도 「理」를 根據로 하는 國家의 宗統으로 流露되는 現象의 一斷面이었던 것으로 생각된다. 通鑑에서 勢力을 주로 해서 宗統으로 인정한 司馬溫公의 지적한 魏를, 朱子는 道理를 主로 해서 蜀을 正統으로 是正하여 通鑑綱目을 펴낸 朱子의 뜻이 다름아닌 理를 統根으로 해야 한다는 집념때문일 것이다.

學問上으로 「理」를 정립한 朱子는 通鑑綱目으로 史觀이 理化되었고 生活上에 「直」으로 理現됨을 볼 수가 있다.

넷째는 그 「直」을 들 수 있다.

논리에 있어서는 인식하는 知가 소중하지만 실천하는 데는 知行이 時間上으로 先後가 있을 수 없다고 함은 앞에서 살핀 바이거니와 이 의미는 理氣不離의 妙合속에서 理氣不雜의 主從論理를 나타내는 것이다. 바꾸어 말하자면 이 主從은 統의 의미요 이 統의 非人爲的인 發露는 다름아닌 「直」으로 생각된다.

孔子가 「사람이 直으로 태어나는 것이니 이것없이 살 수 있다면 그 것은 요행이다」라고까지 함을 보면 사람은 直이어야 한다는 것이다. 孟子가 「直하지 못하면 道는 나타나지 아니한다」고 한 것은 人心惟危 를 경고해준 것으로 이해된다. 이처럼 孔孟의 儒學에 있어서 直은 所 以然과 所當然을 이어주는 橋梁에 「直」을 놓은 것을 알 수가 있다. 따라서 自然界의 生生도 이로 인해서 무궁하며 社會界의 秩序도 이로 인해서 정연하며 人間界의 善惡도 이로 인해서 혼동되지 아니한다고 할 것이다.

朱子가 天地의 生萬物하는 所以와 聖人의 應萬事하는 所以는 「直」 뿐이라고 한 이유를 알 수가 있다. 그러므로 宋尤庵이 孔子와 孟子와 朱子의 傳心하는 法이 直一字에 있다고 한 것은 타당한 생각이 아닐 수 없다. 다만 一理에서 파생된 形局속의 萬理는 人間의 경우 善情으 로 실천되어야 하겠기에 舜과 같이 位를 버리고 어버이와 함께 도주해 야 하며, 孔子의 말과 같이 父는 子를 위해서, 子는 父를 위해서 감 추는 일이 생긴다고 이해된다. 朱子의 豁然貫通의 一理와 直字뿐이라 는 生活義理는 그의 특징을 나타내는 단면이라고 하겠다.

이러한 朱子學이 가지는 理論의 특징들은 鮮初의 激動속에 스며들 게 되었다.

④ 朝鮮 初期에 끼친 影響

朝鮮朝의 文化를 儒教로 특징지우면서 朱子學이 中心이 되었음은 建 國初의 儒敎政策에 힘입은 바도 없지 않거니와 朱子學이 가지는 특징 에 영향된 것을 소홀히 보아넘길 수 없다.

麗末鮮初의 變革의 명분을 合理化한 裏面에는 朱子의 宗統觀이 작 용되었음을 볼 수 있으며 사상적인 守道는 排佛思想에서 볼 수 있고 尊統하는 春秋義理는 朝鮮朝를 일관하는 義理思想의 始源구실을 하였 다. 뿐만 아니라 政治·經濟·敎育·社會·倫理에 끼친 영향은 크다 고 아니할 수 없다. 朱子學이 가지는 하나의 핵심에서 가지로 퍼져나 가는 그의 學的 體系에서 이해되어야 할 문제이다.

麗朝가 朝鮮朝로 교체됨에 있어서 그 理論과 實際의 朱子學的 機能 은 社會全般에 걸쳐서 살필 수 있겠거니와 우선 腐佛의 除去刷新과 建 國의 大義名分에서 찾아보고 나아가서 政治·經濟·敎育·社會·倫理

순으로 고찰해보고자 한다.

A 崇儒政策의 底邊이 된 排佛論

朱子의 排佛論이 儒教立國의 宋朝歷史를 지나면서 주장된 것에 비해서 朝鮮初의 排佛論은 佛教가 극도로 부패한 시대배경을 가지고 있는 점이 다르게 생각된다. 따라서 鄭道傳이 느낀 排佛意識은 朱子보다 그만큼 강렬했으리라고 생각된다. 心氣理 3篇과 佛氏雜辨에서 그의 排佛理論을 읽을 수가 있다.

心氣理 3篇에서는 儒佛道 3教를 논하면서 佛教를 공격하고 있다. 釋氏의 修心과 老氏의 養氣와 儒家의 義理를 비교하여 佛家의 非를 논하고 있다. 이 3篇의 序에 따르면

「이 心氣理 3篇은 三峯先生이 지은 것이다. 先生은 항상 道學을 밝히고 異端을 침으로써 임무로 삼았다」

고 전제하고 佛家의 治心과 道家의 養生에 대하여 각각 하나를 지키고 兩者를 버리는 것이라 비난한다. 여기에 비하면 儒家는 理를 주로 해서 心과 氣를 다스리니 그 一을 근본삼고 二를 버리는 것이 아니라 다스린다고 하여 儒의 理를 고조한다. 이는 朱子의 排佛論에서 볼 수 있었던 無理와 虛理를 공격하고 有理와 實理를 내세우는 입장이 받아들여지고 있는 것으로 보인다.

「佛氏雜辨」은 輪廻之辨・因果之辨・心性之辨・作用是性之辨・心跡之辨・昧於道器之辨・毀棄人倫之辨・慈悲之辨・眞假之辨・地獄之辨・禍福之辨・乞食之辨・禪敎之辨・儒釋同異之辨・佛法入中國・事佛得禍・舍天道而談佛果・事佛甚謹季代尤促・闢異端之辨 등의 諸辨으로 佛教의 非를 논하였다. 대개 心空・性實의 非理와 虛誕의 非倫理를 들어서 異端으로 몰고 있다. 麗末儒學者들이 한결같이 佛教를 비난하지만 理論으로 그 부당함을 지적한 것은 鄭道傳이 처음일 뿐만 아니라 後代에 주는 排佛影響도 그만큼 컸다고 할 것이다.

條別로 鄭道傳의 排佛論을 다음에 요약해본다.

輪廻 : 太極理氣의 往而過와 來而續하는 永遠性을 說하고 輪廻說의 惑世尤甚함을 통박한다.

因果 : 理氣陰陽의 生成으로 通塞偏正함과 淸濁厚薄의 差가 생김을 논하여 因果說의 荒唐謬誤함을 논한다.

心性 : 心은 心統性情의 心이요 性은 性則理의 性이니만큼 觀心見性

을 주장하여 佛敎는 心으로써 心을 본다는 矛盾을 범하게 된다는 것이며, 釋氏는 虛요 吾儒는 實, 釋氏는 二요 吾儒는 一, 또 釋氏는 間斷이요 吾儒는 연속으로 비교한다.

作用是性 : 性은 純粹至善의 理라고 하여 作用과 理를 구별하는 朱子立場을 지키며 朱子의 「作用을 性이라고 하면 사람이 어찌 執刀殺人을 다스릴 수 있으랴」라고 한 말을 인용하면서 形上의 理와 形下의 氣를 엄격하게 구별한다.

心跡 : 體用一源, 顯微無間을 말하여 心과 跡을 구별하는 有敬無義를 攻駁하는 程子의 말을 인용하여 枯槁無義를 심하게 비판한다.

道器 : 形上의 道와 形下의 器物이 단 하루도 떨어질 수 없을 뿐만 아니라 섞일 수도 없는 不離不雜 관계에 있음을 천명하면서, 佛家의 道器二岐의 이른 바 「凡所有相 皆是虛妄 若見諸相非相 卽見如來」의 般若思想을 공격한다.

人倫 : 明道의 말을 인용하면서 道의 잠시도 떠날 수 없는 人倫의 중요성을 강조하면서 毁人倫去四大의 佛敎立說을 辨別한다.

慈悲 : 佛敎의 慈悲와 儒敎의 惻隱을 비교 논급하되 親親人民愛物을 설명하면서, 佛氏의 人倫이 하나의 假合에 불과하며 無義無理의 名敎不容함을 공박한다.

眞假 : 儒家의 太極條理를 밝히고 儒家의 心性을 眞常이라 하고 天地萬物을 假合이라고 함을 迷昧로 비판한다.

地獄 : 地獄이 없다면 사람이 두려워할 바 없으므로 惡을 행하게 된다고 생각하는 佛僧에 대하여, 道傳은 「君子가 善을 좋아하고 惡을 미워함은 好色을 좋아하고 惡臭를 싫어함과 같아서 모두 中으로부터 나와서 저절로 되는 것이라」고 辨說하고 있다.

禍福 : 天道의 福善禍淫과 人道의 賞善罰惡은 吾心의 正不正, 吾己의 修不修에 있는 것이요 求不求에 있는 것이 아니라고 하며 邪正是非를 不論하고 佛에의 歸不歸가 禍福을 좌우한다는 잘못을 밝히고 있다.

乞食 : 生活속에서 食은 大事에 속하므로 洪範八政中에도 食貨가 으뜸으로 꼽혔고 生民의 道로 重視되어 稼穡이 天下의 大本으로 엮어온데 비해서, 男耕女織을 떠나서 乞食을 일삼는 佛氏의 無義無理를 비판한다.

禪敎 : 佛氏의 所論이 因果應報說을 주장하여 愚民을 誘誑할 뿐이요

人事를 廢棄하고도 禍福善惡을 논하고 懲勸持戒를 說하는 從來傳統에 達摩가 中國에 들어온 뒤로 不立文字와 見性成佛의 禪敎가 一出하여 戒律持身之道마저 잃게 되었다고 하며 朱子의 말을 인용하면서 辨駁 하고 있다.

儒釋同異 : 虛無寂滅을 儒佛로 비교하면서 實學과 虛學으로 구분한 다. 朱子의 說을 이끌어서 儒家의 心論을 밝히면서 佛學에 詖淫邪遁 이 심함을 비난한다.

闢異端 : 朱子의 「佛氏之言이 彌近理而大亂眞者라」는 辨說을 인용하 면서, 그 高妙한 말이 無父無君의 楊墨의 害보다도 더욱 심하다고 통 박한다.

위에서 살펴본 바 鄭道傳이 排佛趣旨의 요점을 집약하면 첫째 虛學 이라는 점, 둘째 人倫을 해친다는 점, 셋째 非生產的이라는 점 등으로 지적된다고 하겠다. 이와 같이 斥佛論의 旗幟를 높이 든 鄭道傳의 영 향은 朝鮮朝를 일관하면서 排佛論을 유지하는 源動力 구실을 하였다.

B 義理思想

朱子는 儒學에 있어서 義利之說을 으뜸으로[154] 생각하였다. 무엇이 義이며 무엇이 利인가의 판단은 儒學을 실천에 옮기는 자리에서 소홀 히 할 수 없는 매우 중요한 문제이다.

高麗가 衰亡하고 朝鮮이 建國되면서 같은 儒臣들이 가지는 朱子의 義理思想은 義理에 초점을, 한편은 不事二君하는 忠義로, 또 한편으 로는 親明外交의 尊統으로 春秋大義에 초점을 두는 두가지 경향으로 나뉘어졌다. 朝鮮朝 初期에는 이루어놓은 易姓革命을 어떻게 정착시 켜 갈 것이냐를 앞에 놓고 思想的으로 政策的으로 크게 문제되지 않 을 수 없었다. 여기에 義가 重視되었고 前朝守護의 忠義도, 親明尊統 의 大義도 朱子에서는 義利의 義로 모아지는 것으로 생각된다.

ⓐ 前朝守護의 義理

前朝를 死守한 鄭夢周는 그의 學說을 전하는 著書가 미비하므로 알 길이 없으나 後人들은 그의 學問을 높이 평가하고 있다. 李穡은

「夢周論理 橫說竪說 無非當理」

라고 극찬하기는 하였으나, 宋尤庵이

---

154) 義利之說乃儒者第一義(上延平先生)

「未知爲何等語也 可勝惜哉」(重刊序文)

라고 한 바와 같이 그의 論理를 밝혀주는 著書를 아쉬워 하고 있다.
李退溪는

「嘗言吾東理學 以鄭圃隱爲祖」(退溪全書下 p717)

라고 하여 韓國理學의 始祖로 삼고 있으며, 張志淵의

「圃隱卽吾東理學之宗祖而宋儒程朱之學實濫觴於此也」

란 표현을 보면 理學의 始祖일 뿐만 아니라, 程朱學의 始源을 여기서
찾고 있음을 알 수 있다. 玄相允의 「朝鮮儒學史」에 따르면

「天分至高 豪邁絕倫 有忠孝大節」

이라고 하여 그의 大節을 높이고 있다. 李丙燾의 「韓國儒學史草稿」
에도

「推爲東方理學之祖」

로 삼고 있음이 보인다.

위에서 본 바와 같이 理學의 始祖로 공인되어 있음은 사실이거니와
역시 理論的 根據를 밝힐 수 없는 것이 아쉬운 일이다. 그의 丹心歌
가 알려주듯이 忠孝大節은 不動心으로 실천되었거니와, 肅宗大王도

「節義千秋高 平生我敬重 烈祖屢褒宗 士林孰不聳」

라고 하여 지극히 그를 높인 바 있다. 이 밖에 그의 思想에서 排佛
意識과 함께 儒學의 日常之道를 강조하고 있음은 주목할 만한 일이다.
즉 圃隱은 佛家의 觀空寂滅과 辭親戚絕의 哲學과 倫理를 비난하면서
儒家의 日常의 道理로 堯舜의 道를 높이고[155] 있음을 經筵啓辭에서 읽
을 수 있을 뿐만 아니라, 善竹橋에서 순절하는 그의 節儀를 볼 수가 있
다. 明朝에 朝天使로 가기를 모두 꺼리는 터에 圃隱은

「君父之命 水火尙不避 況朝天乎」(年譜 17 年條)

라고 하여 代行한 그의 君命에 대한 태도는 殉節할 수 있는 자세를 일
찍부터 보여준 모습이라고 하겠다. 張志淵의 지적과 같이 程朱學이 들
어와서 그가 理學으로 始源을 열어주었음과 함께 朱子學이 그에 준 영
향을 짐작할 수 있는 부분이라고 하겠다.

　ⓑ 大義名分의 義理

義中의 큰 義를 大義라고 하며 大義中에서도 尊統의 義는 大義中의

---

155) 儒者之道 皆日用平常之事 飮食男女人所同也 至理存焉 堯舜之道亦不外此 動靜語默
　　之得其正卽是堯舜之道 初非甚高難行 彼佛氏之敎則不然 辭親戚絕 男女獨坐巖穴 草
　　衣木食 觀空寂滅爲宗 是豈平常之道(圃隱集 經筵啓辭)

大義라고 생각된다. 그러므로 國統이나 官統의 宗統을 존중하는 일은 統體一太極과 各具一太極의 條理에서 볼 때 儒學에서 가장 重視되는 곳이라고 하겠다. 易姓革命의 名分을 찾는 일을 對外政策上 親明施策에 두었던 것이다. 親明尊統의 意義는 朱子의 正統觀에서의 影響을 생각할 수가 있다. 今西龍에 따르면 韓國人의 正統天子思想은 朱子學으로부터 유래된 것이라[156]고 인정하고 있다. 司馬氏著 「資治通鑑」에서 正統을 분명히 하고자 한 것도•朱子의 通鑑綱目 저술의 이유였다.

그의 綱目序에

「使夫歲年之久近國統之離合　事辭之詳略議論之同異　通貫曉析如指諸掌名曰資治通鑑綱目　凡若干卷……」

라고 함을 보면 國統에 일관성을 주시하였고 그 統의 源流를 멀리 夏殷周의 周에서[157] 잡고 있다. 孔子가 周를 따르겠다[158]고 한 것은 中國文化의 國統이 周로 계승됨을 인정하고 있음에 비추어 朱子가 周를 繼統으로 파악하고 있음은 당연하다고 하겠다. 親元과 親明의 外交岐路에서 新興明國을 中國의 正統으로 긍정하는 일은 親明策을 결정하는 名分으로서 가장 적절한 일이 아닐 수 없었다. 恭愍王이 한갓 明의 세력에 굴복해서가 아니라 革夷精神의 발로요 儒學思想의 영향이며 朱子의 春秋思想에 입각한 大義名分의 實現[159]이라는 理由도 여기서 발견된다. 그러나 여기서 주의하고자 하는 것은 尊統이라는 의미가 明國에 종속하고 나아가서 來來 中國에 屬國이 되어 主權을 포기함을 뜻하는가 하는 문제이다. 各國의 주체를 주체일 수 있게 할지언정 주체를 橫領하는 의미의 尊統일 수는 없다. 孟子가 말하는 「以小事大」를 慕華만으로 오해해서도 아니될 것이다. 孟子의 眞義는 仁政에 있고 覇道에 있지 않다. 「以小事大」란 「以大事小」하는 樂天을 외

---

156) 「元に入りて若くば在りて學問せし高麗人の子弟は少數ならざりき. 彼等は元に在りて學びしと雖も其學問は支那民族の學問にして從て彼等が感染せし思想は實に宋人の思想(朱子學)にしてこれらは宗主國たる帝國が正統のものなりや僞統のものなりやの問題に重きを置き正統の天子とは支那人にして三代以來繼承する所あるものなりき. 蓋し高麗には文士多かりき. 未だ元に服屬せざる時代に李奎報あり李仁老あり吳世才あり次で崔滋ありしが半島人の正統天子思想は朱子學より來るもの多し. (今西龍 朝鮮史の栞 李氏朝鮮)

157) 歲周於上而天道明矣 統正於下而人道定矣 大綱旣擧而監戒昭矣 衆目畢張而幾微著矣 是則凡爲致知格物之學者亦將慨然有感於斯……(資治通鑑綱目序)

158) 子曰 周監於二代 郁郁乎文哉 吾從周(論語 八佾)

159) 朱子學の傳來とその影響について, 尹文學士遺稿 第2章 第2節 前引

면하는 事大일 수는 없다. 事大事小는 한결같이 주체를 존중하는 의미를 지니는 孟子의 仁政에서 주장된 표현이다. 强者가 弱者를 침해하는 생각과 행동을 배격함이 곧 春秋의 義理思想이기에 淸의 勢力이 강화되어 明을 침범하는 非義를 용납하지 않았으며 宗統을 범한 元의 非理 또한 묵과할 수 없었던 것으로 생각된다. 孔子의 春秋는 中國史에서 처음으로 尊統의 歷史編纂이었고 朱子의 通鑑綱目은 春秋이후의 繼統의 歷史였으며 周邊國家로서의 朝鮮은 朱子學 導入이래 自主的 尊統에 고심을 겪는 時代라고 인정하게 된다. 國史편찬에 힘을 기울이게 되는 당시의 自主尊統의 모습에 주의하고자 한다. 그러나 鄭道傳은 周武王이래 箕子가 朝鮮侯가 되었고 그 이후 自立해왔음을 주장하면서 麗後易姓革命의 合理性을 名分化한 것을[160] 그의 朝鮮經國典에서 발견할 수가 있다.

ⓒ 社會에 끼친 영향

朝鮮朝建國은 李成桂에 의해서 開創되었으나 國號를 그전대로 高麗라 하고 모든 制度와 組織을 고치지 않은채로 一見 舊王朝의 연장과 같은 느낌을 주었으며 即位 2년 2월에 가서야[161] 朝鮮으로 正式國號를 삼았으며 아울러 集權的 封建制를 확립하였다. 經濟施策으로서는 農本主義에 입각하여 農業을 장려하고 田野를 개간하며 戶口를 증식하는데 힘을 기울였다.

太宗은 私兵制를 革罷하고 李氏王權의 확립과 集權政治體制를 굳게 하였으며 儒敎로 나라를 다스리는 의도는 점차로 더욱더욱 굳어져갔다. 在來로 폐해가 많았던 寺院을 정리하여 그 廢寺의 寺田을 회수하고 太宗 3년(1403)에는 銅活字를 만들어서 많은 書籍을 인쇄하였다. 秘記나 圖讖의 焚禁과 家禮實踐 등은 太宗의 儒敎施策 중에서 두드러지는 治績으로 꼽히는 것들이다. 이제 좀 더 자세하게 朱子學의 영향을 살피기 위하여 네가지 側面으로 구분해본다.

① 政治的인 側面

160) 海東之國 不一其稱 爲朝鮮者三 曰檀君 曰箕子 曰衛滿 若朴氏昔氏金氏 相繼稱新羅 溫祚稱百濟於前 甄萱稱百濟於後 又高朱蒙稱高句麗 弓裔稱後高麗 王氏代弓裔 仍襲高麗之號 皆窃據一偶 不受中國之命 自立名號 互相侵奪 雖有所稱 何足取哉 惟箕子 受周武之命 封朝鮮侯 今天子命曰 惟朝鮮之稱 美且遠 可以本其名而祖之 體天牧民 永昌後嗣 蓋以武王之命箕子者 命殿下旣矣 言旣順矣(朝鮮經國典)

161) 欽奉聖旨東夷之稱惟朝鮮之稱美且其來遠可以本其名而祖之……創業垂統旣得更國之稱

朱子의 政治觀에서 강조되는 점은 그의 尊統에서 살필 수가 있다. 고려의 對明外交를 朝鮮朝에서는 그대로 계승하였고 皇明은 周後인 宋을 統으로 하고 있다는 데서 名分을 찾았던 것이다. 尊周의 大義名分은 春秋義理思想에서 온 것이며 朱子의 이러한 역사의식은 그의 哲學 理論의 반영으로 생각된다.

朱子는 다음과 같이 말한다. 「나는 항상 理(統治의 原理)는 과거에 있어서나 현재에 있어서나 하나이며 똑 같다고 생각한다. 그 理를 따르는 者는 성공하고 어기는 者는 실패한다. 옛 聖人은 본래부터 홀로 그것을 實行했을 뿐만 아니라 現代의 영웅호걸중에서도 역시 理를 따르지 않고 하등의 공적을 쌓은 사람은 아무도 없다」고 하여 堯舜三王 周公孔子의 道가 그 이후 실현된 일이 없으나 마침내는 잔멸시킬 수는 없는 것이요 이것을 이어야 한다는 主張이다. 漢唐으로부터 내려온 統治는 覇道政治였고 그 사이에 잘못된 統은 歷史上으로 바로잡아서 서술되어야 한다는 着眼은 마침내 通鑑綱目을 쓰게 한 것이다.

通鑑綱目 序文에 「世代가 오래되므로 國統의 離合과 事辭의 詳略과 議論의 同異를 通貫曉析케 하여 알기 쉽게 資治通鑑綱目이라고 한다고 하면서, 스스로 天道를 밝히고 統을 아래로 바르게 해서 人道를 정한다」고 言明하고 있다. 蘇州府知府史應의 重刻序에는 晦庵 朱子는 春秋를 계승해서 綱目을 지어 天道를 밝히고 人紀를 바로 잡았다고 하였다. 朱子의 이와 같은 계통을 존중하는 歷史意識은 交替期에 朝鮮史統을 세우려는 鼓舞劑가 된 줄 안다.

對明關係에서의 尊統뿐만 아니라 朝鮮의 歷史가 가지는 宗統을 밝히려는 國史정리를 하게 된 것은 太祖의 努力이었다. 太祖는 鄭道傳(?~1398)과 鄭摠(1358~1397) 등이 高麗史 37권을 편찬하여 바쳤을때(1395) 太祖는 정치하는데 거울로 삼을 수 있고, 또 고려의 사실을 제대로 알아 볼 수 있다고 크게 칭찬을 하고 그 수고에 대하여 말과 주단과 백은을 상으로 하사하기까지 하였다. 太宗때 와서는 河崙(1347~1416)의 지휘하에 다시 고려사가 편찬되었다. 太宗은 말하기를 「高麗史를 내가 보려함은 高麗때의 잘된 일은 본받고 잘못된 일을 경계하는데 거울로 삼으려는 것이며 큰 일을 하는 데에는 항상 그 制度自體를 고증하고 정비하는데 근거를 삼을만한 것이 있어야 하기 때문에 보려는 것」이라고 하였다. 우리나라가 高麗에서 創建된 것이 아니라면 당연히 國統을 찾기 위해서는 고려이전의 歷史도 정리해야 할 것이다.
太宗은 2년(1402) 6월에 河崙과 權近과 李詹(1345~1405)에 三國史를
편찬하도록 명하였다. 權近은 三國史略을 올리는 글에서 「나라가 잘
다스려지고 못다스려진 사실들은 지나간 歷史에서 찾아 볼 수 있다」
고 전제하면서 「우리나라는 참으로 하늘이 지은 나라이다. 檀君께서
처음 나라를 세워 천여년을 이어왔고, 箕子가 이 땅에 봉해져서 8조
로 나라를 다스렸다고 하나 연대가 너무 오래되어서 문적의 전함이 별
로 없다. 四郡이 서로 갈라진지 오래이며 또 三國이 서로 다투었으나
이것을 합칠 힘이 그 어느 나라에도 없어서 서로 싸우기만 하였다.
三國에서는 각각 그 나라의 史記가 있으나 거기에 전해내려오는 사
실은 너무나 황당무계한 것이다. 또 기록을 보면 史記로서 적어야
할 것을 고루 다 다루지 못한 폐단이 없지 않다. 그 뒤 고려에 와서
金富軾이 司馬遷史記체제를 본 떠서 三國史記를 지었으나 이것 역시
깨끗하게 정리되지 못한 점이 많다」라 하고, 새로 三國史를 편찬하게
된 동기와 먼저 역사기록의 번잡하고 뒤섞인 폐단을 수정하기는 했으
나 마구 깎지도 않고 되도록 사실에 충실하려고 노력한 편집이라고
논하였다. 여기서 한가지 새로운 사실은 檀君문제였다. 일찌기 太祖
元年(1392) 8월에 禮曹典書인 趙璞(1356~1408) 등이 상서하여 宗廟·
社稷·山川·城隍·文宣王의 제례를 의논하면서 朝鮮檀君이 우리 나
라에서 제일 먼저 天命을 받은 임금이라고 지적한 바있다. 太祖 3
년(1934) 8월 趙浚(1346~1405)과 金士衡(1333~1407)이 太祖에게 國都
선정을 청할 때에도 檀君以來로 통일과 분열이 섞이어 왔으나 각각
도읍을 갖고 있었다고 하면서 檀君記錄을 역사적 기준으로 삼았다.
太宗때로 잡어들면서 河崙이 檀君제사를 箕子의 제례에 따라서 하도
록 건의하여 檀君을 始祖로 箕子와 함께 廟에 제사드리도록(1412)
청하였다. 이렇게 하여 「우리나라는 始祖는 檀君이며 하늘에서 왔으
므로 天子가 分封해준 바도 아니다. 檀君이 이 세상에 내려오기는 唐
堯戊辰年으로 지금까지 3천여년이 된다. 하늘에 제사하는 例는 어느
때 시작되었는지 잘 모르나 천년이 넘도록 아직 하늘에 제사하는 일
을 바꾸지 않고 있다. 우리 太祖도 이에 따랐으므로 하늘에 제사하
는 일은 폐지할 수 없다」는 주장이 太宗 16년에 확고한 禮로 규정되
었다. 이러한 國統에 대한 역사적 천명은 太宗업적에서 첫째 꼽을 일

이며 國家의 정신적 기틀을 禮에 두고자 하여 儒教를 國教로 삼으면
서 여러가지 法을 제정하려는 朝鮮朝初의 모습이 이런데서 드러나보
이고 있다.

儒學이 전래되기는 372년 고구려 小獸林王 2년으로 기록되어 있으
나 儒學의 理論을 전한 것이 朱子였고 朱子의 性理說은 麗末鮮初의 政
治變革속에서 다양하게 영향을 끼쳐갔다. 改革의 理論과 實際에 있어
서 더우기 儒臣들에 의해서 활용되어 갔음을 알 수가 있다. 春秋史觀
은 孔子의 歷史觀이라고 하겠으나 通鑑綱目은 朱子의 歷史觀叙述이다.
世宗은 일찌기 春秋를 읽었고 通鑑綱目도 4년(1422)서부터 5년(1423)
까지 경연에서 강의를 받기도 하였다. 이러한 흐름의 過渡에서 우리
歷史의 宗統이 정리되어 갔음은 지극히 자연스러운 일이었을 것이다.
歷史의 정리와 편찬은 새로운 制度를 창안하고 그 기틀을 바로잡기 위
하여 여러가지 제도적 근거를 발견하려는 所致이기도 하였다. 太祖 때
에는 鄭道傳이 「經濟文鑑」·「朝鮮經國典」을 편찬하여 국가정치의 바
른 길을 밝히려 하였고 이어서 공식적인 「經濟六典」을 편찬하기에 이
르렀다.

太宗 4년(1404)에는 다시 논의되었고 太宗 13년(1413) 봄에 가서 治
政하는 공식법전으로 續六典을 출판하여 정부의 각 부서에 배포시행
하게 되었다. 그러나 완전한 法典으로 완성되기까지는 그로부터 50년
이상이 소요되었다.

이렇게 시행되는 太宗의 法治는 지극히 合理的이며 이러한 合理合
法的인 통제는 전국적으로 散在해 있던 圖讖에 관한 서적을 모조리 걷
어들여 불살라버리고 이후로 엄하게 금지하기에 이르렀다. 처음 李太
祖가 도읍을 漢陽으로 옮기려고 할 때 河崙은 地理讖書에 의해서 毋
嶽山 기슭에 정하자고 주장할 정도로 상하 사람들이 널리 믿고 있던 圖
讖說에 대하여 太宗은 철퇴를 가하여 단호하게 금지하였다. 이렇게 단
행한 이면에는 李氏王權의 확립을 위하여 민간사회에 떠도는 왕위계
승에 관한 많은 잡설들을 일소하여 民心을 통제 안심시키려는 뜻도 없
지 않았으나 太宗 주변에 있었던 조정의 儒臣들의 영향이 크게 작용
하였다고 할 것이다.

太宗의 治政의 合理合法性은 書雲觀에 비치되어 있던 陰陽에 관한
서적도 들추어내서 太宗 17년(1417)에 불살라버렸고, 이러한 것이 모

두 고려시대의 陰陽說을 맹신하는 데서 이어져오는 것이라고 하여 일신하는데 노력을 기울였다. 太宗은 고려풍습으로 전해내려오는 것이라면 장례의 법까지도 고치는데 서슴치 않았다.

國史를 바로 써서 國統의 本源을 밝히고 여기에 근거해서 새로운 制度로 고쳐간다는 것은 爲政上 바람직한 일이 아닐 수 없다. 백성을 다스리는데 필요하고도 구체적인 여러가지 법적 규정은 支離하고 단편적인 것이 아니라 산만한 것 같은 속에서도 하나의 근본에로 귀일되는 體系의 의미가 있어야 한다. 國史로 뿌리를 밝히고 法典으로 治民의 體系를 삼으려고 한 朝鮮朝初期의 政治樣相은 확실히 고려말기와는 획기적으로 쇄신되는 모습이라고 하겠다.

政治의 基本法典을 마련하였던 것처럼 農業經濟政策에 있어서도 合理的인 方法이 강구되어 갔다.

② 經濟的인 側面

經濟의 中心이 農民의 農業에 있었던 만큼 國家經濟에 관해서는 農事가 그 中心을 차지하게 된다. 民은 農民인 까닭에 官民의 利害는 農法이 그 열쇠가 된다. 貢法과 稅法으로 官과 民의 利害가 相伴되어야 함에도 불구하고 서로 맞서서 고려말기부터 누적되어 내려오던 積弊는 백성들의 불평을 사오던 만큼, 이것을 是正해서 公平하게 하는 일은 특히 변혁기에 있어서 먼저 해야 할 일의 하나이다.

孔子에 있어서 足食은 民信의 다음가는 일이었고 孟子에 있어서는 국가의 기본경제를 井田營農에 두었음을 볼 수 있다. 土地制度의 積弊를 일신해서 貢稅를 원만하게 하는 일은 당시의 農民들에 活力素를 불어넣는 것이 된다.

貢賦에 대한 利害가 與民同樂하는 입장에서는 문제될 것이 없다. 百姓이 足하게 생각하는 貢賦는 문제가 되지 않는다.[162] 農業社會에서는 生産資産이 土地인 만큼 土地所有를 公正하게 하는 일은 土地制度를 바르게 하는데서 이루어지며, 또 이 制度를 바르게 시행함이 어진 政治라고[163] 孟子는 말한다. 朱子는 또한 먼저 經界를 바르게 해야 百姓을 곤궁속에서 구할 수 있다고[164] 생각하였다.

---

162) 百姓足 君孰與不足 百姓不足 君孰與足(論語 顏淵)

163) 夫仁政必自經界始 經界不正井地不均 穀祿不平 是故暴君汙吏必慢其經界 經界既正 分田制祿可坐而定也(孟子 滕文公上)

164) 今上下匱乏勢須先正經界 賦入既正總見數目 量入爲出 罷去冗費 而悉除無名之賦 方

고려 말기의 土地制度의 문란은 朝鮮朝의 農地改革에 큰 자극이 되었다. 田制整備는 王道를 실현한다는 名分과 民心을 수습할 수 있다는 현실적인 利點을 생각할 수가 있다. 고려 말기에 태동된 田制改革도 여기에서 趙浚을 통하여 昌王에게 다음과 같이 건의된 바 있다.

「仁政이란 반드시 經界에서 출발하는 것이다. 田制를 바로 잡고 나라의 財政을 정비하고 백성들로 하여금 먹고 사는데 녁녁하게 하는 것이 지금 당면한 가장 긴요한 일이다. 百姓들의 苦樂은 田制가 바로 잡히느냐 그렇지 못하느냐에 달려 있다」

고 주장하였다. 土地制度를 바로 잡아서 百姓들을 안정시켜야 하겠다는 생각은 李成桂一派의 改革論者들뿐만 아니라, 外勢를 배제하고 自立을 꾀하던 臣下들도 한결같이 田制改革을 생각해오던 것이다. 그러나 실제로 일체 과거의 전통을 배제하고 개혁후에는 그 전의 어떠한 조건도 용납할 수 없다는 강경한 주장은 실권을 잡고자하는 편에서는 이제까지 집권층이 쥐고 있던 權力과 富力을 한꺼번에 잡아낼 수 있는 일이 되지만, 당시 고려의 왕실과 그 주변의 권력층으로서는 극히 불리한 것이기 때문에 士君子의 살림이 궁핍해진다는 이유로 한때 강한력 반대에 봉착하기도 하였다. 반대하던 舊臣들이 추방되고 나서 公私田籍를 모아다가 松都에서 모두 불태워버렸으나(1390), 그로부터 2년 뒤의 7월, 이러한 상항에서 一朝에 田制를 改革할 수 없다고 판단한 李成桂는「田制는 그대로 高麗朝를 따르겠다」고 결심을 하여 開國공신을 위시해서 定社공신, 佐命공신들에게 공신전을 내려주기 시작하였다. 논공행상은 政局의 안정을 가져오는데 매우 중요한 일이거니와 토지대장의 소각후 토지분배의 대두되는 불평은 새 왕조로서는 쉽게 처리할 수는 없는 일이다. 占有의 公平을 기하기 어려웠고 특수층의 토지점유의 집중현상을 새롭게 막아내지 못하여 폐단을 답습하게 된 결과가 되었다는 것이다. 그러나 土地制度를 合理的으로 改革하려는 努力은 꾸준하게 계속되어서, 太宗初期에는 국가재정의 안정을 위해서도 全力을 기울이게 되었다. 田地의 관리와 貢稅徵收의 公正한 方案은 중대한 연구과제가 되었다.

世宗 25년(1443)에는 그동안에 논의되어 온 田制를 우선 정리하기 위하여 田制詳定所가 마련되었다. 이렇게 해서 전국의 토지조사와 貢

能救百姓於湯火中 若不認百姓是自家百姓便不恤 必大(朱子語類 卷111 論民財)

法稅法의 연구가 진행되어 점차로 農耕의 안정과 民衆의 厚生이 정착
되어갔다.

③ 敎育的인 側面

崇儒抑佛로 전환된 朝鮮朝의 敎育은 儒學中心의 制度下에 이루어졌
다. 漢陽에 儒學을 전공하는 最高學府로 成均館을 두고 京內에 四部
學堂을, 그리고 各 地方에는 牧府郡縣에 鄕校를 시설하여 교육을 하
였다. 國史를 정립하여 國統을 밝히고 法典을 편찬하여 정치의 근본
을 지키면서 國家將來를 위한 교육을 또한 儒學에서 구하게 되었다.

成均館의 시설은 文廟와 明倫堂이 주건물이고 그 밖에 여러가지 부
속건물들이 배치되어 있다. 尊經閣은 成宗 6년(1475)에 지었고 重要
圖書를 보관하는 곳이었으며, 啓聖祠는 肅宗 27년(1701)에 세워 孔叔
梁紇(孔子의 父), 顔無繇(顔回), 曾點(曾參의 父), 孔鯉(孔伋의 父), 孟激
(孟軻의 父)를 亨祠하였다. 丕闡堂은 顯宗 5년(1664)에 佛敎를 금하는
방침하에 북쪽에 있던 두 尼院을 헐어다가 지었다. 朱子의 「丕闡大猷
하여 抑邪興正이라」한 말에서 丕闡二字를 가져온 것이다. 이와 같이
모시는 聖賢도 儒敎一色이며 또한 佛舍를 헐어서 儒宮을 지었을 뿐만
아니라 丕闡堂 西側南北모퉁이에 지은 一兩齋와 闢入齋만 보더라도 朱
子가 일찌기 佛舍를 헐어다가 儒宮을 지은 다음 「一擧而兩得之」란 말
에서 「一兩齋」라 하고 「闢之而後에 可以入道」라 한 것에서 「闢入齋」라
고 한 점을 본뜬 것으로 미루어서 그의 排佛意識은 그대로 施設面에까
지 나타나 있음을 볼 수가 있다. 朱子學의 焦點이 理에 있고 보면 敎
育에 있어서는 이 理를 밝히는 窮理가 중요시된 것은 당연하다고 하
겠다. 그는 敎育의 목표를 다음과 같이 말하였다.

「옛 聖賢들이 사람을 가르치고 學問을 하는 뜻은 배우는 사람들로
하여금 義理를 講明하고 修身然後에 사람들에 推及하지 않음이 없
으며, 다만 記覽에 힘쓰고 詞章을 일삼아서 聲名을 낚고 利祿을 취
하지 않을 따름이다」(朱子大全 卷74 白鹿洞書院揭示)

라고 하여 義理가 강조되고 名利를 경계할 것이 천명되어 있음을 본
다. 이 白鹿洞書院에 게시된 學規는 다음과 같다.

〈白鹿洞書院 揭示〉

父子有親 君臣有義 夫婦有別 長幼有序 朋友有信
　　右五敎之目 堯舜使契爲司徒敬敷五敎卽此是也 學者學此而已而其

　　所以學之序亦有五焉其別如左

　博學之 審問之 愼思之 明辨之 篤行之

　　右爲學之序學問思辨四者所以窮理也夫篤行之事則自修身以至于處

　　事接物各有要其別如左

　言忠信行篤敬父 懲忿窒慾遷善改過

　　右修身之要

　正其義不謀其利 明其道不計其功

　　右處事之要

　己所不欲勿施於人 行有不得反求諸己

　　右接物之要」

　위의 게시내용은 書經舜典에 보이는 五典五敎에 유래된 것이며 孟子가 明人倫을 敎育指標로 삼았던 것을 白鹿洞書院學規로 삼은 것이다. 成均館의 明倫堂에도 이 白鹿洞書院學規가 그대로 게시되어 있다. 退溪는 이것을 그의 主著인 聖學十圖의 第6圖로 수록하고 있다. 成均館에서의 敎科는 四書와 五經의 儒學經典을 主로 하여 近思錄·諸史·呂氏鄕約·正俗二倫行實 등이었고 佛書나 老莊書籍과 기타 雜書는 讀書가 금지되었으니 주어지는 敎育內容과 권장하는 讀書도 儒學中心이었음은 물론이요, 學規마저 白鹿洞書院의 것을 원용하고 있음은 朱子의 思想을 얼마나 강하게 받고 있는가 하는 것을 짐작하게 한다.

　白鹿洞書院規는 요약하면 人倫에 관한 것이고 敎育의 中心이 人倫에 있었으니 敎育이 잘 이루어짐으로 해서 社會에 倫理秩序가 안정되며 四海同胞가 名과 富를 누릴 수 있다[165]는 金宗直(1431~1492)의 見解는 당시의 敎育이 倫理를 중시했음을 말해주는 것이며, 또한 倫理는 孝弟가 또 중심임을[166] 말한 점으로 미루어서 麗朝交替의 歷史背景에서 가고 있는 敎育方向을 이해할 수가 있다. 이러한 敎育의 倫理的 內容은 日常生活이나 社會規範으로서 구체적인 것이 요구되기도 하였다.

　④ 倫理的인 側面

　새로 建國된 朝鮮朝에서는 社會의 法秩序와 함께 필요했던 것은 倫

---

165) 講學苟明 則孝悌忠臣之敎 人人服習 由庠序而及閭巷 薰蒸條暢不能自已 五倫各得其序 四民各安其業 比屋可封之俗 亦因以馴臨矣(金宗直文集 密陽鄕校記)

166) 爲學有本原孝弟是也 孝弟也者無所不在 諸君在家則有家廟之事 於校則有釁采之禮……(同上 安陰縣新創鄕校記)

理的인 秩序였다. 麗朝의 王統을 바로하는 歷史편찬과 함께 社會倫理
를 바로잡는 일은 太祖·定宗·太宗 3代에 걸쳐서 국가의 紀綱을 세
우는 의미에서 중대한 政策이 아닐 수 없었다. 孝弟忠信의 儒敎倫理
는 時代狀況의 요청이기도 하였다. 佛式의 禮는 佛敎의 制限과 함께
점차로 儒敎式으로 바뀌게 되었고 儒敎式의 禮로 전환되어 가는데서
朱文公家禮는 큰 몫을 하게 되었다.

모든 것을 理에서 풀어내는 朱子에게서 禮는 天理의 節文이요 人事
의 儀側이었다. [167] 家禮의 本은 名分의 守요 愛敬의 實에 있고 冠昏喪
祭, 儀章度數는 家禮의 文[168]이라고 한 것을 보면 名分을 지키고 愛敬
을 실천함은 家禮의 근본인 것이고 冠婚喪祭의 儀式은 家禮의 형식이
라는 것이다. 朱子가 이 家禮를 지은 것은 習俗을 바로 하고 臨事의
應節을 알맞게 하는데 뜻이 있었으나 完成後에 一童子에 의해서 竊取
되었던 것이 文公이 易簀한 뒤에 世上에 나와서 행해지게 되었으므로
朱子에 의해서 改修된 바는 없다. 世代가 멀어지므로 해서 三代의 禮
가 현실에 맞지 않으므로 해서 알맞게 고칠 필요에서 家禮는 지어졌으
나, 대개 冠禮는 司馬氏에서 취했고 婚禮는 諸司馬氏와 程氏를 참고했
으며 喪禮는 司馬氏에 근본했다가 또 高氏의 것을 가장 좋은 것으로
참고로 했으며 祭禮도 또한 司馬氏와 程氏를 겸해서 참고했다고 朱子
는 자술하고 있다.

鄭圃隱에 의해서 家禮가 비로소 실행되기 시작[169]된 이후 儒敎로 立
國한 朝鮮朝로 들어서면서 家禮實踐은 점점 굳어져갔다.

太祖의 장례절차를 朱子家禮에 따라서 기록된 것은 喪葬儀軌였고 太
宗의 장례도 같이 儒敎式으로 치루었다. 나아가서 世宗 2년(1420)에
는 五服문제를 朱子家禮와 大明律에 따라서 중요하게 다루도록 하였
을 뿐만 아니라, 喪禮와 葬禮에 관해서는 朱子家禮에만 따르고 佛敎
의 儀式과 節次는 일체 금지하는 데까지 이르렀다.

한편 家禮의 出版은 일찌기 太宗 3년(1403) 8월 29일 平壤府에서
이미 이루어졌으며 150부를 各司에 頒布下賜한 바[170] 있다.

---

167) 禮者天理之節文人事之儀則……(論語 學而)
168) 凡禮有本有文 自其施於家者言之則名分之守 愛敬之實 其本也 冠婚喪祭 儀章度數者
　　其文也(家禮二序)
169) 倣朱子家禮 立廟作主 以奉先祀 禮俗復興……(圃隱文集 年譜 23年條)
170) 太宗實錄 卷6 太宗 3年 8月甲戌條

結 論 / 理・義와 남는 問題

高麗의 衰亡과 朝鮮朝의 建國을 이어주는 歷史過程에서 朱子學이 끼친 영향을 살피기 위하여 먼저 朱子學의 理論을, 그 形成背景과 그 體系와 그 특징을 먼저 알아 보고 崇儒政策의 底邊이 된 鄭道傳의 排佛論・義理思想・社會에 끼친 영향을 政治・經濟・敎育・倫理 순으로 고찰하였다.

麗末鮮初의 歷史變易속에서 가장 필요했던 것은 社會安定을 위한 根本政策이었고 太祖와 定宗과 太宗의 3代를 이어가면서 정착되어가는 朝鮮朝의 政策方向은 朱子學의 理論에 힘입은 바 크다고 할 것이다.

그의 根本思想에는 「理」가 안주하고 있었고 이 「理」는 現實의 모든 枝葉을 求心하는 處所였다. 그의 宗統・大一統에 대한 見解라든가 이 統에서 어긋나는 것에 대한 批判辨斥이라든가, 「直」을 중시하는 독특한 實踐意識과 같은 것들은 그의 「理」에서 導出派生된 것들이라고 하겠다.

朱子의 이러한 條理는 朝鮮朝初期에 建國하는 名分을 세우는데 저윽이 힘이 되었을 뿐만 아니라 國史를 편찬하는 契機를 주었고 부패된 佛敎를 추방하는데 排佛論이 援用되었으며 國統을 지키려는 義理精神을 북돋아주는 에너지를 제공하였다. 麗朝를 지키려는 忠이나 뒤에 오는 端宗을 복위시키려는 義나 胡族앞에 國權을 사수하려는 義나 倭族침략에서 祖國을 수호하려는 義를 일관하는 맥박에 滋養分이 되어간 줄 안다. 나아가서는 政治・經濟・敎育・倫理에 있어서도 本末先後의 체계적인 遂行을 각각 보여주었다. 仁政과 均田과 人倫과 本文은 政治的・經濟的・敎育的・倫理的인 一理요 法典편찬과 土地制度와 五倫敎育과 家禮頒布 등은 一理實現의 도구들이었다. 이러한 도구들은 朝鮮朝 草創期에 面目을 새롭게 해가는 데 큰 힘이었다.

그러나 여기서 배제할 수 없는 餘題가 있다. 韓國이 中國이 아닌 이상 朱子學을 맞이하기 以前의 이미 지니고 있었던 民族精神 위에 朱子學이 受容되어 갔음을 생각해야 할 것이며 그 受容에 있어서의 肯定的인 面과 否定的인 面이 있었다면 과연 어떠한 것인가 하는 것들은 다시 究明되어야 할 중요한 과제가 아닌가 생각된다.

韓國儒學의 實理性에 관한 考察
──退溪·栗谷·磻溪·茶山을 中心으로──

序　論

① 韓國文化와 韓國儒學의 特殊性

Ⓐ 文化의 特徵

韓國儒學이 전개된 과정을 여러 측면에서 말할 수 있겠으나, 여기서는 實理라는 問題를 중심으로 고찰하여보고자 한다. 우선 實理的 展開의 구체적 사례에 앞서 韓國에 있어서 그 文化와 儒學思想의 보편적 특수성과 實理의 개념에 관하여 접근해본다.

日本歷史를 연구하던 그리피스는 그의 著書「隱者의 나라 韓國」의 古代篇에서 「朝鮮」이란 「고요한 아침의 나라」라고 불리운다면서, 그 참뜻은 「精神的으로는 韓民族이라기 보다는 우선적으로 中國的인 사람들의 內的 感情의 표현이며 중국적 향취를 띄고자 하는 所望의 表現」으로 해석하여 비교적 主體性이 미약한 民族으로 본다. 한편 印度의 詩人 타고르는 韓國을 「아시아의 등불」로 상징했던 詩句는 잘 알려진 바와 같다. 물론 志向하는 경우가 다른 것이긴 하지만 意味上 엇갈림을 느낀다. 그러나 중요한 것은 眞實이 그들의 말에 있는 것이 아니라 實在與否의 事實性에 있음이 상기된다. 부정한다 하여 있던 것이 없어지는 것이 아니며, 긍정한다 하여 없던 것이 있을 수 없겠기 때문이다.

흔히 우리나라는 東方禮儀之國으로 일컬어지고 있는데 그럴만한 구체적 기록을 漢書·後漢書·山海經 등에서 찾아 볼 수 있다. 八條禁의 일부 기록이 있는 漢書 地理志에는 「東夷가 天性이 柔順하여 三方(南·西·北)의 族屬과는 다르다. 그런 까닭에 孔子는 道가 不行함을 유감으로 여겨 바다를 헤치고 九夷에 가서 살고 싶다고 하였으니 까닭이 있다」[1]고 하였다. 또 後漢書 東夷傳에는 山海經에 있는 君子國

---

1) 東夷天性柔順 異於三方之外(師古曰三方謂南西北也) 故孔子悼道不行 設浮於海 欲居

에 관한 기록을 인용하면서 東方에 君子不死之國이 있다 하고 그 夷
에는 九種이 있으므로 孔子가 欲居九夷라고 하였다[2]고 한다. 韓民族
이 東夷族에 근거한다고 볼 때 韓國의 古代精神은 그 수준이 높았음
을 엿볼 수 있다.

　다음은 우리기록에 의한 韓國文化의 일면을 살피기로 한다. 우선 民
族精神의 故鄕이라고도 해석되는 韓國의 神話 즉 檀君神話에서부터 그
淵源을 찾지 않을 수 없다. 그 신화의 실재적 과학적 해석에는 많은
문제가 있다 하더라도 현대의 教育理念까지 이어질 수 있다는 民族精
神文化의 역할이 至大한 것이었다고 생각되기 때문이다. 三國遺事 古
朝鮮條에 보면「古記에 이르되 옛날에 桓因의 庶子 桓雄이 있어 자주
天下에 뜻을 두고 人間世를 탐내거늘 父가 子意를 알고 三危太伯을 내
려다 보니 人間을 널리 이롭게 할 수 있으리라 생각되어 이에 天符印
세개를 주어 가서 다스리게 했다. 桓雄이 무리 三千을 거느리고 太伯
山頂 神檀樹 밑에 내려와 神市라 이르니 이를 桓雄天王이라 한다」[3]고
하였다. 여기서 특히 주목되는 것은 널리 인간을 이롭게 한다는 弘益
人間과 神市에 관한 의미이다. 弘益人間에서 보이는 人間中心 意識은
후기 人乃天의 東學精神과 연결되어 人間尊重이라는 韓國思想의 一貫
된 特徵을 나타낸다. 또 神市라는 社會는 祭政一致의 神政社會로서 古
代韓國 政治社會의 한 대표적 형태로 보인다. 古代社會에서의 祭天行
事는 이와 깊은 관계가 있었던 것으로 보인다. 이와 같이 檀君神話에
서의 弘益人間·神市의 意味志向은 韓國文化의 政治的 입장에서 그 特
殊性이 밝혀질 수 있는 것으로 이해된다.

　한편, 韓國의 哲學思想은 혼히 中國의 哲學思想에 지나지 않는 것
으로 해석하기도 한다. 그러나 그러한 中國思想의 影響은 적지 않은
것이었지만 우리민족의 主體的 思惟過程에서 융합되고 생성되었던 것
이 전혀 없었다고는 할 수 없다. 일찌기 唐에 유학하여 당시 中國의
思想을 음미하고 文章과 學識에 뛰어났던 崔致遠이 지적한「國有玄妙
之道」란 말은 韓國의 主體的 哲學思想이 존재했음을 가능하게 한다.

　　九夷 有以也(漢書 地理志)

2)　天性柔順 易以道御 至有君子不死之國焉(山海經曰君子國衣冠帶劍食獸使二文虎在旁)
　　夷有九種……故孔子欲居九夷也(後漢書 東夷傳)

3)　古記云昔有桓因庶子桓雄 數意天不貪求人世 父知子意 下視三危大伯 可以弘益人間
　　乃授天符印三箇遣往理之 雄率徒三千 降於太伯山頂神壇樹下 謂之神市 是謂桓雄天
　　王也(三國遺事 古朝鮮條)

그는 鸞郎碑序에서 「國有玄妙之道 曰風流 設敎之源 詳備仙史 實乃包含三敎……」라고 하여 玄妙之道로서의 風流道를 말하면서 이에는 三敎가 포함되어 있다고 보았으니 주목되는 점이다. 儒·佛·道의 三敎가 集成되었거나 折衷되어 玄妙之道를 파생시킨 것이 아니라, 오히려 연면히 계속되는 民族固有思想으로서의 風流思想에 三敎의 내용이 포함되어 있다는 것으로 해석되어야 할 것이다.

다음은 고려조에 있어서 崔承老의 時務論에서 보이는 儒佛觀을 지적하여 본다. 그는 佛敎를 修身之本이라 하고 그 修身은 來生之資로 至遠한 것이라 하고, 儒敎는 理國之源이라 보고, 그 理國은 今日之務로 至近한 것이라 하면서 가까운 것을 버리고 먼 것을 구함은 잘못이 아니겠느냐고 하였다.[4] 佛敎儀式이 풍미했던 당시 정치 사회의 정립은 儒敎的 論理에 의해 가능하다고 본 견해이다.

한국철학사상의 本質은 崔致遠의 玄妙之道나 圓光의 世俗五戒가 뜻하는 바와 같이 그 어느 一面에 치우쳐 편벽되지 않고 三敎를 비롯한 諸思想을 포용할 수 있는 人道精神의 흐름에 있다. 즉 儒·佛·道를 말하더라도 상호 대립적으로 理解하는 것이 아니라 三敎가 一源에 共在하여 내로 융화하고 밖으로 드러나는 참 眞理의 모습에[5] 한국철학사상의 特徵을 지적할 수 있다고 본다.

한편, 朝鮮朝에 접어들면서 儒敎文化가 우세하여 종래에는 政敎思想을 中心으로 실천유교의 學風이 강조되었지만 「鄕校」라고 하는 교육기관을 통하여 그 정립을 강화하게 되었다. 成宗朝 士林政治의 中心的 人物이었던 金宗直은 고을의 風俗이 해이해지고 정치가 막혀 잘 되지 못하는 근원은 學校講學의 밝지 못함에 있다[6] 하여, 학교 교육의 기능회복을 강조하였다. 또 그 교육 가운데서도 根本을 孝弟에 두어 그 自覺과 體現에서 倫理的 人間行爲를 기대했던 것이다.[7] 이는 新羅의 强首가 어렸을 때 佛敎보다는 儒者의 道를 배우고 싶다고 말한 데서도 보이는 바와 같이,[8] 韓國敎育文化의 實質은 儒敎의 孝弟忠

---

4) 行釋敎者修身之本 行儒敎者理國之源 修身是來生之資 理國乃今日之務 今日至近來生至遠 捨近求遠不亦謬乎(高麗史 卷93 崔承老傳)
5) 儒書韞志勤修則政敎是與 佛法在心敬虔則福綠克□ 所謂雖在□ 三敎共在一源 直理內融化門外顯者也(朝鮮金石總覽上)
6) 鄕閭風俗所以澆 漓朝廷政化所以壅閼 其病源專在於學校講學之不明也(佔畢齋文集 卷1 與密陽鄕校諸子書)
7) 爲學有本原孝弟是也 孝弟也者無所不在……(上同 卷2 安陰縣新創鄕校記)

信을 중심으로 民族社會의 흐름과 더불어 계속되었다고 보여진다.

B 儒學思想의 特徵

韓國儒學은 中國儒學에 근거하고 있지만 韓國儒學이 곧 中國儒學이라고는 볼 수 없다. 古代에서 中國儒學의 전래와 섭취과정에서 佛敎나 西歐宗敎와 같이 어떤 葛藤期가 없었다는 사실과 高麗 이전까지의 漢唐儒學의 전개나 麗末 朝鮮朝 이후의 性理學과 중기 이후의 實學 등 중요한 儒敎學風은 中國儒學의 전개와 병행되어 왔다는 점에서 韓國儒學은 中國儒學에 기본한다고 말할 수 있겠다. 그러나 宋代의 性理學이 전래될 때까지 한국의 儒學者들은 단순히 儒學만을 강조한 것이 아니라 佛敎와 道敎, 그리고 民族固有精神에 입각하여 그 융합을 꾀하고 우리의 精神史를 이루어 왔으며, 性理學 傳來 이후에 있어서도 中國과도 달리 詞章儒學이 문제되었던 점에서는 그 性格을 같이하지 않는다. 또 중국의 性理學이 宇宙論的 理氣說에 치중한다면 韓國의 性理學者들은 人性論的 心性情論에 더 많은 관심을 두었다는 점은 잘 알려진 사실이다.

性理學 傳來와 더불어 詞章中心의 學風이 理論儒學으로 변천되면서 哲學的 認識과 실천적 윤리의 節義문제가 더욱 강조되었다. 高麗에는 忠臣이지만 朝鮮朝에는 그렇지 못했던 鄭圃隱의 節義精神을 조선조 眞儒들이 높이 평가했던 점은 그 좋은 실례라 할 것이다. 16세기를 전후하여 新進儒學者들의 정치 참여에서 드러나는 義理와 節義精神은 韓國儒學의 특징적 要素가 아닐 수 없다. 특히 趙靜庵을 중심으로 하는 至治主義 儒學派도 「崇道學·正人心·法聖賢·興至治」를 역설하여 三代之治의 회복을 강조했던 점은 주목되는 부분이다. 이러한 重義精神은 국가가 危難에 처할 때마다 강조되었으며, 민족의 주체성을 이루는 名分論에 큰 영향을 끼쳐왔다.

한편, 鄭道傳과 權陽村 등의 排佛崇儒的 批判精神은 후기 程朱學을 優位로 하는 性理學을 가능하게 하였다. 思想的 입장에서 뿐만 아니라 政治的 입장에서 佛敎를 배격하여 佛事를 제거할 것을 주장한 것이다. 또 趙光祖의 上疏文에서도 보이는 바와 같이[9] 道敎的 행위에

---

8) 對曰愚聞之 佛世外敎也 愚人間人 安用學佛爲 願儒學者之道 父曰從爾所好(三國史記 列傳)

9) 靜庵이 弘文館 副提學時 「弘文館請罷昭格署疏」를 올렸음

대하여도 비판을 가했다. 李晦齋는 「與亡機堂書」에서 老佛思想을 더욱 理論的으로 부정하였는데 이는 退溪가 높이 평가한 것이기도 하다.

徐花潭의 氣哲學도 韓國儒學의 一面을 높이는 것이기는 하지만, 退溪에 있어서는 理尊說에 근거하여 그 理論을 비난한다. 또 그는 程朱學을 드높이고 陽明學을 배척하여 「傳習錄論辨」을 지었으니, 그 후 陽明學은 공인된 學問의 位置를 상실하게 되었다. 퇴계의 性理說에서 理는 極尊無對하여 명령하는 자리지 명령받지 않는 것이라[10] 하여 人間의 神聖性을 고양시키고 있음을 보게 된다. 退溪는 理氣와 四端七情의 心性情에 관한 認識論的 倫理的 硏究에 더욱 致力하였다. 理發氣發을 전제하는 退溪는 理氣不離不雜을 본질에 있어 인정하지만 不雜의 면에 치중한다면 氣發만을 인정하게 되기 쉬움을 경계하였다. 退溪와 栗谷은 잘 알려져 있는 바와 같이 韓國 性理學者의 대표자로서 程朱學을 높이는 한편, 좀 더 심화된 人性論的 哲學體系를 정립함으로서 韓國 性理學의 한 특수성을 보이고 있는 것이다. 그 후기에 있어 陽明學 배척의 형성과 禮論의 是非問題, 黨爭에 얽힌 名分論의 問題, 空疏한 學風에 대한 반성과 淸代의 學風에 영향받아 형성되는 實學의 문제들 속에서도 역시 韓國儒學의 展開에서 나타나는 일관된 특징으로 人間中心이라는 점을 지적할 수 있다.

한편, 韓國儒學의 功罪를 논함에 있어서 玄相允선생은 그 功으로 「君子學의 勉勵·人倫道德의 崇尙·淸廉節義의 尊重」을 지적하고 그 罪로는 「慕華思想·黨爭·家族主義의 弊害·階級思想·文弱·産業能力의 低下·尙名主義·復古思想」을 말하였다. [11] 이에 대하여 李相殷 선생은 玄선생의 주장에 대해 儒敎의 本質的 입장에서 각각 논리적으로 재검토를 가하고 있다. [12] 어느 사상이고 그 시대에 미치는 功過의 問題는 찾아 볼 수 있다고 본다. 다만, 그 罪를 말함에 있어서는 末端的 一面만을 보고 全體가 그런 것처럼 평가하는 것은 위험한 일이라고 생각된다. 말하자면 性理學을 空理空論으로 규정한다든가, 黨爭을 韓國儒學의 特徵으로 본다면 그것은 性理學의 本質과 性理學者를 구별하지 못하고, 또 참다운 儒學의 本質과 儒學者 그리고 爲政者를

---

10) 理本其尊無對 命物而不命於物 非氣所當勝也(退溪全書 卷13 答李達李天機)

11) 朝鮮儒學史 pp4~9

12) 儒學과 東洋文化 pp280~294

구분하여 이해하지 못하는 所以에서 비롯되는 것이라고 지적할 수 있다. 오히려 韓國儒學의 흐름에 있어서 그것이 일단 弊端의 形態에 접어들면 다시 本質에 눈을 돌려, 이를 극복하려던 本質的 노력이 계속되어 온 것으로 보인다. 性理學이나 實學의 대두도 결국은 儒學本質을 어떻게 확인하고 구현할 수 있느냐는 절실한 입장에 그 根本精神을 두고 있음을 볼 때 實理라고 하는 순수한 문제를 중심으로 韓國儒學을 一考해봄은 무의미한 일만은 아닐 것이다. 이에 實理란 어떤 의미로 가능한가 그 概念問題를 정리해보고 본론에 들어가기로 한다.

② 實理의 概念

일반적으로 感性的인 利欲을 추구하다 보면 理性的 義理에 어긋나고, 義理만 추구하다 보면 利欲을 막아야 하는 어려움을 경험한다. 또 形而上學的 先驗的 理論에 치중한다면 경험적 現實이 경시되지만, 경험적 요소에 치중하면 人間의 先天性의 결핍을 초래하는 경우가 있다. 그렇다면 그러한 兩面을 좀더 바르고 확연하고도 一貫性 있게 파악하고 실천할 수는 없는 것인가 하는 문제가 대두된다. 認識論에 있어서도 主觀과 客體 그 어느 면에 치우침이 없이 本然의 자세에서 참모습을 인식하고, 體現하는 문제와 관련하여 「實理」를 생각해보고 그 입장에서 韓國儒學의 흐름을 一瞥해보고자 한다.

「實理」라는 말에서 理의 뜻보다는 實의 의미에 주목이 간다. 理는 眞理·理致·道理·理法 또는 自然法則 등으로 해석하여 무리는 없을 것이다. 그러나 「實」이란 實學의 概念定立에서도 問題되듯이 간단하지는 않다. 우선 空과 虛에 대립되는 입장에서 實質·實德·實證·誠實·事實 등에서 쓰이는 實의 共通意味를 전제하고, 先儒들이 사용했던 「實」의 用例를 찾아보고 實理라는 개념을 정리해보기로 한다.

孟子는 「仁의 實은 事親에 있고, 義의 實은 從兄에 있고, 智의 實은 이 두가지를 잘 알아 그에서 떠나지 않는 것이고, 禮의 實은 이 둘을 잘 조절하는데 있고, 樂의 實은 이 둘을 즐겨 함이라」[13]고 하여, 「仁·義·智·禮·樂」의 本源處를 實로 표현하고 있다. 또 宋代 性理學者인 程子는 命과 理와 性과 心이 그 實로는 「一」이라[14] 하였고 「내

---

13) 仁之實事親是也 義之實從兄是也 智之實知斯二者不去是也 禮之實節文斯二者是也 樂之實樂斯二者 樂則生矣(孟子 離婁上)

14) 在天爲命 在義爲理 在人爲性 主於身爲心 其實一也(二程全書 卷18)

가 배워 비록 받은 바 있으나, 天理二字는 스스로 터득한 바」[15]라 하
여 그 哲學의 實質的 表現을 하고 있다. 참다운 誠實의 哲學的 思惟
에 의하여 궁극적 理致를 體認하였다고 보여진다. 또 宋代 性理學者
의 「實學」에 대한 일반적인 견해를 「其書始言一理 中散爲萬事 末復合
爲一理 放之則彌六合 卷之則退藏於密 其味無窮皆實學也」[16]에서 찾아
볼 수 있다. 보통의 學이 아니라 참다운 實質的 學問으로, 中庸의 논
리를 이해하고자 했던 것으로 보인다. 이러한 實學의 用語는 空疏한
性理學에 反動으로 등장되는 淸代學風의 뜻으로 통용되어 그 문제점
이 발생되기도 하였다. 후기 學風으로서의 實學은 漢書에 나타났던 實
事求是의 學으로 요약되는데, [17] 이는 事實을 바탕으로 그 眞相과 眞
理를 구하고 가치를 부여함으로서 經世致用의 經濟理論을 지향하게 되
었다.

이상에서 「實」의 몇가지 用例를 살펴보는 데서 엿보이는 바와 같이
實은 곧 眞實無妄하다고 하는 誠實로서의 人間德性에 관련된다고 보
여진다. 「誠者天之道 誠之者人之道」[18]라는 말에서 誠이 곧 天과 人의
관계를 가능하게 하는 요체로 해석된다. 朱子는 誠을 眞實無妄으로 해
석하였고, 栗谷은 誠을 「天之實理 心之本體」로 해석하였다. [19] 栗谷은
天에 實理가 있고 人間에 實心이 있다고 하여, 단순한 天理나 人心보
다 더욱 강조하려는 本質的 意志에 착안하였다. 朱子에 있어서도 「天
下之物皆實理之所爲」[20]라고 하여 不誠이면 無物이라는 의미를 해득하
고 있다. 이 誠과 實理는 實在論的 문제에서뿐만 아니라 認識論的 입
장에서 중요시되지 않을 수 없다. 認識主觀과 客體사이에 설명되는 格
物致知의 解得은 誠의 태도가 아니면 어렵게 생각되기 때문이다. 誠
의 밝고 바른 태도에서 人間主體와 外的事物이 바르게 인식될 수 있
다는 것이다.

요컨대 實理에서의 實은 誠實性으로써 인간의 참다운 德性에 관계
된다면, 理는 事理로서 知의 問題에 관련되는 것이라고 생각된다. 實

---

15) 吾學雖有所受 天理二字却是自家拈出來(上蔡語錄 正誼黨全書本 卷上)
16) 中庸序註
17) 修學好古實事求是 註：師古曰務得事實每求眞是也(漢書 河間獻王德傳)
18) 中庸 20 章
19) 栗谷全書 卷 21 聖學輯要 3
20) 中庸 25 章「誠者物之終始 不誠無物」朱子註

理는 誠實과 事理의 調和로서 人間主體와 事實의 客體를 가장 바르고 적확하게 融會一貫시킬 수 있는 가능성이 내재된 의미로 규정된다. 따라서 實理性이 결여된 사상이나 주장은 공허하고 무의미한 것으로 되기 쉽다고 생각된다.

本　論

① 實理의 淵源

韓國儒學은 三國時代 이후 政治·敎育思想의 中心이 되어 왔으므로 그 學者들은 매우 많지만, 여기서는 論題와 관련하여 그 代表的 人物의 主要思想을 살피면서 그 實理的인 傾向을 검토해보기로 한다.

麗末鮮初에 접어들면서 韓國儒學의 性理學的 정립이 되며, 朝鮮朝建國이라는 역사적 事實에 접하여 당시 儒學者들은 크게 두 입장으로 나누인다. 하나는 그에 동조하여 思想的 基盤을 돈독히 했던 鄭道傳과 權近의 입장이고, 다른 하나는 鄭圃隱과 吉冶隱의 계통이다. 鄭三峯은 「佛氏雜辨」과 「心氣理篇」의 大論文을 지어 佛敎뿐만 아니라 道敎思想까지도 비판하는 동시에, 理學으로서의 程朱學을 신봉하여 당시의 指導思想으로 옹호하였다. 또 權陽村은 「入學圖說」과 「五經淺見錄」을 저술하여 鄭三峯의 견해를 더욱 심화하였으며, 그의 哲學思想은 鄭之雲·李退溪 등 후기 學者들에게 영향을 끼치기도 하였다. 한편 鄭圃隱의 節義는 朝鮮朝義理精神에 根源이 됨은 앞에서 지적한 바와 같다. 그는 「儒者之道 皆日用平常之事」[21]라 하여 儒道를 공허한 觀念으로 이해하지 않았으니, 우리나라 理學의 祖로 칭송된다. 圃隱의 重義精神은 伯夷叔齊와 비유되는 吉冶隱에 연계되어 그 후 「金叔滋·金宗直·金宏弼·趙光祖」의 系列로 지속되었다. 이들은 士林政治를 구현하려다 被禍되었던 中心人物로 널리 알려져 있다. 특히 趙靜庵의 道學精神과 至治主義는 儒敎의 理想社會인 堯舜時代가 目前에 전개되는 듯 기대할 정도였으며, 그의 性理學的 견해도 人性論的 解釋과 浩然之氣와 관련하여 파악되는 바 退溪가 그의 行狀에서 칭송하듯이[22] 그

---

21) 高麗史列傳 卷30
22) 一時士林之禍雖可謂於悒 而先生崇道倡學之功 亦可謂漸及後世矣(靜庵集附錄 卷6 行狀)

學行이 深切했음을 알 수 있다. 또 栗谷은 그를 眞儒로서 높이 평가한다.

朝鮮朝 性理學의 頂上인 退溪·栗谷에 앞서 지적해야 될 儒學者는 李晦齋와 徐花潭이다. 李晦齋는 曺漢輔와의 論辨에서 老·佛思想을 비판함과 동시에 太極·理氣論을 정립하였다. 그는 「無極而太極」을 理先氣後와 理氣不離不雜과 관련하여 해석하였으며, 理體氣用 理先氣後의 理尊的 創見을 발휘하여 後學인 退溪에게 至大한 영향을 주었다. 退溪는 晦齋의 行狀에서 그의 學德을 尊慕했음을 밝히고 있다. 23) 그러나 氣一元論을 주장한 花潭의 견해는 晦齋의 입장과 대조된다. 退溪는 花潭의 理論에 관하여 氣에는 정밀하나, 理에는 심히 투철하지 못하다고 지적하고 있으며, 24) 栗谷도 「認氣爲理之病」25)이 있다고 비평하였으니, 후기 韓國性理學에 큰 영향을 끼치지는 못하였다. 그러나 理氣의 개념이 문제되는 한편, 花潭 자신에 있어서 理氣不離의 妙處를 覺得했던 점은 높이 평가할만한 것으로 보인다.

이상과 같이 朝鮮初期부터 심화되어갔던 性理學은 더욱 고조되어 退溪와 栗谷의 大性理學者로 이어진다. 退溪는 程子學의 일반적 입장인 理優位說을 받아들여 理尊的 性理說을 전개하였으며, 그는 理氣의 渾沌을 반대하면서 理는 極尊無對한 것으로 前에 지적한 바와 같이 「命物而不命於物」의 우위성을 堅持해 있다고 생각된다. 또 그는 古今의 사람들이 學問·道術의 차이를 두게 되는 까닭은 다만 理를 알기 어렵기 때문이라 하고, 이 理는 지극히 虛하지만 지극히 實하고 지극히 無하지만 지극히 有하다고 하여26) 그 참모습인 實理를 覺得할 것을 강조하였다. 退溪는 奇高峰과의 論辨과 더불어 자신의 哲學的 思惟를 깊이하였던 바, 理氣互發說에 근거하여 四端七情說과 善惡問題를 설파하여 中國의 性理學과 달리 韓國性理學은 人性論的으로 심화하여가는 특성을 보여주고 있다. 특히 그의 理到說은 認識論的 立場에서 性理學의 實理的 傾向을 분명하게 나타낸 것으로 有名하다고 할 것이다.

---

23) 若有窺覘於塵蠡間顧無所依歸而考問 然後未嘗不慨然想慕乎先生之爲人(退溪全書 p1027)

24) 論氣則精到無餘 而於理則未甚透徹 主氣太過 或認氣爲理(退陶先生言行通錄 卷5)

25) 栗谷全書 卷10 答成浩原

26) 蓋嘗深思古今人學問道術之所以差者 只爲理學難知故耳 ……此箇物事 至虛而至實 至無而至有……(退溪全書 卷16 答奇明彦 別紙)

한편 栗谷은 理氣二元을 말하지만 그것은 實在에 있어 불리함을 강조하여 보기 어렵고 말하기 어려운 理氣之妙處라는 하나의 本源處[27]를 지향한다. 이러한 見解는「一而二 二而一」의 論法인 理氣一元的 兩面論으로 전개된다. 그는 退溪처럼 理發을 본질적으로 인정할 수 없다는 점에서 상호 차이를 나타낸다. 栗谷의 理氣觀은 氣發理乘一途說과 理通氣局說로 요약된다. 또 太極陰陽에 있어서도 不相離·無先後의 本體論的 理論을 전개함에 그 實을 견지하니 事實問題에까지 一貫되고 있다.

退栗 이후에 있어서도 그 學派를 비롯하여 禮學이나 陽明學에 저명했던 學者들이 많이 있었지만 여기서는 약하기로 하고, 實學者의 代表的 人物로 柳磻溪와 丁茶山에 한하여 살펴보기로 한다. 물론 그 이외에 李瀷·朴趾源·金正喜 등 많은 實學者가 있으나 대표로 두 사람을 들어보고자 한다.

柳磻溪 이전에도 實事求是의 實學風이 싹트기는 하였지만 그가 그것을 體系化하여 하나의 學으로 정립했다는 점에서 초기의 대표자로 불린다. 그는 당시의 性理學이 空理空論으로 현실을 경시하므로 이에 비판을 가하면서, 관료적 封建制度를 一大改革하려는 의욕은 그의 많은 著書로 나타났다. 그의 磻溪隨錄에서 볼 수 있는 바와 같이 모든 社會體制에 관해 經綸을 제시하고 있다. 이러한 經世濟民의 思想的 根源은 역시 正統性理學風에 이어지는 바 뒤에서 자세히 살피기로 한다. 한편 丁茶山은 實學을 集大成한 學者로 그에 대한 해석은 매우 많다. 시대적 흐름에 따라 實學이 高揚되고 天主學이 전래되어 그의 基本精神에 영향을 미치기도 하였다. 그는 程朱學과 陸王學에 비판을 가하면서 長短을 고르고, 修己治人的 儒教本質을 實踐倫理的으로 해석하고 그 구현을 강조하였다. 그의 理論은 上帝의 天命問題로부터 牧民의 現實問題까지 일관되어 전개된다. 뒤에서는 그의 理氣觀을 중심하여 그 입장을 고찰하기로 한다.

② 退溪 理到說에서의 實理

退溪의 性理說에 관하여 앞에서 지적한 바와 같이 그는 正統程朱學의 理優位說과 晦齋의 尊理說을 높히며, 또 自得한 創見에 근거하여

---

27) 理氣之妙 難見亦難說 夫理之源一而已矣 氣之源一而已矣(栗谷全書 卷10 答成浩原)

그의 哲學體系를 정립하였다. 그는 理貴氣賤의 見地에서 理가 비록 無 爲이기는 하나, [28] 그 理에 活性을 인정하고자 하는 것이 退溪性理學 의 한 根本的 특징이다. 理가 死物이 아닌 까닭에 理發의 문제가 제 기된다. 氣發에는 누구나 수긍이 가나 理發에는 쉽게 이해되지 않는 다. 초기 理發의 問題는 理到說에서 問題되는 理의 能動性과는 一致 되는 것은 아니지만, [29] 그 發端은「四端發於理 七情發於氣」라는 鄭之 雲의 天命圖 文句를「四端理之發 七情氣之發」이라 수정한 데서 비롯 된다. 이 수정한 文句는 후에 退溪가 朱子語類에서 같은 내용을 발견 하였으므로[30] 더욱 자신하였던 것이다. 이러한 理氣四七의 분석적 해 석은 朱子의「理與氣決是二物」이라고 하는 不雜의 입장을 구체화한 듯 싶다. 朱子는 理氣의 存在에 관하여 物 위에서 보면 理氣가 分開하여 따로 있을 수 없다 하고, 理 위에서 보면 비록 物이 없더라도 그 物 의 理는 있다고 하였다. [31] 그 注目하는 경우에 따라서 理氣의 존재론 적 파악이 달라짐을 밝혀준 것이다. 退溪도「理發而氣隨之는 主理로 서 말할 따름이요, 理가 氣의 밖에 있다는 것이 아니다. 氣發而理乘 之는 主氣하여 말하는 것이지 氣가 理의 밖에 있다는 것이 아니다」[32] 라고 하여 그 主로 해서 보는 입장에 따라 理發氣發을 인정하게 된다 고 보았다. 또 그는 理氣互發에 있어 理氣相須와 그 共存을 구체적 一 身에서 體認할 수 있도록 설명한다. [33] 뿐만 아니라 理氣互發을 논하 면서 天下에 理없는 氣가 없고 氣없는 理가 없다 하여[34] 그 不離性을 강조하였다. 不雜面인 理尊的 견해라 하여 實在的 不離面을 경시하지 는 않았던 것이다.

退溪는 晚年에 認識面에서 理의 活性을 인정하면서 理到說의 견해 를 나타낸다. 종전까지의 理發問題는 四端七情의 感發的 側面에서 밝

---

28) 理貴氣賤 然理無爲而氣有欲(退溪全書 卷12 與朴澤之)
29) 拙著「退溪의 哲學思想硏究」p69
30) 四端是理之發 七情是氣之發(朱子語類 卷53)
31) 所謂理與氣 決是二物 但在物上看則二物渾淪 不可分開各在一處 然不害二物之各爲一 物也 若在理上看則 雖未有物而已有物之理 然亦但有其理而已 未嘗實有是物也(朱子 大全 卷46 答劉叔文)
32) 大抵有理發而氣隨之者 則可主理而言耳 非謂理外於氣 四端是也 有氣發而理乘之者 則可主氣而言耳 非謂氣外於理 七情是也(退溪全書 卷16 第二書改本)
33) 蓋人之一身 理與氣合而生 故二者互有發用而其發又相須也 互發則各有所主可知 相須 則互在其中可知(上同 卷16 答奇明彦書)
34) 天下無無理之氣 無無氣之理(上同 卷36 答李宏仲問目)

히는 것이라면, 理到說에서의 理는 格致의 側面에서 생각되는 것이므로 理의 능동적 活性을 말한다 하더라도 그 경우가 다르다. 이러한 實證은 그가 70세 때 奇高峰에게 답하는 글 가운데 어제까지의 잘못을 깨달았다고 하면서, 「다만 朱子의 理無情意·無計度·無造作之說을 지킴으로써 物의 極處에 窮到하려 하였으니 理가 어찌 스스로 極處에 이르렀으랴」[35]고 말하는 가운데서 발견된다. 즉 理에 自意性을 인정하지 않고 格致를 궁구하는 已格已到의 認識方法인 窮到에만 주력했던 점을 시정하는 것이었다. 認識主體가 對象에 이르는 窮到의 認識過程에서 本體論的 立場으로 實理的 認識可能性을 밝힘에 있어서 退溪는 大學或問의 朱子註를 援用하면서 이론을 전개한다. 朱子는 理는 비록 萬物에 散在하나 그 用의 徵妙는 실로 一人의 心 밖이 아니라 하고, 理는 반드시 用이 있고 心의 體는 이 理를 具有하고 있으며 또 理는 無所不該하다고 하였다. [36] 退溪는 이것을 종합하여 본질적 極處에 대한 實理的 태도로 다음과 같은 理到說을 밝힌다. 즉 「그 理의 用이 비록 人心 밖에 벗어나지 않지만 그 用의 妙한 所以는 실로 이 理의 발견인 바, 人心에 이르는 바에 따라 이르지 않는 바가 없고 다하지 않는 바가 없다. 다만 나의 格物이 이르지 않을까 걱정할 일이지 理가 스스로 이르지 못할까 걱정하지는 않는다.」[37] 그는 이어서 「格物로 말하면 본래 내가 物理의 極處에 궁구하여 이른다고 할 것이지만 物格으로 말하면 物理의 極處가 나의 窮至하는 바를 따라서 도달하지 않음이 없다고 어찌 말하지 못하겠는가?」[38]라고 하였다.

위에서 보이는 바와 같은 物理之極處와 認識主體의 窮至가 융합되는 一致의 論理는 認識主體의 誠敬의 태도가 결여되면 불가능하다는 것이다. 그는 또 말하기를 無情意造作은 이 理의 本然之體요 隨寓發現하여 이르지 않음이 없는 바는 이 理의 至神之用임을 알았다하고, 전에는 다만 本體의 無爲만 보고 妙用의 能顯함을 보지 못했다[39] 하여

---

35) 溪所以堅執誤說者 只守朱子理無情意無計度無造作之說 以爲我何以窮到物理之極處 理豈能自至於極處(上同 卷 18 答奇明彦 別紙)

36) 理雖散在萬物而其用之徵妙實不外一人之心……朱子曰理必有用 何必又說是心之用乎 心之體具乎是理 理則無所不該而無一物之不在 然其用實不外乎人心(上同)

37) 其用雖不外乎人心 而其所以爲用之妙 實是理之發見者 隨人心所至而無所不到無所不盡 但恐吾之格物有未至 不患理不能自到也(上同)

38) 方其言格物也 則固是言我窮至物理之極處 及其言物格也 則豈不可謂物理之極處 吾所窮而無不到乎(上同)

晩年의 覺得한 自足의 모습을 보여주고 있다.

이상과 같이 退溪가 格致를 중심으로 한 認識過程에 있어서 認識主體와 對象, 外物의 極과 內心의 極 사이에 이루어지는 융합의 模糊性으로부터 理體心用의 妙를 理到로 천명한 것은 그의 學問研究의 결산으로 생각된다.[40] 이러한 理到의 本領에 誠實과 眞理의 의미가 一貫되는 것으로 보인다. 즉 退溪의 理到說은 實理性의 표상으로 생각되는 점이다.

이상으로 退溪의 儒學思想중 性理學의 認識論的 입장에서 實理의 문제를 살펴보았는데, 이제 性理學의 實在論的 입장에서 實理性은 어떻게 이해될 수 있는지 栗谷의 太極觀을 중심으로 고찰해보기로 한다.

③ 栗谷 太極觀에서의 實理

性理學에서 太極의 問題는 周濂溪의 太極圖說에서 구체화된 이후 그 主要內容이 되어 왔다. 太極이란 말은 周易의 「易有太極是生兩儀」에서 비롯되는 바, 萬有의 第一根源者로서 그 終極原理로 해석되었다. 宋代에 이르러 太極은 理로 간주되어 어디에고 있지 않는 곳이 없는 것으로 보았다.[41]

栗谷의 太極觀은 正統太極說을 기본으로 한다. 그러나 그는 先賢의 말이라고 무조건 추종하지 않고 事實과 論理에 있어 矛盾이나 飛躍을 인정할 수 없다는 철학적 견해를 중시한다. 그러므로 종래의 太極說에 있어서 「太極生兩儀」만 말하고 陰陽이 본래 있는 것으로 始生之時가 없다는 것을 말하지 않은 것은 聖賢의 未盡處라고 지적하면서 文句에만 의해서 解得하는 者는 氣가 있기 전에 理가 있다고 생각하니 이는 한 病痛이 아닐 수 없다고 하였다.[42] 陰陽에 始生之時가 없다는 견해는 다음의 말에서도 엿볼 수 있다. 「聖賢의 極本窮源之論은 太極을 陰陽의 本이라 한 것에 불과하니 그 實은 본래부터 陰陽은 나타나

---

39) 是知無情意造作者 此理本然之體也 其隨寓發見而無不到者 此理至神之用也 向也但有見於本體之無爲 而不知妙用之能顯行 殆苦認理爲死物 其去道不亦遠(上同)

40) 拙著「退溪의 哲學思想研究」p68

41) 太極只是箇理字……太極只是天地萬物之理 在天地言則天地中有太極 在萬物言則萬物中各有太極(朱子語類 卷1)

42) 聖賢之說果有未盡處 以但言太極生兩儀 而不言陰陽本有非始生之時故也 是故緣文生解者 乃曰氣之未生也只有理而已 此固一病也(栗谷全書 卷9 答朴和叔)

지 않았는데 太極만 홀로 서 있는 때는 없다」[43] 太極陰陽 관계를 無에서 有로 이어지는 時間的 生成原理로 파악하는 것이 아니라 本有한 것으로 보는 것이다. 그러므로 陰陽은 無始無終無外한 것이고 不動不靜之時가 없으며 一動一靜一陰一陽함에 있어 理가 不在함이 없다고 하였다.[44] 또 그는 氣의 動靜에 있어서 반드시 理가 根柢가 되는 까닭에 「太極動而生陽 靜而生陰」이라 하는데 만일 이를 太極이 陰陽 이전에 독립하여 있어 陰陽이 無에서 有로 된 것이라고 생각한다면 陰陽의 無始를 알지 못하는 것인 바, 깊이 살펴야 할 것으로 말한다.[45] 만일 太極의 독립을 인정한다면 理의 독립이 가능한 所以가 되는 것이니, 이는 理氣不相離의 원리에 어긋난다.

栗谷은 「於陰陽變易之中 有太極之理」[46]라고 하여 太極은 本有의 陰陽變易 가운데 있는 것으로 본다. 그러한 太極은 萬化의 樞紐이며 萬品의 根柢라[47] 하여 萬有의 本體이며 終極原理로 이해한다. 한편 太極은 陰陽의 根柢로서 陰에도 있고, 陽에도 있어 兩在不測인 까닭에 「神無方易無體」라[48] 하여 神과 易에 관련해서 그의 太極觀을 밝히고 있다.

이와 같은 太極陰陽의 不離不雜과 無先後의 理論은 理氣의 해석에도 一貫된다. 그는 退溪와 달리 理發을 부인하고 氣發만을 인정하는 氣發理乘一途說을 주장하여 實在論的 不離性을 강조한다. 즉 그는 理氣論에 있어서 一體兩面說을 견지하고 있다. 그러므로 「理氣는 본래 합해 있는 것이지 처음 합해지는 때가 있는 것이 아니다. 理氣를 둘로 하는 者는 道를 아는 者가 아니다」[49]라고 하였다. 어디까지나 경험적 사실과 所以然을 추구함에 있어서 사실적 해석에 투철하며, 論理의 飛躍을 배제하는 一貫的 性理說을 볼 수 있다. 또 그는 그러한 理氣가 合해 있는 곳을 覺得하기는 쉬운 일이 아닌 것으로 간주한다. 그 合致된 곳을 理氣之妙라 하여 보기도 말하기도 어려운 곳이 이 理

---

43) 聖賢極本窮源之論 不過以太極爲陰陽之本 而其實本無陰陽未生太極獨立之時(上同)

44) 陰陽無始也無終也無外也 未嘗有不動不靜之時 一動一靜一陰一陽 而理無不在(上同)

45) 太極動而生陽 靜而生陰 若執此言以爲太極獨立於陰陽之前 陰陽自無而有 則非知陰陽無始也 最活看而深玩也(栗谷全書 卷 20 聖學輯要 2)

46) 上同 卷 31 語錄

47) 此太極所以爲萬化之樞紐 萬品之根柢(上同 卷 9 答朴和叔)

48) 且太極爲陰陽之根柢 而或陰或陽 兩在不測 故曰神無方易無體(上同)

49) 理氣本合也 非有始合之時 欲以理氣二之者 皆非知道者也(上同 卷 10 理氣詠)

氣一源의 자리라고 한다. 理氣가 멀어져 존재하지 않으니 그 先後를 말할 수 없고, 앞에서 陰陽이 本有한 것처럼 理氣도 無始無終한 것으로 해석될 수 밖에 없다. 그러나 理氣가 無始하여 實로 그 先後를 말할 수 없다고는 하지만 그 所以然을 추구하면 理가 樞紐根柢인 까닭에 不得不 理를 先으로 할 수 밖에 없다고[50] 하였다.

이상과 같이 栗谷의 太極理氣說은 자기 스스로 覺得하여 眞面目에 접해보고자 하는 一貫的 實現의 面을 보이고 있다. 스스로 聖賢의 말에는 미진함이 있다고 지적하는 立場이라든가, 理氣之妙處를 강조하는 哲學的 立場에서는 참다운 實의 모습을 엿볼 수 있다. 栗谷은 實理・實心・實功・務實・格致之實 등의 말에서 보이는 바와 같이「實」字를 많이 활용한다. 空虛나 超越에 치중하지 않는 現實과 原理의 융합을 강조하는 의욕이 내재된 듯하다. 그는 萬言疏에서 務實과 實功의 政治社會的 具現을 말하고 있다.[51] 또「行動을 바르게 하고자 하는 者는 반드시 性理를 정밀히 연구하나니 性理에 정진함은 행동을 바르게 하기 위함인데 반대로 實踐窮行을 不問에 놓는다면 무엇 때문에 性理공부를 하겠느냐?」[52]고 하여 性理學 硏究의 궁극목적을 밝혀 空論이 되지 않도록 주의를 요했던 점이 주목된다. 그러나 後人에 이르러 現實性을 경시하는 性理學風이 발생하기도 하였으니, 자연 反省의 태도가 나오지 않을 수 없는 思想史를 이룬다. 이러한 狀況의 代表的 儒學者로 柳磻溪를 생각할 수 있겠기에 그의 견해를 살펴보기로 한다.

④ 磻溪의 實理觀

朝鮮朝思想史에서 보면 初期부터 佛敎와 老莊思想에 비판을 가하여 宋學을 옹호하였고 中期의 退溪 이후에는 宋學 중에서도 陽明學은 배척되어 오직 程朱學을 위주로 하였다. 그런데 이 程朱學을 中心으로 한 性理學風은 現實的 事件을 해결하는데 積極性이 결여되었을 뿐만 아니라 오히려 그를 경시함으로서 空疏한 學問으로 비판을 받게 된다.

---

50) 理氣無始 實無先後之可言 但推本其所以然 則理是樞紐根柢 故不得不以理爲先(上同 卷 10 與成浩原)
51) 政貴知時 事要務實 爲政而不知時宜 當事而不務實功 雖聖賢相遇 治效不成矣(宣祖修 正實錄 卷 8 七年正月條)
52) 正窮行者 必精性理 精性理爲正窮行設也 反置窮行於不問何爲耶(栗谷全書 卷 21 聖 學輯要 3)

星湖 李瀷은 退溪의 學統을 계승하여 門人들과 「李子粹語」를 편찬하기도 하였으나, 朱子가 말한 것은 一字에 대해서도 의심할 수 없다고 지적한 것으로 보아[53] 당시의 學風을 엿볼 수 있다. 時代的으로도 程朱學의 性理學이라고 하는 흐름에서 성장하였으므로 그를 벗어날 수는 없지만, 구체적 實務에 깊이 유의한다는 입장에서 종래의 學者들과 그 태도를 달리하였던 바 곧 實學의 學風을 형성하게 된다.

實學이란 개념은 그 이전의 儒學思想에서도 찾아볼 수 있는 것이지만, 朝鮮後期에 있어서 實學은 비판과 實證과 實用精神을 기본으로 하여 近代志向意識과 主體意識을 강조하는 개방적 태도로 나타났다. 實學風이 性理學의 末弊에 대해서는 부정하는 것이지만 儒學의 本質을 實用的 實證的으로 해석하여 그 具現을 모색하였던 일종의 新儒學이라 볼 수 있다. 그러나 實學派의 諸儒가 그들 자신의 學을 實學으로 自處한 일이 없었다는 점[54]은 주목이 된다. 어쨌든 實學者들의 공통적 태도는 理를 중시하든 氣를 중시하든 간에 非現實的인 論爭에 대해서는 懷疑를 품는 동시에 形而上的인 道를 부정하는 것은 아니지만 그것은 어디까지나 形而下的인 器와 一貫된다는 면에서 가치를 인정함에 있었다고 보인다.

實學의 學問的 체계를 이루었던 柳磻溪에서도 그러한 立場을 기본으로 한다. 그는 「天下의 理는 萬物을 통해 나타나니 物이 아니면 理가 나타날 수 없고, 聖人의 道는 만사를 통해 행해지니 事가 아니면 道가 행해질 수 없다」[55]고 하여 道만 높이고 現實的 사실을 경시할 수 없는 것으로 이해하였다. 吳光運은 磻溪隨錄 序文에서 先生의 理氣·人心道心·四端七情稅의 純粹精密함을 읽고 近世 儒者가 미치지 못하는 바라 하며, 道器가 不相離함을 더욱 믿게 되었다[56]고 하였다. 吳光運이 느낀 것처럼 道器不相離라고 하는 體用一源的 性理學 이해와 그 전개는 磻溪의 중요한 哲學的 견해로 보인다. 그는 理에 관하여 「理本實理」[57]라고 하여 理의 超越的 空虛性을 배제한다. 분리하여

---

53) 但曰一字致疑則妄也 考校參互則罪也 朱子之文尙如此 況古經乎 東人之學難免魯莽矣 (星湖僿說)

54) 韓國文化史大系 Ⅵ p1048(千寬宇 韓國實學思想史)

55) 磻溪隨錄 書隨錄後

56) 得先生所著理氣人心道心四端七情說 讀之其純粹精深 非近世諸儒所可及 於是益信道器之不相離也(磻溪隨錄 卷 1 序)

57) 磻溪隨錄附錄 年譜 37 歲條

생각할 수 없다는 論理이다. 이것은 각 概念을 實在論的으로 해석하는 데서도 나타나는 점이다. 그는 「上天之載는 無聲無臭하며 至眞至實한데 그 本體로 보면 道요, 眞實로 보면 誠이요, 總會로 보면 太極이요, 條理로 보면 理이니, 그 實은 一이다」[58]라고 하였다. 道나 太極이나 理가 모두 그 實에 있어서는 一이라고 한 점은 眞實의 태도로 깊은 思索에서 覺得되는 本質的 입장으로 보인다. 특히 그에 있어서 「眞實로 보면 誠이다」라고 한 점이 주목된다. 이것은 誠實과 眞實의 만남으로 받아들여도 좋을 듯하다. 理라 하더라도 앞에서 지적하였듯이 實理로 表現한 점은, 思惟主體와 客體의 참됨이 깊이 관여된 해석으로 보인다. 이러한 誠實의 태도는 「不誠이면 無物이라 이와 같은 것을 안 후에 天下事物이 實事아님이 없음을 볼 수 있나니, 소위 存養이란 것은 곧 實事이다」[59]라고 말한 데서도 찾아 볼 수 있다. 事物이 實事로 보여짐은 至誠에 의해 가능함을 보여준다.

또, 그는 理氣의 存在論的 理解와 그 不離不雜을 파악하여 다음과 같이 말하였다. 「物의 드러나 있는 점에서 보면 理는 다만 氣의 理이니, 氣外에 理가 없는 것이고 그 本然에서 보면 이 理가 있으므로 이 氣가 있다. ……理氣는 본래 서로 혼잡하지 않으므로 人心道心이 서로 雜하지 않고, 理氣가 서로 떨어져 있지 않으니, 人心道心이 또한 떨어지지 않는다」[60]고 하였다. 이러한 理氣共存과 不離不雜의 見解는 종래의 學說을 더욱 實質化하여 治國의 實務를 강구하는데 기본이 되었다고 생각된다. 磻溪를 儒敎의 本領에 忠實하여 그 本質을 체득하고 具現하고자 했던 의지는 그가 말한 「實理」·「其實一也」·「實事」등의 實에 함유되어 있는 것으로 보아 분명해진다.

이상에서 본 바와 같이 磻溪의 基本立場은 性理學의 正統性을 옹호하면서 現實問題를 摸索하는 데 있었다. 그러나 그 後로는 實事求是의 學風이 더욱 高調되어 儒敎經典에 대한 이해에 있어서도 傳統的 見解를 따르지만은 않았다. 이의 대표적 儒學者가 丁茶山으로 지적되는 바 그의 理氣觀을 중심하여 實理問題를 생각해보기로 한다.

---

58) 上天之載無聲無臭而直至實 自其本體而謂之道 自其眞實而謂之誠 自其總會而謂之太極 自其條理而謂之理 其實一也(磻溪先生 年譜 37歲條 與鄭文翁書)

59) 又曰不誠無物知其如是 而後可以見天下事物無非實事 而所謂存養者方是實事也(上同)

60) 自物之已然者觀之 則理只是氣之理 氣外無理 自其本然者而觀之 則以其有此理 故有此氣也……理氣本不相雜 故人心道心亦不相雜 理氣本不相離 故人心道心亦不相離(上同)

⑤ 茶山의 氣物理品

茶山은 實學의 集大成者로서 진정한 實學思想家로 인정된다.[61] 그
는 經典을 考證學的으로 해석하여 그 本旨를 깨닫고 「經世遺表」·「牧
民心書」·「欽欽新書」를 지어 經國濟民의 구체적 方法을 제시하였다.
그는 自撰한 墓誌銘에서 「六經四書는 修己에 기본하고 一表二書는 天
下國家를 위함이니 本末이 갖추어진 바이다. 그러나 아는 자가 적고
꾸짖는 者 많으니, 만일 天命이 허락치 않으면 비록 一炬로 불살라도
可하다」[62]고 하여 자신의 蘊蓄된 著書에 대한 所信을 밝혔다. 위의
「天命이 허락치 않으면」이란 말에서 그의 평소 天에 관한 意識的 一
面도 엿볼 수 있다.

茶山은 단순히 近世實學만을 모색함이 아니라 儒敎의 本領인 經典
思想의 검토에서 부터 시작했다는 점은 茶山學의 중요한 부분이다. 茶
山學은 近世實學과 經典의 孔子學과 前後古今이 一貫되어 있기 때문
에 그 一面만으로는 전체를 이해하기 어려운 바, 그의 學問은 堯舜周
公에 이어지는 孔子學과 栗谷·磻溪·星湖로 이어지는 學風을 綜合한
것이라고[63] 하겠다.

한편 茶山은 當代의 空疎한 性理學風을 비판하여 그 實理的 파악을
요구하였다. 그는 당시의 性理學者가 理氣性情體用 등을 말함에 그 보
편성이 결여된 채 서로 공격하여 자기 의견만 바르다하니 어찌 疎遠
한 것이 아니겠느냐고[64] 하였다. 槪念問題에 의한 理氣論爭을 무의미
한 것으로 간주한 것이다. 그는 理發氣發辨에서 退·栗의 理氣에 관하
여 理氣의 글자는 같으나, 退溪는 人心上에서 專就한 것이고 栗谷은 太
極이래 理氣를 總執한 것이라 하였다.[65] 그런데 그 자신에 있어서는

---

61) 成樂熏선생은 「진정한 實學思想家로는 오직 茶山 한 분이 있을 뿐이라고 나는 생
　각한다. 왜냐하면 다른 분들은 모두 實務的 方法論만을 가졌고 근본적인 實學思想
　을 成立시키는 메까지에는 아직 그들의 眼光이 미치지 못하고 譜이 크지를 못했던
　것이다」라고 하였다. (放隱先生文叢 韓國思想論稿 p135)
62) 六經四書以之修己 一表二書以之爲天下國家 所以備本末也 然知者寡 嗔者以衆 若天
　命不允 雖一炬以焚之(與猶堂全集 詩文集 卷 16)
63) 李乙浩 「茶山經學思想研究」 p31
64) 今之性理之學者 曰理曰氣 曰性曰情 曰體曰用 曰本然氣質 理發氣發…… 入者主之
　出者奴之 同者載之 殊者伐之 竊自以爲所據者極正 豈不疎哉(茶山全書 1 集 卷 11 五
　學論)
65) 乃二子之曰理曰氣 其字雖同 而其所指有專有總 ……蓋退溪專就人心上八字打開 ……
　栗谷總執太極以來理氣而公論之謂(上同 卷 12 理發氣發辨)

氣는 自有之物이고, 理는 依附之品으로 규정하면서,[66] 理는 自有한 氣에 依附하는 것이므로 氣發而理乘은 가능하나 理發氣隨는 不可하다고 보았다. 氣發理乘이 옳다는 이유를 發의 문제에 있어서 氣만이 發이 가능하다는 데에 두고, 「發之者氣, 所以發者理」라는 말은 眞眞確確하다[67]는 것이다. 茶山 스스로가 曰理曰氣하는 것을 비판하면서도 理氣의 개념과 그 속성을 말하는 데에서 그 眞眞確確하다는 如實의 態度는 특이한 입장이다. 이와 같이 氣發을 기본으로 하고, 氣發理乘을 긍정하는 견해는 栗谷의 입장에 가깝기도 하다. 한편, 茶山은 氣가 自有한 것이라 하면서 「氣者血之領也」[68]이라고 하여 血을 구사하는 일종의 形質的 요인을 지향하고 있다. 人體에 있어 氣는 天地에 있어 游氣와 같다고 보았다. 孟子의 浩然之氣에서의 氣와 관련 해석하였던 것이다.

이와 같이 茶山은 空疎한 理氣論을 배격하였지만 理氣의 渾在를 인정하지 않고 그것은 自有한 物이고 또 그에 依附하는 品이라 하여 그 實理處를 體認하였다고 생각된다. 茶山學은 그의 著書에서 볼 수 있듯이 根本問題에서부터 現實의 行爲問題에까지 총망라된다는 면에서 宗敎와 現實倫理가 一貫되듯 큰 가치가 있다고 생각된다. 觀念的인 것이 現實과 無關하면 그 本意가 드러날 수 없겠기 때문이다. 茶山에 있어서 主靜이나 無欲 등의 공허한 修養論은 배척하여 實質性을 중시한다.

結　論

韓國思想은 中國文化에 영향을 받았음은 사실이지만, 韓國思想은 中國의 것과 同一한 것은 아니었다. 儒學思想의 전개에 있어서도 그와 같은 論理는 적용된다. 儒學의 本領을 이해하고 실천하였던 主體는 中國人이 아닌 우리 韓國人이었기 때문에 韓國的 特質을 생각하지 않을 수 없다. 특히 哲學的 思惟에 있어서 模倣보다 創意가 중시되어야 함

---

66) 蓋氣是自有之物 理是依附之品 而依附者 必依於自有者 故纔有氣發便有是理　然則謂之氣發而理乘之可 謂之理發而氣隨之不可(上同 2 集 卷 4 中庸講義)
67) 東儒所云 發之者氣也所以發者理也之說 眞眞確確得以易之乎(上同)
68) 茶山全書 2 集 卷 5 孟子要義

은 물론이다. 그러므로 韓國의 儒學思想도 또한 模倣이나 空虛한 것
만일 수는 없었다. 만일 空疎한 學風이 있었다면 그것은 學問의 本旨
를 상실한 하나의 末弊에 지나지 않는 것이라 하겠다.

退溪에 있어 理到의 問題라든가 栗谷의 不離性의 覺得問題 등은 단
순한 觀念的 理氣의 問題가 아님을 보아왔다. 일찌기 退溪는 性情論
에 있어서 理의 能動性을 인정했으면서도 格物致知의 認識問題에 있
어서는 그 本旨를 달리하여 모호했던 것을 理到의 해결로 그 참모습
을 깨달은 바 되었다. 그가 말하는 「理가 이르지 못할까 걱정하지는
않는다」는 信念에는 認識主體로서의 自己 誠實이 조금이라도 미흡함
이 없을까 염려하는 절실한 표현이요, 自身의 眼目이 흐리면 認識對
象이 흐리게 보여 眞理의 極處에 일치될 수 없다는 의미이다. 이와같
은 眞知를 위한 誠敬의 태도는 實理的 意味로 보여진다. 實在論이나
認識論이나 本體論을 막론하고 「진실로 하나에 만남」이 불가하다면 實
理의 의미를 찾을 수 없겠기 때문이다.

栗谷에 있어서는 太極陰陽理氣의 理論을 본 바와 같이, 그는 聖賢
의 말에도 未盡함이 있을 수 있다 하여 文句에 얽매이지 않고 自身의
實在論的 論理를 전개해감은 獨特한 長處라 할 것이요, 太極陰陽理
氣의 無先後와 無始無終・不離不雜의 一貫的 見解는 事實에 있어 그
眞面을 강조하는 것이라 하겠다. 理氣之妙의 難見難說處는 思惟主體
의 實이 없이는 불가능하다고 생각된다. 栗谷에 있어서 實理・實心・
務實・實功이라 하여 實性을 강조하는 것과 같이 柳磻溪에 있어서도
實事・實理를 강조함을 보았다. 實學派라 하면 經世致用의 外形的 問
題만 강조하는 것 같지만, 실은 儒學의 本質에 대한 反省으로부터 출
발한 것이었으니, 그 實質性을 직접 느낄 수 있을 정도이다. 性理說
을 연구하는 것도 올바른 人間行爲를 위함이라는 栗谷의 말과 같이 그
眞實을 體認하여 실천해가는 務實의 努力이 후기 實學者들에 드러남
으로서 末弊의 學風을 극복하게 된 것이었다. 茶山에 있어서는 이 점
이 더욱 發見되어 信仰的 입장에서 現實의 倫理의 문제까지 총망라하
는 것이었다. 그는 曰可曰否하는 理氣說을 비난하였지만 「氣物理品」이
라는 理氣觀을 體得하면서 儒學思想의 本領을 구현하고자 했다.

이상에서 살폈던 退溪의 理到說, 栗谷의 太極觀, 磻溪의 實理觀, 茶
山의 氣物理品 등을 통해서 나타나는 공통적인 本質은 誠實과 事理의

만남인 實理性에 있었던 바, 이것은 眞知와 正窮行을 위한 人道의 表象으로 보인다. 따라서 實理는 人間의 本質的 가치를 갖는 것이라고 여겨진다. 이러한 관점에서 볼 때, 實理的 人間行爲는 現代的 難點의 克服과 人間性 定立에 크게 기여할 수 있다고 믿어진다. 知的인 眞理는 探究의 結果로 파악된다고 하겠거니와 行的인 誠實문제는 역시 남겨진 自體의 과제로 생각된다.

韓國儒學의 宗敎性과 社會性
——栗谷思想을 中心으로——

韓國儒學의 特殊性

韓國儒學이라 함은 中國儒學에 비교하여 그 特殊性을 지적한 것이요, 宗敎性과 社會性이라고 함은 그 特殊性을 底邊으로 해서 宗敎와 社會의 兩側面을 구별해보고자 하는 뜻이다.

Ⓐ 傳統文化와 儒學의 受容

확실한 儒學의 起源은 구명하기 어려우나 高句麗 小獸林王 2년(AD 372)에 學校를 세워 儒學敎育을 하였다는 것(三國史記 高句麗本記)과 百濟 古爾王 52년(AD 285)에 王仁이 日本에 「論語」와 「千字文」을 전했다(日本書記 應神條)는 두 가지 事實을 통하여 起源을 추측할 수 있다. 百濟의 儒學敎育은 적어도 AD 285년 이전부터 실시된 것으로 보이며 佛敎가 전래해온 高句麗 小獸林王 2년보다는 훨씬 오래되었다는 것은 분명한 일이다. 그러므로 儒學이 中國으로부터 수입된 것이라면 韓國固有文化에 처음으로 접촉된 外來文化는 바로 儒學이었다고 생각된다. 一般的으로 孔子의 集大成으로 인해서 儒學思想의 發祥地가 中國으로 알려져 있지만, 孔子 이전의 中國文化의 形成이 隣接地域과의 交流 속에서 이루어졌음이 近來에 밝혀지고 있어서 매우 주목된다. 柳承國교수는 古代儒學思想의 形成이 漢族과 東夷族과의 交涉에서 이루어졌음을 甲骨文과 帝王韻記를 통해서 史實을 考證하고, 儒學思想의 淵源을 추정하는 동시에 韓國文化의 獨自性에 관하여 言及(韓國儒學의 淵源的 考察)하고 있다. 韓國의 傳統文化形成에 儒學思想이 깊이 관련되어 있음은 부인할 수 없는 事實로 생각된다.

Ⓑ 發　展

韓國歷史에서 時代別로 價値의 求心點은 다음과 같이 지적할 수 있을 것이다. 즉 檀君時代에는 弘益人間을, 高句麗時代에는 人間性을, 新羅時代에는 花郞道를, 高麗時代에는 忠을, 李朝時代에는 義理를 들 수 있다.

檀君時代의 弘益人間이란 國家水準에서가 아니라는 점에 주의하고 자 한다. 弘益人間이라 함은 오늘날 人類의 平和를 念願하는 時點에 서는 매우 뜻깊은 先見이라고 생각된다.

高句麗時代에는 太學을 세워 子弟를 교육하였다는 史實로 미루어 儒學敎育의 制度上 確立이 인정된다. 특별히 儒・佛・道 三敎의 調和 를 문제삼은 것(三國史記 高句麗本記 寶藏王 2年條)으로 보아서 人間性 을 존중하는 敎育을 目標삼았던 것이 짐작된다.

新羅時代에는 韓民族固有의 思想을 儒・佛・道 三敎의 調和로 風流 (三國史記 新羅本記 第4 眞興王 37年條)라 일컬었고, 이것의 實現을 目 的으로 하는 것이 花郞道였다. 制度上의 和白이란 즉 이 固有精神의 具現을 위한 것이었다.

高麗時代에는 忠을 들 수 있을 것이다. 朱子學이 傳來(高麗忠肅王 元年頃 彝齋白頤正——朱子學の傳來とその影響について 尹瑢均)하면서 儒學 의 理論은 學問的으로 深化되어갔다. 鄭夢周(1337~1390)의 丹心歌(圃 隱文集續錄 卷1)는 高麗朝의 價値觀의 표현이라고 할 것이다.

李朝時代에는 義理로 표현될 것이다. 宋代儒學이 韓國化되어가면서 學問的으로 발전하고 政治的으로 실천된 時期로 보인다. 內外로 困 難이 거듭된 時代이기도 하다. 對內的으로는 端宗復位를 위한 成三問 (1418~1456)을 비롯한 六臣의 활약이라든가 對外的으로는 壬辰倭亂 때 의 宋象賢(1551~1592)의 節死라든가, 丙子胡亂 때의 金尙憲(1570~1652) 의 三學士의 受難이나, 韓日合邦에 항거한 都總帥인 柳麟錫(1842~ 1915) 등은 모두 義理로 一貫한 史例라고 할 것이다.

弘益人間・人間敎育・花郞道・忠・義理는 民族의 固有思想을 기반 으로 한 儒學的 一貫性에서 연면히 발전해온 것으로 이해된다.

◯C 特 徵

만일 儒學이 漢族과 東夷族과의 相互交流하는 가운데 淵源되었다면 韓國儒學의 獨自性이 설정되어야 할 것이며, 傳來된 것이라고 한다면 韓國化된 儒學에서 그 특징이 있어야 할 것이다.

中國의 경우, 理論儒學의 全盛期를 宋代에서 볼 수 있으며 그 이후의 學派를 크게 程子, 朱子와 陸象山, 王陽明의 兩派로 나눌 수 있다. 朱子(1130~1200)의 功은 理氣論을 정립한 데 있으며, 王陽明(1472~1528)은 心學을 확립한 데 있다. 이 理氣論에서는 특별히 心·性·情이 問題되지 않았고, 心學에 대한 朱陸討論은 상당히 활발하게 전개된 바 있다.

韓國의 경우 朱子學의 많은 影響을 받으면서 각각 獨自性을 발휘한 代表學者가 退溪(1501~1570)와 栗谷(1536~1584)이다. 理氣論을 받아 들이면서도 心·性·情論을 특별히 問題삼았으며 心學에 대하여는 批判排斥하기에 이르렀다. 이러한 學問傾向은 물론 民族固有思想과의 관련에서 이루어진 것이며 儒學의 深化 또는 韓國化過程에서 나타난 現象이라고 하겠다.

李退溪와 李栗谷의 「發」說

韓國儒學에서 退溪와 栗谷은 그 代表者라고 할 수 있다. 退溪는 互發說을, 栗谷은 氣發理乘一途說을 제창하였다.

互發說은 理가 發해서 氣가 따르고 氣가 發해서 理가 乘한다는 主張이다. 形而上學的인 理가 어떻게 發할 수 있느냐 하는데 理解의 難點이 있다. 高峰(奇大升 1527~1572)과의 오랜 論爭의 결과 그는 互發說로 결론을 내렸다. 純粹性과 相對性을 엄격하게 區別하고자 하는데 退溪의 本意가 있는 것으로 보인다. 따라서 이 主張에서는 그 속에 宗敎的인 要素를 생각해보게 되고 그 특징이 倫理的이요 實踐的인 데 있다고 이해된다.

氣發理乘一途說은 栗谷哲學의 結晶으로서 氣가 發하여 理가 乘한다는 것이며 결코 理는 發하는 일이 없다는 것이다. 그의 이 主張은 純粹性과 相對性이 誠으로 連結될 때에 可能한 것이며, 同時에 이 점이 그의 哲學的이요, 社會的인 특징이라고 간주되는 것이다.

그들은 다 같이 朱子의 學說을 받아 들이면서 각각 自己立場에서 소화하여 갔음을 알 수 있다. 農巖(金昌協 1651~1708)은 「退溪는 學을 善言하고 栗谷은 理를 善言(農巖集 32, 24 蔡茂松所引)한다」고 하였다. 尤庵(宋時烈 1607~1689)은 退溪와 朱子의 不同點(宋子大全 131, 21) 을 지적하고 있다. 論者는 여기서 특히 拙修齋(趙聖期 1638~1689)의 栗谷評에 關心을 깊이 갖는다. 그는 栗谷의 四七辨을 읽고서 다음과 같이 말하고 있다.

「道理를 논함에는 四種의 立說이 必要한데 첫째는 本然命物이니 즉 理요, 둘째는 乘氣流行이니 즉 氣요, 세째는 渾融合一이니 즉 理氣 不相離요, 네째는 分開各主張이니 즉 發用의 內容이다. 누구나 이 와 같이 보아야 하는데 栗谷은 理氣의 不相離不相雜의 見地에 不過 하다」(拙修齋集 玄相允所引)

고 지적한 바를 보면 그의 哲學의 바탕을 엿볼 수 있다. 이어서 그의 哲學思想을 통해서 宗敎性과 社會性에 대하여 언급하고자 한다.

栗谷哲學에 있어서의 宗敎性과 社會性

周濂溪(1017~1073)의 太極圖說, 張橫渠(1020~1077)의 「氣」論, 程子 의 「理」論, 朱子의 「理氣論」은 宋學을 형성해주는 主流로 생각된다. 退溪는 이것을 계승하면서 心·性·情論을 互發說로 발전시켰고 栗谷 은 心·性·情論을 氣發理乘一途說로 정립하였던 것이다. 栗谷의 哲 學을 다음에 요약해본다.

Ⓐ 太極·理氣·心性情

ⓐ 太 極

漢儒는 太極을 氣로서 설명(十三經 繫上 注疏)하고 濂溪는 理로서 풀 이하고(通書 理性命章) 朱子에 이르러서는 理로 정착(語類 理氣上)된 다. 李朝에 와서 花潭(徐敬德 1489~1546)은 主氣傾向에서 太極을 理 解(太虛說)하고 있으며 晦齋(李彦迪 1491~1553)는 主理立場에서 파악 (書忘齋忘機堂無極說後)하고 있다. 退溪에 와서는 理를 天理로 높이게 (答高峰四端七情理氣辨)된다. 栗谷은 漢儒以來의 모든 主張을 自己의 論理로 다음과 같이 정리한다.

① 陰陽이 변하는 가운데 太極의 理가 있다(於陰陽變易之中有太極 之理——栗谷全書語錄上).

② 太極은 陰陽의 根底가 된다(太極爲陰陽之根底——答 朴和淑 栗谷
   全書 書1). 栗谷의 이 主張은 「易有太極 是生兩儀」를 基底로 한
   것으로 보인다.

ⓑ 理 氣

위에서 말한 太極과 陰陽을 다음과 같이 理氣로 換言한다.

① 理는 形而上者요, 氣는 形而下者니 서로 멀어지지 않는다(理形
   而上者 氣形而下者 二者不能相離——栗谷全書 書 1).

② 理는 無形하며 動作이 없으면서도 有形有爲의 主宰가 되고, 氣
   는 有形하며 動作이 있으면서도 無形無爲의 器가 된다(理無形也
   氣有形也 理無爲也 氣有爲也 無形無爲而爲有形有爲之主者理也 有
   形有爲而 爲無形無爲之器者氣也——栗谷全書 書 1).

③ 理는 無限하고 氣는 有限하며, 理는 動作이 없으나 氣는 動作이
   있으므로 氣는 動作하고 理는 乘한다(理無形氣有形故理通氣局 理
   無爲而氣有爲故氣發理乘——栗谷全書 書 1).

여기서 그는 理通氣局이란 표현을 한다. 理通氣局이란 無形有形이
헤어질 수도 없고 섞일 수도 없다는 말이요, 氣發理乘이란 原因으로
서의 理가 氣의 動作으로 발휘된다는 運動의 論理를 말하는 것이다.
이러한 理論은 栗谷의 宇宙論으로 보인다.

ⓒ 心・性・情

理通氣局의 見解는 天道와 人道를 一貫하는 것으로 생각된다. 사람
이란 天地의 統帥를 받아서 本性이 되고, 天地에 充滿한 氣를 나누어
形體가 되므로 吾心의 作用은 바로 天地의 化이다. 天地의 化에는 두
개의 根源이 있을 수 없으므로 吾心의 發에도 두개의 根源이 있을 수
없다(夫人也 禀天地之帥以爲性 分天地之塞以爲形 故吾心之用即天地之
化也 天地之化無二本 故吾心之發無二原矣——栗谷全書 書 1).

天地는 한 理氣이므로 사람도 또한 天地之間의 理氣로써 이루어지
며, 人心도 合理氣인 것이다. 그러므로 天地의 化와 吾心의 發은 같
은 脈絡에서 이해된다. 天地의 化는 氣發理乘이며 吾心의 發도 氣發
理乘이다. 四端은 순수한 性善의 發로서 氣가 맑으면 天理를 따라서
直出(情之善者 乘淸明之氣 循天理而直出 不失其中 可見其爲仁義禮智
之端——人心道心說)한다고 한다. 理는 發하는 것이 아니라는 생각이
므로 性이 情이 된다고 할지언정 性이 發한다고 말하지 않음을 주의

하게 된다. (元氣何端始無形在有形沿派見 羣精窮源之本合水逐方圓器空
隨小大瓶 二岐君莫感默驗性爲情――答成牛溪) 天地와 人間이 同一體요
性은 情이 된다는 見解는 그의 人生論의 要旨라고 이해된다.

　위에서 살펴본 그의 宇宙論과 人生論에 立脚하여 宗敎性과 社會性
을 고찰해보고자 한다.

B 宗敎性과 社會性

ⓐ 互發에 대한 理解差異

　儒學이 孔子의 集大成 이후에 朱子에서 理論化되었고, 朱子學이 韓
國에 전래되어 退溪에 의하여 順受되었으며, 다시 栗谷에 이르러 深
化되는 過程에서 獨自性을 분명히 하게 된다.

　栗谷은 退溪의 互發說을 말할 때에 朱子를 평한 바 있다. 成浩原에
게 답하는 글에서

　「만일에 朱子가 참으로 理氣互發하여 相對各出한다고 생각했다면
　朱子도 잘못이다」

라고 하였다. 栗谷의 이 생각은 朱子의 주장이 互發이 아닌 것으로
받아들이는 態度요, 이 態度는 中國儒學을 떠나서 그가 創意로 理論
化할 수 있는 의연한 姿勢로 보여진다. 輔漢卿이 기록한 朱子語類에
는

　「四端은 理의 發이요, 七情은 氣의 發」

이라고 하였다. 退溪는 奇高峰에게 互發說을 自信하게 된 理由를 다
음과 같이 말하고 있다.

　「요사이 朱子語類에서 孟子의 四端을 論하는 末條에 四端은 理之發,
　七情은 氣之發이라고 한 것을 發見하였다. ……朱子의 이 說을 얻
　어본 뒤에야 愚見이 큰 잘못에 이르지 아니함을 믿게 되었다. ……」

朱子의 「發」說을 栗谷은 氣發理乘의 立場에서 이해하고 退溪는 互
發說로 파악한 것이다. 朱子의 이 말은 輔漢卿의 記錄이므로 誤錄일
수도 있지 않느냐는 尤庵(宋時烈 1607~1689)의 의심은 南塘(韓元震
1682~1751)에 이르러서는 朱子 平素의 말에 비추어 全段이 誤錄이라고
단정을 하고 있다(朱子言論同異考 卷2 情). 여기서 栗谷의 말에 疑心
되는 것은 첫째 ①은 「理氣가 互有發用하고 相對各出하는 것이 아닌
뜻으로 말한 것이라면 잘못이 아니라는 意味인가」 하는 점이다. 둘째

②는 그 境遇에 「互發이 아닌 것으로 어떻게 理之發, 氣之發이라고 할 수 있을까」하는 점이다.

① 朱子가 잘못이 아닐 수 있으려면 理氣는 互有發用하고 相對各出하는 것이 아니어야 한다는 見解이므로 朱子의 이 論理를 栗谷은 立證하여야 할 것이다. 그에 의하면 「理가 아니면 氣가 根柢할 바가 없고 氣가 아니면 理는 依着할 바가 없다. 이미 二物이 아니요, 또 一物이 아니다. 一物이 아니므로 一이면서 二요, 二物이 아니므로 二이면서 一이다. 一物이 아님은 무엇을 말하는가, 理氣가 비록 떨어지지 못하며 妙合한 가운데서 理는 스스로 理요, 氣는 스스로 氣이면서 서로 挾雜이 없으므로 一物이 아니다. 二物이 아니라고 함은 무엇을 말하는가, 渾淪無間해서 先後가 없고 離合도 없으니 二物이 아니다. 이 까닭으로 動靜無端하고 陰陽이 無始하다. 理가 無始이므로 氣도 또한 無始하다」라고 하여 理氣의 關係를 밝혀 永遠性에 대하여 시사하고 있다.

즉 理는 原因者로서 永遠하고, 氣는 無始無終의 變化者로서 永遠하다는 것이다. 「發」이란 말은 변하는 氣界의 運動을 意味하며 動作하게끔 하는 것은 理이므로 氣發은 있어도 理發이란 말은 잘못이 아닐 수 없다. 그러면 互有發用하고 相對各出하는 것이 아닌 意味의 理發과 氣發은 말할 수 있을까? 朱子가 그런 뜻으로 말할 수 있을까. 朱子가 그런 뜻으로 말했다면 잘못이 아니라는 意味를 또한 栗谷은 증명해주어야 한다.

② 原因者로서 形而上學的 理가 發할 수 없다고 생각하는 栗谷이 朱子의 理發이 잘못이라고 하면서도 먼저 條件을 붙여서 주의하여야 할 것이다. 즉 이 條件은 理氣의 互有發用, 相對各出이 아닌 理發이라면 잘못이 아니라는 뜻을 내포하고 있는 것으로 짐작된다. 四端은 七情中의 善一邊이요, 七情은 四端의 摠會이므로 一邊과 摠會者는 兩分할 수 없는 일이다. 朱子는 반드시 뜻을 따로 둔 곳이 있는데 今人이 아직 本意를 얻지 못하고 있음을 지적하고, 朱子의 뜻은 四端이란 理를 專言한 것이요, 七情이란 氣를 兼言한 데 불과하다고(栗谷全書 卷10 答成浩原) 栗谷은 말한다. 엄밀하게 말하면 四端七情의 「發」은 氣發인데 理發이라고 할 수 있는 理由는 善惡兼한 中에서 善만을 뜻하고자 한 것을 本意로 容納하려는 態度이다. 理發이란 論理上으로 하

는 말이요, 氣發이란 事實上으로 하는 말이라는 것이다. 理의 根源도 하나요, 氣의 根源도 하나이니 理氣가 一이므로(栗谷全書 卷10 答成浩原) 論理와 事實을 엄격하게 구별해서 말한다면 理發氣發이 矛盾이 없을 것이다. 아마도 栗谷은 이 점에서 朱子의 「發」說을 긍정하고 있는 것 같다.

ⓑ 宗敎性과 社會性에 대한 理解

宗敎와 社會라고 하면 確然히 분리되어 있는 것 같은 느낌을 갖기 쉽다. 그러나 論者는 兩者의 分離할 수 없는 聯關性에서 宗敎性과 社會性이라고 하였다.

〔宗敎性〕宗敎의 旣成槪念을 統一的으로 말하기는 어려우나 信仰의 對象으로 唯一者를 생각해 온 것이 信念으로 되어 있는 줄 안다. 信仰의 對象이 나 自身 밖에 있느냐, 안에 있느냐, 그렇지 않으면 內外를 통해서 생각하느냐의 세가지 形態로 나눌 수 있을 것이다. 제3의 立場에서 宗敎性이라는 用語를 사용한다.

〔社會性〕社會의 개념도 見解의 差異가 있을 수 있겠으나 2人 이상의 集團이라는 것이 通念같고, 다만 여기에는 集團의 屬性이 神權的인 데 있느냐 契約的인 데 있느냐, 그렇지 않으면 人性的인데 있느냐 하는 세가지 形態를 생각할 수 있을 것이다. 제3의 立場에서 社會性이라는 用語를 사용하기로 한다.

栗谷의 이 兩面은 그의 ①天人觀과 ②理氣觀에서 해명될 수 있을 것 같다.

① 사람이란 天地의 統率을 아니받을 수 없고, 나 自身이란 天地의 分身이므로 吾心의 作用이 곧 天地의 化이며, 天地의 化가 하나의 根本에서 이루어지므로 吾心의 發에도 두개의 根本이 있을 수 없다고 하였으니 이것은 天人間의 疏通을 의미한다고 하겠다. 이러한 思考는 正統儒學의 典型이기도 하지만 栗谷에 있어서는 이 具現을 위해서 誠이 강조된다. 誠이란 天의 空理아닌 實理요, 마음의 本體(誠者天之實理心之本體──栗谷全書)라고 하였다. 太極을 天人關係에서 설명하되 天에 있어서는 道라고 하고 人에 있어서는 性(太極在天曰道在人曰性──栗谷全書)이라고 하였다. 內外를 구분하지 않은 믿음의 境界를 誠으로 主體化한 것으로 보인다. 이것은 理通氣局의 基盤에서 하는 말로 추측된다.

② 栗谷은 至善을 知와 行으로 설명하고 있다. 知가 十分恰好處에 이르러서 더 할 것이 없음을 知의 至善이라 하고, 行이 十分恰好處에 이르러서 다시 옮길 곳이 없음(栗谷全書 聖學輯要 1)을 行의 至善이라고 한다. 十分恰好處를 中和라고 생각할 때 이것이 一家에 그치면 明德이 一家에 밝고, 一國에 그치면 明德이 一國에 밝고, 天下에 그치면 明德이 天下에 밝다(聖學輯要 統說 第 1)고 한다. 즉 一家나 一國이나 天下라는 社會는 明德을 밝히는 神聖領域의 差異일 따름이다. 社會의 構成員으로서 나 自身의 人性이 天賦에 根源한다고 할 때에 社會를 神聖하게 할 수 있는 基點도 바로 여기에 있다고 할 수 있음직하다. 社會가 변하는 陰陽에 속한다면 朴和叔에게 答한 글에서 그의 見解를 파악할 수 있을 것이다. 非陰非陽의 氣란 있을 수 없으며 冲漠無朕이란 理를 가리켜서 한 말이다. 理에서 氣를 구한다면 冲漠無朕하여 萬象이 森然하다 하고 氣에서 理를 구한다면 一陰一陽함을 道라고 말하는 것이다. 이와같이 實로 理가 獨立해서 冲漠하여 陰陽이 없는 때란 없는 것이니 此處는 가장 活着하여 깊이 玩味하여야 할 자리(栗谷全書 書 1)라고 설파하였다. 이것은 氣發理乘의 基盤에서 말할 수 있을 것이다.

ⓒ 現代的 意義

日本의 齋藤要는 道德家로서의 儒學이 宗敎的 傾向을 현저하게 가지는 것은 敬天에 重點을 두고 天에 대한 信仰이 實踐意志를 규정하기 때문(儒學研究 p423)이라고 말하였다. 제 2 차 바티칸公議會에서는 現代世界의 司牧憲章으로「人間 안에 內在하는 神의 要素를 闡明하기 위하여 敎會의 성실한 協力을 人類에게 제공한다」고 宣言하였다(제 2 차 바티칸公議文獻論題 p180). 1975 년에 成均館大學校가 주최한 東洋學者大會에서 네메세기敎授(論題 : 그리스도의 本質과 東洋傳統思想)는 儒敎를 단순히 倫理視하는 점에 대한 토론 결과, 儒學이 지니는 宗敎的 側面을 시인하지 않을 수 없었다. 그렇다고 儒學이 旣成槪念의 宗敎일 수는 없다. 物質機械文明의 高度化로 人間性喪失을 東西洋이 한탄하고 있는 이 때, 世界 各地域의 특수한 傳統文化를 재평가함은 바람직한 일이라고 생각된다.

社會性을 잃어버린 宗敎나 宗敎性이 缺如된 社會란 똑같이 바람직한 것이 못되는 줄 안다. 儒學의 長點이 또한 이 兩面性을 有機化하는 데 있는 것으로 믿는다. 牟宗三교수는 近代化의 基本이 個體性의 自覺과 普遍性의 透徹(歷史哲學 蔡茂松所引)에 있음을 지적하였거니와 論者는 새로운 文化方向을 定礎함에 있어서 宗教性과 社會性 問題는 核心的인 것으로 생각하며 이 兩者의 普遍性의 理通氣局的 理解와 個別性의 氣發理乘的 把握은 매우 중요한 것으로 전망된다. 車라고 하는 것은 앞에서 끌거나 뒤에서 민다면 이미 고장난 車요, 飮食이 심히 달다고 할 때는 귀중한 生命을 이어가는데 해롭다고 믿기 때문이다.

韓國性理學의 方向

序　言

Ⓐ 儒學에 있어서의 學의 意義

學問을 分野別로 가르는 것은 西洋의 學問方法을 따라서 이루어진 것이므로 儒學을 西洋學에서 말하는 것처럼 政治學이니 敎育學이니 하는 것과 동일하게 생각할 수는 없다, 神學의 學과 마찬가지로 儒學이라고 하면 細分된 學보다는 綜合的인, 全人的인 優位를 차지한다. 儒學 自體가 이미 「선비」를 뜻하므로 神學의 神과는 다르지만 그 學에 있어서는 人學의 성격을 가진다.

「論語」學而章의 의하면

「學而時習之 不亦說乎」

라고 하여 學字가 보인다. 여기에 보이는 學의 註釋에 따르면,

「學之爲言效也 人性皆善而覺有先後 後覺者必效先覺之所爲 乃可以明
善而後其初也」

에서 발견되는 것처럼 그 뜻을 두가지로 파악할 수가 있다. 즉 첫째는 效니 본받는다는 말이요, 둘째는 明善이니 人性의 善함을 밝힌다는 뜻이다. 朱子는 同註에서,

「學之一字實兼致知力行而言」

이라고 분명히 말하고 있다. 즉 效를 본받는다고 理解함은 力行을, 그리고 性善를 밝힌다는 뜻으로 받아들이는 것은 致知를 가리키는 것이다. 그러므로 學字의 뜻을 致知와 力行을 겸해서 말하는 것으로 풀이를 하고 있다.

이와 같이 儒學이라고 할 때의 學은 단순한 知的인 認識만이 아니라 行的인 實踐의 意味를 兼有하고 있는 까닭으로 視聽覺을 동원해서 知識을 傳受함과 동시에 지난날의 聖賢들의 言行을 본받고 익혀야 하는 修練過程이 必要하게 되는 것이다. 뿐만 아니라 敎育者가 後學을 가르칠 경우도 知識傳達이 그 任務의 전부가 아니라 한쪽으로는 스스

로가 배운다는 것이다. 즉 가르친다는 것은 절반은 배우는 뜻으로, 書經에는 다음과 같이 보인다.

「惟敎學半 念絡始典于學」(說命下)

이렇게 볼 때 儒學의 學은 본받는다는 실천적인 意味와 깨닫는다는 認識的인 意味를 겸비하고 있는 동시에 敎學의 意味를 아울러 가지고 있음을 알 수가 있다.

B 儒學과 性理學

性理學이라고 함은 대체로 宋代以後의 新儒學을 말한다. 先秦時代의 儒學에 비교해서 佛教와 道教의 相互影響속에서 새로운 理論儒學으로 발전된 것이다. 道德淵源을 中心한 敎訓과 人間性理를 骨子로 한 理論으로 구분해볼 수가 있다. 理論은 道德淵源을 실천하는 當爲로서 體系化하기 위한 것이요 經典의 가치를 무시하거나 감소시키기 위함이 아니다. 宋代의 新儒學으로부터 先秦儒學으로 돌아가야 儒學의 眞面目을 알 수 있다는 말을 듣기도 하지만 理論을 위한 理論이 아니라 實을 기하기 위한 學的 體系라는데 眞意가 있다.

理致를 말할 때에 몇단계로 갈라서 생각할 수 있다. 物界의 理致를 物理라고 하고 心界의 理致를 心理라고 하고 心中의 內在하는 天命의 要素를 性理라고 하며 物心兩界를 초월한 終局의 理致를 天理라고 해서 4段階로 구분하는 것이 通常이다. 이 가운데 性理學은 中國과 韓國에서 儒學의 理論分野 즉 哲學으로서 한결같이 발전되어 왔다. 兩國 性理學은 경향이 각각 특색을 지니고 있다. 宇宙本體論的인 경향을 特徵으로 한 것이 宋代性理學이라면 人生性情論的인 경향을 특징으로 한 것이 李朝性理學이라고 하겠다.

C 새로운 要請

修己治人之學으로서의 儒學이 理論儒學으로서의 性理學으로 改新登場된 이래로 그 問題點으로 周濂溪(1017~1073)는 無極太極을, 張橫渠(1020~1077)는 氣를, 程伊川(1033~1107)은 理를, 朱子(1130~1200)는 理氣로 파악하였다. 고려末葉에 性理學이 韓國에 전래된 이후로 李晦齋(1491~1553)는 太極의 理를, 徐花潭(1489~1546)은 氣를, 李退溪(1501~1570)는 理의 發을 李栗谷(1536~1584)은 氣의 發을 問題삼고 있

다. 晦齋는 佛敎와 道敎의 虛無寂滅을 비난하면서 太極의 實한 理를 강조하고 있으며, 徐花潭은 비록 氣論者이기는 하지만 理의 實한 面을 獨見한 것으로 인정받고 있으며, 退溪는 理發을 고수하면서 居敬을 역설하고 있으며, 栗谷은 氣發을 자신하면서도 誠實을 높이고 있는 점에 關心을 소홀히 할 수 없다.

形而上學과 形而下學이 단절되고 物理學과 心理學이 隔絕되고 科學과 宗敎가 隔離된 속에 人間性이 상실되어가고 있는 것이 오늘의 實情이라고 한다면 그 回復은 시급한 問題가 아닐 수 없다. 이렇게 끊어진 곳을 連接시켜주는 機能을 學的으로 구한다는 것은 매우 중요한 일이라고 하겠다. 종래에 實學이 있기는 하였으나 오늘의 狀況에서 모든 단절을 이어주는 意味에서 實理學을 구상해본다. 形而上學이 空理에 떨어지거나, 心理學이 獨斷에 빠져버리거나, 宗敎가 盲信으로 전락하거나, 또한 形而下學이나 物理學이나 科學이 物質 내지는 合理性에만 拘泥되어 거룩하고 聖스러운 바를 더럽히는 일이 있다면 이는 다같이 바람직한 일이 못된다. 이와 같은 兩極이 하나로 묶여지는 座標에 質을 배정해본다. 韓國의 性理學史에서 이러한 意味의 實이 강조되어 왔음은 刮目할 만한 事實이다. 韓中의 實學이 통일된 개념이 아니라고 할 때, 科學文明의 發達로 乖離된 宇宙와 人生을 一理로 실현하려는 試圖로서의 實理學이라면 그다지 無意味한 일만은 아닐 줄 안다. 따라서 宋明의 理學이나 性理學을 儒學에 있어서의 哲學으로 다루어 온데 비해서 理論과 實際, 論理와 事理, 思惟와 行動의 二重構造를 單一化하는 意味의 實理學으로서의 儒學을 밝히고자 하는데 이 論文의 의도가 있다.

本　論

Ⓐ 韓國儒學의 本質

玄相允씨는 그의 「朝鮮儒學史」에서 韓國儒學의 本質을 다음과 같이 설명하고 있다.

「儒學이나 儒敎思想이 朝鮮에 紹介된지 그 年代에 있어서 다른 어느 外來思想보다는 오랜 것은 事實이다. 지금 우리나라에는 古代의

文獻이 無徵하여 이것을 일일히 稽考할 길이 없으나 저 論語와 千字文을 日本에 전하였다는 王仁의 일을 가지고 보아도 佛敎가 朝鮮에 처음 전래된 高句麗 小獸林王 때보다는 그 年代가 앞서는 것을 보아 이것을 잘 알 수 있는 것이다. 그러나 이같이 수입된지가 오래면서도 그 學問과 思想의 輸入直時에 왕성하게 행하여지지 못하고 오랫동안 時日을 경과하다가 겨우 李朝에 이르러 비로소 크게 行하게 된 것이다. 그런데 이것은 아래와 같은 理由에 基因하였으리라고 推測된다. 즉 元來 우리 民族이 上古時代에는 神敎를 遵奉하였고 3國以後로 高麗에 至하는 中古時代에는 佛敎를 信奉하다가 儒學을 尊崇한 것은 李朝以後 비교적 近世의 일이니 神敎나 佛敎는 그 敎理와 儀式이 感情的이요, 平民的인 것에 비하여 儒敎의 그것은 理智的이요 貴族的인 것을 생각함에 自然 儒學思想은 人文未開한 古代에서는 人民의 多數가 이해키 곤란하던 까닭이 아닌가 한다. 그러므로 朝鮮의 儒學이라고 하면 오로지 朝鮮朝儒學을 의미하게 되는 것이요 그 以前의 儒學은 거의 그 存在의 價値조차 인정하기 어려운 정도다. 따라서 여기서 叙述하는 儒學史도 주로 李朝의 그것을 의미하는 것임은 물론이다. 그리고 朝鮮儒學의 내용은 어떤 것이냐 하면 箇中에는 물론 여러가지 방면이 있으나 그 主流와 中軸은 性理學에 있다. 이것이 곧 世人들이 朝鮮의 儒學을 가리켜 程朱學 혹은 朱子學이라고 일컫는 所以다. 元來 儒學에는 여러가지 方面이 있다. 政治도 있고 經濟도 있으며 法律도 있고 哲學도 있으며 倫理道德도 있고 文學도 禮樂도 있다. 이것을 기재한 經傳을 가지고 설명하면 尙書나 春秋나 論孟은 주로 政治經濟法律과 倫理道德을 논하였고 庸學과 周易은 주로 哲學을 말하였으며 禮記樂記(樂記는 不傳)는 禮樂을 말한 것이요 詩書論孟이나 禮記春秋는 또한 文章의 標本이 되는 것이다. 그러므로 論孟 이후의 여러 時代를 통하여 사람 혹은 時代를 따라 그 中의 어떤 한 方面을 硏究하며 발달시킴에 따라서 그 時代에 各各特色을 발휘케 되어 온 것이다. 이제 이것을 支那의 歷史에서 설명하면 漢唐은 그 現實的 方面, 즉 政治經濟와 法律의 部分을 적용하며 발전시킨 것이요, 宋明은 그 哲學的 方面 즉 性理學의 部分을 발달시킨 것이며 董仲舒나 司馬光은 政治經濟를, 程子나 朱子는 哲學과 人倫道德을, 韓愈나 歐陽修는 文學을 연구하고 발전시키기에 努力한 사람들인 것이다. 그러므로 朝鮮

儒學에 있어서도 어떤 時期에는 그 現實的 方面을 힘쓰며 발휘시킨 때도 있고, 또 어떤 時期에는 그 文學的 方面을 발휘한 때도 있으며, 어떤 사람은 政治 또 어떤 사람은 文學 또 어떤 사람은 理學 또는 禮學을 硏究하며 발휘하였다. 그러나 前에도 말한 바와 같이 朝鮮儒學의 主流와 中軸은 哲學方面인 程朱學에 있었던 것이다.」(p1~3)

대체로 內容을 三分해서 생각할 수 있을 것 같다. 그 하나는 韓國에 가장 먼저 수입된 外來文化로서는 儒學이라고 한 것이고, 둘째는 그렇다고는 하나 儒學하면 그래도 朝鮮朝의 儒學을 中心으로 잡을 수 밖에 없다는 것이며, 셋째는 그 主流中軸은 性理學이라고 지적한 점이다. 韓國民族의 文化淵源이 오랜데다가 처음으로 들어온 儒學이 아무 拒否反應없이 수용될 수 있었다는 것을 民族性 내지는 固有文化가 儒學을 主體的으로 흡수하였음을 말해주는 것으로 안다. 崔致遠(857~?)의 鸞郎碑序에

「國有玄妙之道曰風流 設敎之源詳備仙史實乃包含三敎云」

라고 言及된 것으로 보아 固有한 玄妙之道가 있었음을 알 수 있다. 儒敎·佛敎·道敎를 종합해서 玄妙한 道가 성립된 것이 아니라 3敎를 倂呑할만한 思想的 基底를 韓民族이 지니고 있었다고 간주된다. 儒學이 中國에서 創始된 이래로 韓國과 日本에 影響을 준 것이 事實이기는 하지만 우리가 儒學을 傳受할 때 우리의 民族感情으로 主體的인 消化로서 우리의 特徵을 키워온 것으로 보아야 할 것이다.

朱子學의 傳來로 性理學이 흥하게 되었고 이 性理學 또한 中國性理學의 再版이 아니라 우리 固有文化의 主體的인 受容으로서 그 特殊性을 형성한 것으로 인정된다.

孔子가 仁을 人이라고 하여 人間을 中心으로 問題삼았고 宋代의 性理學이 人性문제를 哲學的으로 탐구하여 宇宙本體論에 注力한데 비해서 朝朝朝의 性理學은 人性문제를 心性情문제로 深化시켜 간데 差異가 있다. 3敎를 포함하는 玄妙之道란 결코 空虛에 빠질 수도 없고 그렇다고 玄을 잃은 有에 타락할 수 없는 兩者의 균형잡힌 調和를 實로서 생활하는 民族固有의 모습을 證言해주는 것으로 생각된다. 이러한 樣相을 朝鮮朝의 性理學으로 깊이를 더해 갔고 얼룩진 政治史의 물결속에서도 굳게굳게 일관되어 온 것이다.

朝鮮朝性理學의 특징을 두가지로 지적한다면 첫째는 主體性을 높이

는 점이요, 둘째는 純粹倫理를 존중하는 것이라고 하겠다.

이처럼 韓民族의 固有性은 儒學을 土着化하였고 朝鮮朝의 性理學이 그 主流로 形成되면서 人間의 心性情問題가 哲學的인 中軸을 이루어 왔다. 이러한 傾向을 實理로 파악하는데 韓國性理學史의 의의가 있는 것으로 믿어진다.

B 韓國性理學의 淵源과 發展

ⓐ 淵 源

栗谷은 石潭日記에서

「我國理學傳矣 前朝鄭夢周始發其端 而規矩不精我 我朝金宏弼接其緒 而有未大備 及趙光祖倡道 學者翕然推尊之 今有性理之學者 光祖之 力也」

라고 한 바에 의하면 我朝理學이 鄭夢周(1377~1392)로부터 시작되기 는 하였으나 模糊함에 그쳤으며 金宏弼(1454~1504)이 실마리를 이었 고 趙光祖(1482~1519)의 힘으로 性理學이 있게 되었음을 이해하게 된 다. 사실상 李穡(1328~1396)이 鄭夢周를 칭찬하기를 「夢周理論 橫說 竪說無非當理」라고 하였으나 그의 理論이 전해옴이 없어서 不透明한 것으로 評받는 것이 아닌가 한다. 그러나 退溪도 또한 鄭夢周를 理學 의 始祖로 삼고 金宏弼·趙光祖를 으뜸으로 생각하나 著述에서 그 理 論을 찾아보기에 힘들고 다만 晦齋 李彦迪의 學이 正學으로서 깊이에 있어서도 近世에 最高라고 다음과 같이 말하고 있다.

「吾東方理學以鄭圃隱爲祖 而以金寒暄趙靜庵爲首 但此三先生著述無 徵今不可知 其所學之淺深 近見晦齋集其所學之正所得之深 殆近世爲 最也」

退溪와 栗谷의 말대로 하면 鄭圃隱은 과연 韓國性理學의 始祖임을 인지할 수 있다. 또한 이 始祖의 뒤를 이은 學者 역시 金宏弼·趙靜 庵임은 兩人의 意見이 동일하거니와 다시 晦齋에 이르러서 正學으로 深化되어 갔음이 事實이다. 여기서 注意하고자 함은 圃隱으로부터의 實理로 일관하고 있는 傳統인 것이다.

圃隱의 경우 橫說竪說의 說과 無非當理의 理는 實理를 의미해주는 것으로 看做된다. 金宏弼에 대해서는 奇高峰(1527~1572)이 지은 그의 行狀에 따르면 存養省察로 體를 삼고 修齊治平으로 用을 삼는다는 다

음과 같은 表現

「先生曰誦小學大學書以爲規模 探頤六經力持誠敬 以存養省察爲體修
齊治平爲用 期至大聖閫域」

으로 미루어 誠敬의 心志와 齊治의 實踐의 兩面을 統貫하는 實理傾向
을 볼 수 있다. 鄭汝昌(1450~1504)은 朱子章句 중에서 「氣以成形 理
亦賦焉」의 說을 취하지 아니하고 「安有後氣之理乎」라고 하여 氣에 뒤
지는 理가 있지 아니함을 주장하였다. 이는 역시 形而上學的인 理와
現象的인 氣의 공존하는 實理를 지적해준 것으로 간주된다. 趙光祖도
그의 論理를 전해줄 만이 것이 없으므로 確實하지는 못하나 그의 至
治主義의 主張이나 그의 生涯를 통해서 學問的인 傾向性을 짐작할 수
가 있다.

이상에서 살펴본 바 性理學의 先河期의 韓國的인 實理的 端芽를 발
견할 수가 있었거니와 이것이 土臺가 되어서 다시 여러 學者들에 계승
되어 발전을 거듭해간 것으로 보인다.

　ⓑ 發 展

退溪와 栗谷을 絶頂期로 봄이 一般的인 것으로 안다. 退溪에 앞서
서 晦齋 李彦廸과 花潭 徐敬德이 있어서 발전의 途程을 닦아준다.

　㉠ 徐花潭의 自得處

玄相允씨는 花潭을 평하기를

「花潭은 그 學問傾向에 있어서 張橫渠의 影響을 받은 듯하나 橫渠
의 想到치 못한 곳을 道破하며 橫渠보다 독특한 見解를 주장하여
自然 別箇의 門을 開張하였으니 橫渠에게 語句나 思考의 片麟에서
多少의 刺戟은 받았다고 할지라도 橫渠와의 別箇의 世界를 조성하
여 自見自得한 것이 많았었다」(朝鮮儒學史 p67)

라고 피력하고 있다. 氣論者로 指目되어 張橫渠에서 영향된 바를 생
각할 수 있지만 그의 獨創的인 점을 구별하고 있다. 退溪가 평한 것
을 보면 죽을 힘을 다하여서 奇를 말하고 妙를 說더라도 形器粗淺一
邊에 落在함을 면할 수 없으니 可惜한 일이라고 지적하고 마침내 理
字不透라고 판단하였다. 退溪의 批判은 創造源에 대한 論理立場을 드
러낸데 대해서 花潭은 理氣의 現實的 共存立場에서 自己主張을 自矜
하고 있다. 栗谷은 이 점을 높이 사서 意思를 理氣不相離의 妙處에
多用해서 瞭然히 自見한 바가 있다고 칭찬은 하고 있으나 氣를 理로

誤認할 염려가 있다고 주의하였다. 즉 이 말은 理氣가 하나되는 것만 알고 둘인 경우를 몰라도 아니되며 둘이 된다고 해도 하나되는 경우를 忘却해서는 아니되는데 花潭의 理解로는 一物로 보는 경향에서 理通器局을 모른다고 판단하였다. 그가 太虛를 말할 때에 虛하면서도 虛하지 않다고 하여 虛即氣라 한 것도 虛와 氣의 하나됨을 의미하는 것이며 虛도 無窮無外하고 氣도 無窮無外하다고 한 것도 또한 虛와 氣의 共存을 뜻하는 것으로 간주된다. 이렇게 하나되는 것 또는 共存態를 實理라고 말해서 過誤는 아닌 줄 안다. 다만 주의해야 할 것은 栗谷의 말과 같이 그 이상의 理通器局을 看過해서 아니된다는 점이다. 따라서 栗谷이 花潭을 칭찬함은 그가 理氣의 하나되는 面을 觀念的인 知識으로 理解했다기 보다는 어려서부터의 格物致知工夫를 통해서 感得한 面을 높인 것이고 論理的인 創造源에 未及함을 理通器局으로 言及하고 있음을 소홀히 보아 넘길 수는 없는 일이다. 이와 같이 비록 花潭의 理論이 極에 一步直前이라고 하더라도 實理的 見解의 史的 發展過程에서는 一蠹와 더불어 중요한 位置를 차지하는 것으로 생각된다.

ⓒ 李晦齋의 獨得之妙

晦齋의 太極觀은 「書忘齋忘機堂無極太說後」의 논문을 통해서 엿볼 수 있다. 여기서 우선 그가 강조한 基本이 無極而太極이라고 해서 太極위에 無極이 따로 있다는 말이 아니라는 점에 있다. 理가 비록 至高至妙한듯 하나 實體에 寓한 바를 구하면 至近至實하니 만일에 이 理를 구명코자 하여 다만 空冥虛遠한 곳에만 구하고 다시 至近至實한 곳에 구하지 아니하면 異端의 空寂에 빠지지 않을 수 없다고 詰難한다. 이러한 그의 思想의 核心은 자연 老佛의 寂滅을 비난한다.

즉 寂滅은 本來의 儒者의 說이 아니며 易의 「寂然不動感而遂通」이란 말이 있어서 寂字가 보이기는 하지만 寂滅의 寂과는 결코 같을 수 없다는 것이다. 上天之載가 無聲無臭하니 寂이라고 함은 可하나 至寂한 가운데 이른 바 於穆不已한 것이 있어서 化有流行함이 上下에 昭著하니 결코 滅字로서 形言할 수 없다는 것과 이것을 우리 마음에 적용해볼 때 喜怒哀樂이 未發해서 渾然在中한 것은 이것이 바로 마음의 本體인데 이것을 寂이라고 말함은 옳지만 그것이 마음에 느껴서 發할 때 喜怒哀樂이 다 節度에 맞아서 本然의 妙가 비로소 流行하게 되니

이것을 寂滅이라고는 결코 볼 수 없다고 주장한다. 앞에서 말한 無極
而太極을 설명하는데 至高至妙와 至近至實을, 統觀하여 老佛의 寂滅
을 비판하는데 寂感과 엄격하게 구별하는 晦齋의 態度에서도 實理의
경향을 읽게 된다. 退溪는 이 논문 가운데 그의 精詣之見과 獨得之妙
가 가장 잘 나타나 있다고 好評하고 있다. 花潭의 理氣未分의 不離相
에 醉한 점을 退溪는 理字不透라고 한 것에 비교해서 獨得之妙가 晦
齋에게는 있다고 함을 미루어 볼 때 理氣의 不雜性에 착안된 점에 歡
心이 간 것으로 보인다. 無極이 太極 외에 따로 있는 것이 아니라는
강조와 寂滅과 寂感의 寂이 구별되어야 한다는 立張은 과연 晦齋哲學
의 實理面을 보여주는 것이라고 생각되는 것이다.

栗谷은 花潭에 대하여 自見自得處가 있다고 하였고 退溪는 晦齋에
대하여 獨得之妙가 있다고 하였으니 兩人에 대한 兩人의 評은 그들의
創意性을 지적한 것이며, 이것은 또한 韓國的 性理說을 의미하여 동시
에 이 特徵을 實理있는 것으로 파악하고자 하는 것이다. 退栗의 경우
는 이 實理의 見解는 더욱 學的 體系로 深化되어 간다.

　㉡ 退溪의 理發의 實理性

中國의 性理學者들이 주로 太極, 理氣를 問題삼은데 비해서 韓國의
性理學者들은 주로 人間에 있어서의 心性情을 問題삼았다. 宇宙論的
인 것과 人生論的인 傾向의 차이를 볼 수 있으면서도 더우기 性情의
發을 둘러 싸고 學界에서 오래도록 많은 사람들이 討論과 論爭을 거
듭한 것은 性理學의 韓國的 深化過程을 證言해주는 것이다.

高峰 奇明彦(1527~1572)과 李退溪의 四端七情에 관한 論爭과, 牛溪
成渾(1535~1598)과 李栗谷의 人心道心의 관한 論辨은 그 代表的인 것
이라고 하겠다.

退溪와 高峰의 四七論爭의 焦點이 發에 있는 것은 韓中 性理學史上
처음 있는 일이라는데 意義가 있을 뿐만 아니라 發에 있어서의 實理性
에 論者는 특별히 관심을 기울이고자 한다. 여기에 發의 意味와 그
問題性을 밝힐 필요가 있다. 發이란 어떤 뜻을 가지는가?

哲學에서 구하는 創造의 論理를 밝히기 위해서는 항상 두가지 側面
의 解明이 요구되어 왔다. 그렇기에 形而上과 形而下, 本體와 現象이
라든지, 此岸과 彼岸, 道와 器라든가 本末이라든가 體用이라는 등등
의 표현이 생겨나오게 된 것으로 믿어진다.

形而上과 形而下라고 하면 形體를 놓고 그것이 생기기 이전과 이후로 구별하는 表現이요, 本體와 現象이라고 하면 現象의 可能根據와 그 根據로부터 나타난 面을 구별하는 用語요, 此岸과 彼岸이라고 하면 生死苦樂의 世界와 이 狀況을 넘어서 涅槃의 世界를 구별한 표현이요, 道와 器나 本末이나 體用이라고 하면 作用面과 作用하게끔 하는 面을 구별한 말이다. 두가지 側面을 무엇이라고 하든지간에 항상 남는 問題는 이 兩面의 關係에 대한 이해인줄 안다. 信仰으로 처리해 버리면 主觀的인 판단으로 끝나지만 論理로 體系를 客觀化하여 理解를 구하는데는 간단하지 않다. 그것은 主客이 관련되기 때문이다. 혹은 有無라고도 하여 有形의 世界와 無形의 世界를 구별하여 表現하기도 하지만 그것만으로는 有無의 關係는 여전히 분명하지 않다. 이 두가지의 側面을 宇宙論的인 의미에서는 理와 氣, 人生論的인 의미에서는 性과 情으로 구별해 왔다. 이 理와 氣, 性과 情의 體用體系가 發이란 用語로 표시된 것이다.

發이란 用語는 「中庸」에 다음과 같이 보인다.

「喜怒哀樂之未發謂之中 發而皆中節謂之和 中也者天下之大本也 和也者天下之達道也」(1章)

사람의 感性인 喜怒哀樂이 發하기 이전을 中이라고 하고 發해서 모두 節度에 맞은 것을 和라고 해서 發을 사이에 놓고 이전과 이후를 中과 和로 말하고 있다. 動靜으로 바꾸어 말한다면 靜은 發이전인 中이 될 것이요, 動은 發이후의 和가 될 것이다. 이처럼 中과 和나 動과 靜사이를 發로 연결하여 形而上과 形而下, 本體와 現象, 此岸과 彼岸, 道와 器, 本末體用의 關係를 묶어주는 機能을 지니는 것으로 이해되고 있다. 이 때에 理와 氣 사이의 發과 性과 情사이의 發로 類別할 수가 있다. 退溪와 高峰사이의 發問題는 처음에 性과 情사이의 發關係로 시작하여 나중에는 理와 氣사이의 發問題로 번져간 것이다.

發이 하나의 動詞로서 述部에 속한다면 主語는 무엇이냐 하는 疑心이 생긴다. 즉 發의 主格이 무엇이냐 하는 것이다. 理와 氣사이에 있어서의 發의 主格은 創造主와 관련되는 것이요, 性과 情사이에 있어서의 發의 主格은 人間의 主體와 관련을 피할 수 없게 된다.

發을 나타낸다는 뜻으로 생각할 때 무엇이 무엇으로 나타나느냐를 밝혀야 하며 이 때에 무엇이라는 무엇과 무엇으로라는 무엇과는 同質

인가 아니면 異質인가 즉 主語와 述語의 質의 同異問題가 생기며 또 善惡은 어떻게 갈라지느냐 하는 등등의 問題點에 부딪치게 된다. 여러가지의 새로운 問題點이 發生한다고 하더라도 이 밝히고자 하는 核心이 信仰으로서 絕對者를 가려내는 것이 아니요 論理로서 創造源을 證明體系化하려는데 있어서 主體가 中心問題일 것이다. 發의 問題가 性과 情사이의 關係로 시작될 것이요, 性情問題인 以上은 人間의 心理的인 面을 고려하지 않을 수 없으며 또 體系上에서는 두개의 主體가 설정될 수는 없는 것이다. 하나의 主體를 定礎하여 論理를 전개하는 作業은 哲學의 所任이라고 생각된다.

發의 뜻이 이러하다면 發의 問題性은 어디 있는가? 이미 宇宙의 創造源이나 人間의 主體性과의 연관되는 疑問을 피할 수 없게 됨을 언급하였거니와 더욱 問題視되는 것은 一般性과 特殊性사이의 發이라는 用語가 사용될 때에 야기되는 점이라고 생각된다.

먼저 理氣의 一般性과 特殊性에 대한 解明이 필요할 줄 안다. 中庸에서 보여진 發은 感性(喜怒哀樂)의 未發상태 즉 中에서 當爲의 己發 즉 和 사이를 發로 묶어준 것이다. 위에서도 말했듯이 理와 氣사이의 문제이든지, 性과 情사이의 문제라든지간에 宇宙의 創造源이나 人間의 主體性과는 관계없이 發문제는 해결되기 어렵다. 論理를 추구하는데 있어서 理氣, 性情의 主體確立은 문제해결의 열쇠가 될 것이며 이것과 관련해서라야 論理의 體系도 세울 수 있는 일이다. 理와 氣사이 性과 情사이의 發을 문제삼을 때 해결이 복잡해지는 理由도 그 때문인 줄 안다.

宋代에 성립된 理氣에 있어서 氣論은 張橫渠가 주장을 했고 程子가 理論을 주장했으며 朱子가 理氣論을 정립하기에 이르렀으며, 그 후 理一元論이나 氣一元論이나 또는 理氣二元論 등으로의 傾向을 보였으나 發이 문제되거나 論爭의 대상으로 된 일이 없다. 發의 解明은 먼저 理氣의 一般性과 特殊性의 理解가 선행되어야 할 것이다.

理字는 주로 宋代 이후에 사용되었고 論語 全篇에 理字가 쓰여지지 아니했다. 孟子에

「心之所同然者何也 理也義也」(告子上)

라고 해서 理를 人心의 普遍者로 지적하였고, 周易에

「窮理盡性以至於命」(說封傳) 1章

이라고 한 것이 보인다. 宋代에 이르러서 理는 形而上學的인 의미로
사용되었다. 形而上學的인 理라고 하더라도 그 지니는 뜻은 단일하지
는 않다. 詩經에

「天生烝民有物有則」(大雅)

이라고 한 것은 一物이 있으면 그 곳에는 반드시 하나의 理致가 깃들
여 있다는 뜻이며, 이러한 一物의 理致를 밝혀서 차츰차츰 넓혀가면
그렇게 해가는 동안에 어느 때 가서는 全事物理致에 관통된다고 朱子
는 다음과 같이 말한다.

「今日格一物焉　明日又格一物焉　積習旣多然後脫然有貫通處耳」(大學
或問二)

이처럼 萬物에는 각각 하나의 理致를 갖추고 있으며 萬理는 같은
根源에서 나온 것으로 朱子는 다음과 같이 類推한다.

「蓋萬物各有一理而萬理同出一源　此所以可推而無下通也」(同上)

따라서 理에는 同源으로서의 一般者인 理와 특수한 理를 생각할 수
있다.

氣에 대하여는 書經洪範에 이미 五行에 관한 것이 있으며, 周易에
陰陽으로 표현되어 있고 孟子에는 浩然의 氣로서 언급되어 있다. 더
욱 漢代에 自然哲學을 거치면서 氣論의 基礎가 견고해갔고 宋代에 이
르러 張橫渠에 의해서 하나의 哲學的인 主張으로 등장하게 되었다.
氣는 現象을 말하는 것이며 萬物이 각각 다르게 形體를 갖추게 됨은
氣의 凝聚의 差에서 오는 것이요 體를 형성하기 전에는 萬物은 그것
이 生成될 수 있는 基本으로서의 一氣에서 생겨난다는 것이다. 따라
서 氣에도 特殊한 氣와 同源으로서의 一般者인 氣를 想定할 수 있는
것이다.

이와 같이 理와 氣는 서로 特殊性과 一般性을 가지고 있음을 알 수
있다. 論理上 特殊는 一般에서 유래된다고 해야 할 것이니 發의 問題
는 一般者로부터 特殊化할 때의 作用으로 보아야 할 것이다. 理氣사
이의 發問題는 理氣에 대한 이해 위에서 풀어져야 할 것이다. 理에
도 一般性과 特殊性의 兩面이 있고 氣에도 一般性과 特殊性의 두 側
面이 있다고 하면 理氣不相離不相雜의 兩者의 관계를 土臺로 해서 위
의 一般과 特殊가 고려되어야 할 것이다. 따라서 發의 主體가 무엇이
냐고 할 때 理氣의 관계와 兩者의 一般特殊性이 배제될 수 없다. 여

기서 그 主體가 理인가 氣인가 하는 窮極的 問題에 逢着하게 된다. 이 主體를 理라고 주장하는 이의 대표자가 退溪였고 理가 主體이지만 發하는 것은 氣라고 주장하는 이의 대표자가 栗谷이었다.

理發氣發이라고 할 때 用語는 간단하지만 이것이 創造源이나 主體에 관련되는 까닭에 그 論理展開에 있어서 言語媒體를 피할 수 없는 이상 言語의 制約性 限界性의 장애를 면할 수 없게 된다. 표현된 內容도 중요하지만 그 말을 하게 되는 立場의 파악이 先行되어야 할 것이다. 그러므로 發에 대한 問題性과 그 論理解得의 言語的 障碍에 대한 이해는 退溪의 理發을 究明하는 데 기반이 되는 줄 안다. 中國에서 없었던 問題로 이 發에 대한 論爭이 일게된 동기가 첫째는 退溪가 天命圖說을 수정한데서 시작되었고 둘째는 이것에 대한 奇高峯의 異議로부터 發火되었던 것이다. 理는 形上에, 氣는 形下에 각각 屬性을 가진 한 理發이라고 해도, 氣發이라고 해도 어느 쪽도 부족한 점이 나올 수 있으며 혹 言語의 論理로 풀린다고 하더라도 倫理에 관련되는 새로운 문제를 파생시키게 된다.

退溪는 發의 主語를 理로 판단하여 高峰의 反駁을 끝내 거절한다. 理氣不可分의 관계에서 理源과 氣源이 모두 一般者일 수 있다고 생각하며 동시에 創造源으로서 「命物而不命於物」하는 現象的 作用이 아니라 論理的 機能으로서 理發이라고 단정한데 退溪의 生命이 있는 줄 안다. 善惡性情은 人間의 문제이지만 太極理氣는 宇宙論的인 問題이므로 性情의 人生論的인 發이 理氣의 宇宙論的인 發로 확대되었을 때 創造源으로서의 機能과 人間主體로서의 機能의 一元性與否는 심각한 問題로 등장된다. 一身의 主體는 마음이고 마음의 主體는 敬이라고 지적한 退溪의 心境은 創造源으로서의 論理的인 機能을 理로 요약하면서도 人間性情의 主體的 機能을 敬으로 보완한 것으로 믿어지며 동시에 이 점은 그가 주장하는 理發이 飛躍된 空理의 所致가 아니라 太極理氣와 心統性情의 實理的 基盤에서 강조된 그의 論理라고 이해된다. 栗谷에서도 이 傾向은 분명해진다.

㊂ 栗谷心說의 實理性

栗谷과 成渾의 人心道心說은 韓國性理學史에서 退溪와 高峰의 四七論辯에 못지 않게 중요한 比重을 차지한다. 이 心說을 통해서 栗谷의 氣發理乘一途說을 이해할 수 있을 뿐만 아니라 理氣心性의 實理面을 드러내주는데 價値를 부여하고 싶다.

　牛溪의 疑心은, 理氣互發說과 人心道心說이 다 같이 朱子의 立論을 통한 退溪의 주장이 옳다는 생각을 하면서도 確信할 수 없는데 있었다. 栗谷은 一途說의 立場에서 天地에도 二本이 없고 人心에도 二本이 없다고 응수한다.

　栗谷이 생각하는 理와 氣의 관계는 간결하게 다음과 같이 설명되어 있다.

　「夫理者氣之主宰也 氣者理之所乘也 非理則氣無所根柢 非氣則理無所
　依著 旣非二物又非一物故一而二 非二物故二而一也 非一物者何謂也
　理氣雖相離不得而妙合之中理自理氣自氣不相挾雜故非一物也 非二物
　者何謂也 雖曰理自理氣自氣 而渾論無間無先後無離合 不見爲二物故
　非二物也 是故動靜無端陰陽無始 理無始故氣亦無始也」(栗谷全書 卷10)

　理와 氣는 떨어지지도 않고 헤어지지도 않으며, 뿐만 아니라 兩者가 다 無始하다는 理論이 創意는 아니라고 할지라도 이토록 요령있게 整理說明된 것은 栗谷에서 처음 볼 수 있다는데 意義가 있다.

　위와 같은 天地의 理氣와 人間의 理氣는 統體一太極으로서 하나로 묶어진다. 그러나 그렇다고 해서 모든 것이 無心別할 수는 없다. 그 점을 栗谷은 아래와 같이 말한다.

　「天地人物雖各有其理而天地之理卽萬物之理　萬物之理卽吾人之理也
　此所謂統體一太極也 雖曰一理而人之性非之性 犬之性非牛之性 此所
　謂各一其性者也」(同上)

　이처럼 天地와 人物은 統體一太極이면서도 各一其性의 特殊性과는 분별되는 것이다. 根本을 미루어보면 理氣는 天地의 父母가 되고 天地는 또 人物의 父母가 된다고 하였다. 그러므로 天地의 帥를 받아서 人性이 되고 天地의 塞을 나누어서 形이 되는 까닭에 吾心의 用이 天地의 化며 天地의 化에 二本이 없고 吾心의 發에도 二原이 없다고 하였다.

　「夫人也稟天地之帥以爲性 分天地之塞以爲形故吾心之用卽天地之化 天
　地之化無二本故吾心之發無二原矣」(同上)

　이렇게 되면 人心道心이 비록 표현은 다르지만 原은 一元이니 理發은 道心이 되고 氣發은 人心이 된다면 吾心에 二本이 있는 것이 되니 크게 錯覺한 것이 아닐 수 없다고 말하였다.

「人心道心雖二名而其原則只是一心 …… 理發則爲道心氣發則爲人心矣
然則吾心有二本矣 豈不大錯乎」(同上)

天地의 化는 바로 吾心의 發인데 만일 天地의 化에 理化가 있고 氣
化가 있다면 吾心에도 마땅히 理發과 氣發이 있을 것이다. 그러나 天
地에 理化氣化가 다른 것이 없으니 吾心에 어찌 또 理發氣發의 다른
것이 있겠느냐는 것이다.

「天地之化即吾心之發也 天地之化若有理化者氣化者則心亦當有理發者
氣發者 天地既無理化氣化之殊則吾心安得有理發氣發之異乎」(同上)

여기서 注意해서 보고자 함은 心과 性의 구별이다. 人心道心이라고
하면 어느 쪽도 다 心이요 性이라고 하면 心統性情의 性으로서 心合
理氣의 理이기도 하다. 즉 人心道心의 心은 合理氣의 心이고 四七性
情의 性은 心統性情의 性이니 心合理氣의 理라는 점이다. 心은 理氣
며 性은 理인 즉 氣發理乘一途의 論理에 비추어서 人心道心도 氣發理
乘이요 四七性情도 氣發理乘으로 판단한다. 道心은 氣發理乘의 善한
것을 말한 것이고 人心이란 氣發理乘의 或善或不善을 가리킨 것이며
四七性情도 四端之發은 氣發理乘의 善한 것이고 七情之發은 氣發理乘
의 或善或不善을 구별한 것이다. 이와 같이 人心道心도 四七性情에도
互發은 있을 수 없고 一途의 主張으로 一貫說明하는 것이 栗谷의 입
장이다.

發하는 것은 氣고 發하게 하는 것이 理라는 말은 後世에 聖人이 다
시 난다고 하여도 그 말을 바꿀 수 없다는 栗谷 자신의 표현이다. 人
心道心이 한결같이 理氣不相離에서 實하고 四七性情이 또한 理氣不相
離에서 實하다고 볼 때 四七의 發이나 人心 道心의 或生或原이 다같
이 理氣의 實한 것으로 統貫되는 점을 주시하게 된다.

　㉡ 實學派의 實理性

退溪와 栗谷 이후에 禮學派와 湖洛學派를 경유하면서 柳磻溪(1622∼
1673)・李星湖(1682∼1764)・丁茶山(1762∼1836)・朴燕巖(1737∼1805)・洪
湛軒(1731∼1783)을 이어가는 實學派의 學者들을 볼 수 있다.

玄相允씨에 의하면

「頑固한 일부 색다른 學者들은 淵源主義 空理主義의 理學을 固守하
　여 多少 이 經濟學派의 運動을 거들떠 보지 않는 일이 있었으나
　원래 經濟學派 諸賢의 業績이 거대하고 주장이 당당한 때문에 그 風

動과 勢力이 커서 一時 思想界와 學界를 風靡하는 感이 있었다」
(朝鮮儒學史 p325)

라고 하여 性理學의 空理로부터 經濟學傾向으로 轉移되어감을 지적하고 있다. 본래 性理學이란 空理追求를 일삼는 것이 아니련만 學風이 변하고 時代의 趨勢 따라서 달라진 것으로 생각된다. 空理아닌 實理를 學으로 구하려 함이 性理學의 目的이었던 것이 經濟學派의 활동과 그 형성을 가져오게 된 것은 性理學의 實理를 되찾으려는 證左가 아니었던가 한다. 그러나 뒤에 오는 經濟學派들의 學的 傾向은 實理追求에 있어서 일부 特殊性에 限한 느낌이 있다.

磻溪에 있어서는 첫째 學問을 하는데 靜을 위주로 하며 讀書를 하는데 前人의 語言를 默守하지 아니한다는 氣魄을 가졌음은 벌써 學風이 空理非實로 기울어져 있었던데 대한 그의 學的 態度였다고 보이며, 둘째 度今質古하여 다음에 會通한 것을 事物에 參考適用한다는 것은 學問理論의 論理性과 事物適用의 實用性을 實理의 實로 研究實踐하는 所以로 받아들여진다. 公田制度의 實施를 주장하고 또 田制確立의 必要性을 역설하는 理由도 學問이 순수한 理論으로 그칠 것이 아니라 具體化되어서 실제로 日常生活에 이용되므로서 가치가 있다고 생각하기 때문이다.

星湖도 田制改革을 永業田制度創設로 주장하였으니 磻溪의 뒤를 계승한 것으로 보이나 生財論을 제시한 것이 差異가 난다. 生産하는 者가 많아야 한다는 生衆과 消費者는 적어야 한다는 食寡와 일은 빨리 해야 한다는 爲疾과 소비는 천천히 해야 한다는 用徐는 그의 經濟復興策의 네가지 方法이다. 이처럼 社會改革의 一環으로 均田制나 公田制나 永業田制의 主張이 나오게 되었다는 것은 그만큼 土地所有의 不均衡이나 또는 人力所在의 不調를 의미하는 것으로서 社會的 要請이 學者의 學問을 통해서 제기된데 불과하다.

그의 學說에 대하여는 대체로 退溪를 따르기는 하지만 互發說을 반대하고 理發說만을 주장한다고(玄相允 朝鮮儒學史 p335)도 하나 星湖의 根本立場으로서 理優位의 見解는 이론상의 말이고 사실상으로는 理氣共存이면서도 理의 命에 따라서 부단히 行動해 나가는 의미에서는 理發이라는 말이지 결코 事實上으로 理가 氣에 先行된다는 뜻은 아닐 것으로 안다. 理發은 理의 眞發이요 氣發은 物이 形氣에 觸해서 理가

여기서 發하게 된다고 하면서 氣에는 方寸神明의 氣와 形體周流의 氣
의 二重이 있는데 退溪나 朱子가 말한 바 소위 理發이라는 것은 理의
眞發이나 氣發이라는 것은 物觸然後에 理가 發하는 것이니 표면으로
보면 氣發이나 裏面으로 보면 其實은 理發을 意味하는 것이라고 말한
다. 現實的으로 보면 理氣發인데 論理上으로 말하면 理發이라는 말이
다. 理氣發의 現實性은 곧 그의 實理觀을 드러내는 말이요 經濟面의
土地改革說을 주시한 나머지 이것이 實學의 全部라기보다는 오히려
그의 理氣哲學에 있어서 發論을 주의해야 할 것이다. 理와 氣의 不雜
性으로 밀착된 不雜性의 現實的인 共發이야말로 그의 實學에서의 實
理性을 示顯하는 것으로서 看過해서 안될 重要部分이라고 하겠다.

茶山은 經史에도 통하고 曆法과 算數에도 능하였다. 星湖를 進修의
目標로 삼았다(玄相允 朝鮮儒學史 p339)고 한다. 求原城制를 制進하여
起重架說을 지어서 奏上하고 滑車轆轤를 만들어 적은 힘으로 무거운 物
件을 굴려서 城役에 큰 도움이 되었다는 것은 그의 物理的인 實用이고
그의 經世와 學問의 實理性은 그의 著書에서도 이미 알아볼 수 있다.

「六經四書는 修身에 資케 하고 一表二書는 國家經營에 補益케 함이
 니 本末이 구비되었다고 생각할 수 있다. 그러나 아는 사람은 적고
 탓하는 사람은 많으니 만일 天命이 허락하지 않는다면 비록 一炬로
 불살라버려도 좋다」

라고 한 그의 自撰墓誌銘에서 보듯이 修己에 資한다는 六經四書는 內
面的 原理요 國家經營에 補益케 한다는 一表二書는 外面的 應用을 가
리키는 것으로서 內外表裏를 約해서 具體化됨을 알리고 있다. 著書에
서 뿐만 아니라 그의 主張에서도 이러한 것을 볼 수 있다. 大學公議
에서 本末의 설명을 다음과 같이 말하고 있다.

「意와 心과 身은 本이요, 家와 國과 天下는 末이다. 그러나 修身은
 또 誠意로 本을 삼고 平天下도 또 齊家로 本을 삼는다. 本末中에
 또 各各本末이 있으므로 下文의 六事는 서로 街하고 서로 聯해서
 層層으로 本이 되어 그 글이 珠璧을 貫綴하는 것 같아서 이것은 모
 두 能慮의 所得이다. 誠과 正과 修는 始요, 齊와 治와 平은 終이다.
 그 終始中에 또 各各 終始가 있으니 本末의 例와 같다. 그러나 誠
 의 爲物은 始終을 관철한다. 誠해서 意를 誠하고, 誠해서 心을 바
 르게 하고, 誠해서 身을 修하고 誠해서 家國을 治하고 誠해서 天下

를 주하므로 中庸에 이르기를 誠이란 物의 終始라고 하였다. 」(茶山全書上 p552)

이것은 物理的인 實理가 아니라 論理的인 實理로 보인다. 本末뿐만 아니라 始終을 함께 말하고 있으며, 대개 本과 末의 不相逢, 始終의 隔離는 다 實도 道도 아니므로 本末始終의 相逢合致로 實理性을 밝혀 주고 있다.

中庸公議에서 보면 中과 發에 대한 御問에 다음과 같이 대답하고 있다.

「未發이라고 하는 것은 喜怒哀樂이 아직 發하지 않았을 따름입니다. 어찌 마침내 枯木死灰의 思慮가 없고 禪家가 入定하는 것과 같이 그러하겠읍니까? 喜哀怒樂의 感性이 비록 未發했다고 하더라도 戒愼하고 恐懼하고 窮理하고 思義하고 天下의 事變을 商量해야 하는 것이니 어찌 未發時에 工夫가 없다고 하겠읍니까? 中이란 聖人의 極功이니 工夫없이 極功을 이룩하는 이런 理致가 있겠읍니까? 聖人은 愼獨으로서 이미 十分地歐에 到達한 것입니다. 특히 事物을 만나지 아니했을 때가 未發인 것이니 이 때를 當해서 中이라고 하는 것입니다. 」(茶山全書上 p606)

여기서는 中과 發을 가지고 實理의 論理로 言表한 것이다.

燕巖은 經史子集에 周流貫通하고 天文地理와 兵農錢穀의 經世要務까지 두루 講究한 碩學인 바 경향은 學問用功에 있지 아니하고 經濟에 있어서 限田制度를 주장하는데 있었음이 특징이다. 유명한 熱河日記는 그의 民族觀 國家觀 主體觀에 대한 氣魄이 담겨 있는 것으로서 祖國의 經濟復興이 先決問題임을 강조하고 있는 것으로 비추어 實理適中보다 經濟的인 實學의 모습을 그에게서 발견하게 된다.

湛軒은 그가 地動說을 西人보다 先說하고 있는 것이 놀랄만한 일이라고 하겠다. 그의 學問은 廣範圍하여 天文地理를 위시해서 物理人情 天意에 이르기까지 두루 익히고 나아가서 中國依存主義를 버리고 思想과 學術의 獨立의 必要를 역설한 것은 主體를 現實化하기 위한 論理的 實理를 향한 태도라고 할 것이다.

이상에서 實學者들의 實理傾向을 살펴보았거니와 性理學者들에게서 空理失理의 流弊가 禁物이었던 것처럼 實學者들에게서 過實落物의 경향이 싹트고 있음을 엿볼 수가 있다.

結 語

學이란 必然性을 띠어야 하고 必然性이란 積極的이고 能動的인 實踐力이 수반되어야 한다고 할 때 知와 德의 兩面을 갖추어야 할 것과 性理學은 儒學의 있어서의 哲學部分이며 實理를 論理化하는 새로운 方向으로 발전되어야 할 것을 序言에서 밝혔다.

韓國儒學의 本質을 性理學으로 생각해오던 儒學史에서 새롭게 지향해야 할 實理的 方向을 향하여 韓國性理學의 始源을 鄭圃隱에서 살피고 金宏弼·趙光祖에서 河川이 이루어져 갔음을 알았고 徐花潭·李晦齋를 거쳐서 退溪와 栗谷으로 發展하여갔음을 고찰하였다. 그리고 나서 소위 實學派들의 系譜를 좇아서 그들의 實學思想을 管見하였다.

先奏儒學에서 五經은 그 核心經典이며 五經이 지니는 儒學思想의 骨子가 中에 있다면 中은 바로 實核이 아닌가 생각된다. 그 中庸에 대하여 程子는 설명하기를

「中庸一書는 처음에 一理를 말하고 中間에서는 萬事의 萬理가 되고 끝에 가서는 다시 合해서 一理가 되니 放之하면 六合에 가득차고 卷之하면 隱密한데 감추어진즉 其味가 無窮하니 다 實學인 것이다. 善讀하는 者는 玩索해서 얻는 바 있을 터이니 終身토록 用之해도 能히 다 쓰지 못할 것이다」(序文次中庸程子註)

라고 하여 이미 實學을 中庸으로 규정하고 있음을 볼 수가 있다. 中과 和가 發로 連結될 때, 이는 內界와 外界가 實로 具現되는 표현이라고 생각된다. 天理나 性理나 心理나 物理나 다 理로서 通約될 수 있으며 다만 그 兩端이 분리될 것이 아니라 實理로 現實化되어야 할 것이다. 性理學이 主理派와 主氣派로 分派되라는 性理學이 아니라 中庸의 實學을 論理化하는데 本旨가 있다면 主理派와 主氣派는 이미 失實派가 아닐 수 없다. 失實回復이 實學派의 本意라면 經濟 위주로의 思想傾向이란 實學派의 또 하나의 失實現象이 아닐 수 없다.

現代文化에서 産業革命 이후에 物質의 富로부터 받는 安逸과 機械로부터 얻어지는 怠慢은 人間의 創意心을 鈍化시켜 주었고, 人權革命 後에 政治로부터 보장받은 自由와 人權은 尊嚴의 權威를 유린하는 幣를 낳았다. 創意力의 鈍化와 權威의 消滅이 富와 自由의 副産物이라

고 한다면 이 兩者는 失實의 兩極으로서 得實로만 還元이 가능할 것이다. 마음에 하고자 하는바에 따라서 行하여도 法度를 넘지 않는다는 孔子 70 心境의 自由는 바람직한 自由이다. 衣食住를 富로 이끌고 교육을 하지 않는다면 게을러지고 倫理를 잃어버려서 禽獸와 다를 바 없어진다고 孟子는 말하였으니 明倫하는 敎育이 뒤따른 富는 바람직한 富라고 해야 할 것이다. 創意力을 소생시키고 權威를 되찾는 일은 오늘날 喪失된 人間性回復의 兩面이라고 보며 다시 말해서 失實을 得實로 전환시키는 論理가 새롭게 現實的으로 요청되는 줄 안다.

西洋이 便利로 인해서 人間을 잃었고, 印度는 瞑想으로 인해서 現世를 잃었으니, 오는 將來는 中國哲學에서 기대해볼만하다는 G.A. Moor의 말에 共感이 간다. 우리의 哲學史속에서 實現의 一貫性을 찾아 앞으로 우리 哲學의 方向을 가늠하는데 韓國性理學의 새로운 의의가 있는 것으로 믿어진다.

花潭・晦齋・退溪의 性理說 展開

李彦迪과 曺漢輔와의 「無極而太極」에 관한 論辨

① 李彦迪과 曺漢輔

朝鮮朝 儒學史에 있어서 晦齋 李彦迪과 忘機堂 曺漢輔 사이에 있었던 無極太極을 中心한 本體論과 修養論에 관한 論辯은 韓國性理學의 성숙되는 展開라는 점에 있어서 중요한 의미를 갖는다. 물론 그 이전에 程朱學的 儒教思想에서 道教나 佛教思想을 비판한 적이 있기는 하지만 答辯이 왕래할 정도의 論爭으로 심화되지는 않았으며, 程朱學을 논하기는 하나 깊이 體認하여 드러낸 者는 보이지 않기 때문이다. 晦齋의 生存時에 미처 학문의 깊이를 玩味하지 못했었다고 술회하는 李退溪는 晦齋行狀에서 그의 學行에 관하여 서술하는 가운데 특히 忘機堂과의 「無極太極論辨」의 哲學的 意義를 밝히고 있다. 즉 退溪는 그의 行狀에서 「三書(大學章句補遺・求仁錄・中庸九經衍義)는 先生의 學問을 볼 수 있는 것인데, 그 精詣之見과 獨得之妙는 忘機堂 曺漢輔와 無極太極을 논변한 글 4, 5篇에 잘 나타나 있다」[1]고 하였다. 이제 이 大論辯을 분석 정리함에 앞서 먼저 晦齋와 忘機堂의 생애를 간단히 살피기로 한다.

晦齋 李彦迪은 成均生員 蕃의 아들로 成宗 22년(1491) 慶州府 良佐村에서 탄생하여 明宗 8년(1553) 江界 謫所에서 63세를 一期로 생애를 마쳤다. 그의 初名은 迪이었는데 中宗의 命으로 「彦」字를 가하여 「彦迪」이라 고쳤다 하며, 字는 復古요 號는 晦齋외에 紫溪翁이라고도 하였다. 그는 10세경 어렸을 때 父를 잃고 12세부터 金佔畢齋의 門人인 外叔 愚齋 孫仲暾을 따라서 修學에 힘썼다고 한다. 中宗 9년 24세 때에 文科에 급제하고 仕宦에 나아가 講官・教官・言官・法官・

---

1) 此三書者 可以見先生之學 而其精詣之見 獨得之妙 最在於與曺忘機漢輔 論無極太極 書四五篇也(晦齋李先生行狀)

地方官 등을 맡았다. 그의 이러한 重職은 주로 己卯士禍 이후에 諸賢의 뒤를 이어 계속되는 것이었다. [2] 한편 그의 나이 27,8세 때에 同鄕의 老大家 曺忘機堂과 無極太極에 관하여 往復論辨을 벌였으니, 이것은 젊은 學者로서 깊은 學問의 정도를 보여주는 眞面目이 되기도 한다. 그후 司諫으로 있을 41세 때에는 소위 三凶의 一人으로 일컫는 金安老의 再起論이 대두됨에 있어서 그 불가함을 역설하다가 오히려 파직된 바 있었으나, 金安老 死後에 다시 등용되어 弘文館・春秋館職을 지냈다. 中宗 34년 全州府尹으로 있을 때 유명한 「一綱十目疏」를 올려 中宗의 寵愛를 받기도 하였다. 그러나 明宗即位年에 발생했던 乙巳士禍 때에는 士林의 억울함을 구하려 하였으나, 眞言極諫에는 이르지 못하여 오히려 權奸의 逼迫에 의해 本意아닌 推官이 되어 士類를 訊問한 일이 있게 되었다. 이것이 한 汚點이 되어 후에 李栗谷의 批評도 받게 되는 근거가 되기는 하지만, 그의 後悔와 錄勳의 力辭함을 볼 때, 그것은 本意에 의한 것이 아니었음이 짐작된다. 明宗 2년 (1547)에는 良才驛 壁書事件이 일어났는데 이때 權臣 李芑 등은 그것이 士類의 所行이라 하여 많은 善類를 제거하였다. 그때 晦齋도 관련되어 江界로 유배당하여 그곳에서 주로 硏究 著述에 盡力하다가 7년만에 享年 63세로 세상을 떠났다. 그의 主要著述로는 「求仁錄」・「大學章句補遺」・「續或問」・「奉先雜儀」・「中庸九經衍義(未完成)」 등이 있다. 그런데「大學章句補遺」와 「續或問」에서는 朱子의 大學章句라도 따르지 않고 별도로 自說을 정립하고 있음은 주목된다. [3]

　다음으로 晦齋와 論辨을 일으켰던 忘機堂 曺漢輔에 대한 설명을 함에 있어서 먼저, 그 資料의 부족에 유감을 표하지 않을 수 없다. 그의 傳記가 전해지지 않으므로 자세히 말할 수는 없으나 慶州邑誌 또는 晦齋集의 단편적 기록에 의하면, 그는 忠貞公 靜齋 曺尙治의 孫子로 慶州에서 태어나, 成宗때 司馬試에 합격하였으며, 古書를 博覽하여 文學에 밝았던 學者였다. 그는 일찍기 晦齋의 外叔인 忘齋 孫叔暾과 無極太極을 논한 일이 있었는데, 뒤에 晦齋가 이것을 얻어보고 批評하여 서로 논쟁하기에 이르렀다. 즉 忘機堂은 孫叔暾과 周濂溪 太極圖說의 「無極而太極」에 관한 見解를 書信으로 교환했던 차에, 晦齋

　2) 李丙燾, 李晦齋와 그 學問(震檀學報 第6卷 p. 132)
　3) 劉明鍾, 李彦迪의 哲學思想(韓國哲學硏究 中卷 p.p. 187~189)

는 中宗 12년(1517) 나이 27세 때 그것을 얻어 보고 「書忘齋忘機堂無極太極說後」라는 題目으로 그에 대한 일종의 비판적 論文을 쓴 일이 있었다. 그후 忘機堂은 孫忘齋로부터 그 論文을 얻어보고 그에서 나타나는 晦齋의 견해에 대하여 답변하는 書翰을 보냄으로서 4회에 걸친 論爭이 시작된다. 그러나 晦齋의 글은 전해지지만 忘機堂의 書信은 전해지는 바 없어, 그 논쟁의 온전한 모습을 볼수는 없다. 다행히 晦齋의 論說가운데 爭點이 되었던 忘機堂의 見解를 찾을 수 있으므로 그를 통하여 性理學的 論爭의 大綱을 살피기로 한다. 한편 晦齋의 書翰으로 볼 때 曺忘機堂은 晦齋보다 年老했던 당시의 老學者였던 것으로 짐작된다.[4] 또 忘機堂은 冲齋 權撥과 一本萬殊의 理를 논한 바 있다고 한다.

② 書忘齋忘機堂無極太極說後

이 글은 앞에서 밝힌 바도 있듯이 晦齋의 外叔 孫忘齋와 曺忘機堂 사이에 있었던 無極太極論에 대한 晦齋의 비판적 論說이다. 이 論文은 晦齋와 忘機堂間의 論爭이 비롯되는 원인으로서 意義가 있을 뿐만 아니라, 相互論爭의 基本立場이 드러난다는 점에서 주목된다. 晦齋는 本文序頭에서 이 비평의 글을 쓰는 이유를 밝힘에 있어서, 外叔인 忘齋의 無極太極辨에 대한 學說은 대개 陸象山에서 나온 것으로 이미 朱子가 詳論하였으니 감히 말을 더하지 않겠다고 하였고, 그러나 忘機堂의 忘齋에 대한 答書로 본다면 오히려 周濂溪의 本旨에 기본하면서 그 요령을 얻었으나 너무 高遠하여 儒家의 學說에 위배됨이 있다고 하면서,[5] 자신의 견해와 더불어 忘機堂에 대한 비판을 논술하였다. 여기서 같은 儒家立場을 志向해야 된다는 前提에서 無極太極에 대한 상호의 理解를 드러내기 시작한다. 그러나 忘齋와 忘機堂사이의 往復書信이나 晦齋에 대한 忘機堂의 書翰이 전해진다면, 직접 忘機堂의 견해 基本立場을 뚜렷이 볼 수 있겠지만, 그 자료가 不傳하므로 晦齋의 논술을 통하여 그의 理論을 엿볼 수 밖에 없음을 지적하여 둔다.

---

4) 李相段, 晦齋先生의 哲學思想 (國譯 晦齋全書) p893
5) 忘齋無極太極辨 其說蓋出於陸象山 而昔子朱子辨之詳矣 予不敢容贅 苦忘機堂之答書 則猶本於濂溪之旨 而其論甚高 其見又甚遠矣 其語中庸之理 亦頗奧開廣得其領要 可謂甚似而幾矣 然其間不能無過於高遠而有背於吾儒之說者 愚請言之(晦齋集 卷5 書忘齋忘機堂無極太極說後)

Ⓐ 無極太極에 대한 忘機堂의 見解

無極太極에 대한 本體論的 論辨은 宋代性理學의 展開에 있어서도 중요하게 대두되는 문제이다. 周濂溪의 太極圖說이 道家由來說 또는 佛家由來說로 설명되는 것 自體에서부터 논쟁의 要素는 내재되어 있다고 보인다. 그러나 新儒學定立의 基本으로서 그 太極圖說은 性理學 形成의 淵源的 價値를 갖는다. 그 중에서도 本體論的 核心을 이루는 「無極而太極」에 대한 正統性理學的 해석은 程朱를 거치면서 「有生於無」의 二元的 理解는 부정되고 一元的 兩面의 표현으로 간주되어 왔다.

忘機堂에 있어서도 無極太極을 二元的으로 보지는 않는다. 오히려 그는 「無極而太極」을 「太極即無極」이라 하여 본질적 一者로서의 絶對的 世界로 보았으며 이를 太虛라고도 하였다. 晦齋의 글을 통하여 忘機堂의 本體에 대한 見解를 엿볼 수 있는 句節을 요약하면 다음과 같다.

① 太極은 곧 無極이다. (本體에서)어찌 有를 논하고 無를 논하며, 內와 外를 가르고 名數의 末에 구애할 수 있겠는가.

② 大本을 體得하면 人倫日用의 酬酌萬變함에 있어서 일마다 達道 아닌 것이 없다. 大本과 達道가 혼연히 하나가 된 즉 어디서 無極太極・有中無中의 區別을 논할 수 있으리오.

③ 太虛의 體는 본래 寂滅하다. ……虛하기에 靈하고 寂하여 妙하니, 靈妙의 體가 太虛에 충만하여 곧곧마다 露呈된다.[6]

이상과 같이 忘機堂은 本體의 超脫的 立場에 치중하여 현실과 단절하는 것은 아니지만 비교적 초연한 態度를 가진 것으로 보인다. 그러한 忘機堂의 見解에 대하여 晦齋는 부분적으로 肯定을 하면서도 反對論理로 일관한다. 결국 晦齋는 그의 學的 態度에 대하여 「無極太極의 體로 吾心의 主를 삼고 天地萬物로 하여금 나에게 朝宗되어 원활히 運用되도록 함」[7]이라고 하면서 그것은 虛遠의 領域에 빠질 것이라고 평하였다. 하여튼 忘機堂에 있어서는 그의 號에서도 짐작될 수 있는

---

6) ①太極即無極也 豈有論有論無 分內分外 滯於名數之末… ②得其大本則人倫日用 酬酢萬變 事事無非達道…大本達道渾然爲一 則何處更論無極太極 有中無中之有間… ③太虛之體 本來寂滅…虛而靈 寂而妙 靈妙之體 充滿太虛 處處呈露(前揭書 上同)

7) 無極太極之體 作得吾心之主 使天地萬物 朝宗於我而運用無滯(前揭書 上同)

것처럼 한 高遠한 道家的 思惟와 禪學的 佛家의 견해가 간직되어 있
는 것으로 보인다. 그렇지만 儒學的 性理學의 理論을 거부하지 않고
綜合表現하려 하니, 純粹程朱學的 立場에서 볼 때 論爭의 餘地가 있
게 된다. 그것이 바로 晦齋의 비판적 論述로 표현되는 것이라 하겠다

B 忘機堂의 見解에 대한 晦齋의 批評

本論說은 忘齋와 忘機堂의 無極太極辨에 대한 晦齋의 견해를 밝힌
것이어서 자연 비평적 의미를 갖게 된다. 全文構成이 自身의 이해와
비판을 함께하고 있으므로 그대로 소개함을 피하고 그가 지적한 主要
內容을 살피기로 한다. 그는 序頭에서 「無極而太極이란 것은 이 道의
처음부터 어떤 物이 있는 것이 아니면서, 실은 萬物의 根柢가 되는
것」[8]이라 하여 純粹程朱學的 立場을 확호히 하고 있다. 비록 궁극적
理를 말한다 하더라도 虛遠한 地境만 志向하고 至近至實한 면을 경시
한다면 이는 異端의 學說이라는 儒家的 一般立場을 동시에 간직하고
있다. 그러므로 앞 忘機堂의 立場에서 살펴본 ①②에서, 각항의 前者
는 긍정하지만 後者에 대하여는 반대한다.

그 論述을 보면 다음과 같다.

「이 極의 理致는 비록 古今과 上下에 관철하여 혼연히 一致되었
다고 하지만, 그러나 그 精粗本末과 內外賓主의 區分이 그 가운데서
찬연하여 毫髮의 差도 불가한 것인데 어찌 名數를 말할 것이 없다
고 하리오. 그 體가 吾心에 갖추어 있다는 것으로 말하면 비록 大
本과 達道가 두가지가 아니라 하더라도, 그 가운데 자연히 體用・
動靜・先後・本末의 分別이 있어 말할 것이 있음에도 어찌 渾然함
을 체득하였다 하여 倫序를 논하지 않고 滅無의 地境에 이른 뒤에
야 이 道의 極致를 이룬다 할 수 있으랴.」

또 나머지 ③의 경우에 있어서 本體를 「太虛」라고도 말함에는 別異
意가 없는 듯이 보이나, 그 太虛의 體가 寂滅이라고 보는 데에는 儒
家의 正說이 아니라고 부정한다. 즉 寂然不動으로서의 「寂」은 인정하
되 死, 無를 뜻하는 「滅」字를 더하여 표현할 수도 없다는 것이다. 寂
과 滅을 엄연히 구분하여 말한다.

「그가 太虛의 體는 본래 寂滅하다고 하여 滅字로서 太虛의 體를

---

8) 夫所謂無極而太極云者 所以形容此道之未始有物 而實萬物之根柢也(上揭書 上同)

설명하였으니 이는 단연코 우리 儒家의 說이 아니다. 上天의 일이
無聲無臭하니 이를 寂이라 함은 可하다. 그러나 至寂한 가운데에
소위 深遠하여 그침이 없는 於穆不已한 것이 있기 때문에 化育이
流行하며 上下가 昭著해지는 것인데 어찌 이 寂字 밑에 다시 滅字
를 붙일 수 있으랴. ……漢代이래로 聖道가 막히고 邪說이 유행하
여 그 禍가 人倫을 해치고 天理를 滅하는 데까지 이르러 지금까지
그치지 않은 것은 이 滅字 하나의 害毒아닌 것이 없었다. 이제 忘
機堂一生의 學術言語와 앞 論議의 誤謬는 다 이 滅字로부터 오게
되었으니 내가 不得不 辨論한다.」

本體의 表現과 이해에 滅字를 넣을 수 없다는 것과 儒道發展을 해쳤
던 邪說의 中心이 滅字에 있었음을 지적하고 忘機堂의 學問을 이 滅字
에 관련시켜 심히 염려하고 있다. 그러나 한편 忘機堂이 말하는 滅字
의 意味가 晦齋가 생각하는 것과 일치하느냐 하는 문제는 남아 있다.

③ 答忘機堂 第一書

忘機堂이 晦齋의 「書忘齋忘機堂無極太極說後」를 同鄉人 四友堂을
통하여 얻어보고, 비판한 內容에 대한 答辯으로서의 反駁書翰을 보냄
으로써 본격적인 性理學的 論爭이 전개된다. 이 忘機堂의 論辯에 대
한 晦齋의 직접적 答書가 바로 「答忘機堂 第一書」이다. 이글의 첫머
리에 「無極寂滅의 뜻과 存養上達의 要諦를 開釋・指敎해주심에 감사
합니다」[9]라는 말로 미루어 볼 때, 晦齋에게 전해진 忘機堂의 論辯은
주로 無極寂滅의 本體論과 存養上達의 修養論이었음을 짐작케 한다.
그러나 晦齋는 그의 理論에 사양하는 바 없이 자신의 學說을 長文의
書翰으로 밝히고 있다. 答書에 나타나는 바에 의하면 忘機堂은 本體
에 관하여 「無는 無가 아니라서 靈源獨立하여 있고, 有는 有가 아니
라서 오히려 漸盡에 돌아간다」고 하였고, 修養面에 관하여는 「無極
之眞에 遊心하여 虛靈의 本體로 하여금 吾心의 主로 삼게 한다」[10]는
存養論을 밝히고 있다. 이처럼 忘機堂이 佛家的 色彩와 莊子의 逍遙

---

9) 伏蒙示無極寂滅之旨 存養上達之要 開釋指敎 不一而足 亦見尊伯不鄙迪而收之 欲敎
　　以進之也 感戴欣悚 若無所容措(上揭書 答忘機堂第一書)

10) 今如來敎所云 無則不無而靈源獨立 有則不有而還歸漸盡…若曰 遊心於無極之眞 使虛
　　靈之本體 作得吾心之主(上揭書 上同)

遊的 理論으로 설명하므로 晦齋의 純粹儒家的 立場에서 볼 때 辨論하지 않을 수 없게 된다. 晦齋는 太極의 本體論의 해석을 程朱學의 입장에서 다시 정리하면서 忘機堂의 本體觀에 관하여 다음과 같이 평한다.

「대저 이른바 太極이란 것은 斯道의 本體요, 萬化의 領要로서 子思의 이른바 天命之性이란 것입니다. 무릇 그 沖漠無朕한 가운데 萬象이 이미 森然히 갖추어져 있으니 天의 覆하는 所以와 地의 載하는 所以와 日月의 비치는 所以와 鬼神의 그윽한 所以와 風雷의 변하는 所以와 江河의 흐르는 所以와 性命의 바로되는 所以와 倫理의 드러나는 所以가 모두 本末·上下에 一理로 관철되는 바 되어 實然아닌 것이 없으니 바꿀 수 없는 것입니다. 周子가 그것을 無極이라고 한 것은 그것이 方所도 형태도 없이 物이 있기 전에 있으면서도 物이 있은 후에도 서있지 않은 데가 없고, 陰陽밖에 있으면서 陰陽속에 流行하지 않음이 없으며, 全體를 貫通하여 있지 않은 곳이 없으면서, 또 처음부터 聲臭影響을 말할 수 없음을 가리킨 것이요, 老子의 「無에서 나와 有로 들어간다」거나 釋氏의 이른바 「空」과는 다릅니다. 지금 來敎에 말씀하신 「無라 하자니 無가 아니라 靈源이 獨立해 있고, 有라 하자니 有가 아니라서 漸盡에 돌아간다」는 것은 오로지 氣化로서 理의 有無를 말하는 것이니 어찌 道를 안다고 하겠읍니까? 소위 靈源이란 것은 氣입니다. 그것으로 理를 말할 수는 없읍니다. 至無한 가운데 至有한 것이 있으므로 無極而太極이라 하는 것이며 理가 있은 다음에 氣가 있는 것이므로 太極生兩儀라고 하는 것입니다. 그런 즉 理가 비록 氣를 떠나지 못하지만 실은 氣에 섞이지 않는 것으로 설명되는 것이니, 어찌 靈源의 獨立을 본 뒤에야 비로소 이 理의 不無함을 말할 수 있겠읍니까? 鳶飛魚躍하여 上下에 昭著함은 古今에 달하고 宇宙에 가득하여 一毫의 空闕과 一息의 間斷도 없었는데 어찌 萬化가 漸盡하는 것만 보고 이 極의 體를 가리켜 寂滅이라고 할 수 있겠읍니까?……人物이 그 사이에 나서 永久치 못하고 마침내 漸盡해버리는 것은 대개 人物은 有形有質하고 이 理는 無形無質하기 때문입니다. 有形有質한 것은 生死始終이 없을 수 없으나, 그 生死始終의 所以는 실로 이 無形無質者의 所爲이니 無形無質者가 어찌 일찌기 息滅하는 때가 있겠읍니까?」

無極太極 本體에 대한 儒敎의 正統的 견해를 정립하면서 忘機堂의 입장을 비판한다. 보편적 理로서의 無極而太極을 말하고, 소위 靈源을 氣로 보아 忘機堂의 主張은 氣化로 理의 有無를 말하는 것이라 단정하였다. 理가 氣에 先行된다는 程朱學的 論理에서 볼 때 이것은 矛盾으로 지적된다. 또 存在者의 漸盡이라는 問題에 관하여 形質이 있는 것은 漸盡으로 이해될 수 있다 하더라도 그 本體的 理는 無形無質한 것이므로 消滅論的 寂滅로 파악될 수 없는 것이라고 논박하였다. 뿐만 아니라 晦齋는 下學上達의 學行的 態度에 있어서, 忘機堂은 下學人事보다 上達天理的 頓悟의 立場에 치우치기 때문에 並進을 요구하여 말한다.

「대저 道는 人事의 理일 따름이니 人事를 떠나서 道를 구하면 空虛의 境地에 빠지지 않을 수 없으니 이는 吾儒의 實學이 아닙니다. 詩經에 이르기를 「天이 뭇 百姓을 내니, 物이 있음에 法則이 있다」고 하였는데 物은 人事를 말함이요, 法則은 天理를 일컫는 것입니다. 人間이 天地사이에서 存在함에 物(人事)을 떠나서 獨立할 수 없는 것일진대 어찌 먼저 下學의 實務에 힘쓰지 않고 空蕩한 곳에 精神을 달려 上達을 삼을 수 있겠읍니까?」

上達만 강조하면 現實을 경시하고 空虛之境을 중시하는 異端의 學說에 치우쳐짐을 경계하고 있다. 참다운 上達은 구체적 日用平常의 下學工夫를 전제하는 데에서 가능하다는 實學的 立場이다. 그러므로 空妙의 學問보다 近思의 學行을 중시하게 된다.

이런 절실한 문제는 忘機堂의 存養的 修養論에 대한 晦齋의 비평에 잘 나타나 있다.

『「無極之眞에 遊心하여 虛靈의 本體로 하여금 吾心의 主를 삼게 한다」하신다면 이는 사람으로 하여금 近思의 學問을 하지 말고 空妙에 馳心토록 하는 것이니 그 害를 다 말할 수 없을 것입니다. 하물며 虛靈은 본래 吾心의 體이며 無極之眞은 본래 虛靈中에 갖추어진 物인 것이므로, 다만 이를 보존하는 功만 가하고 人欲의 私로 그것을 가리지 말아서 그 廣大高明한 本體를 이루는 것이 옳을 것입니다. 張南軒이 말한 太極의 妙는 臆度해서 억지로 이룰 수 없고 오직 敬에 근본하여 함양해야 된다」라는 것이 바로 이를 말한 것

입니다. 이제 「無極에 遊心한다」 또는 「내마음의 主로 삼는다」라고
한다면 이것은 無極太極으로서 心外의 物처럼 여겨 별도로 다른 心
으로 그 사이를 遊한 연후에야 主가 되는 것처럼 말한 것이니 이러
한 議論은 심히 未安합니다.』

晦齋는 결론적으로 忘機堂이 道體의 妙를 체득한 수준으로 간주하
면서도 本體에 있어서의 寂滅論, 修養에 있어서의 存養上達論 등으로
虛遠한 道·佛의 性格으로 해득됨을 염려하여 正統儒學的 論理로 滅
해할 것을 유도한다. 따라서 그는 마지막에 「바라옵건대 尊伯께서는
愚生의 말이라 하여 경시하지 마시고 平心으로 理를 玩索하여 〈寂滅
遊心〉의 견해를 버리시고 순수히 往聖의 軌範으로 自律하시면 吾道의
다행이 되겠읍니다」[11]라고 하였다. 순수한 儒道的 論理에 입각할 것
을 요구한 것이다.

④ 答忘機堂 第二書

晦齋의 第一答書에 대한 忘機堂의 答辯은 晦齋의 「答忘機堂 第二書」
의 「來敎에 無極위에 遊心二字를 없애고 其體至寂밑에 滅字를 제거하셨
으니, 이는 愚言이라 낮게 여기지 않으시고 許與·採擇하심이니 매우
다행입니다」[12]라는 말로 볼 때, 「遊心」과 「滅」字를 없앨 뜻을 밝힌
듯하다. 그러나 그 文字만 없앴다고 한 것이지 실제 思慮의 根本立場
에서는 큰 변동이 없는 것으로 보인다. 그것은 「虛無寂滅」이니 「存心
上達天理」니 하는 文句를 반복 사용하고 있음에서 짐작된다. 이 점이
또한 晦齋에게 제 2의 答書를 작성하게 하는 이유가 되기도 한다. 그
主要部分을 소개하여 본다.

『寂滅之說은 小生이 前書에서 대략 辨論하였는데 살펴 允許해주
지 않으시고, 이제 또 「虛靈無極之眞」을 들어서 「虛無가 곧 寂滅이
요, 寂滅이 곧 虛無라」고 하시니, 이는 儒者의 말을 빌어서 異端之
說을 文飾해주는 것이니 小子의 疑惑이 더욱 심합니다. 先儒는 이
「虛無寂滅」四字에 대하여 분석해서 말하기를 「此(儒)의 虛는 虛이
면서 有이지만 彼(異端)의 虛는 虛이며 無이며, 此의 寂은 寂이지

---

11) 伏惟尊伯 勿以愚言爲鄙 更加着眼 平心玩理 黜去寂滅遊心之見 粹然以往聖之軌範自
律吾道幸甚(前揭書 上同)
12) 伏覩來敎 於無極上 去遊心二字 於其體至寂下 去一滅字 是不以愚言爲鄙 有所許採
幸甚幸甚(前揭書 答忘機堂第二書)

만 彼의 寂은 寂이며 滅이다」라고 하였읍니다. 그런 즉 彼此의 虛
寂이란 말은 같지만 그 歸趣는 절대로 달라서 辨論하지 않을 수 없
으며, 無極이라 일컬음도 다만 이 理의 妙로서 影響·聲臭가 없는
것을 형용하는 것이요, 彼의 소위「無」와 같은 것은 아닙니다. 그
러므로 朱子는「老子의 有無를 말함은 有와 無 둘로 삼지만 周子의
有無를 말함은 有無를 하나로 보는 것이니, 南과 北·水와 火의 相
反됨과 같다」고 하였으니 어찌 그렇치 않겠읍니까? 또 來教에 主
敬存心하여 上達天理라 하셨으니 이 말은 진실로 좋은 말입니다.
그러나 上達天理위에「下學人事」四字를 缺함은 聖門의 敎와 다릅니
다. 天理는 人事를 下學하면 자연히 天理에 上達할 수 있는 것인
데, 만일 下學工夫를 갖지 않고 바로 上達하려 한다면, 이는 佛家
의 頓覺之說이니 어찌 숨길 수 있겠읍니까? 대개 人事는 形而下이
나 그 事의 理는 天의 理며 形而上입니다. 事를 배워 그 理를 통하
고 形而下에 即하여 形而上을 得하면 문득 이것이 上達境界가 되나
니 이면에 從事하여 積久貫通하면 가히 渾然의 極致에 達할 수 있
으며, 窮神知化의 妙에 이름도 또한 이에서 馴致됨에 불과한 것입
니다. 孔子는 生而知之의 聖人이지만 또한 下學에 말미암지 않을
수 없었으므로「道는 사람을 멀리 하지 않는데 사람이 道를 멀리
하면서 사람에게서 멀리 하면 道라 할 수 없게 된다」고 말씀하셨으
니 하물며 孔子보다 못한 사람에 있어서랴, 어떻겠읍니까?』

이상에서 보이는 바와 같이 忘機堂의 寂滅論에 비판의 焦點을 모으
면서 그 異端的 色彩를 지적하고 있다. 같은 虛寂의 말이라도 儒家와
老佛에서는 각각 그 本旨를 달리함을 지적하여 자신의 견해를 밝히고
있다. 또 上達的 存養을 강조하는「敬以直內」的 입장에 대하여 下學
人事의 의의와 그 學的 態度를 요구하며 修養論에 반성을 촉구하였
다. 그리하여 忘機堂에 답하는 마지막에「부디 寂滅之見을 버리시고
또 능히 主敬存心하되 下學人事의 工夫에 專一함으로서 天理에 달하
시면, 尊伯께서 斯道에 醇正하게 되실 것입니다」[13]라고 하여 글을 맺
었다.

---

13) 若使尊伯 無意於聖人之道則已矣 如其不然 則愚之所陳雖鄙 亦不至於無稽 幸蒙俯採
痛去寂滅之見而又能主敬存心 一於下學上做工夫 以達於天理則尊伯之於斯道 可謂醇
乎醇矣(前揭書 上同)

⑤ **答忘機堂 第三書**

晦齋의 두번째 答書에 대한 忘機堂의 回信이 있은 後 다시 晦齋가 답하여 辨論한 것이 「答忘機堂第二書」이다. 이것은 第一書만큼의 長文으로 구성되어 있다. 이 글을 통하여 드러나는 忘機堂의 立場은 그 어느 때보다도 뚜렷이 나타남을 볼 수 있다. 즉 晦齋의 是正要求에 대하여 忘機堂은 조금도 양보하지 않고 오히려 「世人이 幻形에 집착하여 堅實이라고 함을 破하기 위해서 寂滅이라 하고 下學上達은 童蒙初學之士의 일을 가리키나 豪傑之士에게는 이와 다르다」[14]고 하였다. 초월적 禪學風으로 儒家의 現世觀에 만족하지 않는 것처럼 보인다. 이에 晦齋는 大本과 達道에 관하여 先儒의 世界를 다시 정리하면서 스스로 체득한 이론을 전개하여 결국 이 두 문제에 관하여 비평한다. 먼저 寂滅論에 관한 論辨을 보기로 한다.

『來敎에 또 「世人이 幻形에 집착하여 堅實함을 깨트리기 위해서 寂滅을 일컫는다」고 말씀하셨는데 이것은 심히 理를 해칩니다. 대개 사람의 이 形體가 있음은 모두 天의 所賦로 至理가 깃들어 있읍니다. 그러므로 聖門의 가르침은 항상 容貌形色에 工夫를 가하여 天이 나에게 부여한 法則을 다하고 그 虛靈한 明德의 本體를 保守하도록 함이니 어찌 人心惟危의 境地에 빠지겠읍니까? 孟子는 「形色은 天性이라 오직 聖人이라야 그 形을 踐할 수 있다」고 하였으나, 어찌 이것(形色)으로써 幻妄이라 하여 外相을 斷除하고 虛靈한 體를 지켜야 비로소 道를 한다고 하겠읍니까? 이 道는 形器를 떠나 있지 않습니다. 人의 形이 있으면 人된 所以의 理가 있고, 物의 形이 있으면 物된 所以의 理가 있고 天地의 形이 있으면 天地된 所以의 理가 있고, 日月의 形이 있으면 日月된 所以의 理가 있고, 山川의 形이 있으면 山川이 된 所以의 理가 있는 것입니다. 만일 그 形이 있는데 그 道를 다하지 못한다면 이는 形만 헛되이 갖추고 그 形되는 所以의 理를 잃어버리는 것입니다. 그런 즉 形器를 버리고 道를 구한다면 어찌 소위 道가 있겠읍니까? 이것이 寂滅之敎가 空虛·誕謾의 地境에 빠져 違天滅理의 罪를 벗어나지 못하게 되는 이

---

14) 來敎又曰爲破世人執幻形爲堅實故曰寂滅…今曰下學上達 乃指示童蒙初學之士 豪傑之士不如是(前揭書 答忘機堂第三書)

유입니다.』

現存的 形器를 일시적 幻妄으로 보는 現世否定의 佛敎的 견해에 대하여 道는 現存의 諸形色과 不可分의 관계에 있다는 道器不離와 體用一元的 儒敎論理로 辨斥하였다. 晦齋는 忘機堂이 자신의 이론에 대하여 또 異說의 특성에 대하여 분명히 알고 있을 듯한데 儒家의 正道에 돌아오지 않는 입장을 보고 깊이 격정하고 있다. 이러한 晦齋의 의지는 다음 下學上達에 관한 論辯에서도 볼 수 있다.

『上達의 論은 愚生이 前書에서 대략 말씀드렸는데 이제 말씀하시기를 「下學上達은 童蒙初學의 士를 指示하는 것이지 豪傑之士는 이렇지 않다」고 하셨으니, 저는 孔子로서 말씀드리겠읍니다. 生民이 래로 生而知之의 聖人으로 孔子보다 더 나은 사람이 없었는데 孔子도 下學에 從事하지 않은 것이 아닙니다. 그의 말씀에 「내가 열다섯에 學에 뜻을 두고 오십에 天命을 알았다」고 하였고, 또 「나의 好學만큼 好學하는 者가 없었다」고 하였으니 그렇다면 孔子는 豪傑之士가 못되며 그 한 일은 본받을 바가 못된다 하겠읍니까?……대저 生知의 聖人으로 年齡이 童蒙이 아닌데도 오히려 下學의 일이 없을 수 없었는데 하물며 孔子에 미치지도 못하면서 경솔히 下學을 頓除하여 用力하지 않고 가히 天理에 上達할 수 있겠읍니까? 이것은 분명히 釋氏의 頓悟之敎이니 어찌 이를 숭상할 수 있겠읍니까?』

上達을 중시하고 下達을 경시하는 忘機堂에 대하여 孔子의 구체적 實證을 들면서 그 矛盾을 비난하였다. 이 下學上達에 관한 論爭은 宋代 朱子와 陸象山 사이의 尊德性・道問學에 관한 論辯을 방불케 하는 것이라고 하겠다. [15] 先秦儒學의 脈絡을 이으며 宋代性理學의 論理와 自得의 見解로 다져간 제3의 答書에서 晦齋는 전번과 같이 忘機堂에게 頓悟的 寂滅之見을 버리고 儒家의 正道에 설 것을 다시 요청하였다.

⑥ 答忘機堂 第四書

이제 忘機堂은 晦齋의 논리정연한 第三書의 長論文을 받아보고, 寂滅論과 下學人事의 問題에 종래의 주장을 修正 讓步하여 다시 回答한 것으로 보인다. 이것은 그에게 또 答辯한 晦齋의 第四書序頭에서 「이

15) 李相殷 前揭論文(前揭書 p901)

제 주신 글을 받자온 바 辭旨가 ○○하여 되풀어 그만두지 않으시고 寂滅二字를 제거하고 下學人事의 功을 간직하시니, 迪의 許與받음이 깊고 受賜함이 지극하여 다시 무엇을 말씀드리겠읍니까」[16]라고 말한 점으로 미루어 알 수 있다. 그러나 晦齋는 아직도 異說之謬에서 완전히 벗어나지 못한 것으로 보아, 그 辭意之間에 약간의 病痛이 있다고 보고 忘機堂이 예로 든 衣網之說을 道具로 삼아 理論을 전개하고, 나아가 忘機堂이 새로 제기한 「物我無間」에 대하여 虛空의 敎에 치중되어 있다고 비난한다.

『그러나 그 辭意之間에 病됨이 있음을 면하지 못하였고, 物我無間의 論에 이르러서는 옛모습대로 空虛의 敎에 빠졌으니 小子는 疑惑합니다. 韓子(韓愈)가 이르되 「荀子와 楊子는 擇하면서도 精하지 못하였다」고 하였으니, 尊伯께서도 이에 면하지 못할까 염려하여 제게 말씀하신 衣網之說을 빌려서 밝히겠읍니다. 「대개 옷은 반드시 깃이 있어야 모든 옷자락이 잘 딸리고, 그물은 반드시 벼리가 있어야 萬目이 펼쳐진다」라 하신 이 말씀은 진실로 옳습니다. 그러나 옷으로서 옷깃만 있고 모든 옷자락을 단절하거나 그물로 그 벼리만 있고 모든 그물눈을 절단해버린다면, 어찌 옷이며 그물이 되겠으며 그래서 옷깃과 벼리가 있은들 어디에 所用이 있겠읍니까? 天下의 理는 體와 用이 相須하고 動과 靜이 交養하게 되는데 어찌 內에만 전일하고 外에는 體察하지 않겠읍니까? 聖門의 敎는 主敬하여 그 本을 세우고 窮理하여 그 知를 다하고 反躬하고 그 實을 踐하게 되는데 敬이란 이 세가지를 관통하여 始終을 이루는 것입니다. 그러므로 主敬이란 그 內를 專一하게 하여 그 外를 制御하고, 그 外를 整齊하여 그 內를 保養하는 것인 까닭에 內로 無貳・無適하고 寂然不動하여 써 酬酌萬變의 主體가 되고 外로는 儼然・肅然하고 深省 密察하여 그 中心의 所存을 간직하는 것입니다. ……이로써 보면 本體工夫는 마땅히 먼저 하지 않을 수 없지만 省察工夫도 또한 道를 體得하는데 더욱 切要한 것입니다. 그런데 이제 來敎를 보건대 「主敬存心」이란 말씀에는 直內工夫는 가졌다고 보겠지만 義以方外의 省察工夫는 볼 수 없으니, 어찌 옷의 깃만 얻고 자락을

---

16) 今承賜敎 辭旨諄諄 反覆不置 且去寂滅二字 而存下學人事之功 迪之蒙許深矣 受賜至矣更復何言(晦齋集卷5 答忘機堂第四書)

끊고 그물의 벼리만 얻고 모든 그물눈을 절단하는 셈이 아니겠읍니까?』

本體의 覺得에만 힘쓰고 現世의 구체적 事物에 관한 省察工夫가 미흡함을 지적하고 있다. 「敬以直內」的 本體工夫도 중요하지만 「義以方外」的 省察工夫도 그에 못지 않게 중시하여야 참다운 正道를 얻을 수 있다는 것이다. 즉 不變的 本體面과 變化의 應用面은 그 어느 하나도 경시될 수 없다는 論旨이다. 이러한 論旨는 忘機堂의 「먼저 그 體를 세운 연후에 下學人事를 해야 된다」라는 말을 비평하는 데에서도 드러난다.

『來敎에 또 「먼저 그 體를 세우고 다음에 人事를 下學하여야 한다」고 하셨는데 이 말씀도 온당치 못한 것같읍니다. 下學人事때에는 마땅히 항상 主敬存心할 것인데 어찌 人事를 斷除하고 그 心만 獨守하여 반드시 그 體를 세운 연후에야 비로소 下學할 수 있다고 하겠읍니까? 이르신 바「그 體가 서면 運用萬變이 一理의 正에 純粹하므로서 縱橫으로 自得한다」라는 말씀은 진실로 聖經賢傳의 本旨에 어긋남이 없읍니다. 그러나 소위 「一理純粹하여 縱橫自得한다는 것은 곧 聖人의 從容中道의 極致이겠으므로 이것은 體가 세워진 후에도 多少의 工夫가 있어야 되는 것이요, 갑자기 여기에 이르기는 쉽지 않을 것이오니 다시 精察하시기 바랍니다.』

아래로 人事를 공부함이 결여되면 本體의 확립으로서 上達天理가 不可함을 밝힌다. 즉 下學人事는 本體를 存養하는 上達의 境地와 同級으로 간주하려는 것이 晦齋의 立場이다. 先立其體를 우선 강조하면 心만 獨守하려는 관념적 空虛의 弊端에 치우칠 우려가 있다고 보기 때문이다.

이러한 문제 이외에 程朱學에서도 흔히 볼 수 있는 天地萬物一體說에 관하여 忘機堂이 설명한 것에 대하여 晦齋는 그 속에서 親疎·遠近·是非·好惡의 分이 있음을 지적하여 그의 편견적 입장을 경계하였다. 이러한 이론의 전개는 理一分殊的 性理學論理에 근거한 것으로도 이해된다.

이상 晦齋의 答忘機堂第四書로 그 往復論爭이 끝난 것으로 나타난다. 만일 忘機堂이 第四書에 또 論辨의 回答이 있었다고 하면 晦齋가 또 答書를 작성했을 것으로 보이는데, 아마도 忘機堂이 더이상 晦齋

의 論辨에 論爭의 勇氣를 일으키지 못한 것 같다. 그러나 忘機堂이
自說을 가볍게 바꾸지 않았음은 「聖人이 다시 나더라도 내말을 다시
바꿀 수 없을 것이다」[17]라는 말이라든가, 晦齋의 辨斥에 대한 4回의
연속적 答書 등으로 미루어 보아도 알 수 있다.

⑦ 晦齋·忘機堂 論爭의 性理學史的 意義

젊은 나이의 晦齋와 老學者 忘機堂 사이의 論爭은 韓國儒學史上 일
찌기 볼 수 없었던 大論辨이었다. 그 주된 내용은 性理學의 核心이
되는 無極而太極觀을 위시하여 虛無寂滅論·存養省察과 下學上達에
관한 問題 등이었다. 물론 宋代에도 朱子와 陸象山 사이에 이와 비슷
한 論爭들이 많이 있었지만, 그에 비하면 論辨의 내용이 달라졌던 바
「道體의 認識과 道의 실천을 어떻게 하는 것이 바르냐」는 것보다 적극
적이고 절실한 문제에 집중되었다.[18] 晦齋는 程朱學的 正統性理學의
脈絡을 계승하는 입장이었고, 忘機堂은 老佛의 色彩를 띤 遊心頓悟的
立場에서 論爭을 거듭하였던 것으로 보인다. 만일 忘機堂도 晦齋처럼
純粹 程朱學的 立場에 있었다면 그러한 哲學的 對話가 없었을지도 모
른다. 그러나 그것이 동일하지 않기 때문에 상호 절실하고 심각한
理學的 理論을 전개하였다고 생각된다. 한편 忘機堂의 見解나 그가
사용했던 文句를 볼 때, 老佛的 異說에 一脈相通하는 바가 있다 하더
라도 스스로 道家나 佛家의 學說에 근거한 것이라고 표면화시키지 않
고 晦齋의 答書를 이해하는 듯한 態度를 취함으로서, 晦齋의 論辨이
더욱 적극화된 것으로 보인다. 오히려 老佛的 異端之說에 치중되어
있다고 비난한 것은 晦齋의 입장이었다.

결국 本體를 체득한 듯한 老大家라 하더라도 老佛的 異端之說에 입
각하여 自說을 고집하는 경우가 아니라면, 晦齋의 정연한 程朱學的
儒學論理에 이길 수가 없었던 것으로 나타난다. 뿐만 아니라 本體에
관한 氣論的 太極說이라든가 陸象山의 心學의 學說에도 비평을 가한
다. 이리하여 당시의 性理學이 異說의 挑戰을 받기 시작함에 있어서
衛道的 立場에서 이를 지킨 이가 바로 晦齋라고 볼 때,[19] 그의 朝鮮

---

17) 來敎又曰聖人復起 不易吾言(前揭書 答忘機堂第一書)
18) 李相殷, 前揭論文(前揭書 p905)
19) 金忠烈, 李彦迪의 哲學思想 論評(韓國哲學研究 中卷 p193)

朝性理學史的 貢獻과 位置는 뚜렷한 것이라 아니할 수 없다. 즉 말하
자면 晦齋는 忘機堂과의 論辨을 통하여 朝鮮朝 程朱學을 定立하는데
결정적 역할을 함으로써 그 土着化를 가능하게 한 분이라고 할 수 있
다.[20] 또한 朝鮮朝 性理學史에 있어서 居敬窮理的 學行을 간직하며
無極而太極을 性理學의 核心問題로 삼기 시작한 것도 晦齋에서 비롯된
것으로 이해되며, 退·栗性理學의 展開도 晦齋의 선구적 役割의 바탕
에서 深化된 것으로 보인다. 이처럼 晦齋의 無極太極에 대한 理學的
批判論文과 忘機堂과의 4회에 걸친 論辨은 朝鮮朝 최초의 性理學的
大論文으로 높이 평가되는 것이라 하겠다.

花潭 徐敬德의 理氣說

① 花潭의 學的 態度

花潭 徐敬德은 朝鮮朝 成宗 20년(1489) 開城 禾井里에서 好番의 아
들로 태어나 明宗 元年(1546)에 享年 58세로 生을 마친 哲學者이다.
그의 字는 可久요, 號는 花潭외에 復齋라고도 하였다. 一生을 貧寒하
게 지내면서도 벼슬길을 걷지 않고 獨學思索하는 哲學的 態度를 간직
하였다. 그가 어렸을 때 나물캐러 가서 날으는 새를 보고 그 理致를
종일토록 궁구하다가 나물캘 일을 잊었다는 이야기는 유명하거니와[21]
14세 때에는 가르치던 先生도 선명하게 말하지 못했던 書經의 朞三百
篇에 이르러 홀로 精思한지 15일만에 통한 일이 있었다고 한다.[22] 또
18세 때 大學의 「致知在格物」條에 이르러 學問을 함에 있어서 格物을
먼저하지 않는다면 讀書해서 무엇하겠느냐고 강조하여 말하고, 天地
萬物의 이름을 壁上에 써 붙이고 매일 궁구함을 일삼았다고 한다.[23]
여기에서 그의 學的 基本態度를 엿볼 수 있다. 변하는 물질을 고찰하
려는 自然科學的 태도가 아니라 그 변하는 現象을 통한 變化自體로서

---

20) 拙稿 李彦迪 哲學思想의 位置(上揭書 p194)
21) 親使之往採野疏 歸不盈筐 問其何爲 答曰有鳥自地至天窮其理而終日忘其採(重刊 花
潭集序)
22) 先生十四歲 松京有一講書者 先生從而受尙書至朞三百 講書者不肯授 曰此擧世鮮曉者
先生栍之 退而精思十五日通之 乃知書之可以思得也(花潭集 卷3年譜)
23) 先生十八歲 讀大學至致知在格物 慨然歎曰爲學而不先格物 讀書安用 於是乃盡書天地
萬物之各糊之壁上 日以窮格爲事(上同)

의 不變者에 대한 의문을 해결하고자 하였던 태도이었다. 이러한 思
索의 學問이 깊어짐에 따라 食事의 맛도 제대로 모르고 잠도 잘 이룰
수 없을 정도이었으니 病을 얻기 마련이었고, 官界에 나갈 기회가 있
었어도 그에 응할 수 없게 된 것으로 보인다. 花潭이 31세되던 해는
己卯士禍가 일어나기도 했던 中宗 14년(1519)이었는데, 이때 趙靜庵
등의 주장으로 설치 운영하던 薦擧科에 128명이 被薦되는 가운데 首
位이었음에도 나아가지 않았던 것이다. 여기서 그의 심오한 學究的
態度를 짐작할 수 있는 동시에 至治主義를 강조했던 당시 政況에서
首位被薦임을 볼 때, 그가 學界의 注目人物로 간주된 것으로 생각된
다. 그후 43세 때 母夫人의 命으로 進士試에 응하긴 했으나 벼슬하
지 않았고, 52세 때는 金安國의 薦擧가 있었으며, 56세 때는 厚陵參
奉에 任命되었으나 辭職疏를 올릴뿐 나아가지 않았다. 이처럼 政界進
出의 여러 기회가 있었음에도 그에 개의치 않고 오로지 窮理思索的
學風을 굳게 간직하였던 것이다. 한편, 花潭을 前後하여 政治에 가담
하지 않은 學者가 흔하지 않다는 事實과 그의 一生중에 소위 朝鮮朝
四大士禍가 일어났던 時代的 狀況과 그의 居處 등을 볼 때 그 純粹學
問的 態度가 더욱 드러난다.

時代的 思潮로 보아 그의 學問形成에 宋代 性理學的 佛敎思想을 비
롯하여 道家·佛家思想의 影響이 있었을 것이다. 그러나 傳來思想을
熟知하는 데에만 學的 價値를 둔 것이 아니었으므로 自說을 定立하고
자 진력하였다. 그리하여 邵康節·張橫渠·程子·朱子 등의 學說을
공부하면서도 程朱學의 尊理的 學風을 따르지 않게 되었고, 老子思想
을 비판하기도 하고 나아가 佛家思想을 부정하는 입장을 나타내기도
하였다. 이러한 花潭의 견해는 여러 著述속에 내재되어 있지만, 특히
56세의 病床에서 쓴 4篇의 論文은 「原理氣」·「理氣說」·「太虛說」·
「鬼神死生論」 등이다. 그는 이 논문을 작성함에 있어서 말하기를 「聖
賢의 말이 이미 先儒註釋을 거쳤으니 다시 중첩하여 말할 필요는 없
으나 그 아직 說破하지 못한 바를 著書하여 전하고자 한다」[24]고 하였
다. 여기에는 분명히 前代未明의 境地를 밝히고자 하는 創意的인 견
해가 내재되어 있음을 짐작케 한다. 이러한 獨創的 學問의 特性은 그

---

24) 先生寢疾久乃曰聖賢之言 已經先儒註釋者 不必更爲疊床之語 其未說破者 欲爲之著書
　　今病函如是不可無傳 乃草原理氣理氣太虛說鬼神死生論等四篇(上同)

의 原理氣篇에서도 나타난다. 그는 氣의 本質을 설명하면서 이 경지에 이르면 들을 소리도 없고 말을 냄새도 없다. 많은 聖人이 이에 관해서 말을 못했고 周濂溪·張橫渠도 들어 밝히지 못했으며 邵康節은 一字도 내지 못한 곳이다[25]라고 자부하였다. 이 말은 자기의 견해를 그저 주장하기 위하여 自己思想形成에 영향을 준 學者까지도 함부로 평가한 것이라기 보다는 오히려 자신의 覺得한 경지를 뚜렷이 하기 위한 강조의 표현으로 생각된다.

또 그의 詩를 보아도 그 절실한 思索的 學問의 태도를 엿볼 수 있다. 그는 「有物吟」이라는 題下의 詩를 다음과 같이 읊었다.

「物이 있어 오고 또 와도 다 옴이 없으며, 다 왔는가 했더니 또 좇아오네, 오고 와도 본디 스스로 옴에 시작이 없도다. 묻노니 그대는 처음에 어디로 부터 왔는가?

物이 있어 가고 또 가도 다 감이 없으며, 다 갔는가 했더니 아직 다 가지 않았네, 가고 또 가도 감에 마침이 없도다. 묻노니 그대는 어디를 따라 돌아가는가?」

여기서 花潭은 觀物的 思惟의 態度를 보이고 있다. 변화하는 自然의 存在者를 통해서 그 裏面에 내재하는 萬有의 根源과 歸着處를 추구하여 그 不變的 絶對의 境地를 갈망하고 있다. 이것은 변화 그 자체에 대한 물음으로 생각되기도 한다. 自然物의 感想에 머무르지 않고 근원의 本體的 境地에 의문을 던졌던 철학적 태도는 여러편의 詩에서 볼 수 있다. 그래서 그의 詩는 哲學詩라고 불리기도 한다.[26] 花潭은 現世의 感覺界를 경시한 것은 아니지만 그러한 現象界에 그치지 않고 불변적 本體의 體認體得을 더욱 중시한다. 여기에 그의 참다운 觀物的 態度와 格物의 의미가 있다고 하겠다[27]. 學究하는데 있어서 誠과 敬을 爲主로 삼은 것도[28] 이에 일단적 의의가 있는 것으로 보인다. 이러한 超感覺的 境界를 추구하는 學的 態度는 그의 「無絃琴銘」을 통하여 더욱 확인할 수 있다. 그 一節을 보기로 한다.

---

25) 到此田地 無聲可耳 無臭可接 千聖不下語 周張引不發 邵翁不得下一字處也(前揭書 卷2 原理集)

26) 有物來來不盡來 來纔盡處又從來 來來本自來無始 爲問君初何所來 有物歸歸不盡歸 歸纔盡處未曾歸 歸歸到底歸無了 爲問君從何所歸(前揭書 卷1 詩有物哈)

27) 金炯孝, 花潭 徐敬德의 自然哲學에 대하여 (韓國學報 제15집 p12)

28) 先生之學 一於誠主於敬 且以格致爲先(花潭集 尹孝先後序)

「거문고에 줄이 없는 것은 體는 보존하고 用을 제거한 것이다. 진실로 用을 제거한 것이 아니라 靜에 動을 함유하고 있는 것이다. 소리를 통하여 듣는 것은 소리 없음에서 듣는 것같지 못하며, 형체를 통하여 즐기는 것은 형체 없음에서 즐기는 것만 같지 못하다. 無形에서 즐기므로 그 오묘함을 체득하게 되고, 無聲에서 들으므로 그 미묘함을 체득하게 된다. 밖으로는 有에서 체득하지만 안으로는 無에서 깨닫게 된다. 그 가운데에서 興趣 얻음을 생각하나니, 어찌 거문고 줄 공부에 힘씀이 있을 것인가?」[29]

일반적으로 거문고에는 줄의 소리가 제일가는 生命으로 간주된다. 그러나 花潭은 줄없는 거문고를 의지하여 無形無聲을 통해 얻어지는 심오한 本體界를 그려내고 있다. 그가 만족하게 생각했던 世界는 바로 이 無絃琴의 境地이었음을 짐작할 수 있다. 그렇다고 애초부터 聲形을 부정하는 超感覺的 입장만을 주장할 수는 없을 것이다. 왜냐하면 감각적 現象界의 斷絶에 의해서는 그 참다운 本體의 覺得이 방법적으로 불가능할 것이기 때문이다.

이러한 思惟의 境地는 그의 理氣說에서 구체적으로 표현된다. 程朱學에서 간주되는 理氣의 일반적 槪念을 벗어나서 오히려 張橫渠의 太虛理氣說에 치중한 學說로서, 특히 氣를 절대적 本體로 강조하여 자신의 哲學思想을 정립하였다. 氣의 본질적 意味는 形而上學的 先天的 本體에 있다고 보고 모든 現象의 存在者들은 氣의 作爲로 드러나는 物에 지나지 않는다고 생각하였다. 그러므로 物에는 변화가 있으나 氣 자체에는 어떤 변화도 있을 수 없다고 본다. 그리고 理는 氣의 作爲時에서부터 문제되는 것으로 그 秩序 또는 法則을 뜻하는 것이었다. 따라서 程朱學에서의 理氣說과는 큰 差를 드러내게 된다.

한편 花潭哲學에서 人生論에 관한 論說이 未洽함은 유감스럽게 느껴지나, 人生의 價値哲學으로「止」를 문제삼았음은 주목된다. 이것은 비단 人間에서 뿐만 아니라 모든 存在者들에 일관된 것으로 설명한다. 그의 「送沈敎授義序」는 이것을 잘 나타내고 있다.

「天下의 萬物과 모든 일에는 각각 그 止가 없을 수 없습니다. 天

---

29) 琴而無絃 存體去用 靜其含動 聽不聲上 不若聽之於無聲 樂之形上 不若樂之於無形 樂之於無形 乃得其激 聽之於無聲 乃得其妙 外得於有 內會於無 顧得趣乎其中 奚有事於絃上工夫(花潭集 卷2 無絃琴銘)

이 위에 止해 있음을 우리는 알고 있으며, 地가 아래에 止해 있음을 우리는 알고 있읍니다. 山과 川이 솟아 있고 흐르고 있으며 새와 짐승이 날고 기는데, 우리는 그것들이 각각 그 止에 한결같아 不亂함을 알고 있읍니다. 사람에 있어서는 더욱 그 止가 없을 수 없으며 또한 그 止는 一端만이 아닌 것이니 마땅히 각각 바른 처지에 止할 줄을 알아야 할 것입니다. 父子의 恩에 止함이며 君臣의 義에 止함같은 것 등은 모두 타고난 本性인 것이며, 物의 法則인 것입니다. 君子가 學問을 귀하게 여기는 것은 그로써 止를 알 수 있기 때문입니다. 학문하고 止를 알지 못한다면 학문하지 않은 것과 무엇이 다르겠읍니까?」[30]

여기서 「止」에 내재된 뜻은 멈춤의 不動的 狀態가 아니라 最高目標의 상태가 지속되어 있는 「머물음」의 連續性을 뜻하는 것으로 보인다. 이것은 最高價値의 具現인 동시에 槪念과 現實이 合一된 조화적 理想界로 이해된다. 즉 이 「머물음」의 本質性은 萬有의 存在와 人間의 價値志向의 最高點으로 간주된다. 그러므로 君子가 學問을 소중히 여기는 것도 그 止를 알아 실현하는 데 있다고 본 것이다. 여기서 孔子의 時中之道를 연상케 하기도 한다. 그는 易經의 艮卦를 읽다가 이 止의 뜻을 터득하고, 이를 선물의 말로 삼는다고 하여 이별의 場을 더욱 사려깊게 하고 있다.

한편 花潭哲學의 원숙한 모습은 臨終時의 말을 통해서도 단적으로 엿볼 수 있다. 그가 臨終時에 한 弟子로부터 「현재 意思가 어떠합니까?」라는 질문에 대하여 「死生之理를 알은지 이미 오래이니 意思가 편안하다」[31]고 하였다. 이는 깊은 心性의 修養이 없이는 어려운 것으로 이해된다. 요컨대 花潭은 言語文字에 구애되지 않고 本質自體를 體認 體得하고자 항상 思索 窮究하였으며, 그 가운데 窮理盡性의 學的 態度를 간직한 것으로 생각된다.

② 氣一元論的 理氣說

Ⓐ 氣의 本體論的 意味

---

30) 夫天下之萬物庶事 莫不各有其止 天吾知其止於上 地吾知其止於下　山川之流時　鳥獸之飛伏 吾知其各一其止而不亂 其在吾人尤不能無其止 而止且非一端 當知各於其所止之 如父子之止於恩 君臣之止於義 皆所性而物之則也(上同 送沈敎授義 序)

花潭의 理氣說은 앞에서도 밝혔던 「原理氣」·「理氣說」·「太虛說」· 「鬼神死生論」 등 4篇의 짧은 論文에 온축되어 있다. 그러므로 이 論著를 중심하여 理氣論의 本體論的 立場부터 정리하기로 한다. 花潭은 宇宙萬物의 本源處를 氣라 하여 氣一元論的 理氣說을 주장하였다. 우선 「原理氣」에서 밝히는 先天으로서의 氣에 관한 설명을 보기로 한다. 「大虛가 湛然無形하니 이를 先天이라 일컫는다. 그 크기는 밖이 없고 그 先은 시작이 없고 그 由來는 궁구할 수 없다. 그 湛然虛靜한 것이 氣의 本原이다. 밖이 없는 먼데까지 가득 차서 逼塞하고 충실하여 빈틈이 없으니 一毫도 용납될 수 없다. 그러나 움키려면 虛하고 잡으려면 無라, 그렇지만 오히려 實하니 그것을 無라할 수 없다. 이 境地에 이르면 들을 소리도 없고 맡을 냄새도 없다. 많은 聖人이나 周濂溪·張橫渠·邵康節 등도 밝히지 못한 곳이다. 그러나 聖賢의 말을 들어 그 본뜻을 소급하면 周易의 「寂然不動」處와 中庸의 「誠者自成」의 境地이다. 그 湛然의 本體를 말하면 一氣이요 그 混然의 周圍를 말하면 太一이다. 周濂溪는 여기서 어찌할 수 없어 다만 「無極而太極」이라고만 말하였다. 이것이 곧 先天이니 기이하지 않은가. 기이하고 기이하도다. 또 미묘하지 않은가, 미묘하고 미묘하도다.」[32]

先天인 氣의 世界에 있어서 그 本原으로 太虛를 들고 있으며, 그러나 그것은 經驗으로 확인하기 이전의 자리이며, 제한적 言語로는 표현이 어려움을 드러내고 있다. 즉 경지는 時間的으로 無始無終하고 空間的으로 無制限하며 恒久不滅의 實在界로 보았다. 그것은 聖人이라 하더라도 뚜렷이 밝히지 못한 곳이라 하면서도, 易의 「寂然不動」· 中庸의 「誠」 그리고 周濂溪의 「無極而太極」을 들어 그의 본원적 志向點으로 설명함은 주목된다. 여기에는 本體界에의 이해를 돕기 위한 의의가 있는 것으로 생각된다. 花潭은 氣의 本質로 先天論을 말하기

---

31) 臨終一門生問曰先生今日意思何如 先生曰死生之理 知之已久 意思安矣(前揭書 卷3 年譜)

32) 太虛湛然無形 號之曰先天 其大無外 其先無始 其來不可究 其湛然虛靜 氣之原也 彌漫無外之遠 逼塞充實 無有空闕 無一毫可容間也 然抱之則虛 執之則無 然而却實 不得謂之無也 到此田地 無聲可耳 無聲可接 千聖不下語 周張引不發 邵翁不得下一字處也撫聖賢之語 泝而原之 易所謂寂然不動 庸所謂誠者自成 語其湛然之體曰一氣 語其混然之周曰太一 濂溪於此不奈何 只消下語曰無極而太極 是則先天 不其奇乎奇乎奇不其妙乎妙乎妙(花潭集 卷2 原理氣)

때문에 초탈적 性格을 띠고 있다.

그의 宇宙論에서는 先天과 後天을 말하고 있다. 先天은 氣의 본질적 입장이요, 後天은 그 현상적 입장으로 간주된다. 즉 先天은 西洋哲學에서의 本體나 實在와 같은 의미이며, 後天은 現象과 같은 것이라고 하겠다.[33] 한편 本然으로서의 先天을 能産的 自然이라 한다면, 後天은 所産的 自然으로 이해할 수도 있다. 그러나 先天後天이라 하여 氣가 그처럼 둘로 나누어진다는 二氣의 意味性을 갖는 것은 아니다. 花潭은 그 本體로서의 一氣를 주장한다. 그러므로 後天的 現象은 참다운 氣가 아니고 그 氣의 用事에 의해 형성된 自然物로 간주된다. 本然의 虛靜함을 氣의 體라 하고, 現象을 낳는 聚散은 곧 氣의 用으로 보았던 것이다.[34]

위의 引用文에서 보이는 것처럼 花潭이 사용한 用語는 張橫渠의 論述에서 쉽게 찾아진다. 또 宇宙의 根本을 氣로 보면서, 그 氣의 本體로 太虛를 설정한 張橫渠와 花潭의 같은 견해로 보인다.[35] 이러한 점으로 미루어 보아 花潭의 思想形成에는 張橫渠의 學說이 가장 많이 작용한 듯하다. 그러나 대체로 보아 張橫渠의 正蒙에 나타나는 太虛說은 산만한데 비하여, 花潭은 그것을 眞截簡明하게 설명한 것으로 이해된다.[36]

이 宇宙本體로서의 太虛가 곧 氣라는 것을 설명한 것은 「理氣說」과 「太虛說」의 論著에도 잘 나타나 있다.

「바깥이 없는 것을 太虛라 하고, 처음이 없는 것을 氣라 하니 虛는 곧 氣이다. 虛는 본래 無窮하니 氣도 또한 無窮하다.」[37]

「太虛는 虛하면서 虛하지 않다. 虛는 바로 氣이다. 虛는 無窮無外하니 氣 또한 無窮無外하다. 이미 말하여 虛라 했으니 어떻게 氣라 일컫는가. 虛靜은 곧 氣의 體요, 聚散은 곧 氣의 用이다.」[38]

---

33) 玄相允 朝鮮儒學史 p68
34) 虛靜即氣之體 聚散其用也(花潭集 卷2 太極說)
35) 太虛無形 氣之本體 其聚其散 變化之客形爾…太虛不能無氣 無不能不聚爲萬物 萬物不能不散而爲太虛(性理大全 5卷 正蒙一 太和篇)
36) 李丙燾 徐花潭及李蓮坊에 對한 小考(震檀學報 4輯 p116)
37) 無外曰太虛無始者曰氣 虛即氣也 虛本無窮 氣亦無窮 氣之源其初一也(花潭集 卷2 理氣說)
38) 太虛虛而不虛 虛即氣 虛無窮無外氣亦無窮無外 既曰虛 安得謂之氣 曰虛靜即氣之體 聚散其用也(上同 太虛說)

氣之原으로 太虛가 다른 次元으로 설정되는 듯하지만, 실은 同質의 것임을 알 수 있다. 물론 無外曰太虛라 하고 無始者曰氣라 하여 空間과 時間的 超越性의 입장에서 그 개념을 각각 다르게 지적하고 있다. 그러나 그는 超空間的이면 超時間的이요, 超時間的이면 超空間的이라는 同時的 特性이 내재되어 있는 의미가 되므로 「虛即氣」라 표현한 것같다. 문맥의 意味上의 虛即氣는 「太虛則氣」를 뜻하는 것으로 보인다. 오히려 認識過程을 중심하여 볼 때, 太虛는 氣의 眞面目을 파악 가능케 하기 위해 필요했던 概念으로도 인정됨직하다. [39] 氣의 본질을 드러내기 위하여 먼저 虛의 無窮無外性을 전제하고 바로 虛即氣라 하여 氣의 無窮無外함을 밝히고 있다.

결국 花潭은 虛가 虛아닌 것이며, 虛가 곧 氣임을 더욱 주장한다. 「虛가 虛아님을 알면 그것을 無라 할 수 없을 것이다. 老子는 「有는 無에서 生한다」하였는데, 이것은 虛가 곧 氣인 줄을 알지 못한 때문이다. 또 虛는 氣를 生할 수 있다 하였으니 그런 것이 아니다. 만약 虛가 氣를 낳는다고 한다면, 곧 그것이 생기지 않았을 때는 氣가 있지 않았을 것이니 虛는 죽은 것이 된다. 이미 있지 않으니 氣는 또 어디서 생길 것인가? 氣는 無始하고 無終하다. 無始하니 어디서 끝날 것이며, 無生하니 어디서 없어질 것인가? 老子가 虛無를 말했고 佛家에서 寂滅을 말하니, 이것은 理氣의 根源을 알지 못했던 때문이니 어찌 道를 알았다하리오. 」[40]

虛가 곧 氣인 까닭에 氣는 無始無終하며 동시에 虛는 그저 비어 있고 죽은 虛가 아니라는 것이다. 이러한 견해를 가지고 道家의 虛無論과 佛家의 寂滅論을 비판하고 있다. 뿐만 아니라 禪家에서의 空의 本體論에 관해서도 虛即氣의 理論을 근거로 하여 비평하였다. [41] 虛即氣이므로 虛와 氣는 二元的인 것이 아니다. 虛와 氣는 無始無終한 本體

---

39) 宋恒龍 花潭哲學에 있어서 觀物의 物과 氣가 가지는 意味性(雲耕 千玉煥博士 華甲紀念論文集 p242)

40) 知虛之不爲 虛則不得謂之無 老氏曰有生於無 不知虛即氣也' 又曰虛能生氣 非也 若曰虛生氣 則方其未生 是無有氣而虛爲死也 旣無有 氣又何自而生 氣無始也 無生也 旣無始 何所終 旣無生 何所滅 老氏言虛無 佛氏言寂滅 是不識理氣之源 又烏得知道(花潭集 卷2 太虛說)

41) 又曰禪家云空生大覺中 如海一漚發有 曰眞空頑空者 非知天大無外 非知虛即氣者也 空生眞頑之云 非知理氣之所以爲理氣者也 安得謂之知性 又安得謂之知道(上同 原理氣)

論的 一元性을 갖는다. 이러한 超經驗的 境地는 相對的 表現으로 묘사되기 어렵게 간주된다. 그러므로 花潭은 또 말하기를,

「氣는 있지 않은 곳이 없으니 어찌 빠를 것이 있으며, 이르지 않은 데가 없으니 어찌 가는 바가 있으리오.」[42]

라고 하였다. 氣의 본연적 존재는 곧 普遍性을 띄고 있다고 보았다.

하여튼 花潭의 氣論은 程朱學에 비하면 그 性格을 달리하고 있음을 알 수 있다. 程朱學에서는 「發」문제를 중심하여 理와 氣를 구분하면서 尊理의 立場이지만 花潭에 있어서는 相對的 理氣說이전의 자리에 宇宙本體로서 氣를 설정하고 있기 때문이다. 즉 程朱學的 性理說에서는 氣와는 그 次元을 달리하여 개념을 규정하고 있는 것이라 하겠다.

花潭理氣說에서의 虛는 우선 감각적 對象 이전의 超經驗的 宇宙本體로서 無形의 것으로 특징지워진다. 들을 소리도 없고 맡을 냄새도 없는 경지로 표현된다. 또 움키려면 虛하고 잡으려면 無라 하니, 이 또한 경험을 초월하는 것으로 여겨진다. 그러나 그 無는 또한 無가 아니라 實한 것이라 하니 論理的 矛盾이 되는 듯하다. 그러나 이 말은 感覺界 이전의 立場에서 그 存在를 뜻하는 것이고 보면, 텅빈 虛無를 부정하는 面에서 實을 말하지 않을 수 없는 것으로 이해된다. 때라서 그 本體를 파악하는 問題는 그 根本에 대한 體認體得으로서 覺得된 狀態라야 비로소 言語의 論理的 矛盾을 극복할 수 있을 것으로 생각된다.

다음 氣는 無始無終한 것으로서 超時間的 意味를 갖는다. 太極의 虛靜함이 氣之原이라고 할 때 太虛에서 氣가 유출되었다는 것이 아니라, 氣의 본래 모습이 虛靜이라는 것이다. 그러므로 氣가 無始한 屬性을 갖는다. 그 무엇에서 始生한 것이 아니므로 終末의 消滅이 있을 수 없는 恒久的 無窮의 境地가 된다.

또 氣는 空間的 立場에서 其大無外하여 어느 곳에도 없는 곳이 없다. 또 털끝만큼도 들어갈 틈이 없다고 하였으니, 그 보편적 存在의 確實性을 보이고 있다. 모든 萬有의 存在者들을 초탈하여 氣가 존재하는 듯하지만 실은 그것들에 一貫하여 實在함을 표현하는 것이라 하겠다. 또 氣는 能産的 自律性의 意味를 갖는다는 점이다. 氣가 宇宙

---

42) 氣無乎不在 何所疾哉 氣無乎不到 何所行哉(上同 原理氣)

의 본질로 파악되면서, 그것은 동시에 「自能爾」·「機自爾」[43]의 生成
的 能動性이 내포되어 있는 境地로 간주된다. 氣는 天地萬物의 窮極
的 唯一의 本源이면서 또한 그 자체는 天地萬有의 自然物과 구별되는
本體이다.

B 氣一元論的 理의 把握

理氣二元論이나 氣一元論을 문제삼을 때에는 먼저 그 概念設定의
입장이 이해되어야 상호의 의미가 통할 줄 안다. 二元論에서의 理氣
와 一元論에서의 理氣는 그 뜻을 같이하는 것이 아니기 때문이다. 그
러나 二元이나 一元의 주장은 本體界와 現象界를 理氣論的으로 파악
함에 있어서 그 理解方法의 차이를 나타낼 뿐이지, 存在自體에 영향
을 끼치는 것은 아니라고 생각된다. 하여튼 性理學에서는 이 두 입장
이 그 中心問題의 하나로 간주되어 왔다. 그것은 宇宙論에서 뿐만 아
니라 人性論에서도 중요한 意味를 갖는 것이었다. 程朱學에 있어서
理氣不離不雜을 基本으로 하고 있으면서, 理가 있은 後에 氣가 있고
또한 理가 爲主됨을 말하면서, 또 理와 氣를 二物로 보고 理는 氣에
夾雜될 수 없는 것이라 한다. [44] 그리하여 理優位의 입장을 志向한다.
따라서 太極을 理라 보는 데에 무리가 없는 것이다.

그러나 花潭에 있어서 물론 太極을 理나 氣로 단정하여 말한 것은
아니지만, 氣의 本體를 드러낼 때 易의 「寂然不動」과 함께 周濂溪의
「無極而太極」을 援用하여 그 本源性을 함께 志向하는 것으로 보아 氣
의 立場으로 해석된다. 여기에는 程朱學에서 말하는 氣의 개념과는
전혀 다르다는 立場이 전제되어 있다.

이처럼 花潭은 先天으로서의 本然境地가 氣라고 하였으나, 거기에
서 理를 문제삼지 않음으로써 완전한 氣一元的 宇宙體論을 보이고 있
다. 理의 問題는 先天에서 現象界의 後天이 전개될 때 비로소 시작된
다.

「갑작스레 약동하여 홀연히 열리는데 무엇이 그렇게 시키는가?

---

43) 倐爾躍 忽爾闢 孰使之乎 自能爾也……不能無動靜無闔闢 其何故哉 機自爾也(上同
原理氣)
44) 天下未有無理之氣 亦未有無氣之理(朱子語類 卷1)
有理而後有氣 雖是一時都有 畢竟以理爲主(上同)
所謂理與氣 此決是二物(朱子大全 卷46 答劉文叔)
氣自氣性自性 亦自不相夾雜(上同)

스스로 그렇게 할 수 있었던 것이요, 또한 스스로 그렇게 하지 않을 수 없는 것이니, 이를 理의 時라 한다. 易經에서는 「感而遂通」이라 이르고, 中庸에서는 「道自道」라 하고, 周濂溪는 「太極動而生陽」이라고 일컬은 바이다. 動靜과 闔闢이 없을 수 없으니 어째서 그런가 하면 機가 스스로 되는 것이다.」[45]

先天과 後天, 本體와 現象의 連繫處에 바로 理之時를 설정하였다. 花潭은 氣를 주장하면서도 理를 부정하지는 않았는데, 그것은 先天的 氣의 本然에서가 아니라 後天的 始源에서 비롯된 것이었다. 한편 그 때에 躍動이나 開闔의 作用因은 外部에서 기인된 것이 아니고, 本然 그 자체가 그렇게 되지 않을 수 없다고 본다. 그 動機的 立場을 「自能爾」·「機自爾」로 표현하였음은 주목된다. 특히 「機自爾」라는 말은 花潭의 獨創的 言語로 보이는데,[46] 여기서 機는 能動能靜의 神妙한 傾向으로 靜의 狀態에서 動으로 나아가는 自然的이고 必然的 作爲를 뜻하는 것이라하겠다. 이 「自能爾」·「機自爾」의 論理的 性格은 後期 學說에 影響을 끼치는 것이기도 하다. 만일 外的 作用因을 인정한다면 花潭의 氣一元論에 矛盾됨은 당연하다. 그러므로 氣自體에 근원적 作動의 原因을 내재시켜 論理的 一貫性을 유지해간다. 이러한 홀연의 변화적 境界는 花潭이 말한 易의 感而遂通을 이해함에서 더욱 論旨에 접함을 느낄 수 있다. 요컨대 그가 理를 문제삼은 것은 바로 이 跳躍 闔闢의 源泉的 作爲가 시작되는 순간에서 비롯됨을 알 수 있다. 그 理之時는 自能하여 그러한 가운데 所以然의 理가 있어 스스로 그렇지 않을 수 없는 경우를 뜻하는 것이었다.

또 花潭은 氣와 관련하여 理를 말한다.

「氣 밖에 理가 없으니 理는 氣의 主宰이다. 소위 主宰라는 것은 外來하여 주재하는 것이 아니라, 그 氣의 用事에 있어 그 所以然의 바름을 잃지 않을 수 있는 것을 가리키어 主宰라 일컫는다. 理는 氣에 앞설 수 없다. 氣가 無始하니 理도 본래 無始하다. 만일 理가 氣보다 앞선다고 하면 이 氣는 始가 있게 된다. 老子가 「虛能生氣」

---

45) 倏爾躍 忽爾闢 孰使之乎 自能爾也 亦自不得不爾 是謂理之時也 易所謂感而遂通 庸所謂道自道 周所謂太極動而生陽者也 不能無動靜無闔闢 其何故哉 機自爾也(花潭集 卷2 原理氣)

46) 李丙燾 前揭論文(前揭書 p117)

라 하였는데 이는 氣가 有始有限하다는 것이다.」[47]

비록 理가 氣의 主宰的 意味를 갖는다 하더라도 먼저 本體로서의 氣가 있은 다음에 그 氣의 정당한 用事的 立場에서 그 원리적 法則性이 理의 뜻으로 간주됨을 알 수 있다. 즉 花潭이 말하는 理는 先天的 氣의 作爲로 드러나는 所以然의 理로서 그 法則 또는 秩序를 의미하는 것이라 하겠다. 일반적으로 말하는 「氣의 主宰」라는 뜻과는 다르게 파악된다. 그러므로 花潭 스스로도 그 主宰의 뜻을 밝혀 분명히 하였다. 또 理와 氣의 先後問題에 있어서 氣의 先在性을 전제하고 있다. 어디까지나 氣가 無始이므로 理가 無始라는 不離性과 論理性을 말한다 하더라도, 그 理의 時는 先天으로서의 氣 이후인 後天的 始源에 설정되기 때문이다. 「氣 밖에 理가 없다」 또는 「理는 氣에 앞설 수 없다」는 말은 花潭의 理氣關係를 단적으로 표현하는 것이라 하겠다. 그는 「理의 때」라고 말할 정도로 氣와 理의 意味上 次元을 달리하고 있는 것이다. 花潭의 理氣說에서 氣는 결코 相對的 立場이 아님을 알 수 있다. 氣가 自能的으로 萬有를 전개한다는 氣一元論的 立場에서 理를 문제삼은 것이었다. 그러므로 理와 氣를 二物로 보지 않고 氣를 主하여 理를 말하는 理氣合一論의 견해라고 할 것이다. 한편 종래의 程朱學的 性理學에 비유한다면, 程朱에서의 理의 特性이 花潭에서의 氣의 특성으로 간주됨직도 하다.[48]

花潭은 本體로서의 氣가 老子哲學과 다른 점을 가끔 지적하는데, 위에서는 老子가 氣를 始生하는 것으로 간주하는 論理에 氣의 無限性을 들어 비판하고 있다. 이러한 그의 견해는 理氣의 妙處를 말한 「鬼神死生論」에서도 나타난다.

「氣가 湛一淸虛한 것은 이미 無始無終한 때문이다. 이것은 理氣의 극히 微妙한 所以이다. 學者는 진실로 이 境地에까지 공부하여야 비로소 많은 聖賢들이 다 전하지 못한 微旨를 이해할 수 있게 된다. 비록 한조각 촛불의 氣가 눈앞에서 흩어지는 것이 보이지만 그 餘氣는 마침내 흩어지지 않는다. 어찌 氣가 無에서 없어진다 하

---

47) 外無理理者氣之宰也 所謂宰非自外來而宰之 指其氣之用事 能不失所以然之正者 而謂之宰 理不先於氣 氣無始 理固無始 若曰理先於氣則是氣有始也 老氏曰虛能生氣 是則氣有始有限也(花潭集 卷2 理氣說)

48) 崔遜日 徐花潭의 哲學思想(韓國思想 1 輯 p80)

라. 」[49]

氣의 無始無終한 恒久存在를 밝히고 있다. 또 氣에 無論을 인정할
수 없다고 본다. 그리고 花潭이 氣와 理의 본질적 次元을 달리하고
있으면서도 「理氣의 極妙한 所以」를 강조하고 있음은 주목되는 곳이
다. 그 不離的 合一處의 覺得을 주체적 學問의 중심으로 삼았던 것이
었다. 이러한 학문적 견해로 인하여 후기에 栗谷의 「理氣不相離의 妙
處를 묘연히 目見하였다」[50]라는 評을 받기도 하는 것이라 하겠다.

ⓒ 氣와 生成의 問題

氣의 本質은 時空의 제한을 받지 않는 超經驗的인 先天의 경지로
이해되었다. 이 先天에 대한 後天의 世界가 곧 生成界로 드러난다.
그러나 氣가 先天의 氣와 後天의 氣로 二元化되는 것은 아니었다. 花
潭哲學에서 氣는 先天의 입장에서 그 本然의 氣自體로 완전하므로 後
天的 氣를 말하기 어렵다. 天地萬有의 後天界는 곧 自然爲의 境界이
다. 先天的 氣의 本質은 感覺이나 경험을 초월하여 있지만 後天界의
存在者들은 認識對象으로 경험될 수 있다. 그러므로 後天은 氣라기
보다 物의 世界로 인정된다.[51] 後天에서는 動靜이나 開闔 등 모든 作
爲가 가능하므로 여기서 곧 物의 生成過程이 대두된다. 그런데 無形
의 先天에서 어떻게 有形의 後天으로 이어지느냐 하는 問題가 주목되
지 않을 수 없다. 이 면을 앞에서도 본 바 있듯이 氣의 自律性으로
보아 「自能爾」·「機自爾」로 표현하였다. 그러한 自律性의 狀態로 돌
변하는 瞬間을 花潭은 「儵爾躍 忽爾闢」으로 설명한다. 여기서 「갑작
스레(儵爾)」 또는 「홀연히(忽爾)」 등의 비약적 표현은 미묘하고 기이
함을 강조하는 말로 이해된다. 이러한 論理는 「一이 二를 포함한다」
거나 「一氣가 陰陽으로 전개된다」는 이론에 일관된다. 氣로부터 天地
萬物이 생성된다는 花潭哲學에 있어서는 그 始源的 立場에서 하나의
飛躍이며 神秘의 경계로 간주된다고 하겠다.[52]

---

49) 氣之湛一淸虛者 旣無其始 又無其終 此理氣所以極妙底 學者苟能做工到此地頭 始得觀
破千聖不盡傳之微旨矣 雖一片香燭之氣 見其有散於目前 其餘氣終亦不散 烏得氣之盡
於無耶(花耶集 卷2 鬼神死生論)
50) 花潭則聰明過人……其於理氣不相離之妙處瞭然目見 非他人讀書依樣之比(栗谷全書
卷10 答成浩原書)
51) 宋恒龍, 道家哲學思想의 韓國的 展開와 그 推移(東洋學 第10輯 p223)
52) 崔東熙, 徐敬德의 氣一元論(韓國哲學硏究 中卷 p159)

花潭은 氣에서 天地萬物이 생성되는 최초의 過程을 「原理氣」편에서 잘 보여주고 있다.

「이미 一氣라 하여으니 一은 스스로 二를 포함하고, 이미 太一이라고 하였으니 一은 곧 二를 간직하고 있다. 一은 二를 낳지 않을 수 없으며, 二는 스스로 生하고 克할 수 있다. 生하면 克하고 克하면 生한다. 氣의 微細함으로부터 鼓動에 이르기까지 그 生克함이 그렇게 한다. 一은 二를 生하니 二란 무엇을 일컫는가? 그것은 陰과 陽이며, 動과 靜이며, 또 坎과 離를 말한다. 一이란 무엇을 일컫는가? 陰陽의 始源이며 坎離의 本體로서 湛然하여 一이 되는 것이다. 一氣가 나뉘어 陰陽이 되는데 陽이 극히 鼓動하여 天이 되고 陰이 극히 凝聚하여 地가 된다. 陽의 鼓動이 극하여 그 精氣가 엉킨 것이 해(日)가 되고 陰의 응취가 극하여 그 精氣에 엉킨 것이 달(月)이 되며, 그 나머지의 精氣가 흩어져 星辰이 된다. 그것이 땅에 있어서는 물과 불이 된다. 이를 일컬어 後天이라 하니 用事한 것이다.」[53] 無形의 先天에서 萬有形成의 後天으로 전개되는 과정을 설명하고 있다. 특히 陰陽의 作爲程度에 따라 天地를 비롯한 日月星辰이 형성됨을 밝히고 있다. 여기서 「一生二」의 論理를 보이지만, 이미 그 一에 二가 함유되어 있다고 보는 것이 특징이다. 一에서 二로 되었다 하여 무엇이 더해지거나 빠진 異質化의 意味를 갖는 것이 아니었다. 後天的 存在者로서 個體의 物이 형성되었다 하더라도, 그 氣의 本然에는 아무런 변화가 있을 수 없다는 것이다. 한편 一이 二를 포함하여 있다고 할 때, 포함된 그 자체로만 있다면 生成의 後天界가 전개되지 못할 것이다. 그러므로 二가 구체화되지 않을 수 없다. 그 二는 陰陽動靜으로서 生克의 기본적 作用因이 된다.

이러한 陰陽動靜論에 의한 展開는 周濂溪 太極圖說의 論理와 비슷하다. 그런데 程朱學에서는 太極을 理라 하는데 대하여 花潭은 氣라 할 수 밖에 없으니 대조적 표현이라 하겠다. 花潭은 「原理氣」편에서 밝힌 生成原理를 「理氣說」편에서 간단히 정리한다.

---

53) 旣曰一氣 一自含二 旣曰太一 一便涵二 一不得不生二 二自能生克 生則克 克則生 氣之自微以至鼓盪 其生克使之也 一生二二者何謂也 陰陽也 動靜也 亦曰坎離也 一者何謂也 陰陽之始 坎離之體 湛然爲一者也 一氣之分爲陰陽 陽極其鼓而爲天 陰極其聚而爲地 陽鼓之極結其精者爲日 陰聚之極結其精者爲月 餘精之散爲星辰 其在地爲水火焉 是謂之後天 乃用事者也(花潭集 卷2 原理氣)

「氣의 根源은 그 처음에 一이다. 이미 氣라 한다면 一이 곧 二를 품고 있게 되며, 太虛도 一이 되니 그 가운데 二를 포함하고 있다. 이미 二이면 이에 開闢과 動靜과 生克이 없을 수 없다. 그 개폐할 수 있고 동정할 수 있고 生克할 수 있는 所以를 추원하여 그것을 太極이라 이름한다.」[54]

氣의 生成論的 論理와 함께 太極의 意味性을 보이고 있다. 이것은 原理氣에서와 같은 내용으로 간주된다. 한편 花潭은 天地日月星辰의 生成과 더불어 그 秩序의 調和의 狀態를 말하고 있다.

「天은 그 氣가 운행하여 한결같이 動을 주로 하여 빙빙 돌아 쉬지 않고, 地는 그 形體를 응결하여 한결같이 靜에 주하여 中間에 가로 놓여 있다. 氣의 性은 動하여 위로 올라가고, 形의 質은 무거워 아래로 떨어진다. 氣는 形體밖까지 포괄하고 있고 形體는 氣中에 실려 있어 위로 올라가려는 것과 아래로 떨어지려는 힘이 서로 균형되어 정지된다. 이것은 太極가운데 달려 있어 올라가거나 내려가지 않고 좌우로 회전하여 古今에 걸쳐 떨어지지 않는 것이다.」[55]

萬有의 中心이 되는 天과 地의 균형을 말하고 그 秩序의 法則性을 氣와 形, 動과 靜의 지속적 作爲로 설명하였다. 이 조화적 宇宙論에서도 어디까지나 형체를 포괄하는 氣의 本質이 전제되어 있음을 알게 한다. 「形體가 氣中에 있다」는 말이나 「太虛 가운데 달려있다」는 말은 本體와 現象을 동시에 다 표현하는 입장으로 보인다. 論理上 또는 生成論의 입장에서 先天과 後天으로 표현하지만, 실제 氣의 본연한 存在는 이 모든 事物과 분리될 수 없다고 보기 때문일 것이다.

또 花潭은 生成變化와 과정을 氣의 聚散으로 말하였다. 그의 「鬼神死生論」에서 설명하는 한 부분을 보기로 한다.

『程子는 「死生과 人鬼는 一이면서 二이고 二이면서 一이라」고 하였는데 이것은 극진한 말이다. 나 또한 「死生人鬼는 氣의 聚散일 뿐이다」라고 말한다. 聚散이 있고 有無가 없는 것은 氣의 本體가 그러한 것이다. 氣의 湛一淸虛한 것은 바깥이 없는 虛에 충만되어

---

54) 氣之源 其初一也 旣曰氣 一便涵二 太虛爲一 其中涵二旣二也 斯不能無闔闢無動靜無生克也 原其所以能闔闢能動靜能生克者而名之曰太極(上同 理氣說)

55) 天運其氣 一主乎動而圓轉不息 地凝其形 一主乎靜而權在中間 氣之性動騰上者也 形之質重墜下者也 氣包形外 形載氣中 騰上墜下之相停 是則懸於太虛之中 而不上不下左右圓轉 亘古今而不墜者也(上同 原理氣)

있는데 그것이 크게 모인 것이 天과 地가 되고 적게 모인 것이 萬物이 된다. 聚散의 勢力은 顯微와 久遠이 있을 뿐이다. ……비록 가장 빨리 흩어지는 것으로 몇날 또는 몇달이 걸리는 것이 있는데 그것은 미소한 物이지만 그 氣에는 결국 흩어지지 않는다. 」[56]

人間의 生死가 氣의 聚散에 불과하다고 하였다. 뿐만 아니라 陰陽 動靜으로 설명되던 天地萬物의 生成과정도 곧 氣의 聚散으로 본 것이다. 氣가 聚하면 事物을 생성하고 흩어지면 소멸한다는 것이다. 한편 그 聚散에는 大小와 顯微, 久遠에 있어서 萬物을 多樣化하는 동시에 생성변화를 일으키게 한다. 그러나 그 本源인 氣自體에는 아무런 변화가 없다고 본다. 즉 자연에 존재하는 모든 事物의 生成消滅하는 作爲는 의미 氣의 本質에 내재되어 있는 範疇로 보기 때문에 어떠한 영향도 있을 수 없다는 것이다.

한편 程朱學에서도 氣의 聚散으로 生死를 설명하고 있다. 그런데 聚하면 生成으로 보는 것은 비슷하지만 散의 문제에 있어서는 좀 다르다. 즉 散하면 本原에 복귀할 수 없다 하여 氣로 보는 것이다. [57] 이것은 花潭의 見解와 비교되는 점이다. 이것도 역시 氣에 대한 宇宙本體論的 意味가 서로 다르다는 데에 그 이유를 돌릴 수 밖에 없다고 본다.

花潭에 있어서 氣의 本然은 先天的 境界에서 간주되는 것이지만, 그것은 後天的 萬有를 가능케 하는 自律性을 함유하고 있는 것이다. 그러나 陰陽이나 聚散으로서의 作爲가 곧 氣自體라고는 보지 않았다. 여기서 物의 의미가 시작되는 것이었고, 또한 그것들은 生成消滅의 變化過程을 겪게 되는 立場이다. 이와 같이 변화의 天地萬物이 氣와 분리되어 있지 않고 오히려 氣에 속해 있다고 보면서 氣의 本然에 어떤 영향을 끼칠 수 없다는 점이 氣와 生成의 관계에서 본 花潭哲學의 특징으로 이해된다.

③ 花潭理氣說의 後期에 미친 影響

花潭의 第一元論的 理氣說은 退溪와 栗谷의 理氣論에서 찾가된다.

---

56) 程曰 死生人鬼 一而二二而一 此盡之矣 吾亦曰死生人鬼 只是氣之聚散而已 有聚散而
   無有無 氣之本體然矣 氣之湛一清虛者 彌漫無外之虛 聚之大者爲天地 聚之小者爲萬
   物 聚散之勢 有徵著久速耳……雖散之最速 有日月期者 乃物之徵者爾 其氣終亦不散
   (上同 鬼神死生論)
57) 凡物之散 其氣遂盡 無復歸本源之理(二程全書 卷15)
   聚則有 散則無(朱子大全 卷45 答扈子晦書)

먼저 退溪의 경우를 보기로 한다. 退溪는 花潭의 學說에 대하여 「花潭의 所見은 氣數一邊에 치우쳐 理를 氣로 인식한 것을 면하지 못하였고, 또 氣를 가르쳐 理라 한 것도 있다」[58]고 하였으며 「결국 花潭은 「理」字를 투철하게 알아내지 못하고 形器 한쪽에 치우침을 면하지 못했다」[59]고 말하였다. 程朱學의 理氣說에 기본한 退溪의 學說에서는 충분히 나올만한 비평이다. 그는 尊理的 立場을 간직하였으므로 비록 花潭이 妙然한 境地를 覺得하였다 하더라도 수긍할 수 없었음은 당연한 일로 보인다. 花潭이 理를 氣로 잘못 인식하였다고 하는 「認理爲氣」의 批評은, 花潭이 말한 氣의 槪念을 이해한 狀態에서 가능한 것으로 생각된다. 그러나 그 無形하고 無始無終한 先天的 本然을 왜 하필이면 氣라고 간주해야 되느냐 하는 점이 문제의 核心으로 등장된다. 오히려 理라고 보아야 옳다는 立場이다. 그런데 이 비평의 基本前提에는 理氣의 槪念設定과 그에 함유하는 意味性이 상호 일치하지 못한 데서 비롯된 것임을 알 수 있다. 그러한 見解差는 氣의 聚散과 有無의 문제에서도 나타난다. 즉 花潭에서는 氣에 聚散은 있으나 有無는 없는 一氣長存을 강조하는 동시에, 理之時를 설정하여 理에 오히려 有無가 있는 듯이 표현된다. 그러나 退溪는 반대로 理에는 有無가 없고 氣에는 有無가 있게 된다고 보았다. [60] 이처럼 退溪의 학설에 있어서는 花潭의 理氣說이 거의 부정적으로 비평된다.

그러나 栗谷의 境遇에 있어서는 좀 다르다. 栗谷은 花潭의 自得的 境地를 높이 치면서 理氣說의 一部를 보완할 것을 요구하는 입장이다. 즉 그는 花潭이 聰明過人하여 讀書窮理함에 文字에 구애받지 않고 궁구하여 결국 理氣不相離의 妙處를 目見한 自得의 面이 있으나 그것만으로 自滿하여 그위에 理通氣局의 一節이 있음을 알지 못하였고, 또한 「一氣長存 往者不過 來者不續」적인 見解에는 「認氣爲理」의 잘못이 있다고 평하였다. [61] 이처럼 栗谷도 花潭의 短處를 보아 평하기는 했

---

58) 花潭公所見 於氣數一邊路熟 其爲說未免認理爲氣 亦或有指氣爲理者(退溪全書 卷14 答南時甫)
59) 花潭一生用力於此事 自謂窮深極妙而終見得理字不透 所以雖拚死力談奇說妙 未免落在形器粗淺一邊了 爲可惜也(退溪全書 卷14 非理氣爲一物辯證)
60) 但以徐所謂有聚散而無有無者爲甚精 又自云其氣却散而與天地之氣混合無間 此數處爲可疑 蓋理本無有無而猶有以有無言者若氣則至而伸 聚而形爲有而歸散而滅爲無(上揭書 卷25 答鄭子中講目)
61) 花潭則聰明過人而厚重不足 其讀書窮理 不拘文字而多用意思 聰明過人故見之不難 厚

어도 그의 學說에는 花潭의 영향이 있었던 것으로 보인다. 栗谷이 강조하는 「理氣之妙」라는 말은 花潭 鬼神死生論에서 보이는 「理氣所以極妙底」와 직결되는 의미로 간주된다. 또 「陰陽動靜이 機自爾라」는 말이나 「氣之本은 湛一淸虛」라는 表現[62]에서 「機自爾」・「湛一淸虛」 등은 花潭이 즐겨 사용한 用語로서, 栗谷이 그대로 받아들임을 볼 때 그 思想的 影響은 어느정도 짐작된다. 한편 栗谷이 花潭의 理氣說에 대하여 理通氣局을 보지 못했다고 하였는데 花潭의 견해로서 과연 氣가 국한될 수 있는 것일까 하는 문제에는 의심의 여지가 있다.

하여튼 退・栗性理學에서 花潭의 理氣說이 비록 비평을 받았다 하더라도 그 影響關係는 경시할 수 없었던 것으로 생각된다. 다만 상호 文字의 개념을 달리하고 있었음을 알면서도 理氣의 表現에 있어서는 그 비평을 주저하지 않았던 것이라고 하겠다. 그런 가운데 退溪는 程朱學的 立場에서 正統性理學의 尊理的 理氣說을 더욱 돈독히 하였을 것이고, 栗谷에 있어서는 理氣不離의 理氣說을 공고히 할 수 있었을 것이다.

花潭이 비록 正統程朱學的 立場은 아니었다 하더라도, 그의 哲學的 基盤은 역시 儒敎的 論理에 있었던 것으로 보인다. 그것은 그가 理氣說을 전개하면서 老子의 無論이나 佛家의 寂滅論・禪家의 空論 등을 비판하면서, 동시에 周易과 中庸의 本體觀을 원용하고 宋代 性理學者들의 理論을 근거로 하여 自說을 정립한 것으로 나타나기 때문이다.

朝鮮朝 16世紀 前期에 있어서 花潭은 晦齋와 함께 주목되는 哲學者이었다. 그런데 晦齋와 花潭은 出處에서 뿐만 아니라 哲學的 見解에 있어서도 그 立場을 달리한 것으로 보인다. 儒學思想에 함께 뜻을 두었으면서도 晦齋는 尊理的 學說이었고, 花潭은 主氣的 學說로 이해되는 것이다. 비록 理와 氣의 槪念이 뜻하는 바 서로 다르다 하더라도 韓國性理學 展開에 있어서 이 학설은 主理論과 主氣說의 淵源的 位置에 있는 것으로 간주된다. 程朱學의 尊理的 理氣說이 정통적 性理學說로 인정되지만, 花潭의 氣一元的 理氣說은 韓國性理學의 폭넓

重不足故得小爲足 其於理氣不相離之妙處瞭然目見……自以爲得千聖不盡傳之妙而殊不知向上更有理通氣局一節……花潭則以爲一氣長存 往者不過 來者不續 此花潭所以有認氣爲理之病也 雖然偏全間 花潭是自得之見也(栗谷全書 卷10 答成浩原書)

62) 陰靜陽動 機自爾也 非有使之者也(上同)
　　氣之本則湛一淸虛而已(上同)

은 展開를 가능하게 한 점에 있어서 그 貢獻이 크다 할 것이다. 특히 言語文字에 제약받지 않고 窮理盡性했던 그의 哲學的 態度는 현대에 있어 더욱 주목되는 바이다. 그의 學說을 쫓았던 門徒로는 蓮坊 李球를 비롯하여 草堂 許曄·思庵 朴淳·正庵 朴民獻 등이 있었다.

退溪 李滉의 理氣說

① 性理學硏究의 學的 態度

高麗末부터 전래하여 온 宋代의 性理學은 朝鮮朝의 儒敎文化發展에 힘입어 學者들이 깊히 연구하는 中心對象이 되어 왔다. 특히 退溪 李滉(1501~1570)에 이르러서는 그 絶頂을 이루고 있으나 韓國性理學史에 있어서 黃金期를 맞이하는 셈이 된다. 宋나라에서 전래된 思想을 그저 답습하고 고수하는 입장에서가 아니다. 물론 그러한 理論을 基本으로 하고는 있지만, 자기 스스로 思惟하고 自覺하며 또한 철학적 論辯을 통하여 심화되어 갔던 韓國性理學의 展開는 적어도 韓國人에 의한 것이었다고 하는 그 思惟主體를 망각하지 않았다는 점에서 더욱 주목된다.

退溪가 살았던 16세기에는 士禍라고 하는 國內的 政治矛盾이 계속되던 시대이었다. 정치적 혼란에는 여러 양상이 있을 수 있으나, 이 士禍라고 하는 것은 장차 나라의 元氣가 될 新進學者로서의 선비그룹이 禍를 당하는 것이니 특히 학문하는 사람들의 입장에서는 一大慘狀이 아닐 수 없는 사건이다. 退溪의 젊은 시절은 이러한 士禍가 발생했던 이른바 士禍期이었으니 그의 退進와 居就에 적지 않은 영향을 받았으리라 짐작된다. 그에 때맞추어 내심 추구했었던 性理學의 핵심적 書籍을 접하게 됨으로써, 오히려 현실에의 行道問題 보다는 程朱學에의 硏究와 敎育에 더 많은 관심을 갖게 된 것으로 보인다. 이로써 士禍期때의 新進士林들과는 달리 山林에서 硏究 精進하는 學風을 보이기 시작한다.

退溪의 性理學도 經典을 중심으로 한 儒學의 根本立場에서 출발한다. 그의 思想形式에 영향되었을 國內學者로는 鄭圃隱·權陽村·鄭三峰 등의 麗末鮮初 人士와 金宗植·金宏弼·趙光祖 등 士禍期 義理學

派의 人物과 當代의 徐花潭·李晦齋 등을 들 수 있다. 그런데 花潭
의 氣哲學에 관해서는 심한 비판을 가하는 데 비해서, 晦齋의 學問에
대하여는 그의 行狀에서 보이듯이 높이 칭송하였다. 晦齋의 學問에 있
어서 특히 曺忘機堂漢輔와의 無極太極論辨에서 그 獨創의 면을 볼 수
있다하여 높이 평가한 점은[63] 그 학문이 깊은 면을 드러내려는 의미
도 있는 것이지만, 退溪 自身의 순수성리학적 태도를 굳혀 나아가는
배경으로 이해된다. 즉 佛家의 寂滅論이나 道家의 氣論的 見解를 비
판하고 배격함으로써 정통성리학적 기본입장을 돈독히 하려는 태도이
었다고 하겠다.

退溪學問의 특징은 性理學에 있는 것이지만 그 淵源은 역시 根本儒
學인 經學的 바탕에서 비롯된다. 그의 제자 鄭惟一은 退溪의 學問研
究에 대하여 말하기를,

「선생께서 經·傳·子·史를 보지 않은 것이 없으나, 어려서부터
四書·五經에 힘을 썼는데 그중에서도 四書와 易經에 더욱 깊히 하
여 가끔 모두 暗誦하는데 착오가 없었으며 간혹 한밤중에 일어나
中庸·大學·心經 등을 소리내어 외웠다」[64]

고 하였다. 이로 미루어 볼 때 그가 經典에 얼마나 충실했는가를 짐
작할 수 있다. 또 退溪는 믿을 만한 스승이 없을 경우에는 聖賢의 말
씀을 따라야 한다고 하면서 聖賢은 반드시 사람을 속이지 않는다고
하였다.[65] 학문의 本質을 추구함에 있어서 學者가 마땅히 간직하여야
할 基本立場을 밝히고 있는 것이다. 이러한 態度는 비단 經典에서 뿐
만 아니라 性理學의 三大書籍으로 간주되는「性理大全」·「心經附註」·
「朱子大全」 등을 공부함에 있어서도 마찬가지이었다. 聖賢을 모시는
듯 성실한 태도로 이 대표적 性理書를 탐독하니 자연 그 本意를 바르
게 파악할 수 있었으리라고 생각된다.

退溪는 스스로 말하기를,

---

63) 先生在謫所 作大學章句補遺 讀或問 求仁錄 又修中庸九經衍義 衍義未及成書而用力
尤深 此三書者可以見先生之學而其精詣之見獨得之妙 最在於與曺忘機堂漢輔論無極太極
四五篇也(退溪全書 卷49 晦齋李先生行狀)

64) 經傳子史 靡不博觀 然用少用力於四書五經而於四書易經尤深 往往多背誦不差 或於中
夜起巫 諷誦庸學心經等書(退溪先生言行通錄 卷 1)

65) 先生嘗言 古人云不敢自信而信其師 今者無師可信須信聖賢之言 聖賢必不欺(退溪先生
言行錄 卷 1 教人)

「19세 때에 처음으로 性理大全의 처음과 끝 두권을 얻어서 읽어
보니 모르는 사이에 마음이 기쁘고 눈이 열려 그 玩熟함이 오래되
어서는 점차 意味를 보아 그 門路를 얻은 듯하다」[66]

고 하였다. 그「性理大全」은 周濂溪의 「太極圖說」에서부터 朱子·蔡
沈에 이르기까지 宋代 性理學者들의 핵심적 基本理論을 망라한 百科
全書的인 冊으로서 明의 永樂帝때 胡廣에게 命하여 편찬된 70권의 性
理學叢書이다. 그 가운데서도 太極圖說은 性理學의 源頭處로 파악되
었던 바, 그의 「聖學十圖」에서도 이를 第1圖에 밝혀두고 있음이 주
목된다.

또 退溪의 學問에 크게 영향을 끼친 性理書로는「心經附註」를 말할
수 있다. 이것은 朱子學徒인 眞德秀(1178~1235)가 撰하고 程敏政이
附註한 것이다. 退溪가 23세때 泮宮에 遊學했을 무렵, 이 글을 읽기
시작하여 그후 66세때에는 「心經後論」을 지을 정도로 한결같이 心
經공부를 한 것으로 나타난다. 그는 말하기를,

「내가 心經을 얻은 이후에 비로소 心學의 淵源과 心法의 精微함을
알게 되었다. 그러므로 나는 평생토록 이 책을 神明과 같이 믿고
嚴父와 같이 공경하였다」[67]

고 한다. 여기서 退溪가 心學에 얼마나 정진하였는가를 가히 짐작
할만 하다. 그의 道問學的 窮理의 思索도 이 尊德性的인 居敬의 心法
修養이 전제된 것으로 생각된다. 退溪思想의 結晶體라 할 수 있는「聖
學十圖」의 展開를 敬으로 일관하여 표현하는데에는 心經의 연구와 그
覺得의 경지에 밀접한 相通性이 지속되는 것으로 이해된다.

다음으로 퇴계학문 형성에 영향된 冊으로서「朱子大全」을 들 수 있
다. 退溪가 스스로 스승으로 여기고 또 자신의 힘을 얻은 人物로는
朱子를 말한다. 이는 朱子全書를 탐독함으로써 더욱 확신하게 된다.
그는 朱子學에 관심을 가지고 그 책을 구해 보려고 하던 중, 43세 때
(中宗 38年)「朱子大全」의 印頒으로 인하여 이를 전적으로 연구하게
된다. 그의 제자 金鶴峰의 말에 의하면,

「선생은 일찌기 서울에서 朱子全書를 구해 와서 이로부터 문을

---

66) 先生自言 十九歲時初得性理大全首尾二卷 試讀之 不覺心悅而眼開玩熱蓋久漸見意味
   似得其門路矣(退溪先生言行錄 卷1 讀書)
67) 先生自言 吾得心經而後 始知心學之淵源 心法之精微故吾平生 信此書如神明 敬此書
   如嚴父(退溪先生言行通錄 卷2 學問第一)

닫고 그것을 靜觀하여 보기를 여름내 그치지 않았다. 이에 或者가
심한 더위에 傷할까 경계하면, 先生은 이 글을 읽으면 곧 가슴속에
서 서늘함이 일어남을 느끼어 저절로 더위를 모르는데 어떤 病이
생기겠느냐」[68]

고 하였다. 여기서 독서의 깊은 모습을 볼 수 있다. 이러한 朱子書에
대한 탐구는 그의 學問을 풍부하게 하였을 뿐만 아니라, 후기에는 일
반학자를 위하여 「朱子書節要」를 편찬하기에 이른다.

退溪의 性理學에 대한 學的 態度는 金鶴峰의 다음과 같은 말에서
확연히 볼 수 있다. 즉, 鶴峰은

「先生은 책에 있어 읽지 않은 것이 없지만 더우기 性理學에 마음
을 써서 章마다 충분히 익히고 句마다 깊히 이해하여, 강론할 때에
는 親切하고 的當하여 마치 자신의 말을 외는 듯하였다. 晚年에는
오로지 朱子書에 뜻하였으니, 平生의 得力處는 대개 이 책으로부터
비롯되었다」[69]

고 하였다. 위의 표현 가운데에서도 「강론할 때 친절하고 경우에 적
당하여 자신의 말을 하는 듯하였다」는 부분은 退溪一生에서 엿보이는
높은 인격적 자세와 그 학문의 경지를 단적으로 표현한 것으로 이해
된다. 한편 鶴峰의 指摘에서 보이듯이 退溪學이 朱子說에 비롯되는
것은 사실이나, 그저 朱子學을 답습하고 동조하는 것만으로 일관하지
는 않는다. 晚年의 理到說을 보면 이를 잘 알 수 있다. 朱子學의 모
방만이 아니었으므로 退溪學에 대하여 宋尤庵은

「退溪의 學問은 가장 폐단이 없으며, 그 作處가 朱子와 같지 않
다」[70]

고 하였다.

완숙하여지는 退溪의 學問展開는 대체로 3단계로 그 변천을 구분
하여 볼 수 있겠다. 어려서 千字文을 이웃 老人에게서 배우고, 叔父
인 松齋로부터 論語를 배웠으며, 陶淵明의 自然과 宋儒의 氣論 및 周
易 등에 깊은 관심을 가지고 학문하는 동시에 官職生活도 계속하여

---

68) 先生嘗得朱子全書于都下 閉戶靜觀 歷夏不輟 以暑熱臨傷爲戒 先生曰講此書 便覺胸膈
   生凉 自不知其暑 何病之有(退溪先生言行錄 卷2 學問第一)
69) 先生於書無所不讀而尤用心於性理之學 章章爛熱 句句融會 講論之際 親切的當如誦己
   言 晚年專心朱書 平生得力處 大抵皆自此書中發也(上同)
70) 退溪之學最爲無弊而其作處與朱子不同(宋子大全 卷131 看書雜)

왔으나, 53세 때 鄭之雲의 天命國을 개정하기 이전까지는 특별한 문제를 가지고 論難하는 일은 아직 없었다. 그러므로 太極圖說에서 시발되어 敬의 終點에 나아가는 그의 創造的 學問의 發展時期는 天命圖의 改作問題를 전후하여 제1단계로, 奇高峰과의 四七論辨이 시발되는 시기를 제2단계로, 그 이후를 3단계로 구분할 수 있다.[71]

53세로부터 59세에 이르는 1단계의 時期에 발표되는 論著로「改訂鄭之雲天命圖」・「論夙興夜寢箴註解」・「朱子書節要」・「宋季元明理學通錄」등이 있다. 이때에는「心經附註」와「性理大全」・「朱子大全」등을 연구하고 그것을 배경으로 하여 발표되는 것으로 보인다. 즉 性理學을 깊히 이해하고 특히 朱子의 思想을 충실히 계승하는 시기로 생각된다. 이때까지는 退溪 자신의 독창적 견해가 발현되지는 않은 立場이다. 그러나 제2단계로 접어들면 그 양상을 달리한다.

제2단계로 설정되는 時期는 60세로부터 奇高峰과의 論難이 끝나는 68세까지로서 그 당시의 重要論著로는「答奇高峰書辨四端七情」・「心無體用辨」・「心經後論」・「戊辰六條疏」・「聖學十圖」등을 들 수 있다. 이중에서 특히 奇高峰과의 論辨은 理氣論의 中心을 이루는 것으로서 發의 문제가 논란되는 바, 理發氣隨・氣發理乘의 互發說이 정립되는 과정이다. 한편,「心無體用辨」은 徐花潭의 後學인 李蓮坊의 心에 體用이 없다는 주장을 비판하여 氣論者를 반박하는 내용이며,「戊辰六條疏」와 聖學十圖는 儒家의 道治的 立場과 天人合一로서의 善治를 가능케 하는 聖君之學을 밝힌 것이다.

다음으로 69세이후 終生까지에 이르는 제3단계는 心性情과 格物致知의 未解決部分을 다룸으로써 이른바 理到說로 집중된다. 이때의 주요 論著로는「與奇明彦書論心統性情圖」・「答奇明彦書改致知格物說」등이 있다. 前者에서도 主觀과 客觀의 立場을 理로 일관하여 理와 心의 作用會遇點을 드러내고 있으며, 後者에서는 思惟對象界의 理와 主觀內心界의 理 상호간에 본체적 歸一點을 명백히 하고 있다. 그는 理를 情意와 計度와 造作이 없는 것으로 보는 朱子的 理解로부터 理를 能動的인 性格을 가지고 理到說의 定立을 보게 된다. 따라서 이것은 退溪의 최종적 獨創面을 보여주는 부분으로 이해된다.

이상에서 살펴본 바와 같이 退溪의 學的 態度는 根本에 충실하며

---

71) 拙著 退溪의 哲學思想研究 p11

講義와 論辨에 정확하고 친절했었던 人格의 保有者로서 언제나 自己
主體를 확인하면서 연면히 精進하는 데 있었던 것으로 파악된다. 이
러한 기본입장은 韓國性理學의 깊이를 더해 갈 수 있었던 要因이 되
었던 것으로 생각된다. 이제 退溪理氣說의 源頭處가 되는 太極의 문
제에서부터 접해보기로 한다.

② 太極說

性理學의 本體論에서 문제되는 것은 太極에 관한 이해이다. 退溪哲
學에 있어서도 太極의 문제가 우선되기 때문에 理氣說의 本論에 앞서
살펴보기로 한다. 太極의 本體論的 問題가 직접적으로는 周濂溪의 太
極圖說에서 비롯되는 것이지만, 그 淵源을 본다면 周易 繫辭에서 보
이는 孔子의 「易有太極 是生兩儀」에서 찾을 수 있다. 여기서 太極에
대한 의미를 具體的으로 밝히지는 않았으나 그것이 根源을 지향하고
있다는 점으로 간주될 때, 伏羲의 八卦 역시 그것과 상통하는 것으로
이해된다. 그런데 孔子는 太極을 말하였으되 無極을 말하지 않았다는
점이 주목된다. 공교롭게도 道家에서는 無極을 말하였고, 나아가 周
濂溪의 太極圖說 序頭에 「無極而太極」이라 하여, 이 문제에 더욱 깊
은 이해가 요구되어 왔다. 濂溪 역시 그것에 관하여 자세히 설명한 바
없으나, 理氣論을 具體化시켰던 朱子學에 있어서는 그 본질적 解釋에
접근하게 된다. 결국「無極而太極」이란 표현에 있어서 無極과 太極은
그것이 서로 다른 것을 의미하는 것이 아니라 本體에 대한 兩面的 指
摘으로 파악한다. 즉 上天의 載로서 無聲無臭하나 실로 造化의 樞紐
요 品彙의 根柢이기 때문에 無極而太極이라 한 것이지 太極外에 다시
無極이 있다는 것이 아니라고 한다.[72] 이처럼 無極과 太極이라는 말
을 이어주는 「而」字의 의미가 「生」字의 뜻으로 잘못 이해할 수 없음
을 분명히 하여 둔다. 만일 「生」의 意味로 본다면 太極이전에 無極이
있는 것이요, 또한 萬有의 根滅이 資料的인 氣로 파악될 수 밖에 없
는 것이기 때문이다. 그러나 漢・唐代에 있어서는 太極을 氣的인 것
으로 보기도 하였다.[73] 하지만 宋代 性理學 특히 程朱學에 있어서는

---

72) 上天之載無聲無臭而實造化之樞紐 品彙之根柢也 故曰無極而太極 非太極之外 復有無
   極也(朱子 太極圖說 解)
73) 拙著 退溪의 生涯와 思想 p51

그렇게 간주하지 않는다. 形而上者와 形而下者에 관하여 道와 器로
말하는 데 있어서도, 특히 道의 문제를 더욱 깊이 파악하여 이른바
「器의 理가 되는 바」를 道라고 하여,[74] 그 理의 側面을 강조한다. 이
처럼 萬有의 終極的 根本立場을 理로 보는 것이 程朱學의 특징이다.
그러므로 無極太極論에 있어서 理를 위주로 하여 해석되는 것이다.
즉 朱子는 「太極只是一筒理字」[75]라 하여 天地萬物의 근원적 해석을
理로 말한다. 그런데 여기서 말하는 理는 理氣論에서의 상대적 입장
이나 또는 理氣를 합한 것이 아니라, 論理上 요구되는 創造的 意味임
을 주의하여야 할 것이다. 그러한 理로서의 太極은 또한 天地萬物 어
디에서나 보편적으로 존재하는 것으로 본다.[76] 다만 無極을 말하는
것은 形이 없다는 점에서 이며, 太極이란 곧 理가 있음을 지적하는
것이라 한다.[77] 더 나아가 朱子는 無極과 太極을 동시에 말하지 않을
수 없는 입장을 적극적으로 밝히고 있다. 즉 陸象山에 답하는 글에서

「無極을 말하지 않으면 太極이 一物과 같아져서 萬化의 根本이 되
는데 부족하고, 太極을 말하지 않을 것같으면 無極이 空寂에 빠져
서 또한 萬化의 根本이 될 수 없다」[78]

고 하였다. 天地萬有의 根本에 대하여 요구되는 兩面的 表現이 無極
과 太極으로 지적되고 있다. 그 本源에의 입장을 理로 보고 또 모든
存在들의 이상적 형태는 太極에 수렴되는 의미로 보는 것이라 하겠다.

위와 같이 太極에 관한 종래의 견해는 退溪의 太極觀에 큰 영향을
끼쳤으리라 생각된다. 이제 그의 論著를 중심으로 太極에 관한 그의
이해를 살펴보기로 한다. 먼저 聖學十圖의 第一太極圖에서 본다. 그
는 여기서 周濂溪의 太極圖와 圖說 및 그 圖說의 註를 게재하고 있다.
그 圖註에서 太極圖中 맨 위에 표시된 「○」에 대하여 「○此所謂無極
而太極也 即陰陽而指其本體 不雜乎陰陽而爲言耳」라 해석하였다. 여기
에 陰陽에 即하나 또한 不雜한다는 뜻은 그 陰陽으로서의 現象界를
떠날 수 없으나 그렇다고 섞어버릴 수도 없는 것으로 이해된다. 이

---

74) 凡有形有象者即器也 所以爲是器之理者則道也(朱子文集 卷36 與陸子靜書)
75) 朱子語類 卷1
76) 在天地言則天地中有太極 在萬物言則萬物中各有太極(朱子語類 卷1)
77) 無極者無形 太極者有理(上同)
78) 不言無極則太極同於一物而不足爲萬化根本 不言太極則無極淪於空寂而不能爲萬化根本(朱書百選 卷4 答陸子靜)

第一太極圖의 끝부분에 退溪 자신의 견해를 정리하여 밝히고 있다. 즉 濂溪의 太極圖說은 造化를 가지고 말한 것이라는 平巖葉氏의 말을 인용하고, 이것은 道理大頭腦處이며 百世道術淵源이 된다는 朱子의 말을 들면서 太極圖를 聖學十圖의 처음으로 설정한 것은 近思錄에 이를 첫머리로 내세운 意圖와 같다 하여 聖人공부의 근본이 여기서부터 비롯되어야 하는 것이라고 하였다.[79] 이 가운데서도 비록 朱子의 말을 인용한 것으로 나타나지만, 太極圖說의 입장을 「道理의 大頭腦處요 百世道術의 淵源」으로 강조한 점은 그의 太極圖에 대한 기본생각을 드러내는 부분으로 이해된다. 退溪가 無極而太極에 관하여 「無形而有理」의 방법으로 파악하는 면에 있어서는 朱子와 차이가 없다. 나아가 根本에 대한 無極・太極의 兩面的 表現에 관한 朱子의 見解, 즉 無極을 말하지 않으면 太極이 一物과 같아져 족히 萬物의 根柢가 되지 못하며 太極을 말하지 않으면 無極이 空寂에 빠져서 또한 萬化의 根柢가 될 수 없다는 말에 대하여 退溪는 이것은 어떤 변화가 있더라도 깨어질 수 없는 理論이라 하여 전적으로 동의한다.[80] 또 退溪는 極에 二義가 있다는 李公浩의 問目에 답하여, 有形之極으로서의 太極과 無形之理로서의 無極을 지적하면서 周濂溪・朱子의 그와 같은 本意를 잃지 않고 잘 보아야 할 것으로 말하였다.[81] 이처럼 「極」字의 바른 指摘處를 잘 살펴야 오류를 범하지 않을 수 있다고 본다. 또 말하기를

「極字를 가지고 곧바로 理字로 생각하여 함부로 無極을 말할 경우에서는, 다만 이 形이 없다고만 말할 따름이니, 어찌 이 理가 없다고 이를 수 있으랴. ……후세의 讀者들이 極字를 알지 못하고 비유하여 문득 理를 가지고 말하므로 오직 理는 없는 것이라 함이 不可할 뿐만 아니라 周濂溪의 無極이란 말에 있어서 통하기 어려운 바

---

79) 濂溪周子 自作圖幷說 平巖葉氏 謂此圖卽繫辭易有太極是生兩儀 兩儀生四象之義而推之 但易以卦爻言 圖以造化言 朱子謂此是道理大頭惱處 又以爲百世道術淵源 今玆首揭此圖 亦猶近思錄以此說爲首之意 蓋學聖人者 求端自此而用力於小大學之類 及其收功之日而遡極一源則所謂窮理盡性而至於命 所謂窮身知化 德之盛者也(退溪全書 卷 7 進聖學十圖劄)

80) 亦曰不言無極 則太極同於一物而不足爲萬化之根 不言太極則無極淪於空寂 而不能爲萬化之根 嗚乎若此之言 可謂四方八面周偏不倚顚撲不破矣(退溪全書 卷16 後論)

81) 上極是借假有形之極 下極是指名無形之理 今曰極有二義 恐失周朱兩先生本意也(退溪全書 卷39 答李公浩 問目)

있게 된다.」[82]

고 하였다. 이처럼 極이 곧 理라고 보았을 때 無極은 곧 理가 없다는 無理의 의미로 잘못 이해할 수 있음을 경계하였다. 無極은 形은 없으나 理가 있다고 하는 無形之理로서 誤認될 수 없는 입장이다. 本體로서의 極에 대한 올바른 이해를 중요시하고 있다.

또 退溪는 종래의 本體觀에 동조하면서 太極에 관하여는 그 槪念을 「極至」의 뜻만으로 보지는 않았다. 標準·中立·取正 등 모든 이상적 형태를 포함하여 소위 義理的 方向에 그 本意를 확대 파악하고 있음이 특징이다.[83] 따라서 근원적 源頭處의 次元에서부터 人性論的 思惟의 世界를 분명히 하게 되는 것으로 보아진다. 그 종극적 근원의 자리는 理로 파악되는데, 이 理는 「至虛而至實」·「至無而至有」 등으로 묘사된다.[84] 이처럼 理가 虛實關係로 표현됨에 있어서, 實이란 眞實無妄됨을 이름이요, 虛란 無聲無臭하다는 面에서 지적되는 것으로서, 이 실상은 「無極而太極」이라고 하는 一句에서 볼 수 있다고 하였다.[85] 本體에 대한 根源的 側面과 形而上學的 超感覺의 側面을 동시에 지적하는 것이다. 또한 바로 그 境地가 眞實되다는 입장이다. 이러한 本源에 대한 견해는 鄭子中에게 답한 沖漠無朕條에서 事와 理, 體와 用, 顯과 微, 形而上과 形而下, 無朕과 有朕 등의 諸問題에 있어 이들은 본질적 共存의 것이므로 한쪽만 보려 하는 집착을 극복하여 그 體用當隨處를 活看하여야 될 것이라는 이론으로 이어진다. 本體는 現象에 共存된다는 것이다. 그러나 論理上으로 말하면 現象에 앞서 太極이 있어야 할 것이다. 하지만 事理上에서 말하면 現象界에 그 존재가 가능할 것이니, 이 문제에는 이와같은 두 입장이 설정된다. 그러므로 退溪는 蔡節齋의 太極圖說註 가운데서 「其理已具 自陰陽既生之時而言 則所謂太極者」라고 하는 19자를 강조하여 이는 語意가 圓足하여 病痛

82) 以極字直作理字看 妄謂當其說無極時 但謂無是形耳 豈無是理之謂乎……後之讀者 不知極字 但爲取譬而遽以理言故不惟理 不可無而於周子無極之語 有所難通(退溪全書 卷18 答奇明彦 別紙)

83) 非但極至之謂 須兼標準之義 中立而四方之所取正者看 方恰正無遺意(上揭書 卷14 答南張甫)

84) 若能窮究衆理到得十分透徹 洞見得此個物事 至虛而至實 至無而至有(上揭書 卷12 別紙)

85) 自其眞實無妄而言 則天下莫實於理 自其無聲無臭而言 則天下莫虛於理 只無極而太極 一句可見(上揭書 卷25 與鄭子中 別紙)

이 없다고 하였다.[86] 陰陽이 이미 발생한 때라고 하여 氣的인 現象界를 지적하면서 그 源頭處로서의 太極을 일컫게 되는 점이다.

그렇다면 그 太極의 次元에서 陰陽動靜의 상태로 이어지는 자리는 어떻게 설명되어야 하느냐 하는 문제가 제기된다. 退溪는 이 점에 관하여

「太極之有動靜 太極自動靜也 天命之流行 天命自流行也 豈復有使之者歟」[87]

라고 하여, 太極은 自體에 動靜의 能動性이 있는 것으로 본다. 즉 作用因이 그 자체에 함유되어 있다는 견해이다. 이는 마치 天命이 스스로 流行됨과 같은 뜻으로 풀이하였다. 이로써 보면 太極이 곧 理로 해석되는 전제에서, 理가 스스로 作爲와 造作이 가능하다는 근거가, 바로 그의 太極觀에 직결되어 있음을 알 수 있다. 따라서 理란 그저 아는 것이 아니라 정확히 알아야 된다는 그의 意志를 이해할만 하다. 순수한 理를 위주하여 本體를 파악하고 있으므로 佛家의 寂滅論的 立場이나 道家의 生成論的 解釋은 일체 인정되지 않는다. 退溪는 晚年에 奇高峰에 밝힌 格物致知說을 언급하는 가운데 無極太極에 관한 여러 學說중에서 黃勉齋의 說을 높이 평하였는데, 그 主要內容은 無極而太極이 老氏의 有無와 佛家의 空과는 다르다는 점과 斯道의 本體로서 萬化의 領會라는 것과 이것은 本末上下가 一理로 관통된다는 점 등으로 요약된다.[88] 여기서 退溪가 지향하는 입장을 간접적으로 확실히 짐작할 수 있다.

이상과 같이 퇴계의 본체 즉 태극에 관한 견해는 우선 程朱學의 基本에 충실한 것으로 이해되지만 그러면서도 理로 일관되는 太極觀에 있어서 그 능동적이며 기능적인 面을 강조하고 있음은 주목되는 바이다. 無極而太極은 곧 理로 파악되며 그 理는 창조적 의미를 함유하고 있는 것으로서 萬有의 源頭處로 보는 것이라 하겠다. 이러한 本體로서의 太極을 이해함에는 理를 理로 말해야 하는 어려움이 있다. 이에 理氣論에 대한 접근이 요구되는 바 章을 달리하여 살펴보기로 한다.

---

86) 滉按蔡氏此語 亦見太極圖說註解 其文則所謂太極者之下有 其理已具 自陰陽旣生之時而言 則所謂太極者 十九字則其語意圓足無病(上揭書 卷25 論所當然所以然是事是理)
87) 退溪全書 卷13 答李達李天機
88) 拙著, 退溪의 哲學思想 硏究 p2

③ 理氣說

太極에 관한 올바른 理解는 理氣의 본질적 파악을 가능하게 하고, 또 理氣의 파악을 통하여 太極의 本質을 제대로 볼 수 있는 것으로 생각된다. 退溪의 理氣에 대한 견해는 朱子의 理氣論을 계승하는 面으로 나타난다. 또한 朱子理氣說의 形成은 周濂溪의 太極圖說과 通書 그리고 程子의 理와 張橫渠의 氣論을 기반으로 한다. 太極을 理로 陰陽을 氣로 보는 朱子의 종합적 立場에서 氣는 凝結造作할 수 있는 것이지만 理는 情意·計度·造作이 없는 것으로서 다만 그 氣의 凝聚處에 理가 존재하는 것으로 설명된다. [89] 作爲的 存在로서의 質料的인 氣와 그곳에 共存하는 原理的인 理를 말하고 있다. 朱子의 理氣에 대한 좀더 구체적인 견해는 다음과 같은 표현에서 살필 수 있다. 즉

「天地間에 理가 있고 氣가 있다. 理란 形而上의 道로서 生物의 本인 것이며 氣란 形而下의 器로서 生物의 具가 되는 것이다. 이로서 人과 物의 生生함에 있어서 반드시 이 理를 품수한 연후에 性이 있고, 이 氣를 품수한 연후에 形이 있게 된다. 그 性과 形이 비록 一身을 벗어나는 것은 아니나 그 道와 氣 사이에는 分際가 매우 밝으므로 혼잡될 수 없다」[90]

고 하였다. 理氣에 대한 存在論的 解釋으로 이해된다. 그 理와 氣의 本質은 하나의 生存者에 공존하는 것이지만 서로 섞여버릴 수 없다는 것이다. 이러한 不離不雜的인 理氣의 存在에 대하여 朱子는 더욱 확실히 밝힌다. 즉 理와 氣는 확실히 二物인 것으로서 物위에서 볼 것 같으면 二物이 혼륜되어 있으되 각기 그 一物됨을 해하지 않고, 理위에서 볼 것 같으면 비록 物이 없어도 理는 있다고 하겠지만 아직 실지로 物이 있는 경우는 아니라고 하겠다. [91] 論理的 立場에서 볼 때 理가 先行됨을 말할 수 있는 것이지만 實在的 立場에서는 理氣가 서로 혼란되지 않고 공존되는 것으로 본다. 이른바 서로 떨어져 있는

---

89) 蓋氣則能凝結造作 理却無情意無計度無造作 只此氣凝聚處 理便在其中(朱子語類 卷1)

90) 天地之間 有理有氣 理也者形而上之道也 生物之本也 氣也者 形而下之器也 生物之具也 是以人物之生 必稟此理 然後有性 必稟此氣 然後有形 其性其形 雖不外乎一身 然其道器之間 分際甚明 不可亂也(朱子大全 卷58 答黃道夫)

91) 所謂理與氣 決是二物 但在物上看 則二物渾淪 不可分開各一處 然不害二物之各爲一物也 若在理上看 則雖未有物而有物之理 然亦但有其理而已 未嘗實有是物也(上揭書 卷46 答劉叔文)

것도 아니요 서로 혼잡되는 것도 아닌 論理의 표현이다. 동시에 先後
도 말하기 어렵다.

이상에서와 같이 「理氣 不相離 不相雜」으로 파악되는 상호의 關係
性에 대하여 退溪도 일단 받아들인다. 즉 退溪는 答奇明彥書에서 말
하기를 「같은 가운데 그 다름이 있음을 깨닫고 다른 가운데 그 같음
이 있음을 보아서 나누어 둘이 되어도 그 일찌기 멀어지지 않음을 害
하지 않고 合하여 하나가 되어도 實로 서로 혼잡되지, 않는 것이니 두
루 보아 편벽됨이 없게 되는 것이다」[92]라고 하였다. 「一而二」·「二而
一」의 原理를 밝히고 있는 것이다. 그러나 이러한 不離不雜의 通念을
따르면서도 理氣는 二物이라고 하는 不雜性의 側面을 강조한다. 그러
므로 그는 「非理氣爲一物辨證」·「心無體用辨」을 짓는 데 이르게 된다.
前者의 辨證에서 退溪는

「孔子와 周子가 陰陽은 太極이 낳은 것이라고 明言하였는데, 만일
理와 氣가 본래 一物이라고 할 것 같으면 太極이 바로 兩儀인 것이
니 어찌 生할 수 있는 것이 있으리오. 眞이라 이르고 精이라 이름
은 그로써 二物인 까닭에 妙合하여 凝한다고 한 것인데, 그 一物일
것 같으면 어찌 묘합하여 응하는 바가 있으랴. ……理氣가 과연 一
物일 것 같으면 孔子가 하필 形而上下로써 道와 氣를 나누었으며
明道가 하필이면 그와같은 說을 드러냈으랴」[93]

라고 하였다. 太極과 陰陽 사이의 「生」자를 주목하여 理와 氣가 一物
이 될 수 없음을 밝히고 동시에 「妙合而凝」이라 할 때에도 둘을 전제
하는 데에서 가능할 수 있다고 보았다. 또 孔子와 明道의 道器에 관
한 연원적 해석에 연계시켜 그 二物됨의 正當性을 강조하고 있다. 그
러나 그 二物이 별개의 것으로 보는 것은 아니다. 程明道의 道器觀에
대하여 退溪는 氣를 떠나서 道를 찾을 수 없으므로 「器亦道」라 하지
「器即道」라 하지는 않았으며, 道를 밖으로 하여 器가 있을 수 없는
것이므로 「道亦器」라 일컫지 「道即器」라 일컫지는 않았다고 한다.[94]

92) 就同中而知其有異 就異中而見其有同 分而爲二而不害其未嘗離 合而爲一而實歸於不
相雜 乃爲周悉而無偏也(退溪全書 卷16 答奇明彥 改本)
93) 今按 孔子周子明言陰陽是太極所生 若曰理氣本一物則太極即是兩儀 安有能生者乎 曰
眞曰精 以其二物故曰妙合而凝 如其一物 寧有妙合而凝者乎……今按若理氣果是一物
孔子何必以形而上下分道器 明道何必曰須著如此說乎(上揭書 卷41 非理氣爲一物辨證)
94) 明道又以其不可離器而索道 故曰器亦道 非謂器即是道也 以其不能外道而有器 故曰道
亦器 非謂道即是器也(上同)

道와 器 사이에 「亦」자를 놓는 것은 그 不離性을 뜻하면서 동시에 二
物의 意味가 있는 것으로 이해하고, 만일 「卽」자를 놓는다면 道와 器
가 一物임을 뜻하는 표현으로 보아, 明道의 二物的 立場을 밝히고 있
다.

또한 天命圖說에 나타나는 退溪의 입장을 보면

「天地間에 理도 있고 氣도 있다. 理가 있게 되면 곧 氣가 생기고,
氣가 있게 되면 곧 理가 따른다. 理는 氣의 帥가 되고 氣는 理의
卒이 되어 天地의 功을 이루는데, 이른바 理란 四德이요, 氣란 五
行을 말한다. ……理外에 氣가 없고 氣外에 理가 없으니 이에 잠시
라도 떨어질 수 없으나 그 分에 있어서인즉 섞여서 別이 없을 수
없다」[95]

고 하였다. 理氣의 現象的 共存을 말하면서도 帥와 卒의 관계 또는
別을 강조하여 그 혼잡될 수 없는 側面을 언제나 잊지 않는다. 二物
로서의 別과 帥卒의 理氣觀을 뒤에서 살펴볼 理의 能動性, 純粹性 및
尊理的 立場으로 일관된다. 하여튼 退溪가 理氣는 一物이 될 수 없음
을 지적하며 二物로서의 의의를 밝히려는 것은 理와 氣의 各槪念이
절대로 혼동될 수 없다는 前提에서 비롯되는 것이라 하겠다. 그러므
로 存在의 純粹한 形而上學的 立場은 자연 理로 보지 않을 수 없다.
물론 理氣觀의 相對的 次元을 넘어선 「天卽理」「太極卽理」로서의 理
도 있는 것이지만, 現象의 世界에서 理氣를 이해한다 하더라도 氣에
혼잡될 수 없는 理를 높혀보고자 한다.

따라서 理보다 氣를 위주로 표현되는 思索的 態度에는 그 비판을
서슴치 않는다. 즉 退溪는 徐花潭의 唯氣論的 學問에 대하여 그는 결
국 「理」라는 글자를 투철히 알아내지 못하고 形器粗淺의 一邊에 떨어
짐을 면하지 못한 것이었으니 애석하다고 평하고, 羅整菴에 대하여도
그가 學問에 있어서 一面을 본 바 없지 않으나 그 入處가 바로 理氣
가 둘이 아니라는 說에 있으니 후대의 學者가 또한 어찌 그 誤謬를
답습하여 서로 迷昧의 領域에 들어갈 수 있겠느냐고 하였다.[96] 여기

---

95) 天地之間 有理有氣 纔有理便有氣胘焉 纔有氣便有理從焉 理爲氣之師 氣爲理之卒 以
遂天地之功 所謂理者四德是也 所謂氣者五行是也……理外無氣 氣外無理 固不可斯須
離也 而其分則亦不可相雜而無其別也(退溪先生文集續集 卷 8 天命圖說)

96) 每謂花潭一生用力於此事 自謂窮深極妙 而終見得理字不透 所以雖拚死力談奇說妙 未
免落在形器粗淺一邊了 爲可惜也……且羅整菴於此學 非無一班之窺 而誤入處 正在於

서 氣에 충실하여 비록 理를 말한다 하더라도 결국 올바른 思惟가 될
수 없다는 점과, 理氣不相離가 그 存在의 한 基本要素가 된다 하더라
도 그것이 위주하여 不相離의 側面을 높혀보지 못한다면 역시 온전한
것으로 간주될 수 없다는 견해를 발견하게 된다.

한편 理氣를 나누어보려는 退溪의 주장은 體用關係의 說明에서도
엿보인다. 徐花潭의 弟子인 李蓮坊이「心無體用說」을 지어 金就礪에
게 부탁하여 退溪에게 질문한 바 있었는데, 退溪는 心에 體用이 없다
는 理論에 반박하여「心無體用辨」을 지었다. 여기서 그는

「내가 들은 바 程子는 마음은 하나로되 體를 지적하여 말한 것이
있고 用을 지적하여 말한 것도 있다 하였으니 이미 體用이 있는 바
를 가리켜 마음을 삼았은 즉, 마음을 말함에 여운이 없는 것이어늘,
어찌 별도로 體用이 없는 마음이 있어서 근본이 되어 마음 앞에 있
다고 하였으랴. ……道理에 動이 있고 靜이 있으므로 그 靜을 가리
켜 體라 하고 그 動을 가리켜 用이라 하는 것인 즉, 道理動靜의 實
은 곧 道理體用의 實이 되는 것인데, 어찌 별도로 한 道理에 있어
서 體用이 없는 것이 있어 근본으로 삼아 動靜의 앞에 있었으리
오」[97]

라고 하였다. 마음은 오직 하나인 것이며 그에는 體用面이 없을 수
없다는 것이고, 그 논리는 道理에 體用이 있다는 말로 이어진다. 만
일 退溪가 心에 體用이 없다는 주장에 수긍한다면 그의 理氣不相雜性
에 근거하여 강조되는 二物觀이 흐려질 수도 있게 될 것이다. 그러나
그러한 分別的 見解는 心의 理解에서도 일관되어 있음을 알 수 있다.

그러나 心性情에 실재하는 理氣의 立場에서 볼 때 항상 그 不雜性
의 강조만을 일삼지는 않는다. 그 不雜하는 共存의 妙處를 말한다.
즉 太極性情의 妙處를 물으니, 退溪는

「妙는 至深至妙하고 難形難名의 뜻으로 性에도 理가 있고, 情에
도 理가 있는 것이므로 太極性情의 妙라 일컫는다」[98]

理氣非二而說 後之學者 又豈可踵謬襲誤 相率而入於迷昧之城耶(退溪全書 卷41 非理
氣爲一物辨證)

97) 滉聞 程子曰心一而已 有指體而言者 有指用而言者 今旣其有體用者爲心 則說心已無
餘矣 又安得別有無體用之心 爲之本而在心之前耶……道理有動有靜 故指其靜者爲體
動者爲用 然則道理動靜之實 即道理體用之實 又安得別有一道理無體用者 爲之本而在
動靜之先乎(上同 心無體用辨)

98) 問太極性情之妙 何以言妙字 先生曰妙是至深至妙難形難各底意 性亦有理 情亦有理

고 하였다. 여기서 말하는 太極性情의 妙處는 곧 理氣相存의 實在的
境地이다. 그곳에 「妙」字를 놓았으니 이해하기 쉽지 않을 뿐만 아니
라 見得했다 하더라도 표현하기 어려운 자리로 생각된다. 여기 性情
의 問題에 있어서도 理로써 「妙」字를 설명하려 함을 볼 때, 그의 尊
理的 態度는 어디에서나 일관되어 있음을 알게 된다.

이상에서 살펴본 바와 같이 退溪의 理氣觀은 宋代의 理氣論을 배경
으로 하여 現象의 面에 있어서는 理氣의 不離的 共存性을 분명히 하
면서도 그 不雜性을 항상 높이고 있다. 論理上 理가 선행되는 것은
朱子에서 밝혀지는 것이지만, 理氣의 不雜性을 강조하여 취한 것이
退溪의 입장으로 정리된다. [99]이것은 實在에 있어서도 理와 氣를 엄격
히 구별하여 理의 純粹性을 지속하려는 立場으로 이어진다. 이러한
尊理的 思索을 바탕으로 朱子의 理發이란 말을 보기도 전에 감히 그
것을 말할 수 있었던 것임을 注意할 必要가 있다. 그런데 이 문제로
인하여 奇高峰과의 論辨이 벌어져 理氣論의 深度를 더해 가게 된다.
退溪의 理氣說에 있어서 중시된 不雜性의 견해는 理의 純粹性持續과
互發의 문제로 집약되어 나타난다. 奇高峰과의 四七論에 관해서는 項
目을 달리하여 살펴볼 것이므로, 여기서는 前者의 두 문제를 중심으로
살펴보기로 한다.

④ 理의 純粹性

退溪는 理氣說을 구체적으로 접하기 이전 어렸을 때부터 理에 대한
관심이 높았던 것으로 보인다. 일찌기 叔父인 松齋에게서 공부하던
중, 어느날 松齋에게 「理」字를 물어 말하기를 「凡事의 옳은 것이 理
입니까?」하니 松齋가 文義를 안다고 칭찬하고 퍽 기뻐하였다고 한
다. [100] 여기서 말하는 理가 理氣說에서의 理와 같은 것으로 볼 수는
없다 하더라도 有形有爲의 現象界에 만족하지 않고 그 이면에 간주되
는 無形無爲의 原理的 側面에 관심을 가졌다는 점에 주목이 간다. 이
러한 態度는 尊理的 思惟의 形成에 하나의 始源的 역할이 되었을 것
으로 생각된다.

　　　　故曰太極性情之妙也(上揭書 言行錄 卷2 類編)
　99) 蔡茂松 退栗性理學의 比較研究 p60
　100) 一日將理字問松齋 曰凡事之是者理乎 松齋曰汝已解文義矣(退溪先生年譜 七年壬申
　　　條)

「理」字에 관하여 宋代이전에는 잘 나타나지 않는다. 다만 周易 說卦傳에 窮理盡性이란 말이 있고, 孟子의 心의 同然者로서 보편적 의미의 理가 보일 정도이다. [101] 그러나 宋代에 이르면서 形而上者로서 그 概念이 구체화되어가며, 어떤 物이나 事가 있는 곳에는 반드시 그 理가 있는 것이라고 하는 多樣性을 가지게 된다. 이러한 理에는 事物의 각각에 있는 특수한 立場과 그러한 萬理가 하나의 根源에서 비롯된다고 보는 同源으로서의 普遍性을 가지는 두 次元이 있는 것으로 발전한다. 前者가 資料的인 氣와 共存하는 現象界에서의 理를 뜻하는 것이라면, 後者는 現象이전 創造的 立場에서 설정되는 순수한 理의 側面이다. 退溪는 이 兩者의 次元을 함께 함유하고 있는 理를 어떻게 밝힐 수 있느냐 하는 점이 苦心되었던 것처럼 보인다. 그러므로 前章에서 본 것처럼 그 理를 알기는 어려운 것이라고 하였다.

그러나 理字의 뜻에 관한 물음에 답하여, 알기 어려운 것같으나 실은 쉽다고 하면서, 天下에 당연히 해야 될 바가 理인 것이며, 당연히 해서는 안될 바는 理가 아닌 것이니 이로써 미루어 가면 理의 實處를 알 수 있게 된다고 하였다. [102] 이른바 「所以然之理」와 「所當然之理」 가운데에로 「所當然之理」를 위주하여 말하는 것으로 보인다. 그러나 哲學과 倫理가 不可分의 關係속에 있는 것처럼 所以然과 所當然의 問題에 있어서도 理로 일관됨을 볼 때, 별개의 것으로 분리될 수 없는 것이라 하겠다.

退溪의 理氣說에 있어서 그 不離性을 동조하면서도 不雜性을 역설하는 것이 始終一貫된 주장이다. 그와 아울러 奇高峰과의 오랜 論辨을 통하면서도 理發의 입장을 굽히지 않으려고 하는 데에는 분명히 理의 純粹性을 흐리게 할 수 없다는 근거가 전제된 것으로 보인다. [103] 性理學의 基本이 「性即理」에 있는 한 人性을 소중히 여기는 退溪로서 氣보다는 理를 높이고 그 신성함을 잃지 않으려 한다. 그런데 일단 氣와 동등한 立場에서 理를 말한다 하면 그 純粹하고 至高한 理의 境地를 지키기 어렵다고 본다. 그러므로 理의 尊貴함을 밝힘에 있어 氣

---

101) 心之所同然者何也 理也義也(孟子 告子上)
102) 問理字之義 先生曰知之似難而實易……凡天下所當行者理也 所不當行者非理也 以此而推之則理之實處可知也(退溪先生言行通錄 卷5)
103) 拙著 退溪의 哲學思想 研究 p26

의 賤함을 동시에 지적한다. 退溪는 말하기를,

「사람의 一身에서 理氣가 겸하여 있는데 理는 貴하고 氣는 賤하
다. 理는 無爲이고 氣는 無欲인 까닭에 理를 실천함에 위주하면 氣
를 기르는 일은 그 가운데 있는 것이니 聖賢이 그렇고 氣를 기르는
데에 기울면 반드시 性을 천히 함에 이르니 老莊이 이렇다」[104]

고 하였다. 一身에 있어서 氣가 천시됨은 곧 그곳에 欲이 있기 때문
이라고 보았다. 여기에는 인간행위의 道德的 意味가 내재되어 있는
것이기도 하다. 理가 貴하고 氣는 賤하다는 理論은 老莊의 비판과 아
울러 徐花潭을 形器一邊에 치우쳐 理를 제대로 알지 못한 것이라고
반박하기에 이른다.

이러한 尊理的 입장은 그 絶頂에서

「理는 본래 極尊無對하다. 物에 命받지 않는 것이니 氣가 마땅히
이길 바가 아니다」[105]

라는 말로 표현된다. 理를 「極尊無對」로 표현하는 것은 그 이상 높이
설정될 수 없다는 天卽理의 立場으로서 理를 神性化하는 것이라 하겠
다. 또 理는 物에 命하나 命받을 수 없다는 말속에는 理는 命物者요
氣는 命받게 된다는 被命者로서의 意味가 있음을 알게 한다.[106] 한편
「極尊無對」라는 表現은 평소 退溪가 높이 평하던 黃勉齋의 太極論 가
운데 「其尊而無對」라는 말이 나타나는데,[107] 이를 더욱 강조하여 사용
한 것 같다. 이처럼 理는 現象界의 그 어떤 側面과 비유될 수 없는 尊
貴한 것으로 간주되어 그 純粹性이 보장된다고 본다.

뿐만 아니라 理는 純善無惡한 것으로 이해된다. 退溪는 말하기를

「性卽理이니 진실로 有善無惡이다. 心의 理氣에 合해서 惡이 있
음을 면하지 못할 것같으나 그 처음으로 推極하여 논할진대 心은
또한 有善無惡이다. 왜냐하면 心의 未發時에는 氣가 用事하지 않아
오직 理일 뿐이기 때문이다. 어째서 惡이 있는가 하면 오직 發處에
있어서 理가 氣에 蔽하여져 惡에 나아가는 바 여기에서 이른바 善

---

104) 人之一身 理氣兼備 理貴氣賤 然理無爲而氣有欲 故主於踐理者 養氣在其中 聖賢是也
偏於養氣者 必至於賤性 老莊是也(退溪全書 卷12 與朴澤之)
105) 理本極尊無對 命物而不命於物 非氣所當勝也(上揭書 13卷 答李達李天機)
106) 蔡茂松, 退栗性理學의 比較硏究 p62
107) 極之得名……其義莫可得名 而有類於極 於是取極名之 而係以太 則其尊而無對 又非
它極之比也(性理大全 卷1)

惡이 幾分된다」[108]

고 하였다. 理는 어디까지나 純善한 것임으로써 동시에 性도 純善할
수 있는 것이며, 따라서 心도 純粹理일 경우에는 善하다고 보는 것이
다. 그러나 실지는 心에 氣가 있어 惡의 要素가 함께 있게 된다는 말
이다. 氣는 有欲한 성격을 갖고 있으므로 惡의 可能性은 오직 氣에서
찾아진다는 입장이다. 그러나 理에는 「有善無惡」의 屬性이 있을 뿐이
다. 그러므로 理가 尊貴히 여겨지는 것이며, 또한 性即理의 原則에
따라 純善한 것으로 이해된다. 天理나 道心·四端·本然之性 등이
높히 평가됨은 이와같은 論理에 상통되는 것이라 하겠다.

한편 退溪에 있어서 理의 純粹性持續은 創造的 機能의 根據로서 그
用의 방향을 강조하는 데로 이어진다. 그는 神에 관하여

「周濂溪의 動하면서 動이 없고 靜하면서 靜이 없다는 神, 朱晦菴
의 五行의 神, 子思의 神之格思의 神, 孔子의 無方의 神 등 이것들
은 다 理가 氣를 타고 出入하는 神이니 이른바 在天의 神이다」[109]

라고 主宰者로서의 神을 말함에 있어 退溪는 理氣를 겸하여 모든 神
觀을 일관적으로 이해하고 있다. 그러나 여기서도 理의 側面이 강조
되고 있다. 氣는 理에 근거하여 날로 생기는 것이 浩然하여 無窮하다
고 하였다. [110] 이러한 尊理的 思惟는 理에 能動性으로서의 「用」이 간
직된 것으로 전개된다. 즉 退溪는 答李公浩問目에서

「理는 本然의 體로서 能發能生하는 至妙의 用을 갖는다……. 理
는 스스로 用이 있으므로 自然스럽고 陰陽을 낳는다」[111]

고 하였고, 奇高峰에게 답하는 글에서는

「情意와 造作이 없는 것은 理 本然의 體이고, 發現을 따라 이르
지 않음이 없는 것은 이 理의 至神한 用이다. 먼저 다만 本體의 無
爲함에서만 보고 妙用의 顯行할 수 있음을 알지 못하여 理를 死物
이라고 잘못 알 것 같으면 道에 나아가는 바 멀어짐이 심하지 않으

---

108) 性即理 固有善無惡 心合理氣 似未免有惡 然極其初而論之心亦有善無惡 何者 心之未
發 氣未用事 唯理而已 安有惡乎 惟於發處 理蔽於氣 方趨於惡 此所謂幾分善惡(退溪
全書 卷13 答洪應吉)
109) 周子動無動靜無靜之神晦菴五行之神 子思神之格思之神 孔子無方之神 是理乘氣出入
之神 即所謂在天之神也(上揭書 卷29 論李仲虎碣文示金而精 別紙)
110) 其氣之根於理而日生者 浩然而無窮(上同)
111) 本然之體 能發能生至妙之用……理自有用 故自然而生陰生陽也(上揭書 卷39 答李公
浩問目)

라」[112]

고 하였다. 理의 本體面과 作用面을 밝히면서 理는 결코 死物이 아닌 活物임을 암시해주고 있다. 이처럼 創造的 根源者로서 理의 作用面을 강조하는 데에서, 우리는 잡박하고 有欲的인 氣와 섞일 수 없다는 理의 純粹性을 간직하려는 그의 의지를 엿볼 수 있게 된다. 이러한 純粹意識의 持續으로 인하여 理를 존귀하게 여기고 또한 理가 發다고도 말할 수 있었으리라 믿어진다. 다음에는 退溪理氣說의 主要部分이 되는 理發氣發의 문제를 살펴보기로 한다.

⑤ 理氣互發說

理氣論에서 「發」의 문제는 대단히 중요한 부분으로 대두된다. 일반적으로 發의 性格을 氣에 인정하는 데에는 별다른 異議가 없으나, 理에서 發을 말하는 곳에 있어서는 간단치 않다. 우리나라의 대표적 性理學者로 退溪와 栗谷을 드는 입장에도 바로 이 문제와 직결되어 있는 것으로 보인다. 退溪는 「理發」의 理氣說을 정립한 대표적 人物이라면 栗谷은 「氣發」을 중심한 理氣說을 정립한 代表人物로 꼽히게 되기 때문이다. 이 두 先生의 哲學的 見解에는 물론 根本立場의 差異도 있는 것이겠지만, 그러한 理氣說의 問題에 있어서는 用語의 意味性과 표현의 한계 등 難題도 내재되었으리라고 생각된다.

여기서 말하는 理氣互發說은 理도 發하고 氣도 發한다는 이론이다. 理가 發한다고 보는 데에 문제의 焦點이 있다. 원래 이 發이란 말은 理氣論에서 비롯된 것은 아니다. 그 처음은 中庸에서 볼 수 있다. 즉 中庸에

「喜怒哀樂之未發謂之中 發而皆中節謂之和 中也者天下之大本也 和也者天下之達道也」

라는 데에서 「發」字의 使用處가 보인다. 喜怒哀樂으로서의 情感的 世界와 그 이전의 本性的 次元을 이어주는 기능적 意味로서 發을 말하고 있는 것이다. 따라서 이 發은 최소한 根源的 作用因의 屬性을 갖는 것으로서 일종의 現象的 要因으로 간주된다. 感覺界의 가능성은

---

112) 無情意造作者 此理本然之體也 其隨寓發見而無不到者 此理至神之用也 向也但見於本體之無爲 而不知妙用之能顯行 殆若認理爲死物 其去道不亦遠甚矣乎(上揭書 卷18 答 奇明彦 別紙)

發에서 비롯되는 것이라고 하겠다. 또 한편 發 이전의 경지를「中」이
라 하며 그것을 天下의 大本이라 하고 發하여 中節된 상태를 和라 하
며 이를 天下의 達道라 하였는데, 그러한 論理에 의거하여 볼 때, 이
中과 和의 관계는 本體와 現象의 次元으로 이해됨직 하다. 따라서 形
而上과 形而下의 體와 用·本과 末 등의 連繫處가 곧「發」로 가능한
것처럼 생각된다. 그런데 이 發의 위치는 氣의 입장으로 설정되고 그
發의 所以然으로 理를 말하는 것이 宋代의 理氣說의 일반적 견해이다.

그러나 退溪는 理에도 發의 가능성이 있음을 추구한다. 그 직접적
표현으로는 鄭之雲의「天命圖」를 수정하는 과정에서 처음으로 나타난
다. 즉 鄭之雲의「天命圖」를 訂正한 文句中에「四端理之發 七情氣之
發」이라는 退溪의 표현이 있다. 여기서 이른바 四端은 人間의 本性的
要素인 仁義禮智의 各端緖가 되는 惻隱·羞惡·辭讓·是非 등의 마음
을 뜻하는 것으로서 일찌기 孟子가 말하였으며, 七情은 禮記의 樂記
篇에 보이는 喜怒哀懼愛惡欲으로서의 일곱가지 人間의 感性面을 지적
하는 것이다. 鄭之雲은 이 四端과 七情의 이해에 있어서 理氣와 善惡
의 側面을 포함하여 天命圖의 一部를 구성하였는데, 退溪의 檢討過
程에서 이를 수정받기에 이른 것이다. 앞의 인용에서 보이는 것처
럼 退溪는「純理 兼氣」와「無不善 有善惡」의 표현을 理와 氣로 좁히
고 있다. 또한「發」字의 使用處를 보면, 退溪는「理之發 氣之發」이라
하여 理氣를 위주하여 發字를 사용함을 발견하게 된다. 즉 四端七情
의 人性論에서 理氣로서의 宇宙論的 次元으로 그 깊이를 더해 감을
볼 수 있다. 그런데 여기 退溪의 改訂에서, 四端과 七情을 理와 氣로
二分하여 표현되는 문제로서 理와 氣를 별개의 것으로 분리하여 보게
된다는 의심을 낳게 된다. 그리하여 그후 奇高峰과의 論辨은 이로부
터 시작된다. 退溪는 情에서 四端과 七情을 나누어 보는 것은 人性에
서 本性과 氣稟의 다름이 있다는 것과 같은 것이라 하여[113] 그 二分
的 立場에 정당성을 부여한다. 그러나 四端과 七情을 理와 氣로 分言
하는 데에는 의심이 있을 수 있음을 인정한다. 그리하여 결국 退溪는
「四端理發而氣隨之 七情氣發而理乘之」라[114] 하여 四端과 七情에 理氣

113) 情之有四端七情之分 猶性之有本然氣稟之異也(上揭書 卷16 答奇明彦)
114) 天下無無理之氣 無無氣之理 四端理發而氣隨之 七情氣發而理乘之(上揭書 卷36 答李
宏仲問目)

를 함께 겸하여 말하는 데 이른다. 이로 인하여 비록 四端七情에 理
와 氣로 分言한다는 비난을 극복한 셈이 되기는 하였으나, 「理發」이
라고 하는 기본입장에는 변함이 없음을 알 수 있다. 여기서 退溪理氣
說의 特徵要素를 발견하게 된다. 能動的 作爲로서의 「發」이 氣에만
있는 것이 아니라 理에도 있다는 견해로서, 이른바 理發氣發이라는
互發說을 지속하여 나아간다. 그런데 發이라고 하는 의미는 現象的
作用因이라는 그 限界性을 가지고 있는데 어떻게 理의 發이 가능할
수 있느냐 하는 문제점을 가지게 된다. 따라서 「理發」에서의 發의 의
미는 氣發에서의 發의 뜻과 동일하게 간주될 수는 없는 것으로 이해
된다. 理發의 發은 感覺界를 벗어나지 않을 수 없는 것이기 때문이다.
그러므로 이 發에 대한 올바른 파악은 그의 理氣說을 이해하는 첩경
이 되는 것으로 간주된다.

　退溪는 理發氣發說에 관하여 다음과 같이 말하고 있다.

　「무릇 理가 發하여 氣가 따른다는 것은 理를 主로 하여 말한 것
　이지 理가 氣밖에 있다는 것이 아닌 바 四端이 이것이다. 氣가 發
　하여 理가 탄다는 것은 氣를 主로 하여 말한 것이지 氣가 理 밖에
　있다는 것이 아닌 바 七情이 이것이다」[115]

라고 하였다. 氣外에 理, 理外에 氣가 있을 수 없다는 不離性의 원칙
을 지켜가면서 「理主」・「氣主」라 하여 그 立言處를 분명히 하고 있
다. 發의 始發點을 理와 氣兩者에 각각 설정하고 있다. 四端의 發顯은
理를 위주로 한 發의 現象으로 七情의 發顯은 氣를 위주로 한 發의
現象으로 파악한 것이다. 또 그는 「其言理之發 專指理言 是氣之發者
以理與氣雜而言之」[116]라고 하였다. 여기서 退溪理氣互發說의 眞面目
을 볼 수 있게 된다. 現象의 입장에서는 앞 引用文 後部에 해당되는
것으로서, 理氣를 겸하여 發을 말하니 의심의 여지는 없다. 그러나
理發을 말하는 것은 오직 理만을 가리켜 말함이라고 하는 앞부분의
指摘에는 주목이 간다. 이처럼 理만을 專指하여 理發을 주장하는 境
地가 互發說의 핵심적 입장으로 간주된다. 한편 理가 감각적 대상 이
상의 것이라고 파악될 때, 과연 그 理만을 가리켜 發을 말할 수 있겠

115) 大抵有理發而氣隨之者 則可主理而言耳 非謂理外於氣四端是也 有氣發而理乘之者 則
　　可主氣而言耳 非謂氣外於理七情是也(上揭書 卷16 答奇明彦論四端七情)
116) 上揭書 卷17 重答奇明彦

느냐 하는 疑心이 나며 여기서 그 표현의 限界點을 가지게 된다. 그러나 「理發」에서의 發은 최소한 理에서만 말하여지는 것이기 때문에 「氣發」에서의 發과는 다른 次元임을 재확인 할 수 있다.

하여튼 形而上의 超感覺的 立場에서 理의 發을 인정하는 단계에는 理에 대한 뚜렷한 이해가 요구되지 않을 수 없다. 왜냐하면 그 理가 作爲의 屬性이 없는 死物로서의 理로 파악된다면 그 發이 불가능할 것이라고 생각되기 때문이다. 그러므로 「理의 純粹性」에서 살펴본 바와 같이 理는 死物이 아니라 活物로 본다는 입장에는[117] 대단히 큰 意義가 있는 것이라 하겠다. 또 理에 情意·計度·造作 등이 없다는 朱子說을 고수했던 誤謬를 술회하여[118] 그 능동적 作爲性을 함유시키는 경우에는 理發 이해의 難點을 더욱 극복 가능하게 하는 次元이라 하겠다. 이처럼 理를 活物로 간주하는 데에는, 깊은 思索이 요구되었을 것이고, 또한 그렇게 보고자 하는 이유가 있으리라 믿어진다. 여기서 깊은 思索이 요구되었을 것이라는 말은 理發을 논할 때 그 논리적 표현의 한계를 어떻게 해결할 수 있느냐 하는 점을 중심하여 지적되는 側面이다. 또 그처럼 주장하는 이유의 根柢에는 純善한 理의 純粹性을 높이며 동시에 人間本然性을 확보하려는 의지가 내재된 것으로 보인다. 退溪는 말하기를

「理而無氣之隨則做出來不成 氣而無理之乘則陷利欲而爲禽獸 此不易之定理」[119]

라고 하였다. 理氣의 一面을 이주하는 경우에 따라 기대되는 결과적 입장을 밝히고 있다. 그런데 引用文 앞부분에는 논리적 矛盾이 없으나 後部에서는 문제점을 발견하게 된다. 즉 「氣而無理之乘」이라면 결국 禽獸가 되는 것으로 보았는데, 사실은 理없는 氣의 存在가 불가능하다는 根本原則을 생각할 때, 禽獸의 存在에도 理는 없을 수 없게 된다. 그렇다면 「氣而無理之乘」을 어떻게 보아야 할 것이냐 하는 점에 부딪치게 된다. 그 뒤의 「陷利欲」이란 말을 조심해볼 때 그것은 有欲的인 氣가 위주되어 이른바 純善한 理의 기능이 덮혀진 경우로 이해된다. 즉 氣가 위주되는 人間存在라면 禽獸와 다를 바 없다는 것

---

117) 殆若認理爲死物 其去道不亦遠 甚矣乎(上揭書 卷81 答奇明彦 別紙)
118) 滉所以堅執誤 說者 只守朱子理無情意無計度無造作之說(上同)
119) 上揭書 卷36 答李宏仲問目

이다. 여기에는 인간의 神聖한 尊嚴性과 道德的 倫理의 確保意識이
깊이 함유된 느낌이다. 곧 性理學修養論에서 기본이 되는 「存天理 遏
人欲」이라고 하는 순수 自我定立의 문제와 직결된 것으로 파악된다.
이러한 面을 주목하여 볼 때 理發의 의미를 中庸의 이른바 「率性」의
뜻과 같은 것으로 이해하려는 態度에[120] 긍정이 간다. 이 「率性」이란
「性即理」의 原理에 따라 보면 순수 理를 따른다는 의미를 갖고 있다.
따라서 退溪 理發에서의 理는 「所以然」으로서의 理라기 보다는 「所當
然」의 입장에서 보는 正當性의 理라는 性格을 갖는 것이라고 해석된
다. 특히 理氣가 共存하는 人間의 一身上에 있어서는 더우기 氣가 爲
主될 수 없다는 태도이다. 有欲的 氣에 빠질 것같으면 人間本性이 상
실되어 짐승에 가까와진다고 보는 것이다. 人間本然의 純善性 定立은
바로 이 純粹理의 發處를 잃지 않는데서 가능하다고 보는 것이라 하
겠다. 이러한 입장은 孟子의 四端을 파악하는 데에서도 표현되고 있
다. 즉 孟子가 「仁之端·義之端」이라 하는 것은 오직 純理發處에서
말한 것이라 하고[121] 이러한 순수理의 發은 곧 人間本性의 純善에 同
質的 次元으로 간주되고 있다.[122]

이상으로 退溪理氣互發說 가운데 中心部가 되는 理發의 문제에 주
목하여 살펴보았다. 그의 互發說에 관하여는 그 보는 입장에 따라
首肯과 反論이 있게 되리라 본다. 「發」에는 作爲라고 하는 現象的 屬
性이 내재되어 있기 때문이다. 事理面을 위주로 했을 경우에 互發의
부당성을 지적할 수 있는 것이겠으나, 退溪는 氣發에 만족하지 않고
理發을 역설하였던 바, 그 根柢에는 창조의 純粹性 人間本然性의 確
保主體의 確認 등 諸問題의 절실한 요구가 전제된 것으로 생각된다.[123]
다만 理發에서의 發은 氣發에서의 發의 意味와 같은 것이 될 수 없다
는 점에 설명의 어려움이 있게 된다. 退溪의 互發說에 관련하여 栗谷
은 그 부당성을 지적한 바 있다.
「天地之化는 곧 吾心之發이다. 天地之化에 理化者와 氣化者가 있
다면 吾心에 또한 理發과 氣發이 있음은 당연하다. 그런데 天地에

120) 蔡茂松, 退栗性理學의 比較研究 p82
121) 孟子所指不在乘氣處 只在純理發處故曰仁之端義之端(退溪全書 卷16 答奇高峰)
122) 孟子之意 但指其粹然從仁義禮智上發出底說來 以見性本善故情亦善之意而已(上揭書)
123) 拙著 退溪의 哲學思想 研究 p58

이미 理化와 氣化의 다름이 없음인데 吾心에 어찌 理發과 氣發의 다름이 있으리오. 만일 吾心이 天地之化와 다르다면 내가 알 바 못 된다」[124]

고 하였다. 여기 發의 論理가 정연함을 본다. 그러나 한편 天地之化 가 곧 吾心之發이 된다는 것은 당연하나, 吾心之發에 곧 天地之化라 고 보기는 어렵지 않을까 하는 생각이 든다.

일반적으로 退溪의 「理發」說에 근거하여 그의 理氣說의 두 근원을 주장하는 듯 理氣二元論으로 간주하기도 한다. 그러나 그의 尊理的 境地를 잘 살펴보면 그와같이 쉽게 단정할 수 없음을 알게 된다. 退 溪의 究極的 境地는 太極의 主宰와 心의 統攝에 있다고 생각되는 바 理와 氣, 性과 情의 양면을 말한다 하더라도 결국 그러한 「一」에로의 추구를 잃지 않는 것으로 보이기 때문이다. [125] 바로 理를 尊貴하게 여기는 立場도 二元이 아닌 一元에의 확인을 위한 방향으로 파악될 때에 그 眞意가 드러나는 것이라 하겠다. 이와 관련하여 주목되는 指 摘은 性情에서 發의 問題를 볼 때 性情을 고인 물과 흐르는 물에 비 유하면서 동시에 그것들은 같은 물이라고 설명하는데[126]에서 찾아진 다. 性과 情을 同質的 一元으로 보고 있다. 또한 이것은 理와 氣의 一元的 關係와 그 妙處를 밝히는 입장으로도 이해된다.

이상에서 살펴본 理氣說은 그의 性理學 가운데 주요부분으로 높이 평가된다. 그 韓國性理學史的 意義는 奇高峰과의 四七論辨을 알아본 뒤에 종합하여 정리하기로 한다.

李退溪와 奇高峰의 四七論辨

---

① 退溪·高峰 四七論辨의 發端

退溪 性理學에 있어서 理氣論의 人性論的 展開는 奇高峰과의 論辨 을 중심으로 深化되어 나타난다. 그 論辨의 직접적 發端은 1553년 退

---

124) 天地之化 即吾心之發也 天地之化 若有理化者氣化者 則吾心亦當有理發氣發者 天地 既無理化氣化之殊則吾心安得有理發氣發之異乎 若曰吾心異於天地之化則非愚之所知 也(栗谷全書 卷9 答成浩原)
125) 拙著 退溪의 生涯와 思想 p103
126) 問未發是性已發是情否 曰譬如水 瀦爲性流爲情 瀦者出而爲流 流者自乎瀦瀦與流水豈 有異哉(退溪先生言行通錄 卷2 類編)

溪가 秋巒 鄭之雲의 「天命圖」를 수정하는 일에서 비롯된다. 즉 수정 작업한지 6년뒤인 1559년 退溪 59세, 高峰 33세 때에 그 修正內容을 發端으로하여 1566년까지 근 8년에 걸쳐 수차의 往復書翰으로 전개된다. 우선 논변의 爭點에 들어가기에 앞서 원인이 된 天命圖의 작성과 改作經緯에 대하여 알아보기로 한다.

天命圖에서 「天命」이란 말은 中庸의 天命之謂性에서 비롯된 것이다. 이 天命에는 人間解釋의 根源的 意義가 간직되어 있는 것으로 전제된다. 그러므로 그 圖說에서 禽獸와 草木의 위치도 밝히고는 있으나, 특히 人間 心性情의 宇宙論的 理解를 위주로 하여 그 本質面을 드러내고 있다. 즉 天과 人이 一如하다는 기반에서 人間本然의 存在・認識・價値 등의 입장에서 분석하고 설명하는 종합적 圖式이다. 이 중에서도 理氣의 人性論的 解釋이라는 面이 주목되는 바, 이는 본 論辨의 핵심이 되는 것이면서 동시에 韓國性理學의 한 특징을 이루는 始源的 意義를 갖게 된다.

한편 天命圖를 작성했었던 鄭之雲은 思齋 金正國(1485∼1541)의 弟子로서 일찌기 性理學에 뜻을 두고 공부해온 學者였다. 그의 天命圖가 있기 이전에도 性理學에서 圖式化한 圖說이 많이 있었는데 그 대표적인 것으로 周濂溪의 太極圖說과 權陽村의 天人合一圖說을 혼히 든다. 그런데 陽村의 天人合一圖說은 鄭之雲의 天命圖作成에 영향된 바 큰 것으로 해석되기도 한다. [127] 종전의 전래 학문을 충분히 연구했을 것이므로 그것과 전혀 무관한 것이라고 말하기는 어렵다 하겠다. 鄭之雲의 天命圖說序文에 보면 그 작성경위와 改訂經過를 알 수 있다. 그에 따르면 秋巒은 金思齋門下에서 受學하던 중 先生께서 朝廷의 召還을 받고 나아가니 그 依歸處를 잃게 되어 집에서 동생 之霖과 講學하였는데 天人之道를 논하는데 이르러서는 朱子의 人物之性說과 다른 諸說을 참조하여 一圖를 만들었다고 하였다. 일찌기 그 맨처음 만든 것을 金慕齋와 思齋 兩先生께 보인 바, 크게 잘못된 것이라고 責言을 듣지않았으나, 자신의 생각이 다 채워지지 못한 것으로 여겨져 그 후에도 많이 고친 것으로 나타난다. 그 經緯에 대해서는 위에서 말한 序文과 退溪의 天命圖說後叙에 기재되어 있다. 그 기록에 의하면 退溪는 맨처음의 圖說뿐만 아니라 많이 고친 것에도 잘못됨이 있다고

---

127) 李相殷 退溪의 生涯와 學問

지적하면서 잘못된 부분은 바로 잡아야 이미 他界한 兩先生께도 累를 끼치지 않는 일이 되지 않겠느냐고 하니, 鄭之雲은 기다린 듯이 혼쾌히 수긍하여 자신의 意思를 밝히면서 退溪의 수정을 받은 것으로 보인다. 그 해가 1553년이니 鄭之雲이 처음 作圖한지 10년 뒤가 된다. 退溪의 의견에 따라 改訂된 天命圖를 「天命新圖」라 하고 그 이전의 것을 「天命舊圖」라고 일컬어져 전해진다. 그 改訂內容은 新舊圖의 比較와 退溪의 天命圖說後叙에서 자세히 볼 수 있지만 가장 주목되는 곳은 「四端理之發 七情氣之發」이라고 하는 부분이다. 그런데 이에 해당되는 天命舊圖의 설명을 볼 때 鄭之雲의 序文이 있는 天命圖說本에서는 「四端之發 純理故無不善 七情之發 兼氣故有善惡」이라 하였음에 비하여, 退溪全書本에는 「四端發於理 七情發於氣」라고 하였으니, 그 서로 다른 舊圖에 대하여 의심이 있을만 하다. 그러나 여기서는 後者의 표현을 따르기로 한다. 한편 天命新圖의 內容은 兩本에서 동일한 것으로 되어 있다. 하여튼 天命圖說에 대한 論議와 訂正은 鄭之雲과 退溪 사이에서 일어났으나, 그 內容에 관한 論辨은 수정한지 약 6년 뒤에 退溪와 奇高峰 사이에 일어남을 보게 된다. 즉 高峰과의 四七論辨의 發端은 天命舊圖에 대한 改訂 가운데 「四端理之發 七情氣之發」이라고 주장한 부분에서 비롯되었던 것이다. 이때는 高峰이 30代 중반에 접어들어 논리적 思惟가 왕성할 때이고 退溪는 60代를 바라보는 원숙한 境地에 이르는 시기이기도 하다. 그 往復書翰에서 느껴지는 바이지만 젊은 學者에 대한 老學者의 論辨態度는 哲學的 眞面을 밝히려는 의지에 있어서 대단히 진실되며 虛心했던 立場으로 지속되고 있는 四七論에 관한 書翰도 高峰보다 앞서서 전하고 있는 일에 있어서도 그 주목되는 바이다.

高峰에게 보내는 四七理氣說의 맨처음은 1559년 己未年의 「與高峰書」에서 보인다. 여기서 退溪自身의 견해를 어느정도 밝히고 있다. 退溪는 鄭之雲의 天命圖를 수정한 內容에 관하여 士友들간에 문제가 되었던 것으로 말하고는 있으나, 高峰이 직접 退溪에게 질문한 사실이 있었는지에 관하여는 분명하지 않다. 그러나 그 문제될만한 부분에 관하여 退溪는 다음과 같이 말하고 있다. 즉

「士友들 사이에 四端七情說을 論하는 바를 전해 들었는데, 나의 생각도 또한 일찌기 고친 말이 온당치 못함을 스스로 病으로 여겨

오던 참이었읍니다. 심한 반박을 받으니 더욱 疎繆하였음을 알게
되어 고쳐 이르기를 四端의 發은 純理이므로 善하지 않음이 없고
七情의 發은 氣를 겸하였으므로 善惡이 있다고 하였는데 이와같이
말하면 병폐가 없을지 모르겠읍니다」[128]

라고 하였다. 士友들의 論難됨을 일단 받아들이고, 수정했던 「四端理
之發 七情氣之發」에 대하여 「四端之發純理故無不善 七情之發兼氣故有
善惡」이라 하면 괜찮겠느냐는 의사를 표명한 것이다.

이제 그 구체적 論爭은 뒤에서 살피기로 하고 문제의 始發은 四端
과 七情으로서의 人性論的 立場이 理氣의 宇宙論的 立場과 관련하여
「發」의 이해에 관한 분야에서 비롯되게 된다. 이는 바로 心性論에서
發의 문제가 深化되는 側面이다. 이미 前項에서 밝힌 바 있지만 四端
은 惻隱·羞惡·辭讓·是非의 마음으로서 仁·義·禮·智라고 하는
人間의 先天的 純粹性의 발로이다. 이것은 孟子의 先天的 性善의 人
間本性을 설명하는 要諦로서 儒敎的 人間解釋의 本質的 意義를 志向
하고 있는 것이다. 또한 孔子의 「性相近」의 意味에 근원되는 점이기
도 하다. 한편 七情은 禮記 禮運篇에 「何謂人情喜怒哀懼愛惡欲七者不
學而能」이라는 말에서 보이듯이 人間의 보편적 감정을 말하고 있는
것이다. 그 후 宋代의 程伊川은 「顔子所好何學論」에서 五性과 七情을
밝히면서 그 情을 잘 단속하여 中에 합하도록 할 것을 중시하고 있
음[129]은 주목되는 부분이다. 이처럼 四端과 七情은 인간의 普遍的 性
情을 이루는 기본요소로 간주된다. 이에 「發」문제를 관련하여 볼 때
일찌기 中庸에서는 喜怒哀樂의 人情이 感發되는 前과 後의 입장에서
이른바 「中」과 「和」의 사이에 그 성격을 설정하고 있는 것으로 이해
된다. 그러나 이러한 性情論에 있어 理氣와 發의 연계적 해석을 어떻
게 설명할 수 있겠는가 하는 점에 있어서는 문제가 된다. 따라서 四
端과 七情의 관계와 理氣의 發에 대한 종합적 異見에서 退溪와 高峰
의 論辯은 시작되는 것으로 보인다.

---

128) 又因士友間 傳聞所論四端七情之說 鄙意於此 亦嘗自病其下語之未穩 逮得砭駁益知其
繆 即改之云 四端之發純理故無不善 七情之發兼氣故有善惡 未知如此下語無病否(高
峰全集 兩先生 四七理氣往復書 上篇 退溪與高峰書), 拙著 退溪의 生涯와 思想 p116

129) 五性具焉曰仁義禮智信 形旣生矣 外物觸其形 而動於中矣 其中動而七情出焉曰喜怒哀
樂愛惡欲 情旣熾而益蕩其性鑿矣 是故覺者約其情使合於中(二程全書 卷43 顔子所好
何學論)

② 退溪·高峰·四七論辨의 顚末

일반적으로 불리워지는 退·高四七論辨의 全體에 관하여 알아보기로 한다. 그런데 여기서 往復書翰에 따라서 그 爭點의 要諦가 되는 部分을 위주로 해서 요약하여 전개하기로 한다.

Ⓐ 退溪與高峰書

이것은 鄭之雲 天命圖를 改訂함에 관련된 四七論에 대하여 退溪가 처음으로 高峰에게 보내는 書翰이다. 1559년 己未年에 있었는데 그 내용의 요점은 앞 論辯의 발단에서 밝힌 바와 같다. 즉 士友들간에 논의되고 있는 「四端理之發 七情氣之發」이라 한 것을 「四端之發純理故無不善 七情之發兼氣故有善惡」이라고 고치면 폐단이 없겠느냐고 高峰에게 제의한 것이다.

Ⓑ 高峰上四端七情說

退溪의 書翰에 대하여 高峰은 答書를 겸하여 자신의 所見을 처음으로 退溪에 밝히는 입장이다. 그 주요부분을 보면 다음과 같다.

「대개 人心이 發하지 않은 것을 性이라 하고 이미 發한 것을 情이라 이르는데 性은 善하지 않음이 없고 情은 善惡이 있다고 하는 바 이것은 확실한 理致입니다. 다만 子思와 孟子가 말하는 것이 같지 않은 까닭에 四端과 七情의 구별이 있을 뿐이지 七情의 밖에 다시 四端이 있는 것이 아닙니다. 이제 만일 四端은 理에서 發하여 善惡이 있다고 말할 것같으면 이는 理와 氣가 判異하여 兩物로 만드는 것이니 이렇게 되면 七情은 性에서 나오는 것이 아니며 四端은 氣에 乘하지 않는다는 것입니다. 이것은 語意의 病됨이 없을 수 없으니 後學의 疑은 氣에 乘하지 않는다는 것입니다. 이것은 語意의 病됨이 없을 수 없으니 後學의 疑心을 없앨 수 없는 것입니다. 만일에 또한 四端의 發은 純理이므로 善하지 않음이 없고 七情의 發은 兼氣이므로 善惡이 있는 것이라 하여 고친다면 前說보다도 조금 나은 것 같으나 저의 생각으로는 또한 만족하지 못합니다. 대개 性이 發할 즈음에 氣가 用事치 못하여 本然의 善이 直遂되는 바가 바로 孟子가 말하는 四端입니다. 이것이 참으로 순수한 것 곧 天理의 發한 바이나 七情의 밖에서 나올 수 있는 것이 아니요, 이에 七情中에서 發하여 中節하는 것의 苗脈입니다. 그런 즉 四端과 七情

을 상대적으로 들어내 互言하여 純理라 하고 兼氣라 하는 것이 可하겠읍니까? 人心道心을 논할 때는 이와 같은 說이 혹 옳을 줄 모르나 四端七情에 있어서는 아마도 그와 같이 말할 수는 없을 것입니다. 대개 七情은 오로지 人心으로만 보아서는 不可할 것입니다. 무릇 理는 氣의 主宰이며 氣는 理의 材料이니, 이 二者는 진실로 分別됨이 있으나 그 事物에 있어서는 참으로 混淪되어 分開할 수 없을 것입니다. 다만 理는 弱하고 氣는 强하며, 理는 兆朕이 없으나 氣는 行跡이 있는 까닭에 그 流行하고 發現할 때에 過不及의 差가 없을 수 없게 되니, 이는 七情의 發에 있어 혹은 善하고, 혹은 惡하여 性의 本體가 혹 온전할 수 없음이 있는 까닭이 되는 것입니다. 그러나 그 善한 것은 天命의 本然이요 惡한 것은 氣稟의 過不及인 것이니 이른바 四端七情이란 처음부터 二義가 있는 것은 아닙니다」[130]
라고 하였다.

수정하여 제시한 退溪의 견해 즉 「四端之發純理故無不善 七情之發兼氣故有善惡」이라고 하는데 대하여 종전의 설명보다는 좋다고 보았다. 그러나 高峰은 이에 만족치 못하고 四端과 七情은 서로 다른 根源에서 비롯되는 것이 아니라 같은 情에 속하는 것으로 보고 七情속에 四端이 포함되는 것으로 말한다. 동시에 理와 氣는 分別處가 있으나 實在에 있어서도 떨어질 수 있는 二物이 될 수 없다고 論理를 위주로 그 不離性을 바탕으로 하여 자신의 所見을 설명하고 있다. 이에 대하여 退溪는 본격적으로 四七理氣辨을 지어 答하는 書信을 보낸다.

ⓒ 退溪答高峰四端七情分理氣辨

여기서는 四七理氣觀의 종합적 견해를 밝히고 있다. 처음으로 직접 高峰의 答信을 받고 그 所見을 생각하며 辯論한다는 점에서 중요성을 갖는 것이 된다. 高峰先生文集에는 내용전개에 따라 12節로 표시한 것으로 되어 있으나[131] 退溪全書에는 그 節의 표시가 없다. 아마 高峰이 조리있게 생각하고자 論辯에 편리하도록 구분한 것으로 보인다. 여기에서도 편의상 그 節에 따라서 내용을 요약하면 다음과 같다.

1 節—四端七情이라는 것은 情을 함께 말하는 것이지 理氣로 分說

---

130) 高峰全集 兩先生四七理氣往復書 上篇 高峰上退溪四端七情說
131) 上同 退溪答高峰四端七情分理氣辯

함은 보지 못하였다.

2節—鄭之雲의 天命圖에 「四端發於理 七情發於氣」라는 말이 있었는데, 이는 그 分別이 너무 심하여 純善・兼氣 등의 말로 고쳐 相資하여 講明코자 한 것이나, 그 말의 흠이 없다는 것은 아니다.

3節—바로 지적해 준 점 놀랄만 하나 아직 疑惑되는 바 있어 고쳐 보기는 하나 잘못된 점 바로 잡아주기 바란다.

4節—四端도 七情도 모두 情이나 그 말하는 側面이 다른 것이고, 理氣는 體用關係에 있으면서도 理없는 氣, 氣없는 理란 있을 수 없는 것이지만, 또한 말하는 側面이 같지 않으므로 그 分別이 없을 수 없는 것이다.

5節—氣를 섞어서 性을 말하면 性의 本善을 보지 못하는 것이 되며, 情에 있어 本然의 性과는 混稱될 수 없다. 情에서 四端과 七情의 分別은 性에 本然과 氣稟 차이가 있는 것과 같다. 이미 性에 있어 理氣로 分言할 수 있는데 情에 있어서만 理氣로 分言할 수 없겠느냐는 것이다.

6節—四端과 七情의 發은 心中을 벗어날 수 없으나, 그 所從來와 달하는 側面에 기인하여 所主所重을 따라 본다면, 어느 것은 理이고 어느 것은 氣라고 하는데에 不可함이 없겠다는 점이다.

7節—理氣의 相循不難를 너무 강조하여 四端과 七情에 의의가 없다고 보는 점은 옳은 것같으면서도 聖賢의 말에 어긋나는 바 있다.

8節—결코 一說을 先入見으로 고집하지 말며, 같은 가운데 다름이 있고 다른 가운데 같음이 있음을 알아 그 不離不雜性의 本質에 밝아야 한다.

9節—孔子의 繼善成性과 周濂溪의 無極太極說은 理氣相循中에서 理의 側面이며, 孔子의 相近相遠의 性과 孟子의 耳目口鼻의 性은 理氣相成中에서 氣의 側面이 지적되어 말해진 것인 바, 이들은 모두 같은 가운데 다름을 안 것이다. 또 子思가 喜怒哀樂을 말하나 四端을 언급하지 않고 程子가 七情을 말하나 四端을 들지 않는 것 등은 다른 가운데 같음을 본 것이다.

10節—「同」을 기뻐하고 「離」를 싫어하며 渾全을 좋아하고 분석을 증오하며 理氣를 一物로만 보려함은 온당치 못하다.

11節—子思와 孟子가 가리켜 말하는 바가 같지 않다고 말하면서 四

端과 七情에 다른 것을 지적함이 없다함은 모순이 아니랴. 분석을 싫어하고 合一만을 힘쓰게 되면 자신도 모르게 「認氣論性」의 病弊에 빠져 人欲을 天理로 오인하는 병통에 떨어지게 된다.

12 節—朱子語類 가운데 孟子가 四端을 논하는 末條에서 「四端是理之發 七情是氣之發」이란 말을 발견하였는데, 이 說을 본 뒤에 나의 所見에 큰 잘못이 없음을 더욱 확신하게 되었다.

이상은 高峰의 부분적 見解에 수긍하면서 그 문제됨을 지적하고 있는 부분이다. 그 기본입장은 理氣가 不離됨을 긍정하나 그것을 지나치게 강조하여 理氣의 不雜性이 경시될 수 없다는 점과, 四端과 七情은 情에 속하는 것이나 四端은 理의 發로 純善한 것이며 七情은 氣의 發로 有善惡한 것으로서, 서로 혼동될 수 없다는 견해로 요약된다. 「有善惡」에서의 善과 純善에서의 善의 次元은 그 所從來에 있어서 같은 것이 될 수 없다는 태도이다. 이와같은 退溪의 辯論에 대하여 高峰은 各節마다 자신의 의견을 정리하여 答한다.

D 高峰答退溪論四端七情書

高峰은 退溪의 상세한 辯論에 감사하며 後學을 선도해주길 청하면서 條目別로 다음과 같이 답하였다.

1 節—대개 사람의 情은 하나인 바, 그 情되는 所以는 理氣를 겸하여 善惡이 있기 때문이다. 理氣의 妙合中에는 理를 專指하여 말함이 孟子의 四端이고 渾淪하여 말한 것이 子思의 情인 것이며, 發하여 中節된 것이 天命의 體며 本然의 體는 孟子의 四端과 같은 것이고 中節되지 않은 것은 氣稟物欲의 所致로서 性의 本然은 아니다.

2 節—개정한 「四端之發純理故無不善 七情之發兼氣故有善惡」이라 함은 그전 것보다는 좋으나 역시 未安한 바, 四端과 七情을 對擧互言하며 圖式의 위치를 달리하여 설명하는 데에는 두 情이 있는 것으로 의심하게 되며 善에 있어서도 「無不善」의 善과 「有善惡」의 善으로 하여 둘로 나누어 보게 되는 것이니 이는 옳지 못한 것이다.

3 節—性情理氣說을 깊이 공부하지도 못하고 自得한 바도 없는데 함부로 所見을 말해 罪스럽고, 그러나 이것은 부질없이 是非를 일삼자는 것이 아니라 敬慕와 歎服에 말미암은 데서 비롯되었다.

4 節—立言의 側面이 다르기에 四端七情이라 하나 본래 一情임에는 변함이 없다. 聖賢이 四端七情을 논할 때에 合해서 말할 때가 있고

구별하는 때가 있으니 所主所重을 따라 그 旨意를 잘 살펴야 한다.

5節—性에 있어 本性이라 하고 氣稟이라 함은 각각 理氣로 나뉜 一物됨이 아니라, 一性이 있는 그곳을 따라 말하는 것이며, 情은 本性에 因緣해서 氣質에 墮在한 후에 發해서 되므로 理氣를 겸하여 善惡이 있다고 하는 것이지 四端과 七情을 理氣로 분속시켜 情에 두 發을 인정할 수는 없다.

6節—理와 氣로 分開說明함이 심할 때 소위 氣라 할 것 같으면 理와 氣를 함께 의미함이 아니라 오직 氣만을 가리키는 것이 되는 바, 결국 七情이란 순수 氣로만 설명될 것이니 잘못이다. 子思의 「和」와 「不和」는 發한 뒤에 나타나는 것이므로 和라 하더라도 理를 遊離시킨 것이 아니다. 孟子의 性善情善說도 子思에서 비롯되었으니 七情이 氣만 가리키는 것은 아니다. 程子와 朱子의 說도 이에 부합된다. 氣를 가리킴에도 理가 함께 있는 것이므로 分開할 수는 없다.

7節—四端七情에 二義가 없다고 함은 七情中에 中節된 것이 四端이라 할 때 實은 같은데 이름이 다른 것임에 있어, 그 向上根源을 찾아볼 경우 두 뜻이 없다는 것을 뜻할 뿐이지 어찌 원래 그 異義가 없다하랴. 異義가 없다할 것 같으면 역시 聖賢의 뜻에 어긋난 것이다.

8節—讀書窮理에 있어서 切要한 말씀이므로 가슴 깊이 간직하여 잊지 않겠다.

9節—理와 氣는 서로 떨어져 존재하는 것이 아니니 情에 있어 理나 氣로만 偏指하여 말할 수는 없다. 子思의 中和에서도 理를 함께 하고 있으므로 七情이 理氣를 겸한 것으로 파악하여야 되지 氣를 偏指할 수 없다.

10節—理氣不離性에 의함에 있어 理氣를 一物로 보려는 것이 아니다. 四端도 氣의 自然發現에 의하는 것이나 다만 그 所以然이 理인 것이다. 四端은 理에서 發하고 七情은 氣에서 發한다는 主張에 있어 그 所以然을 極論하게 되면 七情의 發을 理의 本體가 아니라는데 이를 수도 있다. 理氣를 심히 分說하는 폐단을 살펴야 할 것이다. 羅整庵의 理氣非二物說과 같은 것은 아니다. 理氣를 一物이라 하지 않았고 또 異物이라고도 말하지 않았다.

11節—같은 情인데 四端 또는 七情이라 이르는 것은 그 말하는 側面의 차이일 뿐이지 二情이 있는 것은 아니다. 또 氣로서 性을 논함이

아니며 人欲으로 天理를 삼는 폐단은 마땅히 스스로 극복되어야 할 바이다.

12節—朱子를 宗師로 모심은 당연하나, 그가 말한「理之發 氣之發」이란 것은 一時의 偶發된 偏言이니 그 前後의 論說을 보면 異同曲折을 이해할 수 있다. 後學은 一般論을 보아야지 特殊面에만 집착하면 다른 사람까지 그르치게 한다.

이상에서 본 것처럼 高峰은 條目別로 자신의 見解를 밝히고 있다. 부분적으로 退溪와 동의하는 바도 있지만 기본적으로는 입장을 달리함을 보게 된다. 高峰은 12節로 설명한 뒤에 自己의 所見을 종합하여 정리하고 있다. 기본은 앞에서 밝힌 것과 別差 없다. 즉 理氣·性情의 문제에 있어서 本源을 두곳에 설정할 수 없는 것이라는 理論展開를 위하여 朱子說을 중심한 性理說을 援用하고 있다. 未發의 境地가 寂·性·虛·中 등으로 불리는 것 사이에는 二元的으로 이해할 수 없다는 입장이다. [132] 논리적 一貫性을 중시하고 있다. 또 高峰은 이 答書의 末尾에 지난번 退溪에 올린 첫번의 答書에 未盡했던 부분을 보충하고 있다. 여기서는 주로「四端發於理 七情發於氣」의 표현을 바탕으로 論辨이 계속되나, 退溪가 高峰에게 처음 보낸 書翰에도 고칠 내용은 밝혔어도 수정한 문제의 原文은 나타나지 않는다. 高峰은 그 동안 鄭秋巒을 만나보고 自身의 견해에 별다른 異意가 없는 것을 확인하였다고 밝히면서 [133] 退溪의 이론에 대한 論辨의 적극적 態度를 취하였다. 이러한 高峰의 辨書에 대하여 退溪는 다시 다음과 같이 답변한다.

E 退溪答高峰非四端七情分理氣第一書改本

우선 종전에 보낸 第一書의 改本을 잘 살필 것을 당부한다. 즉 그는 이 글의 서두에서 말하기를

「前書의 말에 疎謬가 있고 秤停을 잃은 곳이 있음을 알았기에 이제 前面에 改本을 옮겨 써 드리니 그 可否를 살핀 뒤에 第二書를 보아 주시고 回信하여 밝혀 줄 것을 바란다」 [134]

---

132) 拙著 退溪의 哲學思想 研究 p49

133) 然玆之說中則其意本亦如是故秋巒親見 鄙說亦不以此詞之也 如何如何 (高峰全書 兩先生四七理氣往復書 上篇 高峰答退溪論四端七情書)

134) 知滉前書語有疎謬失秤停處 謹已修改令將改本寫在前面 呈裏可否 其後及繼以第二書 伏乞明以回敎 (退溪全書 卷16 答奇明彦 論四端七情第二書)

라 하고 訂正한 것을 먼저 밝히고 있다. 그러므로 여기서도 그 改本
된 內容을 정리하고 그 다음 본 書翰의 뜻을 보기로 한다. 改本의 내
용을 살핌에 있어서 앞에 그 原本의 요점을 정리하였으므로 수정한 일
곱부분에 대해서만 고찰하기로 한다. 그 수정내용은 다음과 같다.[135]

① 原本의 第5節중 「가리켜 말하는 바가 稟生의 後에 있는 것인
즉 또한 순수한 本然之性으로 混稱할 수 없읍니다」라는 말에서 「混
稱」을 「稱」으로 고쳐 「混」字를 제거했다. 本然의 性과 氣를 혼합하여
칭할 수 없다는 표현에서 本然의 性과 氣를 더욱 분별하여 「本然의 性
이라 할 수 없다」라고 고친 것이다.

② 다음 6節 가운데서 七情의 發에는 朱子가 본래 當然之則이 있
다 하였으니 理가 없는 것이 아니다라는 부분을 七情의 發에는 程子
가 中에서 動한다 이르고 朱子는 각각 마땅한 바가 있다고 하였으니
역시 理氣를 겸한 것이다라고 고쳤다. 程子의 中에서 動한다는 말을
援用하면서 「兼理氣」란 表現으로서 氣一邊만 강조한 것이라는 오해를
없애도록 하였다. 七情의 發에 있어 理가 없지 않다는 입장을 理氣를
겸하고 있는 것이라는 설명으로 함이 주목된다.

③ 위에서와 같은 6節中의 개정부분이다. 즉 「中에 있을 때에 純
理가 되고 發하는 순간에 氣와 혼잡된다하여 外感하면 곧 形氣인데
그 發을 理의 本體라 하리오」라는 데에서 「理의 本體」란 말을 빼고
「그 發함이 도리어 理가 되고 氣가 되지 않는다고 하랴」는 말로 고쳤
다. 七情에서의 發은 理가 아니요 氣라는 面을 더욱 굳게 표현한 것
이라 하겠다.

④ 이것도 6節속의 부분이다. 그 수정한 부분을 보면, 「七情은 善
惡이 未定이므로 한가지라도 있음에 잘 살필 수 없으면 그 正을 얻지
못하는 것이며 반드시 發하여 中節된 연후에 和라고 이른다」라는 부
분을 「七情은 본래 善한데 惡에 흐르기 쉬우므로 發하여 中節된 것을
和라 이르는 것이고, 한가지라도 있음에 잘 살필 수 없으면 마음은
벌써 그 正을 얻지 못한다」라고 하였다. 人性의 本善이라는 立場에서
七情의 本意를 설정하고 혹 惡의 방향이 드러남을 좀더 투명하게 밝
힌 곳이다.

⑤ 이 다섯번째 수정부분 역시 第6節에 해당되는 것으로 그 맨끝

---

135) 여기서 인용되는 原文들은 「改本」에 있는 것이므로 分量上 그 原文明記는 생략.

의 표현이다. 즉「四端과 七情 두가지가 비록 모두 理氣에 벗어난 것이라 하지 않는다 하더라도 그 所從來에 기인하여 그 所主와 所重을 가리켜 말할 때에 어느 것은 理이며 어느 것은 氣라고 하면 어찌 不可하다고 하랴」는 말에서, 所主와 所重을 함께 일컫고 있는데 所主는 놓아두고 所重이란 말을 빼고 있다. 退溪도 여기서「與所重」3字를 고친다고 밝히고 있다. 「主」字만 위주로 설명함으로써 理氣의 不雜性과 그 所從來의 구별을 확실히 하려는 태도로 보인다.

⑥ 9節 가운데에서「孔子가 相近相遠의 性을 말하고 孟子는 耳目口鼻의 性을 말하였는데 이는 모두 理氣가 相成하는 가운데 偏指하여 오직 氣만을 말한 것이다」라는 말의 끝을 고친 것이다. 즉「偏指하여 오직 氣만 말한 것」이라는 것을 「兼指하여 主로 氣를 말한 것」이라 하였다. 「偏指」를「兼指」라 하여 高峰의 意思를 존중하는 듯하면서도「獨言氣」를「主言氣」라 수정함에 있어서는 退溪 自身의 기본입장을 확고히 하고 있음을 본다.

⑦ 10節의 끝부분의 수정이다. 退溪는 原本에서「近世에 羅整庵은 理氣가 二物이 아니라는 說을 주장하며 朱子說이 잘못이라는데 이른바, 이는 내가 궁구하여도 미달해서 그 가리킴을 말할 수 없는 것이었는데, 보내온 뜻이 또한 이와 같은 것이다」라고 하였는데 이 말은 모두 빼고 다른 말로 보충한다. 그 내용은「진실로 理氣를 一物로 여겨서 나눌 바가 없다고 할 것같으면 내가 심히 알 바 아니다. 그러나 과연 一物이 아닌 것이며 구별되는 바가 있는 것이므로 本體의 밑에 〈然也〉二字를 붙여야 할 것인 즉 어찌 圖式에 있어서만 오직 分別하여 말함이 불가하리오」라는 것이다. 표면상으로는 羅整庵의 理氣가 二物이 아니라는 說을 피하고 있지만 意味上으로 본다면 理氣가 결코 一物일 수 없음에 대하여 별 변동이 없는 것을 발견하게 된다.

이상과 같이 退溪의 수정내용을 부분적으로 요약하였다. 여기서「兼」字를 몇군데 活用함으로써 不離性을 지향하여 見解를 전개하고 있지만, 오히려 不雜性을 害할 수 없다는 입장을 굳게 하고 있다. 즉 所從來로서의 理와 氣를 분명히 구별하고 四端과 七情의 分別을 확실히 하려는 태도이다. 이러한 第一書의 改本을 미리 정리하여 보게 한 다음, 高峰의 論辨에 답하는 第二書를 전개한다.

F 退溪答高峰非四端七情分理氣辨第二書

여기서 退溪는 高峰의 12節 論辨을 받고 자신의 견해와 비교하여
설명한다. 이론전개에 있어서 合一되지 못하는 부분을 다섯가지 경우
로 정리하고 所見의 차이가 심한 것에 대하여는 구체적으로 條目別로
辨論하고 있다. 먼저 문제되었던 부분에 대한 退溪의 말을 보기로 한
다. 그는 第二書의 本論을 서술함에 있어서 「대개 보내준 말씀에 본
래 病됨이 없는데 내가 착각하여 妄論한 것이 있고, 가르침을 받고
이미 말한 바에 秤停을 잃은 것이 있음을 자각한 것이 있고, 보내준
가르침과 내 생각이 본래 같아 차이가 없는 것이 있으며, 근본은 같
으나 枝葉이 다른 것도 있으며, 의견의 차이로 끝내 따를 수 없는 것
도 있읍니다. 이제 이 다섯가지로 모아 條目別로 다음과 같이 구분하
였읍니다」[136]라고 하였다. 이처럼 크게 다섯 입장으로 기본을 전제하
고, 그에 따라서 문제의 條項을 분류한다는 뜻이다. 그 내용을 보면
다음과 같다.

① 보내온 말씀에 病됨이 없는데 滉이 착각하여 妄論한 것—제10절
에서 氣의 自然發現이 곧 理의 本體가 그러하다는 條項이다.

이것은 이미 고쳤다고 하였다. 앞에서 살핀 改本의 일곱번째에 해
당되는 것으로, 이른바 羅整庵說의 部分을 삭제하고 非一物의 보충설
명을 가한 곳이다. 退溪가 스스로 妄言이라 할 정도로 高峰의 所見을
그대로 긍정한 입장은 이곳뿐으로 보인다.

② 지적을 받고 이미 한 말에 秤停을 잃은 바가 있음을 자각하고
고친 것—제6절에 七情은 이 氣를 오로지 함이 아니라는 說, 같은
節의 둘째 辨中 情이 비록 境을 따르나 실은 中에 말미암아 나온다는
說, 그 일곱번째 辨中에 善惡이 미정이라는 說, 또 제9절에서 偏指
하여 다만 氣만 말한다는 說 등이다.

이상 네개의 조항으로 말하고 있는데 이는 高峰의 주장에 동기가
되어 스스로 생각하여 수정하는 부분이다. 앞에서 본 改本의 내용에
서 이미 정리한 것과 같다.

③ 보낸 말씀과 나의 견해가 根本에서 같아 차이 없는 것—제1절
에서 朱子語類를 인용하여 心性情을 논한 三條, 제4절에서 朱子가

---

136) 盖有來諭本無病而滉錯有妄論者 有承誨而自覺已語有失秤停者 有來誨與鄙聞本同而無
異者 有本同而趣異者 有見異而終不能從者 今以此五者彙分條列如左(高峰全書 兩先
生理氣往復書 上篇 退溪答高峰非四端七情分理氣辯第二書)

陳潛室에 答書한 것을 인용하여 就하여 말한 바를 밝히는 것이 不同
한 점, 제5절 朱子說을 인용함에 있어, 제1조에서 氣와 性의 不相
雜을 밝힌 것, 제2조에서 氣稟의 殊와 天命이 역시 다른데 또한 性
이라 이르지 않을 수 없음을 밝힌 것, 제4조에서 말한 天命의 性과
極本窮源의 性, 제5조의 程子와 張子가 처음으로 氣質을 말한 곳,
제6절에서 中庸章句, 或問, 延平說을 인용한 곳, 또 程子好學論, 朱
子動靜說이 모두 七情이 理氣를 겸한다고 한 곳 등이다.

　여기에서 지적되는 條目은 13項인데, 그 本質에서 異見이 없는 것
으로 판단되니 다시 논의할 필요가 없는 것으로 말한다. 다만 주의를
환기시키려는데 의의를 두는 것으로 이해된다. 그러나 다음에서부터
지적되는 項目에 대하여는 그렇지 않고 구체적인 辯說을 한다.

　④ 根本은 같으나 枝葉이 다른 것—제1절에서 天地之性은 理를 專
指하고 氣質之性은 理氣가 섞인 것이며, 理의 發은 진실로 그러하나
氣의 發은 氣를 專指하는 것이 아니라는 곳, 제5절에서 天地人物上
에서 理氣를 분별함은 해롭지 않으나, 性上에서 말하면 理는 氣中에
墮在하며, 情을 논할 것같으면 性이 氣質에 墮在하여 理氣를 겸하고
善惡으로 분속시켜 未安하다고 한 곳, 제6절에서 첫째번으로 七情이
또한 仁義禮智에서 發한다고 한 곳과 세째번 별도로 一情이 있는 것
이 아니라 다만 理에서 나오고 氣에서 나오지 않는다는 곳과 네째번
「中」에 이 理가 없는 것이 아니라 外物이 우연히 相感하여 動하는 것
인 바 그 外物에 感하여 動하는 것은 四端이 또한 그렇다는 곳과 다
섯번째로 이미 發해서 氣를 편승하여 行한다는 등에 四端 또한 氣라
고 말한 곳, 제7절에서 그 向上根源을 추구하면 두 의사가 없다고
한 곳, 제8절에서 무릇 性을 말함에 氣를 偏指하지 않는다고 云云하
며 七情이 또한 理氣를 겸한다고 한 곳 등이다.

　이상은 8개의 條項으로서 그 근본에 있어 같다고 생각되는 것이므
로 그 本質面을 辯論한다. 즉 뻗쳐 나아가는 枝葉의 차이점을 지적하
여 그 올바른 이해를 도모하고자 한다. 그러나 本質에 있어서도 다른
점이 있음을 끝으로 밝힌다.

　⑤ 의견의 차이로 끝내 쫓을 수 없는 것—제1절에서 實은 같고 이
름이 다른 것이니 七情밖에 다시 四端이 있는 것이 아닌 바, 四端과
七情에 異義가 있지 않다고 한 곳, 제2절에서 일반으로 말하면 不可

할 것 없겠으나 圖式에 드러내면 離析이 아주 심하여 사람들이 오해
할까 걱정되며 혹은 不善이 없다하고 혹은 善惡이 있다하여 사람들이
兩情이 있고 二善이 있다고 의심할까 두렵다고 한 곳, 제 2 절에서 보
낸 辯論같은 것 즉 四端七情에는 각각 所從來가 있어 다만 말하는 바
가 같지 않은 것뿐만 아니라는 곳, 제 5 절에서 朱子說을 인용함에 있
어 제 4 조 孟子는 가려 말하고 伊川은 겸해 말했으니 요컨대 분리할
수 없다는 곳, 제 6 절중 다섯째번 보낸 辯論에 七情은 形氣에 外感한
것이니 理의 本體가 아니라고 함은 심히 不可한 것인 바, 만일 그렇
다면 七情은 性外의 物이라 云云하며 孟子의 기뻐 잠 못이루는 것,
어찌 理의 本體가 아니라고 하랴고 말한 곳, 일곱째로「하나라도 있
는데 살필 수 없다면」으로 이어져 그 末에서 所從來와 所主의 說이
잘못이라고 논한 곳, 12절에서 朱子가 心이 已發이란 말을 잘못 안지
오랜 뒤에 터득한 바 理發氣發이란 말은 偶發에서 偏指된 것이라는
곳 등등이다. 이 9개條項으로 된 끝부분의 立場은 退溪와 高峰의 論
辨을 낳은 根本立場으로 간주된다. 이 面에 관하여 退溪는 끝내 同調
될 수 없는 차이점으로 지적하면서 그 辯析을 가하고 있다.

退溪가 高峰의 12節 答辯을 받고 자세히 比較・省察 結果를 종합
정리하여 自身의 견해를 뚜렷이 함이 이 第二書의 내용이 된다. 긍정
되는 部分에는 修正과 확인으로 그 차이 없음을 밝히고 아직 미흡한
점과 根本立場이 다른 점은 별도로 설명하고 있다. 그 辯說이 17個
項에 달한다. 즉 앞에서 본 근본은 같으나 枝葉이 다르다는 부분과의
의견 차이로 끝내 좇을 수 없다는 부분의 項目에 관한 내용들을 辯論
한 것이다. 여기에서 일관하여 지속되는 退溪의 입장은 四七理氣論에
있어 그 所從來가 不同하다는 것이다. 즉 高峰은「兼理氣」와 中節에
따른「善」의 評 등을 강조하여 四端과 七情이 그 所從來에서 구별되
지 않음을 주장하는 편이나 退溪는 高峰의 四七・理氣・善惡의 渾淪
說을 긍정하면서도 그 主하여 말하는 바가 다른 것임을 내세워 所從
來의 不同함을•항상 강조하는 태도이다. 그 여러 辯論가운데 주목되
는 곳을 보면「대저 理가 發하여 氣가 따르는 것이 있은 즉 理를 주
로 하여 말할 수 있을 뿐이요, 理가 氣에 벗어나지 않음을 이르니 四
端이 이것이며, 氣가 發하여 理가 타는 것이 있은 즉 氣를 주로 하여
말할 수 있을 뿐이니 氣가 理에 벗어나지 않음을 이르는 바 七情이

이것이다」[137]라고 말한 곳이다. 여기서 四端七情과 관련하여 이른바 「理發而氣隨之 氣發而理乘之」의 發論을 정립하고 있는 것을 볼 수 있다.

위와 같은 긴 答書에도 미진하여 後論을 추가하여 말한다.

〈後   論〉

高峰의 辯說이 자신의 所見을 逐條로 하고 末尾에 보충 설명하는 것으로 작성되어 있음에 비하여 退溪도 일단 견해를 정리하고 末尾에 後論을 보충하고 있는 것을 보면, 그 응수의 뜻이 있는 것 같다. 그 理論展開는 앞서 밝힌 態度를 지속하면서 주로 理發氣發의 發問題와 理虛說에 관한 설명이다. 여기 發의 志向은 辯說에서 밝힌 「理發而氣隨之 氣發而理乘之」의 立場으로 이어진다. 또 理虛說에 대하여는 혹 老莊의 虛無論에 빠질 격정은 高峰과 같이 하면서 退溪는 그 구별을 더욱 강조하고 있다.

이상에서 본 것처럼 退溪의 第二答辯書는 분석적이고 종합적인 長文의 것이었다. 그러한 論辨에도 高峰은 만족하지 못하고 應辯하기에 이른다. 高峰의 回信內容은 다음과 같다.

Ⓖ 高峰答退溪再論四端七情

高峰은 退溪의 辯說을 자세히 검토한 후 退溪의 견해와 대비하여 전체적 입장을 밝히고 각 문제점을 따라 條目別로 所見을 전개한다. 먼저 그는 지적하는 言辭中에 이해할 수 없다하여 感情的 態度를 배제하지는 않았으나 대체로 所見이 합의될 가능성을 밝히면서 彼此버티어갈 것이 아니라 협력하여 가자는 의지를 전제한 뒤에 條目에 따라서 辯論하고 있다. 展開는 退溪가 답변한 순서에 따르고 있다. 여기서도 그 순서에 따라 요점을 요약하기로 한다.

＊ 第一書 改本

私見으로 배척하기 위하여 하는 말이 아니라 하면서 자신의 표현이 退溪에 완전히 이해되지 못하고 있다는 태도이다. 먼저 四端七情을 理氣로 분석한 다음의 語勢에 偏重이 있는 것같아 사람을 자극하는 의심이 간다고 미안해 하고, 四端七情에 있어서 처음에 二義가 있는 것이 아니라는데 대하여 異議가 있지 않아 달리 지적함이 없다고 하

---

137) 大抵有理發而氣隨之者 則可主理而言耳 非謂理外於氣四端是也 有氣發而理乘之者 則可主氣而言耳 非謂氣外於理七情是也(上同)

는 것은 자신의 본의가 아니라고 하였으며, 退溪는 氣發의 善과 純理
의 善을 구별함에 대하여 高峰은 그 中節된 兩善은 차별될 수 없다는
辯說 등으로 되어 있다.

다음에는 견해의 일치를 보지 못하여 退溪가 辯論했던 17개 項目을
분류하여 所見을 전개하고 있다. 이중에서 「根本은 같으나 枝葉이 다
르다」는 입장에 대하여 退溪가 이것도 자칫하면 끝내 合一될 수 없는
데로 귀결된다고 말함에 있어서 高峰은 근본이 같다면 결국 合一에
나아갈 수 있는 것이라고 강조한다.[138] 合一될 수 없음은 근본도 다
르다는 의지가 내재된 것이다. 각 분류 항목의 所見을 보기로 한다.

   ＊ 首條・第 2 條

退溪가 性의 純粹性 持續을 위하여 理氣의 不雜性을 이해하면서도
性과 情을 구별하려는 입장에 대하여 高峰은 性情의 發은 理가 墮在
한 이후에 가능한 것으로 보아 그 근원을 하나로 파악코자 한다. 여
기서 새로이 주목되는 말은 이른바 「對說・因說」이란 표현이다. 그는
말하기를

「제가 생각하기에 朱子가 四端은 理의 發이요, 七情은 氣의 發이
  라고 한 것은 對說이 아니라 因說입니다. 대개 對說이란 左右를 말
  하는 것같이 對待的인 것이며, 因說이란 上下를 말하는 것처럼 因
  仍的인 것입니다. 聖賢의 言語에는 스스로 對說과 因說의 不同함이
  있으니 반드스 살펴야 될 것입니다」[139]

라고 하였다. 因說을 本體論的 說明이라면 對說은 現象論的 立場이
된다. 發과 善惡을 중심으로 한 四七理氣說에 退・高 彼此의 차이가
있음은 곧 이 對說과 因說가운데서 그 관점이 다르기 때문인 것으로
보인다. 高峰은 發의 觀心이 因說에 있다면 退溪는 對說에 주목하는
입장이라 하겠다.

   ＊ 第 3 條

上下條를 상호 보아 번거로이 重論하지 않겠다고 하였다.

   ＊ 第 4 條・第 6 條

四端의 發이 理라고 보는 데는 退溪와 高峰이 같은 見解이나, 그

---

138) 所謂覺失秤停者 固皆本同之類 則本同趣異者 豈必同歸於終不能從者耶 (前揭書 下篇
      高峰答 退溪再論四端七情書)
139) 大升以爲朱子謂四端是理之發七情是氣之發者 非對說也乃因說也 盖對說者 如左右便
      是對待底 因說者如說上下 便是因乃底 (上同)

發의 경우에 氣를 섞어 볼 수 없다는 退溪에 대하여 高峰은 水中의
달이 물을 부정할 수 없듯이 理의 發에 氣를 버릴 수 없는 것으로 말
한다.

＊ 第 5 條・第 7 條・第 9 條・第12條・第14條

高峰은 여러 條目을 종합하면서 退溪의 「四端理發而氣隨之 七情氣
發而理乘之」에 대하여 辯說한다.

「四端은 理가 發하여 氣가 따르고 七情은 氣가 發하고 理가 타는
것이라고 하는 句는 심히 정밀하지만 제 생각으로는 이는 두개 意
思로 여겨집니다. 七情은 兼有하고 四端은 다만 理發一邊만 있을
뿐입니다. 문득 이 兩句를 大升은 고쳐 이르기를 情의 發은 혹 理
가 動하여 氣 갖춰지고, 혹 氣가 感하여 理가 탄다고 하고 싶습
니다. 이와같이 말하면 잘 알 수 없읍니다만 先生님의 意思는 어떻
하신지요」[140]

라고 하였다. 理氣를 分說하는 태도를 좀더 극복하려는 입장으로 보
인다.

＊ 第 8 條・第16條

七情은 氣를 專指하는 것이 아니라는 說과 善惡未定의 說에 의견이
一致됨을 감사히 여기고 불필요한 것은 삼가한다고 하였다.

＊ 第10條・第11條

對說로 본다면 朱子說의 이해도 폐단이 있게 된다고 본다.

「大升은 생각하건대 일반적으로 논하여 不可함이 없다는 것은 그
因說로 말하는 것이며, 圖式에 나타내 未安이 있다는 것은 그 對
說로 말한 것입니다. 반드시 對說로 말할 것 같으면 비록 朱夫子本
說에도 잘못 인식하는 病을 면하지 못할 것이니 어떻게 하시겠읍니
까?」[141]

라고 하였다. 理와 氣를 나누어 볼 수 없다는 태도이다.

＊ 第13條, 孟剔言伊川兼言

둘이 있는데도 하나를 말함을 剔言이라 보고 孟子가 性의 근본을

---

140) 且四則理發而氣隨之 七則氣發而理乘之 兩句亦甚精密 然鄙意以爲此二箇意思 七情則
兼有而四端則只有理發一邊爾 抑此兩句 大升欲改之曰 情之發或理動而氣俱或氣感
而理乘 如此下語 又未知於先生意思何(上同)

141) 大升謂泛論則無不可者 以其因說者而言之也 著圖則有未安者 以其對說者而言之也 若
必以對說者而言之 則雖朱夫子本說 恐未免錯認之病 如何如何(上同)

剔言했다 하더라도 理氣의 不雜性을 잊어서는 안된다는 것이다. 伊川의 兼言은 더욱 그렇거니와 둘로 分立하는 폐단이 없어야 된다고 하는 곳이다.

＊ 第15條, 一有之而不能察

하나라도 私됨이 있으면 제대로 살필 수 없다는 退溪의 말에 反動하여, 好樂·恐懼·忿懥·憂患 등이 지나치면 해로움을 밝히면서 즐거울 때에도 怒가 있어야 正을 얻는다고 보아 定性書의 의미를 묻고 있다.

＊ 末條

朱子語類中 「四端是理之發 七情是氣之發」의 理解에 있어서 高峰이 불만스럽다는 것이 아니라 한마디 말에 집착해서 定說로 고집한다면 옳지 못한 것이 된다고 했던 본의를 강조하고 있다. 또 학문하는데 있어서 학문을 위하는 태도를 경계하고 있다.

이상으로 退溪가 수정한 改本과 辯論한 17 個條에 대하여 所見을 밝히고, 또 몇개의 문제점을 뽑아서 辯說한다.

＊ 後論以虛爲理之說

宋代 性理學者들의 견해를 들어 「虛」를 어떻게 이해할 수 있는가에 대한 所見이다. 부질없이 虛一字를 놓고 成說할 수 없다고 보면서 그것을 敬으로 이해하려 한다.

＊ 四端不中節之說

四端에도 不中節이 있다고 한 退溪의 見解에 대한 辯說이다. 朱子語類에서 惻隱·羞惡에 中節·不中節이 있음을 지적하는데 이는 孟子의 세밀치 못함에 기인하는 바이나, 退溪처럼 句斷함은 不可하지 않을까 하는 입장이다.

＊ 建圖立說固當爲知者而作 不當爲不知者而廢(그림을 그려서 주장함은 본래 知者를 위해서 지어야 하고 不知者를 위해서 폐하지 않아야 한다)

圖說은 마땅히 知者를 위하여 만든 것이니 不知者를 위하여 廢할 수 없다는 退溪의 말에 답변한 것이다. 高峰은 그 天命圖가 聖賢의 뜻에 어긋난 곳이 있다하여 별도를 圖式을 그려 보냈다. 또 그전 圖式에 관하여 易大傳·邵康節·朱子 등의 견해에 어긋나는 점을 밝혀 달라고 한다.

✴ 俚俗相傳之語非出於胡氏

俚俗에서 相傳하는 말이 胡氏에서 나온 것이 아니라는 退溪의 말에 대하여 高峰은 胡氏에서 나왔다고 입증하고 있다. 性情說을 말할 때 일반인이 그러했고 또 鄭丈은 특히 胡氏의 說을 인용하였다고 한다. 그 후에는 여러 學說중에서 語類를 따라 定說로 삼음에 불만을 표하고 理氣를 갈라서 말함이 부당하다는 기본입장을 지속한다.

이상으로 요약되는 것이 退溪의 辯論에 대한 구체적인 答辯書이다. 특히 문제점을 위주로 하여 所見을 밝히고 있다. 이러한 高峰의 答書에 退溪는 얼마후에 다시 回信한다.

Ⓗ 退溪與高峰書

彼此間에 유감없는 理論展開와 그 정도로 보아 몇가지 문제로 남는 것이 있지만 더 이상의 論爭이 의미없는 것임을 밝힌다. 부질없이 論難만 일삼으면 自說의 合理化에 급급하여 자칫 聖門을 더럽힐까 조심하는 입장이다. 그리하여 서로간에 의미를 느낄만한 詩一絕을 띄운다.

「兩人이 駄物의 輕重을 다투어서 높고 낮음을 헤아려 이미 平衡을 얻었도다. 다시 乙邊을 이기어 甲에 돌아가니 어느때 駄物의 勢가 가지런한 均衡을 얻을 수 있으랴」[142]

고 하여 여운을 남기고 있다.

이처럼 論辨의 본질적 意義를 상기시키는 退溪의 書翰에 대하여 高峰은 한참 뒤에 다시 回答한다.

Ⅰ 高峰答退溪書

高峰은 退溪의 뜻깊은 詩一絕과 더불어 回信을 받고 失心한 듯 論辨의 氣力을 정비하려는 태도이다. 그 동안 未完했던 부분을 깊이 생각하여 깨닫고 後說一篇과 總論一篇을 지어 올리니 잘 살펴달라고 한다. 論辨의 結論段階에 이른 듯하다.

✴ 四端七情後說

여기서 高峰은 退溪의 「四端理發而氣隨之 七情氣發而理乘之」說을 긍정하는 태도를 밝힌다. 엄격한 구별이 요구되었던 기본입장에 접근되는 理性의 태도로 深化되는 것같다. 그러나 理氣兼有를 전제하여

---

142) 兩人駄物重輕爭 商度低昂亦已平 更剋乙邊歸屬甲 幾時駄勢得勻停 呵呵(上前揭書 退溪與高峰書)

四端七情을 보고 七情中의 中節을 四端으로 보려는 기본입장을 바꾸지는 않는다. 결국 本然의 善과 氣質의 善이 같은가 다른 가하는 문제로 상호의 異見이 집약되는 것으로 나타난다.

* **四端七情總論**

四七理氣說의 종합적 의미를 밝히려고 하는 취지이나, 기본은 앞서 말한 것과 大差 없음을 본다. 특히 四端의 發과 七情의 發에서 善惡을 이해하는 문제에 있어서 理發의 善과 兼理氣의 善이 원래 다른 것이 아님을 중복하여 강조한다. 또 四端七情說에서 一義를 찾을 것이지, 합하여 一說로 삼음은 不可할 것이라고 다짐하고 있다.

이러한 高峰의 答書에 退溪는 또 書翰을 띄운다.

J 退溪答高峰書

보내준 四端七情後說과 總論을 보고 명쾌한 것이라고 칭찬하고 약간 잘못된 舊見을 고쳐 따르는 일은 하기 어려운 좋은 態度라고 보았다. 또 退溪는 聖賢의 喜怒哀樂과 각각 所從來가 있다는 등의 말에는 과연 未安함이 있는 듯하니 깊히 생각해보겠다고 意思를 밝힌다.

그후 退溪는 高峰에게 또 書信을 띄운다.

K 退溪與高峰書

여기서 退溪는 高峰의 四端七情後說과 總論을 거듭 읽어 생각한 結果, 대개 같은 결론으로 귀착됨을 밝히고 있다. 다만 本은 같은데 末이 다르다는 차이점을 지적한다. 그는 말하기를,

「이 理의 發을 말한 것은 理를 專指하여 말함이요, 이 氣의 發을 말한 것은 理와 氣를 함께 하여 말하는 것이라고 한 것은 滉은 일찌기 이 말로써 本이 같고 末이 다르다고 하였읍니다. 先生은 이로 인하여 마침내 四端七情이 理氣로 分屬됨은 不可하다 했는데 이는 이른바 末이 다르다는 것입니다」[143]

라고 하였다. 根本에 있어 같은 面을 드러내면서도 아직 미진한 부분에 관하여는 유감을 표하면서 글을 맺는다.

이렇게 해서 四七理氣說에 관한 오랜 論辯이 일단 끝을 보게 된다. 聖賢의 뜻을 존중하며 상호 一致된 견해도 발견되나 아직 課題로 남

---

143) 其言是理之發專指理言 是氣之發者以理與氣雜而言之 滉曾以此言爲本同末異者 鄙見固同於此說 所謂本同也 顧高明因此而遂謂四七必不可分屬理氣 所謂末異也(前揭書下篇 退溪與高峰書)

은 부분도 나타난다. 觀點과 哲學的 所信의 차이에서 비롯될 問題이
지만 다음에서 이를 정리하여 보고 退溪의 理到說을 살펴보기로 한
다.

③ 論辨의 課題와 理到說

Ⓐ 論辨의 課題

辯說의 結論段階에서 서로 의견의 接近을 보고 있지만 그러면서도
처음부터 지켜온 基本立場을 바꾸지 않았음을 볼 때 그 論辨의 과제
를 발견하게 된다. 그 주요부분은 四端七情을 전제한 理氣의 發問題
와 四端에서의 善과 七情에서는 善이 같은가 다른가 하는 문제로 요
약될 수 있으므로 이 두 부분을 살펴본다.

退溪와 高峰은 理를 主宰로, 氣를 材料的 要素로 구분하면서 그 不
離性과 不雜性을 함께 인정한다. 그러나 실제 存在의 立場을 표현하
는 문제에 있어서는 의견을 달리한다. 말하자면 高峰은 七情에 四端
이 있는 것이며 언제나 理와 氣가 兼在하는 面을 志向함에 비하여 退
溪는 四端과 七情의 所從來는 다른 것이며 理와 氣가 떨어질 수 없다
하더라도 理發과 氣發로 主言할 수 있다고 하는 純粹性 志向의 입장
으로 지속된다. 退溪가 四端과 七情을 구별하여 설명함에 대하여 高
峰은 그렇게 되면서로 다른 두 情을 인정하게 되는 의심이 생긴다고
보아 兩個의 것으로 파악될 수 없다는 것이다. 따라서 여기에는 理와
氣가 별도로 존재할 수 없다는 高峰의 의지가 강하게 작용된다. 그런
데 一貫된 이 주장에 부딪친 문제가 「理之發」이다. 만일 「理之發」·
「氣之發」兩者를 그대로 긍정하면 두개의 「發」을 인정하여 결국 二情
의 疑心을 낳을 수밖에 없게 되기 때문이다. 그러므로 理發을 말할
때는 동시에 氣를 강조하고 氣發을 말할 때는 理의 同時存在를 강조
한다. 이 理發氣發의 一元的 把握은 七情에 四端이 내재된다는 前提
에서 「七情是氣之發」의 「氣之發」은 理氣가 함께 있을 경우를 뜻하며
「四端是理之發」의 「理之發」은 七情의 그런 狀態에서 다만 理의 發을
가리킨다는 解釋이[144] 가능하다고 본다. 高峰은 退溪가 주장하는 「理
之發」을 이해함에 있어서, 그 次元을 理의 절대적 純粹性에 두지 않

---

144) 所謂四端是理之發者 專指理言 所謂七情 是氣之發者 以理與氣雜而言之者也 而是理
之發云者 固不可易 是氣之發云者 非專指氣也(前揭書 上篇 第1節)

고 항상 氣의 不離的 관계에서 파악코자 한다.[145] 즉 理에서 發한다
고 할 때 發하는 所以然이 理이기 때문에 그렇게 말한다는 것이다.[146]
그러므로 그「理之發」의 本意를「氣의 順理而發」이라고[147] 생각할 수
도 있게 된다. 이러한 理氣不離的 思考는 마침내 因說對說의 論理로
展開되면서 高峰 자신의 입장이 因說에 있음과 그 妥當性을 밝힌다.
동시에 退溪는 對說의 입장에 있다고 본다. 결국 이 문제는 理發의
경우에 氣를 섞어 말하느냐 그렇지 않느냐의 두 견해로 모여진다. 이
때에 退溪는

「四端理發而氣隨之 七情氣發而理乘之」[148]

라는 말로 결론을 짓는다. 그런데 이에 대하여 高峰은 역시 그대로
긍정하지 못하고 달리 표현한다.

「情之發也 或理動而氣俱 或氣感而理乘」[149]

이라고 말하면 어떻겠느냐고 문의하였으나 그대로 辯論이 끝난다. 이
설명을 볼 때 四端七情을 같은 情으로 처리하는 동시에 理氣의 상호
작용을 다른 문자로 넣어 그 二物的 理解를 극복하려는 것으로 파악
된다. 그러나 理氣의 相互作用하는 側面의 說明은 그 文字만 바뀌었
지 意味上으로는 別差 없음을 보게 된다.[150]

　다음은 四端에서 無不善의 善과 七情에 有善惡의 善이 같은 것이냐
다른 것이냐 하는 문제이다. 앞의 四七理氣說에서 退溪는 理의 純粹
性을 위하여 氣를 분리하여 보려했던 바와 같이 四端과 七情에서의
各善이 同一한 것으로 간주하지는 않으려 한다. 그러나 四端은 七情
가운데 發하여 中節되는 것의 苗脈이라고 보는 高峰에 있어서는 같은
것으로 판단한다. 즉 七情에 四端이 포함된다고 보았으니 논리상 같
은 것으로 말하지 않을 수 없다. 그러므로 四端의 純善과 七情의 善
에 同・不同을 논하는 문제는 四端과 七情의 관계를 파악함에 직결되

---

145) 所謂四端者 雖曰無非氣 而其發見之際 天理本體粹然呈露 無少欠闕 恰似不見氣了 譬
　　如月映空潭 水旣淸澈月益明朗 表裏通透疑若無水 故可謂之發於理也(前揭書 下篇 高
　　峰答退溪再論四端七情書 條例 第4條 第6條)
146) 且如惻隱羞惡亦豈非氣之自然發見者乎 然其所以然者則理也 是以謂之發於理爾(前揭
　　書 上篇 高峰答退溪論四端七情書 第10節)
147) 李相殷〈四七論辯과 對說・因說의 意義〉亞細亞研究 49號 p30
148) 退溪全書 16卷 答奇明彦非四端七情分理氣 第2書
149) 高峰全集 兩先生理氣往復書 高峰答退溪再論四端七情書 條列 第4條 第6條
150) 拙著, 退溪의 哲學思想 研究 p54

는 것이다. 그 本質에 있어서 退溪는 섞이지 않는 純粹性保存을 위하
여 同源의 것이될 수 없다는 입장에 대하여 高峰은 두가지가 분리된
本體나 現象이 있을 수 없다는 態度이므로 兩論의 만남이 어렵게 되
어 온다. 그리하여 결국 이 문제에 대하여 서로 意見接近을 보지 못
한채 未解決의 課題로 남게 되었다. 요컨대 高峰은 七情에서 中節의
善이 곧 四端에서의 純善과 다른 것이 아니라고 말하는데 비하여 退
溪는 純善의 입장에는 氣를 겸한 것으로 지적될 수 없다고 보아 그
절대적 純粹性을 간직하려 한다.

　한편 高峰은 그의 마지막 辯論이 되는 四端七情後說과 總說에서 前
日의 생각이 미진했다고 自省하면서 계속 반대하여 온「四端是理之發
七情是氣之發」을 긍정하기에 이른다. 四端을 확충해가려면 「四端이
理의 發임」을 말하지 않을 수 없고, 七情의 치열하고 방탕함을 단속
하여 中에 맞게 하도록 하려면 「七情이 氣의 發임」을 당연한 것으로
말한다.[152] 그리하여 분리하여 보는 것에 의심될 것이 없다고 본다.
그런데 그처럼 말한다면 혹 지금까지 간직해온 논리를 부정하는 것
으로 이해할 수도 있다. 그러므로 그는 바로 이어서 七情이 氣에 속
한다 하더라도 본래 理가 그 가운데 있다 하여 자신의 하나로 보려는
基本立場을 지속하여 간다. 여기에 그 긍정의 입장과 한계를 볼 수
있다. 어쨌든 退溪의 표현에 긍정적으로 접근하려는 데에는 그 이유
가 있을 것인 바, 그것은 理論의 타당성보다는 修養과 實踐의 必要性
에 있는 것으로 보인다.[152] 體認하여 가는 深化의 태도에서 드러나는
面으로 이해된다. 여기서 純理와 兼氣로 구분하여 설명하는 것이 人
心道心에서는 가능하나 四端七情에서는 그럴 수 없다는 難點[153]의 解
決도 가능하리라 본다. 思惟가 深化되면서 理의 純粹性과 主體的 自
覺의 面에서 退溪에 접근되는 意思를 나타낸다. 그러면서도 그의 不

---

151) 因復思之 乃知前日之說考之有未詳 而察之有未盡也 孟子論四端 以爲凡有四端於我者
　　知皆擴而充之 夫有是四端而欲其擴而充之 則四端是理之發者 是固然矣 程子論七情
　　以爲情旣熾而益蕩其性鑿矣 故覺者約其情使合於中 夫以七情之熾而益蕩而欲其約之以
　　合於中 則七情是氣之發者 不亦然乎 以是而觀 四端七情之分屬理氣 自不須疑而四端
　　七情之名義 固各有所以然 不可不察也(高峰全書 兩先生理氣往復書 下篇 高峰答退○
　　書 四端七情後說)
152) 李相殷〈四七論辯과 對說·因說의 意義〉亞細亞硏究 49號 p32
153) 然則以四端七情對擧互言 而謂之純理兼氣可乎 論人心道心 則或可如此說 若四端七情
　　則恐不得如此說(高峯全書 兩先生理氣往復書 上篇 高峰上退溪四端七情說)

離的 基本態度에는 변함없음을 주장하니 兩論辨의 主要課題가 된다고
생각된다.

B 理到說

四七論辨이 일단락된 뒤에 退溪가 高峰에게 밝힌 最晚年의 學說은
이 理到說로 지적된다. 여기 四七論辨에 속하지는 않는 것이라 하더
라도 그의 認識論上 중요내용이 아닐 수 없다.

認識論의 문제는 格物致知의 이해로 이어져 온다. 退溪에서도 이
格致說을 바탕으로 전개되는데, 知를 가능케 하는 認識主體로서의 心
과 認識對象으로서의 物, 즉 그 「物之理」 사이에 어떻게 참다운 認識
이 형성되느냐하는 문제를 중심으로 한다. 이 인식의 主客問題에 있
어서 退溪의 境遇 두 시기가 있었던 것으로 보인다. 晚年의 理到說을
말하기 이전까지는 理에 「情意·計度·造作」이 없다는 朱子說에 집착
하여 心의 능동성을 위주하여 파악했던 時期와 그 理에 「情意·計度·
造作」의 能動性이 있음을 확인하여 밝혀지는 이른바 理到說을 정립하
는 時期로 구분된다. 그러나 인식의 論理에 있어서 理와 心이 직결되
어 있다고 보는 것은 前後의 입장에 일관된 것이었다. 다만 論理的
理解의 차이를 드러내는 경우로 간주된다. [154]

이 格致說에 관련하여 退溪와 高峰사이에 詩로서 그 意中을 나눈
바가 있었다. 먼저 高峰의 표현을 보면

「巧를 致함은 物을 雕함에 있고 物의 雕巧는 곧 밝히는 일이로
다. 物의 雕가 極에 이르니 나의 巧가 또한 온전을 따르도다」[155]

라고 읊었다. 致知를 致巧로 格物을 雕物로 표현하며 그 雕와 致 그
리고 物極과 我全이 동시에 이루어지는 것으로 본 것같다. 이 詩에
대하여 退溪는 和答하기를

「사람의 巧가 物을 雕할 수 있는 것이오. 雕함이 어찌 사람을 巧
하게 하랴. 知가 格物할 수 있다고 이름은 취한 비유가 아마 당치
않은 것같다. 雕하여 極에 도달할 수 있으니 도달하는 者가 어찌
사람이 아니랴. 物이 雕詣할 수 있다 함은 그 말이 어찌 심히 不當
하지 않으랴」[156]

---

154) 拙著 退溪의 生涯와 思想 p92
155) 致巧在雕物 物雕巧乃宜 物之雕詣極 我巧亦隨全(高峰先生續集 卷1 詩釋物格)
156) 入巧能雕物 雕寧巧得人 謂知能格物 取譬恐非倫 雕而能詣極 詣者豈非人 謂物能雕詣
言向太不倫(上同 辯答)

고 하였다. 여기서 知와 理로서의 人과 物이 떨어질 **수 없지만** 認識
主體를 人에 놓고 人이 物에 至함에서 인식이 형성되는 것으로 보았
음을 알 수 있다. 인식의 形成에서 능동적 作爲性을 「理」보다는 「知」
에 두고 있는 입장이다. 그러나 晚年에는 「理」에도 그 作爲性이 있음
을 體認하여 마지막 정리를 하기에 이른다. 이른바 理到說을 끝자로
高峰에게 書翰을 띄운다. 그때가 他界하기 1個月도 못될 때에 格物
說과 無極太極說의 誤認됨을 밝혀 金而精편에 보내고 2일후에는 직접
高峰에게 보낸다는 記錄[157]을 보면 최후에 확인된 내용을 분명히 전
달하려는 의지가 엿보이기도 한다. 먼저 誤說을 간직하여 온 것은 理
가 「無情意・無計度・無造作」의 것이라 한 朱子說을 고수했기에 나
自身이 物理의 極處에 이르는 것이지 理가 스스로 이를 수 없다고 보
게 된 것이었다고 말한다. [158] 이러한 오인을 是正함에 있어서는 먼저
朱子의 그러한 理說을 극복하여 理를 活物視하면서[159] 理에 用이 있
다는, 역시 朱子의 註釋을 깊히 생각한다. 그런데 萬物에 散在해 있
는 理에 있어 그 미묘한 用은 人心을 벗어나지 않는다는 점과 그렇다
면 理에 用이 있는데 또 하필 心의 用을 말하느냐 하는 점이 의심되
어 왔다. [160] 理에 用이 있다면 人心의 作用性이 약화되고 人心에 用이
있다면 理가 無爲로 되겠기 때문이다. 이 점을 어떻게 연계하느냐 하
는 것이 문제이다. 결국 理가 비록 個物에 산재해 있다 하더라도 실
은 그 用이 心에 있는 것이라고 보면서 또 用이 人心을 벗어나지 않
으나 그 用의 妙함이 理의 發現됨이라고 하였다. [161] 理의 用이 人心
과 분리된 상태의 것이 아니라는 확인에서 理無爲로부터 理有爲에로
그 전환이 가능했던 것으로 생각된다. 여기서 理到의 格致說을 말할
수 있게 되는 것이라 하겠다. 또 「理의 自到」를 의미하는 理到說에서
의 理에는 그의 理發觀과 「理의 活物觀」이 직결되어 있는 곳이기도
하다. 그리하여 人心의 이르는 바를 따라서 이르지 않을 곳이 없고

---

157) 向來物格說無極而太極說 鄙見皆誤 亦已改說寫奇于而 精恐或失傳故今呈一紙(高峰先
　　生文集 往復書 卷 3)
158) 滉所以堅執誤說者 只知守朱子理無情意無計度無造作之說 以爲我可以窮到物理之極處
　　理豈能自至於極處(退溪全書 卷18 答奇明彦 別紙)
159) 若認理爲死物 其去道不亦遠甚矣乎(上同)
160) 理雖散在萬物 而其用之微妙 實不外一人之心 初不可以內外精粗而論也 其小註或問用
　　之微妙是心之用否 朱子曰理必有用 何必又說是心之用乎(上同)
161) 蓋理雖在物 而用實在心也 其用雖不外乎人心而基所以爲用之妙 實是理之發現者(上同)

다하지 못할 바가 없으니 자신의 格物됨이 이르지 못할까를 걱정할
것이지 理가 自到할 수 없을까 하는 걱정은 인정되지 않았다. [162]

요컨대 그는 말하기를

「格物로 말하면 自身이 物理의 極處에 窮至함을 뜻하고, 物格로
말하면 物理의 極處가 自身의 窮究하는 바에 이르지 않음이 없다
함은 不可할 것이 없다. 이에 情意・造作이 없는 것은 理本然의 體
이고 隨寓發現하여 이르지 않음이 없는 것은 理의 至神한 用이
다」[163]

라고 하였다. 格物・物格의 本意를 밝히고 理의 本體的 無爲性과 能
顯的 作用性으로 體用一源을 지향하고 있다. 理를 死物로만 볼 수 없
다는 점과 事物之理와 我가 一理에 합치될 수 있다는 前提에서 理到
說이 가능한 것으로 이해된다. 理體心用의 妙處를 理到로 설명하여
主客 內外의 認識論上 難點을 극복하였던 것은 退溪의 自得處로서 높
이 평가된다. 認識論에서 확인되는 理到는 心性論에서의 理發과 상통
되는 견해로 이해되기도 한다. 이처럼 理로 일관되는 그의 性理說은
一心의 主宰며 萬事의 근본으로 간주되는 敬工夫와 병행하여 그 절실
함을 더해 준다.

4 退溪哲學의 性理學史的 意義

退溪哲學의 특색은 氣와 혼잡될 수 없는 理의 純粹性을 보존하려는
데에서 발견된다. 極尊無對한 天理를 源頭處로 삼아 오직 그것을 추
구하고 실천하려는 절실한 태도에서 비롯된 것이었다. 그러므로 理와
氣의 不離性을 긍정하지만 결코 그 不雜性을 해칠 수는 없다는 입장
을 간직하게 된다. 그리하여 결국 理의 우위성을 드러낸다. 말하자면
四端七情・人心道心을 파악함에 있어서도 四端과 道心은 理의 次元으
로 주를 삼으며 七情과 人心은 理氣가 兼存하는 次元으로 분속해서
성찰하려는 것이다. 그런데 여기에는 두 근원을 말하게 된다는 論理
的 構造面에서 辯說을 초래하는 근거가 있기도 하였다. 그러나 退溪

---

162) 隨人心所至 而無所不到無所不盡 但恐吾之格物有未至 不患理不能自到也(上同)
163) 方且言格物也 則固是言我窮至物理之極處 及其言物格也 則豈不可謂物理之極處隨吾
所窮而無不到乎(上同)
164) 蔡茂松 退栗 性理學의 比較研究 p84

가 중요시하는 人間의 體認體察과 道德的 修養面을 주목하여 본다면, 知行의 互進과 理氣의 互發性을 인정하지 않을 수 없는 데로 이른다. 이것은 尊理的 倫理性이 內在된 입장으로서 그의 哲學의 基底가 敬으로 일관되는 側面과 상통되는 것으로 이해된다. 奇高峰과의 論難에서도 후기에 그 接近性을 가질 수 있게 되었던 것은, 論理的 矛盾의 극복에 집착했던 高峰이 좀더 나아가 深思體察하여 修養面을 중시함에서 비롯된 것으로 보인다.

　退溪 性理說의 형성에는 朱子學이 큰 영향을 끼쳤으므로 그와 같은 견해가 있는 것이지만 역시 같은 것만이 아니었던 점을 보아왔다. 특히 氣가 이기거나 따를 수 없는 理의 尊貴無對함과 그 能發能生의 側面을 강조하였던 점, 또 認識論上에서 理의 作爲性을 확인하여 理到說을 정립하였던 점등은 주목되는 部分이다. 이러한 前提에서 人性論을 理氣論的으로 이해하여 그 종합적 深度를 더해갔던 學風은 韓國性理學의 특징을 이루는 것이었다. 退溪는 高峰에게 답하는 第一書에서 四端七情을 理氣로 分說함은 일찌기 보지 못했다.[165] 하여 그 특수한 입장을 보이고 있다. 그런데 그 이전에도 이미 程林隱의 心統性情圖나 權陽村의 入學圖說에는 그러한 論理의 표현이 있기는 하였다. 그러나 그때는 退溪가 그런 學說을 보지 못했거나 염두에 두지않고 견해를 밝히려는 獨創的 입장이었던 것 같다.[166] 그러기에 程林隱·權陽村의 學說에 관한 말은 후기에 보이고 특히 朱子의 「四端是理之發 七情是氣之發」이라는 설명을 발견하고서 자신의 생각이 더욱 타당한 것으로 확인할 수 있었던 좋은 기회로 삼은 듯하다. 高峰의 지적처럼 비록 그말이 語類에 있는 하나의 단편적인 것이어서 朱子의 定說이라고 보기 어렵다 하더라도, 退溪에게는 그렇게 가볍게 볼 수 없는 至重의 것으로 평가된다. 왜냐하면 그것이 자신의 견해와 合一되는 要諦로 판단되었기 때문이다. 즉 자기주장을 전개하는데 하나의 根據的 性格을 갖는 것으로 간주되는 것이었다. 이 朱子說에 대하여 退溪와 高峰은 그 평가의 견해차를 드러낼 뿐만 아니라 후기의 「朱子言論同異考」를 낳기에 이르기까지 중요한 爭點으로 지속되기도 하

---

165) 性情之辯 先儒發明詳矣 惟四端七情之云 但俱謂之情而未見有以理氣分說者焉(退溪全書 卷16 答奇明彦 論四端七情第1書)
166) 玄相允 朝鮮儒學史 p96

였다.

한편 奇高峰의 四七理氣說을 볼 때, 理發을 긍정하나 그것은 理氣兼有의 七情中에 포함되어 있다는 四端의 理發이므로 退溪의 理發과는 그 성격을 달리한다. 즉 理氣共存의 바탕에서 理發·氣發을 인정하니 「理氣共發」이라 칭할 수 있겠다. 그러나 退溪에 있어서는 七情에 四端이 포함될 수 없는 것이므로 四端을 理의 發로 볼 때 七情의 氣發과는 同質의 것으로 판단되지 않는다. 따라서 理氣의 共發이 아닌 互發로 통칭하여 구별한다. 요컨대 退溪四七理氣說의 中心이 되는 말은 「四端理發而氣隨之 七情氣發而理乘之」라는 지적으로 좋다고 생각된다.

그런데 退溪보다 35년후에 있었던 栗谷은 退溪보다 高峰의 입장에서 그의 性理說을 주장하여 주목된다. 그는 朱子이후 대표적 巨儒인 羅整庵·徐花潭·李退溪를 평하는 가운데 退溪에 관하여 말하기를,

「退溪는 朱子를 深信하여 그 뜻을 깊히 구하고 氣質이 상세하고 치밀하여 用功이 또한 깊어서 그 朱子의 뜻에 있어서 부합되지 않는다고 이를 수 없고 全體에 있어서 보지 못했다 할 수 없으나 豁然貫通한 곳에 있어서는 오히려 이르지 못한 곳이 있으므로 所見에 다 밝지 못한 점이 있고 말에 혹 약간의 差가 있으니 理氣互發 理發氣隨의 學說은 오히려 아는 것이 累가 되었다」[167]

고 하였다. 理發을 근본적으로 부정하는 栗谷 自身의 확고한 견해에서 평하는 側面이다. 여기서 그 哲學的 立場의 차이점도 엿볼 수 있다. 이처럼 韓國性理學의 頂上으로 칭송되는 退溪와 栗谷은 그 本質에 있어 입장을 달리하였을 뿐만 아니라 地域과 後學의 系統도 같지 않았다. 그리하여 결국 地域과 學統에 따라 韓國性理學의 兩大學派를 형성하게 되었으니 이른바 畿湖學派에서는 退溪性理說을 따르는 嶺南學派의 입장을 主理論이라 평함에 대하여 嶺南學派에서는 畿湖學派를 主氣論이라고 평할 정도로 그 대립이 깊어 갔으며, 후기에 그 대립이 심화될수록 오히려 退·栗의 本意에 어긋남이 많아지기도 하였다. 한편 退溪 當代에 유명했던 弟子로는 趙月川·李艮齋·鄭寒岡·

---

167) 退溪則深信朱子 深求其意 而氣質精詳愼密 用功亦深 其於朱子之意 不可謂不契 其於全體 不可謂無見 而若豁然貫通處 則猶有所未至 故見有未瑩 言或微差 理氣互發 理發氣隨之說 反爲知見之累耳(栗谷全書 卷10 答成浩原)

柳西厓·金鶴峯 등을 들 수 있으며, 그 後에는 李葛庵·李大山·奇蘆沙 등이 그 學統을 지속하여 왔다. 退溪의 互發說이 후기에 끼친 직접적 影響으로는 主理說로 발전되어 갔던 점과 간접적 영향으로는 唯理論의 계기가 되었다는 점을 지적할 수 있겠다. [168)

退溪哲學이 韓國性理學上에 끼친 공헌과 의의는 이미 잘 알려진 사실이다. 특히 奇高峰과의 四七理氣論辨은 韓國性理學이 人性論的으로 深化되어가는 眞髓를 밝혔다는 것으로 더욱 주목된다. 退溪에 이르러 朱子를 위시한 宋代性理學이 그 韓國的 展開를 볼 수 있었던 것이라 하겠다. 그의 學問은 國內뿐만 아니라 日本과 中國 등에도 영향된 바 컸던 것으로 평가된다. 自身에 있어서 정립한 哲學的 見解에 높은 稱頌이 가면서, 동시에 居敬窮理의 태도에서 學問을 연구하고 後學을 敎導함에 게을리 하지 않았던 그 立言垂後의 功은 더욱 빛나는 것으로 생각된다.

---

168) 拙著 退溪의 哲學思想 硏究 p59~63

鹿門 性理說에 관한 考察
──鹿廬雜識을 中心하여──

序 言

栗谷은 理通氣局[1]을 말했을 뿐만 아니라 本然之氣[2]를 새로 말하여 孟子의 浩然之氣를 의미했고[3] 또 心是氣[4]라고 하는 新述語를 사용함으로써 學者들에게 氣에 관한 관심을 모으게 하기도 했다. 栗谷의 氣에 대한 이해는 宋代 學者들의 영향도 있었으리라고 믿어지며, 또 그가 性理學者를 평한 가운데 整庵·退溪·花潭 중 整庵을 最高로 놓고 다음을 退溪, 그 다음을 花潭으로 보면서, 退溪에 대하여는 朱子를 깊이 믿어 依樣之味가 있다고 했고, 花潭에 대해서는 文字에 구애받지 않고 自得한 바 있다고 칭찬하고 있음을[5] 보아 氣觀에 대한 관계를 엿볼 수 있다. 그 후에 尤庵이 心의 虛靈은 분명히 氣에 속한다[6]고 言明함에 이르러 心이 氣라는 說이 굳어진 感을 주었고 韓南塘은 退溪의 心合理氣를 反駁[7]함에 心即氣라고 하여 이 주장은 氣論으로의 경향을 확고히 해주었다. 더 나아가서 任鹿門은 宇宙의 本體나 人心의 本質이 一氣라고 하여 性理學上의 主氣論을 확립하기에 이르렀다.

1) 苟論其大槪則理無形而氣有形故理通而氣局理無爲而氣有爲故氣發而理乘 ……(栗谷全書 卷20)
2) 氣局者何也 氣已涉形迹故有本末也 有先後也 氣之本則湛一淸虛而已 昌嘗糟粕煨燼糞壤汚濊之氣哉 惟其升降飛揚未嘗止息故參差不齊而萬變生焉於是氣之流行也 有不失其本然者 有失其本然則氣失其本然則氣之本然者已無所在 偏者偏氣也(答成浩原書)
3) 聖賢之千萬言只使人檢束其氣 使復其氣之本然而已 氣之本然之氣也 浩然之氣充塞天地則本善之理無少掩蔽 此孟子養氣之論所以有功於聖門也(答成浩原書)
4) 朱子曰心之虛靈知覺一而已矣 或原於性命之正或生於形氣之私 先下一心字在前則心是氣也 或原或生無非心之發也豈非氣發耶……(答成浩原書)
5) 近觀整庵退溪花潭三先生之說 整庵最高退溪次之 花潭又次之 退溪則深信朱子 深求其意……(答成浩原書)
　◇栗谷曰花潭聰明過人而厚重不足 其讀書窮理不拘文字……自以爲得千聖不盡傳之妙(同上)
6) 幹問心之虛靈分明是氣歟 尤庵曰分明是氣也(尤庵語錄 金幹錄)
7) 按心專言之則合理氣 蓋包性在其中故也 若與性對言之則性即理心即氣而不可復以合理氣言心也 蓋旣以理屬性而又以心爲合理氣則似涉二理故也(南塘集拾遺 卷4)

性理學이 太極・理氣・心性情을 문제로 하는 만큼 氣論도 또한 理論과 같이 중요하게 다루어진다. 그러나 여기 주의해야 할 것은 性理學이 太極論이나, 理氣論이나 心性情論의 그 自體의 뜻이 있는 것이 아니라 當論을 통해서 밝히고자 하는 것이 따로 있다는 점이 아닐까 생각한다. 그러므로 鼓吹하는 理論을 통해서 그 闡明하고자 하는 바에 기여되는 處所를 발견할 수 있다면 그것이 그 理論의 價値面이라고 믿어진다. 따라서 이제 살피고자 하는 鹿門의 주장도 그 理論自體도 중요하지만, 性理學이 意圖하는 바에 補益될 수 있는 側面이 더욱 소중한 것으로 이해된다.

本　　論

Ⓐ 鹿門의 思想轉換

鹿門은 그가 살던 公州의 處所로서 배우는 門人들에 의하여 불리워진 雅號요 字는 仲思, 肅宗辛卯(1711)에 태어나서 正宗戊申(1788)에 78세로 작고하였다. 그 동생인 靖周・敬周와 같이 陶庵(李縡 1680~1746)의 門下에서 受學하였다. 門人中에는 뛰어난 資質과 學行이 돈독한 사람이 謙齋 朴聖源과 櫟泉 宋明欽과 鹿門 任聖周가 유명하였다. 陶庵은 屛溪(尹鳳九 1681~1767)와 더불어 人心을 主氣와 主理로 論爭을 벌렸던 만큼 主氣의 입장에서 鹿門에게 영향을 주었다. 初年에 師說을 계승하여 謙齋 朴聖源・櫟泉 宋明欽과 함께 論調를 같이 하였으나 中年에 이르러서는 沈潛하고 默究한지 10여년만에 주장해오던 바의 잘못을 깨달았다.[8] 즉 洛論을 견지하여 人物性同之說을 고수해오던 중 大覺後로는 一轉해서 湖論의 性異之說과 洛論의 聖凡心同之說을 지키게 되었다. 그리하여 洛論의 人物性同之說과 湖論의 聖凡心不同說이 다 같이 理氣二物의 病을 면할 수 없음을 비난하게 되었다. 鹿門은 이처럼 그의 견해를 고친 뒤에 鹿廬雜識을 著述[9]하여 그 주장을 명백히 하고있다. 이제 먼저 그의 깨달았다는 自身의 말을 살펴본다.

---

8) 任鹿門則在初年亦承師說 與朴宋金諸氏無有異同而至中年 潛心默究十餘年大覺舊說之誤盡棄性同之說……(韓國儒學史草橋 李丙燾)

9) 鹿門集鹿廬雜識乃其晩年改見後所記述也(老洲集 25卷 37 前面)

B 그의 覺處

鹿門은 陶庵에게서 수학하였다. 陶庵의 學은 農巖에서 왔고, 農巖의 學은 栗谷에서 淵源하고 있다. 이렇게 보면 系統이 栗谷에 비롯됨을 볼 수 있으나 鹿門의 學은 栗谷에 비해서 많이 변모하고 있다고 할 수 있다. 栗谷의 湛一 淸虛의 氣觀에 대하여 鹿門의 의견은 엇갈리고 있음을[10] 보면 見解差異가 드러난다. 이러한 그의 主張은 다 晚年에 大悟覺醒한 心境에서 비롯된 것으로 보인다. 認識論理를 중요시하는 것은 哲學에서 매우 所重한 일이다. 그러나 認識은 그의 可能根據없이는 不可能한 것이며 우리에게는 思考하는 心性이 天賦的으로 주어진 까닭에 이것이 여러가지의 判斷의 主體구실을 하고 있다. 그러므로 學에 있어서는 思惟하는 단계가 貴重한 것이요[11] 또 그 過程을 깊이 깊이 겪고 나서 이것을[12] 잃어버리지 않고 항상 간직하는 분들이 이른바 賢者라고 孟子는 말하고 있다.

鹿門은 衷心으로 陶庵을 존경하였다. 사람의 軀殼은 속에 하늘의 意思를 담고 있는데 그 生動하는 빛은 顔面에 나타나며 온 몸에 배어 있고 팔과 다리에 의해서 活動되는 줄로 아는데 이것은 陶庵에서 볼 수 있다[13]고 함을 보아 충분히 알 수 있다. 그러나 그는 晚年에 人物性同之說의 洛論과 聖凡心不同之說(湖論)을 다 같이 理氣分裂의 病을 면할 수 없는 것으로 단정하고 自己대로의 主張을 세우기에 이르렀다.

栗谷의 理通氣局說에 대하여는 늘 疑心을 품었었고[14] 栗谷이 생각한 理氣源頭處에 대해서도 그 氣과 本一處에 혹 未透한 바가 있는 것처럼 평하면서 다 함께 理氣二物의 病을 難免일 것으로 이해하기[15]에 이르른다.

栗谷의 湛一淸虛의 氣에 대해서도 그는 否定의 態度를 취한다.[16]

---

10) 栗谷先生嘗云湛一淸虛之氣多有不在竊恐未然……所謂元氣者即張子所謂太虛太和孟子所謂浩然之氣充塞天地流行古今在陰陽滿陰陽在五行滿五行云云(鹿廬雜識 4前面)

11) 學而不思則 罔思而不學則殆(論語 爲政)

12) 非獨賢者有是心也 人皆有之賢者能勿喪耳(孟子 告子上)

13) 人底軀殼包涵天底意思 其生色也粹然見於面盎於背施於四體 於陶翁見之(鹿廬雜識 13 前面)

14) 栗翁理通氣局一語心常疑之 更思之此非判理氣爲二物一屬之一原一屬之分殊也(鹿廬雜識 24 後面)

15) 栗谷先生於理氣源頭深造獨見之……獨於氣之本一處猶或有未盡瑩者云云(鹿廬雜識 7 前面)

이렇게 그 스승이나 또는 그 스승의 源流인 栗谷과도 이처럼 意見을 달리하게끔 된 것은 곧 그 自身이 覺한 후의 일이다.

그는 中庸 鬼神章의 齊明盛服章一段에 의심을 느껴오던 중 數十年 생각끝에 한해 겨울 鹿廬에 있을 때 우연히 이 一章을 한번 다시 諷誦하다가 渙然히 얻은 바 있어 사람들에게 설명할 수는 없으나 思慮通窒이 前日과 다름을[17] 고백하고 있다.

이렇게 覺得하게 된 動機는 스승인 陶庵으로부터 주어졌었음을 그는 記錄하고 있다. 陶庵이 門下生들에게 禘說을 알면 天下를 다스리기가 손바닥을 가리키는 것처럼 쉬운 것이 무슨 까닭인지를 물었을 때 朴士洙가 禘說을 지어서 數百言을 늘어 놓아 先生게 제출했던 바 先生은 許諾하지를 아니했다. 鹿門은 집에 돌아와서 註說을 따라서 書面으로 質問을 했더니 先生게서는 中庸 鬼神章을 익히 읽고 禘嘗의 뜻에 이르러서 이 理致를 實地로 얻은 후에야 논의할 수가 있다고[18] 했다는 것이다.

그래서 鹿門은 그 말에 따라서 中庸 鬼神章을 읽고도 그 참 맛을 보지못한채로 泛然히 答을 지어 놓아두었던 중 이제 明白히 그리고 매우 절실해서 무어라고 대답은 못하겠으나 실지로 숨길 수 없는 듯함을 깨달아서 先生이 보신 높은 곳을 볼 수가 있었다는[19] 것이다.

이렇게 鹿門이 苦心했다는 中庸 鬼神章의 內容을 잠깐 여기서 살펴보고자 한다.

Ⓒ 中庸 鬼神章

弟子들에 대한 陶庵의 質問은 禘說을 알면 어찌하여 治天下가 쉬운가하는 것이었던 점으로 보아, 이는 中庸 19章에 「郊祀의 禮는 上帝를 섬기는 바요, 宗廟의 禮는 先祖를 제사드리는 바이니 郊祀의 禮와

---

16) 栗谷先生嘗云湛一淸虛之氣多有不在窃恐未然云云(同 4 前面)

17) 舊讀中庸鬼神章於齊明盛服一段每覺不快而章句以此爲體物不遺之驗而 雖强說得去而未能融 釋蓄疑在心者積數十年己卯多在鹿廬 偶取此章一在諷誦 便覺渙然氷融布乎四體有不能以語人者 豈思慮有時通窒而然耶 抑所造或有寸進與前日强揣度時不同耶(同 12 前面)

18) 陶庵嘗與學者設問知禘之說何故便能於天下如指諸掌 朴士洙作禘說累百言以進先生未之許也 余歸而以書質之 大槪依倣註說 先生答云 須熟讀中庸鬼神章至禘嘗之義實見得此理然後方可議也(同 12 後面)

19) 余又依其言讀之未見其味 遂認作泛然答問之語而置之矣 今覺其明白甚切似不答而實無隱 有以見先生見處極高 非常情所及也三復以還倍切糞墻之槧(同上)

禘嘗의 뜻을 밝히면 나라 다스리는 일은 손바닥 가리키는 것처럼 쉬
운 일이다」[20]라는 글이 보인다. 여기에 대해서 朴士洙가 장황하게 對
答을 했건만 要領을 얻지 못했었고 鹿門도 註解에 따라서 書面質疑를
했던 결과 禘嘗의 뜻을 得한 후에야 더불어 講論할 수 있다고 충고해
주었던 것이다. 中庸 鬼神章을 熟讀하고 나서도 그 이해에 自信이 없
는 채로 答書를 써서 그대로 놓아두었다는 것이다. 陶庵의 見處를 實
見한 것이 數十年後라고 述懷(註17 前出)하고 있음을 보아 그 苦衷도
매우 컸으리라고 추측된다. 熟讀하라고 권고받은 鬼神章 16章은

　「孔子가 이르기를, 鬼神의 德이여 盛하도다, 보아도 보이지 아니하
　며 들어도 들리지 아니하며 物에 體해서 남김이 없도다. 天下 사람
　들로 하여금 齊明盛服하여 祭祀를 받들게 하면 洋洋하게 그 위에 계
　시는 것 같으며 그 바로 左右에 계시는 것 같도다. 詩에 이르기를
　神이 이르는 것을 헤아릴 수가 없는데 하물며 싫어할까 보냐. 그윽
　한 것의 나타남이니 誠을 가릴 수 없음이 이와 같도다」

　〈子曰鬼神之爲德其盛矣乎 視之而弗見 聽之而弗聞 體物而不可遺 使
　天下之人齊明盛服以承祭祀 洋洋乎如在其上如在其左右 詩曰神之格思
　不可度思矧可射思 夫微之顯誠之不可揜如此矣〉

라고 되어 있다.

　즉 이 글을 玩味하고 나서 禘說의 뜻을 파악하면 서로 더불어 이야
기할 수 있다고 陶庵이 했던 것이다. 먼저 熟讀하라고 한 이「中庸」
16章의 글에서 보면 그리 쉽게 통하지 않는 곳이「視之而弗見 聽不而
弗聞 體物而不可遺」條로 보인다.

　朱子의 註譯에 의하면 鬼神이란 形과 聲이 없으나 物의 終과 始요,
陰陽合散의 所屬아님이 없다는 것이다. 新安陳氏의 疏에 따르면 陰陽
이 合해서 物의 始가 되고 陰陽의 離散하여 物의 終이 된다고 하였다.
體物而不可遺를 弟子가 朱子에게 물었을 때, 朱子는「一氣는 毫釐忽
裏에 出入하는 것인데 이 陰陽은 天地를 남김없이 다 둘러싸고 있으
며 이 陰陽은 理가 있으면 곧 氣가 있고 氣가 있으면 곧 理가 있어서
實아님이 없다」고 하였다. 一氣는一毫의 空間도 남김이 없이 宇宙에
충만되어 있으므로 없는 곳이 없다는 것이다. 그리고 物의 生成消滅

---

20) 郊祀之禮所以事上帝也 宗廟之禮所以祀乎其先也 明互郊祀之禮禘嘗之義治國其如示諸
　　掌乎

은 陰陽의 氣의 集散으로 생각하는 것이다. 이처럼 기본적으로 天地에 充滿되어 있는 一氣는 그 集散에 따라 萬物이 生滅되므로 物의 終始가 이 氣에서 벗어날 수가 없으니 體物而不可遺일 수밖에 없다. 이러한 陰陽屈伸의 不測한 것을 가리켜서 鬼神이라고 할진댄 사람의 認識能力으로는 헤아리기 어려우니 詩에 이른대로 또한 神之格思不可度思일 수 밖에 없을 것이다. 全空間에 충만되어 있으므로 萬物이 모두 그 속에 體하여 하나도 남길 수 없을 것이니, 微顯의 구분이 없을 것이요, 如在其上 如在其左右라고 할 수 있을 것이다.

이러한 생각들은 歷代의 氣論者들이 한결같이 다 말해오는 바이기도 하다. 다만 여기서 어렵게 생각되는 것은 위와 같은 풀이는 쉽게 가능하지만, 실지로 張橫渠의 西銘의 말과 같의 天地之塞吾其體라고 하는 吾其體의 體驗은 역시 간단하지 않으리라고 보인다. 體物에 대한 自身의 實感은 客觀的인 說明이 곤란하므로 스스로의 主觀的인 感知에 맡길 일이라고 이해된다. 그렇기 때문에 鹿門이 見得했다는 표현에

「今覺其明白甚切似不答而實無隱 有以見先生見處極高 非常情所及也云云」

속에는 그러한 의미가 담겨 있는 것으로 이해된다.

陶庵의 말대로 하면 위의 內容이 충분히 소화되어야 禘說에 대한 뜻을 實見해서 이야기를 나눌만 하다는 것이다. 이제 第19章에 보인 禘說을 잠깐 살펴보기로 한다.

朱子註에 의하면 郊는 祭天을 뜻하고, 社는 祭地를 意味하고, 禘란 天子宗廟의 大祭라고 하였다. 嘗(秋祭로서 春夏秋冬 四時에 각각 드리는 祭祀의 하나)은 秋節에 올리는 祭祀요, 先王들이 報本追遠하는 간절한 뜻으로 올리는 禘祭는 지극한 仁孝誠敬의 發露인 것이다. 그러므로 始祖所自出의 帝를 미루어 始祖의 廟에 配享하는 것이다. 그렇게 보면 始祖가 나온 所自出인 根源處에 대한 誠敬을 올리는 禘祭와 感謝를 드리는 秋祭와 天祭의 郊와 地祭인 社의 참뜻을 알 때 나라 다스리는 일이 쉬워진다는 것이다. 郊나 社나 禘나 嘗이나 요는 根本에 報答하는 至切한 感情의 發露라는 점에 共通性을 지니고 있다. 祈禱 아닌 事實的인 이 祭祀가 形式的인 行事가 아니라 至誠에서 우러나오는 敬일 수 있으려면 그럴 수 있을만한 근거가 있어야 한다. 陶庵으로

말하면 鬼神章을 熟讀하고 禘嘗의 뜻을 알고 난 뒤에야 議論할 수 있다고 한 것으로 미루어 郊祀禘嘗의 至誠 에너지의 補給基地로서 鬼神章을 생각했던 것으로 보인다. 體物不遺의 如在左右를 실감할 때 郊祀禘嘗에 精誠이 샘솟을 수 있고 이렇게 되면 나라를 다스리는 일이 매우 쉬운 일임을 알게 된다는 것의 陶庵의 생각이었을 것이다. 뿐만 아니라 實地로 그렇게 믿었기에 門下生들에게 그토록 권했고, 직접 그대로 연마한 이가 鹿門이었다고 생각된다. 그 期間이 數十年이 필요했고, 마침내는 그 結果를 鹿門이 얻었던 것으로 표현되어 있다. 孔子도 禘說을 或者가 물었을 때 알지 못한다고 대답했고 다만 禘說을 아는 이가 天下를 다스리면 손바닥 가리키듯 쉬운 일이라[21]고만 말하고 있음을 미루어 知禘의 일이 어려움을 짐작하게 된다. 그러나 鹿門은 潛思數十年에 이것을 얻은 것으로 말하고 있다.

이러한 基礎위에 세워진 그의 性理說은 과연 어떠한 것인지 다음에 알아보기로 한다.

Ⅾ 太極說

이미 中庸 鬼神章과 禘說을 위에서 살펴보았거니와 그의 思想轉換을 초래한 것도 여기에 있었음을 推測할 수 있을 것으로 보인다. 그의 晩年의 사상은 이것에 의해서 정리되었음을 볼 때 그 思想的 基底는 또한 여기에 있었다고 생각된다. 이 글 가운데 體物不遺와 陰陽不測의 實見은 氣로 말미암은 것으로 보이며 그러므로 여기에 의한 本體的인 이해는 思想全般을 氣로 裝飾하게도 된 줄 안다. 太極에 대해서는 易有太極是生兩儀라고 한 周易(繫辭上)을 비롯하여 周濂溪는 그의 太極圖說에서 無極而太極을 주장하였고 朱子는 太極理也라고 하여 각각의 主張을 내세웠으나, 여기서의 共通點은 理를 形而上學的인 것으로 超越的인 神聖性을 두어서 太極을 이해하려는 점이다. 그러나 理라고 하더라도 역시 所在는 氣를 떠나서 찾기 어렵다. 그러므로 理는 理氣의 不離하는 實存에서 端處를 찾을 수 밖에 없으나 그렇다고 해서 또 이를 빙자해서 理가 氣에 汚染될 수도 없다. 이 理의 純粹性을 發에서 求하자니까 理發이라고 하게도 되고, 理를 體로 높이는 氣의 汚染으로부터 嚴分하자니 時空속에서 用하는 것이 氣요 形而上에서

21) 或問禘之說子曰不知也知其說者之於天下也其如示諸斯乎指其掌(論語 八佾)

이 氣를 主宰하는 것을 理로 말하게도 된다. 이러한 理想에서의 共通
點은 한결같이 理의 純粹性을 지키려는 傾向이라고 할 수 있다. 여기
서 難한 것은 理의 純粹性을 相對的인 理氣속에서 지키면서, 이 理의
太極의 至尊함을 超越性속에 論理化하는 일이라고 보겠다. 太極과 理
氣의 이러한 문제들은 歷代의 儒賢들이 正統的으로 견지해오던 理論
이기도 하다. 그러나 鹿門에 있어서는 이것이 어떻게 이해되고 있는
가 할 때에 현저한 差異를 발견할 수가 있다. 理를 體로 하고 氣를 用
者로 嚴別하는 氣發理乘一途說이나, 理氣相對속에서도 理의 神聖性을
지키려 理發氣隨 氣發理乘의 互發說에서, 氣를 超越性으로부터 구분
하려는 것과는 달리 氣를 보다 더 重視하는 모습을 鹿門에서 볼 수
가 있다. 이러한 그의 基本的인 표현을 鹿廬雜識의 첫머리에서 읽을
수가 있다. [22]

　여기에서 보면 末尾에 스스로 註하기를 莫之然而然은 自然이라고 하
였다. 一氣流行하는 自然을 하나의 虛圓盛大한 物事로 全體性을 요약
하여 生意로 보고 있으며 이것을 몇가지 側面에서 설명을 한다. 즉 體
에서 말하자면 天·元氣·浩氣·太虛라고 말하고 生意로 말하자면 德
元, 天地之心이라고 하며, 쉬지않고 流行하는 面으로 말하면 道, 乾
이라 하여, 不測한 면에서 말하면 神이라고 하며, 莫之然而然은 命·
帝·太極이라고 말하는 것이니 요컨대 다 이 虛圓盛大한 物事上에서
구별해 말하는데 불과한 것이지 사실은 하나라는 것이다. 그리고 보
면 命이나 帝나 太極이란 말은 莫之然而然이요 그것은 自註한대로 自
然을 의미하는 것인 즉 太極은 곧 鹿門에 있어서는 自然이라는 것이
다. 그러면서 全體로 보면 一太極이요 分殊處로 말하면 또한 各具一
太極이라고[23] 한다.

　여기서 주의해보아야 할 것은 鹿門의 然字에 대한 解釋이다. 自然
이나 當然이라고 할 때에 自, 當字는 虛說에 불과하고 然字는 氣를 가
리킨다는 것이다. [24]

---

22) 莫之然而然自有一箇虛圓盛大底物事坱然浩然無內外無分段無邊際無始而全體昭融都
　　是生意流行不息生物不測　曰天曰元氣曰浩氣曰太虛　其生意則曰德曰元曰天地之心　其
　　流行不息則曰道曰乾　其不測則曰神　其莫之然則曰命曰帝曰太極　要之皆就這虛圓盛大
　　物事上分別立名其實一也　莫之然而即所謂自然也

23) 自一原處言之則曰萬物統體一太極　曰天下無性外之物而性與太極俱大　自分殊處言之則
　　萬物各具一太極云云(鹿廬雜識 15 前面)

24) 自然當然之然字指氣　自當字不過虛說　苟能識得此意思則雖或指氣爲理亦未爲不可也
　　(同 3 後面)

뿐만 아니라 當然所以然도 다 自然이라[25]고 하였다.

이렇듯 그의 太極은 自然으로 이해하고 이 自然이란 결국 그의 氣論을 형성해주는 基底가 되고 있음을 알 수 있다.

E 理氣說

性理說에서 理를 어떻게 보느냐 하는 問題는 매우 중요하게 다루어진다. 太極은 理也라고 할때 統體一太極도 體요 各具一太極이라고 할때도 역시 太極은 理라고 이해된다. 그러나 極尊無對의 理와 理氣相對의 理는 구별된다. 太極을 自然으로 생각하는 鹿門은 自然의 然字를 氣로 가리키는(註 24 前出) 것으로 앞에서 이미 살펴보았거니와, 이것을 잘 안다면 혹 氣를 가리켜서 理라고 하더라도 不可할 것이 없다는 것이다. [26]

즉 다시 말하면 理를 氣라고 해도 無妨하다는 생각이다. 詩書易語孟庸學中에 天·帝·道德心性神仁義를 수없이 많이 설명하고 있으나 理字가 보인 곳은 겨우 說卦에 窮理盡性順性命之理, 易繫辭의 天下之理, 孟子의 理義之悅我心 정도에 지나지 않는다. 그러던 것이 宋洛閩以來로 理字를 重要視하기 시작해서 天帝나 道德의 文字가 理字로 말미암아 가리어지지 않음이 없었으니 이 理字가 아니면 거의 대화가 없다시피 되고, 이 學問을 하는 者들은 理字를 가지고 論難하게 되니 文字의 顯晦가 또한 때에 따라서 그런 것인가 한다고 하였다. 文字의 顯晦란 즉 理字가 아니 쓰여졌을 때와 많이 쓰여진 때를 지적한 것으로 보인다. 그러나 이러한 理는 鹿門에 있어서는 氣로 이해되고 있다. 萬理는 萬象이오 五常은 五行이오 健順은 兩儀요 太極은 元氣니 모두 氣에 即해서 이름붙였을 따름이라는 것이다. [27]

氣之本이 하나일 따름이라[28]고 하는 생각은 理도 하나라는[29] 판단을 가져오기에 이르렀다.

이렇게 一原處로 말할 때도 理一氣一을 말할 수 있고 萬殊處로 말

---

25) 當然所以然皆自然也(同 2 後面)
26) 自然當然也然者指氣 自當字不過虛說 苟能識得此意思則雖或指氣爲理亦未爲不可也 (同上)
27) 萬理萬象也太極元氣也(同 4 前面)
28) 氣之本一而已(同 6 後面)
29) 蓋自其一原處言之則不但理之一氣亦一也一則通矣 自其萬殊處言之則不但氣之萬理亦 萬矣萬則局矣(同 7 後面)

할 때도 理萬氣萬이 가능하고 보면 何必 理一分殊라고만 할 것이 아니라 그에게 있어서는 氣一分殊도 무방하다[30]는 것이다.

이렇게 理氣에 떨어질 수 없는 점을 매우 강조한다. 孟子에 있어서의 浩然도 惻隱도 실은 하나는 氣를 주로, 다른 하나는 理를 주로 했을 뿐이지 실은 같다고[31] 말한다.

더 나아가서 湛一淸虛의 氣는 곧 天이니 栗谷說도 의심스럽다[32]고 하였고 天도 性도 氣로 인정하기에[33] 이르렀다.

太極이 自然이라고 하는 생각은 모든 것을 氣로, 설명하게끔 되었고, 따라서 理一도 氣一로, 分殊之理도 分殊之氣로, 드디어는 天도 性도 氣로 간주하려는 主氣的인 傾向을 띠기에 이르렀다. 人物性同異論을 가지고 湖洛論이 오래 전개되어 왔지만 그 줄거리는 理一分殊에 대한 論爭이라고 보이는데, 대체로 無形의 理는 통하고 有形의 氣는 千差萬別임을 시인하는데 비해서 理一氣一과 分殊之理와 分殊之氣를 주장함은 鹿門이 견지하는 立場으로 보인다. 陰陽五行萬物을 합해서 말하면 一原이나 大德이라고 할 수 있고 陰陽五行萬物을 나누어서 말한다면 分殊나 小德이라고 할 수 있으며, 氣가 이와 같고 理가 이와 같으므로 器亦道道亦器라는 것이며 流行古今이 모두 一氣요 모두 一理라고 한 까닭도 이 때문이라는 것이다.[34]

이처럼 그의 理氣는 不離로 보려는데 특징이 보이며 그러면서도 氣에 主力을 기울이는데 生命이 있는 것으로 보인다. 그러므로 理一이 氣一이며 따라서 理通이 氣通이며 氣局이 理局이 되어서 理通氣局에 대한 栗谷과의 견해에 차이를 보게 된다. 즉 栗谷의 理通氣局은 理氣二物로 判分하는 것이 아니라 一原은 主理로 말하니까 理通이며 氣는 그 가운데 있는 것이며, 分殊處는 主氣로 말하는 까닭에 氣局이며 理가 그 속에 있다는 것이니 그가 氣의 一本은 理通 때문이며 理의 萬

30) 今人每以理一分殊認作理同氣異殊不知理之一即夫氣之一而見焉 苟非氣之一從而知其理之必一乎 分殊者主理而言 分字亦當屬理 若主氣而言則曰氣一分殊亦無不可矣(同 4 前面)
31) 孟子曰以直養而無害則塞于天地之間此語極好 蓋滿腔子都是此氣而與天地之氣通貫爲一則其塞于天地固不待善也……浩氣主氣惻隱主理其實也一也(同 4 後面)
32) 湛一淸虛之氣非他也乃天也 天豈有不在者乎 栗谷說終覺可疑(同 5 前面)
33) 天即上文所謂參和不偏者 氣亦天 性亦天也(同 6 前面)
34) 合陰陽五行萬物而總言之則曰一曰大德 分陰陽五行萬物而各言之則曰分殊曰 小德氣也如此理也亦如此器亦道道亦器也 蓋偪塞虛空貫徹人物流行古今都是一氣亦都是一理 雖曰合焉而萬者具焉 雖曰分焉而一者包焉(同 17 前面)

殊는 氣局 때문이라고 함을 보면 그 本義를 알 수가 있으나, 이른바 湛一淸虛의 氣는 多有不在라고 한 것은 아마도 程子가 셋을 보면 하나, 둘이 없어진다고 한 것과 같아서, 氣外에 他物이 있다는 것이 아니니 다만 句語사이에 語病이 없지 않아서 讀者는 자세히 活看함이 옳다[35]고 하였다.

性論에 있어서도 主氣論的 立場에서 파악하고 있음을 알 수가 있다.

Ｆ 性 說

孔子는 性相近(論語 陽貨)의 性이 있고 孟子에 性善(孟子 滕文公上)의 性이 있었으나 性이 理라고는 아니했다. 宋代 程子에 이르러 性則理의 性이 있고 陸王에 心則理의 心이 있다. 그러나 性이 氣라고는 아니했다. 退溪는 朱子를 스승으로 私淑하여 理一分殊說을 추종했고, 栗谷은 整庵의 哲學을 높이 평하면서 理通氣局說을 창안했다. 退溪 이후의 儒學者들은 그 영향은 이러한 系統으로 받아들여진 것으로 보인다. 鹿門 또한 例外일 수 없으며 栗谷·尤庵·農嚴·陶庵의 統을 이은 그라면 그 源流에 理通氣局說을 발견할 수 있으나, 鹿門에 이르러서는 매우 變質되었음을 알 수 있다. 그것은 陶庵과 差異에서, 그리고 栗谷과의 차이에서 그러하다. 그의 理氣說에서 보듯이 主氣的인 그의 學問傾向은 心性問題에 있어서도 그 根柢를 이룬다. 人間의 心도 神이오 物이라고 한다.[36] 孟子의 性도 鹿門은 氣로 해석한다.[37] 따라서 性善은 氣質의 善으로 생각한다. 그러므로 孟子의 浩然의 氣에 關心이 질다. 즉 性을 理氣兩面으로 보아서 孟子의 理面을 말한 곳[38]과 氣面을 말한 곳[39]을 가지고 立證한다. 사람들은 이 두절의 글을 소홀히 하지만 性의 本義는 여기서 더 分明함이 없다[40]고 하였다.

35) 栗翁理通氣局一語心常疑之 更思之此非判理氣爲二物 一屬之一原 一屬之分殊也 只是一原則主乎理而言之故曰理通而氣在其中 分殊處則主乎氣而言之故曰氣局而理亦在其中 觀於所謂氣之一本者理之通故也理之萬殊者氣之局故也云云者可見其本義(朱子所謂理同氣異亦然) 至於所謂湛一淸虛多有不在 恐亦只如程子所謂三見則一二亡者非謂氣外有物也 但句語間或不無成語病者 讀者詳之而活看可也(同 42 後面)
36) 莫非神也 在天曰神在地曰示在廟曰鬼在人曰心 在在處處充周洋溢亘古亘今流行不窮者皆是物也……所謂體物不可遺之驗也 蓋合而言之只是一箇神也 分而言之萬物各有其神也(同 11 後面)
37) 人性之善乃其氣質善耳 孟子說性善至說浩氣其義明云云(同 5 前面)
38) 孟子曰天下之言性則故而已(離婁下)
39) 孟子曰形色天性也(盡心上)
40) 人多忽之然性之義莫明於此(鹿廬雜識 24 後面)

대개 人物性同異를 논할 때 性則理의 三字를 가지고 立證을 하지만 앞에 말한 孟子의 二個章句로 보면 소위 가지고 태어난 生의 理致의 理나 所謂自然의 理致와 性則理의 理가 무엇이 다르냐는 것이다. [41]

理는 一이면서 萬인 것이다. 一은 같다는 것이요 萬은 다르다는 것이다. 같으면서 아니다를 수 없고 다르면서 아니같을 수 없음은 곧 理의 全體이기 때문이다. 다만 一은 理고 萬은 分殊라는 것만 알고 氣는 理가 아니라고 말한다. 氣外에 따로 理가 있는 것이 아니오 性外에 따로 物이 있는 것이 아니다. 氣를 주로 해서 말하면 萬은 氣오, 一者만이 氣가 아니겠는가. 理를 주로 해서 말하면 一者는 理인데 萬者만이 理가 아니겠는가. 理氣를 判分해서 둘로 생각해온지 오래라고[42] 한탄을 하면서 理氣의 하나임을 강조하고 있다.

이상에서 논한 鹿門의 太極觀, 理氣觀, 性觀에 대하여 老洲는 의견을 달리한다.

G 老洲의 氣, 性觀

ⓐ 氣論에 對하여

氣論은 宋代 이후에 性理學에서 논의되는 중요한 分野이다. 張橫渠나 邵康節이나 羅整庵이나 우리나라에 있어서 徐花潭이나 栗谷과 같은 學者들은 氣에 대해서 관심깊게 살핀 분들이라고 할 수 있다. 鹿門에게는 整庵・花潭・栗谷은 많은 영향을 준 學者들이라고 생각된다. 老洲(吳士敬 1763~1833)는 整庵과 鹿門은 다 氣를 따라서 理를 미루어 그 合一의 妙함을 보았으나, 마침내는 다 主氣에 歸一되었고, 그래도 整庵은 理의 뜻을 提掇한데 비해서 鹿門은 一氣로 天下의 理를 盡冒해버리고 그 理의 理된 所以를 다시 찾지 아니 했으니 鹿門의 見解로 말하면 실은 整庵에 유래하면서 그 氣의 主張은 몹시 지나친 바 있다[43]는 것이라고 하였다.

- 41) 今人每以性則理三字證性之同而今以此二章觀之所謂得以生之理所謂自然之理者與性則理之理有何別乎(同 25 後面)

- 42) 所謂性則理者何獨爲同之證而不可爲異之證也 盖理者一而萬者也 一則同矣萬則異矣 一而萬萬而同而不能不異異而未嘗不同者乃理之全體也 今但知一而同者之爲理其萬而異則曰氣也 非理也 夫氣外無理性外無物主氣而言則萬者固氣也 一者獨非氣乎 主理而言則一者固理也 萬者獨非理乎 噫理氣之判而爲二也久矣(同 25 後面)

- 43) 整庵鹿門皆從氣推理看得合一之妙者驟見非不高之妙 然其究也歸於主氣而整庵則猶有

모든 現象이 그 原因을 自然에서 찾으며 이 自然處를 聖人이 이름 붙이기를 혹은 道라고 하고 혹은 理라고 하였다고 보는 鹿門의 견해 는 整庵의 天의 道가 自然아님이 없다는 말을 追從한 것으로서 분별 없는 지나친 推說이라고 老洲는 지적하고, 氣를 따라서 理를 보면 理 의 流行이 氣의 所使然아님이 없으며 理를 좇아서 氣를 보면 氣의 따 라가는 바가 理의 爲宰아님이 없다고 주장을 한다. [44]

그가 말하는 자연이나 당연의 自字나 當字는 虛說에 지나지 않으며 然字는 氣를 의미한다고 하였으나 老洲에 있어서는 그렇지 않다. 自 字나 當字는 다 理를 지적한 것이며 然字는 이와 같다는 뜻에 지나지 않고 精神은 自字 當字에 있다[45]고 함을 보면 自然은 스스로 이와 같 다는 뜻이요 당연은 마땅히 이와 같아야 한다는 意味로 간주된다.

ⓑ 性說에 對하여

主氣的 傾向을 지나치다고 생각하는 老洲의 見解는 主氣的인 性說 에 대하여도 의심을 갖게 된다. 人物性同異論은 대개 理一分殊說에 의 한 해결이 通常이나, 鹿門에 있어서는 理一氣一과 分殊之理와 分殊之 氣로 설명하였다. 그러나 一原에서 말하면 理의 一이 氣의 一이요 分 殊를 좇아서 말하자면 理之分이 氣之分이기는 하지만 그 속에 自然 形 而上下의 구별이 있어서 形上으로 말하면 둘이 없지만 形下로 말하면 差別이 없을 수 없다[46]는 것을 老洲는 말한다.

그러므로 老洲에게는 整菴의 說을 옳다고 생각하고 整菴의 理一分 殊說을 도입하고서도 그 說을 深斥함을 이상하게 여기었다. 끝내 人 物의 偏全에 구애되어 性道를 通觀하지 못했기 때문이라고 비난하면 서 閔元履의 말을 인용해서 體用의 차이가 있다고 할지라도 一原의 같 음에 何等의 해될 것이 없다고 하여 老洲는 自己의 理一分殊立場을 강

每每提援此理之意 鹿門直以一氣字盡冒天下之理更不求理之所以爲理 盖鹿門之見實本 於整庵而其主張氣字則殆過之耳(老洲集 24卷 雜識 9前面)

44) 特其氣之能如是盛大如是作用者孰使之哉不過曰自然而然耳 即此自然處聖人名之曰道 曰理此亦祖述整庵天之道莫非自然之語而推說之太過無稱停耳……
從氣觀理則理之流行固莫非氣之所使然從理觀氣則氣之循軌亦莫非理之爲宰也(老洲集 24卷 雜識 9前面)

45) 然字正指氣而自字當字不過虛說而形容其意思而已 然則理之一字無地可見……愚意則 竊謂然字 不過如是之意而精神固在乎自字 當字盖自如是當如是者即指理而言也(老洲 集 24卷 雜識 10後面)

46) 從一原而言則理之一即氣之一也 分殊而言則氣之分即理之分也 然這裏自有形而上下之 別形上者固無二也形下者不能無精粗彼此(同 20後面)

조한다. 즉 中庸 第一句에서 天은 體요 性은 用이요, 第二句에서는 性
은 體요 道는 用이며, 第三句에서는 道가 體요 敎가 用이 된다고 했으
니 이 말은 생각해볼만한 말이며 中世의 儒者들의 名儀에 執滯하는
病이기도 했다는[47] 것이다.

理一이나 分殊에 있어서 각각 理氣를 하나로 보려는 鹿門에 비해서
老洲는 未發을 一原으로, 已發을 分殊로 보는 見地를 고수한다. 孔子
의 性을 未發로, 孟子의 性을 兼已發로 例示해서 一原이라고 할지라
도 氣가 없는 것이 아니오, 고요해서 氣가 아직 用事하지 않으므로 理
를 主로 한 것이오, 分殊라고 할지라도 理가 없는 것이 아니라, 動해
서 氣가 이미 用事했으므로 氣를 주로 하는 것이지 牽强附會해서 私
見을 억지로 넓히려는 것이 아니라는[48] 것이다.

심지어는 程子의 器亦道道亦器라는 표현에서 亦字는 彼此에 互相間
斷의 뜻이 있으므로 鹿門에게는 차라리 器即道道即器라고 함이 온당
할 것이라고 하고 氣를 섞어서 道를 말하면 道가 有에 滯하게 되고 器
를 말한 즉 道는 無에 빠져버리니, 有無虛實한 사이를 洗心潛思해서
하나에서 나와도 하나가 아니요 둘이면서도 둘이 아닌 妙를 간파해서
道器를 하나로 혼동해서 안된다[49]고 하였다.

요컨대 老洲는 主氣傾向도 主理傾向도 경계해야 한다고 해서 整菴
과 鹿門의 氣之偏을 비평한 바 있으며 性命理氣論에 있어서는 洗心潛
思해서 그 妙를 보아야 할 것을 강조하면서, 鹿門의 立說이 整菴보다
과하고 다시 鹿門 이후로는 그 流弊가 도도해서 이루 다 말할 수가 없
으니 참으로 걱정스러운 일이라고[50] 말하고 있다. 그의 理氣의 一元
的 二元觀은 특히 理를 주로 하되 現象界란 理氣合同作用 아님이 없

---

47) 整菴以理一分殊爲說理氣底秤子……鹿門之祖述其理一分殊而獨深斥此語何也終是拘於
人物之偏全不能疏觀性道雖有體用之異不害一原之同也 閔元履嘗曰先儒有言中庸第一
句天是體性是用第二句性是體道是用第三句道是體敎是用此言爲可思也……中世儒滯泥
名義之病也(同 19 前面)

48) 程子之言性也直指未發本然之體孟子之言性也兼已發當然之用也 未發則一原而人與物
不得不同 已發則分殊而所言之地頭則有動靜體用之別主理主氣之殊(一原非箂氣靜而氣
未用事故主理分殊非無理動而氣已用事故主氣)何可牽合爲說以伸己見耶(同 22 前面)

49) 且看亦字自有彼此之而與即字有間苟如鹿門之見當曰器即道道即器如生即理也之訓不當
下亦字矣 盖和器言道則道滯於有 離器言道則道淪於無 須於有無虛實之間 洗心潛思看
得出一原非一 二而非二之妙不可混道器一之也(老洲集 25 卷 11 後面)

50) 又謂鹿門立說過於整菴 則是整菴轉而爲鹿門 若又自鹿門而再轉則其流弊之滔將有不可
勝言者誠可憂也(老洲集 22 卷 讀書隨記)

으며 그 주하는 바와 根本하는 바는 다만 理라고 말하고 있어 合理氣
而主理의 입장을 堅持함을 보여주고 있다.

Ⓗ 鹿門과 老洲의 比較

兩者는 根本的 差異를 가지고 있으므로 始終 의견을 달리한다. 모
든 것을 自然의 氣로 해석하므로 天도 自然이요, 理도 氣요 性도 氣
며, 理一氣一, 分殊之氣라고 생각하는 鹿門에게는 理氣를 메지 아니
하고 하나로 보려는 특징을 가지고 있다. 이 점은 花潭의 영향이 있
었던 것으로 보인다. [51]

思菴說에서 花潭과 구별되는 점을 鹿門이 非難한 것은 花潭見解에
同調함을 의미하는 까닭이다. 이러한 하나의 世界에 대하여는 老洲도
異論이 없으나 그것은 理氣로 이해할 때 그런 것이지 形而上下로는 구
별아니할 수 없다는 것이다. 이러한 關係를 앞에서 引證했듯이 中庸
一章의 三句를 體用으로 설명해서 밝힌 바 있다. 老洲의 이러한 생각
은 一原을 理氣로 받아들이면서도 體를 엄격히 구분하고 다양한 用을
인정하려는 底意를 나타내는 것이라고 하겠다. 그리하여 自然을 氣로
보는 鹿門의 主氣的 見解를 지나치다고 했고, 自然 當然의 然字는 如
是의 뜻이요, 自字 當字에 精神的인 의미가 있다고 하며 自와 當은 虛
說에 불과하며 然字는 氣라고 한 鹿門에 反論을 편다. 역시 하나로 이
해하려는 態度에 대해서 구별하려는 老洲의 태도이다.

요컨대 하나의 氣로 體用을 이해하려는 鹿門에 비해서 一原을 理之
原 氣之原으로 파악하면서도 形而上과 形而下로, 그리고 未發과 已發
로 구분하는 동시에 主理의 경향을 보여 理爲氣本, 性爲心宰의 특징
을 보여주었다.

結　語

性理說에서 一而二 二而一이라고 할 때 이것을 理氣로 바꾸어 말하
자면, 不離하는 面에서는 一이요, 不雜하는 面에서는 二로 보아 不離

---

51) 朴思庵謂湛一淸虛主氣乃生陰陽而又以是氣屬之陰殆不成說話 其爲栗翁所駁也宜矣 夫
所謂湛一淸虛者非於陰陽五氣之外別有是也 ……思庵說出於花潭未知花潭之意(鹿廬雜
識　7後面)

而不雜 不雜而不離이라고 해도 무방할 것으로 생각된다. 不離現象에서는 理라고 해도, 氣라고 해도 어느 一面을 지적하는 의미로는 가당하다고 이해되며 鹿門이 강조하는 面도 바로 이 점이라고 보여진다. 存在樣態로 말하자면 그러하지만 老洲가 形而上下로 體用을 설명하고자 한 까닭은 事實的인 存在樣相보다도 發을 問題삼는데 있다고 보겠다.

　栗谷이 花潭의 경계를 높이 평하면서도 그는 그위에 다시 理通氣局이 있음을 모른다고 하였다. 栗谷의 哲學은 理通氣局과 氣發理乘一途로 요약할 수 있다. 主理論者에 있어서는 理通理發이 되겠고 主氣論者에 있어서는 氣通氣發이 될 것이나, 湛一淸虛로 통하고 自然이 發한다고 하면 과연 어느 쪽에 속할 것인지는 自明한 일이다. 發은 主體的이어야 하며 또 그것은 通과 遊離될 수도 없는 일이라고 생각된다.

靜庵의 哲學思想 一考

序 言

哲學思想의 理論體系는 주장하는 사람의 主著에 의해서 살펴야 할 것은 當然하다고 하겠으나 첫째 理論에 관한 論文을 남긴 것이 없거나, 둘째 思想內容에서 理論化가 어려운 部分에서 가려내는 경우 등은 밝혀내기가 매우 힘든 일이다. 靜庵의 경우는 傳해오는 著書에 理論的 主著를 볼 수 없을 뿐만 아니라 더우기 理論化가 어려운 部分까지도 가려낸다는 것은 힘겨운 작업이라고 할 것이다. 그렇다고 그에게는 哲學이 없었다고 할 수는 없을진댄 여기에 靜庵의 哲學을 살피는데 難點이 있는 것이다. 그러나 그의 生涯를 일별해볼 때 그는 결코 他意로 살아간 것이 아니라 自意 즉 主體를 지켜서 보낸 一生을 볼 수가 있다. 34세 때에 造紙署의 司紙로 천거받은 바 있으나 이를 부끄럽게 생각하여 科學에 應試하여 實力으로 당당하게 合格하여[1] 自力의 名分을 세웠고, 또 政治에 參與하여서는 昭格署를 폐지할 것을 上疏[2]하여 允許를 얻어내는 意志를 보였을 뿐만 아니라, 靖國功臣을 改正할 것을 强請하여[3] 濫受者 76인을 陶汰한 일[4]도 있었다. 賜死의 現場모습은 더욱 肅然한 姿勢에 놀라게 된다.

추천을 받아서 등용됨은 實力평가를 거치지 않은 점에서 靜庵의 自

---

1) 除造紙署司紙
   先生歎曰吾本不以達爲心 不料遭此意外事 必不得已當由科學以通行道之階 若其用虛譽的熱於世吾甚恥之也(年譜 34歲條)
2) 七月上疏請罷昭格署 從之(年譜 37歲條)
3) 請改正靖國功臣(年譜38歲條)
4) 中宗 14年(己卯) 趙光祖一派의 强請에 의한 소위 僞勳事件——즉 中宗反正功臣중 濫受者 76人에 대한 淘汰事件은 말할 것도 없이 新進勢力이 旣成勢力에 가한 직접적인 정면적인 衝擊이었다(李丙燾 國史大觀 p389 普文閣)

負心으로는 용납이 안된 것이다. 昭格署를 폐지하는 문제는 그 設置의
由來가 오래되었고 여기에 따르는 전통적인 行事를 하루아침에 끊을
수 없는 어려움이 있었음에도 불구하고 君上을 설득시킬 수 있었음은
오로지 靜庵의 文化에 대한 所信이었다고 생각된다. 靖國功臣에 대하
여 再論하여 다시 평가한다는 것은 좌고우면하여 정치세력에 신경을
쓰는 태도로서는 감히 해낼 수 없는 어려운 문제이다. 僞勳請削의 敢
行과 같은 것은 단순한 처세에서가 아니라 그의 뼈있는 思惟體系의
발로요 哲學의 所産이라고 생각된다. 더우기 臨終하는 마당에서 仰藥
不絕하는 자리에 府卒이 縊之하려 할 때 이를 물리치고 스스로 盆飮
毒酒하는 그의 毅然한 모습은 그의 不動의 哲學的 深淵을 보여준 것
이다. 旣成勢力으로 인해서 일찌기 挫折되어 그의 哲學에 관한 論著
를 볼 수 없음[5]이 심히 유감스러운 일이다. 이러한 상황에서 다만 지
금 전해오는 文集을 중심으로 해서 그의 哲學思想의 斷面을 고찰하
는데 그치고자 한다.

本　論

1 靜庵 哲學의 根本問題

一般的으로 哲學에 있어서 秩序體系의 궁극적인 해명이 그 중요한
과제로 생각된다. 따라서 自然과 社會와 人生에 一貫하는 論理를 탐
구하려고 하게 되는 것이다. 하늘에는 두개의 太陽이 있을 수 없고
백성에게는 두 임금이 있을 수 없다고[6] 함은 宇宙와 國家社會 秩序의
體系를 말한 것이며, 한 家庭에 두 主人이 있을 수 없고 尊上을 오직
하나라[7]고 함은 家庭과 人間의 義理的인 體系라고 생각된다. 이와같
은 儒家的 論理는 政治에 있어서나 學術에 있어서도 理論의 根幹을
이루어온 것으로 보인다.

堯舜의 理想政治는 道에 根本해 있으며 또 그 聖王들의 道는 사람

5) 金宏弼・鄭汝昌도 性理學의 著述을 남긴 것이 없었고 趙光祖도 그것이 없으므로
李滉은 「그의 造詣를 端的으로 증거할 곳이 없다」고 하였다(成樂熏 韓國文化史大
系 韓國儒敎思想史 道學儒學 p932 高大亞細亞問題硏究所)
6) 孔子曰天無二日民無二王(孟子 萬章上)
7) 家無二主尊無二上(禮記 坊記)

마음에 根本해 있으니 그 마음을 얻으면 聖治가 실현될 것이요 그 마음을 잃으면 仁政을 잃는다고 하여 道治의 分水嶺이 그 마음을 얻고 못얻는데 달려 있다[8]고 한 것은 그 마음을 얻는 일이 先決問題라는 뜻이다. 더우기 高麗末期以後 士林들은 李成桂의 登極을 둘러싸는 國統問題, 端宗의 廢位를 감행하는 世祖의 無道, 戊午 · 甲子의 士禍를 經驗해오는 동안 人間의 「本心」을 硏究의 對象으로 集中探究하게 된 것은 事理의 自然스러운 傾向이었던 것으로 여겨진다. 靜庵에 있어서는 특히 이 「本心」을 哲學의 根本자리로 굳힌 것 같으며, 또한 그가 그토록 念願하던 聖君의 基點도 바로 여기에 놓았던 것으로 보인다. 靜庵의 哲學思想의 門을 열어 준 이는 寒暄堂 金宏弼이었던 것으로 짐작되며 그에게 哲學工夫의 背景구실을 한 것은 실로 戊午 · 甲子의 兩大士禍를 간과할 수가 없다.

② 靜庵의 哲學思想의 社會背景

燕山君의 暴政下에서 야기된 戊午와 甲子의 兩大士禍는 士林들에게 막대한 被害를 주었을 뿐만 아니라 韓國의 哲學思想을 深化해가는 契機를 부여했다고도 생각된다.

戊午士禍(1498)는 靜庵이 生前에 겪는 첫번째 獄事였다. 그 被害도 막대한 것이었거니와[9] 그의 나이 17세때의 일이고 보면 靑年의 元氣로서 感受性이 한참 예민한 때 이 非常한 歷史의 흐름에 접하게 되었다. 士禍의 被害者의 한 사람인 寒暄堂을 熙川 謫所에서 만나서 門下에 入門하게 된 것은 그가 哲學하는 端緖를 얻게 되는 契機가 되기도 하였다.

寒暄堂과 靜庵의 만남에서 일찌기 靜庵이 가졌던 英氣를 전하는 逸話는 매우 有名한 것들이다.

---

8) 二帝三王之治本於道二帝三王之道本於心得其心則道與治固可得而言矣(蔡沈 書經序)
9) 戊午士禍(1498)의 被害事項
  * 剖棺斬屍―金宗直(金馹孫 선동죄)
  * 死刑―金馹孫 · 權五福 · 權景裕 · 李穆 · 許盤(先王誣錄罪)
  * 流配―姜謙 · 表沿沫 · 洪澣 · 鄭汝昌 · 姜景叙 · 李守恭 · 鄭希良 · 鄭承祖(事實을 알고도 告하지 않은 罪)
      李宗準 · 崔溥 · 李黿 · 李胄 · 金宏弼 · 朴漢柱 · 任熙載 · 姜伯珍 · 李繼孟 · 姜渾(金宗直 弟子로서 吊義帝文揷入 방조죄)
  * 罷免―魚世謙 · 李克敦 · 柳洵 · 尹孝孫 · 金鍾(修史官으로 告하지 않은 罪)

그가 聖賢의 學問에 뜻을 굳힌[10] 것은 이때부터였다. 寒暄堂이 大
夫人께 보내려고 꿩 한마리를 말리다가 守婢의 不注意로 이것을 고양
이에게 빼앗겨서 守婢에게 怒氣를 보이는 것을, 靜庵은 어린 나이에
도 寒暄堂을 諫한 事實은 너무도 유명하다. 「大夫人을 奉養하는 精誠
이 비록 지극히 중요하기는 하나 辭氣는 省察해야 하는 것입니다」라는
말이 비록 門徒인 어린 靜庵의 말이지만 이것을 들은 寒暄堂은 靜庵
의 손을 덥석 잡으며 「내 스스로 뉘우치고 또한 너의 말을 들으니 부
끄럽기 이를데 없다」고 감탄하여 내가 너의 스승이 아니라 네가 나의
스승이라[11] 칭찬하여 이후로 그를 더욱 사랑하게 되었다고 한다. 일
찌기 옳지 못한 것을 보았을 때에 發露되는 그의 義氣를 전하는 하나
의 斷面이기도 하다. 직접 지도해준 恩師가 禍를 입는 모습을 靜
庵은 23세때에 보게 된다. 中宗反正을 맞이했을 때는 燕山虐政에 시
들은 道를 振興시킬 좋은 契機가 到來한 셈이다. 이때 靜庵의 나이
25세였다. 이해에 終南副守昌壽의 詩에 和答한 五言律詩에 보면 이미
벼슬길을 택함은 어리석음을 말하고 本性에 永生할 것을[12] 自詠하고
있다. 스스로 聞善을 좋아하여 멀리 君子곁에 노닌다고 한 것은 아마
도 寒暄堂門下에 修學함을 말한 듯하고 몇몇 친구들과 工夫하여 이미
心得한 바 있다고 함은 스스로의 學的 水準을 표현한 것 같다. 知의
工夫도 중요하지만 得의 工夫는 더욱 중요하다고 할 때 「爲學旣心得」
이라고 한 靜庵의 心得은 그의 25세 때의 中宗反正때의 詩에서 볼 수
있으니 이 心境은 이미 그의 平生에 主體的인 方向이 정해진 것을 일
러주는 것으로 받아들여진다. 이때부터 諸生들이 많이 몰려들어서 道
學硏究에 熱을 올리게 된 것이다.

寒暄堂은 當時의 學者들이 理學에 뜻을 두고 斯道를 밝히려는 學徒
들에게 많은 영향을 주었으며[13] 靜庵은 또 寒暄堂의 仁義道德을 높이
며 그의 不運함을 애석하게 생각하였다.[14] 性理의 道를 토론할 機會

---

10) 金先生學有淵源 遂稟命往受業焉 金先生甚愛重之 先生自是一以聖賢之學爲己任(年譜
　　11年戊午條)
11) 同上條
12) 奉和恥齋(文集 卷1詩)
13) 閔壽元曰宏弼至人也 其學術醇正 一動一靜不離乎敬則亦可想見近來人心頹靡不志於學
　　問 其或有志於理學欲明斯道者亦宏弼之力也(靜庵集 卷5 筵中記事 p52 大東文化硏究
　　院)
14) 光祖曰宏弼不遇於當時 懷仁義抱道德 以正其身而已(同上)

376 東洋哲學의 基礎的 研究

를 얻지 못하여 門人이 다만 學問하는 方向만 알 뿐 그의 蘊奧를 알
지 못한 것은[15] 더욱 한스러운 일이기도 하다. 스승인 寒暄堂이 戊午
流配에 있어서 甲子士禍(1504)에 後命을 받았으니 靜庵의 슬픔도 그지
없었으려니와 靜庵도 또한 38세의 젊음으로 己卯士禍(1519)에 희생되
니, 그의 哲學思想을 著述하여 충분히 전할 겨를이 없었음을 짐작하게
한다. 그러나 그에게 있어서 「爲學旣心得」의 心은 哲學하는 根本問題
였던 것으로 보이며, 理와 함께 文集에서 散見되는 그의 哲學的 思惟
는 君主를 보필하는 동안에 올린 對策·疏·啓辭 등에서 찾아볼 수
있다.

③ 理와 心의 哲學的 思惟

宋儒들의 天人合一의 理論을 제시한 것과 같이 靜庵도 天과 人이
根本에 있어서 하나라는 立場[16]을 가진다. 이 하나의 자리는 自然이
나 社會나 家庭이나 人間의 本心을 一貫하는 의미를 지닌다. 그것은
바로 天無二日이요 民無二王이요 家無二主요 尊無二上의 자리로 생각
된다. 自盡하는 當日의 所懷

「愛君如愛父
　憂國若憂家
　白日臨下土
　昭昭照丹衷」

를 읽으면 유일한 太陽과 유일한 國王과 至上의 家長에 대한 생각이
그의 丹衷속에 連綿히 흐르고 있음을 볼 수가 있다. 여기서 말하는
그의 丹衷이란 本心이요 聖君의 權能이요 그의 哲學의 源泉地帶로 간
주된다. [17]

孟子는 萬物이 皆備於我[18]라는 有名한 말을 남겨서 物理와 人心의
하나임을 천명한 바 있거니와 靜庵에 있어서도 萬物의 理致는 吾心의
運用과 無關할 수 없다. [19] 物과 心 그리고 性과 理는 둘일 수는 없다.

---

15) 其一時受業之人 但知向方 未知蘊奧則誰與宏弼抗論性理之道哉(同上)
16) 天與人本乎一而天未嘗無其理於人(對策 謁聖試策 文集 卷2 p14)
17) 天地之氣 萬物之理 皆包在吾心運用之中云云(戒心箴 文集 卷2 p22)
　　人之於天地 稟剛柔以形 受健順以性 氣即四時而心乃四德也 云云(同上)
18) 萬物皆備於我(孟子 盡心上)
19) 一心 本原之地 須要澄澈無一點然後 發於 朝廷政事之間者莫不純正矣(復拜副提學時啓
　　文集 卷4 p36)

이 見解에서 보면 그의 哲學的 思惟는 理와 心에 있는 것으로 받아들여지며 이러한 發想은 역시 그의 天人觀에서 由來된다고 하겠다. 사람은 天地剛柔를 稟受해서 태어나며 健順의 德을 받아서 本性을 지니고, 人心은 四時運氣를 따라서 四德을 갖춘다[20]고 함을 보아 알 수가 있다.

理는 理氣의 理, 性理의 理인 바 그 理는 항상 主體的 機能을 갖는다는 것이다. 따라서 理는 主가 되고 氣는 從이 되며 氣는 理의 부림을 받아야한다고[21] 이해한다. 흥미로운 것은 私氣라는 그의 用語이다. 아마도 이 말 뒤에는 公氣가 있음직하다. 私氣는 꺾여야 할 氣며 公氣는 性理가 主되는 理氣不離의 氣로 類推가 가능하다. 顔子의 경우 義理는 항상 밝게 비치고 私氣는 항시 消沮되므로 不遷怒不貳過를 달성할 수 있었으며 또 人間의 感性은 모두 氣로 인해서 發出되기는 하지만 理에 合致하면 善하다[22]고 한 것을 볼 때 性理善, 氣善惡의 善惡觀을 명시해주고 있다. 즉 性善의 立場이 固守[23]되고 있음을 보게된다.

一心이 本原之地인 이상 人心에 二用이 있을 수 없다.[24] 自然·國·家에 主體를 日·王·主로서 天無二日, 民無二王, 家無二主라고 이해한다면 應當 人無二心을 생각할 수 있을 것이요 그 立地에서 心無二用을 주장할만 하다.

心은 死物이 아닌 까닭에 活物이라고 한다.[25] 살아서 停滯가 없으므로 本末先後를 생각하게 되는 줄 안다. 本末은 理氣善惡에서, 先後는 動靜中和에서 하는 말이라면 格致를 통한 窮理[26]와 誠正을 통한 居敬을 朱子가 主張한 것도[27] 이해하기에 충분하다. 本·理·善·先·靜·中과 末·氣·惡·後·動·和는 一體兩面關係에 있는 것이니 만큼

---

20) 人之於天地 稟剛柔以形 受健順以性 氣即四時 而心乃四德也 故氣之大浩然無所不包 心之靈妙然無所不通(戒心箴并序 文集 卷2 箴 p22)
21) 因論理氣之分曰理爲主而氣爲理之所使則可矣(筵中記事2 文集 卷5 p48)
22) 顔子克己私理不爲氣所動故能不遷怒不貳過……顔子義理常昭晰 私氣常消沮故能如此 大抵耳目口鼻聲色臭味之欲無非以氣而出也 使之合理則善矣(同上)
23) 光祖曰性無不善而氣稟不齊 人之爲不善氣之使然也(筵中記事一 文集 卷5 p45)
24) 光祖曰人心不可二用(同上 p46)
25) 心是活物若有感而動則事爲之主有似不亂(同上)
26) 大學章句補亡章
27) 學者工夫惟在居敬窮理二事(朱子語類 卷9)

未接物時인 一體와 接物以後인 兩面은 生動하는 心에 있어서 未發已發의 樣相을 띠게 된다. 生動하는 未發處는 惺惺[28]이요 已發處는 그의 居敬[29]으로 이해된다. 이와같은 靜庵의 哲學的 基底는 그로 하여금 君主를 보필하는데 獻身하도록 하였다.

④ 中宗 輔佐의 眞意

그는 中宗의 聖治를 바라는 一念뿐이었다. 獄中供辭는 자못 처절한 바 있다.

「臣의 나이 38세. 士生斯世에 믿는 바는 君心뿐입니다. 國家病痛이 利源에 있음을 생각해서 國脉을 永遠토록 새롭게 하고자 했을 따름입니다. 다른 뜻이 없읍니다.」[30]

이 獄中聯名疏에는 中宗을 堯舜之君으로 輔佐하고 다른 邪心이 결코 없었음을 告白[31]하고 있음을 본다. 6세 年下인 中宗은 靜庵 38세 때에 32세였고 그렇게 아끼던 靜庵에게 賜藥을 보내는 決斷을 내리게 되니 모처럼 新氣運이 돌던 歷史方向이 挫折되고 만다. 靜庵은 이러한 結果에 대해서는 事前에 計較하거나 禍患을 미리 念慮해서, 할 것을 못하거나 주저함이 아니라 오직 선비의 用心으로 實踐해온 것뿐이다.[32] 그는 道의 政治實現을 熱望하였다. 政治란 곧 道의 實現이라고 믿었다.[33] 二帝三王의 政治가 道에 根本했고 二帝三王의 道가 心에 根本했다고 할 때 心과 道와 治는 靜庵에 있어서 哲學思想의 核實現으로 생각되며 中宗에 대한 獻身은 곧 堯舜聖治의 具現을 위한 것이었다. 治와 道의 源泉인 心地가 맑으면 是非好惡가 모두 바르게 되어 義利公私에 분명해진다고 생각한 까닭에 中宗께 啓를 올려 義利辨析을 강조하기도 하였다. 義利之辨을 儒學에 있어서 가장 重要한 問題로 着想한 것이 朱子[34]였으나 孔孟 이래 君子小人의 基準으로 이것

---

28) 所謂操存者非必每存善念也　但矜持虛靜敬以直內　雖非應事接物之時而常惺惺之謂也 (筵中記事一 文集 5 p45)

29) 樊遲問仁 子曰居處恭執事敬 與人忠 雖之夷狄 不可棄也(論語 子路)

30) 文集 卷2 供狀 p23

31) 文集 卷2 獄中聯名疏 p24

32) 夫不顧其身 惟國是謀當事 敢爲不計禍患者 正士之用心也(年譜 2月條 論東漢黨錮事 因請培養士氣 靜庵集附錄 卷5 p113)

33) 伏以道惟一而德無不明 治惟純而國無不理 不一乎道不純乎治則二而暗雜而亂 一純二雜罔不原乎是心云云(弘文館請罷昭格署疏…文集 卷2 p17)

34) 義利之說乃儒者第一義(上延平先生)

을 생각해왔던 만큼, 거듭되는 士禍속에서 聖君과 賢臣의 要請이 시급하다고 생각한 주장으로 미루어진다. 동시에 賢臣을 登用해야 할 聖君에게는 君子小人의 分別이 엄격하게 이루어져야 한다[35]고 역설하기도 한다. 그러나 이러한 熱情은 그 자신의 譽毁를 위한 것이라거나[36] 利達을 도모한 所致에서가 아니라는 데[37] 靜庵의 眞面目이 있다고 생각된다.

⑤ 오늘에 주는 示唆

靜庵의 學問은 寒暄堂에서 이어졌고 寒暄堂은 佔畢齋의 門人이었다. 寒暄堂의 詩
「業文猶未識天機 小學書中悟昨非」
를 본 佔畢齋는「此言이 곳 他聖根基니 許魯齋 後에 어찌 그 사람이 없으랴」고 激讚하였고 寒暄堂은 그 후부터는 사람이 혹 國事를 물으면 반드시 대답하기를 「小學童子가 무엇을 알리오」라고 하여 30세까지 小學을 읽었다는 것이며[38] 寒暄堂에게 배운 靜庵도 小學이 學問의 基底가 되었고 近思錄이 土臺가 되었다.[39] 아울러 社會背景과 함께 理論哲學 보다는 實踐哲學의 방향으로 기울어져 간듯이 보인다.

心과 道와 治의 그의 哲學은 오늘의 社會에 많은 示唆를 준다. 國際政治社會는 主義로 分裂이 되고 宗敎間의 不和는 統一敎마저 登場하게 되었으며, 心의 善惡龜裂은 人間疏外를 招來케 한 것이 오늘의 地球家族의 實情이라고 한다면 道로 求心되는 政治, 心으로 和合되는 道, 黑白一偏의 굳어버린 마음이 아니라 活心으로 소생하는 人間으로의 回復은 現實的인 바램이 아닐 수 없다. 더우기 南北統一의 課題를 안고 있는 우리의 近代化過程에서 그의 義利觀이나 僞勳의 不義를 몰아내는 司正意識이나 昭格署의 迷信을 是正하는 底力은 오늘의 經濟建設・社會福祉・科學振興에 저으기 滋養分이 될만 하다고 하겠다.

---

35) 人君當辨君子小人 知其爲君子任之不疑 知其爲小人則待之以嚴可也(侍讀官時啓 靜庵集 卷 3 p26)
36) 有譽則有毁此古今通患也…唯無咎無譽眞所謂保身之道也(靜庵集 卷 5 年譜 p108)
37) 先生歎曰吾本不以利達爲心不料遭此意外事(同上 除造紙署司紙)
38) 玄相允 朝鮮儒學史 p36
39) 同上 p50

陽村에 관한 硏究
── 哲學思想을 中心하여 ──

槪　要

　　朝鮮朝儒學史에서 道學者들의 義理問題는 크게 다루어진다. 道學이
란 학술적인 性格과 아울러 실천적인 領域을 강조하기 때문이다. 적극
적인 生死問題와 有關한 限 그것은 倫理的 次元을 넘어서 哲學, 宗敎의
世界로 問題는 확대되어 간다. 儒敎가 輸入된 지 오래나 新羅와 高麗에
서는 佛敎의 盛함을 보았고 民族固有思想에 佛敎가 融合 土着化되어 가
면서 朝鮮朝의 儒敎時代를 맞이한다. 中國의 儒學이 그러했듯이 恰似하
게 변천해가는 過程 속에서 陽村은 生涯를 보냈다. 高麗에 벼슬한 그
는 朝鮮朝의 建國과 더불어 李太祖를 섬기게 되었으니 그 原因은 몇가
지로 분석 요약된다. 즉 陽村 自身이 太祖로부터 申救의 은혜를 입은
일이 하나요, 그의 父인 僖公의 勸誘에 못이긴 것이 둘째요, 時期的으
로 새롭게 要請되는 儒敎政治의 한 人材로서 맞아들이려는 太祖의 招
請을 딱히 거절할 수 없었던 것이 그 셋째일이다. 그러나 이런 일들
은 하나의 倫理的인 處世의 所致라고 하면 그만이겠지만 入朝와 더불
어 圃隱에 대한 上疏는 그의 착잡한 心情을 보여주는 것으로 보인다.
　　思想的 轉換期에 처한 陽村은 初葉의 學者들의 學問的 밑거름이 되
었고 그의 理氣論은 退溪와 高峰, 栗谷과 牛溪의 論爭으로 옮아가는
過程에서 基礎의 先驅役을 한 것이다. 그는 二元論을 主張한다고 하
나 그의 表現의 體系와 附會의 不整然함과 穿鑿을 지적할 수는 있다.
그렇다고 해서 간단하게 二元論者나 一元論者로 단정하기에는 어려울
것으로 안다. 하나의 理致를 說하기 위해서 相對的인 理氣를 말하고
初學者들을 위한 五經圖示의 지루함을 느끼며 解字說明에 牽强을 그
스스로도 토로하고 있는 바와 같다. 그의 太極理氣心性情, 善惡問題
는 우리의 學者로서 처음으로 圖示說明하여 天人關係의 理論的 體系
를 세우려함이요, 儒學史에 있어서나 儒敎哲學에 있어서 간과할 수 없
는 位置와 比重을 차지한다. 儒學의 生命이 實學에 있다면 失實한 現

代人類의 方向模索에 기여할 바 바람직한 일이며, 이 탐구를 위해서
이에 資賴할 바 없지 않을 것으로 생각된다.

緒　言

高麗末期의 碩學으로 李穡·權近·鄭夢周·吉再를 꼽는다. 그 中에
서 權近은 그의 哲學에 있어서 他 3人에 비해서 異彩를 띤다. 그의
文集과 入學圖說을 中心해서 哲學思想을 살피고 나아가서 그의 政治
的 學問의 位置를 고찰하는 동시에 韓國儒學硏究에 資하고자 하는 바
이다.

本　論

① 世　系

陽村은 始祖 幸의 15世孫으로 출생하였다. 幸은 高麗 太祖로부터 開
國의 功臣으로서 그 樹功으로 말미암아 權姓을 特賜받은 것으로 되어
있고 그 世系中에서는 특히 12世孫인 溥(1262〜1346)가 有名하다. 菊
齋 溥는 安文成公 珦(1243〜1306)의 門人으로서 字는 齊萬이요 朱子集
註의 刊行을 建議하여 國學을 넓혔으니 斯學의 功이 적지 않다고 전
한다. 그는 5兄弟를 두었고 또 그의 3男인 皐는 3兄弟를 두었고,
그 3男인 僖는 5兄弟를 두었던바, 4男으로 誕生한 이가 바로 陽村
이다.

② 著　書

著書에는 文集·東國史略·入學圖說·五經淺見錄·四書五經의 口訣
이 있다고 전한다. 五經淺見錄中의 禮記와 周易淺見錄을 제외한 詩書
春秋淺見錄과 四書五經口訣은 오늘날 전하는 바 없어 알아볼 길이 묘
연함이 애석한 일이다. 이 中에서 가장 유명한 것은 入學圖說이다.

入學圖說은 著作動機가 恭讓王 2년 益州로 流配된 가을에 初學者
를 위해서 짓게 된 것으로서 宋代 周濂溪의 太極圖를 根本으로 하고,
朱子의 章句說을 參考로 해서 그림으로 표시하고 先賢들의 格言을 취

〈陽 村 先 生 世 系 圖〉

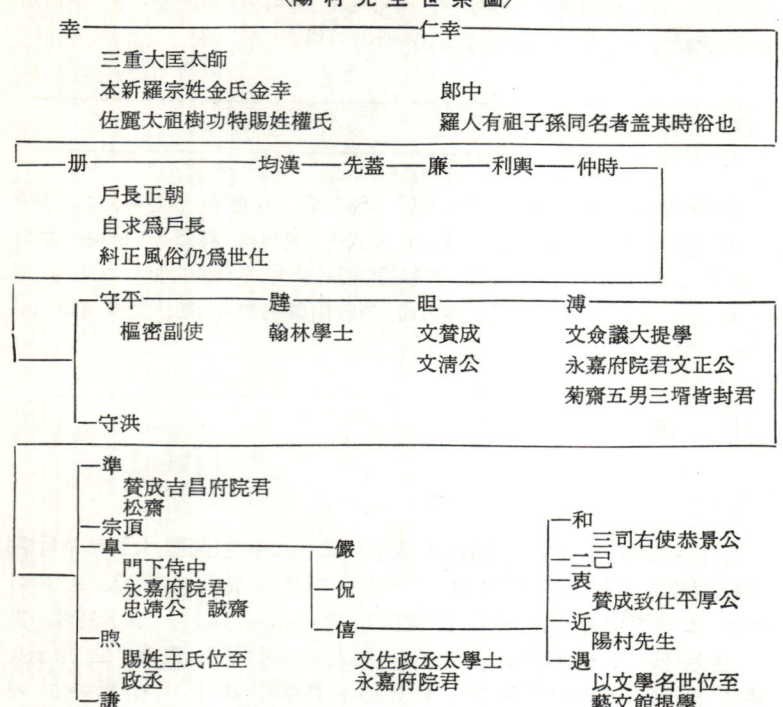

해서 그 뜻을 풀이한 것이다. [1] 儒學이 韓國에 들어온 후 一家의 見解로 思想 내지 哲學이 圖說로서 특히 性理學系統에서 전해오는 것으로서 價値가 평가된다. 李丙燾박사에 의하면 入學圖說의 板本으로는 晋州本·浪州本·榮州本·日本 慶安刻本이 있고, 初版은 겨우 刊行者의 跋文(嘉善大夫晋陽大都護府使兼　管內勸農兵馬團練使金爾音敬跋)만이 榮州本 內에 전하고, 浪州本은 晋州本 後 120년후에 出版되어 蔡無逸

---

1) 洪武庚午秋謫金馬郡有一二初學輩來讀庸學二書語之淳複尙不能通曉乃本周子之圖參章句之說作圖以示又取先賢格言以釋其意學者因有所聞又隨問答仍記其問答之言以附其後名之曰入學圖說旁取他經　凡可作圖者皆圖之往往各附臆見之說　欲就正於先生長者　鄕無先進身拘謫籍　姑待後日而已　觀者幸恕其妄言而敎之是所理也　是歲良月初吉永嘉後學權近謹題(入學圖說序)

의 跋文이 있고, 榮州本은 浪州本 後 2년 明宗 2年 刊行으로 卷末에
黃好恭의 跋文이 있으며, 日本 慶安刻本은 朝鮮朝 仁祖 11년(1633) 日
本寬永 10年에 刊行된 것으로 그 編次 次第는 榮州本과 同一하다.[2] 이
外에 倭政時(1929)에 後孫 權泰夾과 權五喆의 跋文이 첨부된 論山發行
本이 있음을 追記해둔다.

五經淺見錄은 지금 全部를 볼 수 없어 불분명하나 禮記淺見錄은 韓
山 李穡으로부터 분부를 받아서[3] 그 考定과 註釋을 가한 것으로 미루
어 대개 餘他의 淺見錄도 그러한 形式의 著書가 아닌가 짐작된다. 儒
學經典이 우리나라에 傳來된 후로 私見을 갖고 註釋을 가한 것은 筆
者가 알기로는 이것이 最初의 것으로서 매우 귀중한 것으로 생각된다.
1405년(太宗 5년)에 刊行되었고 300년후인 1705년(肅宗 31년)에 重
刊되었다. 周易淺見錄은 通文館에 개인소장 唯一本으로 보존되고 있
다고 한다.

③ 時代的 背景

陽村은 1352년에 출생하고 1409년에 卒하여 그의 壽는 58세이다.[4]
그의 生涯는 麗朝 恭愍王 元年(元의 順帝 至正 12年)으로부터 高麗의
國運이 衰하여 朝鮮朝의 싹이 움트기 시작하던 때요, 中國으로 말하면
元朝가 무너지고 明國의 건립을 보게 되어 國內外가 政治的으로 매우
흔들리던 時期요, 思想的으로는 佛敎의 오랫동안 누적되어온 弊로 인
하여 社會的으로 새로운 價値觀이 절실히 요청되던 時代라고 생각된
다. 그는 薛聰을 위시하여 崔致遠(857~?)・崔冲(984~1068)・安裕의
뒤를 이은 白頤正・禹倬(1263~1343) 權溥를 거쳐 李齊賢(1287~1367)・
李穡(1328~1396)을 따라 전해오는 思想을 계승한 분이다. 鄭道傳(?~
1398)과 鄭圃隱(1337~1392)과는 親交가 두터웠고[5] 그의 學問은 吉再
(1353~1419)에 의하여 계승된다. 성했던 佛敎가 침체하여 썩은 흐름으
로 번져갈 무렵 새롭게 刺戟을 주게 된 것이 中國 性理學의 流入이라고

---

2) 李丙燾, 權陽村の入學圖說について(東洋學報 卷17 1929)
3) 參贊議政府事權近欲撰禮經淺見錄上箋乞免不允 箋曰…批答曰所著淺見錄入學圖說尤
   爲學者之指南…今韓山李穡亦以考 定禮經付之於卿其師弟之間 接受之法若合一節云(國
   史編纂委員會 朝鮮王朝實錄 1 太宗卷 8 p315)
4) 朝鮮史編修會 陽村集 卷1 年譜(朝鮮總督府影印 京城 1937)
5) 同上 卷16 8面

할 수 있다. 물론 陽村 당시에 비로소 처음으로 접한 것은 아니지만 崔致遠[6]이 이미 唐에 다녀왔고, 安裕[7]가 이어서 다녀왔고, 白頤正 때에는 程朱學이 아직 들어오기 前이었으나 그가 元으로부터 輸入하여 國內에 傳布했고,[8] 禹倬에 의해서 程子의 易傳이 처음으로 풀이되어 儒生들에게도 가르치게 되었고,[9] 權溥에 의해서는 이미 앞에서도 언급한 바와 같이 朱子集註의 刊行이 건의되어 韓國 性理學의 基礎를 마련하게 되었고,[10] 李齊賢이 忠宣王을 따라서 元京을 다녀오므로 經學・文學은 더욱 깊어갔고,[11] 李穡도 元에 유학하여 마침내 巨儒로서 명성을 떨쳤던[12]때이니만큼 儒學의 基本經典은 물론이요, 宋學이 들어와서 앞으로 佛敎에 대처할 姿勢가 어느 程度 갖추어졌던 차에 李朝의 儒敎政策이 登場되면서 儒學은 흥하게 되었다고 할 것이다.

中國으로 볼 때 陽村이 卒한 1409년으로 말하면 明初 吳康齋(1391~1469)의 時節이다. 政治的으로는 朱元璋의 執權時期요, 學術思想으로는 唐의 佛敎를 거쳐 宋의 新儒學을 지나 元代의 朱子學・陸學・朱陸調和派가 한참 성했다가, 明나라로 접어들면서 吳康齋・薛敬軒・胡敬齋・陳白沙를 경유하여 王陽明이 출현하는 過渡期에 처한 時代라고 볼 수 있다. 따라서 陽村은 儒敎의 基本經典을 중심해서 麗末까지의 名儒들의 諸般著書와 明代 陽明學이 출현하기 전까지의 中國儒學이 그 學問形成의 資料며 糧食이었으리라고 믿어진다. 다만 오늘과 같이 交通이 便利하지 못하였던 탓으로 文化交流가 충분치 못하였을 것은 능히 추측할 수 있는 일이나, 대체로 佛敎와 道敎를 비판하고 儒學理論을 강조하는 範圍의 宋學의 影響을 받았을 것이며, 그에 대한 關心이 갔으리라고도 충분히 짐작되는 점은 時代的으로 麗朝가 佛敎를 안고 붕괴하여, 新興하는 李朝의 時代的인 橋梁期에 임한 그로서 이미 試練을 겪은(唐에서 宋으로) 學問의 歷史的 類似性에 있음은 물론이요, 따라서 그의 學問方向은 이러한 渦中에서 정해져 갔을 것이요 더 나

---

6) 三國史記 列傳 崔致遠條 卷36
7) 高麗史 下 列傳 卷18 p322 安珦條(延大出版部)
8) 同上 卷19 p331 白頤正條
9) 同上 卷22 p391 禹倬條
10) 同上 前所引　權溥條
11) 同上 卷23 p409 李齊賢條
12) 同上 卷28 p522 李穡條

아가서 朝鮮朝의 儒教政策에 밑받침이 될 수도 있었을 것으로 擴大 解釋할 수 있으리라고 생각된다.

이러한 背景 속에서 그의 一生은 어떠했으며 그의 學問은 과연 어떠하였는지 生涯를 먼저 알아보고자 한다.

④ 生 涯

權近의 字는 可遠이요 初名은 晋이며 陽村은 그의 號다. 字를 나중에 思叔이라고 개칭하였다.[13] 勝覽에 「權近高麗季坐事流于州居州南陽村因號陽村」이라고 기록되어 있으나, 李稽에 의하면 可遠과 陽村은 스스로 지은 字요 號라고 하였다.[14] 뿐만아니라 陽村 자신도 일찌기 陽으로써 號를 원하였다.[15] 그는 牧隱으로부터 受學하였고[16] 18 세때에는 成均試에 合格하였다. 及第는 하였으나 너무 年少하여 當時의 임금 恭愍王은 公正하지 못한 줄로 속단하고 「이렇게 어린 것이 合格했단 말인가」 怒氣를 띠워서 말한즉 試官이었던 李稽은 「그 그릇됨이 장차 큰 人物이 될 것이오니 젊은이로 여길 것이 아닙니다」라고 아뢰어 王의 뜻이 풀렸다는 것이다.[17] 이로부터 그의 벼슬길은 시작되었다. 그해에 春秋檢閱官을 直拜함을 비롯해서 藝文館修撰朝請郎大常博士兼進德博士, 承奉郎禮儀佐郎을 역임하여 朝奉郎試成均直講藝文應敎知製敎에 이르렀다. 中正大夫成均祭酒를 거쳐 逢翊大夫成均大司成, 그리고 禮曹判書 正順大夫密直司左代言書筵侍講에까지 나아갔다. 순탄했던 지금까지의 벼슬길에 불행한 獄事가 일어났다. 恭讓王 2 년(洪武 23 년, 1390) 尹彛와 李初의 獄訟으로[18] 李稽과 權近 등 10 여인이 淸州에

13) 權近字可遠 改思叔 初名晋 號陽村云云(崔南善 編修 燃黎室記述〈朝鮮光文會 京城 1913〉卷 2 太祖朝文衡 p6~7)
14) 陽村吾門生永嘉權近之自號也近之言曰近在先生之門年最少學最下然所慕而跂之者近而之遠也故字曰可遠天下之近而又遠者求之內曰 誠求之外曰陽誠惟君子然後踐之若夫陽也愚夫愚婦之所共知也云云(麗季名賢集〈牧隱文藁 卷3〉大東文化研究院 陽村記 p821)
15) 予雖不敏亦嘗願敢以陽而號之矣南也陽也非有二其志可謂同矣云云(朝鮮史編修會 陽村集〈朝鮮總督府 京城 1937〉卷14 南谷記 15面)
16) 嘗於江陵府五台山之東台重創觀音庵訖功予語曰吾棄之建寺也必於牧隱求記牧隱不辭而筆之今之營觀音菴也牧隱己矣予牧隱門人也云云(同上 卷14 五台山 觀音庵重創記 3面)
17) 恭愍王嘗怒少者濫登科第公年十八中丙科王怒曰彼少者亦登第耶典貢舉李稽對曰其器將大用不可少之也王意乃解(崔南善 編修 燃黎室記述〈朝鮮光文會 京城 1913〉卷 2 太祖朝文衡 p7)
18) 金庠基 高麗時代史 p808

投獄되자 豪雨로 인한 水災로 잠시 放置되었다가 다시 益州로 收監되었으니, 陽村(39세때)은 여기서 入學圖說을 지었고, 다음해에는 謝恩으로 還京하였다. 당시에 석방된 기쁨은 그 詠詩에 잘 엿보인다. [19] 忠州로 돌아가서 五經淺見錄을 짓기 시작하였다. 權近의 麗朝를 받드는 일은 一段落되고 朝鮮朝를 섬기는 生活이 이로부터 시작된다.

都邑을 정하기 위하여 鷄龍山 行幸길에 權近은 召命되어 藝文館學士로 被命, 鄭摠과 더불어 定陵墓碑를 지었고 나아가서는 資憲大夫檢校藝文春秋館大學士兼成均大司位에 올랐다. 太祖 3년(洪武 27년, 1394)에는 嘉靖大夫·簽書中樞院事·都評議司事·寶文閣學士兼成均大司成, 翌年에는 嘉靖大夫藝文春秋館學士都評議使司事寶文閣學士兼禮曹典書成均大司成에 이르렀다. 이 때에 朝廷에서는 問題가 발생하였다. 太祖 3년(洪武 28년, 1395) 明帝께 올린 撰表에 戱侮의 言辭가 있다고 하여 明나라로부터 호출을 받았을 때, 張本人 鄭道傳은 가기를 꺼려 稱病을 하였고, 近이 대신 가기를 自請하였으나 太祖가 당초에는 듣지를 않았지만 近의 復啓에 마침내 허락되어 明京에 가서 所任을 무난하게 마치었다. 이 때에 詩賦 18篇으로 文才를 인정받았고 明帝는 친히 御製詩 3篇을 下賜하여 참으로 秀才라고까지 讚嘆을 아끼지 아니하였다. [20]

太祖 5년(洪武 30년, 1397)에 資憲大夫花山君을 拜하고 定宗 元年(建文 元년, 1399)에는 嘉靖大夫簽書 中樞院事都評議使司事修文殿學士經筵藝文春秋館事에, 定宗 2년(建文 2년, 1400)에는 司憲府大司憲修文殿學士 正憲大夫參贊門下府 知議政府事에, 定宗 3년에는 藝文館大提學, 推忠翊戴佐命功臣正憲大夫參贊議政府事刑曹司知經筵春秋館事兼成均大司成吉昌君에, 太宗 3년(永樂 元년, 1403)에는 正憲大夫參贊議政府判禮曹事寶文閣大提學에, 太宗 5년에는 推忠翊戴佐命功臣崇政大夫議政府贊成事寶文閣大提學知經筵春秋成均館事에, 太宗 6년에는 集賢殿大提學에 올랐고, 太宗 7년 己丑 2月 14日 丁亥에 드디어 生涯를 마치게 되니 上이 몹시 슬퍼하고 輟朝 3日 文忠으로 贈諡하였다. [21]

---

19) 承命警欣更撫身得爲天地再生人 小臣罪重難蒙免 聖德眞同萬物春(朝鮮史編修會 陽村集〈朝鮮總督府 京城 1937〉卷 7 多十有一有蒙恩放歸陽村次普能師酌 13 面)

20) 國史編纂委員會 朝鮮王朝實錄 1 太宗 卷17 p474

21) 同上

그의 一生을 돌이켜 보건대 40세까지는 麗朝에 봉직하고 그 후 卒할 때까지 朝鮮朝에 벼슬한 것을 알 수 있다. 여기서 後人들은 兩朝에 봉사한 近의 節義에 대하여 많이 논의를 한다. 近이 과연 忻然히 入朝하였는가, 그렇지 않으면 어떤 曲折이 있었던가. 그 事緣을 살펴보면 대개 이러하다.

朝鮮朝를 建國한 李太祖로서는 麗朝로부터 흘러오는 腐敗와 惰性을 一掃함과 동시에 勢力의 基盤을 공고히 하기 위해서는 人才가 필요했을 것이다. 政策的으로는 姑息化된 佛敎를 배척하고 儒敎를 내세웠으니 儒學者들이 필요했을 것이고, 그러면서도 排佛하는 밝은 論理가 요구되었을 줄로 안다. 이런 의미에서 鄭三峰道傳과 權陽村近은 그에게 股肱이 될 人物로 지목되었을 것이다.

과연 後人들은 近을 變節하였다고 비난한다. 象村 申欽(1566~1628)은 陽村을 이렇게 평한다.

「權近은 麗末에 이름있는 벼슬아치로서 한번은 牧隱 李穡때문에 또 한번은 陶隱 李崇仁때문에 罪名을 입었다. 만일 당시에 귀양가는 것과 野人되는 것을 즐겨했던들, 그 文章 그 節義가 어찌 牧隱이나 陶隱만 못하리오만 太祖의 鷄龍山 行次를 찬송한 風謠가 문득 李太祖의 開國功臣이 되고 말았으니 아 슬프다. 太祖에게 쫓아가도 벼슬은 弘文館 하나밖에 못하고 年齡은 60을 넘지 못했으니 그 所得이 얼마나 되는가. 그 당시 近을 희롱하는 詩에 백주에 陽村이 義理를 말한다면 이세상 어느때 賢人이 없겠는가 라고 하였다고 하니 부끄럽지 않겠는가. 그러나 오직 그 子孫들이 代를 이어 사환이 끊어지지 않으므로 모두들 陽村이 德行이 있는 것같이 말들 하고 있다」고 酷評을 하였다.[22]

그러나 金安國(1478~1543)은 申光漢(1484~1555)집에 걸려있는 陽村畵像을 보고 拜禮하고서 「이분이 吾道에 功이 있는 분이라」고 한즉, 宋麟壽(1487~1547)는 이를 보고 「失節한 사람이라고 하여 절하지 안했다」고[23] 한다. 이렇게 보는 이에 따라서는 달리 볼 수도 있겠으나 失

---

22) 公麗末名大夫也   苟使當時安於流放則其文章名論烏下於牧隱諸公而鷄龍一頌遽作開國籠 哀哉 旣降之後位不滿三司年未享六十 所得徵矣 唯其子姓相承晜辥不絕 臣今猶盛故人皆曰陽村 陽村有若有德行者然矣 其盜名也(崔南善 編修 燃藜室記述〈朝鮮光文會 京城 1913〉卷 2 太祖朝文衡 p7 象村彙言)

23) 申光漢家有陽村畵像金安國見之拜曰此公於吾道有功矣   宋麟壽見之不拜曰此是失節人也(同上 p8 海東文獻錄)

節與否가 所重한 일이기도 하지만 兩朝에 仕宦하게 된 그 動機가 무엇인지 궁금해진다. 李太祖가 開國한 後에 近은 屈하지 않았던 것 같다.[24] 다만 太祖가 近이 필요해서 그의 父親인 穡를 꼬여 子 踳에게 太宗 慶安公主를 혼인토록 하고 太祖가 先朝에 대한 近의 守節을 讚하면서도 入朝하도록 穡를 움직이니 老父를 거역하기 어려워 마침내는 入城하여 拜命하였던 모양이다. 즉시로 近은 前朝忠臣 鄭夢周의 節義를 높일 것을 上疏하였으나 "亂臣을 어찌 忠臣이라고 하랴. 近의 疏가 망령된 것이라"고 台諫에 一蹴을 당하였다[25]는 것이다. 同志였던 圃隱은 亂臣이 되고 亂臣으로 定罪하는 朝廷에 자신은 祿을 받게 되는 일에 몹시 不安했을 것으로 추측된다.

이보다도 近이 太祖를 恩人으로 생각하게 된 것은 私拆咨文[26] 事件으로 台諫에 極刑이 논란될 때 太祖의 申救를 얻은 일인 것으로[27] 보인다. 그것은 鄭道傳의 撰表로 使明을 近이 自請하는 啓에서

「臣於前朝之季 身被重譴幾不保首領 幸賴殿下欽恤之仁獲保性命 及今國初又蒙收用再造之恩如天罔極而臣未有報效願乞赴京如天之福庶得辨明少答聖恩之萬一」(朝鮮王朝實錄 p474)

이라고 언급한 것을 보면 太祖에 대한 感情을 읽을 수가 있다. 王位繼承問題로 본래 李穡・李崇仁(1349~1392)과 태도를 같이 하던 그는 嚴父의 권유로 어쩔수없이 入朝케 된 動機에다가 往日에 입었던 申救之事로 麗朝에 대한 忠과 朝鮮建國後의 守節에 대한 태도에 轉換을 가져오게 된 것으로 보인다.

이러한 政治的인 事實보다는 역시 그의 哲學思想이 높이 평가되어야 할 점이 있다고 생각된다. 엄밀하게 말해서 人格과 學問은 二元的

24) 上開國公猶不屈 上欲誘納而無其術公之父穡養公之子踳年旣長成而未婚即以公主妻之 (太宗慶安公) 一日上語穡曰近忘我否 爲先朝守節美則美矣 汝年齡已迫 未聞近來觀何 篤於忠而緩於孝耶 穡曰近豈忘老父第緣身多疾病臥不能起 近得其書未久將來見臣 上喜甚曰近何日發行何日入城 穡以權辭對之送人促來 公不得已自忠州發行 監司以登途 啓聞供帳相望公不忍直赴京師而遙迤行至水原 穡使人促之 至漢江 穡親往見之終日屛人語公於是渡江入城直赴闕 上以賓禮待之便殿張八道分畫屛風以手指點曰某樓某亭 爲予作記以侈一國名勝之地 公辭退製進 上即加知製敎之卿 公無如之何 拜命而出還向忠州之日上疏請襃贈前朝忠臣鄭夢周以崇節義臺諫論啓曰亂臣豈可爲忠臣近之疏妄矣 上排衆議從之(同上 p8)

25) 同上

26) 金庠基 高麗時代史(東國文化社) p798

27) 國史編纂委員會 朝鮮王朝實錄 1 太宗 卷17 p47 前所引

일 수 없는 일이나, 韓國의 學術的 黎明이 그의 學問에서 비롯되었다고 하면 또한 그의 功도 생각하지 않을 수 없다.

⑤ 哲學思想

그의 學術論文과 著書를 두루 볼 수가 없어 그 論理를 천명하기 어려우나 그의 哲學的 思想傾向은 入學圖說을 통해서 어느 程度 엿볼 수 있다. 入學圖說은 앞서 언급한 바와 같이 謫所에서 弟子를 위해서 著作했던 바 대개 취급된 그림은 아래 39種과 끝의 掛扐過揲之法을 合해서 40條目을 다루고 있다.

天人心性合一之圖
天人心性分釋之圖
大學指掌章之圖
中庸首章分釋之圖
中庸分節辨議
諸侯昭穆五廟都宮之圖
時祫之圖
一室之圖
語孟大旨
五經體用合一之圖
五經各分體用之圖
春王正月橫看分釋之圖
河圖五行相生之圖
洛書五行相尅之圖
太極生兩儀四象八卦之圖
先天方位圓圖
先天方位方圖
伏羲先天八卦圖
文王後天方位圖
陰陽六九爲老之圖
天地生成之數
河圖中宮之數
洪範九疇天人合一圖上
洪範九疇天人合一圖下

　　無逸之圖
　　十二月卦圖
　　周天三辰之圖
　　一朞生閏之圖
　　天地竪看之圖
　　望前生明之圖
　　望後生魄之圖
　　土圭測影之圖
　　土旺四季之圖
　　律呂隔八相生之圖
　　五聲八音之圖
　　周南篇次之圖
　　變風十三國之圖
　　掛扐過揲之法

入學圖說은 初學들의 理解를 돕기 위해서 圖說한 것으로 알려져 있거니와 이 說明은 그의 哲學思想의 根幹을 이루고 있다. 그 中에서도 天人心性合一之圖와 分釋之圖는 그의 哲學을 요약해주는 것으로서 매우 중요한 것이다.

① 太極에 대하여

太極을 理氣二元으로 綜合하는 것이라면 太極은 理氣 이외에 어떤 것인가, 또는 太極은 氣인 것인가, 혹은 太極은 理인 것인가의 3種으로 類別할 수 있다. 바꾸어 말하면 太極一元論 氣一元論 理一元論의 3種外에 없을 것이다. 後世에 支那哲學을 논하는 사람들이 다 이 3種中의 하나임이 이 까닭이다. 만일 太極一元論을 취한다면 太極은 어떤 것인가 또 太極과 理氣二元과의 關係는 어떠한가를 설명해야 하고 太極이 理氣와 別物이라고 하면 어떻게 해서 理氣를 綜合할 수 있는가의 問題를 해석하지 않아서는 안된다. 다음에 太極이 氣라고 하면 理는 어떻게 派出되는가 理氣相對의 氣와는 어떠한 關係에 있는가를 또한 解釋치 않을 수 없고, 만일에 太極이 理라고 하면 氣는 어떻게 派生되는지 理氣相對의 理와의 關係如何 등의 問題를 해석해야만 한다. 이상 3種의 解釋에는 각각 그 說明에는 難點이 있다. [28]

入學圖說에는 無極의 표시가 없다. 序文에는 周濂溪의 圖說을 근본

────────────

28)　宇野哲人 支那哲學史(寶文閣 東京 1954) p175

으로 했다[29]고 自述하고 있으나 太極圖說에서와 같이 無極을 圖示하지 않았다. 뿐만 아니라 天人心性合一之圖는 周子太極圖와 朱子章句之說에 의거한 것이라고 述하고[30] 있다. 無極이라는 것은 太極居中의 理를 가리켜 말하는 것이지 결코 太極上에 따로 無極이 있음을 말하는 것이 아니라고 하면서[31] 天地의 化는 限없이 生生하며 人獸草木千形萬狀이 各各 性命을 바로하는 者이니, 다 하나의 太極中으로부터 流出하는 까닭에 萬物이 各己一理를 갖추고 있으며 萬理는 하나의 根源으로부터 同出된다[32]고 하여 太極의 妙를 말하고 있다. 太極外에 다시 無極이 있다는 것이 아니라 함은 朱子의 뜻[33]을 이은 것 같고 萬物이 各具一理며 萬理가 同出於一源이라고 함은 程伊川이 말한[34] 華嚴의 事事無礙 法界觀을 평론한 곳과 유사하게도 생각된다. 이것들은 다 體用一源 顯微無間의 太極을 의미하는 바 陽村文集 속에서도 곳곳에서 散見된다.

懶翁의 號 江月을 논하면서 體用으로 分說하는 곳에 이르러서는 江月이라고 할 때에는 由用而源其體며 月江이라고 할 때에는 由體而達其用이니 體用一源이요 上下無間이라고[35]도 했고 天理의 流行은 混融一軆로 萬物을 超越하여 獨立하고 있으며 事物을 떠나서는 또 不備하다[36]고 說하였다. 太極說에 있어서 宇野哲人과 같이 宋代의 傾向을 太極一元論 理一元論 氣一元論으로 3分할 수 있다면 과연 陽村의 立場은 어느 것일지는 自明한 일이다. 엄밀하게 말해서 太極에 대해서

---

29) 洪武庚午秋 謫在金馬郡 有一二初學者輩 來讀庸學二書者 語之淳複 尙不能通曉 乃本周子之圖 參章句之說 作圖以示云云(入學圖說序)

30) 朱子曰天以陰陽五行化生萬物氣以成形而理亦賦焉 今本之作此圖 右圖謹依周子太極圖及朱子中庸章句之說 就人心性上以明理氣善惡之殊以示學者云云(權泰夾編 入學圖說 天人心性合一之圖(權五喆發行 忠北 1929) 卷一 1 1面)

31) 學者問曰子爲合一圖自謂謹依周子之圖然周圖有所謂無極者而此則无之何也 曰無極者指言太極居中之理非太極之上別有所謂無極也 則此圖之中天字一圈是也云云(同上)

32) 夫天地之化生生不窮 往者息而來者繼 人獸草木千形萬狀各正性命者皆自一太極中流出 故萬物各具一理萬理同出一源云云(同上)

33) 上天之載無聲無臭而實造化之樞紐品彙之根柢也 故曰無極而太極非太極之外復有無極也(胡廣 性理大全 太極圖解卷 1 14面註)

34) 一言以蔽之不過曰萬理歸於一理也(二程全書 卷18 18面 支那哲學史 程朱學派 字野所引)(二程全書 卷18 19面)

35) 夫江月也……其互稱自分軆用江月則由用而源其軆 曰月江則由軆而達其用 軆用一源上下無間云云(朝鮮史編修會 陽村集 卷14 月江記〈朝鮮總督府 京城 1937〉16面)

36) 道不離乎形器 非窈窅恍惚之謂也 亦不離乎形器……離事物則不備而用有所不行 軆用兼全云云(同上 卷15 送雲雪岳上人序〈同上〉14面)

理氣를 綜合한다든가 一元論이란 말을 適用할 수 있을지는 疑問이다. 억지로 말해서 太極이라고 칭함과 같이 셋 중에서 强選한다면 太極一元論의 立場을 견지한 것으로 생각된다. 太極이 人間에 있어서는 어떻게 反應 내지 關係지어지는 것일지는 그의 性論을 알아보아야 할 것이다.

② 性 論

性理學의 中心問題가 오랜 歲月을 두고 논란되어 史를 이루어온 가운데 性論이 차지하는 比重은 대단히 크다. 四七論은 물론이려니와 人物性同異論도 중요한 問題의 하나로 생각된다.

陽村에 있어서 人性은 子思의 생각을[37] 그대로 받은 것으로 보인다. 性이란 하늘의 命한 바요, 사람이 그 生의 理致를 받아서 내 마음 속에 갖춘 바를 말하는 것이다. 그러므로 性字는 從心從生이요 사람과 萬物은 理는 같고 氣禀이 다르다. 그래서 告子[38]는 生之謂性이라고 했고, 韓氏는 與生俱生[39]이라고 했고, 釋氏는 作用이 是性이라고 했으니, 이는 다 氣를 가지고 말하고 理를 버린 결과다. 그래서 中庸에서는 天命之謂性이라 했고 孟子는 盡其心者는 其性을 알고 其性을 알면 天을 안다고[40] 하여 太極이라 하지 않고 天이라 하였고 理氣라고 하지 않고 人이라 하여 性으로 兩者의 通路를 열어놓았다. 즉 天理의 誠과 人情의 善을 맺어주는 것이라고 생각한 것이다. 이것을 成湯은 降衷恒性[41]이라고 했고, 伊尹은 天之明命이라[42]고 했고, 劉子는 天地之中[43]이라고 했고, 孔子는 繼善成性이라고[44]한 것이다. 太極·天·理·性·心 등은 다 추상적인 까닭에 이것을 實하게 부각시키는 뜻에서

---

37) 天命之謂性 率性之謂道 修道之謂敎(經書 中庸〈大東文化研究院〉 p769)
38) 經書 孟子 大東文化研究院 p663
39) 性也者與生俱生也 情也者接於物而生也(昌黎先生全集〈鴻文書局 上海 1911 宣統 3年〉卷11 原性 4面)
40) 性者天所命而人所受其生之理具於吾心者也故其字從心從人與萬物其理則同而氣質之禀有不同者焉告子曰生之謂性韓子曰與生俱生釋氏曰作用是性是皆以氣言而遣其理者也中庸曰天命之謂性孟子曰盡其心知其性也知其性則知天矣（入學圖說〈權五喆家忠北1929〉卷1 4面)
41) 惟皇上帝 降衷于下民 若有恒性(書經湯誥)（書傳集註湯誥〈朝鮮圖書株式會社 京城 1920〉p246)
42) 先王顧諟天之明命(同上 太甲上〈同上〉p263)
43) 劉子曰吾聞之民受天地之中以生所謂命也(春秋左氏傳 成公13年〈博文館 東京 1921〉p129)
44) 周易字句索引〈忠南大學校發行 回想社〉繫辭上 p78

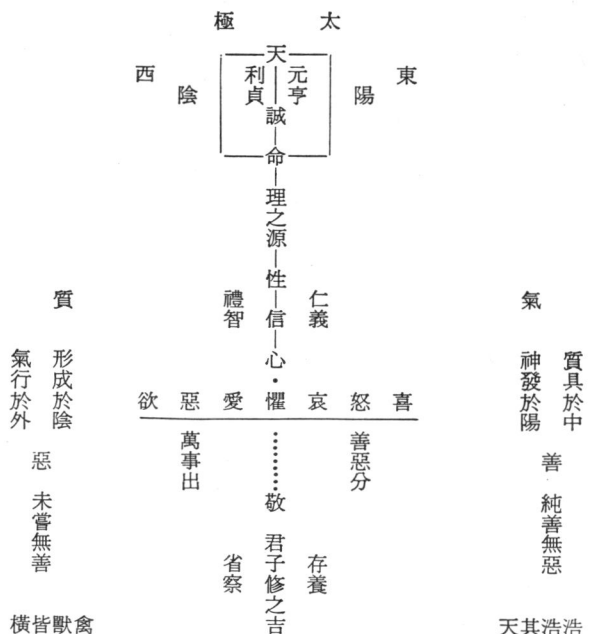

그는 위와 같이 圖示하였다.

實하게 파악되지 못할 때 佛氏나 楊氏에 빠지게 된다는 것이니 즉 곧바로 天이라고 할 때에 그 뜻이 冥漠空虛해서 主宰가 없고 그 理의 根源됨을 알지 못하고 혹 蒼茫遍覆한데 구애되어 氣化를 行하고 一體의 妙있음을 모르며 또 吾의 所以性者, 其原이 다 天에서 나와 理가 나에게 갖추어 있음을 알지 못하고 혹 佛氏의 空, 楊氏의 混說에 빠지게 된다는 것이다.[45]

楊村의 이러한 생각은 역시 文集 속에서 곳곳에 언급되고 있다. 人性이란 즉 하늘의 命이라[46]고 하여 天人의 一理를 말하고[47] 人과 物

---

45) 直謂之天則或意其冥漠空虛都無主宰而不知其爲萬理之源或拘於蒼茫遍覆以行氣化而不知其有一本之妙且又不知吾之所以爲性者 其原皆出於天其理皆備於我而或溺於佛氏之空楊氏之混矣(權泰夾編 入學圖說〈權五喆家 忠北 1929〉天人心性分釋之圖 5 面)

46) 夫人性即天之命也, 天之命元亨利貞於穆而不已者誠也云云(朝鮮史編修會 陽村集〈朝鮮總督府 京城 1937〉卷14 信齋記 1 面)

47) 夫天地萬物本一理也 以在我之實心觸在彼之實理 妙合無間捷於影響書稱至誠感神 易

도 理에 있어서 一임을 강조한다. [48] 위의 主張을 본다면 性則理의 宋
學說을 충실하게 답습한 것으로 보이며 특히 天人關係에서 誠命과 性
心 사이에 理之源을 삽입하여 그 說明의 親切을 다 하고 있음은 물론
初學者를 위한 圖示라고는 하나 그 演繹의 상세함에 一進步를 알아보
는데 충분하다고 미루어진다. 性上에 理之源을 특별히 가한 理由로서
中庸에서의 天命之謂性에 대한 朱子의 說明을 그는 인용해서 말한다.
즉 天이 陰陽五行으로 萬物을 化生하여 氣는 形體를 이루고 理는 또
한 부여되는 것이니 命令과 같은 것이라고 하였다. 이른바 命이라는
것은 人物이 비로소 생길 때에 하늘이 賦與하는 理致가 陰陽中에 있
으면서 陰陽에 섞이지 않고 性을 이루는 것이니 理의 根源이라는 것
이다. [49] 天으로 말하면 命이요 人側으로 말하면 性이라는 종래의 해
석에 一段階를 分析設定하여 命과 性間에 理之源을 揷入 설명하고 있
음은 陽村의 독특한 점이다.

人物性에 대하여는 역시 萬物이 本來一理[50]라고 하고 人과 物도 또
한 一理라고 한다. [51] 다만 人與物의 生이 理에 있어서 同一하지만 氣
의 바르고 통한 것은 人이 되고 偏塞된 것은 物이 된다[52]고 한다. 즉
人과 萬物이 그 理로 말하면 同一하고 稟受한 바 氣質에 있어서 差位
가 있다. [53] 物에 있어서는 鳥獸草木으로 갈라지지만 사람들은 聖凡으
로 나뉜다. 聖人의 마음은 純粹한 天理대로여서 터럭끝만치라도 私
己의 人欲이 없는 者를 말한다. [54] 理에 있어서 聖凡이 同一하고 氣稟
이 不同한 것뿐이지 聖人이라고 해서 形氣가 없고 人心이 없다는 것이

言信及豚魚 盖謂此也云云(同上)
48) 人與物一理也 其原有自其施有序 在處皆具各有攸當云云(同上 卷16 送三興師 遊方序
   13面)
49) 面其以命爲理之源而加於性上何也 日中庸曰天命之謂性朱子釋之以爲 天以陰陽五行化
   生萬物氣以成形而 理亦賦焉猶命令也 則所謂命者人物始生之初天所賦與之理在乎陰陽
   之中而不雜乎陰陽 以爲性理之源者也(權泰夾編 入學圖說〈權五喆家 忠北 1929〉天人
   心性分釋之圖 4面)
50) 夫天理萬物本一理也云云(朝鮮史編修會 陽村集〈朝鮮總督府 京城 1937〉卷14 信齋記
   1面)
51) 人與物一理也云云(同上 卷16 送三興師遊方序 13面)
52) 人物之生其理則同 氣有通塞偏正之異 得其正且通者爲人 得其偏且塞者爲物云云(權泰
   夾編 入學圖說〈權五喆家 忠北 1926〉天人心性合一之圖 1面)
53) 人與萬物其理則同而氣質之稟有不同者焉云云(同上 天人心性分釋之圖 性 4面)
54) 聖人之心純乎天理而無一毫人欲之私者也云云(同上 同上 8面)

아니다.[55] 그래서 朱子도 人이 다 形氣를 가지고 있기 때문에 비록 上智라고 해도 人心이 없을 수 없고 下愚라고 해도 道心이 없을 수 없다고 하였다.

여기서 특히 關心이 가는 것은 氣質之性을 말하면서 本然之性의 表現이 없다는 점이다. 善惡問題를 다루는데 있어서 張横渠가 天地之性과 氣質之性으로 分說[56]한 후로 程子・朱子에 이르러서 本然之性을 논하게 된 바 宋學의 傳來로 本然之性을 말함직한데도 陽村에 있어서 이 表現이 없음이 극히 注目되는 바이다. 理氣를 말하되 本然之性을 氣質之性과 구별해서 말하지 아니하고, 性情을 말하되 人心道心을 分離 對立시키지 아니하는 점은[57] 陽村의 學的 立場을 명시해주는 것으로 안다.

善惡에 있어서는 氣質的인 意幾에서 分派된다고[58] 圖示하고 心發에서 善惡이 갈라져서 萬事가 실현된다[59]는 것이다. 人性이 善함은 水性의 淸한 것과 같으며, 性이 본래 善하면서 惡이 생기는 것은 欲이 유인하는 까닭이라는 것이다.[60]

그렇다면 어떻게 해서 이 유인을 물리칠 것인가. 그 方法이 다음에 문제될 것이다.

③ 修養論에 대하여

사람에게는 天性이 있다[61]고 하였고, 性은 하늘이 命한 것이라[62] 하며, 命받은 性을 온전하게 하는 者는 聖人이라[63]고 하였다. 따라서 聖

55) 非以聖人之身無有形氣亦無有人心也云云(同上)
56) 形而後有氣質之性 善反之則天地之性存焉故氣質之性君子有弗性者焉(胡廣 性理大全 卷5 正蒙 29面)
57) 其所謂人心者亦未便是不好人心之得其正即道心之流行也故聖人之心純乎天理而無一毫 人欲之私者也云云(權泰夾編 入學圖說〈權五喆家 忠北 1929〉天人心性分釋之圖 性8 面)
58) 夫心之發其幾有善惡之殊若純乎理而不雜乎氣則其發安有不善哉云云(同上 6面)
59) 書曰民惟邦本 本古邦寧是也 反之於身亦然 操則存捨則亡者此心也 此心之發有善惡之 殊云云(朝鮮史編修會 陽村集〈朝鮮總督府 京城 1937〉卷21 崔子圖說後聞 9面)
60) 惟人性之善也猶水之淸也性本善而惡生者欲誘之也 水本淸而濁見者穢汚之也 去其惡而 存其善則人性之復其初也云云(同上 卷11 古澗記 2面)
61) 蓋人之有天性云云(朝鮮史編修會 陽村集〈朝鮮總督府 京城 1937〉卷14 永興府學校記 8面)
62) 性者天所命而人所受其生之理具於吾心者也云云(權泰夾編 入學圖說〈權五喆家 忠北 1929〉天人心性分釋之圖 性 4面)
63) 衆人自昏而失之 聖人則全之於天云云(朝鮮史編修會 陽村集〈朝鮮總督府 京城 1937〉卷11 寶嚴記 2面)

人의 마음은 天理대로여서 一毫의 私慾도 없다는 것이다. [64] 眞理를 깨치고 그것을 行함이 所願이라면 이렇게 살아간 聖人을 배워야 할 것이니 반드시 學해야 하며 그러기 위해서는 聖人의 글을 講하지 않을 수 없다는 것이다. [65] 學에 있어서 좀더 깊이 말한다면 學이란 本源을 얻음이 貴한 것이며[66] 儒者의 學은 得乎己가 아니면 他人에 영향을 줄 수는 없는[67] 것이다. 따라서 獨善에 끝나서는 貴한 것이 못되며[68] 반드시 사람들과 즐거움을 나누는 境地까지 가야 하는 것이니 孔子의 벗을 만나서 즐거워함이나, 孟子의 衆人과 함께 즐거워함은[69] 學의 效를 말해주는 것이다. 陽村에 있어서는 이러한 樂이 本末로 分析되며 胸中에 얻은 것은 本이요, 物에까지 미치어 나타나는 것은 末이니, 胸中의 樂으로부터 미루어 及物에 이르르면 天地萬物이 내 한 몸과 같아서 나의 樂中에 있지 않음이 없는 까닭에 有朋遠來와 英材敎育이[70] 모두 그에게는 限없는 즐거움이다. 이렇게 得己한 것을 實이라고 하고 그 效를 實學의 效라고 하여 及物의 大端이라[71]고 한다. 그렇기때문에 治人에 있어서도 學은 무엇보다도 앞서야 한다[72]는 것이 그의 主張이다. 즉 修己에 있어서나 治人에 있어서 무엇보다 學은 중요한 것으로서 그의 內容이 知識이나 理論에 있기 이전에 寡欲을 學함이 先行되어야 한다는 것이다. 學과 思는 得을 위해서는 車의 兩輪과 鳥의 兩翼과 같아서 互進에 必須不可缺의 일이다. 思는 心之愛로 말미암아서 發하는 것으로 父子사이에서는 親이다. 天性에 根本해서 至情으로부터 나오는 까닭에 至切하다는[73] 것이다. 心之愛의 心은

---

64) 註聖人之心純乎天理而無一毫人欲之私者也云云(前所引)
65) 蓋人之有天性固不可不學而學之爲道尤不可不講聖人之書云云(同上 卷14 永興府學校記 8面)
66) 學貴乎得其本源云云(同上 卷21 金氏名字說 16面)
67) 儒者之學得乎己 必有以及乎物云云(同上 卷19 送張監生詩序 1面)
68) 夫聖賢之道非貴乎獨善云云(同上 卷13 獨樂堂記 9面)
69) 欲以及人焉爾 故朋來而樂者孔子也 與衆而樂者孟子也云云(同上)
70) 君子之樂有本有末 得於胸中者本也 現於及物者末也 自其胸中之樂推而至於及物則天地萬物猶吾一體無一不在吾樂之中而人同類也故有朋遠來可樂也英材敎育可樂也云云(同上)
71) 詩書禮樂是習仁義忠信修學己造乎明而行己乎成 得於己者可謂己實矣……此乃實學之效及物之大端也云云(同上 卷19 送張監生詩序 1面)
72) 治人之道莫先於學云云(同上 卷14 永興府學校記 8面)
73) 夫思者由其心之發者也 親之於子子之於親其愛本於天性其思出乎至情故父母之念子也惟病之憂云云(同上 卷19 馬氏思親堂圖詩序 9面)

무엇인가 天地가 生物하는 마음은 우리가 능히 보전한다면 이는 聖人
이요 天人이 비록 다르다 하여도 그 마음은 同一하다[74]고 하였다. 따
라서 人心은 靈萬物而參三才하고 具衆理而應萬事하는 것이니[75] 參應
의 障碍物이 欲이라면 寡欲을 그 方法으로 삼음은 당연한 일이다. 養
心은 寡欲보다 더 좋음이 없다.[76] 능히 欲을 적게 한 즉 그 마음이
스스로 맑아져서 淸心의 要가 된다[77]는 것이며 寡欲은 愼獨에서 그리
고 愼獨功夫는 隱微에 있기 때문에 善惡의 幾微를 先觀해야 한다는
결론이 나오게 된다.[78]

⑥ 後世에 미친 影響

栗谷은 我東性理學의 始源을 鄭圃隱으로부터[79]라고 생각하였다. 權
近이 圃隱과 同時代이니 역시 같은 性理學을 연구하였음을 그의 入學
圖說로 충분히 생각할 수가 있다. 그러나 圃隱은 節死했고 權近은 新
朝에 벼슬하였다는 差位를 지적할 수 있는 反面에 學術論文이 전하는
바 없어 論理가 정연하다[80]고 평하는 외에 알 수가 없으나 陽村은 그
의 著書가 전해오는 까닭에 그의 思想을 圖說과 淺見錄을 통해서 後
世에 전해주고 있다. 李朝의 性理學이 理와 氣의 哲學的 一元 내지
二元論으로 論爭이 거듭되어 왔음은 事實이거니와 거기에는 의례히
太極論・心性情論이 논란되었고 따라서 人間의 氣質, 本然을 問題삼았
다. 이미 언급한 바와 같이 入學圖說에서는 本然은 말하면서도 本然
之性에 언급이 보이지 않는다. 性에 있어서 本然과 氣質을 分離設定
하여 人間의 善惡關係를 해명하려고 張・程이 試圖했지만 效를 얻으면

---

74) 易曰天地之大德曰生聖人之大寶曰位何以守位曰仁言聖人以天地生物之心爲心而擴充之
    故能保有其仁是天人雖殊其心則一也云云(同上 卷32 鑄鍾銘并序 1面)
75) 惟人之有心新以靈萬物而參三才具衆理而應萬事者也云云(同上 卷12 淸心堂記 12面)
76) 養心莫善於寡欲(孟子 大東文化硏究院 盡心下 p755)
77) 夫能寡欲則其心自淸其心淸則衆善以生淸之之極 …… 寡欲豈非淸心之要哉(朝鮮史編修
    會 陽村集〈朝鮮總督府 京城 1937〉卷12 淸心堂記 12面)
78) 愼獨功夫在隱微 須暫誠敬暫無違 靜時常著操存要 動處先觀善惡幾幽顯自來非異致 聖
    賢終是可同歸子思喫緊爲人爲 位育中和只一機(同上 同上 卷6 詩題隱微堂春 19面)
79) 我國理學無傳前朝鄭夢周始發其端(朝鮮古典刊行會 大東野乘三 卷14 石潭日記上〈同
    文舘 京城 1909〉p387)
80) 牧隱函稱之曰達可論理橫說竪說無非當理云云(麗季各賢集 圃隱文集 大東文化硏究院
    p1049)

目的이 달성되는 反面에 얻지 못하면 오히려 分裂의 결과를 초래하여
애초부터 가르지 않았느니만 못하게 된다. 論理를 밝히려니까 分離해
서 설명하지 않을 수 없으나 性理學의 難澁性에 비추어서인지 陽村의
本然之性을 말하지 않은 것을 주의하지 않을 수 없다. 太極의 自體性
을 결과적으로 이해하고 난다면 理氣는 分說하거나 아니하거나 相關
이 없다. 그러나 理解가 안되기로 말하면 오히려 分說함이 분열을 助
長하여 방해가 될 수도 있는 일이다. 그는 太極論에서 이미 말했듯이
無極을 圖示하지 아니했다. 周子는 太極의 自體性闡明을 爲해서 無極
而太極이라고 한 바 陽村은 이 無極을 말하지 않은 것으로 미루어 本
然之性에 언급이 없음은 그에게 있어서 당연하다고 할 것이다. 無極
은 太極居中의 理라고 한대로 類推한다면 本然之性은 氣質居中之性이
라고 생각했을 것으로 짐작되며 환원하면 性은 情居中之理라고 해서
無妨할 것으로 안다. 理氣心性二岐의 病을 念慮하여서였다면 바람직
한 일이라고 할 것이다. 奇高峰大升(1527~1572)이 退溪에게 質問肉迫
해온 점[81]도 바로 이것이요 成牛溪渾(1535~1598)이 栗谷에게 지적받
은 것도[82] 바로 이점이었다.

陽村의 學問은 金浛(?) 權採(1399~1438) 治隱 吉再(1358~1419)에게
전해졌고 다시 江湖 金淑滋(1389~1456)에게로, 그리고 佔畢齋 金宗直
(1431~1492)에게로, 다시 寒暄堂 金宏弼(1454~1504)을 거쳐 慕齋 金安
國(1478~1543), 思齋 金正國(1485~1541)으로 해서, 秋巒鄭之雲(1509~
1561)에게로 影響이 미쳐갔다. 특히 그의 入學圖說은 우리나라 儒學
史上 圖說로서 현재 전해지고 있는 것으로서는 最古의 것으로 알고
있다. 鄭三峰道傳(?~1398)의 診脈圖[83]의 영향을 받았다고 하나 그
것이 現存치 않으므로 內容을 볼 수 없어 明證이 어렵고 陽村의 圖說
은 鄭之雲의 天命圖說에 결정적인 영향을 주었다. [84] 金沙溪長生(1548

---

81) 若大升之愚見則異於是盖人之情一也而其所以爲情者固秉理氣有善惡也(奇大升 高峰集
　　四六理氣往復書上　9面)

82) 理氣詠 理氣何端始 無形在有形 窮源知本合 沿派見群精 水逐方圓器 空隨小大瓶 二岐
　　君莫惑 默驗性爲情(大東文化研究院 栗谷全書 卷10 p207)

83) 東文選 卷105 陶隱李崇仁 珍脈圖誌(學者指南圖 八陣三十六變圖譜 太乙七十二局圖
　　五行陣出奇圖 講武圖)

84) 李丙燾 權陽村の入學圖說について(東洋學報 東京 1929) p132……秋巒退溪等のこの
　　四端七情分理氣的見解は蓋し陽村の圖說に源するものと斷言して差支へあるまい

〈大　學　之　圖〉

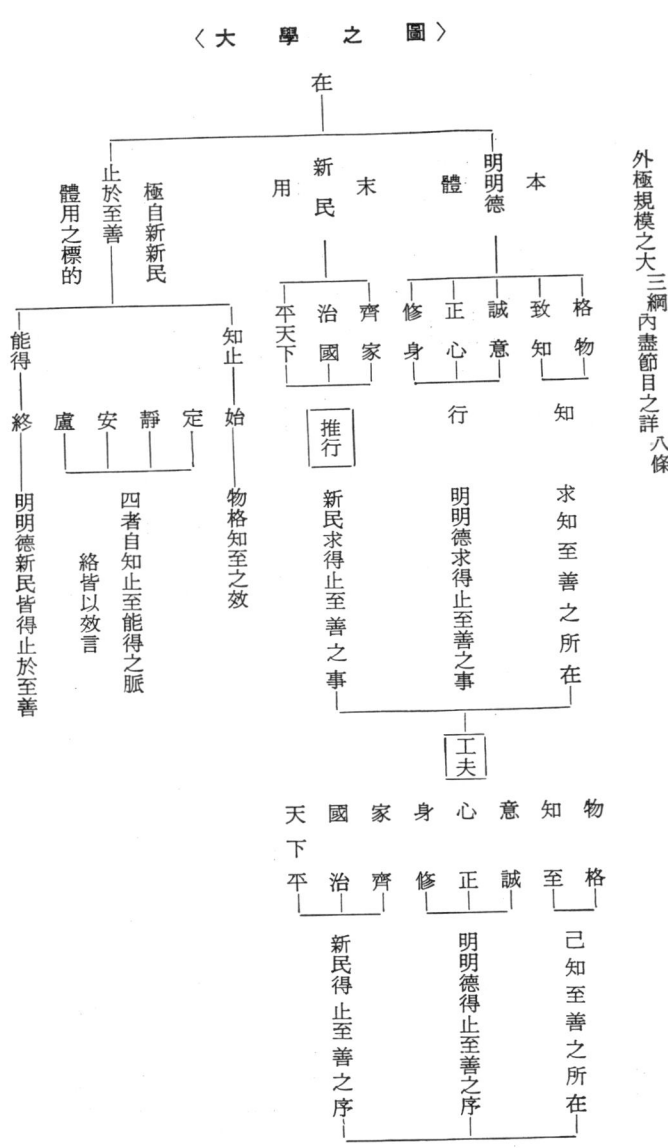

〈 第 四 大 學 圖 〉

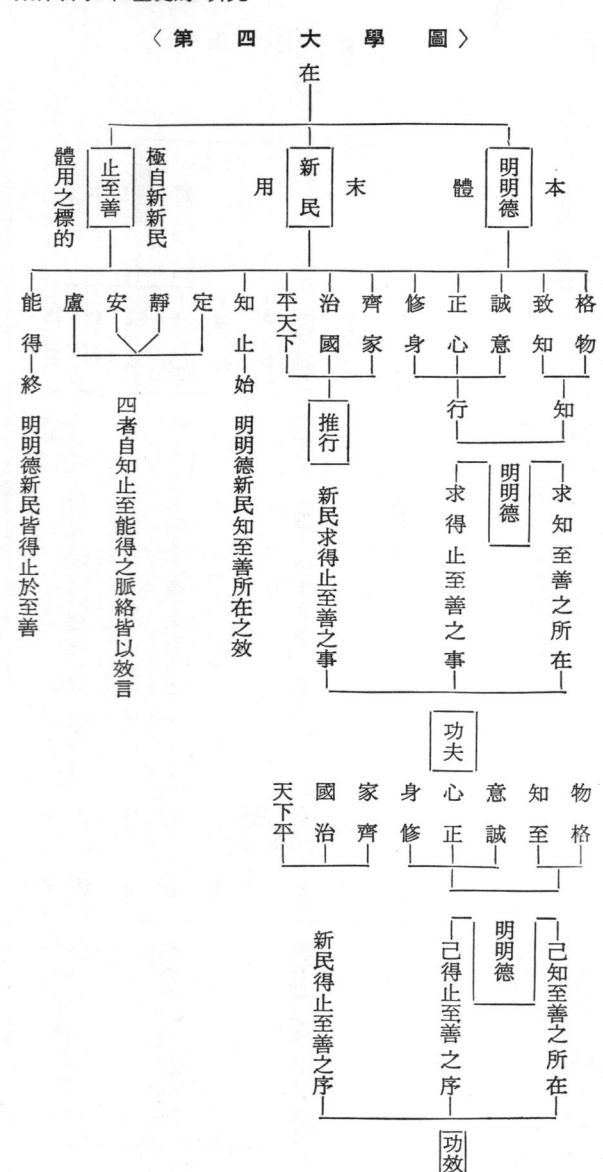

~1631)도 退溪(1501~1570)의 互發說이 陽村의 入學圖說에 根源[85]하였고 鄭之雲의 天命圖說도 여기에 근거했다고[86] 했으며, 그뿐만 아니라 浦渚 趙翼(1579~1655) 神道碑에서 宋時烈(1607~1689)도 退溪의 四七相對論이 權近圖說에 기인한다고 하였다.[87] 이제 入學圖說中의 大學指掌之圖와 退溪의 聖學十圖中의 大學圖를 비교해보면 다음과 같다.

다만 退溪의 大學圖는 그 解說에서 國初臣 權近이 이 그림을 지었다고 附說했고 意味上으로 別差位를 발견할 수가 없다.

그의 門人 金泮은 鄭之雲에 앞서서 續入學圖說을 저술하였다.[88] 成均大司成으로 在職當時의 所撰으로 現在는 전해오는지 流失되었는지를 알 길이 없다. 역시 그의 門人인 權採는 作聖圖를 지었다고 하나 그것도 現存치 않으므로 그 그림을 볼 수 없고 다만 作聖圖論一卷(寫本)이 전해지고 있는 것으로 알고 있다.[89] 이것은 佛家의 成佛圖를 본 것이 動機가 되어서[90] 庸學章句의 말로 五十餘目을 모아서 지었다.[91] 誠敬肆僞의 學者用心의 本旨를 初學者들에게 보이기 위한 것이지 결코 博奕과 같은 娛樂用으로 시작된 것은 아니다.[92] 圖論中의 圖象條에 의하면 그 모양이 陽村의 入學圖의 모습과 恰似함이[93] 추상된다.

그뿐 아니라 陽村의 圖說영향을 받은 것은 그 외에 張顯光(1554~1637)의 大學改正之圖 및 中庸之圖부터 五經各分體用之圖에 이르기까

---

85) 退溪先生四端七情互發之說其源出於陽村入學圖說云云(金沙溪著 近思錄釋疑 李丙燾 所引)
此互發之說所由起也 退溪曰四端理發而氣隨之 七情氣發而理乘之 是陽村書左右之意云云(沙溪全書 卷17 同上)
86) 鄭秋巒因陽村而作圖云云(李丙燾 所引)
87) 李滉四七相對論維因權近圖說云(宋子大全 卷1 p161 同上)
88) 東國文獻備考 藝文考 卷246
89) 李丙燾 陽村의 入學圖說について(東洋學報 卷17 東京 1929)
90) 作聖圖論序文 權枝作 歲己亥(世宗元年) 先人(即梅軒) 損館餘尚童稚 從仲兄採盧于楊之豊壤縣(今楊州郡蘆海面) 僧畸梵來曰成佛圖可以破閑 餘謂兄曰儒家亦有此等之圖曰無有我嘗作云云(同上)
91) 同上
92) 夫用骰子之意非在以於骰子以示誠敬肆僞之分耳 誠敬肆僞乃學者之用心之地 因骰而開示指道於初學云云(同上 所引 四佳齋 徐居正著 華苑雜記 卷1)
93) 作聖圖圖象條或問此圖上圓下方而中列心與氣質之圖 何也曰圓上者天之象方下者地之象中間者心與氣質人之象……以一人之身觀之頭圓象天足方參地氣質包其外而心居中云云(同上 所引 權採自序)

지[94] 韓汝愚(1642~1709)의 中庸脈絡圖,[95] 尹鳳九(1681—1767)의 大學新圖와 中庸新圖,[96] 韓元震(1682~1751)의 大學圖와 中庸圖[97] 李象靖(1710~1781)의 中庸首章圖[98] 등이 있다.

이렇듯 各圖說에 至大한 영향을 끼친 陽村에 대해서 學者들의 평은 대개 아래와 같다.

7 陽村에 대한 評

鄭道傳은 陽村과 同時人으로 學問에 있어서나 親交關係에 있어서나 누구보다도 가깝고 相互理解度에 있어서도 가장 정확할 것으로 생각된다. 老佛을 異端視하는 學問方向은 兩人의 親分을 더욱 두텁게 해주었을 것이며, 道傳의 陽村을 평한 곳을 보면 매우 절실하다. 예전에는 自身이 陽村보다 學問이 높았었으나 지금에 와서는 入學圖說과 易占法中에 그의 學說이 具備되어 있는 것으로[99] 自身이 이제는 따라갈 수 없다고 하여 겉으로의 칭찬이나 아첨하는 말이 아니라고까지 添言하였다. 그러나 이것은 學問論理를 평하는 것이기도 하겠지만 親友로서 사람을 말한 것이라고 함이 타당할 듯하다.

韓元震은 陽村이 心性理氣를 판이한 二物로 생각하여 渾融無間의 妙를 認識하지 못함으로써 後學들을 크게 그르쳤다고[100] 하였다. 致命的인 酷評이다. 그러나 退溪는 穿鑿附會의 病을 면할 수 없다[101]고 하여 心字를 갖고 天人合一의 理를 形狀化한 점을[102] 지적하고 있다. 栗谷은 陽村의 入學圖說이 似齟齬라고[103] 평하였다.

한편 陽村自身은 글자의 點劃을 갖고 의미를 풀이한 것은 穿鑿의

94) 同上 張顯光 易學圖說 卷6 23面
95) 同上 遁翁集 卷8 中庸脈絡圖
96) 同上 屛溪集 卷35 大學 中庸新圖 1~4面
97) 同上 經義紀聞錄 卷1
98) 同上 大山集 卷39 中庸首章圖 33面
99) 道傳嘗自謂昔者近不及於予 今則予不及近 其說其於入學圖說易占法中 非諛言也云云(國史編纂委員會 朝鮮王朝實錄3 世宗 卷40 p125)
100) 按陽村圖說 以情意人道四七分屬心性理氣 使理氣判爲二物而不復見其渾融無間之妙 其誤後學也大矣也云云(南塘集拾遺 卷4 雜著 李丙燾 所引)
101) 陽村學術淵博 爲此圖說 極有證據 後學安敢議其得失但以先賢之說揆之 恐不免啓學者穿鑿附會之病耳 然此亦未易言也(大東文化硏究院 退溪全書 上卷 p652)
102) 入學圖說說道理儘細密 但以心字狀天人合一之理 巧則巧矣 恐未免杜撰牽合之病云云(同上 卷2 閑居次 趙士敬外諸人唱酬韻 14首 附註 p76)
103) 問我朝學問亦始於何代 曰自前朝末始矣 然權陽村入學圖說以齟齬云云(大東文化硏究院 栗谷全書 卷31 語錄上 p783)

罪됨을 면할 길이 없으나 다만 初學者의 理解를 용이하게 한 것뿐이
요, 또한 유독 陽村만이 그와 같은 설명을 하는 것이 아니라 古人의
會意解字例로 보아서 진실로 大義에 크게 어긋남이 없을진댄 大를 취
하고 小를 容恕함이 可하다고 自述하고 있다.[104]

韓南塘元震은 心性二岐라고 규탄했고 退溪는 쉽게 말할 수 없다고
하면서도 穿鑿을 病이라고 했고 栗谷은 似齟齬라고 하여 정연하지 못
함을 말하였다. 心性二岐는 대개 理氣心性에 있어서 發을 갖고 問題
삼게 되나 이와 같은 것은 흔히 意連을 단절하는 文字에 붙들려서 그
러한 結果를 가져오기가 쉽다. 陽村의 경우 표현된 句節을 그림과 대
조하여 생각해보면 그림에서는 心性情理氣가 發로서 변질되는 것같이
보이지는 않는다. 크게는 宇宙의 陰陽流行으로부터 적게는 心性의 깊
이에 이르기까지 그 混然함을 그림으로 그렸으니 그 表現에서 誤認을
받는 점이 없을 수 없을 것이다. 穿鑿이라는 점도 自述한 바와 같이
意圖가 製字에 있어서 會意構成의 例를 따라 이해에 興味를 환기시키
면서 돕자는데 있는 것이지 결코 大意를 잃어버리면서까지 그것을 固
執하자는 것은 아니라고 보고 싶다.

結　語

二朝에 兩仕한 陽村에 내려지는 비난 속에서도 그가 鄭圃隱을 忠臣
으로 上疏한 心衷을 미루어 그의 精神的 一面에 이해를 다시 하게 되
며 儒學을 높인 그의 佛敎觀이나 圖說에서 본 바 그의 理論은 그 영
향이 後世에 컸을 뿐 아니라 二岐之病을 지탄하기 전에 妙를 說하기
위하여 太極性情論에서 無極과 本然의 표현을 피하고 있다면 이것 또
한 酷評에 취해서 소홀히 보아 넘길 수 없을 것으로 생각된다. 未發
之前은 太極의 體요 已發之後는 太極의 用인 自我 즉 出令而不受令하
는 主體確立을 문제삼는 哲學을 가지고 民族固有의 思想을 계승하고
啓發하여준 점은 과연 그가 차지하고 있는 學術的인 地位라고 할 것
이다.

---

104) 是其破碎穿鑿之罪自知其無所逃避但使初學者樂觀而易知其意爾然古人製字亦有會意者
如所謂一大爲天土也爲地……苟於大義無甚悖謬則取大而恕其小可也(權泰夾編 入學圖
說〈權五喆家 忠北 1929〉天人心性分釋之圖 性 9面)

晩晦 權得己의 生涯와 哲學思想
——潛冶와의 格致論爭을 中心으로——

序 言

韓國儒學史로서는 玄相允氏와 裵宗鎬교수에 의해서 著作된 것이 있고, 李丙燾氏의 韓國儒學史資料草稿가 謄寫本으로 나온 것이 있기는 하지만 어느 것도 晩悔 權得己에 대하여는 다루어지지 않고 있다.

哲學이 원래 形而上學·認識論·實踐論이나 또는 宇宙論·人生論 등으로 나뉘어 탐구되는 것이 通例이나 그 中에서도 認識論이 가장 比重높게 연구되고 있으며, 이 점에 있어서는 東西洋이 共通된다고 할 것이다. 儒教哲學의 경우 이 部分은 格致論으로 알려지고 있다.

認識에 관해서는 인식하는 主體와 인식되는 客體로 分類하여 연구되고 있으며, 따라서 主觀과 客觀이 問題되지 않을 수 없다. 뿐만 아니라 이 경우에 主客兩者의 關係理解는 哲學하는 사람들에게는 核心問題가 된다고 생각된다. 이 중요한 部分이 儒教哲學에서는 格致論(格物致知)으로 다루어지고 있다고 하겠다.

우리의 哲學史를 통하여 問題로 등장해서 활발한 토론을 거쳐 그 論理展開의 記錄을 남긴 것 중에서 退溪와 高峰의 四端七情論과 栗谷과 牛溪의 人心道心論, 그리고 湖洛兩派의 人物性同異論, 나아가서는 服喪에 관한 禮論 등은 유명하고도 價値있는 것들이라고 하겠다. 이러한 四七論이나 人心道心論이나 또는 人物性同異論, 禮說의 中心이 主體에 관한 문제로 집약된다고 할 때, 어찌하여 知自體에 관한 認識論的 探究의 자취를 볼 수 없는가 하는 疑心을 품게 한다.

이제 晩悔의 哲學思想을 연구하는 過程에서 潛冶 朴仁之와의 이 部分에 대한 激論에 접할 때 刮目하게 되며 韓國哲學史에 있어서 한 章을 補充해주는 意義를 발견하게 된다.

便宜上 먼저 그의 生涯에 관해서 간략히 살펴보고 晩悔이전에 있었던 格致에 관한 退溪의 見解를 조사하고, 다음으로 潛冶와의 論辯을 中心해서 그의 認識에 관한 持論을 고찰하고자 한다.

Ⓐ 生 涯

權得己(1570~1622)는 李朝文臣으로서 字는 重之, 號는 晚悔이다. 安東權氏인 吏曹判書 克禮의 아들인 바 克寬에게 入養하였고 宣祖 22년 (1589)에 進士가 되었으며 光海 2년(1610)에는 式年文科에 壯元及第하여 禮曹佐郞이 되기도 하였다. 光海君의 母侯를 幽閉하는 不祥事가 일고 朝野의 政治가 동요되자 高山道察訪을 사퇴하고 野人으로 一生을 마쳤다. 吏曹參判에 追贈되었고 公州 道山書院에 祭享되고 있다. 著書에 「晚悔集」과 「然松雜記」가 있다.

高麗朝에서 賜姓된 權氏의 後孫인 權溥는 四書集註刊行과 孝行錄編輯으로도 유명하거니와 그 後裔인 得己의 號, 晚悔에 대하여도 특별히 주의가 간다. 晦軒이니 晦齋니 해서 朱文公에 親近을 連想케 하는 號도 있기는 하였으나 이처럼 이름을 통하여 닮아보려는 意圖에 비하여 內面으로 實을 쌓으려는 意慾的인 號로 생각되며 晚悔와 晦軒 晦齋가 비교되기도 한다. 아직 널리 보고 듣지 못해서 正確을 기하기 어렵다고 생각되나 臨終 5일전에 潛冶에게 준 글 가운데 다음과 같은 句節이 있어 그의 心衷을 엿보게 한다.

「平生 罪悔가 심히 많아 죽어서도 遺悔가 있을 것이니 나아가 씻을 수가 없읍니다. 오직 이 두 말은 여러해동안 精思하고 여러가지 程朱의 敎訓을 考究해서 얻은 것이니 속일 수가 없읍니다.」

(平生罪悔甚多 死遺悔 不可得以進洗 唯此二言乃積年精思考諸程朱所訓而得之者不可誣也)──(晚悔集 卷5 與朴仁之 9月 15日書20)

後悔를 간직한 채로 世上을 떠난다면 때는 이미 늦고 永遠히 씻을 수 없으리라는 이 생각이 程朱學을 오래 工夫한 끝에 얻어진 것이라는 이 告白은 아마도 그의 號의 意味를 뒷받침해주는 것으로 생각된다.

退溪(1501~1570)가 작고하던 해에 出生한 그는 栗谷(1535~1584)과도 同時代에 처하여 이 나라의 學術發展의 絶頂期를 누벼갔지마는 內憂外患의 歷史的 激動을 맛보아야하는 쓰라림속에 政界를 떠나 草野에 묻혀서 餘生을 學問으로 보내게 된 그 心中은 짐작이 갈 만도 하다. 生涯에 壬辰倭亂(1592)을 겪어야 했고(23세때) 앞으로 丙子胡亂(1636~1637)을 맞이하는 당시의 政界風雲은 識者들에게 우려를 자아내게 한 시기였을 것으로 보인다.

ⓑ 格致論의 認識論的 性格

認識하는 主體와 認識되는 客體와 또 이 兩者의 관계는 事物認識에 없지 못할 세가지 要素라고 할 것이다.

「冊床이 있다」라고 할 때 冊床을 아는 나의 主體와 對象인 冊床과, 또 나와 冊床의 關係는 認識過程에서 分析思惟되는 것이다. 認識하는 主體에 重點을 둘 때에 觀念論이 되어버리고 對象에 比重을 專置한다면 實在論이 되어버린다. 兩者의 不可分離의 관계를 高調하다 보면 主從을 論理化하는데 窮해지는 폐단이 생긴다. 이런 것들이 認識理論의 難點이라고 할 때 格致論에서도 例外는 아니다.

格物의 物은 認識對象이며 致知의 知는 主體에 속하며 致知在格物의 在는 兩者의 關係를 말한다면 格致論의 認識論的 理解는 이 物과 知와 在의 파악에 달려 있다고 해도 無妨함직 하다. 단순히 物과 知와 在만이 아니라 여기에 格字와 致字 至字를 더해서 格物・物格・致知・知至로 표현된데서 格物과 物格이 어떻게 다르며 致知와 知至가 어떤 差異가 있는가, 또는 致知在格物의 在와 物格而后知至의 而后와는 어떻게 뜻이 연결되는가 하는 問題들을 일으키게 한다.

格物의 物에 치우치면 實在論이 될 수 있고 致知의 知에 지나치면 觀念論에 떨어지며 物과 知의 關係의 論理體系가 서지 못할 때 主從이 불투명해지는 弱點은 앞서의 言과 同一하다.

觀念論이나 實在論에 비한다면 致知在格物의 在字에 특별한 注意가 간다. 또한 實存哲學과 科學哲學의 會遇點을 기대한다고 할 때 在字가 지니는 性格은 매우 흥미롭다고 할 것이다.

이 세가지 要素에 대한 朱子의 理解를 먼저 다음에 알아보기로 한다.

本　　論

Ⓐ 格物致知와 物格知至의 朱子註釋

格物致知는 四書「大學」에 三綱領八條目中 2個條目으로 다음과 같이 제시되어 있다.

「옛날에 明德을 天下에 밝히려고 하는 사람은 먼저 그 나라를 다스리고 그 나라를 다스리고자 하는 사람은 먼저 그 가정을 가지런히

하고 그 가정을 가지런히 하고자 하는 사람은 먼저 그 몸을 닦아야
하고, 그 몸을 닦으려고 하는 사람은 먼저 그 마음을 바르게 하고,
그 마음을 바르게 하고자 하는 사람은 먼저 그 뜻을 정성되게 하고,
그 뜻을 정성되게 하려고 하는 사람은 먼저 그 知를 이루어야 하니,
知를 이루는 것은 物을 格하는데 있다.

物이 格한 뒤에 知가 至하고, 知가 至한 후에 뜻이 정성되고, 뜻이
정성된 뒤에 心이 바르고, 心이 바른 뒤에 身이 닦아지고, 身이 닦
아진 뒤에 가정이 가지런해지고, 가정이 가지런해진 뒤에 나라가 다
스려지고, 나라가 다스려진 뒤에 天下가 平定된다.」

(古之欲明明德於天下者 先治其國 欲治其國者 先齊其家 欲齊其家者
先修其身 欲修其身者 先正其心 欲正其心者 先誠其意 欲誠其意者 先
致其知 致知在格物

物格而后知至 知至而后意誠 意誠而后心正 心正而后身修 身修而后
家齊 家齊而后國治 國治而后天下平)

格物致知와 物格知至는 朱子에 의해서 아래와 같이 註釋되고 있다.

「致는 推極이다. 知는 識과 같다.

나의 知識을 推極하면 그 알고자 하는 바가 다하지 않음이 없다.
格은 至이다. 物은 事와 같다. 事物의 理를 窮至하면 그 處에 極하
고자 하는 것에 이르지 않음이 없다.」

(致推極也 知猶識也

推極吾之知識 欲其所知無不盡也

格至也 物猶事也

窮至事物之理 欲其極處無不到也)

格物致知에 대하여는 위와 같거니와 物格知至에 관해서는 다음과 같다.

「物格이란 物理의 極處에 이르지 않음이 없는 것이다. 知至란 내 마
음의 아는 바가 다하지 않음이 없는 것이다. 知가 이미 다한즉 意
는 實할 수 있고 意가 이미 實한 즉 心은 바르게 될 수 있다.」

(物格者物理之極處無不到也 知至者吾心之所知無不盡也

知旣盡則意可得而實矣 意旣實則心可得而正矣)

中國人들과는 달리 우리에게는 漢文을 읽을 때 吐를 붙여서 읽어왔고
이 吐를 붙이는 要領이 사람에 따라서 다를 수가 있어 理解에 混線을
일으키기도 하였다. 더우기 深奧한 眞理를 說明하는 자리에서는 特別

한 關心이 傾注되어야 했다. 朱子는 傳5章에 自述 補亡하여 致知在
格物에 대한 見解를 다음과 같이 피력하고 있다.

「이른바 致知가 格物에 있다는 것은 나의 知를 致하고자 함이 物理
에 即해서 그 理를 窮究하는데 있다는 것을 말함이다. 대개 人心의
靈이 知를 지니지 않음이 없고 天下의 物이 理를 지니지 않음이 없
으나 오직 理를 窮究하지 않음이 있기 때문에 그 知가 不盡함이 있
다. 이러므로 大學 始敎에 반드시 學者로 하여금 뭇 天下의 物에 即
하여 그 이미 아는 理에 근거해서 더욱 궁구하여 그 極을 求하고 用
力의 오램에 至하면 一旦에 豁然貫通하니 즉 衆物의 表裏와 精粗가
이르지 않음이 없고, 吾心의 全體 大用이 밝지 않음이 없게 된다.」
(所謂致知在格物者 言欲致吾之知 在即物理而窮其理也 蓋人心之靈
莫不有知而天下之物莫不有理 惟於理有未窮故其知有不盡也 是以大學
始敎必使學者即凡天下之物 莫不因其已知之理而益窮之 以求乎其極 至
於用力之久 而一旦豁然貫通焉 則衆物之表裏精粗無物到 而吾心之全
體大用無不明矣)

中國人은 吐없이 읽으므로 本意를 讀者가 自由로 파악하겠으나 우리에
게는 吐를 부쳐서 읽으므로 本旨理解가 懸吐를 左右할 수도 있고 懸
吐如何가 本意파악에 차질을 가져올 수도 있게 된다.

三國時代에는 吏讀로 읽었으며 世宗 이후 한글 창제로 인한 諺解本
이 나오게 되어 그것이 대개 敎材처럼 一般的으로 사용되어 왔다. 따
라서 中國에서 없었던 懸吐가 문제될 수 있었고 本旨에 대한 論辨이
제기된 것으로 생각된다. 종래의 諺解本에 따르면 이 部分은 아래와
같이 懸吐解讀되어 왔다.

「古之欲明德於天下者는 先治其國하고 欲治其國者는 先齊其家하고
欲齊其家者는 先修其身하고 欲修其身者는 先正其心하고 欲正其心者
는 先誠其意하고 欲誠其意者는 先致其知하나니 致知는 在格物하니
라.」

여기서 致知在格物을 解讀하기를 「知를 致함은 物을 格함에 있느니라」
고 하였고, 다음 節의 懸吐는

「物格而后에 知至하고 知至而后에 意誠하고 意誠而后에 心正하고
心正而后에 身修하고 身修而后에 家齊하고 家齊而后에 國治하고 國
治而后에 天下平이니라」

라고 하였으며 物格而后知至는 解讀하기를「物이 格한 後에 知至하고」라고 一般이 通讀하여 왔다. 여기서 「格物」과 「物格」을 朱子 註釋理解에 따라서 懸吐하는데 差異가 나올 수 있게 된다.

格物에 대한 註釋을「窮至事物之理欲其極處無不到也」라고 했는데 欲其極處 다음에 토를 무엇으로 붙이느냐는 것과 格物에 대한 註釋을
「物理之極處無不到也」
라고 했는데 物理之極處 다음에 무엇이라고 토를 다느냐 하는 問題가 생긴다. 格物物格의 理解에 따라서 極處 다음에 토를 붙일 수도 있는 反面에, 토 如何로 格物物格 理解가 달라질 수도 있는 妙한 問題가 發生된다.

Ⓑ 本問題의 歷史

格物의 경우「物을 格함에」또는「物에 格함에」라고 解讀할 수 있으며, 物格의 경우를 보면「物이 格한 後에」라고 訓讀할 수도 있고,「物에 格한 後에」로 解讀할 수도 있다. 이와 연관해서 朱子註의
「欲其極處……」
「物理之極處……」
에도 「이」로 하느냐 「에」로 하느냐의 意見이 엇갈리게 된다. 이제 退溪의 釋義에 따르면「在格物」에 대하여는
「物을 格흐욤에 인ᄂ니라」
「一云 物에 格흠애 此說誤」
라고 하며「에」吐를 잘못으로 단정하고 있으며「物格而后」의 경우는
「物이 格흔」
이라 하고 나아가서 朱子註의「物理之極處」는
「物理之極處——」또는
「物理之極處에」
그 어느 쪽도 무방하다고 하였다.

李丙燾氏는 그의 韓國儒學史資料草稿에서 다음과 같이 분류하면서 이 分類는 退溪가 鄭子中에게 답하는 글에(退溪全書 卷26 大東文化研究院) 의한 것이라고 밝히고 있다.

第1說은 李晦齋 彦迪(1491～1553)의 주장이고 第2說은 金老泉 湜(1482～1520)과 朴瓢道 光佑(1495～1545)와 尹平窩 倬(1472～1534)의 주장이

類　別	格　物　物　格　吐	朱　　吐　　註
第 1 說	A 格物→物乙(을)格 B 物格→物匡(에)格	A 欲其極處匡(에)無不到也 B 物理之極處匡(에)無不到也
第 2 說	A 格物→同上 B 物格→物是(이)格	A 欲其極處是(이)無不到也 B 物理之極處是(이)無到不也
第 3 說	A 格物→同上 B 物格→匡	A B > 匡是吐亦好

며 第 3 說은 申駱峰 光漢(1484〜1555)의 見解로서 退溪의 모두 先輩인
바 退溪는 申駱峰說을 따르고 있다.

그러나 退溪晩年에 高峰에게 준 物格說에 의하면 從前의 주장이 訂
正되고 있음을 알 수가 있다.

소위 退溪晩年理到說에 따르면 格物이라고 할 때는 自身이 物理極
處에 窮至함을 말하는 것이고 物格이라고 할 때는 物理極處, 吾의 窮
究하는 바를 따라서 이르지 않음이 없음을 말한다고 하였다. 理의 本
然의 體는 情意造作이 없지마는 隨寓發見해서 無不到한 것은 理의 至
神한 用이라고 하여 理가 死物이 아님을 강조하기에 이르렀다. 李丙
燾氏는 退溪의 前後主張의 差異點을 지적하기를

「退溪는 처음에 已格 已到로 생각하던 것을 奇高峰의 主張에 따라
서 物到로 是正하였다」

고 하였다.

認識의 成立이 已到와 物到의 경우 대조적인 結果를 나타내는 것은
既定事實이거니와 문제는 主觀과 客觀을 분열시키지 않고 內的인 知
의 合理性과 外的인 物의 經驗性을 원만하게 아울러 설명하고자 하는
것이 格致論이라고 할 때 그 意味에 손상없도록 하여야 할 것은 當然
한 일로 보인다.

「物이 格한」이라고 하면 彼我分裂로 物理가 主格이 되고, 「物에」라
고 하면 我가 主格이 되어 彼我斷絶의 障碍를 면할 수 없게 된다. 「物
理之極處」도 「에」라고 하거나 「이」라고 부칠 때 같은 結果를 초래하
게 되는 것이다.

個人의 格致說은 學者間에 있었으나 이 問題를 가지고 그토록 激烈
하게 論爭을 벌린 것은 晩悔와 潛冶의 경우에서 처음 발견된다.

C 晩悔와 潛冶의 論辨

晩悔集과 潛冶集에는 서로 이 問題를 주고 받은 書簡文이 수록되어 있다. 특히 晩悔集에는 第6卷에서 潛冶에게 주는 格物論辨說로 整理 編輯되어 있다. 潛冶(1573~1635)는 字가 仁之이고 咸陽人으로서 仁祖 反正後 司圃·持平을 지냈고 司業·掌令·執義·同副承旨를 거쳤으며 朱子學을 위주로 硏學하여 近思錄疑義·周易乾坤卦說·潛冶集 등의 著書가 있다.

兩人이 같은 朱子學을 基盤으로 하면서 格致論을 가지고 彼此에 寸步의 讓步도 없이 끝까지 論難을 벌려간 것을 볼 때 後學들에게 學問 하는 姿勢와 眞理에 대하여 엄숙한 모습을 전해주기도 한다.

이제 다음에 그 槪要를 略述하고자 한다. 卷5에는 潛冶에게 주는 글이 5편이 있으나 그 중 3편은 本問題와 無關한 것이며 다른 2편은 유관하기는 하나 潛冶의 응답이 不分明하므로 제외하고 다만 卷6에 정리된 格物論辨說에 따라서 살펴보기로 한다.

ⓐ 晩悔의 說得試圖

異見差位를 論爭하기 시작한 것은 상당히 오래 된 듯(晩悔集 卷5, 16 後面 與朴仁之書) 하지만 年譜를 통한 考證이 어려워서 아쉽기도 하다. 晩悔의 與朴仁之格物論辨說(卷6, 1前面)에 의하면 이미 意見相合을 단념했었으나, 어느날 밤 우연히 떠오른 한 생각에 혹 潛冶의 疑惑을 씻어줄 수 있을까 하는 기대에서 略陳함을 告白하고 나서 問題解得에 설득을 시도하였다.

즉 要旨는 「格物」과 「物格」에 대한 相互間의 見解差位를 좁히고자 하는데 있다.

潛冶는 「格物而曰物格 致知而曰知至……」라고 생각하는데 대하여 晩悔는 「格物 我格夫物 物格 物之而我所格」이라고 맞서고 있다. 아마도 이 생각은 오래 前부터 대립되어 오던 것인데 문득 떠오른 생각으로 說明을 다시 그에게 시도하였던 것이다.

用物과 物用의 예를 國家用人과 人亦爲國家用의 경우를 비교해서 부당함을 지적했고 朱子의 物格註釋을 援用하고 補完說明하고 있다. 用物(我能用物) 物用(物能爲我用)처럼 物格을 我格할 物로 생각한다면 朱註에서는 物理之極處 위에 마땅히 於字를 加해서 我於物理之極處無不

到라고 해야 한다는 것이다. 또한 事物之理各有以詣其極이라고 함도 我於物理詣其極이란 말이 아닌데 潛冶의 뜻대로 한다면 於字를 가해야 되고 於字를 가한 즉 我와 분열이 되어서 本意에 어긋나게 된다는 見解다. 晚悔생각으로는 於吾心明鑑之下, 物理各自詣其極이란 말은 一說이지 二說이 아니며 다만 主言하는 바가 다를 뿐이라는 것이다. 退溪와 高峰의 四七論爭에서 所主所重에 따라서 立言이 다르다는 경우를 연상하게 한다. 즉 我를 주로 하여 말하면 格物致知라고 하며, 物을 主로 해서 말할 때 物格知至가 된다는 것이지만 요컨대 物理到於心해서 約要가 되거나 心逐物而到해서 外馳하는 그런 것이 아니라는 것이다. 心逐物로 인해서 形上世界로 飛翔해버리거나, 理到於心으로 인해서 形下世界로 埋沒되는 일은 文章에 있어서 語勢와 主語述部를 제대로 살피지 못한 結果라고 지적하였다. 事實上 儒學에서 이 점은 가장 重要視되는 問題이며 認識論理의 특징이기도 하다. 潛冶는 여기에 대하여 文章理解의 요령과 「格物物格」에 대한 所信을 밝힌다.

ⓑ **經 過**
① 潛冶의 答信(卷 5, 4 前面 潛冶集 卷 4 書答權重之得己)
  內容은 두가지로 요약된다. 첫째는 自身의 經典解釋의 요령이요, 둘째는 格物物格에 대한 辨論이다.
㉠ 經典解釋의 要領
  經典을 소화하는데는 첫째는 文義요, 둘째는 義理요, 셋째는 事證의 세가지뿐 이라고 한다. 文義란 文章構成의 文法을 통한 해석이요, 義理란 內容으로 담긴 思想的 理論이요, 事證이란 理解의 客觀性을 높이기 위한 引證을 의미한다. 文義를 자세히 살피면 두가지는 다 통하게 마련이라고 한다. 理論上 物到於心이라고 함은 크게 잘못된 것이며 心思의 到於物理란 自明된 일이라고 주장한다.
㉡ 格物物格
  格物物格을 文義를 가지고 비유할 때 格物은 食肉과 같고 物格은 肉食·草食·粉食과 같으며, 格物은 行路 行陸과 같고 物格은 陸行·山行·野行과 같다는 것이다. 이는 物格을 「物을 格한」으로 文義를 파악하는 根據에서 「고기를 먹는다」「길을 간다」「陸地를 간다」로 비유하고 物格은 我格於物로 文義를 파악하기 때문에 「肉食·草食·粉食」또는 「陸地에 간다, 山에 간다, 들에 간다」로 풀이를 한다.

뿐만 아니라 「物理之極處無不到」의 朱註에 대해서도

「道路의 먼 곳에 이르지 않음이 없다. 먼 地方의 색다른 맛을 먹어 보지 않음이 없다」

는 뜻으로 이해한다.

다음의 義理로 생각해볼 때 먼 地方에서 衆味를 먹지않은 바 없다 는 말은 내 一身을 살찌게 하려 함이며 衆物衆理의 極處에 思索窮究 의 工夫를 해서 이르지 않음이 없음은 장차 내 知識을 推極하려 함인 데 遍到於物理로 外馳가 된다고 해서 다만 物理의 到於吾心만을 바란 다면 閉口不食하면서 衆味의 腹中으로 自入함을 바라는 것과 같으니 이러한 理致는 없다는 것이다. 格物物格은 初學工夫인데 문득 物理到 於心을 말한다면 이는 異說인 頓悟의 學에 빠지게 된다는 것이다.

또 事證으로 생각할 때, 或問에 말한 「物格이란 事物之理 各有以詣 其極이다」는 것은 「於事物之理 各有以詣其極也」라는 뜻이지 「事物의 理致가 心之極處에 到하는 것을 말함이 아니라」는 것이다. 本文의 詣 字로 말하더라도 心이 「詣於物理」한다는 뜻이지 物理가 到於吾心이 아 니라고 하고 있다. 이 밖에도 朱子가 인용한 孟子의 知性이 物格이라 는 것과 그리고 「於其物理 知無不到」도 다름아닌 「知性」이라고 한 것 을 들어서 旁證으로 삼고 있다.

經典解讀의 文義 · 義理 · 事證의 三方向은 科學的인 態度를 보여주 면서도 그가 끝 부분에 言及한 바와 같이 格物物格理解에 대한 彼此 對立은 여전하며 解消를 위한 一毫의 前進도 보이지 않는다. 대체로 潛冶는 心到於物의 立場을 고수하면서 格物物格에 物前의 於字의 必 要性을 추호도 양보하지 않는다.

② 晚悔의 反駁(卷 6, 5 前面)

潛冶의 文義와 義理와 事證의 解釋으로 인해서 이번에는 文法問題 로 發展이 되었고 格物物格의 比喩說明에 대한 비판이 가해졌으며 나 아가서 認識主體와 對象사이의 關係에 대한 깊이 있는 意見이 반박 피 력되었다.

格物을 「格於物」로, 物格은 「於物格」으로 생각하는 潛冶에게 마찬 가지로 「食肉은 食於肉」으로 「肉食은 於肉食之」로 이해하느냐는 反問 을 던진다.

格物은 「格夫物」로, 物格은 「物之而我所格」으로 생각하는 晚悔에게

는 食肉(格物)은 食於肉일 수 없고 食夫肉(格夫物)이며, 肉食은 於肉食之가 아니라 肉之而我所食이라고 해야 마땅할 것이다. 따라서 朱子가 格物을 格於物이라고 하지 않고 어째서 格夫物이라고 했느냐의 質問을 제기한다. 나아가서 潛冶가 格其物이라고 한 경우를 끄집어 物에 其字를 붙이는 것도 잘못임을 깨달았다고 附言한다. 乎字의 뜻이 또한 於字와 비슷하기는 하지마는 약간 다른데가 있어서 朱子는 이 「於·于·乎」字를 피하고 夫字를 사용하여 格夫物이라고 한 眞意를 터득해야 한다는 것이다. 그리고 「道路之遠處 無所不到」와 「遐方之異味 無不食」의 경우 그 意味가 「彼其道路之遠處者 我無所不到」며 「遐方之異味者 我無不食」이므로 우리나라의 懸吐法에 의하면 「道路之遠處를 無所不到」, 「遐方之異味를 無不食」이라고 해야지 「道路之遠處에 無所不到」, 「遐方之異味에 無不食」으로 한다면 文章에 於字를 더해서 「於道路之遠處에 無所不到」, 「於遐方之異味에 無不食」이라고 해야 옳다고 주장하여 論爭이 文法方向으로 飛火되어갔다.

이어서 認識이 觀念的인 것인가 또는 自覺的인 것인가 아니면 物理的인 것인가 하는 重要한 部分에 부딛히게 된다. 格物致知와 物格致至의 關係理解는 事實上 그 점을 左右하는 자리라고 생각된다. 潛冶가 格物物格이 初程工夫라는데 異意가 제기된다. 晚悔에 있어서 初程工夫는 格物致知요 格物物格이 아니다. 만일에 潛冶와 같이 格物而曰物格 致知而曰知至 誠意而曰意誠……式으로 생각한다면, 格物과 致知는 兩件事가 되어서 認識主體와 認識되는 對象이 斷絶兩立되는 結果를 가져오게 된다. 그래서 格物致知의 분리될 수 없는 關係說明에 힘을 기울인다. 즉 格物이란

「理는 物에 있으되 知는 我에 있다. 我의 知로써 物의 理를 窮究함이니, 格物은 즉 吾의 知識을 推極하는 바이다」

라고 주장한다. 物과 知는 窮究하는 과정에서 分立될 수 없는 사이며, 그러므로 七條目에는 先後를 가려서 말했으나 理知와 格物에는 欲致其知인댄 先格其物이라고 아니하며 致知在格物이라고 在字로 묶게 된 것이다. 따라서 八條目이란 名目뿐이지 사실은 七條目이라는 것이다.

物格이란

「나의 知를 가지고 物의 理를 窮究해서 物理의 當然과 所以然이 班班한데 이르른 것」

이라고 주장한다. 知와 物이 當然과 所以然의 班班者로 완성된 것을 의미한다는 것이다. 物格知至는 格物致知의 功効일 따름이며 格物致知가 一事인 것처럼 物格知至도 또한 一事라고 한다.

여기 一事라고 한데 意味가 深遠하다고 생각된다. 物의 對象이요 知가 認識主體를 뜻한다고 할 때 知의 遍重에서 觀念化된다거나 物에 遍到해서 實在에 埋沒되거나 하는 危險을 피하려는 態度를 볼 수 있다. 工夫에 있어서도 格物致知라는 一事를 가지고서 日日 거듭거듭하여 가는 동안에 物格知至라는 一事로 끝난다는 所信처럼 보인다.

表現이나 語調로 보아서 合意가 좀처럼 어려운 것으로 짐작한 듯이 後日의 哲人을 기다린다는 뜻을 添言하고 있다.

「當錄兩家之說 以待他日或俟後哲於無窮耳」

「當記兩家之說 以俟他日」

「併記之以俟來哲」

「併記之以俟具眼」

등등의 語句는 潛冶의 神經을 몹시 자극시킨 것으로 보인다.

ⓒ 結 果

위에 대한 潛冶의 答辯이 있은 後에도 다시 反論이 되풀이 오고 갔으나 晩悔의 말과 같이 所爭이 多端하지만 格物致知와 格物知至에 불과했으며 討論結果 合意를 못 본채로 감정어린 言辭로 끝나고 말았다. 對立의 요점은 自初至終 一貫되었으나 대개 다음의 몇가지로 요약된다.

① 格物을 潛冶는 格於物이라 하고, 晩悔는 格夫物이라 하며

② 物格은 潛冶는 格物, 於物格之라 하고, 晩悔는 格物의 効라고 하며

③ 格物致知에 대하여
   潛冶는 格物而曰物格 致知而曰知至……라 하고
   晩悔는 格物致知도 一事요 物格知至도 一事라 하며

④ 物(理)과 知(心)에 대하여
   潛冶는 心思到於物이라 하고
   晩悔는 格一物致一知는 즉 一物之理到於心 心之所知盡一物之理이라 하였다.

한 마디로 集約한다면 요는 兩人의 認識論理의 差異라고 하겠다. 格

物이나 物格의 物에 於字를 더하여 解釋하는 態度는 物我區分에서 이루어지는 것이므로 物理가 心思至於物이라는 식으로 생각하게 된다. 晩悔는 徹頭徹尾 物我未分의 格致一事工夫로 부터 시작하여 一件兩件 參件으로 累積日久함에 物格知至一事의 貫通에 도달한다고 한다.

結 語

晩悔의 四七論에서 理發을 용인하는 것과 一元觀속에 所主所重을 가려 立言함이 退溪에 가까운 모습을 보여주는 것 같으며 潛冶가 栗谷과 牛溪의 宗廟從享을 建議上疏한 것으로 보아 栗谷·牛溪에 關心이 많았던 것이 사실이다. 兩人의 學問傾向이 반드시 退栗로 구분할 수 있을까 하는 것은 問題로 남는다고 할지라도 이 論辨을 통해서 매우 重要한 意義를 발견할 수 있다.

첫째, 哲學에 있어서 認識論의 비중이 큰 만큼 兩人이 合意에는 도달하지 못하였다고 하더라도 이 儒家格致論의 論理的인 討論이 이토록 치열했음은 史的 意義가 매우 크다는 점

둘째, 價値에 있어서 四七論爭이나 人心道心論이나 人物性同異論이나 禮論에 못지 않을 뿐만 아니라 오늘에 있어서는 더욱 긴요하다는 점

셋째, 李濟馬의 格致藥는 그의 四象醫學과 더불어 人間의 心身治療의 處方을 제시해준 것으로 보이는 바 그의 格致觀에서「物宅身也 身宅心也 心宅事也(儒略 事物)」라고 한 事物認識으로의 途程에서 晩悔의 主張은 우리의 哲學이 하나의 섬돌이 될 수 있으리라는 점 등이 지적된다.

觀念論과 實在論·科學哲學과 實存哲學의 對立은 어쩌면 世界哲學 史的인 性格을 띤 것으로 보인다. 政治의 이데올로기로 全世界가 兩立되어 있음도 否認할 수 없는 事實이지만 더우기 物質機械文明 속에 人間이 상실되어 가고 있다고 한탄해온지 이미 오래가 된 緣由도 여기서 생각하게 된다.

人間을 회복하고 葛藤을 해소하여 平和를 건설하는 關鍵이, 自我分裂의 調和統一이 先行되고 新文化를 創造하는데 있다고 할 때 여기에 새로운 哲學이 요구됨은 당연하며 그 중에서도 認識論理의 새로운 定

立은 중요하고도 急先務인 것으로 짐작된다. 그러한 뜻에서 心逐外物로 觀念化를 경계하고 物到於心으로 物에 埋沒됨을 회피하면서 物我未分의 格致工夫와 物格論理의 認識論的 意味를 밝히려고 盡力한 晚悔의 學說이 앞으로 결코 무의미하지 않을 것이다. 物我分裂의 調和와 思潮葛藤의 統一이라는 時代的 要請이 文化創造의 현실적 求心點이라고 볼 때 晚悔의 强辯은 더욱 탐구되어야 할 것으로 믿어진다.

韓國性理學의　基礎

太極의 槪念에 관하여

序 言

哲學史를 볼 때, 自然中心이나 또는 神中心이나 혹은 人間中心으로 各時代를 特徵지어 볼 수 있는 것을 西洋에서 볼 수 있고, 한편 道로 서 天과 人을 묶어서 하나로 主論하던 때가 있으며, 혹은 現象을 中 心해서 陰陽을 主論하던 때가 있었고, 또는 本體面을 강조해서 理를 主論한 時期가 있었던 것을 東洋中國에서 볼 수 있다. 희랍의 自然哲 學과 中世의 形而上學과 文藝復興 이후의 理性中心의 哲學은 前者의 경우요, 中國先秦時代의 道學과 漢代의 陰陽說과 宋代의 理學은 後者 의 경우라고 생각된다.

그동안 哲學者들은 自身들이 항상 피할 수도 없고 해결하기도 어려 운 두가지 問題에 부딪쳐 고민해온 것은 事實이다. 形而上學과 形而 下學, 一般性과 個別性, 本體와 現象, 理와 氣의 問題들이 곧 그것이 었다. 하나의 哲學徒로서 포기할 수도 自信할 수도 없으면서 늘 이 問 題해결에 부질없는 所望을 품어본다.

새로운 文化創造의 必要性을 과거 어느때보다도 절감하는 現今에 있 어서 人類的 覺醒과 民族의 協助와 個人的 奉仕는 매우 바람직한 일 로 믿는다. 이러한 現實속에서, 그리고 이러한 所望을 찾아가는 과정 에서, 太極問題를 이제 고찰해보고자 한다.

앞으로 말할 것은 中庸과 論語와 周易・書經 그리고 太極圖說・通 書・觀物篇・朱子文集語類・象山集・二程遺書, 韓國것으로는 栗谷全 書・太極問에 의해서 하는 것이다.

順序를 ①槪念의 뜻 ②太極의 出處 ③派生되는 問題 ④그 理解 의 몇가지 立場을 말하고, 太極에 대해서는 ①理解의 두가지 方向 ②太極은 氣인가, 中인가 理인가 ③理先氣後인가 ④太極은 動할 수 있는가 ③無極의 必要性 ④人生論에서의 太極의 순서로 설명하겠다.

槪念의 뜻

題目을 「太極의 槪念에 관하여」라고 붙여 보았지만 여기서 槪念이라는 用語의 뜻에 대하여 미리 諒解를 구해야 할 점이 있다.

槪念이라는 말이 哲學의 「concept」의 번역어로 생각되지만, 대체로 判斷의 結果 여러가지 觀念속에서 共通要素를 抽象해서 종합한 하나의 觀念이므로, 哲學的 立場에 따라서 각각 달리 이해되고 있다. 太極의 槪念이라고 할 때에 이 槪念이란 어휘의 뜻을 나름대로 구상해 보기로 한다.

「槪」字는 우리말로 「대강 개」라고 하나, 說文에 의하면 「杚斗斛也 杚本杚也 平也」라고 해서 平平하다는 뜻이요, 「念」字는 「생각 념」이라고 하나, 說文에 의하면 「常思也」라고 해서 恒常된 즉 不變의 생각을 意味한다고 되어 있다. 空間의 無限한 平面性과 時間의 永遠한 不變性을 모은 뜻으로도 생각된다.

宇宙라고 할 때 四方上下의 空間性을 「宇」라고 하고 往古來今의 時間性을 「宙」라고[1] 하는 것처럼 時空性을 함께 모아서 생각해보고자 한다. 동시에 「念」字를 멀게 보면 說文의 解釋처럼 不變의 생각으로 볼 수 있으나, 가까이 보면 글자 그대로 「今心」으로서 念字를 지금 當場의 現實的인 이 마음으로 해석해보고자 한다. 즉 바꾸어 말하면 「太極의 槪念」이라고 말할 때의 槪念의 槪字는 論理的인 一般性을, 念字는 事實的인 特殊性의 의미를 지니고 있는 것으로 理解해보려는 것이다.

太極에 관하여

Ⓐ 出 處

太極이란 말은 儒教經典의 易繫辭傳에 처음 보인다.[2] 易有太極이라고 하여 易에는 太極이 있다고 했다. 易은 바뀌는 世界니, 즉 現象界

---

1) 他日讀古書至宇宙二字解者曰 四方上下曰宇 往古來今曰宙云云(象山集 卷33)
2) 易有太極是生兩儀(易繫辭傳上 11章)

에는 太極이 있다는 것이다.

B 派生되는 問題

이렇게 말할 때 이 속에서 派生되는 세가지 問題를 생각할 수 있다. 易有太極을 세 部分으로 易과 有와 太極으로 나누어서 易은 現象의 形而下의 問題로, 有는 有無問題로, 太極은 本體의 形而上의 問題로 方便上 구분할 수 있다. 形而下의 變化하는 면에서는 秩序의 根源이 탐구되어야 하고, 有無問題에서는 創造的 生成關係가 밝혀져야 하고, 形而上의 不變하는 면에서는 原理 또는 主體, 그리고 尊嚴性이 고려되어야 할 것으로 본다. 여기서 주의해서 보고자 하는 것이 두가지가 있다.

하나는 이 세 區分이 方便上의 區分이요, 說明의 必要에 따라서 지적하는 면이 달리 表現되는 것이기 때문에 意味上으로는 一貫해서 이해해야 하는 점이요, [3] 둘째로는 표현된 語句도 지적된 事實面을 制限으로 받아들일 것이 아니라 그 말을 하게 되는 立地를 이해해야 하는 점이다. [4]

C 理解의 몇가지 立場

이렇게 세 部分을 意味上으로 一貫해서 보는 同時에 표현되는 立場에 따라서 구별을 한다면 易有太極에 있어서 易 즉 現象에 置重하는 持論이 主氣論이 되며, 太極에 重點을 두는 持論이 主理論이 되며, 有無一貫에 主力을 두는 持論이 道論[5]이 된다고 생각한다. 易有太極이라고 할 때 이 세 部分을 단절해서 서로 不通하는 易과 有와 太極으로 구분이 된다면, 易은 氣一元論이 되며, 有는 創造와 관계없는 生成論이 되며, 太極은 도달할 수 없는 理一元論이 되고 만다. 이제 太極을 논함에 있어서 그 立場을 道論에 두고자 한다.

D 太極이란?

ⓐ 理解의 二傾向

---

3) 道也者不可須臾離也可離非道也(中庸 1章)
4) 書不盡言言不盡意然則聖人之意其不可見乎(易繫辭傳上 12章)
5) 吾道一以貫之……(論語) 形而上者謂之道形而下者謂之器化而裁之謂之變(易繫辭傳上 12章) 道亦器器亦道…(二程遺書 1)

易有太極을 一貫性에서 편의상 세 部分으로 구분한다면 자연 三者의
關係가 이루어진다. 易을 말해도 太極과 無關할 수 없고 太極을 말해
도 變易하는 現象面과 分離할 수 없고 有를 말해도 無와 끊을 수 없
는 것이다. 感覺으로는 有無를 區別할 수 있지만 思惟로서는 여전히
一連의 關係를 갖고 있는 것이 有無인 것이다. 關係가 전연 없는 異質
的인 有와 無일 때, 有가 無에서 生成된다[6]는 것은 부당한 말이 된
다. 感而遂通이라든가 至神이라든가 寂然不動[7]이라는 表現은 易과 有
와 太極을 一連의 원만한 關係에서 나타낸 말로 이해된다. 冲漠無朕
한 가운데 森羅萬象이 이미 完備되어 있으므로 有形無形의 先後가 없
음이 마치 오래 묵은 큰 나무가 한 뿌리에서 盛한 줄기와 가지로 피
어남과 같은 것이다. [8] 이러한 뜻의 表現은 中庸에서도 곳곳에서 읽을
수 있다. 費而隱이라든가, 鳶飛戾天魚躍于淵이 라든가, [9] 또는 萬物이
並育해서 서로 害하지 않는다[10]는 등등으로 표시되어 있다.

程子의 體用一源이나 顯微無間[11]도 또한 이러한 뜻이겠다. 이렇게
全者의 모습으로 받아들일 때에도 觀心의 方向이 두가지로 나누어진
다고 생각된다. 앞에서 언급한 바 漢唐代의 陰陽中心인 氣論的 傾向
과 宋代의 理致를 中心으로 하는 理論的 傾向을, 中國哲學의 時代別
特徵으로 살펴보았던 것처럼 太極에 대한 見解도 이러한 특징의 影響
을 받게 된다.

Ⓔ 太極은 氣인가?

漢唐代에 이루어진 十三經注疏에 의하면, 易有太極是生兩儀條에는,
太極이란 것은 天地가 나누어지기 전에 元氣混一의 상태[12]라고 설명
되어 있음을 볼 수 있어서, 그 생각의 底邊에는 老子의 氣論이 흐르

---

6) 有生於無(老子)
7) 易无思也无爲也寂然不動感而遂通天下之故非天下之至神其孰能與於此(易繫辭傳上 10
    章)
8) 冲漠無朕萬象森然己具未應不是先己應不是后 如百尺之本自根本至葉皆是一貫(二程遺
    書 卷15)
9) 君子之道費而隱一時云鳶飛戾天魚躍于淵言其上下察也(中庸)
10) 萬物並育而不相害(同上 30章)
11) 至微者理也至著者象也體用一源顯微無間觀會通以行其典礼則辭無所不備(程子易傳序)
12) 正義曰太極謂天地未分之前元氣混而爲一即太初太一也 故老子云道生一即此太極是也
    (周易注疏)

고 있음을 알 수 있다. 그뿐만 아니라 有는 반드시 無에서 시작되는 까닭에 太極이 兩儀를 낳는다는 太極은 无稱을 稱하는 것[13]이라고 하였다. 이렇게 보면 太極의 屬性은 無로 되고, 無로 된다면 有無의 關係가 다시 問題가 아니될 수 없다. 太極이 兩儀를 낳는다는 말은 즉 환언하면 有는 無에서 생긴다는 말이니, 有無를 둘로 생각하는 限, 有는 無에서 나올 수가 없는 일이다. 氣라고 할 때 이것은 아무래도 形而下의 材料의 의미로서, 太極을 과연 形而下의 材料로 보아야 할 것인가는 역시 疑心스러운 問題이다. 그러나 易有太極에서 易에 太極이 있다는 有는 易가운데 太極이 있다는 말이요, 有가 곧 太極이라는 말과는 구별되어야 할 것으로 생각된다.

Ⓕ 太極은 中인가?

太極의 太字는 크다, 또는 맨 처음이라는 뜻이요, 極字는 지극하다 궁진하다는 意味이다. 더 없이 크고 더 이상 갈 수 없는 극치라면 그것이 어떤 것이며, 또 그것을 氣로 생각할 수 있을 것인지, 만일에 氣가 物質的인 것이라면 그 物質이 성성될 수 있는 根源을 생각할 때 氣(形)를 太極이라고는 할 수 없음이 당연한 일이다. 陸象山에 의하면 易大傳에 形而上者를 道라고 하고 또 一陰一陽하는 것을 道라고 했으니 一陰一陽이 이미 形而上者인데 하물며 太極을 物로 볼 수는 없다고[14] 했다. 그래서 象山은 太極을 物形으로 해석할 수 없고 中으로 이해해야 한다[15]고 하였다.

中庸에서는 喜怒哀樂의 未發狀態를 中이라고 하였고 또 그것이 天下의 大本이라고[16] 하였다. 南極이니 北極이니 屋極이니 할 때의 極은 空間的인 意味가 곁들어 있고, 感性의 未發을 中이라고 하여도 역시 性이하에 불과한 것이므로 事實界를 넘어서지 못하는 것이다.

이렇게 생각할 때 形而下의 氣나, 또는 中은 순수한 太極의 屬性이 될 수 없음을 생각하게 된다.

---

13) 夫有必始於无故太極生兩儀太極者无稱之稱(同上)
14) 大傳曰形而上者謂之道又曰一陰一陽之謂道 一陰一陽已是形而上者況太極乎(答朱子)
15) 極不可解以形極中也(答朱子)
16) 喜怒哀樂之未發謂之中 發而皆中節謂之和 中也者天下之大本 和也者天下之達道也(中庸 1章)

G 太極은 理인가?

論語 全篇에는 「理」字가 없다. 易繫辭傳上 1 章에 天下의 理가 갖추어져서 位가 그 가운데 이루어진다[17]고 해서 理는 其中에 있음을 말하고 있다.

朱子는 太極을 理[18]라고 하였고, 象山도 宇宙에 가득 차 있는 理는 一理뿐이라고[19] 하였다. 天地의 天地된 까닭도 이 理로 인한 것이기 때문에 아무도 이 理를 어길 수는 없다는 것이다.[20] 本體를 太虛라든가 一氣라고 생각하던 漢儒들과는 對照的으로 形而上的인 理를 주장하게 된 것이 宋儒들이었다. 性則理라고 하거나 心則理라고 하거나 立場의 差異는 있다고 하더라도 理를 重要視한 점은 역시 宋代의 특징이라고 하겠다. 性과 天道에 대해서 弟子들에게 잘 말씀을 아니했다[21]는 理由도 形而上學의 어려움 때문으로 추측되고, 形而下學으로부터 形而上學으로 上達을[22] 말하는 孔子의 모습으로 미루어 역시 形而上을 遊離시켜버릴 수는 없는 것으로 이해되는 것이다. 여기서 形上의 理와 形下의 氣의 關係에 대한 疑心이 생기게 된다. 氣보다 理를 優位에 놓아야 할 것은 당연하지만, 理란 氣를 떠나면 그 處所를 잃게 되므로 떨어질 수 없는 것이요, 더불어 있다고 하면 또한 그 순수한 屬性에 흠을 남기게 되는 結果가 된다. 그러므로 太極을 논하는데 理와 氣의 關係를 말하게 되고 이 理氣關係를 천명하는데 動靜問題가 새롭게 등장되는 것이다.

H 理先氣後인가?

理를 優位에 놓는다는 것은, 氣가 劣位라는 말인데, 그렇다면 理先氣後라는 뜻인가 하는 疑問이 생기게 되는 줄로 안다. 先後라고 하면 벌써 이것은 時間的인 表現이다. 이렇게 時空性을 수반하게 되면 그것은 이미 形而下의 事實現象問題요, 形而上의 理의 問題는 아니다.

---

17) 易簡而天下之理得而天下之理得而成位乎其中矣(易繫辭 1章)
18) 太極只是一個理字(語類 1)
19) 此理塞宇宙誰能逃之(語錄 卷 34 嚴松所錄)
20) 此理字在宇宙間未嘗有所隱道天地之所以爲天地者順此理而…不順此理哉(同 卷 11 與朱濟道)
21) 子貢曰夫子之文章可得而聞也 夫子之言性與天道不可得而聞也(論語 公冶長)
22) 子曰不怨天不尤人下學而上達知我者其天乎(論語 憲問)

그렇기 때문에 理先氣後라고 하면 理가 氣圈으로 들어와버려서 理가 理 구실을 못하는 폐단을 가져오게 될 것이다. 先後의 區別이 부당하다면 同時同居를 면할 수 없게 되나, 또 그렇다고 해서 理를 氣처럼 대할 수는 없고 理는 엄연히 理의 役割을 한다고 생각하는 것이다. 先後區別이 부당하다는 것은 理氣의 事實的인 하나의 面이요 각각 上下有無의 구분이 分明하다 함은 論理上의 둘인 面이다. 理氣의 이 관계를 一般的으로 둘이면서 하나요, 하나면서 둘이라고 하는 줄로 생각한다. 栗谷에 의하면 理氣는 二物도 아니요 一物도 아니라고 했고, 一物이 아니라고 하는 것은 理氣가 떨어질 수 없어 妙合한 가운데에서도 理는 理요 氣는 氣여서 서로 섞이지 않기 때문이고, 二物이 아니라는 것은 理는 理요 氣는 氣라고 할지라도 渾淪無間 한 가운데 그 先後와 離合을 볼 수 없기 때문이라[23]고 하였다. 그러므로 理氣를 先後始終으로 말할 수 있는 面이 있고 말할 수 없는 面이 있음을 알 수 있다.

그래서 여기서 다시 問題되는 것이 生成運動關係이다. 理氣가 一物이 아니라고 하는 경우에 어떻게 形而上의 理가 氣의 主宰를 하는가 하는 問題와 理氣가 二物이 아니라고 하는 경우에 어떻게 理의 形而上의 純粹性을 유지할 수 있느냐 하는 問題를 일으키게 되는 것이다.

① 太極은 動할 수 있는가?

太極이 動한다는 말은 宋代의 周濂溪에 의해서 처음으로 표현되었다. 太極이 動해서 陽을 낳고 靜해서 陰을 낳는다고 하였다. [24]

陰陽은 氣에 속하는 것이므로 변화하는 現象圈內의 말이요, 生成運動하는 範圍內의 말이다. 太極을 理라고 하면 太極動而生陽이라고 할 때 理가 動해서 陽을 낳다는 말인데, 그렇게 되면 形而上의 理가 動한다는 說明이 되므로 이해가 곤란하게 되고 만약 그렇다고 하더라도 그 때의 理는 氣에 오염된 理라는 것을 면할 수 없게 될 것이다. 太極이 理라고 한 朱子는 理氣는 결코 別個의 二物이라[25]고 했고 理

---

23) 非一物者何謂也理氣雖相離不得而妙合之中理自理氣自氣不相挾雜故非一物也非二物者何謂也雖理自理氣自氣而渾淪無間無先后無離合不見其二物故非二物也(答成浩原壬申)
24) 太極動而生陽……靜而生陰(太極圖說)
25) 所謂理與氣決是二物但在物上看則二物混淪不可分開(文集 46)

에 動靜이 있기 때문에 氣에 動靜이 있는 것이지 理에 動靜이 없으면 어떻게 氣에 動靜이 있으랴[26]라고 하면서 本原을 말할 때는 如前히 理 가 있은 然後에 氣가 있다[27]고 주장을 하고 있는 것으로 보아, 動靜 은 陰陽變化의 氣에 관한 일이기는 하지만 主宰는 역시 理인 것으로 설명하고 있다. 해명되어야 할 核心은 無形의 理致가 有形의 氣에 어 떻게 作用할 수 있는가의 해답이라고 생각한다.

太極動而生陽이라고 한 周濂溪는 이 問題에 대해서 그의 著「通書」 에서 밝히고 있다.

物은 動할 때는 動하고 靜할 때는 靜해서 그 區分이 두가지로 명확 하다는 것이다. [28] 動靜의 두 段階가 분명한 것이 物이다. 즉 動할 때 는 靜할 줄을 모르고 靜할 때는 動할 줄을 모른다는 것이다. 모르는 物이 動에서 靜으로 넘어가고 靜에서 動으로 바뀌는 것은 무슨 까닭 인가 할 때 그 作用性을 神妙라는 用語를 쓰고 있다. 動하면서도 動 하지 아니하고 靜하면서도 靜하지 아니하는 것은 不動不靜이 아니라 神妙萬物[29]이라고 하고 있다. 이 神妙하다는 말은 理氣不相離의 關係 속에서 理의 主宰的인 面을 드러낸 말로 이해한다. 朱子는 天地之間 에는 다만 動靜의 兩端이 있어서 쉬지 아니하고 循還하는 것 뿐인데, 그 運動은 動靜하는 理致로 인한 것이고 그 理는 곧 太極이라[30]고 하 고 있다. 즉 太極自體가 動靜하는 것이 아니라 動靜하는 것은 陰陽의 氣인 것이고 理로서 하게끔 하는 所以가 太極이라는 뜻이다. 그러므 로 太極이 動靜을 머금고 있다고 하는 것은 옳지만, 太極이 곧 動靜 이라고 하면 이것은 不當한 것이다. 太極動而生陽이라고 할 때 太極 은 動하되 事實로 動하는 것은 氣요 太極은 論理上 理로 動한다는 것 이다. 理氣가 서로 멀어질 수 없는 不可分離의 紐帶속에서 所以로서 의 理(太極)의 作用反應이 氣의 動靜으로 나타난다고 생각하는 것이므 로 氣에 汚染없이 動한다는 것이다.

이상의 언급은 대개 宇宙論的인 角度에서 本末과 體用을 聯해서 말

---

26) 理有動靜故氣有動靜若理無動靜氣何自有動靜乎(朱子文集 56, 34)
27) 若論本原即有理然后有氣(中庸大全 30)
28) 動而無靜靜而無動物也(通書 動靜 6)
29) 動而無靜靜而無靜神也動而無動靜而無靜非不動物則不通神妙萬物(同上)
30) 天地之間只有動靜兩端循環不已更無余事此之謂易而其動靜則必有所以動靜之理焉是則 所謂太極也(答楊子直 朱子 45, 11)

했다. 末과 用을 說한다고 해도 本과 體를 離脫해서는 成說이 안되고, 本과 體를 말한다고 하더라도 末과 用의 면이 度外視될 수 없는 까닭에 所指의 意味를 충분히 이해해서 表現을 받아들여야 할 줄로 안다.

道라고 할 때에 역시 本體의 流行面을 지적해서 말할 수도 있고 本體面을 지칭할 수도 있다. 道를 太極이라[31]고 한 것은 하나로 一貫한 作用의 體端을 뜻한 것이요 하나로 動靜을 묶어서 보는 見解[32]는 妥當한 것이다.

위에서 여러가지 變化와 運動의 所以로서의 理 즉 太極을 고찰했다. 物마다 간직되어 있는 太極에 관해서였지만, 이제 끝으로 남은 것은 萬物의 統一體로서의 太極問題이다.

Ｊ 無極의 必要性은?

易繫辭에 易有太極이라고 말한 후에도 周濂溪는 그의 太極圖說에서 無極而太極이라고 하였고 太極本無極이라[33]고 한 바 있다. 從來에 없었던 無極이란 用語를 씀으로 인해서 一大論爭을 일으켰던 것이다. 朱子와 象山의 對立이 그것이다. 無極二字가 必要하다고 한 것이 朱子며, 必要치 않고 또 이말은 老莊의 術語를 가져다 사용했다는 主張을 한 것이 陸象山이었다.

伏羲는 전에 없었던 八卦를 그렸고, 孔子는 전에 없었던 太極을 말했고, 濂溪는 前에 없었던 無極을 말했다. 伏羲八卦는 八卦가 중요한 것이 아니라 그 이전의 것이 소중하고, 孔子의 太極이 중요한 것이 아니라 太極以前의 것이 소중하고, 濂溪의 無極이 중요한 것이 아니라 그 이전의 것이 所重하다고 생각한다. 간절하게 言表하고자 함이 있어서 그것이 八卦로 그려졌고 太極으로 表現되였고 無極이 첨가된 줄로 理解한다. 이들이 힘들여 말하고자 하는 것이 무엇인지, 哲學하는 立場에서 드러내고자 했던 점에서는 어떠한 共通點이 있었으리라고 믿는다. 太極으로 이름 붙이기까지에는 깊은 뜻이 있었을 것이고, 太極外에 無極을 더하기까지에는 또한 깊은 關聯되는 뜻이 있었을 것으로

---

31) 道爲太極(觀物外篇)
32) 夫一動一靜者天地至妙者歟(邵子 觀物內篇)
33) 無極而太極太極動而生陽…太極本無極(太極圖說)

생각된다.

易有太極에서 太極을 氣·中·理의 세 단계로 고찰해보았고, 理와 氣의 關係와 先後問題 그리고 太極의 動靜面을 앞에서 살펴보았다. 氣나 中이 곧 太極은 아니라고 하더라도 그것이 아니면 所在處를 잃어버리게 되고 理가 곧 太極이라고 할 때에는 形而上의 太極이 氣에 어떻게 主體的으로 作用할 수 있느냐 하는 難點을 보았다. 이것을 克服하는데 있어서 理氣의 一而二요 二而一의 主張을 인용하여, 헤어질 수 없었으므로 一이라고 했고, 하나로 있을지라도 先後上下가 섞이지 않으므로 둘이라는 說明을 했다. 여기서 本體와 現象의 體用關係上에서의 太極은 밝혀졌으나 窮極의 原理로서의 太極은 論理展開가 아직도 부족한 것이다. 왜 그런가 하면 物物이 各具一太極하는 太極은 보았지만 萬物統體一太極에 대해서는 아직 問題가 그대로 남아 있기 때문이다. 다양한 分殊之理에 대해서는 解明이 되었지만 統一된 一理之理의 問題는 그대로 남아있기 때문이다. 理字는 같지만 分殊之理와 一理의 理를 어떻게 구별해야 하며, 太極用語는 같지만 各具一太極과 統體一太極의 太極을 어떻게 구분해야 할 것인지가 疑問이 되는 것이다. 分殊之理와 各具一太極의 理와 太極은 有形의 氣를 통해서 생각할 수 있는 理와 太極인데 비해서, 一理之理와 統體一太極의 太極과 理는 無聲無臭의 이름붙일 수 없는 것이므로 前者와는 論理上 엄격하게 구별되어야 하는 것이다. 窮極의 尊嚴하고도 唯一無二한 主宰源으로서의 理요 太極임을, 自然속의 理와 現象內의 太極과는 혼동할 수는 없다. 文字의 表現은 같아도 그 내용의 구별을 분명히 해서 이해하면 別問題가 없지만 表現이 같음으로 해서 彼我가 混亂을 가져온다면 그것은 論理體系를 상실하게 되므로 밝히지 않을 수 없다. 周濂溪는 易의 現象을 陰陽五行으로, 二氣의 統一을 太極으로, 그리고 窮源을 無極으로 몰고가서 命名했다.

象山의 異議에 朱子는 이 問題를 밝혔다. 朱子도 象山의 太極의 밖에 無極이 따로 없다는 점[34]에 同意는 하지만 論理展開上 絶對와 相對를 엄격하게 구별하는데 없지못할 것을 강조했다. 太極만 말하고 無極을 말하지 않는다면 太極이 마치 하나의 物件처럼되어 本源과 끊어져버리게 되고, 無極만 말하고 太極을 말하지 않는다면 無極은 空寂

---

34) 非太極之外復有無極也(太極圖說解)

에 빠져서 그 主體구실을 못한다³⁵⁾는 것이다. 學으로서 論理를 세우는데 周濂溪가 갈파한 無極而太極, 그리고 太極이 本無極의 重要性이 있는 것으로 생각된다.

K 心爲太極

宇宙論的인 立場에서의 太極을 氣的 面과 理的 面의 두가지 角度에서 보았다. 天은 人과 道로서 하나가 될 수 있다는 것이다. 宇宙論的인 太極은 人生論的인 太極과 相通해야 할 줄 안다. 太極을 理氣兩面에서 고찰했다.

道가 太極³⁶⁾이라고 한 것처럼 邵康節은 心이 太極³⁷⁾이라고 했다. 한사람의 마음이 곧 天地의 마음이라³⁸⁾ 했고 理로 말하면 天이라고 하고, 받은 측으로 말하면 性이라 하고, 사람이 갖고 있는 것으로 말하면 마음이라고³⁹⁾ 한다. 마음도 理와 氣를 겸한 것으로서 이른바 一而二 二而一이라고 하였다.⁴⁰⁾ 사람이 心中太極을 확립하는 것을 周濂溪는 人極을 세운다⁴¹⁾고 했고 書經에서는 大中之道를 세울 것을 皇極⁴²⁾이라고 해서 皇建其有極이라고 설명되어 있어 太極으로 통합을 이해할 수 있다.

結言

太極에 관해서, 대체로 理와 氣의 兩面에서 고찰해보고 그 論理體系面에서 無極太極을 살펴보았고 나아가서 心爲太極도 생각해 보았다. 周濂溪가 太極의 超越性을 無極으로 묶어놓은 것은 역시 太極理解에 가장 중요한 자리로 생각된다. 程明道는 性이상은 不可容說이라고 해서 天이 命한 性 그 이상에 대해서 우리가 미치지 못한다는 限

35) 不言無極則太極同于一物而不足爲萬化根本不言無極則無極淪于空寂而不能爲萬化根本 (答陸象山)
36) 道爲太極(前引 觀物外篇)
37) 心爲太極(觀物外篇)
38) 一人之心則天地之心(二程遺書 卷2上)
39) 自理言之謂之天自稟受言之謂之性自存諸人言之謂之心(二程遺書 卷22上)
40) 至論太極自是太極陰陽自是陰陽性與心亦然所謂一而二二而一也(朱子語類 5)
41) 聖人定之以中正仁義而主靜立人極焉(太極圖說)
42) 五皇極皇建其極(洪範九疇)

界를 분명히 해주었다. 그러나 孟子는 人間이 부족하지만, 天命의 神
聖性을 지니고 있는 점을 다음과 같이 일러주었다.

味覺이나 視覺이나 聽覺이나 臭覺과 같은 感覺도 天性이기는 하지만
이 欲求는 氣에 속한 것이므로 性이라고는 아니하며 仁義禮智는 天命
이기는 하지만 人間에 속한 것이므로 命이라고는 아니한다고 했다.
그래서 限界와 可能性을 시사해 주었다. 人間으로서 超越에 대한다
는 것은 잘 모를 일이나 心爲太極이 그 起點이 되어야 할줄로 안다.
氣에 墜落해서 理를 喪失하지 않고 理를 높이면서 氣를 떠나 버리지
않고, 理의 主體에서 順從하는 氣는 곧 主體的 自覺이 아닌가 한다.

太極은 理를 높이는 稱號[43]라고 宋龜峯은 말하고 있다. 높히는 것
은 說明을 넘어서 믿는 것이요, 그대로 盲目的으로 믿는 것이 아니라
聖人을 본받는 學으로 說明이전에 느낌으로 받아들이는 일은 主體的
覺醒과 現實的 自覺에 되비가 되는 줄로 믿는다.

孔子의 篤信好學이란 말씀에 敬虔하게 머리를 숙이게 되는 것이다.

---

43) 太極理之尊號(太極問)

「天命圖解」考

天命圖解本 發見의 動機

「天命圖解」는 鄭秋巒之雲(1509~1561)의 作이다. 알려지기로는 天命圖說이지만, 이것은 退溪의 修訂을 받은 뒤의 일이며 原作은 天命圖解이다. 論者는 일찍기 退溪全書所載의 天命舊圖와 天命圖說本에 실려 있는 舊圖사이에 差異가 있는 것에 대하여 疑心을 품고, 어느 것이 옳은 것인가를 解明하고 싶어서 天命圖說의 各版本을 蒐集하다가 우연히 晚松文庫에서 「天命圖解」를 발견하기에 이르렀다.

舊圖에서 疑心을 일으킨 部分은 다음과 같다.

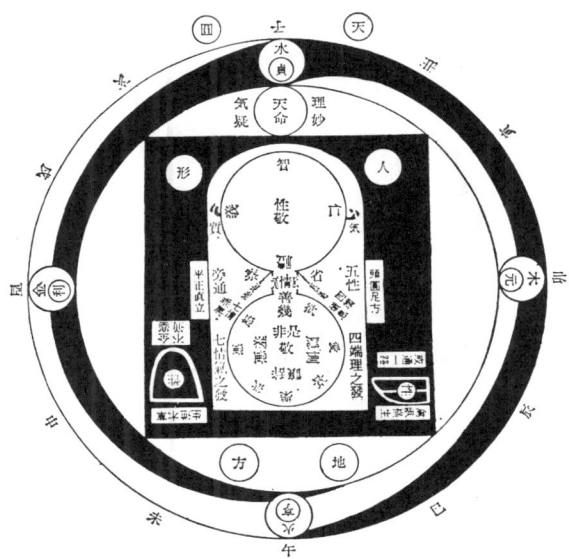

〈退溪全書所載의 天命新圖〉

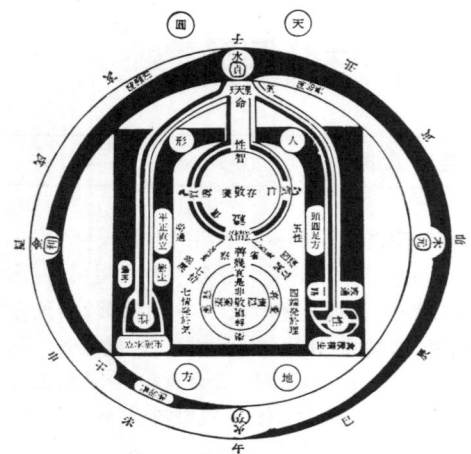

〈退溪全書所載의 天命舊圖〉

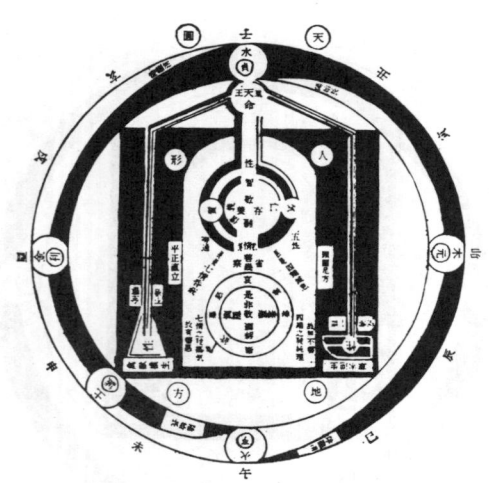

〈天命圖說本에서의 天命舊圖〉

위의 두 舊圖를 比較해볼 때 「發」을 둘러싸고 退溪와 奇高峯사이
에 가장 큰 問題가 되었던 部分이

Ⓐ 四端發於理 七情發於氣
Ⓑ 四端之發純理故無不善 七情之發兼氣故有善惡

과 같이 그 表現이 같지 않다는데 관심을 일으키게 된다. 이것에 대한 辨正은 여기에 言及할 곳이 아니므로 이것을 피하고 다만 이제 발견된 天命圖解本에 대하여 고찰해보기로 한다. 朝鮮儒學史를 쓴 玄相允씨나 李丙燾박사의 韓國儒學史資料草稿에는 天命圖解에 대하여 論及한 바가 없다.

出版年度와 그 內容

우리나라의 文獻을 後世에 전하는데 제일 큰 障碍는 壬辰倭亂(1592~1598)이었다. 李朝初葉의 것을 보기 힘든 理由도 그렇거니와 高麗本이 희귀한 까닭도 그 때문이다. 晚松文庫本은 그러한 뜻에서 많은 공헌을 하였다고 생각된다.

이 天命圖解의 裝幀부터 살피면 古版木刻木이므로 大型임은 물론이나 表紙가 상해서 近來 洋紙로 손질이 되었고 그 表紙에 天命圖解라고 記入되어 있다. 맨 뒷면에는 刊記가 다음과 같이 기록되어 있다.

「萬曆六年六月 日綾城縣開刊」

萬曆은 明 神宗 年號로서 六年六月은 檀紀 3911년이요, 西紀 1578년이니 壬辰倭亂이 일어나기 14년전의 일이다. 綾城이란 全南 和順郡 綾州面 地方의 옛 이름으로 綾城·羅州·和順 등으로 변천했던 바 여기 綾城縣에서 創刊된 것으로 짐작되니, 이 圖解本은 初刊本임을 입증해주는 것으로 생각된다. 수록된 內容은 다음과 같다.

㉠ 天命圖解序
㉡ 秋巒鄭先生天命圖
㉢ 天命圖說…退溪李先生訂正
㉣ 河西金先生天命圖
㉤ 退溪李先生天命圖
㉥ 天命圖解…秋巒鄭先生撰
㉦ 天命圖說後叙

現代의 모든 出版物에 目次가 앞에 실려 있는 데 비해서 그와 같이

편찬되지 않고 目次없이 편집된 順序대로의 內容이 위에 말한 바와 같
이 7개 항목으로 나뉘어져 있다. 天命圖解序는 鄭秋巒 自身의 것으로
嘉靖癸卯 二月辛卯의 作이니 中宗 38년(1543)에 해당한다. 創刊이 15
78년이고 보면 出版되기 36년전이고 秋巒 逝後 17년만에 出版된 것으
로 보인다.

그 다음의 秋巒의 天命圖를 보면 다음과 같다.

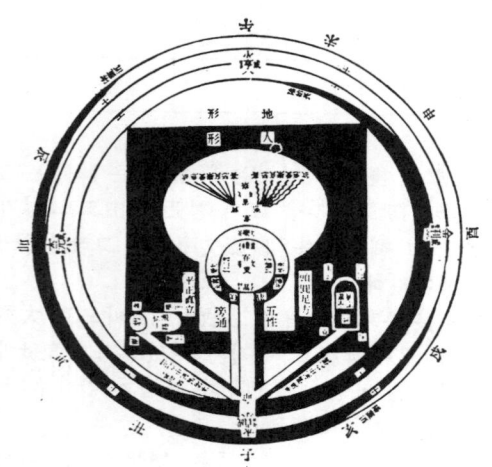

〈天命圖解本의 秋巒의 天命圖〉

여기서 놀라운 것은「發」에 관한 것이 전혀 없다는 事實이다.

다음에 退溪에 의해서 證正된 天命圖說이 第 1 節서부터 第 9 節까지
수록되었고 末尾에 雜解가 첨부되어 있다. 여기서도 지금 전하는 天
命圖說은 全體가 10 節로 되어 있는데 이 圖解本에는 9節뿐이 없고 雜
解部分이 있음이 다르다.

그 다음에 河西 金先生(1510~1560)의 天命圖가 실려 있다. 이것은
河西集에도 수록되어 있지 않고 世上에 알려진 바도 없는 것 같다.

河西는 秋巒의 天命圖가 그 뜻이 깊은 것에 감탄하여「姑以是題其
圖後而贐之」라고 하고,「嘉靖己酉秋八月 河西金厚之書」로 기록되어 있
으니 이는 明宗 4 년(1549)의 일인즉, 秋巒이 自序를 쓴 1543년으로부

터 6년 뒤의 일이다. 河西는 河西대로 느낀 바 있어 별도로 自身의
생각에 따르는 天命圖를 그렸으니 秋巒과 河西의 天命圖를 비교해 볼
수가 있다.

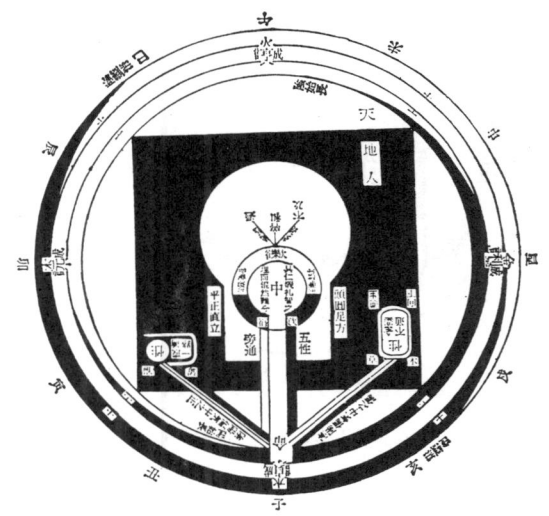

〈天命圖解本의 河西金先生天命圖〉

이 뒤에 退溪 李先生의 天命圖가 실려 있다. 이것은 대체로는 退溪
全書本의 天命新圖와 大同小異하다.

그리고 나서 秋巒鄭先生撰으로 된 天命圖解가 第1節로부터 第10
節까지 揭載되었고, 끝으로 天命圖說後叙가 嘉靖癸丑臘平淸凉山人謹
書로 되어 있다. 이는 明宗 8년(1553)의 일이니 河西가 題를 쓴 1549
년보다 4년후가 된다. 天命圖說本의 秋巒의 自序는 嘉靖甲寅正月에
썼으니, 1554년 즉 退溪의 後叙를 얻은 1년후가 된다.

天命圖說의 再版過程은 끝에 수록된 李澤堂植(1584~1647)의 跋文에
의해서 추측할 수가 있으나 初版本을 볼 수가 없음이 아쉽다. 그의 跋
文은 崇禎庚辰暮春으로 기록되었으니 이는 1640년에 해당한즉, 退溪
의 後叙를 쓴 1553년으로부터 87년후의 일이다. 壬辰倭亂을 겪은 뒤
에 再版된 것을 跋文에서 알려주고 있다.

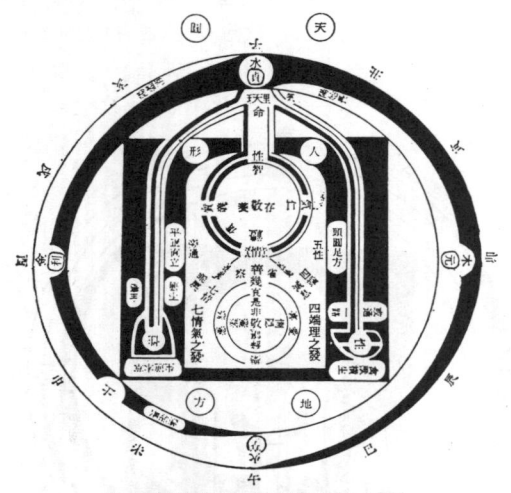

〈天命圖解本의 退溪先生天命圖〉

위의 內容을 一瞥하면 天命圖說로 굳어질 때까지는

㉠ 秋巒의 天命原圖

㉡ 河西의 天命圖

㉢ 退溪의 天命圖

의 經路가 짐작된다.

여기서 위의 三者의 天命圖를 고찰해보고 나서 天命圖解의 辨正을 시도해보고자 한다.

各 天命圖의 考察

秋巒과 河西의 天命圖는 직접적인 관계가 없고 河西와 退溪의 天命 圖가 직접 관계 있는 것이 아니지만, 정립된 天命圖를 살피기 위해서 各圖를 잠깐 알아본다.

Ⓐ 秋巒의 天命圖

오늘날 전해오는 天命圖說本의 天命新舊圖 中 新圖는 退溪가 證正한

것이고, 舊圖는 訂正 以前의 秋巒所作으로 알려지고 있다. 그러나 이제 발견된 이 天命圖解本의 秋巒天命圖는 이미 알려지고 있는 舊圖와는 판이하다. 秋巒 스스로도 여러차례 생각을 다시 하여 고쳐간 것으로 미루어진다. 우선 原圖로 생각되는 秋巒의 天命圖를 살펴본다.

　㉠ 天圓・地方・人形으로 三區分하여 한 幅안에 모았다. 이것은 周濂溪의 太極圖說의 五層圈圖와는 다르다. 人形은 天地를 닮은 모습 그대 頭圓足方, 平正直立으로서 天地人 三才를 一圖에 수록하고 있다.

　㉡ 天命의 流行은 있지 않는 곳이 없으므로 天・地・人・物에 모두 연관되어 있느니만큼 天圓圈과 地方・人・物에 모두 陰陽의 直結로써 그 뜻을 나타내고 있다.

　㉢ 사람의 圈內는 五性旁通으로 頭圓足方內가 모두 陽으로 표시되어 있다.

　㉣ 物은 다시 動物과 植物로 구분해서, 動物에서 禽獸는 或通或塞이라 尾上으로, 植物에서 草木은 逆生向下하여 全塞不通으로 표시하고 있다.

　㉤ 人形의 頭圓足方內에서 다시 心과 意로 나누어서 四端과 七情으로 갈라놓고 心의 未發에서 四端七情을 一圈으로 모았고, 發해서 善惡으로 갈라지는 자리에다 意의 一段을 정하여 善惡關係를, 또한 七情을 가지고 바로 나간 것과 비뚜로 나간 것으로 구별하고 있다. 그리고 未發時의 存養하는 敬과 已發時에 省察하는 敬을 표시하여 天圓圈內에 天道로서의 統貫性을 誠으로 揷帶한 것과, 心圈과 意圈에서 敬으로 一貫시키고 있음은 秋巒의 天人合一의 見解를 나타내려고 노력한 점으로 이해된다.

　B 河西의 **天命圖**

河西의 天命圖도 또한 河西集에서 볼 수 없으므로 알려진 바 없었으나, 이 天命圖를 통해서 그의 性理學을 理解하는 데에 크게 도움이 될 것이다.

　㉠ 天圓圈의 표시는 秋巒의 경우와 同一하다.
　㉡ 天・地・人・物의 分類와 그것을 모아서 하나의 그림으로 한 것도 秋巒과 同一하다.

ⓒ 草木은 逆生, 性이 全塞不通, 向下함과 禽獸는 橫生, 性이 或通
一路尾上함과, 사람은 五性旁通으로 善惡을 겸하고 있다는 見解
도 秋巒과 同一하다.

ⓔ 다만 현저하게 다른 것은 河西는 秋巒에 비하여 綜合에 치중하
고 있다는 점이다. 天·地·人·物이 陰陽을 떠날 수 없어서 직
결되어 있음을 주의하게 된다.

ⓜ 秋巒이 人圈을 心과 意로 구분한 것을 河西는 中과 和로 구분하
고 있다. 그러면서도 中圈內의 仁義禮智를 분리시키지 아니하고
「仁義禮智의 理致를 갖추어서 渾然難分」이라고 지적하여 分析의
폐단을 豫防한 듯하며, 和圈은 中圈과 接觸直結시켜서 未發已發
이 二體가 아님을 나타냈으며 善幾를 和로 이었고 過不足을 惡幾
로 나누고 있음이 다르다.

ⓑ 全體로 보아서 河西는 中庸思想을 저변으로 해서 性情의 善惡을
해결하고 있음을 볼 수 있다.

後日의 四七論爭이 分析과 綜合에서의 유래라고 한다면 河西는 분명
히 分析에 齎來될 수 있는 二元化에 매우 경계한 것같이도 생각된다.

Ⓒ 退溪의 天命圖

天命圖解本에 실려 있는 退溪의 天命圖는 退溪全書本所載의 天命新
圖에 해당한다. 그러므로 이 兩者間에는 差異가 없어야 할 터인데 거
기에도 다른 점이 나온다. 우선 圖解本에 있는 것을 먼저 살펴본다.

㉠ 天圓圈內에 揷帶誠部를 없애고 다만 五行속에 元亨利貞을 따로
넣고 土속에 誠을 자리하게 한 것은 앞의 두분의 것과 다르다.

㉡ 命과 陰陽의 文字外에 새로 理字氣字가 사용된 것이 다르다. 그
림에서 보듯이 氣字를 半分해서 天理命 三字를 그 속에 位置케 하
고 있다. 理氣不離關係에서 의당 할 수 있는 말이다.

㉢ 天圓地方·人物을 한 그림으로 표시한 것은 如前하다.

㉣ 心과 意, 中과 和로 人間性善의 善惡問題를 밝히려 한, 위의 天
命圖에 비해서 여기서는 心을 氣와 質로, 그리고 四七性情圈을 情
善幾로 연결하고 있는 점이 다르다.

㉤ 性의 存養敬, 性情圈의 省察敬은 위의 秋巒·河西의 그림과 같다.

㉥ 情字와 意字를 하나로 겹쳐서 사용하고 있으며 四端과 七情이라

는 用語를 써서 理之發, 氣之發이라고 한 것이 前圖들과 判異하다. 여기에 비로소 「發」字가 圖面에 보인다.

㊂ 무엇보다도 가장 두드러지게 달라진 것은 午子의 位置가 子午로 바뀌어진 일이다. 後叙에서 이렇게 바뀌게 된 理由를 자세하게 설명하고 있지만, 이것이 바뀌게 되는 退溪의 底意를 소홀히 넘겨서는 안될 줄 안다. 이 그림에서 疑心나는 하나는 草木逆生의 性字는 逆生의 뜻으로 倒置한 것처럼, 禽獸橫性의 性字는 半倒해서 橫示해야 할 것 같은데 正置한 점이다. 退溪全書本이나 日本版本에는 모두 半倒橫示된 것으로 미루어서 그림을 刻할 때의 잘못된 것으로 생각된다. 더욱 잘못이 분명한 것을 뒷받침해주는 것은 圖說 第五節의 설명이다.

Ⅾⅰ 以上 三圖의 共通點

三圖의 共通點으로는 다음의 몇가지를 지적할 수 있다.
㉠ 天圓・地方・人物의 區別을 一圖로 표시한 것
㉡ 天人合一의 연결을 圖示하려고 노력하고 있는 것
㉢ 陰陽으로 그린 것
㉣ 四端과 七情을 문제삼고 있는 것
㉤ 善惡의 구별을 정확하게 하려고 한 것

등을 열거할 수 있을 것 같다. 애당초 秋巒이 慕齋・思齋를 여의고 아우 之霖에게 道學을 강론하는 하나의 敎育補助材料로 착안했던 것이 天命圖라고 自身이 말하고 있으나 그것이 지니는 史的 意味는 매우 크다고 할 것이다. 周濂溪(1017~1073)의 太極圖說이 宋代의 新儒學을 열어주었다면 秋巒 之雲(1509~1561)의 天命圖說은 그로부터 약 500 년후에 韓國性理學을 열어주었을 뿐만 아니라, 兩國의 儒學傾向의 差異點을 보여준 것으로도 생각된다.

圖解本의 疑心點과 그 辨證

Ａ 圖解本의 疑心點

天命圖說은 國內所藏으로서는 奎章閣本과 藏書閣本이 있고 日本版

本이 國立圖書館에 있으며, 秋巒鄭先生의 實紀가 延世大圖書館에 보
관되어 있다.

退溪의 手訂을 거친 圖說이 第1節로부터 第10節까지로 구성되어
있음이 天命圖說의 一般的인 內容이다. 이 天命圖解本에는 手訂以前
의 秋巒의 原本으로 생각되는 天命圖解와 手訂證正以後의 天命圖說이
함께 편찬되어 있다. 여기 合刊된 天命圖說은 第1節서부터 第9節까
지로 되어 있는데다가 末尾에 雜解가 附錄되어 있어서 奎章閣所藏 天
命圖說과 같지 않은 데 疑心이 간다. 뿐만 아니라 退溪의 後叙가 天
命圖解 뒤에 수록되어 있는 것도 納得이 안 간다. 우선 目次부터 비
교검토한다.

    Ⓑ 辨　　證

    ① 目次의 比較

〈圖解本의 天命圖說〉	〈奎章閣所藏 天命圖說〉
第1節　論天命之理	論天命之理
第2節　論五行之道	論五行之氣
第3節　論生物之原	論理氣之分
第4節　論人物之殊	論生物之原
第5節　論此心之具	論人物之殊
第6節　論性情之目	論人心之具
第7節　論善惡之分	論性情之目
第8節　論氣質之品	論意幾善惡
第9節　論存省之要	論氣質之品
第10節　雜　解	命圖說後叙

같은 手訂內容이라면 目次上으로 비교할 때 다를 理가 없으며 더구
나 같은 後叙가 있어야 할 자리에 한 쪽은 雜解가 있다는 데는 理解
가 안 간다. 그래서 다음에 天命圖解의 目次와 奎章閣所藏 天命圖說
의 目次를 비교하여 본다.

〈奎章閣所藏天命圖說〉	〈天命圖解〉
第1節　論天命之理	論天命之理
第2節　論五行之氣	論五行之氣

第 3 節 論理氣之分   論理氣之分
第 4 節 論生物之原   論生物之原
第 5 節 論人物之殊   論人物之殊
第 6 節 論人心之具   論人心之具
第 7 節 論性情之目   論性情之目
第 8 節 論意幾善惡   論意幾善惡
第 9 節 論氣質之品   論氣質之品
第10節 論存省之要   論存省之要
天命圖說後叙   天命圖說後叙

이렇게 보면 目次가 同一할 뿐만 아니라 後叙도 같이 配列되어 있어서 점점 疑心스러워진다. 天命圖解는 秋巒作이요 後叙는 退溪의 글인데 秋巒作의 天命圖解에 後叙를 붙일 리가 없고 도리어 圖解內의 天命圖說 뒤에 雜解가 있음은 도저히 納得할 수가 없다. 그래서 天命圖解의 目次와 天命圖解內의 證正天命圖의 目次를 比較해본다.

〈天命圖解〉   〈圖解本證正天命圖說〉
第 1 節 論天命之理   論天命之理
第 2 節 論五行之氣   論五行之道
第 3 節 論理氣之分   論物生之原
第 4 節 論生物之原   論人物之殊
第 5 節 論人物之殊   論此心之具
第 6 節 論人心之具   論性情之目
第 7 節 論性情之目   論善惡之分
第 8 節 論意幾善惡   論氣質之品
第 9 節 論氣質之品   論存省之要
第10節 論存省之要   雜解
天命圖說後叙

天命圖解는 秋巒의 天命圖說原作이며 天命圖說이 退溪에 의해서 證正된 것이라고 할 때, 이 圖解本에 合刊된 圖解와 圖說은 의당 그와 같이 보아야 할 것이다. 그럼에도 불구하고 우선 目次를 比較해서 이상한 것은 原作으로 보이는 天命圖解의 目次가 널리 알려진 奎章閣所藏 天命圖說과 같고 合編된 證正圖說의 目次가 다르다는 事實이다. 뿐만 아니라 證正된 圖說後尾에는 後叙가 있어야 하는데 後叙는 없고 난데 없는 雜解가 들어있으며, 後叙는 오히려 原作인 圖解 끝에 添附되어 있으니 主客이 顚倒된 感이 不無하다. 그래서 혹 오래 된 古書이므로 改綴될 수도 있음을 감안하여 그 張의 順序를 페이지에 따라서 확인해본 즉 다음과 같다.

② 天命圖解의 內容

　　表紙…原表紙가 낡아서 洋紙로 裝幀되었고 그 위에 天命圖解라고
　　　　　쓰여져 있음. 原表紙에는 쓰여 있지 않음.

　　1面…前 天命圖解序
　　　　　後 　　〃

　　2面…前 秋巒鄭先生天命圖
　　　　　後 天命圖說(退溪李先生證正) 第1節

　　3面…前 第2節
　　　　　後 第3節

　　4面…前 同上
　　　　　後 第4節 第5節

　　5面…前 第6節
　　　　　後 同上

　　6面…前 第7節
　　　　　後 第8節

　　7面…前 第9節
　　　　　後 雜解

　　8面…前 同上
　　　　　後 同上

　　9面…前 河西金厚之書
　　　　　後 河西金先生天命圖

　10面…前 退溪李先生天命圖
　　　　　後 天命圖解(秋巒先生撰) 第1節

　11面…前 第2節 第3節
　　　　　後 第4節

　12面…前 同上
　　　　　後 第5節

13面…前 第6節 第7節
　　　　後 第8節
14面…前 第9節
　　　　後 第10節
　　　　天命圖說後叙
15面…同上
19面…前 同上
　　　　後 刊記

더욱 疑心스러운 것은 河西의 글과 天命圖가 어찌하여 證正圖 뒤에
들어 있나 하는 점이다. 좀 더 자세히 검토하기 위해서 各節을 비교
해본다. 편의상 天命圖解를 A라 하고 證正天命圖說을 B라고 하여 文
中에서 그 差異點을 다음에 지적해본다.

第1節　　A　　　　　B
ⓐ 誠在其中 ──────→四者之實曰誠

ⓑ 其所以始而通通→其所以循環不息者
　而遂遂而成成而　莫非眞實無妄之妙
　復始循環無息者　乃所謂誠也
　乃誠之爲也

ⓒ 故此誠也貫四德→故當二五流行之際
　一其理遂爲命物　此四者常寓於其中
　源此所謂天命也　而爲命之源

ⓓ 是以當天道流行→是以凡物受陰陽五
　之際此理常寓於　行之氣以爲形者莫
　其中聽其萬物之　不具元亨利貞^{誠在其中}
　來受者而賦與之　之理以爲性其性之
　故物之性亦有四　目有五曰仁義禮智
　仁義禮智是也^{信亦}　信故四德五常上下
　^{具於是也四性}　一理未嘗有間於天
　　　　　　　　　人之分然其所以有
　　　　　　　　　聖愚人物之異者氣爲
　　　　　　　　　之也非元亨利貞之本然

ⓔ 效在天曰命在　→故子思直曰天命之謂

物曰性性與物　　　　性蓋即二五妙合之源
其名雖異其理　　　　而指繼善言之者也
則一也

ⓕ 註無　　　　　　→註有
第2節 五行之氣　　→五行之道
ⓐ 又問天旣有四德而→問天旣有四德則
ⓑ 天地之間有理有氣→天如是夫是以四
其所以謂體(理不可分體用)　　　德者所謂理也五
而於此必謂之體者(自氣而觀理則爲本)　行者所謂氣也而
體故也　於天而賦此　　　其於流行之際元
萬物之性者此理也　　　有始物之理則木
其所以爲用(氣則自分體用)　　之氣承之以生亨
而於此獨謂之用者(自理觀氣則爲大用)　有通物之理則火
故也 於天而成此萬物　　之氣承之以長利
之形者此氣也理爲　　　有遂物之理則金
氣之體氣爲理之用　　　之氣承之以收貞
纔有氣便有氣朕焉　　　有成物之理則水
纔有氣便有理從焉　　　之氣承之以藏(土前)
以遂天地之功理氣　　　(具旺四季)此天之所以
之相須無關者地之　　　具四德五行而成
間有理有氣纔有理　　　其道者也
便有氣朕焉纔有氣
便有理從焉理爲氣
之帥氣爲理之卒以
遂天地之功所謂理
者四德是也所謂氣
者五行是也

이 第2節에서는 뜻이 통하지 않는 곳이 발견된다. 즉 A의 ⓑ에서 理氣之相須無關者也, 地之間有理有氣라는 句節에서 理氣之相須無關者와 地之間有理有氣라는 의미가 이어지지를 않는다. 뿐만 아니라 B의 ⓑ에서 問天旣有四德則天如是夫도 뜻이 이어지지 않는다. 즉 天旣有四德則天如是夫라 함이 말이 되지 않는다.

         A   B

第 3 節 論理氣之分→論物生之原

本節에서는 節目이 표시하듯이 內容이나 文章構造가 전체적으로 다르다.

第 4 節 論生物之原→論人物之殊

本節에서도 節目부터가 다르고 文章構造面에서 全體가 차이난다.

第 5 節 이하로 第 9 節까지는 위의 第 4 節과 같이 節目과 文章內容이 비교가 되지 않고, 끝으로 A에서는 第 10 節과 天命圖說後叙가 있는 대신에 B에서는 第 10 節은 없고 雜解로 끝을 맺고 있다. 여기서 關心이 가는 것은 第 2 節에서 뜻이 안 통하는 部分과 雜解의 內容이 退溪의 作인가 하는 의심이 나기 때문이다. 雜解의 末尾에는

「右雜解所論雖似不關初學恐或不知故并及于後」

라고 언급되어 있어 初學者를 위해서 添加한다는 내용을 밝히고 있다. 論者는 여기서 혹 내용이 印刻過程에서 彼此가 一部分 뒤바뀌지나 않았나를 의심하게 되었다. 古書이므로 혹 分散되었던 各張을 改綴하는 데서 前後가 뒤바뀌었을 念慮도 있어 各張의 페이지를 확인한 바 있다. 그러나 페이지는 순서대로 틀림이 없다. 그렇다면 印刻者의 혹 잘못이 아닐까? 奎章閣所藏 天命圖說이 10 節과 後叙로 구성되어 있는 것이 天命圖解의 것과 同一하며 天命圖解本의 天命圖說에 退溪의 證正을 거쳤음에도 오히려 9 節과 雜解로 구성되어 있음은 어딘가 잘못되어 있음을 示唆해준다.

이상에서 생각할 때 의심케 하는 점은 네 가지로 요약된다. 첫째는 目次와 後添된 雜解가 奎章閣所藏 天命圖說의 것과 다르다는 것, 둘째는 A와 B의 各節을 비교할 때 節의 項目은 같은데 그 순서가 다음과 같이 같지 않은 것이다.

   즉 ⓐ A의 5 節 人物之殊→B의 4 節 人物之殊

      ⓑ A의 7 節 性情之目→B의 6 節 性情之目

      ⓒ A의 9 節 氣質之品→B의 8 節 氣質之品

세째는 雜解의 내용이 初學者를 위한 것인데 證正圖說에 붙일 이유가 없는 것, 네째는 第 2 節의 意味가 통하지 않는 部分 등이다. 그 中에서도 雜解의 內容에 비추어 그 位置의 不當性은 心證이 가나 第 2 節의 불투명한 節意는 좀더 밝힐 필요를 느낀다.

③ 第 2 節의 文章辨證

A와 B의 節意가 각각 이어지지 않는 部分은 앞서 지적했거니와, 節全體의 意味를 살피기 위해서 文章全部를 다음에 기록하고 該部를 再考한다.

B. 天命圖解本의 退溪先生證正天命圖說 第 2 節

又問天旣有四德而命萬物則所謂五行者亦何道歟曰天地之間有理有氣其所以爲體 理不可分體用而於此必謂之體者自氣而觀理則爲本體也 於天而賦此萬物之性者此理也其所以爲用 氣則自分體用而於此獨謂之用者自理而觀氣則爲大用故也 於天而成此萬物之形者此氣也理爲氣之體氣爲理之用 ⓒ 纔有理便有氣朕焉纔有氣便有理從焉以遂天地之功理氣之相須無關者 ⓐ │ ⓑ 地之間有理有氣 ⓓ 纔有理便有氣朕焉纔有氣便有理從焉理爲氣之帥氣爲理之卒以遂天地之功所謂理者四德是也所謂氣者五行是也而其於流行之際元爲始物之理則木之氣承之以生亨爲通物之理則火之氣承之以長利爲遂物之理則金之氣承之以收貞爲成物之理則水之氣承之以藏 土則旺四季 此天之所以具四德五行而成其道者也

위 文章에서 ⓐ와 ⓑ 사이에 意連이 斷切된다. 뿐만 아니라 ⓒ와 ⓓ는 같은 표현이 重複 되풀이되고 있다는 점이 納得이 안 간다.

A. 天命圖解 第 2 節

問天旣有四德而命萬物則所謂五行者亦何道歟曰天 ⓐ │ ⓑ 如是夫是以四德者所謂理也五行者所謂氣也而其於流行之際元有始物之理則木之氣承之以生亨有通物之理則火之氣承之以長利有遂物之理則金之氣承之以收貞有成物之理則水之氣承之以藏 土則具旺四季 此天之所以具四德五行而成其道者也

위 文章에서는 역시 ⓐ와 ⓑ 사이의 意連이 석연치 않다. 그러나 A와 B 各 2節의 始作과 末尾는 質疑應答形式이 同一하다는데서 혹 第 2 節이 A와 B사이 바뀐 것이 아닌가 하는 疑心이 나므로 意連이 斷切된 兩部分을 A의 것과 B의 것을 마추어 보기에 이르렀다. 즉 B의 ⓐ는 A의 ⓑ로 이어지고 A의 ⓐ는 B의 ⓑ로 이어지면 文意가 順하게 풀리는 것을 發見하게 된다. 이와 같이 고쳐보면 B에 있어서 ⓒ와 ⓓ가 重複되지 않고 順한 文意로 是正이 된다. 이와 같이 辨證된 全文은 다음과 같다.

A. 天命圖解 第 2 節

又問天旣有四德而命萬物則所謂五行者亦何道歟曰天地之間有理有氣其

所以爲體 理不可分體用而於此必謂之體者自氣而觀理則爲本體故也 於天而賦此萬物之性者此理也其所以爲

用 氣則自分體用而於此獨謂之用者自理觀氣則爲大用故也 於天而成此萬物之形者此氣也理爲之體氣爲理之

用纔有理便有氣焉纔有氣便有理從焉以遂天地之功理氣相須無關者

|A의 ⓑ
如是夫是以四德者所謂理也五行者所謂氣也而其於流行之際元有始物之

理則木之氣承之以生亨有通物之理則火之氣承之以長利有遂物之理則金之

氣承之以收貞有成物之理則水之氣承之以藏 土則具旺四季 此天之所以具四德五行

而成其道者也

B. 圖解本證正天命圖說 第2節

問天旣有四德而命萬物則所謂五行者亦何道歟曰天 |B의 ⓑ 地之間有理有纔氣

有理便氣焉纔有氣便有理從焉理爲氣之帥氣爲理之卒以遂天地之功所謂

理者四德是也所謂氣者五行是也而其於流行之際元爲始物之理則木之氣承

之以生亨爲通物之理則火之氣承之以長利爲遂物之理則金之氣承之以收貞

爲成物之理則水之氣承之以藏 土則具旺四季 此天之所以具四德五行而成其道者也 →

위와 같이 시정하면 文理에 矛盾없이 정리가 된 셈이다. 그러나 다음에 또 한 가지 問題가 남는다. 즉 第2節에 한해서 위에서 고친 바와 같이 部分的으로 바뀐 것으로 끝날 것인지 아니면 文章뒤를 계속해서 第3節 이상 全部가 彼此 바뀌어야 하는지의 與否의 問題이다.

④ 第3節 이하의 全文辨正

여기에 관해서는 끝部分의 雜解章과 관련된다. 처음서부터 退溪가 證正해서 만들어진 天命圖說後尾에는 天命圖說後叙가 添錄되어 있는 것이 常例인데 唯獨 이 天命圖解에 合編된 證正天命圖說末尾에는 雜解章이 收錄되어 있는 것에 理解가 안 갔었다. 그러나 앞에서 是正整理해본 데 따라서 第3章 以下 끝까지를 고스란히 全部를 바꾸어 생각하면 이 問題도 풀리게 된다. 즉 第3節부터 第9節, 그리고 雜解章所錄의 天命圖解本內의 證正天命圖說部分을 秋巒天命圖解에로 옮기고 반대로 秋巒天命圖解의 該部分을 證正天命圖說 該部分으로 옮겨 맞추면 圖說全體가 완전해진다. 그래서 雜解章은 秋巒天命圖解의 끝章이 되고 天命圖說後叙는 證正天命圖說 後尾에 제 위치로 還元이 되는 셈이다. 그뿐만 아니라 河西先生의 天命圖와 書도 秋巒天命解本에 속하게 되어 앞서의 의문이 함께 풀리게 된다.

그런데 또 한가지 남는 문제가 있다. 즉 天命圖解 內容 全體體裁로 보아서 A와 B의 先後에 관한 것이다.

ⓒ 天命圖解目次 全體에 대한 辨正

第2節 文章中의 뒤바뀐 部分으로부터 그 이하의 部分끼리 換位해도 될 것이요 그 이상의 部分끼리 換位해도 무방하겠으나, 天命圖解의 전체 편찬 目次上으로 볼 때는 반드시 그렇지는 못하다.

대체로 全體 目次를 槪觀할 때 秋巒의 原作을 먼저 놓고 다음에 證正本을 配列한 것으로 짐작된다. 그렇게 생각하면, 뒷 部分을 바꾸기보다는 앞 部分을 바꾸는 것이 옳을 것 같다. 즉 天命圖解의 第2面 前葉의 天命圖說(退溪李先生證正)은 마땅히 第10面 後葉의 天命圖解(秋巒鄭先生撰)와 換置함이 타당할 것이다.

그와 같이 調整된 目次는 다음과 같다.

〈是正된 天命圖解 目次〉

1面 前葉 : 天命圖解序
　　　後葉 : 同上
2面 前葉 : 秋巒鄭先生天命圖
　　　後葉 : ┌─────────────┐
　　　　　　 │天命圖解 秋巒鄭先生撰│
　　　　　　 │　　　1節　　　　　　│
　　　　　　 └─────────────┘
　　　　　　 (10面 後葉을 換置한 것)
3面 前葉 : 第2節
　　　後葉 : 第3節
4面 前葉 : 同上
　　　後葉 : 第4節 第5節
5面 前葉 : 第6節
　　　後葉 : 同上
6面 前葉 : 第7節
　　　後葉 : 第8節
7面 前葉 : 第9節
　　　後葉 : 雜解
8面 前後葉 : 同上
9面 前葉 : 河西의 書
　　　後葉 : 河西金先生天命圖
10面 前葉 : 退溪李先生天命圖

結　語

退奇四七論辨이 動機가 天命圖說에서 유래된 바 天命舊圖의 版本에 따라서 差異나는데 착안하여 그것을 수집하던 중 接하게 된 天命圖解가 그 原作임을 알게 되었다. 그러나 圖說 第2節의 不審한 곳에 着眼하였고 그 解明을 위하여 奎章閣所藏本 天命圖說과 天命圖解本所載의 證正天命圖說과 天命圖解의 구조를 비교 검토하였다. 그 결과 第2節의 一部分의 版刻이 彼此置換되어 있음을 알아낼 수가 있었다. 아마도 刻字當時에 편집된 該原稿가 一部 바뀌었던 것이 아닌가 생각된다. 雜解章과 河西天命圖와 河西의 書가 秋巒天命圖解本에 속함이 분명해졌다. 退溪는 訂正한 뒤에도 두고 두고 생각하면서 修正을 계속했다고 함은 그의 首弟子인 趙月川의 記錄인 退溪先生文集續集券八의 雜著안의 天命圖說後尾에서 확실히 파악된다. 즉

「右圖說癸丑年間先生在都下與鄭公參訂完就而其精妙處悉自先生發之也乙卯春南歸而精思修改處頗多故與初本甚有同異謹因改本傳寫如右嘗

曰其意已具於圖說中至等十節則有亦可無亦可戊午春趙穆士敬書」

이에 따르면 第9節까지로 끝난 것이 아니라 退溪의 證正圖說은 第 10節까지 있어야 함이 분명할 뿐 아니라, 第10節의 *存省之要*는 있어도 좋고 없어도 좋다는 위의 글을 볼 때 天命圖解의 第9節의 *存省之要* 처럼 退溪證正天命圖說이 9節에서 끝날 수는 없음이 자명해진다. 따라서 本 天命圖解本內의 證正天命圖說과의 부분적인 先後倒錯은 확실해진 것으로 여겨진다.

天命圖說에 관한 研究
——陽村・秋巒・河西・退溪의
天命觀의 脈絡을 中心으로——

緒　言

中國의 先秦儒學이 理論儒學으로 전환함에 있어서 결정적인 轉機를 마련해준 文獻의 하나로는 周濂溪(1017~1013)의 「太極圖說」을 들 수가 있다. 天人問題를 太極으로 理論化하려는 시도였다. 周濂溪가 太極圖說發說后에 太極에 대한 관심을 모으게 되었다. 邵康節(1011~1077)은 道가 太極이라고 했는가 하면 心이 太極이라[1]고도 하였다. 張橫渠(1020~1077)는 太極을 一物兩體라고[2] 했으며, 程明道(1033~1086)와 程伊川(1034~1108)은 天理를 중시하였고, 朱子(1130~1200)는 物마다 가장 완전한 形式과 最高標準이 있어서 이것을 極이라 하고 개개의 極의 總和를 太極이라[3]고 이해하였다. 陸象山(1139~1192)은 太極을 中이라[4]고 하여 朱子와 맞서게 되었고 周濂溪의 「太極圖說」에 대하여도 朱子는 周子의 獨創이라 생각하는데 비해서 象山은 道家에서 받은 것으로 상반된 견해를 갖는다.

韓國에는 朝鮮朝의 儒敎立國으로 인해서 儒學이 漸盛하게 되었으며 退栗을 頂上으로 하는 性理學은 朱子學의 기반을 굳히기에 이르렀다. 麗末의 陽村(1352~1409)은 「入學圖說」을 지었고 鄭秋巒之雲(1509~1561)은 「天命圖解」를 저술하였으나 退溪(1500~1570)의 手訂을 거쳐서 「天命圖說」의 著作을 남겼다. 「天命圖解」에는 金河西麟厚(1510~1560)의 天命圖와 鄭之雲의 天命圖가 게재되어 있다. 「天命圖說」에는 退溪 手訂 이전의 天命舊圖와 이후의 天命新圖가 실려 있다. 陽村의 「入學圖說」은 원래 弟子를 敎育하기 위한 敎材로 작성된 것인 바 그의 哲學의 理

---

1) 道爲太極(觀物外篇 上 同上卷 12之上 p36) 又曰心爲太極(同上)
2) 有兩則有一是太極也……一物而兩體 其太極之謂與(易說 卷3 通志堂經解本 p11)
3) 事事物物皆有個極 是理窮至……此是一事一物之極總天地萬物之理便是太極(語類 卷94)
4) 與朱元晦 荊門軍上元設廳講義 皇大也 極中也(象山全集 卷23)

論은 天人心性合一分釋之圖에 잘 나타나 있다.

中國의 「太極圖說」은 太極으로 天人關係를 問題삼았고 韓國의 「入學圖說」(天人心性合一之圖)과 각종 天命圖는 天人問題를 天命으로 다루고 있는 것으로 비교된다. 이 論稿에서는 陽村・秋巒・河西・退溪로 이어지는 天命觀의 脈絡에 관하여 살피고자 한다. 圖說이란 思惟體系의 圖式化와 그의 解說을 뜻한다. 먼저 陽村의 入學圖說中 天人心性合一之圖에서 그 淵源과 內容을 검토하고 다음에 秋巒으로 이어지는 部分을 밝히고 나서 河西와 비교한 뒤에 退溪에로의 連結을 구명해보려 한다.

本　　論

---

① 權陽村의 入學圖說

Ⓐ 著作動機와 主張의 基盤

安東權氏인 僖의 아들로 태어난 陽村은 그의 號이며 初名은 晋이요, 字는 可遠・思叔이라 하였고 諡號는 文忠이다. 四書의 集註를 최초로 刊行한 權溥(1262~1346)의 曾孫이기도 한 그는 18세의 어린 나이로 丙科에 합격하였다. 春秋檢閱이 되고자 科擧鄕試에서 3등으로 급제하였으나 25세의 年齡未達로 부임하지 못하고 1374년(공민왕 23)에 直講, 應敎에 任命되었으며 左司議大夫를 거쳐 簽書密直使에 이르러 門下評理 尹丞順과 함께 使臣으로 明나라에 다녀오기도 하였다. 高麗末期의 政勢는 親元과 親明政策의 갈림길에서 親明으로 大勢는 기울어지고 여기에 得勢한 李成桂에 의해서 政局은 推移되던 중 마침내 禑王・昌王을 제거할 것을 策動하여[5] 擧事를 감행하였다. 前王을 지지하던 一派는 李成桂에 의해서 罷職 또는 流配를 당하게 되었다. 이 때 李崇仁・河崙 등과 같이 權近도 귀양을 가게 되었다. 그는 謫所에 寓居하던 1390년에 初學者들을 위해서 저작하였고 周子의 「太極圖說」과 朱子의 章句說을 참고하였으며 先賢들의 格言을 취해서 그 뜻을 釋明하였다[6]고 그는 스스로 말하고 있다. 이때 그의 나이 49세였다.

---

5) 李成桂一派는 後患을 두려워하여 禑王父子를 죽일 것을 疏請하여 마침내 同年 12月에 政堂文學 徐均衡을 江陵에 보내어 禑王을 殺케 하고(壽 25歲) 藝文館大提學 柳珣을 江華에 보내어 昌王을 殺케 하였다(壽 10歲)(金庠基 高麗史研究 p796)

6) 洪武庚午秋謫在金馬郡 有一二初學輩 來讀二書者語之諄復尙不能通曉 乃本周子之圖

弟子들의 理解를 돕기 위한 著述이었고 問答을 添記하였으며 著作의
기반이 周子의 太極圖說과 朱子의 大學 中庸章句에 있음을 陽村은 말
하고 있다. 宋代의 性理學과 朱子學說의 수용되는 자취를 그의 「入學
圖說」序文을 통하여 확인할 수가 있다.

　Ｂ 內　　容

　入學圖說의 내용은 四書와 五經의 全般에 걸쳐서 叙述되고 있다. 처
음에 그의 理論體系로서 天人心性合一之圖와 分釋之圖를 제시하였고,
여기에 입각하여 四書五經을 소화하고 있다. 大學은 朱子의 章句本을
준수하여 大學之道로 圖式化하였다. 三綱領을 本體, 末用, 極으로 分
類하고 八條目은 知와 行, 推行의 工夫와 功效로 파악하고 있다. 經
一章에서는 知止章과 本末章을 始와 終으로 이해하고 있다. 格物致知
에 관해서는 董氏와 黃氏의 主張을 반박하여 朱子의 立場을 固守[7]하
고 있다. 그의 大學指掌之圖[8]는 後日에 退溪가 그것을 聖學十圖중 第
4 圖에 택하고 있음을 발견하게 된다.

　　參章句之說 作圖以示 又取先賢格言以釋其意 學者因有所問 又隨而答之 仍其問答之
　　言 以附其後名之曰入學圖說(入學圖說 序文)
7) 入學圖說 大學指掌之圖 10後面
8) 大學指掌之圖

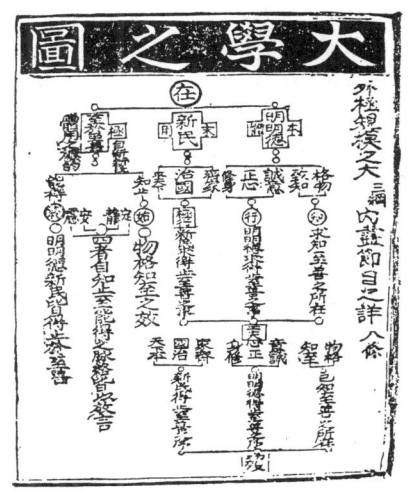

中庸에 관해서는 首章을 分釋하여 圖式化하고 있다. 中庸은 道를 전하는 書라 하고 朱子의 戒懼愼獨外에 敎를 강조하였고 中和를 性情의 德으로 파악하는 朱子에 비하여 和로서 道로 삼고 情을 말하지 않으며 나아가서 中庸分節도 朱子나 饒氏와 달리 3節로 大分하고 5節로 細分함이 그의 特徵이다. 論語는 渾然如春의 仁을 가르치고 孟子는 凜然如秋의 義를 엄격히 가르쳐주는 것으로 陽村은 이해하고[9] 있다.

四書의 이상과 같은 理解의 基本을 가지고 五經에 통달한 그는 易은 全體요, 春秋는 大用이라고 생각한다. 이러한 全體와 大用의 書經的 實現은 賞罰로써 하고 詩經的 實現은 勸懲으로써 하며 禮記的 實現은 節文으로써 한다고 한다.[10] 위의 四書五經의 會通을 가져온 그의 思惟體系로서의 天人心性合一之圖를 다음에 살펴본다.

---

9) 愚按論語之書敎乎仁　渾然如春　孟子之書　嚴乎義凜然如秋(入學圖說　論孟大旨 24前面)
10) 五經體用合一之圖(入學圖說)

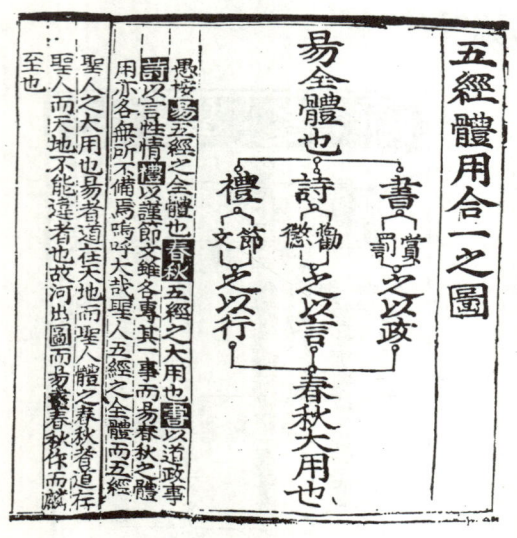

Ⓒ 天人心性合一之圖

圖[11]의 構成要素로서 몇가지를 지적할 수 있다.

크게 둘로 天과 人으로 나누어 보았고 다시 天과 人은 각각 細分하여 설명하고 있다. 먼저 天에 관해서 보면 元亨利貞과 誠으로 표시하였다. 元亨利貞은 乾의 四德[12]으로 대개 天의 永遠性으로 표현된 것이다. 誠은 「中庸」에서 子思가 특히 강조한 것이다. 誠은 하늘의 道요, 誠되려고 함은 人道라고 하였다. [13]

人에 대해서는 心을 주로 해서 理解하고 있음을 알 수 있다. 心을 크게 나누어서 行動以前과 以後로 구분하였다. 行動以前의 心은 仁義禮智와 信, 意와 情으로 나누었다. 意는 幾를 決斷하는 곳이니 善惡의 分岐點이요, 情은 四德이 노출되는 자리이니 性善이 확보되는 地表이다. 따라서 心은 意와 性과 情(喜怒哀懼愛惡欲)이 함께 있고 作動

11) 天人心性合一之圖

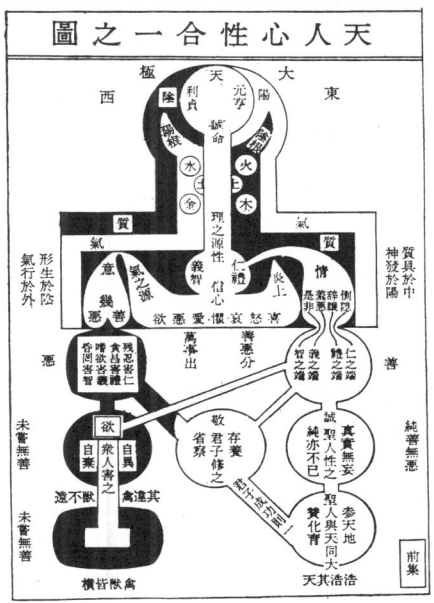

12) 乾元亨利貞(周易 上經乾卦)
13) 誠者天之道 誠之者人之道(中庸 20章)

을 主操하는 곳이다. 圖面에 天과 誠과 命과 理之源, 그리고 性과 信을 한 줄기로 이어놓은 뜻은 陽村이 생각하는 天人의 合一表示로 보인다. 「中庸」에서 보면 「天命之謂性」(首章)이고 天道의 誠이 人道의 誠之하는 性에 직결되는 모습이다. 命과 性사이에 理之源을 표기한 것은 程明道의 天理[14]를 방불케 한다.

行爲以後는 善과 惡이 분명히 갈라진다. 仁義禮智에 근거한 惻隱・羞惡・辭讓・是非之心의 四端은 純善無惡하여 聖人이 性之하고 天地化育에 參與하는 聖人이 될 것이요 惡幾로 인한 殘忍・貪冒・嗜欲・昏罔은 仁義禮智를 害하여 欲에 떨어지고 그 결과는 禽獸에서 멀지 않는 결과를 自招하게 된다는 것이다. 여기 주의하여 圖를 관찰해야 할 것은 天도 人도 같은 陰陽圈內에 소속하고 있다는 事實이다. 그러나 圖面內에서는 陰에도 陽에도 벌하지 않고 있음은 尊嚴한 理의 所出源을 五行界에 있으되 理之源으로서 陰陽에 의해서 좌우되지 않음을 의미한다.

위와 같은 構成試圖는 天의 無限性・永遠性과 人의 有限性을 相續시켜보려는 意圖의 發想으로서 太極圖와는 구별된다.

陽村이 말한 바와 같이 周子의 圖에 根本하였다고는 하지만은 太極圖에서 宇宙論的인 體系를 인식할 수 있다면, 이 天人心性合一之圖에서는 그 體系下의 人間心性을 主로 하는 善惡에 관한 體系라고 할 수 있을 것이다. 圖上에서 太極圖와의 연관된 부분은 다음과 같이 지적할 수 있다.

ⓐ太極의 表示 ⓑ陰陽으로 그린 것 ⓒ五行을 나타낸 것 ⓓ陰根・陽根의 表現이 네가지 테두리안에서 人間心性의 善惡을 밝히는데 主力했으며 周圖와 다르게 그린 몇 가지를 다음에 지적한다.

ⓐ 無極을 表記하지 않았다는 점

陽子는 無極而太極이라 하여 그의 創作이 아니라는 비난마저 받았다. 伏羲는 太極을 말하지 않고 八卦를 말했고 孔子는 無極을 말하지 않고 太極을 말했으며 周子는 理를 강조하지 않고 無極而太極을 말했고 모두 天을 말하지 않고 太極無極을 말했다. 程子는 天理를 말하고[15] 性理를 말하여 天命之謂性의 天과 性을 理로 해석하기에 이르렀

---

14) 天理云者百理俱備 元無少欠 故反身而誠(二程遺書 呂氏天蓋樓刊本 卷2上 p20)

15) 明道嘗曰吾學雖有所受 天理二字 却是自家拈出來(上蔡語錄 正誼堂全書本 卷上 p5)

다. 張橫渠는 人性의 善惡을 구별하고 밝히는데 天地之性과 氣質之性
으로 나누어서 論理를 전개[16]하게 되었다. 理論發展에 있어서 새로운
用語는 위와 같이 끊임없이 創出되어 왔다. 朱子는 孔子의 말하지 않
은 것도 後人이 말할 수 있다고 하여 周圖는 그의 創作이라고 판단하
였다. 그런데 陽村이 無極을 말하지 않은 이유가 있음직하다. 周圖와
비교해볼 때 陰陽圈은 第2層圖에서[17] 발견된다. 陽村의 天人心性合
一之圖는 全體가 陰陽圈內에 소속된 것으로 이해해야 할 것이다.

ⓑ 本然之性(天地之性)과 氣質之性의 구별을 하지 않은 점

圖에는 心이 陰陽圈內에 들어 있으며 그러면서도 이 陰陽에 左右되
지 않는 性을 天의 誠과 이어서 理之源으로 표현하고 있다. 理之源은
性의 根源이란 말이요 그 根源은 命, 誠을 소급해서 天에 닿고 있음
이 注目된다. 陰을 質로, 陽을 氣로 分說하여 하나의 現象을 분석해
보고 있으나 人性을 本然과 氣質로 成立시키
지 않고 表情以後의 善惡으로 나타내고 있음
은 따로 의의를 갖고 있는 것으로 생각된다.

ⓒ 陰陽五行의 位置가 바뀐 점

周圖의 二層圈의 陰陽과 三層圈의 五行을 비
교하면 다음과 같다.

㉠ 陰陽(黑色이 陰, 白色이 陽임)

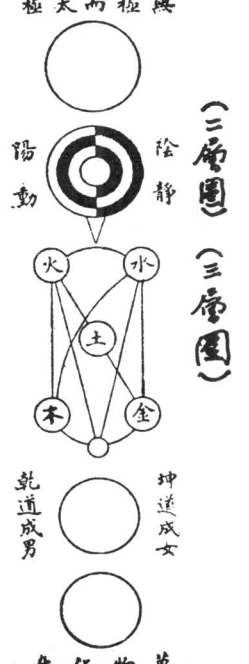

〈周圖의 陰陽〉　　　〈陽村의 合一圖〉

陰이 右, 陽이 左　　陰이 左, 陽이 右
側으로 되어 있다　　側으로 되어 있다

---

16) 形而後有氣質之性 善反之則 天地之性存焉 故氣質之
性 君子有弗性者焉(正蒙誠明篇 全集 卷3 p8)
17) 周圖第二層圖(左圖 參照)

　　陰陽의 位置가 左右로 바뀐 理由를 我自身의 位置變更을 뜻한다고
하였다. 즉 周圖는 我를 위주로 위서 圖에 대했으니 我는 北에 있고
圖는 南에 있으므로 左가 東이 되고 그 쪽에 陽儀가 있게 되며, 右는
西가 되고 그 쪽에 陰儀가 있게 되지만 權圖는 圖를 主로 해서 내가
보는 것이 圖는 北에 있고 我는 南에 있으므로 東이 右가 되고 西는
左가 되므로 賓主가 서로 대하고 있는 차이뿐이지 陰陽의 方位를 변
경한 것이 아니라[18]는 것이다. 즉 이것을 그림으로 표시하면 下圖와
같다.

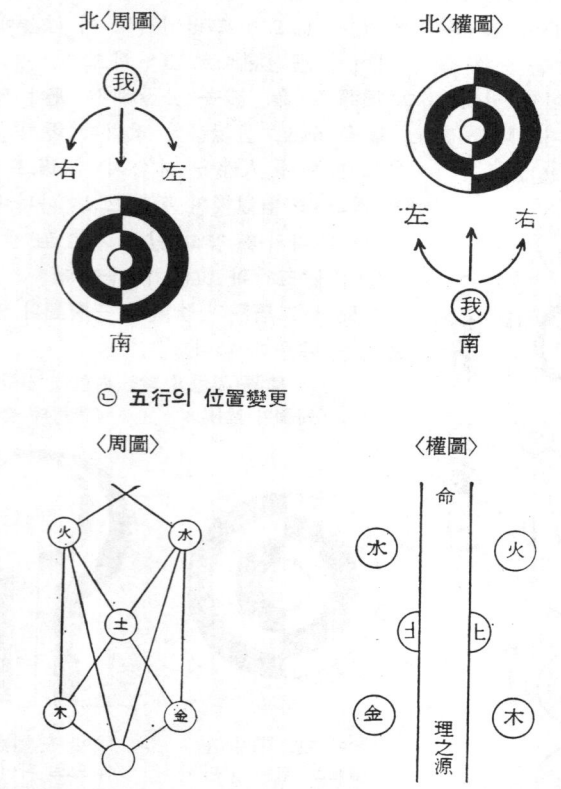

北〈周圖〉　　　　　　　　北〈權圖〉

我

右　　　左

南

左　　　右

我

南

　　　　　　　　㉡ 五行의 位置變更

〈周圖〉　　　　　　　　〈權圖〉

火　　水

土

木　　金

命

水　　火

土　　比

金　　木

理之源

18) 周圖我爲主而對圖 則我在北而圖在南故左爲東而陽儀居之　右爲西而陰儀居之　此則圖
　　爲主而我觀之　則圖在北而我在南　故東爲右而西爲左　但有賓主待對之異而已　陰陽方位
　　未嘗易也(入學圖說 五後面)

周圖에서 左의 火木은 權圖에서는 右火木이 되고 權圖에서의 左水金은 周圖에서는 右水金이다. 그 理由는 다음과 같다. 周圖에서 五行은 二層圈의 陰陽과는 層次를 달리하여 三層圈에 別記하였다. 그러나 圖說에서 말하고 있듯이 五行은 一陰陽이라[19]고 했으니 陰陽밖에 따로 있는 것이 아닌데 보는 사람이 살피지 못하기 때문이라[20]고 한다. 즉 陰陽속에 함께 그리든지 구별해서 그리든지 그 의미에 있어서 취하는 데 따라서 달라지는 것 뿐이다. 水는 元來 子位에 居하고 陽이 子에서 生하므로[21] 水는 陰이 極盛한 위치요, 그 자리에서 陽이 始生하므

---

19) 五行一陰陽也 陰陽一太極也(太極圖說)

20) 周圖雖列五行於二儀之下　然其言曰五行一陰陽也則陰陽不在五行之外　觀者或不察焉 (入學圖說 p6)

21) 方位에 五行을 配置함은 河圖에 五行을 結付시켜서 생각하는 데 由來된다. 漢代以後의 일이다. 河圖에 五行을 配定하면 다음과 같다.

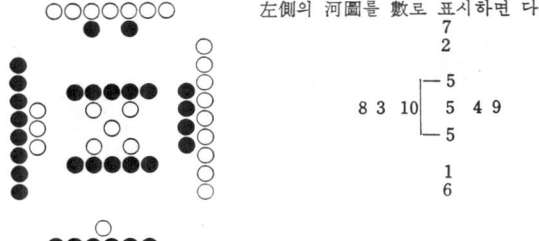

左側의 河圖를 數로 표시하면 다음과 같다.

이 數를 1, 2, 3……9, 10의 順序 따라서 五行의 水火木金土를 배열할 때 水火木金土가 두번 되풀이되고 水에는 1과 6, 火에는 2와 7, 木에는 3과 8, 金에는 4와 9, 土에는 5와 10이 해당된다. 이 五行을 數字化한 河圖로 바꾸어 보면

(2,7)
火
(3,8)木　土　金(4,9)
　　　(5,10)
　水
(1,6)

左側과 같이 되며 여기에 方位를 配定하면 水는 찬 것으로 추운 北方에, 火는 뜨거운 것으로 南方에 木은 싹의 象徵으로 시작을 뜻하여 하루의 시작인 東方에, 金은 가을철에 물이 걷히고 굳어져서 나뭇잎이 쇠소리가 나는 象徵으로 西方에 定位한다.

이것을 四季와 연관시켜서 1, 6은 北, 冬, 2, 7은 火, 夏, 3, 8은 木, 東, 4, 9는 金, 西, 5, 10은 中央, 土로 배열된다. 이에 따라서 그리면 右圖와 같다.

2,7(火)
南 夏
3,8(木)　5,10(土)　4,9(金)
東 春　中央　西 秋
1,6(水)
北 冬

다시 여기에 時間의 變化序인 十二支를 첨가해본다. 陰이 極盛한 水, 즉 陽이 始生하는 時刻을 子로 하면 陽이 極盛해서 火에서는 陰이 始生하고 그 時刻이 午가 된다. 子丑寅卯辰巳午未申酉戌亥는 즉 時間의 一晝夜의 變化過程을 意味하는 것이니 위의 것을 모두 모아서 그려보면 다음과 같이 된다.

로 陰中의 陽인 까닭에 陰中으로 들어가서 陽根에 居하게 된다. 즉 權圖에서의 다음 부분을 뜻한다(陽根圖 참조). 火는 午位에 居하고 陽이 極盛한 자리며 陰은 여기에 始生하므로 陽中의 陰에 속하며 따라서 陽中에 있으면서 陽根에 居하게 되어서 다음 그림과 같이 火가 위치하게 된다는 것이다(陰根圖 참조).

木과 金은 각각 약간 자라서 다음 자리에 위치한 것이고 土는 定位없이 中央에서 寄旺四行하므로 그와 같이 표현되었다.

ⓓ 四端七情이 圖示된 점

惻隱・羞惡・辭讓・是非의 四端[22]과 喜怒哀懼愛惡欲이 圖內에 들어왔다는 것은 中國人性論史를 계승하였다고 할지라도 중요한 史的인 意味를 갖는다.

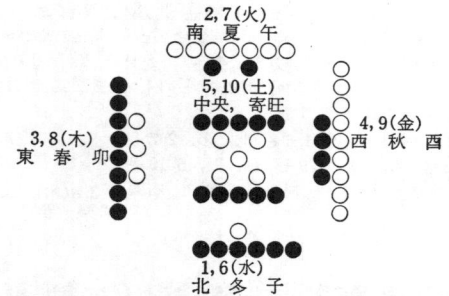

22) 四端은 원래 孟子가 말한 것, 無惻隱之心 非人也 無羞惡之心 非人也 無辭讓之心 非人也 無是非之心 非人也 惻隱之心仁之端也 羞惡之心義之端也 辭讓之心禮之端也 是非之心智之端也 人之有是四端也 猶其有四體也(公孫丑上 6章)

ⓔ 善惡을 엄격하게 구분하고 敬으로 向善을 강조한 점

　물론 性善에 입각하여 四端七情을 말하지만 衆人은 欲에 가리워서 禽獸와 가까와질 수 있으며, 禽獸는 平正直立하는 人間과는 달리 모두 橫生한다는 것이다.

　위에서는 天人心性의 合一하는 圖上에서 살펴보았거니와 分釋하여, 天人心性을 언급한 바를 보면 說文解字에 치우친 感이 不無하나 흥미로운 바가 있다.

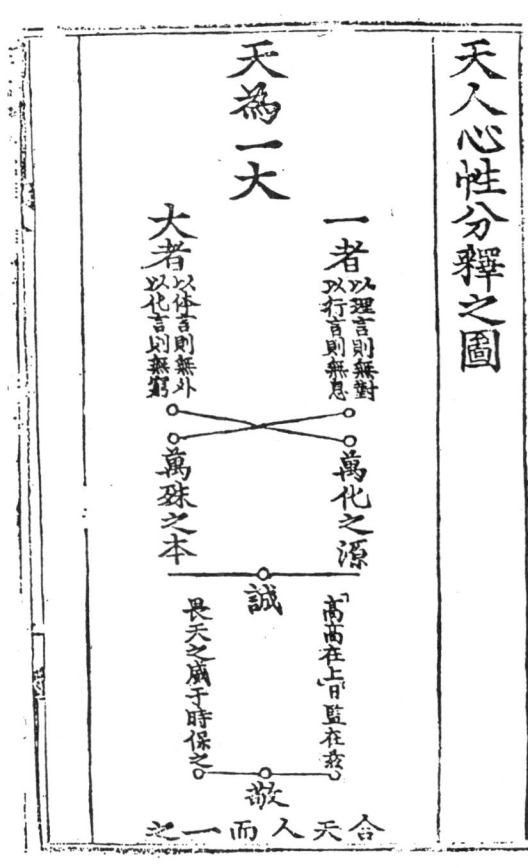

D 天人心性分釋之圖

天과 人과 心과 性을 分釋한다고 하더라도 一連의 의미가 흐르고 있음을 발견하게 된다. 各各 文字를 說文解字하여 의미를 捕捉함도 그의 특징이기도 하다.

먼저 天字를 보면 그것의 圖表는 앞의 圖와 같다(天人心性分釋之圖 참조).

天字를 풀어서 一과 大로 分釋하였다. 一이란 時間의 永遠 概念으로서 絕對의 理며 間斷없는 實相이라는 것이요, 大란 空間의 無限概念으로서 無外의 體요, 다함이 없는 變化體라고 한다. 天이란 萬殊萬化의 本源이며 이것이 바로 天道의 誠이기에 사람은 敬으로 항상 모시고 지켜야 한다는 것이다.

사람에 대하여는 人字를 풀이하여 初劃의 始點은 理一의 자리고, 一劃의 비껴서 갈라진 곳이 善이요, 第2劃은 惡을 의미한다고 본다. 그는 右와 같이 圖表하였다.

사람의 마음에 관해서는 心字를 분해하여 다음과 같이 各劃에 意味를 부여한다(心圖 참조).

여기서 注目되는 것은 第3劃의 점을 性으로 생각하고 있으며 이것이 理之源으로 提示된 점이다. 性則理라고 하는 宋代 性理學[23]을 이

─────────────
23) 性即是理 理則自堯舜至於塗人一也(二程遺書 卷18)

어가진 것으로 보인다. 善惡의 分幾는 意에 있고 이 意는 氣之源에 연결된다. 心中의 敬은 意의 動으로 炎上하여 決斷이 내려지는 終劃의 의미를 간파할 수가 있다. 人心이란 意에 소속하고 있으므로 欲에 떨어질 때 위험하며 道心이란 情에 소속하고 있으므로 보기 어려워서 微하다는 그의 持論은 書經[24]에서 근거한 것으로 간주된다. 사람의 마음에 있어서는 性자리가 가장 중요한 것인 바 그는 性字에 대하여 아래와 같이 이해하고 있다.

性은 心字와 生字가 모아진 字이다. 그 의미는 하늘이 命해준 것이고 그 生의 理致를 받아서 마음에 갖추어 가진 것[25]이라고 陽村은 이해한다. 그러나 告子나 韓子나 釋氏의 弊를 주로 하고 理를 버리는 性觀과는 달리 子思의 天命之謂性의 立場을 견지하고 있음을 알 수가 있다.

이상과 같은 分釋을 文字의 穿鑿되는 弊를 염려하여 小義에 집착되지 말고 大義를 이해할 것을 警告하고 다만 方便上 初學者를 위함이라고[26] 해명하고 있다.

위의 天人心性의 分釋에서 論者는 그 連綿한 意連에 주의하고자 한다. 즉 天字에서는 萬殊萬化의 本源이 人字의 初劃의 始點의 理一의 뜻으로 이어져서 天人이 하나의 脈絡이라는 의미를 浮刻시켜 주고 있다. 人에 있어서는 心이 重要한 바 人字初劃의 始點인 理一은 다시 心字의 第3劃인 點에 性으로 연결시키고 있다는 점을 강조하고 싶다. 이상은 分釋之圖上에서 파악되는 陽村의 天人觀이라고 하겠다.

과연 陽村의 天人心性觀이 後代의 天命圖說에 어떻게 영향을 끼쳤는가를 다음에 살펴본다.

Ｅ 後代 天命圖說에 끼친 影響

李丙燾박사는 陽村의 入學圖說이 鄭之雲의 天命圖說에 결정적인 영향을 준 것이라[27]고 단언하고 있다. 그러나 李澤堂植(1584~1647)의 「天命圖說」跋文에서는 「以此圖爲出於陽村之緒餘吁豈其然乎」[28]라고 하

---

24) 人心惟危道心惟微惟精惟一允執厥中(大禹謨篇)
25) 性者天所命而人所受其生之理具於吾心者也(入學圖說 p4)
26) 但使初學樂觀而易知其意爾 然古人製字亦有會意者如所謂一大爲天 土也爲地之類是也 有象形者如山如鼎之類是也 訓意有分字者如所謂中心爲忠 如心爲恕之類是也 苟於大義無甚悖謬則取其大而恕其小可也(入學圖說 p5)
27) 秋欄退溪等のこの四端七情分理氣的見解は蓋し陽村の圖說に源するものと斷言しこ差支へあるまい(東洋學報 權陽村の入學圖說について 1929)

여 秋巒의 獨創을 시사하고 있다. 濂溪 太極圖說에 관해서도 獨創與
否에 관하여 論難이 있었으나 宋學이 성하면서 獨創에 대한 별 異論이
계속되지 않았다. 天命圖說의 獨創性도 위의 엇갈리는 兩種 評價로 미
루어 그 論難의 素地를 다분히 가진다. 여기서는 내용에 있어서 어떻
게 比較되는가를 통하여 살피는데 그치기로 한다.

첫째, 陽村은 「天命圖說」이라 하지 않았고 「入學圖說」로 著作하였
으며 天命關係는 이 著作內의 天人心性의 圖로서 수록되었다. 그러나
이름은 비록 天人心性合一之圖라고 하였으나 그 내용이 天人關係를 天
命과 理로서 다루고 있는 것은 秋巒보다 앞섰다고 하겠다. 「太極圖
說」이 太極의 理論體系라면 「天命圖說」은 天命에 대한 論理라고 할 수
있다. 太極보다도 天命을 문제삼고 있음은 性理學의 韓國化過程에서
중요한 의의를 갖는다.

둘째, 天, 四德의 元亨利貞, 陰陽理氣五行, 人性, 四端七情의 理論
을 전개하고 있다는 점이다.

하늘과 사람을 뗄 수 없는 關係에서 이해하며 四端七情이 意幾善惡
으로 分岐된다고 보는 見解는 韓國의 人性論史에 그 始源을 이룬다.

세째, 誠과 敬을 注意깊게 파악하고 있다는 점이다.

人間에 있어서 善惡決定은 스스로의 의식에 따를 일이거니와 惡을
制止하고 善을 권장함에 이에 따르려는 努力을 誠과 敬으로 主張, 강
조하고 있음은 「天命圖說」의 前奏와 같은 인상마저 든다.

위에 지적된 天·誠·人·性·敬은 天人合一의 骨骼이기도 하거니
와 秋巒보다 이미 약 100 여년전에 이것이 圖說化되었다는데 史的 意
義가 있을 뿐만아니라, 직접 論據를 찾기 어렵다고 하더라도 天命觀의
理論的 先驅임을 발견하게 된다.

과연 앞으로 陽村의 天命觀이 그 이후의 「天命圖說」에서는 어떻게
보여지는가를 다음에 살펴보기로 한다.

② 天命圖說

退溪와 高峰의 四七論辨의 臺本이 된 天命圖說은 鄭秋巒의 저작으
로 알려지고 있으나 그의 原作은 「天命圖解」이다. [29] 대개 天命圖라고

---

28) 「天命圖說」跋
29) 拙書 天命圖解考 鄭瑽博士停年紀念論文集 p444

할 때에 天命舊圖는 退溪의 修訂以前의 것을 말하고 天命新圖는 그 이후의 것으로 통칭되어 오고 있다. 지금까지 알려지고 있는 版本은 다음과 같다.

Ⓐ 天命圖說의 版本

ⓐ 天命圖解本

鄭之雲自序가 있고 天命圖와 圖解 9節 및 雜解, 河西 金先生의 天命圖가 前半部에 실려 있다. 後半部에는 退溪 李先生天命訂正圖와 圖說 10節 및 그의 後序가 있다. 曆六年六月日 綾城縣開刊이라고 刊記가 있는 것으로 보아 1578년 創刊本으로 생각된다.「天命圖說」의 原本이다.

ⓑ 天命圖說本

國內版으로는 奎章閣所藏本과 藏書閣所藏本이 있다. 鄭之雲의 自序와 天命舊圖, 天命新圖, 圖說 10節과 李退溪의「天命圖說」後序와 李澤堂의 跋文이 崇禎庚辰(1640)附로 添錄되어 있다. 澤堂의 言及과 같이 倭亂으로 훼손된 후 우연히 一本을 얻어 上梓되었다는 표현으로 보아 初版이 아님은 분명하다.

日本版으로는 韓國國立圖書館所藏本과 日本東洋文庫所藏本이 있다. 國立圖書館所藏日本版本은 天命舊圖, 天命新圖, 秋巒의 序文 및 圖說 10節과 退溪의 後序, 그리고 四端七情分理氣辯이 있고 끝에 羅山人 道春의 跋이 있고 慶安四曆孟春(1651) 中野小左衛門發行으로 되어 있다.

東洋文庫所藏本은 秋巒의 序文, 天命舊圖와 新圖, 圖說 10節, 退溪의 後序와 澤堂李植의 跋文順으로 편집되어 있다.

ⓒ 貞肅公秋巒先生實記

2卷 1册으로 1卷에는 完山 崔秉心의 序, 河東 鄭道鉉의 序, 天命舊圖와 新圖 및 退溪의 訂正圖, 秋巒의 自序와 圖說 10節을 내용으로 하고, 2卷에는 附錄・圖說後序・澤堂의 跋・書・詩・祭文・輓章墓碣銘・貞夫人順興安氏語錄・慕先蹟有感・家狀・行狀・神道碑銘 등이 수록되어 있다.

이상은 筆者의 수집한 種類이거니와 天命圖를 분류해보면 대개 아래와 같이 類別된다.

Ⓑ 天命圖의 分類

退・奇의 문제되었던 天命圖는 訂正以前과 以後로 나누어서 新舊圖

로 구분해온 것이 通例였으나, 筆者의 조사에 따르면 몇가지 새로운
事實이 발견되었다. 즉, 版本따라서 같은 舊圖사이에도 差異가 생겼
고 舊圖와 전연 다른 秋巒의 原圖와 河西의 天命圖가 발견되었다. 뿐
만아니라 新圖와 新圖사이에도 異本이 발견됨으로써 의심을 자아내게
하고 있다. 이제 原圖와 河西의 天命圖, 新圖順序로 다음에 살펴보기
로 한다.

　ⓐ 舊　　圖

　天命圖는 退溪全書本에 新舊圖로 구별한 것에 따라서 그대로 學者
들이 사용해온 것이다. 舊圖는 다시 原圖와 舊圖로 다시 나누어 본다.

　㉮ 原　　圖(圖 1)

　原圖는 알려진 舊圖以前의 天命圖를 말한다. 天命圖解本에서 볼 수
있으니 이것을 原圖로 이름붙인다.

　天命圖解所載의 秋巒天命圖는 天命圖說所載의 舊圖와는 다르다. 天
命圖解本과 天命圖說本과의 出版年代를 비교해보면 原圖推測이 가능
해진다.

　「天命圖說」은 위의 版本調査에 따르면 그 臺本으로서는 1640 년 重

〔天命圖解本의 秋巒天命圖 즉 原圖〕 圖 1

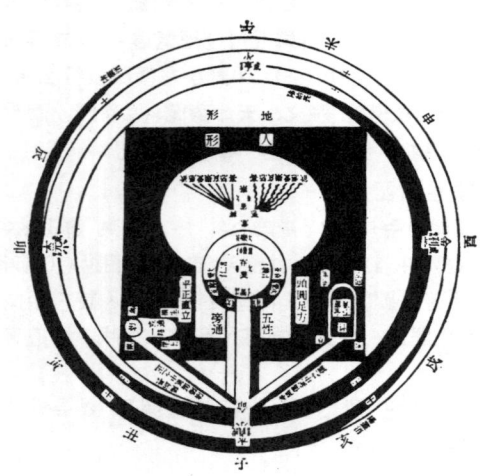

刊 이후의 것임은 모두 李澤堂의 跋文이 첨부되어 있음을 통해서 알 수 있다. 그러나「天命圖說」의 初版年代를 파악할 길이 없어서 정확한 年數時差가 불가능함이 아쉽다. 우리나라의 文獻을 後世에 전하는데 제일 큰 장애는 壬辰倭亂(1592~1598)이었다. 李朝初葉의 版本을 보기 힘든 理由도 그러하거니와 高麗本이 희귀한 까닭도 그 被害 때문이다. 그러나「天命圖解」는 다행히도 그 刊紀가 분명히「萬曆六年六月日綾城縣開刊」이라고 되어 있으니 이것은 1578년의 일이고 보면 壬辰倭亂이 일어나기 14년전의 일이다.「天命圖說」重刊本의 發刊 1640년에 비하면 62년이 앞선다. 그러나 初版年代를 알 수 없느니만큼 이것만 가지고 先後를 극단할 수는 없다. 보다 분명한 것은 序文을 대조해 보는 일이다.

天命圖解의 秋巒自序는 嘉靖癸卯二月辛卯作이니 1543년이요, 天命圖說의 秋巒自序는 嘉靖甲寅正月에 썼으니 1554년인 즉 退溪가 後序를 쓴 嘉靖癸丑(1553)보다 1년후의 일이다. 이렇게 보면 天命圖解의 序文과 天命圖說의 序文을 쓴 時差로서도 그 先後가 판명된다고 하겠다. 즉 1543년작인 天命圖解序와 1554년작인 天命圖說序를 비교할 때 11년 差異가 드러난다. 그러나 序文끝에 言及되어 있듯이 왕성해서 집에 보관해둔다[30]고 했을 뿐 初版年代는 여전히 알 길이 없다. 그런데 天命圖說에는 소위 舊圖만 게재되어 있고 秋巒自身의 修正받기 이전의 圖說이 없는데 비해서 天命圖解에는 修正前의 秋巒自身의 圖說이 兼載되어 있어서 修正의 구체적인 內容을 전해주고 있다.

㉴ 舊　　圖(天命圖解本)

그런데 놀랍게도 秋巒의 天命圖가 天命圖解本의 것과 天命圖說本의 것이 다르다는데 주의가 집중된다. 天命圖說本의 秋巒天命圖는 다음과 같다. 이것이 소위 舊圖라고 불리워지고 있다.

이 舊圖라는 命名은 天命圖說本 新圖末尾에 明記[31]되어 있고 退溪全書에 수록되어 있는 舊圖와도 또 다른 것이 주목된다. 退溪全書所載의 天命舊圖는 아래와 같다.

㉵ 舊　　圖(退溪全書本)

---

30) 余故首記作圖之由 次及定圖之事 以藏于家 如有同志者出 其亦有以知退溪考證之意也（天命圖說 序）

31) 右秋巒爲圖以示人而退溪先生刪繁改圖仍命兩存稱新舊以別之（天命圖說）

〔天命圖說本에서의 天命舊圖〕 圖2

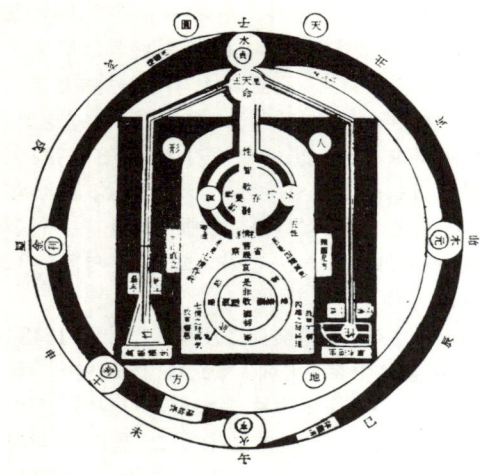

〔退溪全書本의 秋巒天命舊圖〕 圖3

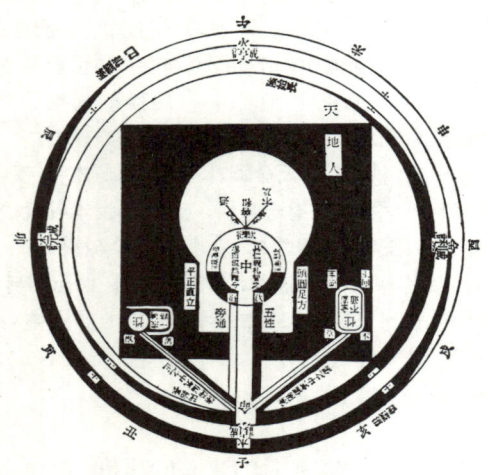

〈退溪全書所載의 天命舊圖〉

〔河西의 天命圖〕圖4

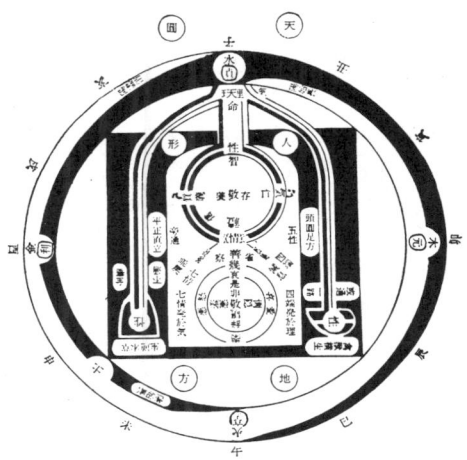

〈天命圖解本의 河西金先生天命圖〉

여기서 退溪가 그린 天命舊圖는 秋巒의 原作인 天命圖解의 秋巒 天命圖와 다른 理由가 무엇일까 하는 의심을 야기시킨다. 秋巒自身도 草本以後에 여러차례 고쳤다고한[32] 것으로 미루어 달라져 갔다는 것은 추측이 어렵지 않다. 그 過程에서 河西의 天命圖가 關係되지 않았나 하는 疑問이 든다. 그 理由는 天命圖解本所載의 河西天命圖가 발견되기 때문이다. 그의 天命圖는 圖와 같다.

河西의 天命圖는 附記된 글로 미루어서[33] 1549년이니 秋巒의 天命圖를 그린 6년후의 일이고 退溪가 證正한 1553년보다 4년전의 일이다. 따라서 退溪의 舊圖를 그릴 때까지 秋巒은 河西의 天命圖를 참고하였으리라는 推定이 가능해진다. 그러나 애석하게도 河西自身이 自身의 天命圖에 관한 言及이 全無하고 이 天命圖를 幷刊해서 後學들의 供覽에 제공한다는 記者도 역시 署名이 없으므로 不明하다. 뿐만아니

---

32) 不意彼時同門諸生因以謄本傳之士友間 厥後吾自覺其非而改之者亦多 所以有前後之異 而尙未有定本焉(天命圖說後叙)

33) 附記된 글 끝 部分에는 다음과 같이 署名하고 있다.
「嘉靖己酉秋八月河西金厚之書」

라 秋巒自身도 河西天命圖에 대한 參考與否의 確證이 없음이 아쉽다. 退溪의 舊圖는 위의 어느것과도 다르다. 그 舊圖는 圖3과 같다. 退溪가 河西의 天命圖에 접하였는가 하는 것은 또 하나의 疑問이다. 그러나 부단히 學問交流는 있었던 것으로 미루어 그들의 學說이 비교검토될 問題로 남는다.

이상에서 天命新圖가 나오기까지의 각종의 天命圖를 열거하였고 동시에 최초로 그려진 天命圖解本內의 秋巒의 天命圖를 天命原圖라 하였다. 退溪가 證正했다는 소위 天命新圖도 또한 版本에 따라서 差異 있음을 발견한다.

ⓑ 新　　圖

天命圖解本所藏의 新圖는 圖5와 같다.

天命圖解本은 編者나 刊行者의 序文이 없으므로 어떻게 해서 발간하게 되었는지 經緯를 알 수 없다. 이 圖解本內에 어떻게 해서 秋巒의 天命圖解와 退溪의 證正圖가 合本되었는지 모를 일이다. 또 누구에 의해서 이루어졌는지 알아 볼 道理가 없다. 刊記에 1578년(萬曆 六年六月日)으로 명시된 것을 보면, 이 때에는 退溪가 作故한 지 8년후

〔天命圖解本所載의 新圖, 즉 退溪의 證正圖〕圖5

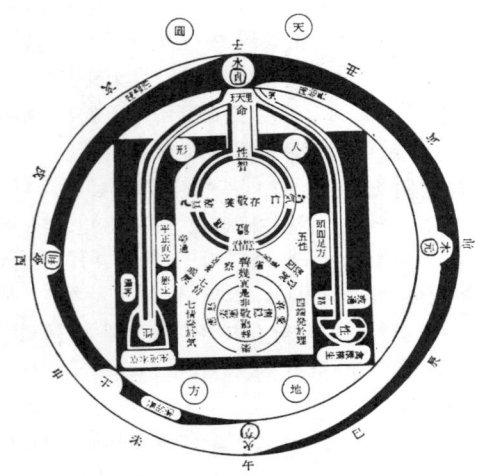

〈天命圖解本의 退溪先生天命圖〉

〔天命圖說本의 新圖〕 圖6

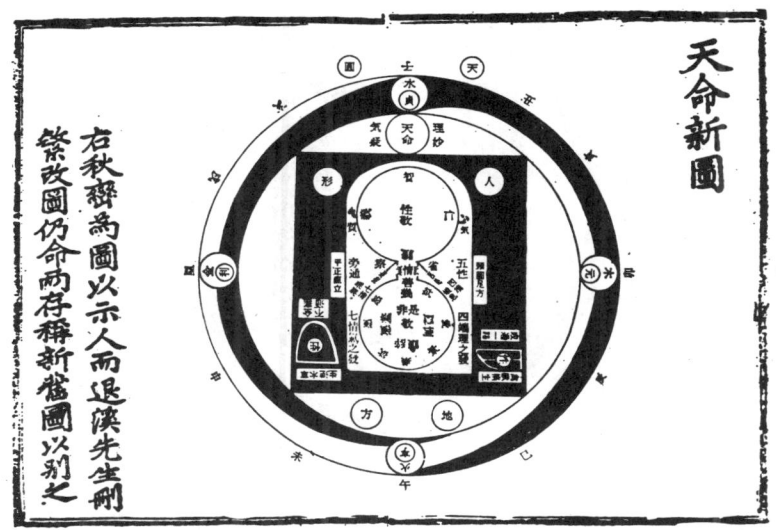

요, 秋巒은 歿後 17년뒤의 일이다. 現存 天命圖說本에는 秋巒의 天命
圖說에 관해서는 天命舊圖로 揭載되어 있을 뿐이고 秋巒의 圖說은 배
제되어 있다. 뿐만 아니라 이 天命圖說本은 澤堂의 跋文에 따르면 분
명히 壬亂前本에 의거[34]한 것이니 現存 天命圖說은 壬亂前本을 臺本
삼은 것을 알 수가 있다. 따라서 圖解本과 圖說本이 함께 壬亂前本에
初版이 刊行되었을 것이며, 그 發刊先後는 考證이 어려우나 秋巒自身
의 序文으로 보아서 著作만은 圖解本이 먼저 된 것이 확실하다. 天命
圖가 다르다고 할 때에 著作 先後를 가려서 살필 필요가 있고 또 그
렇게 함으로서 의미의 흐름을 파악할 수가 있을 것이다. 위의 天命圖
說本의 新圖와는 圖6과 같이 일치하지 않는다.
　이것이 退溪全書本의 新圖와는 일치하고 있으며 그것은 圖7과 같다.

---

34) 所著天命圖說 舊有板本行世 自兵難板燬而傳本亦絶 …余偶從民家得一本 適全州大尹
　　韓公振甫方鋟 天命圖說跋

〔退溪全書의 新圖〕 圖7

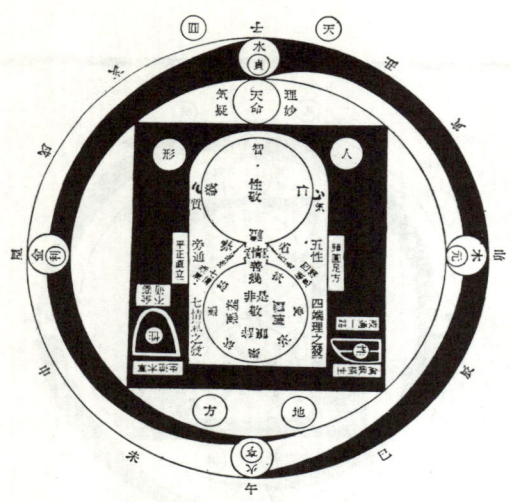

〈退溪全書所載의 天命新圖〉

그러나 貞肅公秋巒先生實記에는 舊圖와 退溪證正圖와 新圖로 나누어서 제시하고 있음이 異彩롭다. 後孫인 永聖은 秋巒의 天命圖에는 三本이 있어서 가장 일찌기 그린 것이 初圖며 退溪의 證正을 거친 것이 中圖며 완성된 것이 後圖라고[35] 하였다. 즉 지금까지의 新圖에 속하는 것으로서 永聖은 「退溪先生證正圖」와 「天命新圖」의 두가지로 아래와 같이 전하고 있다.

〔退溪先生證正圖〕 圖8   〔天命新圖〕 圖9

---

35) 圖有三本 一曰初圖 公之早年手畵也 中圖退溪先生所以證正者也 三曰後圖太極之理各
   具其中……是爲完圖 實狀後孫永聖

앞에서 舊圖와 新圖의 異本을 分類해보았다. 異本間에도 舊圖와 舊
圖, 또는 新圖와 新圖는 同一해야 할 터인데 다른 이유가 무엇일까를
다음에 고찰해본다.

ⓒ 圖間의 달라진 理由

대개 크게는 두가지로 말할 수 있을 것이다. 하나는 原著者가 스
스로 고치는 경우이고, 둘째는 出版過程에서 誤傳될 경우를 생각할 수
있다.

첫째로서 秋巒도 退溪도 각각 고쳤다는 흔적을 찾아볼 수 있다.

秋巒의 天命圖는 同門諸生들이 謄本으로 相互 師友間에 전했으므로
그 뒤에 스스로 잘못을 깨달아서 여러차례 고쳤기 때문에, 前後에 차
이가 생겼고 아직도 定本을 갖고 있지 않다36)고 한 것을 보면 定本으
로 定着될 때까지는 많이 고쳐졌음을 알려주고 있다. 退溪도 또한 四
端七情說을 논함에 있어서 스스로 고친 말이 온당하지 못하므로 염려
가 되던 터에 신랄한 반박을 받게 되어서 의견의 성기고 잘못됨을 알
게 되었으니, 이제 四端의 發은 純理이므로 善하지 않음이 없고 七情
의 發은 氣를 겸한 까닭에 善惡이 되어서 고친다고37) 한 것을 보면 짐
작할 수가 있다. 그 뿐만 아니라 秋巒과의 天命圖 修正이 끝난 뒤에
도 退溪 스스로는 생각을 거듭하여 고친 곳이 많다38)고 한 것을 볼 때
연구는 끊임없이 계속되어 갔음을 이해하게 된다.

둘째는 移記·刻字·印刷過程에서 있을 수 있는 誤傳의 경우를 들
수 있겠다.

原圖(圖1)에서 禽獸橫生은 性字表示가 도치되어 있다. 草木逆生의
性字도 倒置되어 있다. 草木은 逆生이므로 性字도 逆으로 표시하였거
니와 禽獸는 橫性이므로 性字表示도 당연히 橫으로,

즉 㕉이 아니라 㵰으로 해야 옳을 일이다.

證正以前의 소위 天命舊圖는 天命圖說本의 舊圖와 退溪全書本의 舊

---

36) 是乃兩先生誘進狂簡之意耳 非謂其圖之可傳也 不意彼時同門諸生 因以謄本傳之士友
間 厥後吾自覺其非而改之者亦多 所以有前後之異而尙未其定本焉(天命圖說後叙)
37) 又因士友間傳聞所論四端七情之說 鄙意亦嘗自病其下語之未穩 遂得砭駁益知繆疎 卽
改之云四端之發純理故無不善 七情之發兼氣故有善 未知如此下語無病否 退溪與高峰
(節略)
38) 右圖說癸丑年間先生在都下 與鄭公參訂完就而其精妙處 悉自先生發之也 乙卯春南歸
而情思修改處頗多故병初本甚其同異 謹因改本傳寫如有 先生嘗曰其義已具於圖說中
至十節則有亦可無亦可 戊午春趙穆士敬書(退溪先生全書續集 卷之八)

圖와 다르다. 즉 四端發於理 七情發於氣가 한편은 四端之發純理故無不善 七情之發兼氣故有善惡이라고 되어 있다. 이것은 友枝씨에 따르면 四端發於理 七情發於氣라야 옳다[39]고 한다.

그러나 이것도 退溪에 의해서 間接的으로 전해진 것이므로 애당초의 舊圖는 原圖, 즉 天命圖解本의 秋巒天命圖를 참고해야 할 것이다.

河西天命圖에서는 禽獸橫生의 虱字는 의미로 미루어서 虱으로 표기할 것이 아니라 逆生이 아닌 橫生이므로 마땅히 虬으로 표기되어야 할 것이다. 實紀本의 天命舊圖(圖10)에서도 謬刻이 지적된다.

圖10

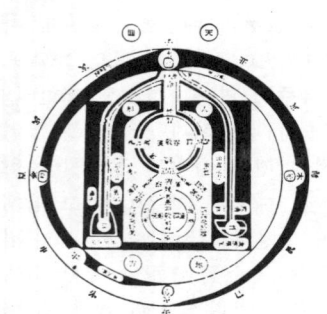

첫째로 天理命에서 이어져 나간 心圈底面에 半分한 心字가 없는 것, 둘째 性字下의 理字는 不必要한 것, 셋째 在養은 存養이어야 하며, 넷째 智만 있고 仁義禮가 빠져 있으며, 다섯째 情圈에서 辭讓의 位置만이 옳고 惻隱·羞惡·是非의 位置가 잘못된 것 등이다.

新圖와 新圖사이에도 달라진 것이 발견된다. 圖解本의 新圖와 圖說本의 新圖를 비교하면 첫째 身天氣이 氣天理으로 되어 있고 둘째 心圈內에 性字가 圖說本에는 들어 있으며 셋째 圖解本의 禽獸皆橫이 圖說本에는 禽獸橫生으로 되어 있다. 여기의 性字는 역시 橫生이니만큼 그 표시는 性이 아니라 凷이어야 옳을 것이다. 實記本의 新圖에는 첫째 心圈內에 仁義禮가 빠져 있고, 둘째 四端七情의 發이 全然 표기되어 있지 않음이 현저하게 다르다. 이렇게 빠져 있음은 모두 잘못된 것이 아닌가 생각된다. 筆者는 天命圖의 變遷過程을 다음과 같이 총정리해 본다.

Ⓒ 天命圖의 變遷過程

비록 이름은 天命圖가 아니지만 天命關係를 다룬 圖로서 먼저 權陽村의 天人心性合一分釋之圖를 꼽아야 할 것이다. 陽村의 이 入學圖說

---

39) 所謂四端之發純理云云者 退溪己未五十九歲正月改訂之語 則不可謂之癸酉五十三歲改訂之語 當以退溪全書本爲是(友枝龍太郎「退溪의 天命新圖와 理氣說」退溪學報 29輯 p16)

著作이 洪武 庚午 秋 즉 1390년을 始發點으로 한다면 그로부터 153
년후 1543년(嘉靖癸卯)에 秋巒의 圖解本天命圖(圖1) 즉 原圖가 나왔고
그보다 6년 뒤인 1549년(嘉靖己酉)에 河西의 天命圖(圖4)를 보게 된
다. 秋巒의 原圖를 河西가 본 것은 確實[40]하나 아쉬웁게도 그에 대한
논의가 없고 다만 後人某에 의하여 河西의 天命圖만이 전해지고 있다.
또한 退溪가 河西의 天命圖에 관하여 언급한 바가 발견되지 않으므로
不分明하지만 그 親分으로 미루어 學問의 交流는 있었던 것으로 추측
된다. 退溪는 高峰과의 論辨이 시작되면서 天命에 대한 關心은 깊어
갔다. 시작된 것이 1553년이니 退溪는 53세, 秋巒은 44세, 高峰은
26세에 해당한다. 1560년에 高峰은 秋巒에게 退溪의「發」說에 대한
부당함을 書簡으로 보낸 바 있다.[41] 여기에 대한 秋巒의 答書가 없으
므로 확인이 어려우나 河西 당대에 退奇論辨이 있었고 河西의 天命圖
가 있는 이상 河西 自身의 天命觀도 三者連關裏에 想定해볼 만한 것
으로 생각된다. 河西가 退溪와 高峰의 四七論에 관하여 참여했다는 主
張[42]이 있는 반면에 河西年譜의 이 내용을 부인하는 辨錄[43]도 있으니
이에 대한 評價는 後日로 미루거니와 同時代의 相從한 學者間에 主張
의 交流가 全無했으리라고는 생각되지 않는다.

　　退溪의 天命新圖는 圖解本·圖說本·退溪全書本·實記本의 四本에
서 볼 수 있으나 그의 高峰과이 論辨進行으로 미루어 天命圖解本의 天
命新圖(圖5), 退溪全書本의 天命新圖(圖7), 天命圖說本의 天命新圖(圖
6), 實記本의 天命證正圖(圖8) 및 天命新圖(圖9)의 順序로 고찰함이
타당할 것이다.

　　다만 舊圖에 있어서는 圖解本의 것만을 채택한 이유는 秋巒本人의
作으로서 現存 最古本이라는 점이 첫째요, 둘째로는 圖의 新舊에서 子
午位置가 退溪에 의해서 변경되었다[44]고 한 바와 같이 當初의 秋巒天

---

40) 余有志於學而未就者也 披覽是圖 不能無戚戚焉 鄭君靜而朝夕還京千理相思 無以爲言
　　姑以是題其圖後而贐之 嘉靖己酉秋八月河西金厚之書(天命圖解 17面)
41) 理氣往復書下篇(高峰先生文集)
42) 時高峰退處于鄕 每詣先生 討論義理而深疑退溪四端七情理氣互發之說來質于先生 先
　　生爲之剖析論辨極其通透精密 高峰新得於先生者如此云云(河西年譜 己未條)
43) 辨錄은 高峰先生文集 理氣往復書卷末에 게재되어 있음. 時此書新出未布鄕間故退溪
　　亦因高峰而聞知其說痛辨 其非已歿之河西何以辨其是非於歿後九年之戊辰也 眞所謂夢
　　中說夢也云
44) 當初靜而因河洛之例 由下而始 改而從濂溪之例混之罪也(天命圖說 後叙)

命圖는 新圖와는 달리 子午位置가 달라야 함에도 불구하고 圖解本의
것을 제외한 모든 舊圖는 子午位置가 新圖와 같다는 점에서이다. 달
라야 함을 같은 것으로 해서 舊圖視할 수는 없는 일이다.

이제 위와 같은 天命圖의 변천속에 흐르고 있는 天命觀을 다음에 살
펴보기로 한다. 孔子는 知天命을 말했고[45] 孟子는 知天을 말했다. [46]
人間의 本性을 알면 天을 안다고 한 孟子는 하늘이 命한 것을 性이
라[47]는 子思의 思想과 한번 陰하고 한번 陽함을 道라고 한다[48]는 중단
없이 繼之하는 性善의 理論을 파악한 결과, 性善論이 주장된 것으로
안다. 다시 宋代에 이르러서는 周濂溪의 太極論으로 발전이 되었고 더
나아가서는 天則理 窮理盡性[49]의 理論으로 전개되어 갔다. 命은 實
相의 本源에서 하는 말이고 理는 原則의 主體에서의 표현이다. 太極圖
說이 理의 論理라면 天命圖說은 天과 理의 전개로 비교된다. 陽村 이
후에 이 전개는 계속 시도되어 왔다. 그들의 圖說을 요약해보면 각각
다음과 같다.

ⓐ **天命圖의 始源**──陽村의 天人合一論體系

圖上端에 太極을 명기하고 아래와 같이 구분하여 설명하고 있다.

天
　元亨利貞
　誠
　命
　理之源, 氣之源
　陰陽(二分)
　氣質
心
　性
　仁義禮智信
　意

45) 吾十有五而志于學 三十而立 四十而不惑 五十而知天命 六十而耳順 七十從心所欲不
　踰矩(論語 爲政)
46) 盡其心者知其性也 知其性則知天矣(盡心上)
47) 天命之謂性 率性之謂道 修道之謂敎(中庸 首章)
48) 一陰一陽之謂道 繼之者善 成之者性(易繫辭上)
49) 和順於道德而理於義 窮理盡性以至於命(說卦傳)

　情
　　四端七情
　　善惡
　　聖人——誠——性之——眞實無妄, 純亦不已
　　君子——敬——修之——存養・省察
　　衆人——欲——害之——自暴自棄
　　　　　　　　　　　其違禽獸不遠
　　　　　　　　　　　禽獸橫生
　ⓑ 秋巒의 原圖(秋巒의 天命原圖의 論理와 河西의 天命圖)
　㉠ 秋巒의 天命原圖의 論理
　天과 地로 大分하되 地上에 人間・動物・植物로 다시 세분하여 다
음과 같이 논하고 있다.
　天形
　　十二支(子下午上)
　　陰陽(消長)
　　五行(盛衰)
　　元亨利貞
　　誠
　　命
　地形
　　人形
　　　頭圓足方
　　　平正直立
　　　五性旁通
　　　仁義禮智信
　　　七情
　　　存養
　　　敬
　　　意 ⎰善七情
　　　　 ⎱惡七情
　　　省察
　　　敬

動物
　　陰陽偏氣中之正
　　禽獸橫生尾上
　　　　或通一路
植物
　　陰陽偏氣中之偏
　　草木逆生下向
　　　　全塞不通

㉃ 河西天命圖

天命圖解本內의 河西天命圖는 作者의 명시가 없으므로 考證이 요할
것이나 秋巒의 天命圖를 보고 난 뒤의 答書에 첨부된 것으로, 紺城縣
에서 刊行 당시의 편집자에 의한 所錄인 것을 추측할 수 있다. 시기로
보아 학문교류는 물론, 秋巒의 天命圖를 보았을 뿐만아니라 圖解本圖
說 第六節에 河西의 註가 揷入[50]되어 있는 것으로 보아서 논의된 確
證이라고 하겠다. 秋巒의 天命論에 비하여 아래와 같이 差異點이 발
견된다. 다음은 河西의 理論이다.

天
　十二支(子下午上)
　陰陽(消長)
　五行(盛衰)
　元亨利貞
　誠
　命
地
人
　頭圓足方
　平正直立
　五性旁通
　中・具仁義禮智之理
　　而混然難分

---

50) 河西子云陰陽之有老少 即易之四象 象各二盡 而老則純陰純陽故曰無交 少陰上陽下陰
　　少陽下陰上陽故曰有交

```
七情
幾善──和
   惡──過不及
物
動物─陰陽偏中之正
      禽獸橫生尾上
      或通一路
植物─陰陽偏中之偏
      草木逆生向下
      全塞不通
```

ⓒ **天命舊圖**(天命舊圖의 理論)

　原圖에서 舊圖로 달라진 理由는 앞서 지적했듯이 秋巒 自身의 변화라고 생각되며 定本으로 확립되기까지의 과정에서의 改定이 아닌가 생각된다. 天形·地形·人形으로 大分한 것이 天圓地方人形으로 변경되었고, 天의 三層圈이 單層化되었으며 誠字가 제명되었고 天字를 理(王과 理)字 사이에 揷入시켜서 理氣와의 不離性을 나타내고 있는 점이 다르다. 地方以下의 義理構造는 다음과 같다.

```
地方
人形
   頭圓足方
   平正直立
   五性旁通
   心
   氣質
   性
   五常
   存養
   敬
   意情善幾─四端七情
        惡幾〈四端滅息
            七情乖戾
            四端發於理
```

七情發於氣

省察

敬

圖說本의 天命舊圖는 意情 以下 부분에서만 다르다. 圖說本의 舊圖體系는 아래와 같다.

ⓓ 圖說本의 **舊型體系**

意情

善幾—四端七情

四端之發純理故無不善

七情之發兼氣故有善惡

惡幾—四端滅息

七情昏蔽

省察

敬

實紀本의 舊圖는 圖面에 글자가 빠진 곳이 있으나 意情에 있어서 圖說本의 舊圖와 일치한다.

이상에서 소위 舊圖에 속하는 天命圖의 각각의 理論展開의 體系를 比較해보았다. 집약해보면 變化過程을 3 단계로 구분할 수 있다.

첫째는 秋巒에서 陽村과 달라진 것은 天에 있어서 十二支(子下午上)를 가했고 心性에서 理氣分屬이 없어졌으며 四端이 五常으로 다루어 졌고 物에서 植物이 添加된 점 등을 들 수 있다. 반면에 天人心性에 서 性情善惡과 存養省察 및 敬에 관해서는 이어져가고 있음을 볼 수 있다.

둘째는 退溪全書本의 天命舊圖에서는 天에서 十二支位置가 子上午下로 되었으며 誠字가 그림으로 代替되었고 다만 四端發於理 七情發於氣라고 하여 四七에 發의 問題가 개입된 점이다. 原圖에 없던 「發」이 圖面으로 들어오고 있다.

세째는 같은 舊圖이면서도 天命圖說本에서는 「發」에 관한 것이 「四端之發 純理故無不善 七情之發 兼氣故有善惡」으로 고쳐지고 있다. 이 3 단계까지 一貫되고 있는 것은 天命의 誠과 四德, 人性의 四七善惡과 存養敬, 省察敬임을 이해하게 된다. 오직 河西의 天命圖에서는 그의 前과 後를 連結해볼 만한 뚜렷한 문헌이나 논문이 아직은 발견되지 않아서 아쉽지마는 秋巒과 河西의 親分이나 學問의 交流를[51] 무시할 수는 없을 것이다. 다만 그의 특이한 점만을 아래와 같이 지적해 두는데 그친다.

첫째, 中이 강조되고 있는 점이다. 秋巒의 五常位置를 中으로 대치하고 그의 黑白分裂을 深慮한 때문인지 仁義禮智의 理致가 混然難分임을 명기하고 있다. 善惡을 和와 過不及으로 인식함은 天命之謂性의 투철한 發露로 해석된다.

둘째, 秋巒의 天命原圖와 마찬가지로 四七의 「發」의 問題가 없고 分析보다는 綜合傾向이 농후한 점을 들 수 있다.

이상의 舊圖全體를 통해서는 세가지 疑心點이 남는다. 즉「發」問題가 圖式化되게 된 經緯가 무엇인가 함이 그 하나요, 子下午上의 位置는 退溪 主張을 따라서 子上午下로 변경된 것으로 전해지는데 어찌하여 退溪全書本과 天命圖說本의 舊圖에는 子午位置가 고쳐진 子上午下로 되었는가 하는 것이 둘째요, 세째는 같은 舊圖의 理「發」問題도 「四端發於理 七情發於氣」로 또는 「四端之發純理故無不善 七情之發兼氣故有善惡」으로 異記되었는가 하는 점이다. 만일에 退溪의 主見이 反映되어간 때문이라면 舊圖라기 보다는 고쳐진 이후는 모두 新圖의 變遷過程이라고 생각함이 온당하지 않을까 생각된다. 이어서 新圖를 차례로 살펴본다.

ⓔ 天命新圖

圖解本의 原圖에 대한 退溪의 證正理論은 다음과 같다.

天圖

　十二支(子上午下)

　陰陽(消長)

　　五行

　　元亨利貞

　　氣 天 氣
　　　理
　　　命

地形

　人形

　　頭圓足方

海內秋巒翁 獨觀造化妙 秀吾兄弟中 俯仲思惟肖 寄賀鄭秋巒 河西金麟厚 實在 詩

平正直立
五性旁通
心
氣, 質
仁義禮智信
存養
敬
意情─善幾─敬
四端
七情
惡幾─四端熾滅
七情乖戾
省察
敬
四端理之發
七情氣之發

위의 圖解本의 新圖에 비해서 退溪全書本의 新圖는 다음과 같이 差異가 난다.

㉠ ◎ 身 天 氣 ─→ 氣 天 理
　　　 理　　　 凝 命 妙
　　　 命

㉡ ◎ 地形 ─→ 地方

㉢

㉣

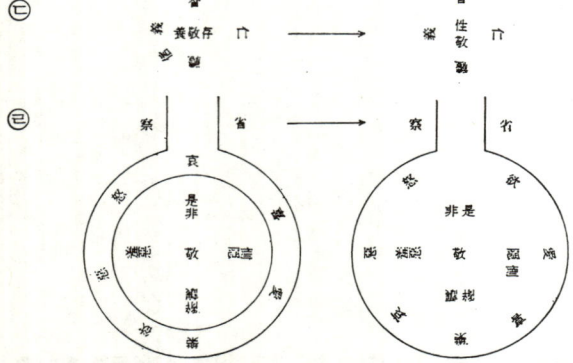

㉠에서는 天命을 圓內에 넣고 理氣妙凝으로 포위한 것은 天命의 神聖不可侵을 나타낸 것이고 ㉡에서 地形을 地方으로 고친 것은 天圓地形이라고는 하지 않고 天圓地方이라고 하기 때문으로 생각된다. ㉢에서는 存養과 信이 제거되었다. 存養은 있어야 마땅하고[52] 信을 뺀 것은 信을 四德에 각각 配한 것으로 보인다. ㉣에서는 ◎이 ○로 변경되었다. 內圓을 없앤 것은 四端七情에 境界線을 둘 수 없기 때문이 아닌가 한다. 天命圖說本의 新圖와는 退溪全書本의 新圖가 동일하고 實紀本의 證正圖도 또한 같다. 다만 實紀本에서는 退溪가 命名한 天命新圖는 圖解本의 新圖의 이름과 같이 退溪先生證正圖라 하고 이와는 별도로 天命新圖가 첨가되어 있다. 여기에서는 오직 「發」項만을 全削했을 뿐 餘他는 동일하다. 編輯製作過程에서의 누락된 것인지 의식적으로 再整된 것인지는 確證을 얻기 전에는 疑問으로 남을 수 밖에 없다.

이상에서 陽村 이후의 天命에 관한 圖說을 열거하여 各圖間의 差異點과 新舊圖사이에 고쳐진 것들을 살펴보았다. 비록 그림의 表現은 다소 다르다 할지라도 天과 人의 合一點을 고찰하여 人間이 惡을 버리고 善으로 향하여야 하겠다는 의도에 있어서는 동일함을 볼 수 있다. 그 일관된 흐름을 다음에 구명해보고자 한다.

③ 命理와 向善

陽村·秋巒·河西·退溪의 天命에 관한 圖式을 위에서 보았거니와 그 속에서 共通되게 이어져오고 있는 것이 발견된다. 먼저 天·地·人으로 三分하여 體系를 세우고 있는 것을 들 수가 있다. 하나로 말하면 天으로 묶어야 하겠지만 둘로 나누자면 天地요 地는 다시 분류할 때 人物·動物·植物로 나뉜다. 이러한 式의 天의 表現은 陽村에서 시작된다. 그는 天에 대하여 陰陽五行·元亨利貞·誠命·理之源·氣之源으로 나타내고 地上의 人間에 대하여는 비록 聖人·君子·衆人으로 三分하여 心性을 分析하고 四端七情으로 善惡을 설명하며 誠·

---

52) 日本版刻本과 退溪全書本의 天命新圖는 中央의 方形 안쪽 上段의 동그라미「敬」字 左右에「存養」二字가 빠져 있다. 그러나 高峰全集本에 收錄한 新圖에는 이 二字가 있다. 마땅히 高峰全集이 옳은 것이며 아마 天命圖說第十節에서「未發存養」과「已發省察」을 論說한 것은 退溪와 秋巒의 定論일 것이다(友枝龍太郎 退溪之天命新圖與理氣說 退溪學報 第 29 輯 p11)

敬・欲의 3등급으로 나누고 있으나 이것은 存養・省察・敬으로 向善
해야 함을 일깨워주려는 意圖임이 自若하다.

秋巒의 경우 陽村의 天이 天形 地形으로, 그리고 없었던 植物이 첨
가되고 있다. 人間은 聖人・君子・衆人의 구별을 없애고 그 說明 要
領이 보다 분석적이다. 陰陽五行이 黑白으로 兩分 五別된 것으로부터
구별을 止揚하여 消長盛衰의 변화로 나타내고 있는 점은 크게 달라진
것이다. 靜에서 動으로 側面에서 平面으로 바뀐 樣相이다. 十二支를
가하여 子下午上으로 그린 것은 圖上에 時空을 분명히 한 것으로 간
주된다. 天形圓裏에 그 永遠性을 元亨利貞과 誠, 水火木金과 土를 內
環속에 담고 있음은 陽村에 비하여 더욱 구체화된 表現이다. 地形속
의 人形도 天圓地方形을 닮아 頭圓足方, 五性旁通으로 명시되었고 動
物을 陰陽偏氣中의 正한 것, 橫生尾上으로 或通一路하는 것으로, 그
리고 植物을 陰陽偏氣中의 偏한 것, 逆生向下하고 全塞不通하는 것으
로 표시한 것은 陰陽分析의 進一步된 部分이라고 하겠다. 存養省察의
敬은 秋巒에게 이어지고 있다.

여기서 강조하고자 하는 것은 退高論辨의 始發點이 된「發」의 發說
에 관한 問題이다. 舊圖가 新圖로 改作되었으니 舊圖를 가지고 始論
되었을 것이지만 그러나 舊圖가 版本에 따라서 다른 까닭에 어느 것
이 기본이었던가의 의문을 일으킨다. 論者는 여기서 秋巒의 原圖를 기
본으로 보아야 함을 주장한다. 天命圖解本의 原圖인 天命圖는 秋巒의
직접 著作인데 비해서 他圖는 重刊 또는 間接的인 作圖라는 것이 첫
째 이유며, 退溪가 自述한 子上午下로 午上子下를 고쳤다는 점을 勘
案하면 原圖外에 다른 모든 舊圖는 고치기 이전의 午上子下가 아니라
改作이후의 子上午下로 그려져 있다는 데는 納得이 안가는 것이 둘째
이유이다. 이렇게 되면 不得已 原圖를 기본으로 볼 수 밖에 없으며 이
경우에 原圖上에는「發」이 나타나 있지 않다는 새로운 問題에 부딪치
게 된다. 따라서 至今까지 問題삼아 왔던「發」의 發說은 이 原圖에 따
르면 秋巒이 아니었다는 結論을 얻게 된다. 設令 그가「發」의 發說을
나중에 하게 되었다고 하더라도 原圖에 없었음에 비추어 그 觸發動機
가 주어진 契機를 想定해볼 만한 것이라고 믿어진다.

天誠과 性善이 同根이라는 見解는 天命觀의 主流를 형성하고 있으
나 同根이 枝葉으로 피어날 때의 條理를 세우는 일은 哲學의 論理體

系化라고 생각된다. 性善의 天誠을 現實化하는 데는 그 萌芽點이 논
의되어야 하겠고 그 萌芽點에 「發」字를 놓는 일은 論議過程에서 發說
된 것으로 추측이 가능하다. 그러나 原圖를 보아 당초의 秋巒의 提唱
이 아니었음은 확실하다.

위와 같은 最初의 秋巒天命圖에 가해진 최초의 것이 바로 圖解本의
退溪證正圖이다. 여기서 가장 두드러지게 그리고 분명히 改作된 것이
子下午上으로부터 子上午下로 바뀐 부분이다. 他舊圖는 모두 退溪의
改作後인 子上午下로 되어 있음이 최초의 것이 아니라는 證據이다. 또
하나는 四端七情의 理氣分屬과 「發」이 없었던 것이 證正圖에는 四七
圈의 設定과 함께 分屬發說이 나타나고 있다는 점이다. 退溪에 의하
면 秋巒의 作圖에 「發於理 發於氣」가 있었다[53]고 하니 아마도 原圖
이후 退溪와의 論談過程에서 修訂이 스스로도 가해져 갔다고 할 때,
있을 수 있음직한 일이며 이 「發於理 發於氣」에 대하여 「四端理之發
七情氣之發」로 改作된 것으로 보아진다. 즉 原圖에서 舊圖로, 舊圖에
서 新圖로의 進行輪廓이 드러나게 된다. 여기 原圖에서 舊圖로 달라
진 내용과 舊圖에서 新圖로 고쳐진 뜻의 파악은 天命을 이해해가는데
중요한 의미를 지닌다.

ⓐ 原圖에서 舊圖로 變貌된 뜻

첫째로 心圈의 單層圈이 二層圈으로, 둘째로는 氣와 質 및 理氣의
分屬, 세째로 「發」論의 등장이다.

ⓐ 心層의 二層化의 意味

心의 動靜을 구분해서 그린 것으로 보이며 靜時의 性이 動時에 分
岐되는 善惡을 밝힌 것이다. 幾善惡을 設定하여 仁義禮智의 四德을 惻
隱·羞惡·辭讓·是非의 四端으로 善幾로 구체화했고 四端滅息·七情
乖戾의 惡機로 구체화한 점이 그것이다.

ⓑ 氣와 質 및 理氣의 分屬의 뜻

여기서 注意해야 할 것은 分屬시키는 이유이다. 나누기 위한 分屬
이 아니라 하나를 위한 나뉨이다. 즉 心의 하나임을 갈라서 둘로 설
명하는 것이니 이것은 善의 방향을 天命과 이어서 이해하려는 발로라
고 하겠다.

ⓒ 「發」論의 登場이 뜻하는 것

---

53) 往年鄭生之作圖也 有四端發於理七情發於氣之說 退溪答高峰四端七情分理氣辨

發이 中과 和, 動과 靜이 만나는 자리[54]라고 한다면 天之道로서의 誠者인 人性의 善根이 現實化되는 契機點으로 지적한 것이라고 하겠다. 原圖에 없었던 「發」이 논의된 까닭도 善根의 理論化에 고심한 結果가 아닌가 생각된다. 事實上 「發」은 이미 善惡이 결정된 자리인가? 「發」에서 善惡이 選擇되는 곳인가? 하는 것은 理氣性情의 混融無分한 데서는 많은 문제를 안게 된다. 이 原圖와 舊圖가 같은 秋巒의 作이면서 다른 양상을 보이는 속에서, 退溪의 말대로 子下午上을 子上午下로 고친 점을 볼 때는 原圖가 옳고 「發於理 發於氣」의 기록이 없는 것으로 보면 退溪全書本舊圖가 옳은 것이 된다. 어느 쪽도 兩面을 아울러 가지고 있으니 意連으로 고찰할 수 밖에 없다.

ⓑ 舊圖에서 新圖로 고쳐진 뜻

가장 뚜렷한 것이 「發於理 發於氣」의 部分이 「理之發 氣之發」로 바뀐 것이다. 표현이 달라진 것 뿐만 아니라 그림도 二重圖에서 單圓으로 고쳐지고 있다. 表現에서는 於와 之인 바, 退溪는 고친 意圖가 理氣 二元의 지나친 分析의 弊를 염려한 때문이라고 할 때 之는 於보다는 二分弊를 緩和시킬 수 있다고 생각하였고 그것은 四端七情의 二重圓을 單圓化한 것으로도 알 수 있는 일이다. 그 다음 天命을 理氣妙凝圈에 圓으로 포위시킨 것은 天命自體는 理氣에 섞일 수 없는 神聖不可侵을 뜻한 것으로 보인다.

여기서 「理發 氣發」이 師友間에 그 不當性이 지적되어 退溪는 스스로 고쳐서 高峰의 의견을 물어온 것이 바로

「四端之發 純理故無不善

　七情之發 兼氣故有善惡」

이요, 己未(1559) 正月初五日로 되어 있다.[55] 이것은 분명히 退溪의 改意임을 奇明彦에 주는 書簡에서 확인할 수 있는 바, 어찌하여 天命圖說本舊圖에 秋巒의 天命圖로 新圖와 比較幷輯되어 있는지 의문이 생긴다.

ⓒ 天命圖說本의 舊圖와 新圖

新圖의 「理之發 氣之發」은 己未年 59세 되던 10월에 改訂한 말이며, 「四端之發純理故無不善 七情氣之發兼氣故有善惡」은 秋巒의 말이

---

54) 拙著 「發의 意味」 「退溪의 生涯와 思想」 p108 博英文庫
55) 「高峰先生往復書」一 明彦拜問奇正字宅 退溪先生文集 卷16 與奇明彦

아니라[56]는 표현이 위에서 본 바와 같이 己未年 正月이니 退溪自身의
改新해가는 過程으로 볼지언정 秋巒의 舊圖의 主張이라고 보기는 어
렵다. 따라서 天命圖說本의 舊圖는 구명되어야 할 문제로 남는다. 實
紀本의 新圖는 證正圖와 新圖로 다시 구분하고 있다.

ⓓ 實紀本의 新圖의 特色

지금까지의 新圖는 實紀本에서는 退溪證正圖로 다루어 大同小異하
나 또 하나의 天命新圖에서 「發」說을 삭제해버리고 있다. 故意로 없
앤 것인지 편집인쇄과정에서의 잘못인지 不分明하기는 하나 圖의 3종
이 있다는 後孫 永聖의 家狀의 말대로 初圖·中圖·完圖로 수록되어
있는 것이 特徵이다. 意圖的으로 發說이 수정되었다면 論爭의 始端이
된 「發」을 없앴다는 것은 爭論을 파하는 뜻이 있는지도 모른다. 그러
나 秋巒이 서거한 1561년 이후에도 退·高의 論辨이 계속되었다고 할
때 이 想定은 不合理한 것에 지나지 않는다. 그러므로 實紀本은 보다
정확한 考證이 수반되어야 할 것이다.

ⓔ 聖學十圖에의 連繫

天命圖에 반영되지는 않았으나 退高論辨過程에서 退溪는 「四端理發
而氣隨之 七情氣發而理乘之」의 주장으로 정착이 되었다.[57] 역시 이것
은 天命圖에서의 理氣性情에 관한 문제이니 圖에 代入한다면 「四端理
之發 七情氣之發」부분에 대치되어야 할 것이다. 또 이것이 聖學十圖
第六心統性情圖로 이어진다. 68세때의 宣祖께 올리는 聖學十圖는 退
高論辨의 결과이고 보면 完成品이라고 할 것이다. 中圖에서는 性圈과
四端七情圈이 天命으로 導出되었고 下圖에서는 理發氣發을 엄하게 구
별하여 天命에 입각한 性情의 統을 意識하여 作圖하고 있다. 그러나
中下圖의 性圈에서는 天命圖說의 子上午下로 改位한 것과 같이 仁義
禮智를 賓主의 位置變更으로 시정하여[58] 비로소 완성하였다. 이렇게
보면 陽村으로부터 始發된 天命人性善惡의 理論展開는 退溪의 心統性
情圖에 이르러서 단락지워진 것으로 이해된다.

---

56) 退溪之天命新圖與理氣說(退溪學報 29 輯 p17)
57) 「退溪全書」卷16 論四端七情 第 2 書
58) 「退溪全書」卷 30 p709 與金而精

結 論

믿는 일과 인식하는 일은 信仰과 哲學의 個性이다. 天命은 인식하는 것인가? 믿는 부분인가? 天命圖說은 이 兩面을 理論化하려는 特殊性을 지닌다. 五十而知天命이라[59]고 했으니 孔子의 天認識의 표현이며, 罪를 하늘에 얻으면 기도드릴 바가 없다[60]고 하였으니 孔子의 信心의 言表라고 하겠다. 窮理盡性하야 以至於命이라고 하였으니[61] 孔子의 方法論이 아닌가 생각된다. 窮理는 知에 속하는 일이고 盡性은 信에 속하는 것이라고 믿어지니 孔子의 哲學的 信仰으로 보인다.

「天命圖說」은 天命과 人性의 關係體系라고 할 수 있다. 陽村·秋巒·河西·退溪는 이 體系를 정립해간 분들이다. 理氣四七의 認識과 存養省察의 主敬은 그들의 한결같이 窮理盡性해가는 의미로 集約된다. 陽村에서 理之源, 氣之源, 仁義禮智, 喜怒哀懼愛惡欲으로 分析이 시작되고 存養과 省察의 敬이 중시되어 간다. 秋巒은 四端七情의 發의 문제를 새로 제기한다. 人間은 善과 惡의 두 길을 갈 수 있으나 惡을 버리고 善을 택해야 하는 擇善固執하는 姿勢가 필요하다. 여기 中庸思想이 一貫되어 흐르고 있음을 본다. 河西의 天命圖에는 이 中이 더욱 중시되고 있음이 발견된다. 秋巒과 退溪의 發問題는 天命의 命理와 人性의 性情에서 守善하는 의미를 가진다. 善의 根源을 人性의 仁義禮智와 天誠의 元亨利貞에서 찾으려고 함은 이들의 공통된 입장이다. 이 守善을 강조하면서 그 純粹性을 높이고 純善의 理를 主體的으로 파악하려 한 退溪에서는 心統性情圖로 構成이 된다. 비록 宣祖에게 올리는 聖學十圖의 一圖로 나타났지만 根源은 天命에 統御를 저버리지 않는 心統에 있은 것이요, 따라서 그의 天命新圖에서 四七關係는 그대로 心統性情의 中·下圖에 반영된다. 中圖의 上部는 性情이 하나임을 그리고 下部는 四端과 七情이 하나임을 말하며 下圖에서는 知覺이 性의 一本에서 氣中의 二名으로 發動된다고 함이 上部요, 下部는 四端은 理發而氣隨之, 七情은 氣發而理乘之로 정착되고 있음을 보아서 天命新圖와의 연결이 自明하다. 더욱 분명한 것은 天命新圖에서의 仁義

---

59) 論語 爲正 4章
60) 獲罪於天無所禱也(論語 八佾)
61) 周易 說卦 1章

禮智를 따라서 虛靈知覺과 아울러 그 位置를 改作한 것을 보아 알 수
있다. [62]

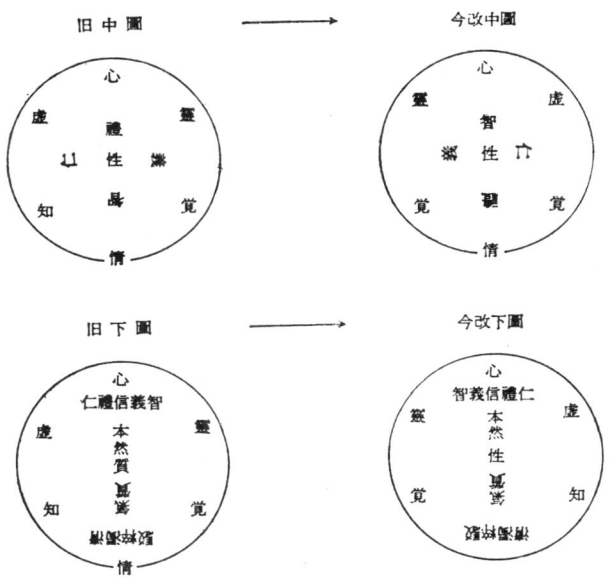

이는 1569년(己巳)의 일이고 다음 해(庚午)에는 奇高峰에게 답하는
글에는 別紙로 理到說이 주장된 것으로 보아서 陽村으로부터 始源을
發한 天命에 관한 圖說이 理到說로 大團圓의 幕이 내려진 感을 준다.
다만 河西는 人性을 中으로 圖式함으로써 學의 경향을 특이하게 보여
주었음이 特記할 만한 일이다.

62)「退溪全書」卷 30 與金而精 別紙

河西 金麟厚의 天命圖에 관하여
——秋巒 天命圖와의 比較를 中心으로——

1

儒家思想에 있어서 天·命·性·理·心·意·情·善·惡·存養·
省察·敬 등은 그 이론을 체계화하는데 매우 중요한 것들이다. 孟
子는 性을 알면 天을 알 수가 있다[1]고 하였고, 孔子는 50에 가서
天命을 알았다[2]고 하였다. 子思는 하늘이 명한 것을 性이라[3]고 하였
으며 性은 理라[4]고 程子는 말하였다. 邵康節은 心이 太極이라[5]고 하
였으며 孟子는 孔子의 말을 인용하면서 그 心은 항상 流動的임을 경
고하고 있다.[6] 心의 機能이 意識作用이라고 할 때 意는 心의 發하는
바[7]라는 朱子의 견해는 穩當하다고 생각된다. 心이 停滯가 없다고 하
더라도 一定不變함이 그 속에 있음을 看過할 수는 없다. 孟子의 恒心[8]
이나 不動心[9]과 같은 것은 心이 움직이는 속에서도 움직이지 않는 것
이 있음을 말한 것이며, 사람은 이 恒이 있어야 함을 孔子는 중시하
고[10] 있다. 心은 一身의 主宰가 되어야 할 것이다.[11] 즉 心이 性情을
統制하는데 主宰의 機能이 발견되며 그러한 意味에서 心統性情[12]의
心은 恒心이요 不動心으로 이해된다.

행위의 善惡分岐는 어디서 이루어지며 또 어떻게 해서 善이 지켜질
수 있는가 하는 論理定立은 麗末以後의 儒學者들에게 특히 관심의 한

1) 知其性則知天矣(孟子 盡心上)
2) 五十而知天命(論語 爲政)
3) 天命之謂性(中庸 首章)
4) 性即是理 自堯舜至於塗人一也(二程遺書 卷18)
5) 心爲太極(觀物外篇上)
6) 孔子曰 操則存 舍則亡 出入無常 莫知其鄉 惟心之謂與(孟子 告子上)
7) 心者 身之所主也 誠實也 意者 心之所發也(大學章句 首章 朱子註)
8) 無恒產而有恒心者 惟士爲能(梁惠王上)
9) 我四十不動心(公孫丑上)
10) 人而無恒 不可以作巫醫(論語 子路)
11) 蓋心者 一身之主宰(李退溪 聖學十圖 第8 心學圖說)
12) 性理大全 卷33 性理五 張子 心統性情

Ⓐ 陽村의 天人心性合一之圖(入學圖說所載)

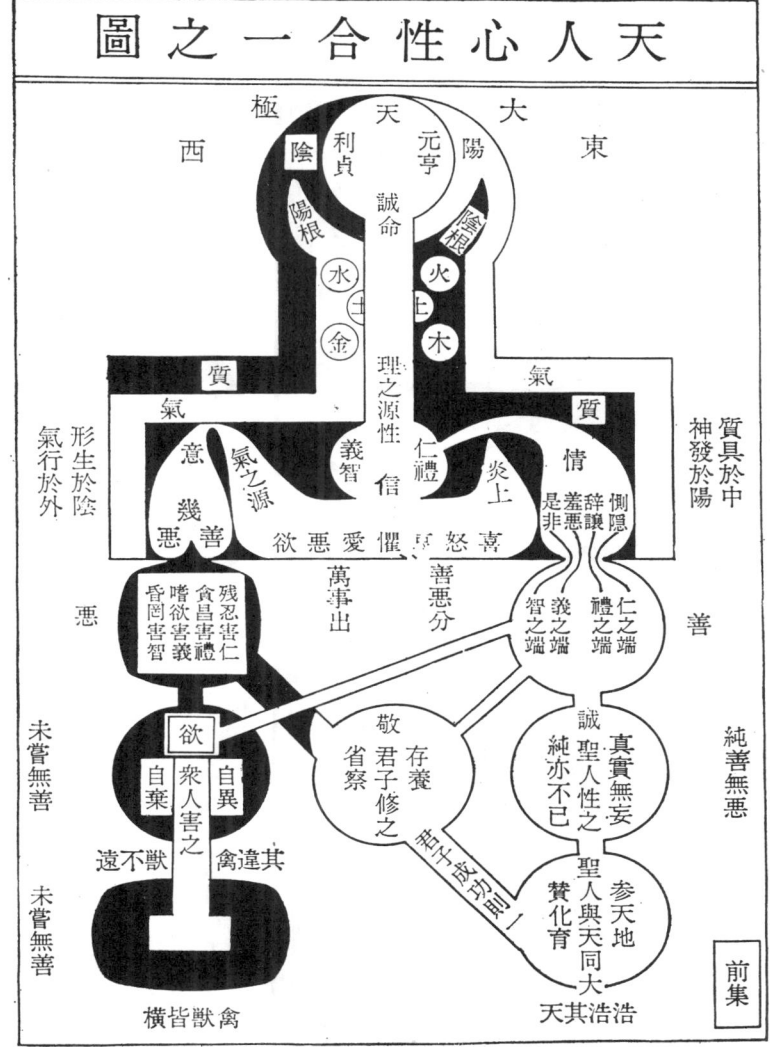

Ⓑ 秋巒의 天命舊圖(退溪全書所載)

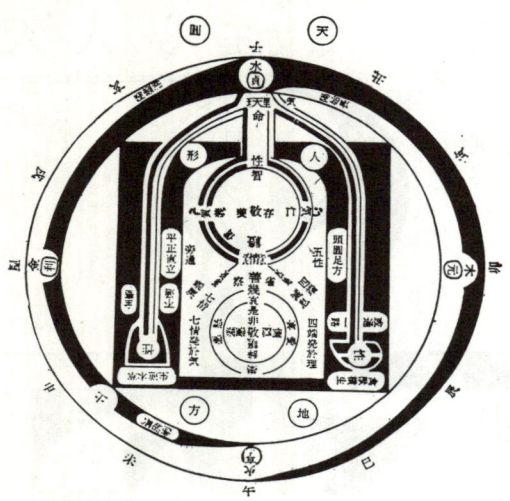

Ⓒ 退溪에 의해서 手訂된 天命新圖(退溪全書所載)

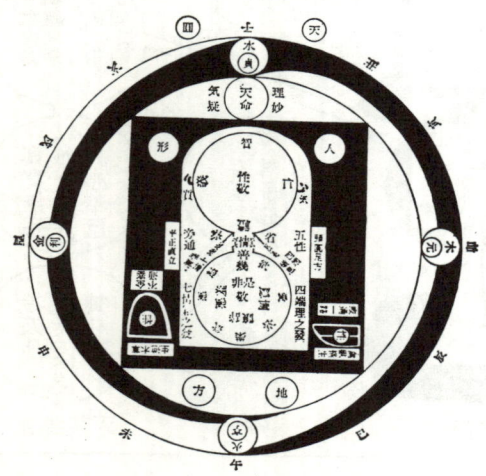

Ⓓ 高峰의 天命圖(高峰集所載)

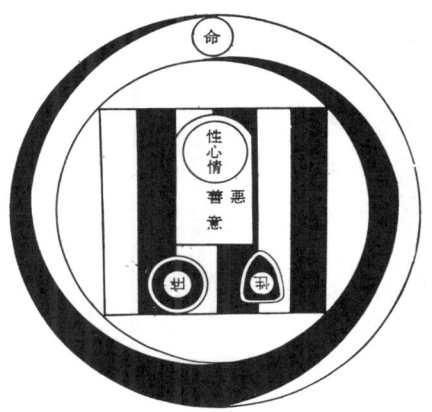

Ⓔ 退溪의 心統性情圖(退溪聖學十圖)

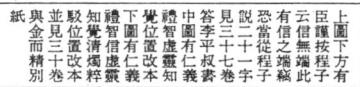

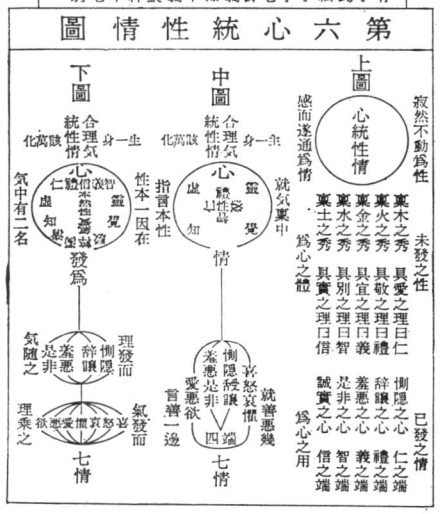

Ⓕ 天命圖說本所載의 天命舊圖

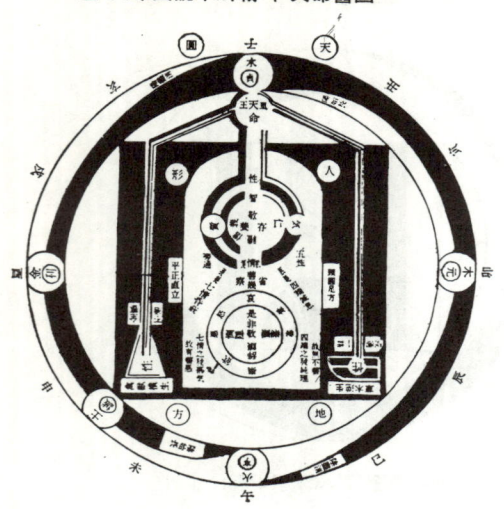

焦點이었다. 이것을 天命이나 人性關係로 圖式化하여 論理展開를 시
도한 것이 天命圖說이다. 天命圖解는 天命圖說의 前身이며 秋巒(鄭之
雲 1509~1561)의 天命原圖는 여기서 확인되며 河西의 天命圖도 또한
그가운데서 발견된다. [13] 權近(陽村 1352~1409)의 天人心性合一之圖에
서 그 始源을 열었고 鄭秋巒之雲이 天命圖를 그렸으며 이것을 土臺로
해서 退溪(1501~1570)의 天命舊圖와 天命新圖가 産出되었다. 특히 溪
와 高峰(1527~1572)과의 四端七情에 관한 論辨은 두드러진 學術討論
이기도 하였다. 그 과정에서 高峰의 天命圖를 보게 되었고 마침내 退
溪의 「聖學十圖」에 수록된 第六圖 心統性情圖로 일단락이 된다. 陽村
이후의 天命에 관한 圖式을 참고로 열거한다. (圖 ⒶⒷⒸⒹⒺ)

　위의 天命舊圖는 天命圖說本所載의 天命舊圖와 동일하지 않은 점이
발견된다.

　Ⓑ舊圖에서 「四端發於理 七情發於氣」의 部分이 Ⓕ舊圖에서는 「四端
之發純理故無不善 七情之發兼氣故有善惡」으로 달리 표현되어 있으나
이는 Ⓑ舊圖가 옳음은 友枝龍太郎박사의 주장과 같다. [13] 그러나 Ⓑ舊

---

13) 鄭瑽教授停年退職紀念論文集(拙稿 天命圖解考)

G 秋巒의 天命原圖

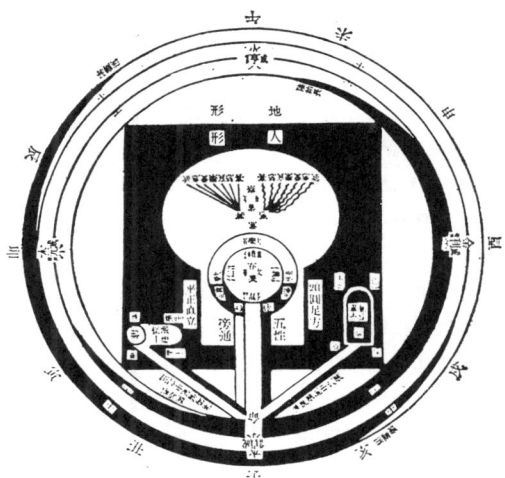

H 河西의 天命圖

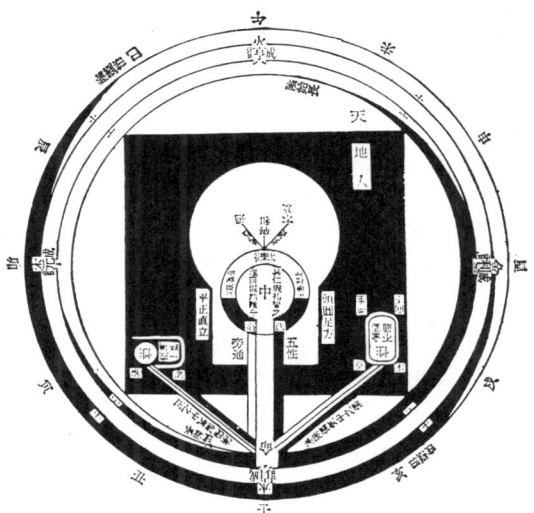

圖도 秋巒自身의 作이 아니므로 原作을 추적끝에 天命圖解本을 발견하기에 이르렀고, 아울러 그 圖解本中에서 河西天命圖가 있음을 알게 되었다. 天命圖解本所載의 秋巒天命圖는 그의 창작이며[14] 此本의 刊行이 萬曆 6년(1578)으로서 最古의 것으로 추정되는 만큼 秋巒의 天命原圖로 이해된다. 天命原圖인 天命解本의 秋巒天命圖와 河西의 天命圖는 다음과 같다. (圖 Ⓖ Ⓗ)

河西의 天命圖는 天命圖解本中 秋巒의 天命圖說 末尾에 다음과 같은 跋文과 아울러 게재되어 있고 다음에 退溪의 證正圖와 圖說이 실려 있다.

「維天之命於穆不已 生生之理未嘗間斷 所乘之機曰陰與陽 一動一靜 互爲其根 萬物並育相爲流通 但梏於形氣之私 不能知之 惟天下聰明睿智 至誠無息能盡其性者 及能有以察其幾焉是圖之作 豈尋常窺測者所可擬爲 餘有志於學而未就者也 披覽是圖不能無戚戚焉 鄭君靜而朝夕還京而千里相思無以爲言 姑以是題其圖後而眎之 嘉靖己酉秋八月河西 金厚之書

河西金先生亦嘗手考鄭先生之圖 有所自得於其間故別爲一圖又欲作書以解而天不假年書未及就惜哉其圖則幷刊于後以備學者之覽焉」

秋巒의 原圖와 舊圖사이에는 상당한 차이가 있으나 이 論考에서는 河西의 天命圖를 주로해서 秋巒의 原圖와 비교하는데 그치기로 한다.

─────────────────────────────

②

─────────────────────────────

河西의 天命觀은 그의 天命圖를 분석고찰함으로써 이해된다. 우선 Ⓗ圖의 構造를 大分하면 天地人 三才로 다음과 같이 구성됨을 발견하게 된다.

여기서 가장 주의하게 되는 것은 天地人이 하나의 命으로 連結表示된 점이다. 다시 天과 地와 人을 각각 圖示에 따라서 분리하여 살펴보면 다음과 같다.

---

14) 「四端之發純理云云은 退溪가 己未年正月 59歲에 改訂한 일이지 癸酉年 53歲때 改訂한 말이라고 할 수 없으니 마땅히 退溪命全書本이 옳다.」(友枝龍太郎 退溪學報 第29輯)

15) 余因子思子天命之言 創爲命圖云云(天命圖解 秋巒序)

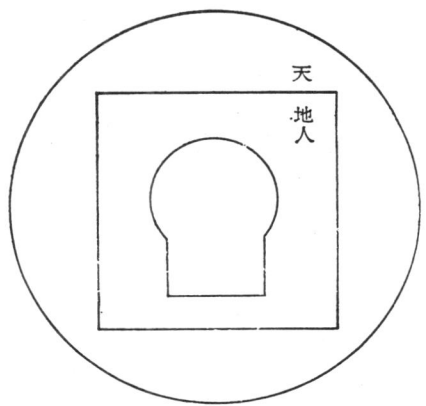

天圓地方이라는[16] 天地形態를 따라서 天은 圓形으로 圖示되어 있다. 天의 說明은 陰陽, 五行, 四德, 誠에 의하고 있다. 圖示된 天圓을 外廓으로부터 第一圓, 第二圓, 第三圓으로 가정한다면, 第一圓은 十

ⓐ 天形部分

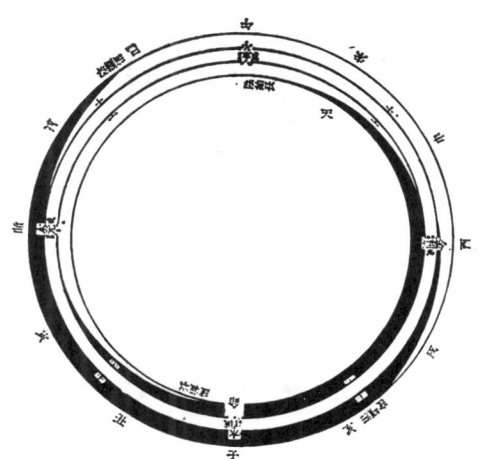

―――――――――
16) 天圓地方 道在中央(准南子 天文訓)

二支를 표시하여 時間의 循環無端함을 나타내어 陰陽五行의 盡消를 그렸고, 第二圓에서는 元亨利貞[17]과 誠의 一貫性을 표현했으며, 第三圓에서는 陰과 陽의 始長을 보여주고 있다. 天圓形態는 一見 三重圈으로 그린 것 같으나 事實은 第一圓이나 第三圓사이에 元亨利貞의 四德과 天道로서의 誠者의 統貫面을 삽입한 것이 第二圓처럼 보이는 것뿐이다. 水와 貞과 誠을 한 자리에 (言$\underset{貞}{\overset{水}{\diagup\diagdown}}$成)으로, 木과 元과 誠을 (言$\underset{元}{\overset{木}{\diagup\diagdown}}$成)으로, 火와 亨과 誠을 한 자리에 (言$\underset{亨}{\overset{火}{\diagup\diagdown}}$成)으로 金과 利와 誠을 (言$\underset{利}{\overset{金}{\diagup\diagdown}}$成)으로 표시한 것은 五行의 現象이나 四德 및 誠의 理가 분리될 수 없는 一體性 때문이다. 誠字가 言字와 成字로 兩分해서 쓰여진 것도 三者의 各字를 합성하는 便宜때문이다. 萬物은 命에 의하여 子時에 貞의 理致로서 水의 質로 發動되며 이 發動은 곧 하늘의 道인 誠이므로[18] 誠의 쉬임없는 永遠性 속에 담겨져서 시발되고 있음을 나타내고 있다. 즉 天命에 의해서 陽이 子時에 誠貞따라 水로 움트는 모습을 天圓下端에서 볼 수 있다.

　다음 地形의 圖示를 보자. 天命圖에서 地形만을 뽑아보면 아래와 같다.

　　ⓑ 地形部分

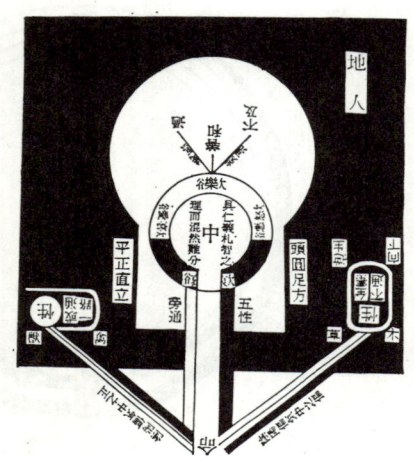

---

17) 乾元亨利貞(易 乾)
18) 誠者 天之道也(中庸章句 20章)

方形인 地上에는 人間·動物·植物이 살고 있는 것으로 분류된다. 모두 天命에 따라서 태어났으므로 天圓下端의 命으로부터 地의 方形(陰, 黑色) 중, 人間·禽獸·草木의 三方向으로 이어지고 있다. 草木은 逆生해서 뿌리는 땅속으로 向下하고 禽獸는 橫生하여 꼬리가 위로 향하는 모습이다. 人間은 天圓地方을 닮아서 頭部는 하늘처럼 둥글고 발은 땅처럼 方形으로서 頭圓足方이며 禽獸가 橫으로 기거나 草木이 逆生하는 것과는 달리 平正直立의 姿勢로 구별한다. 性에 있어서 陰陽偏氣中의 偏으로 태어나는 草木은 全塞不通이며 陰陽偏氣中의 正으로 태어나는 禽獸는 或通一路라는 것이다.

人形을 그의 天命圖에서 분리해보면 다음과 같다.

人性을 五性旁通으로 나타냈음은 禽獸草木의 橫逆과 區別되는 점이다. 心字를 二分하여 㣺과 㣺사이에 人間의 性情을 內外二圓으로 圖

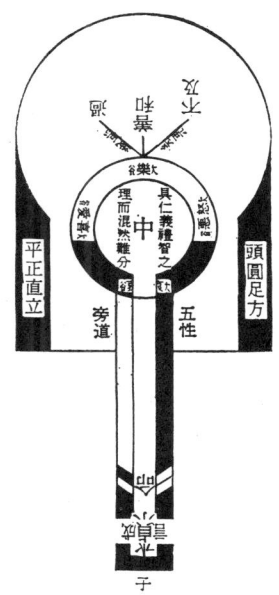

式하였다. 內圓은 中을 中心하여 仁義禮智의 理致가 一體로 되어 있음과 外圓에서는 七情을 담고 있는 重圓으로 그려져 있다. 欲字는 二分해서 谷과 欠사이에, 喜愛를 元木方에, 樂을 火亨方에, 怒惡을 金利方에, 哀를 水貞方으로 配位함은 天人一統에서의 考慮로 짐작된다.

人間에 있어서는 무엇보다도 마음이 가장 중요한 것이므로 孔子는 執中의 마음을[19] 강조한 바 있고 孟子는 사람이 惻隱을 느끼는 同質性을 갖고 있다[20]는 점을 지적하면서 本性의 善함을 주장하기도[21]하였다.

河西는 人間의 性의 核을 中으로 파악하고 있다. 이 中이란 仁義禮智의 理를 갖추고 있어서, 이 네가지가 混然히 한 몸이 되어 있으므로 서로 분리하기가 어렵다는 것이다. 이 마음은 天命으로 陰陽界를 벗어날 수 없기 때문에 그림에서 보이는 바와 같이 命과 中이 하나로 이어져 있음을 보여주고 있다. 여기 中字의 座標는 陽村의 天人心性合一之圖(Ａ圖前揭)中 理之源下의 性에 對等하고 天人心性分釋之圖중 心字의 다음과 같은 分釋圖를 연상케 한다.

즉 河西의 天命圖中, 心部(下圖)를 살펴보면 心字의 第三劃 部分에 中字가 자리하고 있음을 확인할 수 있다. 陽村에 있어서는 心字의 第三劃部分에 性字를 按排하고 있음을 비교하게 된다.

---

19) 人心惟危道心惟微 惟精惟一 允執厥中(書 大禹謨)
20) 人皆有不忍人之心(公孫丑上)

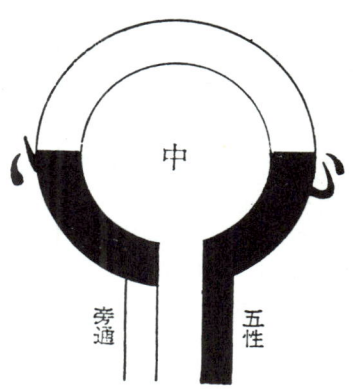

中을 둘러 싼 圖는 上半部는 白色 즉 陽이요, 下半部는 黑色 즉 陰
에 소속시키고 있는 것 역시 陰陽을 떠나서 心이나 中이 존립할 수
없다는 뜻으로 받아들여진다. 陰部分에는 喜哀惡이 陽部分에는 愛樂
怒의 六情이 欲情을 바탕으로 각각 자리하고 있다. 그러나 中이 陰陽
圈內에 있으면서도 독립하여 한복판에 있음은 분리시킬 수 없는 반면
에 섞일 수도 없다는 天命의 神聖性을 의미하는 것으로 간주된다.
　　다음에 주목되는 것은 善惡에 관한 圖示이다. 人性에 관해서 中으

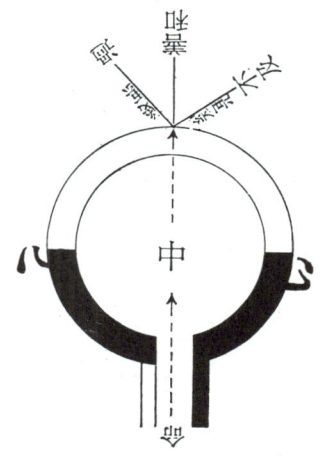

로 생각하는 河西는 性善이 和로 表現됨은 당연하다고 하겠다. 善과
惡이 幾에서 分岐되어[21] 直遂한 것은 善和가 되고 過와 不及은 惡으로
떨어진다는 것이다. 幾惡은 過不及을 結果하므로 幾字와 惡字는 兩路
로 갈라져서 윳-와 戔, 罡와 곺의 兩邊으로 下圖와 같이 도시되었다.

　더욱 주목을 끄는 것은 命으로부터 곧 바로 中으로 이어지고 그
「中」에서 또 곧게 이어진 것이 「善和」라는 견해는 흡사 栗谷의 至善
觀과 일치[22]하는 것 같을 뿐만 아니라 栗谷의 다음과 같은 心性情圖
를 연상시킨다. 栗谷은 圖에 中字를 사용하지 않았으나 性情直出을
善으로 보고 橫出을 惡으로 處理하는 것은 河西의 善和와 過不及의
幾惡과 동일하다고 생각된다.

　이상에서 河西의 天命圖內容을 天地人三圈으로 분석고찰해보았거니
와, 만일에 河西天命圖의 著作이 그의 添加跋文을 쓴 年代(1543)와 같
다면 이는 秋巒의 天命原圖보다 6년후(1549)의 일이요 退溪가 證正한
天命新圖(1533)보다는 4년이 앞서는 것이 된다.

栗谷의 心性情圖(栗谷全書 卷9 答成浩原 壬申)

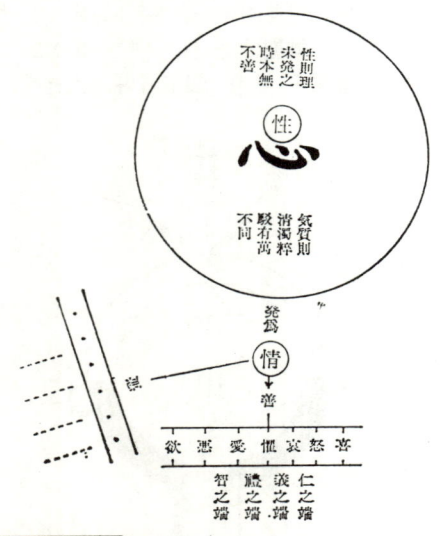

---

21) 幾善惡(周濂溪 通書 誠下 第2)
22) 至善即吾心與事物上本然之中…中和是至善之體用也(栗谷全書 卷9 答成浩原 丁卯)

③

河西의 天命圖(前揭Ⅲ圖)와 秋巒의 天命原圖(前揭G圖)를 비교하면 다음과 같은 同異點이 발견된다.

項目 圖別	G 圖 (秋 巒)	Ⅲ 圖 (河 西)
① 全　　圖	天形・地形・人形	天・地・人
② 天　　圈	十二支	同
	陰陽을 黑白으로 표시	同
	五行	同
	四德・誠	同
③ 地　　圈		
（人） 性	五常・存養・敬	中・具仁義禮智之理而混然難分
情	心을 底面으로 하여 七情을	
	陰陽으로 區別함	同
善　惡	意──善・七情 　　省察・敬 ──惡 七情	幾──善和 ──惡──過 　　　　└不足
（物）		
動　物	禽獸橫生 或通一路	同上
植　物	草木逆生 全塞不通	同上

〈같은 점〉

㉠ 全圖의 構造

㉡ 天圈의 十二支・陰陽・四德・五行・誠

㉢ 情圈의 心을 底面으로 하여 喜怒哀樂愛惡欲의 七情을 陰陽으로 표시한 것

㉣ 動物과 植物의 性

〈다른 점〉

㉠ 全圖에서 天形・地形・人形이 河西圖에서는 天・地・人으로 바뀌었다. 形字를 제외한 것은 文字에 執着될 염려를 피하고자 한 듯하다.

㉡ 人의 性圈에서는 中을 명기하고 있다. 仁義禮智의 理가 混然難分임이 강조된 모습이다. 秋巒의 性圈에서 人性의 仁義禮智의 分

屬固定은 天形・地形・人形에서 形字를 제외함과 마찬가지로 一
體性에 유해한 것으로 본 듯하다.

ⓒ 善惡에 관해서 分岐點을 意로 생각하는 秋巒에 비해서 河西는
幾字를 사용하고 있다. 意가 人間의 의식을 뜻한다면 幾字는 天道
의 分岐點[23]을 의미한다고 생각된다. 圖를 보더라도 命에서 性情
圖를 지나 일단 意로 文字化하여 善惡七情으로 나누는 秋巒에 비
해서 河西는 命과 性中이 이어진 上端을 善惡分岐點으로 직결시키
고 있는 것이 현저하게 다르다. 命에서 善까지 똑 바로 틈없이 이
어진 것은 天命의 善이 순수하게 人間에게서 실현되는 근거에 대한
明示로 이해된다.

이상에서 간략하게 비교해보았거니와 차이의 요점은 性을 中으로
보는 것과 理로 파악하는 見解差에 있다. 韓國의 儒學이 朱子學의 뿌
리가 깊은데 비해서 陸王學은 오래동안 異端視되어 왔음에 비추어서
性을 中으로 주장하는 河西의 理論은 이채롭다고 하겠다. 그렇다고
陸王學을 계승했다는 뜻은 아니다.

河西의 天命圖(1549)가 出現한지 4년후에 退溪의 手訂한 天命新圖
(1553)가 나왔다면 그로부터 또 6년 뒤인 退溪와 高峰의 四・七論辨
이 시작(1559)된 셈이다. 그 과정에서 高峰은 스스로의 天命圖(前揭ⓓ
圖)를 著作하기도 하였다.

河西와 秋巒과 高峰사이의 親分은 다음의 詩를 통해서 짐작하기에
충분하다. 河西는 秋巒의 學을 높여서 아래와 같이 읊은 바 있다.

寄賀鄭秋巒

「海內秋巒翁 獨觀造化妙

秀吾兄弟中 俯仰思惟肯」(貞肅公秋巒先生實紀)

秋巒이 돌아가니 高峰은 아래와 같이 슬퍼하였다.

「往歲哭河西 今歲哭秋巒

善人相繼行 道喪無時還

念我固陋姿 已矣何所扳

寂寞臥幽齋 流溪空潺湲」(高峰先生文集卷1)

河西와 秋巒을 여의고 學問과 進道에 孤獨해하는 高峰의 心情을 짐
작할 만하다.

---

23) 幾善惡(周濂溪 通書 誠下 第2)

高峰에게 준 河西의 詩
「相逢每未盡情談　別後悠悠目送南
且況月明需露夜　度更無寐思何堪」(高峰河書集卷7)
를 보면 高峰과 相逢時의 河西와의 한없는 論談을 추측하게 한다. 高
峰은 河西에 의해서 蔽惑을 물리쳤다고 스스로 고백한 것[24]을 볼 때
高峯의 학문에 끼친 영향을 짐작해보게 된다.

　高峯의 天命圖의 특징은 天人心性情을 理氣로 分屬시키지 않고 있
는데 있다. 陰陽으로 표시한 것 뿐이요 發의 發說도 없다. 이 天命圖
는 嘉靖辛酉(1591)의 作이니 河西의 逝去翌年의 일이다.

　高峰이 슬퍼했듯이 河西 서거 다음해에 秋巒이 世上을 떠났고 高峰
은 그후 11년을 더 長壽하였다. 筆者는 三者의 天命圖의 共通點을 발
견함에 놀라게 된다. 즉 天人心性情을 理氣로 分屬시키지 않았다는
점이 첫째요, 둘째는 7년간의 退溪와 高峰의 論辨主題가 되었던 「發」
의 發說이 없다는 점이다. 退溪의 天命舊圖에 「發」이 出現한 經緯는
보다 정확한 硏究가 있어야 하겠거니와 眞理가 現象으로 始動이 걸리
는 幾點을 표현하는 일은 論理展開에 體系上 필요한 事項이다. 子思
가 「發」字를 놓은 것이니[25] 朱子가 「發」字를 사용한[26] 의미도 여기 있
을 것이다.

　혼자 남은 高峰은 退溪와의 끈질긴 討論에 힘을 기울였다. 骨字는
「發의 主體가 무엇인가」하는 것이 첫째요 「善에 있어서 純粹善과 相
對善이 같은가, 다른가」가 둘째 문제였다. 論辨經過를 여기서 詳論할
必要가 없으므로 피하거니와 다만 退溪의 心統性情圖에서 韓國性理史
上 天命探究는 一段落지워지는 樣相을 보인다. 退溪는 끝내 「理發」로
純粹善을 死守하였다. 「理發而氣隨之 氣發而理乘之」(E圖)는 바로 그
것으로 이해된다. 退溪가 長逝하던 해(1570)에 高峰에게 格物致知와
無極而太極에 관한 答伸[27]을 주었고, 그로부터 2년후(1572)에 世上을
떠났다. 秋巒의 天命圖解著作(1543)으로 부터 高峰의 易簀(1572)까지
29년간은 天命探究의 흐름이었던 것으로 생각된다.

---

24) 將仰之如山斗 庶祛蔽惑 何意遽至此極耶 (高峯續集 卷2 答金河西護喪所書)
　　余之依病而歸也 庶幾依先生以 祛蔽惑 孰謂其遽至於此耶(同上 祭河西金先生文)
25) 喜怒哀樂之未發 謂之中 發而皆中節 謂之和云云(中庸 首章)
26) 意者 心之所發云云(註七)
27) 答奇明彦 別紙(退溪全書 卷18 大東文化研究院本 p464)

④

앞에서 河西의 天命圖의 史的 位置를 일별하였고 그 內容을 살폈으며 다음의 秋巒의 天命原圖와 비교해보았다.

河西의 天命圖는 그의 文集에도 보이지 않는다. 退溪와 高峯사이에서도 언급된 바 없다. 秋巒의 天命原圖도 그의 天命圖解本에서 처음 발견되었다. 河西의 天命觀을 端的으로 결론짓기에는 文獻의 빈곤을 느끼지만, 本圖를 河西作이라고 할 때 분명하게 인정되는 두가지 사실, 즉 人性을 中으로 이해하고 있다는 점이 그 첫째이다. 陽村의 心字의 分解圖를 비교해보았거니와 陽村의 「周易淺見錄」 上經에 따르면 「人道之變易者中也」[28]라고 한 바, 人道思想에서 中을 경시하고 있음을 발견할 때 河西와의 공통적으로 想定하게 된다.

둘째 問題는 「發」이 제시되지 않았고 子上午下로 되어있는 점이다. 이것은 秋巒과도 一致되는 바이지만 人性을 五常의 理로 파악하고 있는 점은 秋巒의 분명한 差異點이라고 하겠다. 兩者의 天命圖에서 同異點을 지적하였거니와 과연 河西가 가지는 天命과 人性의 이론이 退奇論辨의 참가여부와 또한 참여하였다면 어떠한 影響을 주었느냐 하는 새로운 문제가 남는다.

發의 主體를 밝히고 善을 지키는 일은 以小事大하는 畏天의 時代가 가고 以大事小하는 樂天의 地球家族을 형성해야 할 現代가 도래했다고 할 때, 그들의 天道와 人道를 밝히려는 天命探究는 오늘날 새로운 의미를 갖는다고 할 수 있으며, 더우기 河西理論의 史的·時代的 寄與는 깊이 연구되어야 할 問題로 남는다고 할 것이다.

---

28) 天道之變易者 誠也 人道之變易者 中也(權陽村 周易淺見錄 上經)

四七論辨의 顚末과 未解決問題

問題의 素地

새삼스럽게 退·高에 이르러서 問題삼은 것 뿐이지 그 問題性은 이미 그 이전부터 있었다고 본다.

易에 太極이 있다고 할 때 易은 變化하는 氣를 말한 것이요 太極은 불변의 理를 의미한다면 이 말은 變氣와 不變理의 공존을 뜻한다. 이것이 兩儀를 낳는다[1]고 할 때 이것이란 무엇을 가리킨 말인지 易인지 太極인지 분명치 않다. 生한다는 動詞의 主語는 是이지만 是가 代名詞인 한 本名詞가 무엇인가가 궁금해진다. 그래서 生하는 主體가 무엇인가 하는 문제가 나온다.

太極이 動해서 陽을 生한다.[2]고 할 때 太極이 理라면 形上의 理가 어떻게 動할 수 있느냐 하는 의심을 불러일으킨다. 이 太極은 無極而太極이라고 하는 전제를 놓고 하는 말이다. 孔子가 是生兩儀라고 한데 비해서 周濂溪는 太極動而生陽이라고 하여 易有太極中에서 太極을 主格으로 명시한 점이 구별된다. 즉 앞에서는 是가 문제였고 뒤에서는 理가 어떻게 動하느냐가 문제로 남는다.

朱子는 太極을 理로 파악한다[3] 陰 陽의 氣와 理는 결코 헤어질 수도 없고 합칠 수도 없는 關係[4]로 이해하여, 떼어서 보면 理와 氣는 둘이지만 합쳐서 보면 理氣는 하나[5]라고 한다. 이러한 理氣關係속에서 動靜問題를, 動靜은 바로 氣요 理는 動靜케 하는 理라고 생각하여 마침내 太極은 本然의 妙[6]라고 說한다. 그러면서 太極이 動靜을 머금고

---

1) 易有太極是生兩儀(易 繫辭上)
2) 無極而太極太極動而生陽云云(太極圖說)
3) 造化之樞紐品彙之根柢(太極圖解說)
   聖人謂之太極者所以指夫天地萬物之根也(朱子文集 45, 11)
4) 所謂理與氣此決是二物 但在物上着則渾淪 不可分開各在一處 然不害二物之各爲一物也 一雖氣方在氣中然氣自氣性自性亦自不相夾雜(朱子文集 46, 24)
5) 當雖合看(朱子語類 易繫上可學錄)
6) 太極者本然之妙也 動靜者所乘之機也(太極圖解說解)

있다함은 옳지만 太極에 動靜이 있다고 함은 옳지 못하다[7]고 하여
理와 氣의 현실적인 공존속에서도 理는 原理로서, 氣는 기능으로서
각각 明分해서 이해하고 있다. 理에 動靜이 있으므로 氣에 動靜이 있
는 것이요, 理의 이러한 원리가 없으면 氣가 어떻게 動靜할 수 있겠
느냐[8]라는 것이다. 有無는 形上形下의 問題요 動靜은 時空內의 形下
問題라고 할 때 有無와 動靜의 屬性을 분명히 하지 않는 한 혼동을
일으키게 되며 理動의 의심을 가져오게 될 것이다. 太極을 本然의 妙
라 하고 또 理有動靜이라고 하는 견해는 마침내 後人들로 하여금 朱
子의 태도가 理發에 있느냐 氣發에 있느냐의 판단에 動搖를 일으키게
하였다고 생각된다. 여기에 「發」의 문제될 수 있는 素地가 있었다.

退溪는 太極을 性情의 妙[9]라고 하였으며 朱子의 理有動靜이란 말에
는 자극이 매우 컸던 것으로 보인다.[10] 이때 退溪의 나이 54세였으
니 高峰에게 第1信을 보내기 6년전의 일이요, 天命圖를 수정해준
다음해의 일이다. 日記에 記錄할 정도로 느낌이 강했던 데다가 그 自
身도 말했듯이 後日에 語類에서 朱子의 理發氣發說[11]을 읽고나서 所
信이 더욱 굳어졌을 것으로 짐작된다.

圃隱의 言說이 모두 理致에 합당하다고 李穡으로부터 칭찬을 받은
이래로 東方性理學의 始祖라 일컬어지게 되었으나, 文獻未備로 그의
哲學을 밝히기에는 부족하고 다만 晦齋의 學問理解를 통해서 退溪의
學的 경향을 엿볼 수 있을 것이다. 退溪의 말에 의하면 「晦齋의 學問
은 그의 著書 大學章句補遺・續或問・求仁錄을 보아서 인정되는 精微
한 造詣와 獨得의 妙는 與曺忘機漢輔論太極書四五篇에 가장 잘 나타나
있다. 이 論文에 따르면 吾道의 근원을 밝혔고 異端邪說을 공격하고
精微를 꿰뚫었으며 形上形下에 투철하여 正學을 이루었고, 其義를 深
玩해서 모두 宋儒의 緒餘아님이 없는데다가 더우기 朱子에서 얻은 바
가 많다」[12]고 하였다. 晦菴의 晦를 갖다가 晦齋로 自號한 것만 보아

---

7) 謂太極含動靜則可 謂太極有動靜則不可 若謂太極便是動靜則是形而上下不可分 而易
   有太極之言亦贅(朱子文集 45, 12 答楊子直)
8) 理有動靜故氣有動靜 若理無動靜氣何自有動靜乎(朱子文集 56, 34 答鄭子上)
9) 隆問太極性情之妙何以言妙字先生曰妙是至深至妙難形難名底意 性亦有理情亦有理故
   曰太極性情之妙云云(退溪全書下 言行錄卷 2)
10) 理有動靜故氣有動靜(日記 甲寅生四月二四日字)
11) 四端是理之發 七情是氣之發(朱子語類 卷53)
12) 先生在謂成作大學章句補遺續或問求仁錄又修中庸九經衍義衍義未及成書而用力尤深

도 짐작이 가지만 退溪의 晦齋行狀에서 지적되는 두가지는 朱子의 영
향을 많이 받아 正學을 이루었다는 점 한가지와 그의 論文에서 獨創
의 견해를 발견한다는 두가지 점이다. 이 論文은 일찌기 忘齋(孫叔暾)
와 忘機堂(曺漢輔) 사이에 無極과 太極에 관한 論辨이었던 바 忘齋는
極을 中으로 解釋하고 忘機堂은 無極을 太虛라 하고「遊心於無極之
眞」이라 하여 마치 太極이나 無極을 心外의 別物같이 보았으며「主敬
存心而上達天理」라 함은 물론 옳은 말이지만「下學人事」의 四字가 빠
져 있음은 마치 下學工夫없이 대번에 上達만 하려는 佛敎의 頓悟와도
비슷한 잘못이라고 晦齋가 評[13]하고 있다. 여기서 極을 中으로, 太極
을 太虛로 心外別物처럼 받아들여서는 안된다는 주장에 그의 心得境
地를 인정한 것 같고 더우기 太極의 妙함이 有無에 속하지 않고 方體
에 떨어지지 않음을 밝게 見得케 한 것이 周濂溪의 無極而太極이라[14]
는 것과 太極이란 一理에 貫通되지 않음이 없다[15]라는 晦齋의 이해
는 退溪의 至大한 關心事였을 것으로 본다. 行狀을 지은 것이 53세
때였고 또한 같은해 10月에 天命圖에 添削한 것이「發」問題를 둘러
싼 論辨의 실마리가 되었다. 다음해 54세 때의 日記所錄의 理有動靜
感은 이미 理發主張을 굳혀주는 前奏이기도 한 인상을 주고 있다.

發의 問題

「發」이라는 用語는「中庸」에 보인다. 사람의 感性인 喜怒哀樂이 發
하기 이전을 中이라고 하고 發해서 모두 節度에 맞은 것을 和라고 하
여 發을 中과 和사이에 놓고 그 以前과 以後를 이어주고 있다. 動靜
으로 바꾸어 말하면 靜은 發以前의 中이 될 것이요 動은 發以後의 和
가 될 것이다. 이처럼 中과 和사이, 靜과 動사이를 發로 連接시켜 形
而上과 形而下, 本體와 現象, 此岸과 彼岸, 道와 器, 本末體用의 관
계를 이어주는 하나의 論理的인 표현으로 이해할 수 있을 것이다. 그

　　　此三者以見先生之學而其精說之見獨得之妙最在於與曺忘機漢輔論無極太極書四五篇也
　　　其書之言闡吾道之本原闢異端邪說貫精微徹上下粹然一出於正深玩其義莫非有宋諸儒之
　　　緖餘而其得於考亭者多也(退溪全書上 卷49 晦齋 行狀)
13) 退溪學研究 (退溪의 時代的 背景) p23
14) 晦齋全書 卷 5 雜著 書忘齋忘機堂無極太極說後 p67
15) 晦齋全書 卷 5 書 答忘機堂 第 1 書 p69

러나 여기서 두가지 경우를 주의하게 된다. 發이라고 할 때에 理와 氣사이에 적용되는 境遇가 둘째이다. 退溪와 高峰사이에 벌어진 論辨은 처음에 性과 情사이의 發이었다. 이것이 발전되어 나중에는 理와 氣사이의 發로 확대되었다. 理와 氣사이의 發의 主格은 創造源과 관련되는 것이요, 性과 情사이의 發의 主格은 人間의 主體와 관련되므로 問題가 심각해진다.

發을 나타난다는 뜻으로 생각할 때 무엇으로 나타나느냐를 밝혀야 할 것이며, 이때에 무엇이라는 무엇과 무엇으로라는 무엇과 사이에 同質이냐 異質이냐 또는 善惡은 어떻게 갈라지느냐 하는 問題에 부딪히게 된다. 發의 問題가 性과 情사이에 관계로 시작된 것 것이요, 人間의 心理的인 面을 고찰아니할 수 없으며 또 體系化과정에서는 두개의 主題가 설정될 수는 없는 일이다. 退奇兩人의 論辨은 마치 主體觀의 對決같기도 한 인상을 풍긴다.

理氣性情論에서 發을 문제삼을 때 理와 氣를 어떻게 이해하느냐에 따라서 달라지므로 그 해명이 선행되어야 할 줄 안다. 孟子에는 사람들의 마음가운데 있는 共通點이 理와 義라고 하여 人心의 普遍者로 지적했고, 周易에는 理致를 窮究하고 本性을 다해서 命에 이른다고 하여 理字가 보인다. 天이 萬物을 낳아주었고 따라서 物이 있으면 법칙이 있게 되며 一物이 있으면 반드시 一理가 있는 것으로 말한다. 여기서 一物一理가 有物有則의 各理 등 萬理를 歸一시키는 하나의 근원으로 類推할 수 있다. 그러므로 理라고 할 때 同源으로서의 一般者인 理와 萬理의 特殊한 理로 나누어 생각할 수 있다.

宋代에 이르러 理는 形而上學的인 의미로 사용하게 되었다. 氣에 관해서는 書經洪範에 이미 五行이 나와 있고 易經에는 陰陽으로, 孟子에는 浩然의 氣로 언급되어 있다.

漢代를 거쳐 宋代의 張橫渠에 의해서 氣論의 기초가 定立되었다. 氣는 現象의 材料로서 萬物이 각각 다르게 形體를 갖추게 됨은 氣의 凝聚의 差位에서 오는 것이요, 形體가 생성되기 前에는 그것이 생성될 수 있는 資料로서의 一氣를 想定하게 된다.

따라서 氣에는 生成源으로서의 一般的인 氣와 聚散해서 萬象을 이루는 특수한 氣를 생각하게 된다. 이렇게 보면 理에도 萬理와 理一을 氣에서 萬物과 氣一을 생각할 수 있다. 論理上 特殊는 一般에서 유래된다고 해야 할 것이며 發의 문제는 一般者에게 특수화할 때의 기능이라고 볼 수 있을 것이다. 理에도 普遍性과 特殊性의 兩面이 있고 氣에도 一般性과 個別性의 兩面이 있으며 이러한 理氣의 관계는 서로 떨어질 수 없는 점으로 볼 때는 一이지만 섞을 수 없는 점으로 보면 二인 것이다. 그러므로 退溪는 理氣를 나누어서 둘이라 하더라도 떨어지는 것이 아니고 합해서 하나라고 하더라도 섞이지 않는다라고 말한다. 대체로 理氣性情論은 이상과 같은 테두리안에서 論議되는 것이 一般的인 것으로 생각된다. 退溪와 高峰의 四七論辨의 경위를 다음에 살펴보기로 한다.

四七論辨의 經緯

退溪가 高峰에게 四七論에 관해서 처음으로 書簡을 보낸 것이 己未年 59세 때였다. 그로부터 여러차례 往復書翰을 주고 받으면서 發問題를 피차에 논하였고 作故하던 庚午年(70세) 11월 己卯에 致知格物說을 고쳐서 答信한 것이 文書往來의 마지막이었다. 많은 往來書信中에서 四端七情에 관한 것만을 따라서 論辨經緯를 요약해본다. 鄭之雲(1509~1561)作으로 알려진 天命圖에는「四端之發純理故無不善 七情之發兼氣故有善惡」으로 되어 있는 것을 退溪가「四端理之發 七情氣之發」로 수정을 가한 것이 論辨의 發火點이 된 것이다. 士友들의 論駁을 傳聞하고 退溪는 高峰에게 書翰을 보낸 것이 始發點이 되어 論難이 계속되어 갔다. 이제 차례로 書信內容을 간추려 그 요지를 살펴본다.

ⓐ 退溪與奇明彦

「四端理之發 七情氣之發」이라고 고친 것을「四端之發純理故無不善 七情之發兼氣故有善惡」이라고 고치면 어떻겠느냐고 제의를 하였다. [16]

ⓑ 高峰上退溪四端七情說

첫째 그와 같이 改訂하면 먼저 것보다는 좀 낫다고 긍정하고 둘째는 四端七情이 같은 情에 속한다는 것을 주장한다. 理氣는 떨어질 수 없는 하나요, 四端은 七情에 소속한다고 한다. 理氣가 二物일 수는

---

16) 退溪全書上 p402

없고, 性情이 인간의 문제인 한 七情사이에 四端을 포함시켜야 한다는 것이다. [17]

여기에 대해서 退溪는 12 節로 구성된 理氣辨을 지어서 다음과 같이 답한다.

ⓒ 退溪答高峰四端七情分理氣辯(第一書)

1 節─四端七情은 다 情이요, 理氣를 分說함을 못 보았다.

2 節─鄭之雲의 주장한 「四端發於理 七情發於氣」는 구별이 너무 심해서 純善, 兼氣로 고쳤으나 말의 病弊가 없지 않다.

3 節─고쳐보기는 했으나 잘못된 점은 자세히 지적해주기 바란다.

4 節─四端七情이 다같은 情이지만 말하는 측면이 다르다. 理氣는 相須하여 體가 되고 相待하여 用이 된다.

5 節─性情이 같은 情이기는 하나 本然之性은 混稱할 수 없다. 性에 있어서 本然과 氣質을 구별할 수 있는데 情에서만 理氣로 分說이 不可할 수는 없다.

6 節─四端七情은 發이 人心에서 벗어날 수는 없으나 所從來로 인해서 所主所重을 따라 理發, 氣發을 구별해서 不可할 것이 없다.

7 節─理氣의 相循不離를 지나치게 고집함은 聖賢의 뜻에 어긋난다.

8 節─一說에 先入見을 가지고 固執해서는 안되며 同中有異 異中有同을 알아야 한다.

9 節─孔子의 繼善成性, 周子의 無極太極說은 理氣相須中의 理의 側面이요, 孔子의 相近相遠之性, 孟子의 耳目口鼻之性은 理氣相成中의 氣의 측면이다. 이것들은 同中有異, 異中有同之說이다.

10 節─同을 기뻐하고 분리를 미워하여 理氣를 一物로 보려 함은 부당하다.

11 節─分析을 싫어하고 混全을 좋아하는 固執은 認氣論性의 폐단에 떨어져 人欲을 天理로 오인하는 병에 걸릴 것이다.

12 節─朱子語類中 孟子의 四端을 논하는 末條에서 朱子가 「四端理之發 七情氣之發」이라고 한 것을 읽고 自信을 얻었다.

12 個節의 答이 장황하지만 첫째 理氣가 하나라고 하는데 대해서는 不相離의 관계에서 긍정이 되나 理氣의 不相雜까지 무시될 수는 없고,

---

17) 高峰先生文集 理氣往復書上 1面

둘째 四端七情이 다같은 속성에서 하나의 情이라는 점에 대해서는 수긍을 하나 그렇다고 해서 四端의 性은 理의 發로 純善無惡하다는 것과 七情이 氣의 發로 有善惡이라는 것과 혼동할 수는 없다는 것으로 요약된다. 純善과 有善惡의 善과를 구별하고자 하는 태도인 것이다. 高峰은 節別로 일일히 답한다.

ⓓ 高峰答退溪論四端七情書

1 節—理氣妙合한 가운데서 理를 專指한 것이 孟子의 四端이고, 理氣妙合한 가운데서 渾淪해서 말한 것이 子思의 情인데, 中節된 것은 天命의 性이요 不中節된 것은 氣稟物欲의 所爲이니 本然의 性이 아니다. 理氣의 妙合으로 보아 四端七情을 하나의 情으로 說할 수 있다.

2 節—「四端之發純理故無不善 七情之發兼氣故有善惡」이라고 고친 것은 먼저 것보다는 좀 낫지만 역시 미안하고, 그러므로 四端과 七情의 位置를 달리하면 兩情이 나오게 되며 純理에서 오는 無不善의 善과 兼氣에서 오는 有善惡의 善의 二善이 나오게 됨은 온당하지 못하다.

3 節—힘들여 性理學을 공부한 바도 없고 自得한 바도 없이 되풀이해 말하는 것이 죄스럽고 부질없이 시비를 일삼자는 것이 아니다.

4 節—四端과 七情이 같은 情이지만 합해서 말할 때가 있고 구분해서 말할 때가 있으니 旨意를 살펴서 所主 所重을 잘 가려내야 한다.

5 節—性과 情이 하나의 情인 이상은 發의 두가지가 있을 수 없다.

6 節—理氣를 分開함이 심하며 氣는 理를 섞지 않는 純氣가 되어 이런 일은 일찌기 없었다. 子思의 中和의 和는 理를 遊離시킨 것이 아니며 孟子의 性善, 情善의 主張도 子思에서 나온 것으로 미루어 七情이 결코 氣만을 專指한 것이 아니다. 伊川이나 朱子의 생각도 다 이것과 부합된다. 그러므로 氣도 中間에 理를 實有하므로 外感한다고 하더라도 分開함은 부당하다.

7 節—四端이란 七情中에서 中節된 것과 同實異名이라고 함이 근원이 둘이라는 것으로 오해되어서 아니되며 또 이것이 聖賢의 뜻에 어긋나지 아니한다.

8 節—讀書窮理에 切要하므로 銘心不忘하겠다.

9 節—理와 氣가 不相離한 관계에 있는데 偏指分說하면 二物이 되어버리니 부당하다.

10 節—理氣의 不相離는 물론이요 四端七情이 하나의 情임을 강조하

고 氣의 自然發現을 문제삼고 있다.

11 節—다같은 情인데 四端이라고 하고 七情이라고도 함을 말하는 측면의 차이일 뿐이지 二情이 있다는 것이 아니다. 人欲을 天理라고 해서는 아니된다.

12 節—理發氣發로 우발된 偏言에 집착되어서는 스스로를 그르치고 他人마저 그르치게 된다.

이렇게 逐條로 답변하고 나서 末尾에 長文으로 다시 補充 설명한다 朱子大全中에서 胡廣中·胡伯逢에 대한 朱子의 答書를 인용했고 또 大學經一章集註를 援用했고 性理大全所載의 朱子性圖를 인용해서 설명했으니, 約言하면 理氣·性氣·中節·不中節 등을 구분함이 아니라 하나에 根源한다는 점을 증명하고 있다. 未發이나 已發에 대해서도 未發을 寂이나 性이나 虛나 中이라고 한다면 已發은 感이나 情이나 靈이나 和라고 보아서 그 사이를 전혀 관계없는 二元的인 해석을 해서는 不可하다는 것이다. 즉 所從來가 각각 다를 수는 없고 그 發하는 端處로서 바꾸어 말하면 中節과 不中節의 차이로서의 所從來가 다르다는 것은 인정이 되나 本源을 두 곳에 둘 수는 없다는 것이다. 鄭秋巒을 직접 만나보고 견해를 피력했던 바 異議가 없었다고 한다.

退溪는 高峰의 위 答信을 보고나서 앞서 보낸 書信을 고쳐 쓴 答高峰非四端七情分理氣辨第二書를 보냈다.

ⓔ **退溪答高峰非四端七情分理氣第一書改本**

7 個條項에 걸쳐서 고친 바 그 修訂內容의 공통점으로 말하면 所從來로서의 理와 氣를 徹頭徹尾하게 구별하는 태도며 天命으로서 純粹性을 투철하게 理氣의 不離性으로 긍정하면서도 「非一物」은 고수하는 것으로 지적된다.

ⓕ **退溪答高峰非四端七情分理氣辨第二書**

全體로 보아서 來書의 말이 옳은데 스스로 잘못 보았던 것을 고친 것이 1 個條目이고, 나의 말이 옳지 못한 것을 발견하여 고친 것이 4 個條目이며 나의 아는 바와 본래 같아서 다름이 없으므로 다시 擧論이 필요없는 것이 13 個條目이요, 본래 같지만은 취향이 달라진 것이 8 個條目이며 견해가 달라서 끝까지 동의할 수 없는 것이 9 條目 外에 5 個條目이 있다고 지적하였다. 요지는 高峰이 「兼理氣有善惡」과 「發而中節 發而不中節」을 중요한 이유로 내세워서 四端七情이 다

같은 것이라고 하지만 所主而言에 따라서 다르며 그의 所從來의 不同
함을 인식해야 한다는 데 있다. 여기서 「四端理發而氣隨之 七情氣發
而理乘之」라는 결정적인 修訂이 가해진다. 答書에 이어서 다시 後論
을 첨가하였다.

대체로 요약되는 대립점이 理發氣發問題와 理虛說로 좁혀진다. 여
기서 退溪의 發論은 「理發而氣隨之 氣發而理乘之」를 敷衍하고 理虛說
에 있어서는 老莊의 虛無論에 빠질 것을 매우 염려하여 그 嚴別에 힘
쓰고 있다. 高峰은 다시 여기에 응수한다.

ⓖ 高峰答退溪再論四端七情書

내용을 세가지로 간추릴 수가 있다.

첫째 가만히 있는 사람을 치고 넘어뜨렸다는 것과, 둘째는 四端七
情의 兼理氣有善問題로서 高峰이 四端七情은 初非有二義라는 견해에
退溪는 非有異義, 爲無異指라고 하여 相異點을 드러내는 것이다. 세
째는 中節에 대한 이해로서 高峰의 경우 中節의 發은 理에서 이루어
진다는 것을 찬동하면서도 氣發의 善과 같다는 견해며, 退溪는 高峰
의 氣發에 善을 받아들이면서도 純理의 善과 구별하고자 하는 경향이
다. 그리고 逐條로 答信한 요지는 다음과 같다.

첫째로 兩者의 입장이 因說과 對說로 구별된다는 것, 둘째로 孟子
의 四端之發은 理發이라고 兩者가 승인하면서 性情에 한해서 高峰은
氣를 섞어서 생각해야 한다고 하며 退溪는 氣를 섞어서는 이미 純善
이 될 수 없다는 것, 셋째는 退溪의 「四則理發而氣隨之 七則氣發而理
乘之」를 高峰은 「情之發也 或理動而氣俱 或氣感而理乘」으로 改修하고
싶다는 것이다. 넷째로 理氣를 분별해 말하는 것에 동의할 수 없다는
것, 다섯째로 「大學」 傳第7章 正心條의 好樂・恐懼・忿懥・憂患도
感性을 섞지 않고는 이해할 수 없다는 것, 여섯째 虛의 이해는 中庸
의 無聲無臭, 張子의 天・道・性・心의 立場에서 해야 한다는 것으로
간주된다.

退溪는 다시 여기에 회답한다.

ⓗ 退溪與高峰書

內容으로 보아 더 이상 論難할 필요를 느끼지 않는다. 아직 문제로
남는 것이 한 두가지 있지만 쓸데없는 물건을 가지고 서로 올렸다 내
렸다 하는 討論은 무의미하다고 하고 다음과 같은 戲作一絕을 첨부

한다.

「兩人馱物重輕爭 商度低昂亦己平

　更剋乙邊歸屬甲 幾時馱勢得自停」

오랜 뒤에야 高峰이 回信을 보낸다.

ⓘ 高峰答退溪書

보낸 絕句一節을 읽고 深思熟考하여 스스로의 부족했던 것을 깨닫고 後說과 總論을 지어 보낸다. 지금까지의 긴 辯說이 이제 結論段階에 접어든다.

〈四端七情後說〉

이 後說의 核心處는 中節된 情이 理無不善의 善인가, 아니면 兼理氣有善惡의 善인가 하는 데 있다. 즉 本然의 善과 기질의 善이 같은가, 다른가 하는 문제이다. 高峰의 생각으로는 여전히 氣質의 善이 本然의 善과 다를 바 없다는 것이며 이점을 밝게 교시해달라고 청한다. 總論에서는 다음과 같이 後說과 유사한 뜻을 표시한다.

〈四端七情總論〉

四端之發과 七情之發에 있어서 善惡을 논하는데 純善無惡한 理之發의 善과 理氣를 겸하여 有善惡인 氣之發의 善이 처음에는 다르지 않다는 것을 반복 강조하면서 七情四端之說이 각각 一義를 發明할 것이지 합해서 一說로 만드는 것은 옳지 못하다는 뜻으로 매듭을 짓고 있다.

여기에 退溪는 다시 회답을 한다.

ⓙ 退溪答高峰書

四端七情의 後說과 總論을 잘 읽었고 舊見을 용감하게 고쳐서 新意를 따르니 좋은 일이며, 논하는 가운데 聖賢의 喜怒哀樂과 각각 所從來가 있다고 한 말들은 과연 미안함이 있는 듯하니 三復致思할 것을 自省한다. 退溪는 거듭 書翰을 보낸다.

ⓚ 退溪與高峰書

相互意見이 접근됨을 기뻐하면서 退溪는 本이 같은데 末은 다르다는 차이점을 밝힌다. 理之發은 理를 專指해서 말한 것이고, 氣之發은 理氣를 섞어서 말한 것 뿐이니 高峰이 四端七情을 理氣로 分屬시킴이 불가하다고 함은 末이 다를 뿐이라고 명시한 후 아직도 未盡한 部分에 대해서 유감의 뜻을 표한다.

이상에서 四七論에 관한 兩人의 往復文書의 槪略을 살펴보았다.
未解決部分에 관한 문제를 다음에 고찰해보기로 한다.

未解決部分의 問題點

往復辨論을 통해서 未解決部分을 두가지로 集約할 수 있을 것이다
첫째는 理發의 可·不可問題요, 둘째는 四端의 純善과 七情의 有善惡
之善의 同·不同問題라고 하겠다.

① 理發의 可不可問題

대체로 理와 氣의 一而二, 二而一의 關係에 대해서는 退溪도 高峰도
이의가 없다.[18]

發의 問題에 이르러서는 兩人이 서로 대립하여 합의를 못보았다.
高峰은 四端七情總說에서 理發의 純善과 氣發의 有善惡之善은 같은
것[19]이라고 해서 氣를 배제한 理發은 의심스러울 뿐만 아니라 理氣를
二物化[20]하게 되어 부당하다고 한다.

그러나 退溪는 理氣之妙에서도 所主所重을 따라서 分言할 수 있다
고 응수한다.

理發氣隨는 主理로 말한 것이요. 氣發理乘은 主氣로 말한 것[21]이라
고 맞선다.

兩人의 이러한 엇갈린 견해는 始終一貫 계속되었다. 退溪는 끝에
가서 高峰에게 주는 글 속에서 다음과 같이 말하여 深思할 것을 권한
다.[22]

여기서 말한 聖賢의 喜怒哀樂과 各有所從來는 스스로도 似有未安이

---

18) ○蓋理之與氣 本相須以爲體 相待以爲用 固未有無理之氣 亦未有無氣之理(答奇明彦
論四端七情 第2書 退溪全書上 p411)
○理氣在物 雖曰混淪不可分開 然不害二物之各爲一物也(高峰答退溪再論四端七情書
高峰先生文集 理氣往復書下 7面)
19) 其發而中節者 乃發於理而無不善 則與四端初不異也
20) 今謂之偏指 而獨言氣恐未然也 且辨曰子思之論中和 是就理氣中混淪言之 則七情者豈
非兼理氣乎(高峰答退溪四端七情書 第9節)
21) 大抵有理發而氣隨之者 則可主理而言耳 非謂外於氣四端是也 有氣發理乘之者則可主
氣而言耳 非謂氣外於理七情是也(答奇明彦論四端七情 第2書 退溪全書上 p419)
22) 所論鄙說中聖賢之喜怒哀樂 及各有所從來等說 果似有未安 故不三復致思於其間乎 當
反隅以求敎(答奇明彦 退溪全書上 p439)

라 하여 熟考의 필요를 느끼고 있다. 그래도 부족해서 丙寅年(66세) 至月에 보낸 書翰에서는 高峰과의 차이점을 本同末異로 결론짓는 다.[23]

高峰과의 意見의 일치를 보았다면 本同의 同일 것이요, 末異의 異 는 여전히 相衝을 보인다. 高峰은 이 兩立場을 因說과 對說로 설명한 바[24] 스스로의 입장을 因說로 표명하고 退溪의 立場을 對說로 간주하 고 있다. 결국은 理發問題는 發에 있어서 氣를 섞느냐 섞을 수 없느 냐의 兩論으로 귀결된 셈이다. 退溪는 「四端理發而氣隨之 七情氣發而 理乘之」[25]로 發問題의 결론을 지었다.

高峰의 생각으로는 「情之發也 或理動而氣俱 或理動而氣乘」[26]으로 시정하고 싶었지만 받아들여지지 않은 채로 論辨이 끝나버렸다.

理發과 氣發이란 말을 쓰지 않고 情之發也라고만 한 것은 理는 無 爲이므로 이것을 피한 것처럼 생각되며 四端七情이란 말을 아니 쓰고 다만 「或理動而氣俱 或氣感而理乘」이라고만 한 이유는 四端七情은 같 은 情이라고 생각하는 까닭이 아닌가 싶다. 分開해서 二物化하는 病 을 면하려는 점에서 情之發로 統一한 것은 適切[27]한 것으로 생각된다. 그러나 「或理動而氣俱 或氣感而理乘」은 「理發而氣隨之」를 「理動而氣 俱」로 「氣發而理乘之」를 「氣感而理乘」으로 代置한 것처럼 느껴진다.

理無爲로 이해할 때 역시 理動이라고 해서 理發보다 별로 나을 것 이 없을 것[28] 같다. 그러나 四端七情을 情之發로 約之하고 理發氣發 을 「或理動 或氣感」으로 바꾼것은 二分을 피한 태도로서 因說의 입장 을 明證해주는 것으로 생각된다. 退溪로서는 理發을 굽히지 않았고, 高峰은 理發이 不可하다고 하면서도 理動이라고 한 것이 애석하게도 의견을 굽힌 것으로 지적될 수 있을 것 같다.

---

23) 其言理之發 專指理言 是氣之發者 以理與氣雜而言之 滉曾以此言爲本同末異者 鄙見 固同於此說 所謂本同也 顧高明因此而逐謂四七必不可分屬理氣 所謂末異也 重答奇明 彦 退溪全書上 p439)

24) 蓋對說者如說左右便是對待底 因說者說上下便是因仍底 聖賢言語自有對說因說之不同 不可不察也(高峰答退溪再論四端七情書 條列 首條 第2條)

25) 答奇明彦非四端七情分理氣 第二書 退溪全書上 p417

26) 高峰答退溪再論四端七情書 條列 第4條 第6條

27) 情之發이라 하여 四와 七을 分對하지 않은 것은 七包四의 論理로 보아 매우 適切한 表現이며……(四七論辨과 對說因說의 意義, 亞細亞硏究 第16卷 p61)

28) 理動理乘의 말은 역시 退溪의 「理發」「理乘」을 답습한 것으로 曖昧性을 면하지 못 한 것 같다……(四七論辨과 對說因說의 意義, 李相殷 亞細亞硏究 第16卷 p61)

② 四端의 純善과 七情의 有善惡之善의 同異問題

이 問題는 理氣의 各 發을 인정하느냐, 안하느냐와 직결되는 問題로서 理氣論과 구별되는 性情論의 입장에서 비교해보기로 한다. 理의 純粹性을 고수하려는 생각은 氣를 섞지 않으려고 한 것처럼 性의 純善을 守護하기 위해서는 有善惡의 善과 혼동을 피하려고 함도 당연할 것이다. 中節의 善은 四端의 純善과 다르지 않다고[29] 해서 兼氣로 말할 수는 없다[30]고 주장한다.

이러한 대립은 始終一致를 못보고 끝난다. 여기서 退溪는 所從來를 가려서 純善을 지키는데 비해서, 高峰은 善의 二情이 있을 수 없다는 결론을 내린다.

發에 있어서 理發이 不可라고 하면서 理動으로 접근을 보였으나 性善에 있어서는 純善과 中節善의 同異問題는 합의를 못본 결과가 되었다. 高峰의 생각으로는 理發이 못마땅한 것 같으나 理動으로 修訂을 하고 보니 理無爲를 완전히 드러내지는 못했다고 해야 할 것이다.

이제 다시 兩人의 持論을 비교해본다.

退溪――四端理發而氣隨之七情氣發而理乘之

高峰――情之發也或理動而氣俱或氣感而理乘

――部分은 四端七情과 情之發로 兩人의 견해를 비교할 수 있고, ――部分은 發이 動으로 대치되었을 뿐 같은 내용으로 짐작되며, ……部分은 發이 感으로 代替되었을 뿐 역시 같은 의미로 추측된다. 그러니 기왕의 曖昧性을 면치 못했다면 달라진 것은 退溪의 氣發을 氣感으로 고친데[31] 불과한 것처럼 보인다. 즉 「四端理發而氣隨之 七情氣感之理乘之로 訂正된 것에 지나지 않은 것이 아닌가 한다. 그러므로 理發을 끝까지 부정을 못할 바에야 「情之發也或理動而氣俱 或氣感而理乘」이라

---

29) 四端之說前此認得七情之發而中節者 與四端不異(高峰答退溪書 四端七情後說 四七理氣往氣往復書 下篇 24面)

30) 且性之一字言之 子思所謂天命之性 孟子所謂性善之性 此二性字所指而言者何在乎 將非就理氣賦與之中 而指此理源頭本然處言之乎 由其所指者 故可謂之純善無惡耳 若理氣不相離之故 而欲兼氣爲說 則己不是性之本然矣(退溪答高峰四端七情分理氣辨 退溪全書上 p411)

31) 그리고 또 「或」「或」에 관해서는 이미 말한 바 있지만 이 「或」「或」을 退溪와 같이 四와 七에 配當할 수도 있으니 그러면 退溪의 「氣發」대신에 「氣感」을 사용한 것 뿐이라고도 볼 수 있음직하다(亞細亞研究 第16卷 p61 四七論辨과 對說因說의 意義 李相殷)

고 했으면 차라리 高峰의 理氣兩發一途說이 관철되었을 것으로도[32] 추측이 간다. 兩人의 討論의 결과는 理氣性情問題에 있어서 그 입장이 각각 對說·因說에 있음이 밝혀졌고, 다만 해결해야 할 問題는 兩人의 주장을 만족시킬 수 있는 公約되는 표현이 무엇이겠는가에 있다고 생각된다.

退溪哲學의 尊理精神과 敬思想

退溪의 生涯와 思想의 片貌
──그의 400周年에 즈음하여──

李朝時代라고 하면 文化的으로 儒教를 생각하게 되고 儒學者하면 退溪와 栗谷을 연상하게 된다. 退溪는 이제 가신지 400周年이 된다. 安東서 陶山가는 길로 접어들면 書院을 찾는 길손들의 발길이 年中 끊이지 않음을 본다. 世態는 변해서 이 江山의 西洋思潮가 휩쓸고 있건만 줄이은 이 地域 探訪客들의 回程길에는 저마다 각각 무엇인가를 거두어 갖고 오게 된다. 이제 그 400周年을 맞이함에 즈음하여 그의 生涯와 그 思想의 片貌를 여기 엿보고자 한다.

어린 時節의 몇가지 모습

이름있는 분들의 幼年時節에는 적지않게 逸話를 전해온다. 1501년 安東郡 陶山面 溫溪里에서 태어난 퇴계에 있어서 몇 가지의 이채로운 모습을 볼 수 있다. 時期는 燕山朝 당시의 進士 李埴의 7男1女의 막내동이로 出生하였다. 生後 7개월만에 父親을 여의고 홀어머니 손에서 자랐다. 그만큼 어머니의 남매를 키우는 피로움도 컸었거니와 그와 같은 역경을 극복해가는 어머니로부터의 감화도 많이 받아온 것이다.

「세상사람들이 흔히 과부의 자식이라고 허물하기 쉬우니 너희들은 정신을 가다듬고 다른 아해들보다도 몇백배 몇천배 힘써 공부를 하여야 한다. 그렇지 않으면 이런 비난을 면할 길이 없을 것이다.」무거운 살림을 외손에 맡아하는 가운데서도 이렇게 자녀들에게 격려해가며 장래에 희망을 걸기도 했던 것이다.

8세되던 해, 형이 칼을 쓰다가 잘못하여 손을 다쳐서 선혈이 낭자하게 흐르는 것을 보고 그 형을 붙들고 우는 모양을 보다 못해 그 어머니가 물었다는 것이다.

「네 형은 손을 베이고도 울지 않는데 네가 왜 우느냐?」 고 했더니

「형이 울지는 않지만 저렇게 피가 흐르는데 얼마나 아프겠읍니까?」
라고 했다는 것이다. 항상 공부하는 마음가짐에 대하여

「글공부란 글이나 잘 짓고 잘 외우는 것만 일삼는 것으로써 능사로
삼아서는 아니된다」

라고 늘 타일러 지식을 받아들이되 몸가짐과 행동을 예의바르게 해야
한다는 것을 일깨워 주었다고 한다. 현대에 들어서면서 더욱 고조되
었거니와 인간의 각성 내지 개조란 단순한 지식의 흡수만으로써 이루
어지는 것은 아니다. 거기에는 역경을 이겨내는 인내와 자기수련을
통한 德性의 涵養이 뒤따라야 한다. 退溪의 어머니는 어려서부터 그
점을 엄하게 가르쳐주었던 것이다.

「論語」를 일찌기 그의 숙부로부터 배우다가

「집안에 들어가서는 父母님께 孝道를 하고 나아가서는 웃어른들께
공경을 다해야 한다」

라고 한 곳에 이르러서는

「사람의 아들이 되어서는 도리가 마땅히 이와 같아야 한다」

고 自嘆하기도 했다. 理字를 註釋한 곳에 當해서는 理字라는 글자의
意味에 대하여 문득 스스로 느끼는 바 있어 그 글자의 正確한 뜻을 숙
부께 물었더니 곧 대답을 하지 않으므로

「모든 일의 옳은 것이 理입니까?」

하고 물어 숙부를 놀라게 하였다는 것이다. 古來로 哲人들이 어려서
부터 그 생각의 방향이 特異한 바를 볼 수 있다. 朱子는 4세때 하늘
과 太陽을 물어서 그의 父親을 놀라게 하였던 것처럼 理學을 大成한
退溪는 理字를 물어 그의 스승인 숙부를 경탄케 하였던 것이다.

그는 成均館을 거쳐서 學問도 점차 인정을 받게 되었고 成熟과 더
불어 生涯의 38年間의 官職生活이 시작되게 된다.

官職으로 點綴된 生涯

벼슬은 사람마다 원하고 登用되면 누구나 높은 자리를 貪하는 것이
凡人들이다. 오랜 官職生活이면서도 항상 물러나는데 주저하지 않았
고 主君이 부르면 사양하다가 不得已하면 다시 나오는 出處去就에 있
어 추호도 고집함을 볼 수 없다. 士禍가 몰고 간 상처 때문에 士林들

의 心氣가 흔들린 것이 事實이었으리라고 생각된다. 그러나 그렇다고 흔히 사람들이 말하듯이 너무 소극적이어서 나라 사랑하는 마음이 모자란다거나 용기가 不足하다든가 등등으로, 경솔하게 말하며 退溪를 皮相的으로 경박하게 評하는 사람들이 없지않으나 그의 人生觀이나 世界觀의 깊은 內面을 모르는 所爲라고 하겠다.

34세에 藝文館檢閱·春秋館紀事官을 筆頭로, 36세에는 成均館典籍兼中學敎授가 되었고, 43세에 成均館司成, 48세에 丹陽郡守, 52세에는 成均館大司成에 올랐다. 四學에 通文을 보내어

「學校는 風化의 根源이요 首善之地며 士子는 禮義之宗이요 元氣之寓」라는 有名한 글도 이때의 것이다. 65세에는 弘文館大提學·藝文館大提學·經筵官을 역임한 바 있고, 67세에는 禮曹判書로 被命되었으나 病으로 赴任하시지 아니하였고 그 以後로 致仕를 여러차례 간청하였으나 許諾되지 않았다.

明宗은 즉위하자 退溪를 모시고자 초청하였지만 오시지 않으므로 화가를 보내어 풍경을 그려오게 해서 그 그림에 退溪가 지은 陶山雜詠을 써서 병풍을 만들어 사모하였다고 함도 退溪의 인격을 말해주거니와 후일에 고관이 되어 명성을 얻은 뒤에 한탄한 말 가운데

『어머니께서 일찌기 「네가 벼슬을 하되 자그만한 고을의 책임자는 可하거니와 중앙의 고급관리노릇은 그만두는 것이 좋겠다. 세속사람들이 너를 용납치 못할까 근심스럽다」고 하신 바 그대로 지키지 못하고 부질없이 이름에 끌리어 전전해온 것이 후회된다』고 함을 보면 어머니의 영향과 그 인품을 생각케 한다. 평소의 검소한 생활은 또한 여러가지 일화를 남기고 있지만 左相 權轍이 찾아 왔을 때 담박한 소찬에 먹지못하고 돌아갔다는 이야기는 그 중에서도 유명한 것이다. 이러한 이야기는 그 임종 때에 모습을 보면 듣는 이로 하여금 신심을 두텁게 하며 그 인격에 머리를 숙이게 한다.

돌아가시는 날은 옆에 놓인 매화분을 다른 곳으로 옮기게 하고 유언하기를 禮葬을 사양하고 비석을 세우지 말되 자그만한 돌에 「退陶晩隱眞城李公之墓」라고 새기라고 그의 조카 寗에게 일러주었다. 지금도 묘소에 가면 비석이 그렇게 만들어져 서 있음을 본다. 世上에 金權과 虛名이 橫行할 때 퇴계는 조용히 경종을 길이 울려 줄 것으로 생각된다.

이러한 一生은 그 思想 내지 哲學의 표현이라고 믿어진다. 그 성장해간 자취를 다음에 잠시 살펴보고자 한다.

思想形成의 자취

12세 때 「論語」를 배우다가 孝弟에 관해서 물은 일에 그 숙부가 기특해 했고 理字에 대해서 凡事之是者是理라고 한데 대해서 松齋가 놀란 것은 이미 앞에서 언급한 바 이거니와 이것은 思想家·哲學家로서의 萌芽期의 모습이라고 생각된다. 淵明의 詩를 좋아했고 讀書할 때에 좁은 글방에서도 雜談에 참여하지 않고 壁을 향해서 잠심했다는 14세 때의 모습은 그의 學이 다만 지식학이 아닌 學的 方向을 예시해주는 것 같기도 하였다. 18세 때에는 벌써 그의 世界는 天理의 流行面에 視線이 닿고 있음을 그 詩에서 볼 수 있다.

「곱고 고은 露草는 물가에 들려있고(露草夭夭繞水涯)
작은 연못은 맑고 깨끗도 하여라(小塘淸浩淨無沙)
흐르는 구름 지나는 새 서로 어울리고(雲飛鳥過元相管)
저 제비 잔잔한 물결 차서 흐려놀까 두려웁네(只怕時時燕蹴波)」

19세에는 太虛를 보았다.

「홀로 숲속오막에서 만권서를 사랑하고(獨愛林廬萬卷書)
잠심해온지 십년이 넘었네(一般心事十年餘)
근래에 근본이치에 만난듯하고(邇來以與源頭會)
내마음에 太虛를 보았노라(都把吾心看太虛)」

性理大全의 첫권과 마지막권을 구해서 읽은 것도 이때였다. 20세 되던 해에는 一生의 病弱을 초래할 原因이 된 周易읽기에 沒頭하였다. 周易은 易經이라고 해서 三經中에서도 가장 어려운 것이요, 古人들이 공부할 때도 제일 나중에 배운 것이다. 늘 心經을 즐겨 읽었다고 하는데 이것은 23세때부터 시작된 일이다. 心學의 淵源과 心法의 精微를 얻은 것이 이 心經을 통해서라고 그 스스로가 言及하고 있다.

48세 丹陽郡守때의 詩

「靑松白鶴이 비록 헤어짐이 없지만(靑松白鶴雖無分)
푸른 江물 단풍든 山은 진실로 인연이로다(碧水丹山信有緣)」

에는 樂山樂水의 뜻을 읽을 수 있고, 53세 大司成 때에 四學에 발송

한 通文에 강조된 「師弟의 사이에는 禮義가 가장 존중되어야 한다(師生之間尤當以禮義相先云云)」를 보면 그 思想은 根源에서 規範으로 現實化되어 가고 있음을 보는 것 같이 생각된다. 같은 해의 10月에 유명한 鄭秋巒의 天命圖說을 改訂해준 바 있다. 문제된 곳은 四端發於理七情發於氣라고 한 것을 四端理之發七情氣之發이라고 고친 점이었다. 仁義禮智의 四端이란 理에서 發하고 喜怒哀懼愛惡欲의 七情은 氣에서 發한다고 해서 發하는 根源을 理와 氣로 갈라 보았다는데서 발단이 되었다. 哲學이란 하나의 根本을 찾고자 하는데 어떤 것은 理에서 나가고 어떤 것은 氣에서 나간다고 하는 경우 아무래도 하나의 根源을 構築하는데 二元性을 면할 수가 없고 그렇지 않다고 하더라도 發하는 發이 문제 안될 수 없다. 退溪는 고쳐주고난 후에 奇高峯에게도 말한 바와 같이 自身이 한 말에 흠이 없는 것은 아니라고 自認하면서도 理發을 끝내 固守하였다.

56세에 朱子書節要가 이루어졌다. 退溪 스스로 「朱子는 吾所師也」라고 한 바 있지만, 朱子의 그 많은 著書編纂을 後學들이 다 보기도 어렵거니와 方向을 그르칠 염려도 배려되었음을 짐작할 때 先生의 朱子學에 대한 信奉이 어느정도인가를 엿보게도 한다. 57세에는 20세 이후로 온축을 쌓아온 周易공부의 결실을 보아 易學啓蒙의 傳疑를 지었다. 思想의 깊이는 더욱더욱 더해갔다. 59세에는 이미 中國宋元明代의 理學者들의 思想편력이 끝나고 宋季元明理學通錄이 編成되었다. 60세 11월에 奇明彦에 대한 論辨이 시작되었다. 理를 높이는 마음은 점점 두터워 갔고 61세 되던 9월에는 異端을 明辨하는 心無體用辨을 지었다. 異端者에 격분하는 것이 아니라 그 마음은 매우 평온함을 볼 수 있다. 어느날 陶山을 나와 시내를 따라서 거닐어 때마침 피어난 매화를 읊어

「봄날 고요한데 매화는 바위언덕에 피어 났고(花發巖崖春寂寂)

산새 좁은길 나무사이에 울며 골짜기 냇물이 졸졸 흐르네(鳥鳴澗樹水漏漏)

우연히 童冠더불어 山에 오르니(偶從山後携童冠)

어느새 산전에 이르러 考槃을 보네(開到山前看考槃)」

제자인 李德弘이 이 詩는 上下가 하나로 어울려서 각각 그 定處를 얻은 妙를 읊은 것이 아니냐는 것을 물은 즉 선생의 대답이 그 뜻이

약간 없지는 않지만 推言이 너무 심하다고 사양하는 것이었다고 한다. 학문의 온축이 날로 가라앉아가는 모습처럼 느껴지기도 한다. 그리고 聖賢을 존경하는 생각은 날로 더해가면서 65세 때에는 景賢錄을 改定하기에 이르렀다. 66세에 心經後論을 지은 것을 보면 23세 이후로 愛誦해온 생각이 한층 더 견고해진 것을 미루어 볼 수 있다.

이렇게 哲學的 연구는 心性觀을 굳혀주었고 古人들에 대한 追慕와 나라근심하는 마음으로 바뀌어갔던 모습은 68세에 올린, 저 유명한 戊辰六條疏를 보아 짐작에 넉넉하다. 뿐만 아니라 萬機를 장악하는 主君의 政治的 책임은 누구보다도 무겁고 그 영향은 곧 민족과 국가발전에 직결되는 것이므로 애국애족하는 심려는 선생이 「聖學十圖」를 지어 올리는 동기가 되었다. 誠敬으로 一貫하는 十圖는 곧 宣祖에게 바친 忠誠이기도 하지만 이것은 退溪의 학문의 결정이기도 하다. 그러나 결코 一見을 보았다해서 그치는 것이 아니요 항상 전진 노력하던 모습은 학문하는 사람들이 쉽게 따를 수가 없다. 逝去한 70세되던 해에 高峰의 意見을 따라 지난날의 妄見을 씻고 新意를 얻었다고 答한 改致知格物說을 보면 後學이 좀처럼 追從하기 힘든 文純한 境地로 우러러 보인다.

이러한 過程속에서 형성된 退溪의 思想의 편모를 다음에 管見해 본다.

理와 敬으로 展開된 思想

退溪의 학설은 일반적으로 理氣說로 알려져 있고 終生토록 致力한 「敬」思想으로 요약할 수가 있다. 理氣說에 있어서는 理를 높이는 근본정신을 밝힘이 없이 무조건 理發이 모순이라고 공박을 하고 敬을 主張함을 존경은 하되 敬을 높이게 되는 까닭이 불투명함을 본다.

退溪의 論理의 생명은 理發이 不完全함을 스스로 인정하면서도 끝까지 지킨 점에 있다고 보며, 敬說은 하나의 학설로 종래의 것을 계승했다기 보다도 그 主體觀에서 심각하게 우러나온 점에 있음을 간과해서는 아니될 줄로 안다.

사람이 이성과 감성을 아울러 지니고 있다는 것으로 봄은 동서고금의 철학자들이 한가지로 생각하여왔음이 사실이다. 그 어느쪽에 중점

을 두어서 생각하느냐에 따라서 唯心論도 나올 수 있고 唯物論도 나올
수 있고, 과학철학도 나올 수 있으며, 종교철학도 나올 수 있고, 정
치로서는 공산주의도 민주주의도 있을 것이다. 理와 氣에 대한 주장
에도 또한 유사한 점도 있다. 이 문제에 대해서는 中國 宋代이후로 학
설이 분분한 가운데 우리나라로 들어와서는 주지된 바와 같이 퇴계와
율곡에 이르러서 전성기를 이루었다.

理를 無形하고 無爲한 것으로 생각하고 氣를 有形하며 有爲한 것으
로 볼 때 여러가지 문제가 일어난다. 無形無爲한 理와 有形有爲한 氣
가 어떻게 관계지어지느냐 하는 점은 이해에 가장 난삽한 자리요, 이
연관에 대하여 종래에 하나면서 둘이요 둘이면서 하나라(一而二 二而
一)는 말로 표현, 설명되어 왔다. 理와 氣는 즉 一而二요 二而一이라
는 體用一源에서 보아야 하는 것이니 體用一源이나 顯微無間의 妙가
풀리지 않을진데 아무리 조리를 세워보려 하여도 表面上의 모순을 면
할 방법이 없다는 것이다. 퇴계의 논리에서 문제가 된다면 이러한 점
일 것이요, 율곡이 成牛溪에게 理氣詠을 보내준 뜻도 바로 여기에 있
지 않은가 생각된다.

退溪는 四端은 理의 發한 것이요 七情은 氣의 發한 것이라고 主張
하다가 四端은 理가 發해서 氣가 따르는 것이요 七情은 氣가 發해서
理가 타(乘)는 것이라고 訂正하였다. 그러나 理는 無形無爲한 것이라
면 그것이 어떻게 發할수 있느냐는 공격에 봉착할 때 그 설명이 지루
하게 된다. 發한다는 말은 이미 有爲하는 동작에 관한 말이니 氣에 속
하는 것으로서 理의 소관이 아니라는 것이다. 理없는 氣가 없고 氣없
는 理가 없다고 보면 理發이라고 해서 氣가 遊離되는 것이 아니고, 氣
發이라고 해도 理가 除去될 수 없는 관계에서 理에 主力해서 말할 수
도 있고, 氣에 主力해서 말할 수도 있다는 견해가 퇴계의 입장이다.
그러나 主力해서 말한다고 하더라도 有爲無爲로 구분해서 설명하자면
發은 有爲에 속하는 문제인 까닭에 역시 氣의 소관이요 理의 관여할
수 없는 한계라고 하는 반박을 처리할 수가 없게 된다. 여기서 밝히
고 싶은 것은 그렇다고 해서 퇴계의 진리의 세계를 不足한 것으로 단
정해서 좋을 것이냐 하는 점이다. 한국민족이 하와이나 일본서 2세
3세 살아가는 동안에 말도 습관도 달라지게 된다. 그래도 한국민족
에는 틀림이 없을 것이다. 原住韓民族에서 여러 지방의 교포를 볼 때

에는 쉽게 이해할 수가 있겠지만 각 지방의 교포모습의 다양성 속에서 단일민족을 볼 때에는 世代가 멀어질수록 이론이 나옴직도 한 일이다.

결코 이 민족이 아니련만 그렇다고 해서 그 자리의 그 때의 교포의 모습이 곧 바로 原住하던 韓民族과 꼭 같은 것이라고 말할 수 있을까 하는 것도 의심스럽다. 퇴계는 지루한 감이 없지않지만 理發과 氣發에서 무엇보다도 염려한 것이 人欲을 天理로 잘못 알아서는 안된다고 한 점이다. 그래서 대추를 씨도 아니빼고 그대로 삼켜서는 위험하다는 것을 경계해 말하기도 했다. 後期의 主氣學派들은 主理를 맹렬히 비난을 하지만 二岐의 病을 면할 수 없는 퇴계인가 하는 점은 경솔하게 말해서 안될 줄 믿는다. 徐花潭을 따르던 蓮坊이 金就礪를 시켜서 心無體用에 대해서 질문해 왔을 때의 辨論을 보면 어느 정도 底意가 짐작된다. 心統性情이나 心은 合理氣라는 宋 이후의 전통을 견지하면서 程子의 말을 인용하여 心一而已라 즉 마음은 하나뿐인데 體用으로 갈라서 잘못 이해하면 體없는 用과 用없는 體로 분석이 되기 쉬워서 體用二字는 活이요 死法이 아니라고 지적하고 體用之間이나 一動一靜之間이 바로 妙處요 그밖에 妙處가 따로 있는 것이 아니라고 說破하였다.

이 體用說에 대해서는 寂然不動과 感而遂通은 大易에서 말한 體用이오, 未發과 已發은 子思의 中庸에서 말한 體用이오, 性과 情은 孟子가 말한 體用이오, 動과 靜은 戴記에서 말한 體用이라고 하고 나서 이것들은 다 心의 體用이라고 하였다. 心은 理氣의 합이라 하는 말은 理氣의 합친 것이라는 것이 아니라, 理氣之妙나 動靜之間者로서의 합이라고 하는 觀點에서 하는 말임을 이해해야 할 줄로 생각된다. 그 글의 끝머리에 언급된 것처럼 動은 靜을 상대하지 않고서는 動을 말할 수 없고 靜은 動을 상대하지 않고서는 靜을 말할 수 없지만 그러나 靜을 가리켜서 體이라고 할 때에는 다시 가리켜 無體處라 할 수 없게 되고 動을 가르켜서 用이라고 할 때에는 다시 가리켜 無用處라고 할 수 없게 된다고 하였다. 一偏에 執着함이 없어야 一而已라 할 수 있고 상대적이 아닌 하나의 근원일 수 있을 것이며 또 거기서 오는 것이 至善일 수 있다고 본다. 다시 말하면 理氣상대의 理가 아니라 理一의 理에서 나오는 純善이라고 할 수 있다는 것이다. 상대적 理도 善이요

理一의 理도 善임에는 틀림이 없다. 그러나 어디까지나 理一의 純善에서 由來한 것이 四端이라고 主張을 꺾지 않음이 퇴계의 지론으로 보인다. 善에 있어서는 다름이 없을 터인데 그 所由來處를 엄격하게 구별하는 것이다. 이러한 생각은 敬說을 강력하게 주장해오는 根底가 되기도 했던 것으로 생각된다.

敬이라고 하면 論語에서 居處恭執事敬이라 하여 외모와 태도에 적용한 태도면의 말이요, 孟子는 敬叔父나 敬人則人恒敬之라 하여 공경하는 마음의 뜻으로 사용되었다. 그러던 것이 漢이후 唐代를 지나 宋에 이르러 그 해석을 심각하게 부가하게 되었다. 즉 道敎가 성행하는 時期 그리고 佛敎가 全盛을 다했던 時代를 거쳐오면서 靜을 대단히 중요시해왔다. 人生而靜天之性이라고 해서 原初의 자리를 靜으로 높여오게 되었다. 그러니 이 자리를 소중하게 대하는 나머지 動靜상대의 靜을 높이고 動을 不淨한 것 즉 상대적인 靜과의 구별이 분명치 못할 뿐만 아니라 創造源으로서의 能力이 不足함을 면할 수 없어서 이 폐단을 불식할 것이 요구되었다. 더구나 周濂溪의 太極圖說에서 主靜立人極이라고 한 뒤에 靜이 人極을 세우는데 강조되어 왔으나 앞에서 말한 바와 같은 폐단을 시정하는 의미에서 程子에서 靜을 敬으로 바꾸어 重要하게 문제삼기에 이르렀다. 敬은 主一無適이라고 풀이하면서 개개인의 主體把握에 간과할 수 없는 요소로 생각하게 되었다. 朱子에 와서는 居敬窮理라고 해서 知性과 德性을 人格形成에 二大 핵심처로 보아서 敬을 대단히 긴요한 것으로 다루어 온 것이다. 우리나라에 朱子學이 수입된 뒤에 퇴계가 이것을 이어 받아서 충실하게 주장하게 되었다. 마음은 一身의 主宰요 敬은 一心의 主宰라고 하였다. 道에 투철한 사람은 聖人이오, 聖人은 모든 사람이 본받아야 하는 것이오 敬은 聖人을 배우는 시작과 끝이라는 것이다.

여기서 聖人과 敬에 대해서 깊이 생각하고 이해해야 될 것이 있다고 본다. 앞에서 이미 말한 바와 같이 體用에 관한 일이다. 즉 聖人은 體用一源의 境地인 사람이오, 敬은 動靜을 一貫하는 것이라는 점이다. 傳習錄에 의하면 聖人의 大中至正의 道로 말하면 形上形下에 徹底해서 一貫하는 것이니 어찌 上一段이나 下一段에만 치우치는 일이 있겠느냐고 해서 周易에 「一陰一陽之謂道 但仁者見之謂之仁 知者見之謂之智 百姓日用而不知故君子之道鮮矣」條를 들어 例證하고 있음을 본

다. 不器하는 圓融無碍의 世界에는 또한 이것이 能하면 저것이 不能
하게 되고 저것이 能하면 이것이 未盡하게 되는 一偏되는 일이 없을
것이다. 즉 바꾸어 말하면 體用一源이란 말인 줄 안다. 敬으로 말하면
애당초에 靜을 이것으로 고쳐 생각하게 된 動機가 그러했거니와 動靜
을 초월하는 定性의 의미에서 강조되어 온 것이다. 다시말하면 動靜
無間이란 말인 줄 안다. 太極을 理라고 할 때 그 理는 寂然不動과 萬
象森然을 一貫하는 理인 줄로 안다. 一源이나 無間이나 一貫에서 말하
는 源頭處를 體用이나 顯微나 理氣를 相對的 立場에서 뿐만 아니라 分
析斷切시켜 평하는 것은 결코 온당하다고 생각하기는 어려울 것이다.

新世紀의 黎明을 向해서

現代는 정치적으로는 폭발되는 인구와 식량문제해결이 급하기도 하
지만 인간의 각성없이는 방법적으로 해결이 된다 하더라도 바람직한
것이 되지 못할 것이니 세계평화는 달성이 어려울 것이오, 우리나라
의 남북통일이 가장 급한 일로 생각되지만 생명의 존엄성이라든가 사
람을 사랑해야 한다는 仁心없이 달성된다고 하더라도 그것은 처참한
결과를 초래할 것이다.

20세기 文明은 2000년을 두고 쌓아올린 文化의 탑이련만, 역사상
어느 때보다도 불안한 것은 여러나라들이 레이다망을 구성해서 기습
에 대비하고 있다는 실정을 보아 알 수 있고, 인류는 2000년을 두고
지성을 닦아 왔으련만 오늘처럼 감정이 둔화된 시대가 일찌기 없었음
은 기계의 노예가 되어가고 있음을 보아 짐작할 수 있다.

창조주는 만물을 사랑으로 창조했을진데 인간은 이것을 본받아야 하
며 동시에 본받는다고 해서 맹종한다는 것이 아니라 自己를 深化하여
內在하는 神聖性을 스스로 발견함으로서 창조주와 一連의 관계에 있
다는 것을 뜻함이 아닐까? 寂感이나 體用이나 顯微를 斷切하는 理라면
理發而氣乘之의 모순을 지적받아도 무방할 것이다. 그러나 그렇지 아
니하다면 自己修錬으로서 창조원을 찾아가는 과정에서 誠敬은 가장 지
름길이 될 것이라고 믿어진다. 寂感이나 體用이나 顯微를 遊離하는 敬
이라면 氣發而理乘之라고 해도 말은 되겠지만은 本旨는 다르다 할 것
이다. 그러나 그렇지 아니하다면 투철한 궁리로 聖人을 向하는 과정

에서 格物工夫는 제일 좋은 방법이 될 것이라고 믿어진다.

神은 죽었다고 니체는 말했다고 하거니와 神은 죽었으나 人間은 죽지 아니했다고 해야 할 것이다. 그러나 神이 죽고 人間이 살 수 없으며 人間이 죽고 神이 살 수는 없는 일이 아닐까?

世界는 平和를 達成해야 하며 人類는 覺醒을 위한 努力을 아끼지 말아야 할 것이다. 그러나 그것은 발을 디딜 곳이 없는 類의 宗敎에서도, 그리고 向할 바를 잃어버린 짧은 人間의 知性에서도 求하지는 못할 것이라는 점을 생각하면서, 그리고 이미 400년전에 가신 정치가로서 人格者로서의 誠敬, 學者로서 理論을 되뇌여보며 追慕의 뜨거운 性感을 다시 한번 품어본다. 韓國의 退溪가 아니라 世界의 退溪임을 자부하면서……

退溪의 哲學思想과 現代社會

1

한 사람의 言行이 그 사람의 哲學의 所產이라고 할 때 그가 가지는 論理體系와 함께 注意깊게 살펴야 한다. 그러한 뜻에서 退溪의 哲學思想은 그의 生涯를 함께 보아야 하며 그 一生은 또 그가 지니는 論理構造의 反映이라고 생각해서 言行에 특별히 關心을 가지게 된다.

69세 되던 1569년 3월 4일 深夜에 退溪는 宣祖와 마주 앉게 되었다. 33세에 발을 내디딘 官職生活은 四大士禍를 背景으로 젖어오는 社會雰圍氣속에서도 出世를 거듭하여 왔던 바 이 해의 正月에는 禮曹判書・知中樞府事・議政府右贊成 등을 연이어 받게 되었으나 辭讓을 해왔던 것이다. 이미 官職을 떠나서 學究生活을 하고자 決心한 것은 이보다 앞선 16년전인 53세때(1553) 3月 17日 日記에「學以終身」이라고 기록되어 있어 學問으로 終身하려는 決心이 엿보인다. 이제 宣祖를 뵈옵고자한 것도 故鄕으로 돌아가고 싶은 心情에서 允許를 받으려 請願하였던 까닭인 것이다. 宣祖의 나이는 18세, 69세 高齡의 退溪는 對座하여 惜別의 이야기가 오고 갔다. 宣祖는 退溪를 引見하고 더 머물러 있을 것을 권하였지만 再三 辭讓하는 退溪에게 더이상 말릴수 없음을 알아차린 宣祖는 말하였다.

「卿이 이제 가려하니 나를 위하여 하고 싶은 말이 없는가?」
子息에게 타이르듯 學生에게 가르치듯 그 친절하고 겸손한 退溪의 모습과 言說內容은 여기에 다 할 時間도 자리도 아니려니와 대개「獨智로 馭世하지말 것과 國庫를 든든히 할 것」을 말하고 아울러 周易 乾卦 上爻와 心統性情圖를 가지고 아뢰었다. 獨智로 馭世하지 말라는 말은 賢臣의 進言을 귀담아 들으라는 말이고 國庫를 든든히 하라고 함은 南北有釁과 民生困悴를 豫防하기 위함이지만 乾卦 上爻와 心統性情은 人間의 主體的인 문제에 속하는 것이었다. 宣祖는 이 心統性情과 圖上의 虛靈知覺을 물었고 여기에 대하여 退溪는 張橫渠의 西銘을 가지고 대답하였다. 宣祖가 다시 「더 하고싶은 말이 없는가?」하였더니 「戊午甲子士禍는 더 말할 것도 없이 己卯에 士林들이 大禍를 입어 小人이 乘勢했던 悲運을 恨嘆」하고 「善類를 보호하여 國家의 正脈을 바로 잡을 것」을 간절하게 역설하였다. 宣祖는 이 말을 듣고

「卿의 말을 마땅히 경계하겠노라. 朝臣으로 추천할 만한 人材는 없는가?」

라고 물었다. 大臣과 六卿과 首相이 모두 훌륭한 사람들이라서 이에서 더 낳은 사람이 없다고 한즉 다시 宣祖는

「學問하는 이는 누구인가?」

를 물었다. 先生은 難言이라고 하여 程子의 말을 인용하였고 奇大升이 글을 많이 읽어서 理學의 造詣가 깊다고 칭찬은 하면서도 收斂工夫가 적음을 念慮하는 말로 對話는 일단 끝이 났던 것이다.

여기에 주고 받은 말을 통해서 두가지를 지적하고 싶다. 하나는 先生이 一生을 두고 쌓아 올린 思想의 精粹를 가지고 그것도 평범한 學徒나 學者가 아니라, 大權을 장악하고 있는 君王과의 學問的인 對話였다는 점과 또 하나는 聖上으로서의 준엄한 權威와 어버이와 같은 자애로운 情宜가 교차된 人間的 場面이라는 것이다.

君王과의 學問的인 對話를 중요하게 생각하는 까닭은 眞理의 現實的 具現者로서 당시의 社會構造로 보아 君王이 唯一無二의 至尊者이기 때문이요 權威와 情宜의 교차를 중시하는 理由는 때때로 情宜가 따르지않는 權威와 權威가 없는 情宜는 半失缺禮의 결과를 가져오기 때문인 것이다.

이 보다 1년전인 68세때에는 宣祖가 明宗의 뒤를 이어서 權座에 오른 해이다. 退溪는 明宗昇遐에 대한 슬픔도 있었겠지만, 나이 어린 임금에 대한 念慮를 잊어버릴 수 없었던 것 같다. 이 때에도 여러가지 벼슬이 계속 주어졌으나 高官大爵보다는 草野에 還鄕하여 道學에 心衷을 기울이고 싶은 心情이고 國家將來를 우려하는 忠誠은 유명한 戊辰六條疏에 담겨져 年少한 宣祖에게 進達되었던 것이다. 그 內容에는 아는 바와 같이 여섯가지의 條目이 骨子로 되어 있다. 뵈옵고 말씀을 드릴 때는 정신이 혼미하고 말을 더듬게 되어서 한 가지를 들면 萬가지가 새나가게 되기에 글월로 올린다는 前提를 하고나서 六條項을 차례로 진술하였다.

첫째 繼統을 중히 하고 仁孝를 온전하게 하라고 했고 둘째 讒間을 막고 兩宮을 親히 할 것, 셋째 聖學을 敎篤하게 해서 政治의 근본을 세울 것, 넷째 道術을 밝히고 人心을 바로 잡을 것, 다섯째 腹心을 미루어 耳目을 통하게 할 것과, 끝으로 修養과 省察을 誠心껏하여 天愛를 承受할 것 등이었다. 明宗에게 아들이 없었던 탓으로 旁支로 入繼한 宣祖에게 제일 먼저 宗統의 무거움과 仁孝를 오로지할 것을 강조하였고, 아첨과 이간속에 자칫 兩宮의 不和를 가져오기 쉬우므로 이 점에 특별한 주의를 환기시켰으며, 眞理가 담겨있는 聖賢의 學問을 독실하게 해서 政治의 근본을 확립할 것을 고무시켰고, 聖王의 道術을 밝혀서 人心을 바로 잡는 일이 維新政治에 功獻이 된다고 역설하였고, 國家를 有機體로 보아 大臣과 臺諫과 元首가 混然一體가 될 것을 당부하였으며, 天과 王을 父와 子에 비유해서 意誠心으로 執政할 것을 끝으로 간곡하게 청하고 있다.

이 六個條項의 本意를 論者는 聖學의 眞理와 孝의 실천의 두가지로 요약해보고 싶다. 3條 4條의 聖學道術은 眞理探究에 관한 것이며 1條 2條의 全孝親宮은 孝道實踐에 관한 것이며 5條 6條는 理想政治의 實現을 뜻하는 것으로 생각된다. 行을 통해서 眞理를, 眞理에 의한 어진 政治를, 이 六項目에 엮은 것이며 넓게 보아서 3,4條는 學理요 1,2,5,6條는 踐理로 생각된다.

이 밖에도 먼저 一夜對話에 언급된 心統性情圖가 여섯번째로 그려져 있는 聖學十圖는 같은 해 12월에 官職解任을 청원하면서 올린 先生의 哲學의 結晶體이기도 하다. 요사이는 모두 出世를 원해서 나아가려고 함이 급한데 當時의 退溪는 물러가서 硏學하기를 바랐고, 要職에 있던 人士가 背信을 쉽게 하는 요즈음에 비해서 民族將來를 근심하며 靑年期로 접어드는 宣祖를 앞에 놓고서, 떠나는 마당에 쓰다듬는 모습은 409년전 일이기는 하지만 409년후인 오늘에 깊이 생각해보게 되는 것이다. 宣祖앞에서의 말씀과 행동은 先生의 人生觀 世界觀에서 흘러나온 것이요, 進啓한 六條疏와 聖學十圖는 그의 天命圖說 및 格物致知說과 함께 그의 論理體系의 投影이라고 하겠다. 六條疏와 聖學十圖의 共通點이 聖學을 重要視하는데 있다면 聖學十圖와 天命圖說 格物致知說의 公約値는 主體性의 學的 確立에 있다고 할 수 있을 것 같다. 오늘을 살아가는 사람들에 있어서 또한 주의깊게 응시되어야 할 要點이 여기 있는 것으로 간주된다. 과연 오늘의 社會는 달라져가고 있음을 보는 것이다.

2

1950年代에 著書「現代」를 통하여 世人을 놀라게 한 Andre Siegfried(1875~)는 「機械文明의 進展으로 말미암아 人間은 점차 自己의 運命, 自己의 創意力에 대하여 無責任해진다. 그리하여 現代는 바야흐로 人間으로 하여금 〈管理의 時代〉〈組織의 時代〉속에 갇히게 하고 있다」고 설파하였다. 그의 이 말은 機械文明이 얼마나 무섭게 根本的으로 人間社會를 변질시키고 있는가를 지적한 것이다.

1968년에 스위스에서 組織된 로마 클럽은 日本 東京에서 열렸던 會議(1973. 10. 24~27)까지 네번의 會議를 갖고 이른 바「地球最後의 날」(Dooms Day)을 둘러싸고 論難을 거듭하였다고 한다. 그들의 主要議題가 주로 社會學的 側面이라기 보다는 生物, 物理的 側面에서 다룬 것이기는 하지만 悲觀的인 結論을 내렸다는 것이다.

現代社會의 特徵을 사람에 따라서 다양하게 지적하고 있으나, 얼른 「不安하다」는 말이 아마도 實感있을 것도 같다. 世界는 大戰으로부터 해방되어야 할 것임에도 新武器는 거듭거듭 발명되어서 美國에서는 中性子彈으로 器物破壞없이 사람만을 殺傷하는데 이르렀고, 蘇聯서는 光線으로 사람을 絕滅시키는 殺人光線마저 만드는데 성공하였다는 스위스를 통해서 나온 報道이다. 祖國은 平和統一이 達成되어야 할 것임에도 南北의 對話마저 중단되고 있는 實情임은 우리가 다같이 알고 있는 사실이다. 美軍의 撤收문제와 함께 우리의 緊張은 한층 더 高調되어가고 있는 심각한 현실이라고 하겠다. 눈앞에 展開되고 있는 國內外의 時局推移는 都是 不安을 확대시켜주고 있는 것같이 보인다.

그러나 人類가 共滅할 수는 없고 民族이 分裂로 끝날 수 없다면 産業利益社會에서 資源의 限界點上을 방황만 하거나 高性能의 新武器앞에서 떨고만 있거나 外面하는 民族對話를 결코 抛棄할 수 없는 일이다. 여기 人間의 슬기가 필요하고 새로운 哲學의 定立이 요청되는 所以가 있는 줄 안다. 보다 念慮되는 것은 새로운 武器도 아니며 資

源의 고갈도 아니다. 그것을 이겨낼 수 있는 人間性의 喪失에 있다고
하겠다. 現代社會에서 가장 두렵게 생각되는 것은 이 人間喪失로서 創
意力이 鈍化되고 主體意識의 貧困을 가져오는데 있는 것으로 이해된
다. 創意力의 鈍化는 物質機械生活의 中毒때문이요 主體意識의 貧困은
物質爲主의 전도된 價値觀의 所産이라고 여겨진다. 이것은 가까이는
人間自體內의 心身分裂을 의미하며 멀리는 全人類의 求心點이 증발된
것임을 뜻한다고 하겠다. 고장난 機械는 사람이 고칠 수 있지만 分裂
된 人間은 人間自體가 치료할 수 밖에 없다는데 自己反省이 필요하게 되
며 본래의 人性을 省察하게 되는 줄 안다. 個人의 心身分裂을 調和로
회복시켜 줄 수 있는 端緒와 人類의 求心點을 되찾을 수 있는 基點은
人間의 本來性에 대한 自省에서 발견되는 줄 믿는다. 産業社會·工業
社會·技術社會니 또는 利益社會·金權社會·組織社會 등등은 手段的
인 의미에 不過하다. 獨逸의 社會學者 F. Tönnies는 社會를 크게 둘로
나누어 利益社會와 共同社會로 분류하고 있으나 利益과 共同이라는 말
이 利害를 위주로 한다는 共通性을 탈피하지 못하는 限 역시 非目的的
인 것이요 물론 領域外이기는 하나 人間自體문제와는 거리가 있는 것
이라고 하겠다. 退溪의 哲學思想은 人間自體의 性理學的 定立부터 명
확하다고 생각된다.

③

人間相互間의 不信과 社會的 不條理의 解消는 合理的인 것 科學的인
것만으로는 바라기 힘들다는 것은 周知의 사실이다. 그 밖에 이것을
구사하는 人間自體문제와 아울러서 비로소 解決이 가능하다고 생각된
다. 이 말은 內的인 것과 外的인 것이 並行되어야 되겠다는 말이다.
退溪는 學問으로 終身하겠다고 결심한 日記를 보면 앞서 말한 바와
같이 「內重外輕」이라고 보인다. 外界의 事實보다는 內界의 自體性을
더 重視해야겠다는 뜻으로 생각된다. 「大學」에서 말하는 「德者本也
財者末也」는 內本外末이라는 말이고 이것이 顚倒되어 外本內末이 되
었을 때 爭民施奪이나 孟子가 말하는 上下交征利하는 現象이 일어날
것은 明若觀火한 사실이다. 여기 주의하고자 하는 것은 內本外末이나

德本財末이라는 말은 論理的인 표현이지 결코 外財가 不必要하다는 의미가 아니라는 점이다. 人間性의 回復은 道德的 善意志인 內的 德性의 啓發로부터 시작되어야 하겠다고 생각할 때, 이 德의 根源을 認識하려는 哲學이 필요하게 되는 줄 안다.

子思의 天命之謂性이라고 함과 孟子의 人性이 善하다고 함은 아는 바와 같이 儒學에서 正統理論으로 계승되어 왔다. 宋朝의 理氣哲學이 性即理를 표방하면서 人性의 理氣論的인 說明이 시작되었고 人間문제를 理・氣・心・性・情으로 試論하게 된 것이다. 退溪는 奇大升에게 주는 心統性情에 관한 글에서 人間理解의 學的 條理를 다음과 같이 밝혀주고 있다.

「사람이 날 때에 모두 天地의 氣를 받아서 人體가 되고 天地의 理를 받아서 사람들의 人性이 되며 理와 氣가 모여서 마음이 되므로 一人之心이 곧 天地之心이요 一己之心이 곧 千萬人之心이니 애당초에는 內在彼此의 差異가 없다.」(全書 卷18 答奇明彦論改心統性情圖)

사람과 사람이, 사람과 天地가 자리를 같이 할 수 있는 점을 지적하고 있다. 즉 人人의 心이 所從來인 天地의 理氣를 基盤으로 하나될 수 있고, 人心과 天心이 역시 所從來인 理氣를 통해서 만날 수 있다는 것이다. 즉 天理와 性理의 理를 一元으로 抽出하고 있음을 볼 수 있다. 뿐만 아니라 物界의 理와도 疏通할 수 있는 理라는 것이다. 이 점은 역시 先生이 돌아가시기 直前에 高峰에게 준 格物致知說에서 볼 수 있다.

「대개 理가 비록 物에 있기는 하지만 用은 事實上 心에 있다.」
(全書 卷18 答奇明彦別紙)

이렇게 되면 物理의 機能이 전혀 배제된 것 같은 印象을 주게 된다. 認識過程에서 心이 外界의 物理로 간다든가 또는 外界의 物理가 心으로 온다든가 하는 理論은 立場에 따라서 상이할 수 있겠으나 先生은 兩側을 모아서 理가 發現하는 用의 妙로 이해하고 있다. 즉 人心의 이르는 곳을 따라서 바로 理가 到盡한다는 意味로 간주된다. 情意와 造作이 없는 것은 理의 本體요 隨寓發見해서 반드시 도달하는 것은 理의 至神之用이라고 하여 理의 活性을 제시해주고 있읍니다. 退溪가 尊理를 주장하게 되는 理由가 바로 여기에 있다고 생각된다. 病勢의 惡化로 回生을 못하고 돌아가시는 날 아침에 弟子 李德弘에게 司書를 一任하고 기르던 梅花盆을 밖으로 내놓아 물을 주라고 분부했다는 記錄은 우리의 注意를 끌기도 한다. 死境의 所行은 어쩌면 宣祖와 對坐時의 言說을 연상케도 하는 것 같다. 一國의 聖上에 대해서 性理哲學을 講論한 것과 臨終時 盆梅에 灌水하라는 行爲는 性理의 社會的 權化인 聖上을 높이고 物理의 自然的 所産인 梅花를 아끼는 先生의 모습이 口說의 尊理가 아니라 實踐의 尊理를 보여준 것으로 믿어진다. 이처럼 物理·性理·天理는 一理로 집약될 뿐만 아니라 社會的으로는 義理의 理로 發現되는 것이다. 退溪가 社會的으로 義理를 강조한 모습은 黃仲擧에게 준 義利之辨을 통해서도 本意를 엿볼 수가 있다.

그러나 一理는 알기도 어려우려니와 안다고 해도 義理實踐이 어려웁고 義理實踐이 可能하다고 하더라도 尊理生活은 더욱 더 어려운 것으로 짐작된다. 그래도 여기 問題는 여전히 남는다고 해야 겠다. 어떻게 해서 그것이 가능한가라는 문제이다. 즉 尊理의 主體生活이 어떻게 定立되느냐 하는 問題라고 하겠다.

4

現代社會에서 가장 두렵게 생각되는 점을 創意力의 鈍化와 主體意識의 貧困으로 앞에서 지적한 바 있다. 政治的인 主權이나 經濟的인 自立이나 社會的인 協同이나 文化的인 自矜 등은 모두 自我와 직결된 約處라고 이해된다. 여기 말하는 主權이나 自立이나 協同이나 自矜은 기울어지지 않는 大中至正의 座標에서 비로소 의미가 있다고 하겠다. 다시 말해서 大中至正이란 普遍과 特殊의 共存處요 主體機能의 新藏處라고 하겠다. 이 座標에서 이 共存을 지키고 共存하면서 이 機能을 살린다는 것은 現代社會의 民主生活에서 매우 중요한 일로 생각된다. 이 座標의 구축을 退溪는 朱子의 說을 계승하면서 주장을 하고 있다. 즉 孔夫子께서 「博學於文 約之以禮」(論語 顏淵)라고 한것이라든가, 子思가 「尊德性而道問學」(中庸 27章)이라고 한 것이라든가 孟子가 「博學而詳說之 將以反說約也」(離婁下)라고 한 등등의 兩面은 車의 두바퀴와 같고 새의 두 날개와 같아서 어느 하나를 잃어도 수레는 구르지않

고 새는 날지도 못한다고 하였다. 傳習錄辨을 지어서 陽明의 心學을
비판한 것이나, 延平答問에서의 禪學과 儒學의 差異點을 지적한 것이
나, 心經後論에서의 陸氏 老氏에 대한 言及 등등은 한결같이 大中至
正에서의 離脫을 염려한 指摘이라고 생각된다. 主權在民의 오늘날
大衆皆皆人이 모두 이 자리를 지킨다는 것은 바람직한 일이거니와 主
權在君의 당시 君上이 그 大中至正의 座標를 지킨다는 것은 眞理具現
의 行權者로서 더 없이 緊要한 일이었던 것이다. 그렇기에 宣祖를 念
慮했고 그 때문에 聖學十圖가 獻上된 줄로 이해된다.

第1圖인 太極圖로 부터 第10圖인 夙興夜寐箴圖에 이르기까지 10
個圖를 例擧할 겨를도 필요도 없겠으나 退溪 스스로의 말을 빌린다면
前半 5圖末에 「以上五圖 本於天道而功在明人倫懋德業」라 한것과, 後
10半圖末에 「以上五圖 原於心性而要在勉日用崇敬畏」라고 한 것으로
미루어서, 聖學十圖全體를 흐르고 있고 先生의 本意가 짐작되는 것이
다. 天道에 根本하되 功效는 人倫을 밝히고 德業에 힘쓰는데 있고 心
性에 根源하되 樞要는 日用을 힘쓰고 敬畏를 높이는 데 있다는 것이
다. 人倫德業이 天道와 遊離될 수 없고 日用敬畏가 心性과 直結해야
한다는 뜻을 시사해주고 있다. 事實上 車는 앞에서 끌거나 뒤에서 민
다면 그것은 이미 고장난 車인 것이다. 그러나 앞뒤의 보조없이 구르
는 自動車라고 하더라도 그것은 사람의 運轉을 기다려서 비로소 運行
되는데 지나지 않는다. 여기서 주의깊게 관심이 가는 것은 車의 自動
은 사람에 의한 것이지만 사람의 自動은 무엇에 의하는 것인가 하는
문제이다. 車의 경우는 運轉하는 技士와 運轉당하는 車가 確實하게
구별되지만 사람의 경우는 운전하는 技士와 運轉당하는 사람이 다 같
은 한 사람이라는 점에서 문제가 간단치 않다고 하겠다. 人倫德業과
天道의 사이의 主體的 機能과 日用敬畏와 心性과 사이의 主體的인 機
能을 前5圖와 後5圖로 요약해서 간명하게 敎示해준 것이 바로 第5
圖와 第10圖末尾의 글로 생각된다. 이렇게 볼 때 天道와 心性은 主
體的인 意味에서 不可須臾離의 關係에 있다고 하겠다. 즉 命令하는 나
와 명령받는 나가 共存한다는 말이라고 이해된다. 共存한다고 해도
命令을 주기도 하고 받기도 하는 나도 있지만 命令을 내리기만 하고
받지않는 나가 있다고 할 때 그것은 窮極의 神聖處라고 해야 할 것이
다. 「命物而不命於物」(退溪全書 卷13 答李達李天機)이라고 해서 極尊無

對한 理를 설명하고 있다. 性即理라고 함은 宋學正統의 骨子이기도 하지만 退溪에 의하면 마음은 一身의 主宰요 또 敬은 一心의 主宰 (聖學十圖 第八心學圖說)라고 하였다. 心·敬·尊理의 理는 顯微無間이나 體用一源에로 파악되는, 退溪가 생각하는 窮極의 主體로 생각해 보는 것이다. 勞使間의 갈등은 彼我의 主體機能의 不連統에서 오는 것이요 따라서 企業體의 安全과 繁榮은 勞使間 主體機能의 一元化에 있다고 생각한다. 命令하는 나와 命令받는 내가 같은 나라고 할 때 危險한 것은 자칫 잘못하면 편벽된 自己 固執으로 固陋해 진다는 것이다. 어떻게 해서 命令하는 내가 命物而不命於物하는 나로 止揚될 수 있을가 하는 점은 아마도 哲學徒면 누구나가 궁금하게 생각하는 部分이라고 하겠다. 退溪는 앞서 말한 바와 같이 一身의 主宰는 心이요 一心의 主宰는 敬이라고 하였다. 李德弘이 어떻게 하면 主體確立이 가능한가를 물었을 때 잠시 후에 敬이면 可能하다고 하였다. 또 많은 敬說가운데서도 程謝尹朱의 說이 가장 절실한 것이라고 일러주었던 것이다. 이 四子의 說의 共通點은 間斷없는 一連의 持續性에 本旨가 있는 것으로 생각된다. 「居處恭 執事敬」(論語 子路)이나 「三月不違仁」(論語 雍也)이라고 함도 또한 그러한 뜻으로 간주된다. 뿐만 아니라 이 敬이 聖學의 始終이 됨을(聖學十圖 第三小學圖) 극구 강조하고 있음을 볼 수 있다.

물과 불은 自然界의 流行面에 있어서나 社會의 人間生活에 있어서나 없지 못할 必須物임은 사실이다. 虛空에 떠 있는 太陽의 熱이 虛空의 熱로 끝나버린다면 生物은 성장할 수 없을 것이다. 空中에 뜬 구름이 물임에는 틀림없지만 空中의 水蒸氣로 끝나버린다면 生物의 成長을 기대하기 어려울 줄로 안다. 땅속에 갖고 있는 地熱이 있으므로 해서 萬物에 溫氣가 上下想應되며 地下로부터의 湧泉이 있으므로 해서 水氣가 上下 流通되는 가운데 森羅萬象의 生成發展을 가져오는 것이다. 太陽熱이 단절되거나 浮雲과 湧泉이 隔離될 수 없는 것처럼 天理와 人性은 宋學의 正統이 그러하거니와 더우기 退溪先生에 있어서는 敬이라는 門을 통과함으로 해서 主體機能의 一元的 定立이 가능하다는 것이다.

「露草夭夭繞水涯 이슬돋힌 고은 풀 물가를 둘렀고
  小塘淸活淨無沙 작은 못 맑은 물 깨끗도 하여라」

·「雲飛鳥過元相管　구름도 흐르고 새는 날아서 서로 어울리는데

　　只怕時時燕蹴波　다만 제비의 발길 잔잔한 물결 흐릴까 두려웁구나」

이 詩는 退溪의 18세作이라고 한다. 일찍이 佳景을 보았고 萬象이 하나되는 境地를 읊은 것으로 추측이 된다. 往往 하나되는 것만 알고 部分의 의미를 무시할 때 氣高萬丈으로 眼下無人이 되기 쉬운 弊端을 범하게 되는 줄 안다.

「河南門下謝先生　程子의 門徒인 謝先生은

　　百聖心傳一語明　모든 聖人의 心傳을 한 마디로 밝혔구나

　　妙用深源都在熟　妙한 用과 깊은 근원은 모두 익는데 있나니

　　瑞巖秭稗不須評　瑞巖과 秭稗를 모름지기 評하지 말지어다」

體用一源이니 顯微無間이니 해서 높은 境地를 말하지만 아는 것보다는 익히는 것이 중요하고, 實踐도 소중하나 敬虔이 뒤따라야 한다는 것이다. 같은 하나의 世界를 보고서 輕擧妄動과 整齊嚴肅의 差異를 가져온다면 그것은 理論의 隔差가 아니라 앎(知)과 익음(熟)에 말미암은 等差라고 생각된다. 蘊蓄된 學問과 원숙된 人格은 退溪의 眞面目이라고 믿어진다.

⑤

宣祖와의 對話속에서 退溪의 哲學의 실마리를 찾아보았고 現代社會의 양상을 살피면서 六條疏와 聖學十圖 및 格致說을 통하여 그 哲學의 要點으로 理와 敬을 고찰해보았다.

과거의 儒學者들이 理와 敬을 말한 분이 적지않게 있지만 理라고 하더라도 「尊理」·「養理」로 理를 받아들인 學者가 없고, 敬이라고 하더라도 心經을 神明처럼 받들면서 知行雙全의 生活을 敬으로 一貫한 분이 드물다고 하겠다.

7년에 걸친 四七論辨이 後生들에게 끼친 영향이 크다고 하나 同質性과 異質性에 대한 엄격한 태도는 오늘의 社會에서 특별한 관심을 가지게 한다. 道德淵源이 배제된 社會나 社會性이 유리된 宗敎란 똑같이 하나의 立場만을 固守하는 一偏이라고 할 것이다. 하나를 지킴으로 해서 둘을 잊어버리거나 둘만을 고집해서 하나를 잃어버리는 일은

다 같이 바람직한 일이 못된다고 할 때, 둘을 지키면서도 하나의 尊嚴
性을 상실하지 않고 하나의 神聖性을 우러러 보면서 둘을 지켜가려는
데 退溪의 哲學的 核이 있다고 생각된다. 世界는 싸울 수 없는 一家
라는 테두리 안에서 여러나라의 主權이 존중되어야 함은 더말할 것도
없거니와 韓民族의 南北統一은 하나의 民族的 宗敎에서 平和롭게 달
성되어야 할 줄 안다. 따라서 尊理의 實現과 養理의 努力은 중대한
時代的 歷史的 意義를 갖는다고 하겠다.

價値觀의 顚倒로 인하여 主權은 있는데 主體가 없다든가 家庭은 있
는데 家族이 없다면 內外本末과 動靜語默을 通貫하는 敬은 尊養의 理
와 함께 現代社會의 遠心的 轉向과 求心的 變化의 核心的 寄與를 할
수 있으리라고 믿는다. 그것은 創意力을 소생시키고 새로운 價値觀
정립에 도움이 되겠기 때문이다. 아울러서 이 思想의 西歐學問의 方法
論的 接近은 後學들에게 앞으로 주어진 課題라고 생각한다.

退溪의 格物物格考

序　言

　　儒學의 哲學的 側面에서 格物致知는 方法論上으로 매우 중요시되고 있다. 四端七情論의 認識論的 論爭이 李朝儒學史에서 큰 비중을 차지하고 있음은 周知의 사실이거니와 그 외에 格物과 物格, 그리고 그것에 대한 朱註에 懸吐를 가지고 한때 問題가 되었던 일이 있다. 本稿에서는 退溪에 있어서 이 問題가 어떻게 이해되고 있나하는 점을 고찰해보고자 한다.

　　「大學」經一章에

　　「古之欲明明德於天下者　先治其國　欲治其國者　先齊其家　欲齊其家者
　　先修其身　欲修其身者　先正其心　欲正其心者　先誠其意　欲誠其意者
　　先致其知　致知在格物①

　　物格②而后知至　知至而后意誠　意誠而后心正　心正而后身修　身修而后
　　家齊　家齊而后國治　國治而后天下平」

　　이 中에서 ①格物과 ②物格을 읽을 때 어떻게 訓讀하야 할 것인가 하는 것과, 朱子註에

　　「致推極也　知猶識也　推極吾之知識欲其所知無不盡也　格至也　物猶事
　　也　窮至事物之理欲其極處③無不到也

　　物格者物理之極處④無不到也　知至者吾心之所知無不盡也」

　　이 中에서 ③欲其極處와 ④物理之極處를 읽을 때 토를 어떻게 붙여서 읽어야 할 것인가 하는 것이다. 즉 ①格物은 物을 格한다고 格物의 物에는 「을」토를 달아서 읽는 데는 異論이 없고, ②物格의 경우 物「에」格한 后로 읽을 수 있고, 「物이 格한」으로도 읽을 수 있어서 「에」로 읽어야 할지 또는 「이」라고 懸吐해야 할 것인지가 疑問이라는 것이다.

또 ③欲其極處無不到也에서는 欲其極處「에」, 또는 欲其極處「이」어느 쪽으로 할 것인지, ④物理之極處無不到也에 있어서 物理之極處「에」라고 할 것인지, 物理之極處「이」라고 할 것인지가 疑心스럽다는 것이다.

格物과 物格

退溪 자신은 格物에 관한 說은 大學或問에 잘 갖추어져 있는 것으로 생각하였다.

「格物之說具於或問…」(答金惇叙 退溪全書上 卷28)

格物이나 物格에 있어서의 物을 어떻게 생각하느냐 하는 것은 致知의 知를 어떻게 이해하느냐와 더불어 朱子系統과 陸王系統으로 分岐되는 중요한 곳으로 지적된다. 哲學的 認識의 難處는 主體와 客體에 어느쪽으로도 기울어지지 아니한 調和相이라고 생각된다. 主體와 客體를 다 같이 말한다고 하더라도 말하는 이와 받아들이는 사람이 각각 自己 뜻을 갖고 말하고 이해하는 데서 거리가 생기게 된다. 즉 主體라고 할 때 客體를 초월한 순수한 側面에서, 客體라고 할 때 하나의 對象側面에서 말하기도 하고 또는 主客의 떨어질 수 없는 關係樣相을 前提로 하고 말하는 경우를 생각할 수 있다. 論理的 表現과 事實的 표현은 나타난 言語만으로는 同一하지만 그 뜻하는 바를 달리할 때 거기서 齟齬가 생기게 된다. 뜻하고자 하는 것은 論理인데 듣는 이는 事實로 받아들이거나 事實面을 意味하고자 하는데 論理로 처리되거나 해서는 아니될 줄로 안다.

致知는 在格物이라든가 「物格而後에 知至하고」라 할 때의 物이란 무엇을 뜻하는 것일까? 主體的 表現인지 또는 客體的 표현인지 또는 겸한 것인지, 받는 이에 따라서 理解를 달리할 수가 있다. 主格과 賓辭는 혼동할 수 없는 것으로 主格을 賓辭로 받아들일 수 없고 賓辭를 主格으로 파악해서도 아니되며, 그렇다고 해서 主格을 떠난 賓辭나 賓辭없는 主格은 생각할 수가 없다고 본다. 格物이나 物格에 대한 이해도 이러한 관점에 따라서 뜻을 달리 할 수 있고 그 解釋의 懸吐도 차이날 수 있을 것으로 생각된다.

① 物

經一章에 物이 언급된 곳을 보면

ⓐ 「物有本末」

ⓑ 「致知在格物」

ⓒ 「物格而后知至」라고 나와 있고

傳五章의 朱子補亡章에는

「所謂致知在格物者 言欲致吾之知在即物而 窮其理也云云」

이라고 해서 即物이라고 나와 있음을 본다. 以上의 物을 어떻게 이해하느냐 하는 점은 解讀의 關鍵이 되는 것으로 생각된다.

「物有本末 事有終始 知所先後 則近道矣」(經一章)

라고 할 때 物과 事에 대해서 어떻게 분별되는가를 묻는 이가 있어 朱子는 다음과 같이 대답하였다.

「問事物何分別 朱子曰對言則事是事 物是物 獨言物則兼事云云」(同 細註)

즉 말로 할 때에는 事와 物이 분명히 구별되지만 物만 말할 때는 의미로는 事를 兼한 것이라하니 格致條에 朱子가 物猶事也라고 註釋을 가한 것은 당연한 생각이라고 보인다.

陽明에 의하면

「格物的物字 即是事字 皆從心上說 先生曰 然

身之主宰便是心 心之所發便是意 意之本體便是知 意之所在便是物」

(傳習錄上)

라고 해서 物字即是事字요 意之所在가 便是物이라는 것이다. 여기서 주의하고자 하는 것은 朱子나 陽明이 다같이 物을 말할 때에 事와 관련시켜서 생각하는 태도이다.

「事有終始 知所先後 則近道矣」(同上)

에서 보는 바와 같이 事에는 終始가 있다고 했으니 이것은 時間的인 표현으로서 이해한다면

「物猶事也

格物的物字即是事字」

에서 보듯이 物은 하나의 認識對象으로서의 物만이 아니라 認識主體와의 관계에서 言表한 것으로 미루어진다.

「天生蒸民 有物有則 民之秉彝 好是懿德」(詩 大雅)

에서도 보는 바와 같이 物은 단순한 客體를 의미하는데 그치는 것이 아니라 懿德과 一連의 관계를 갖고 있는 物임을 발견할 수가 있다. 뿐만 아니라 易上經에

　「言有物而行有恒」(家人象傳)

이라고 함을 보면 言은 主體와 關聯되고 行은 秩序와 有關함을 더욱 분명하게 이해할 수 있다.

　요컨대 物이 猶事의 物일 때 事有終始의 終始와 떼어서 생각할 수 없고

　「知止能得如耕而種而耘而歛云云」(大學經一章 物有本末條註)

에서 事의 知止能得을 物과 관계지어서 생각해볼 때, 欲致其知者 先格其物이라고 아니하고 致知在格物이라고 하게도 되는 줄 안다.

　大學一書에서는 物을 말하고 理를 말하지 아니했다. 그러나 朱子는 補亡章에서 即物而窮其理也라고 註釋해서 理를 말하게 되었다. 다시 그 細註에서

　「即物如即事即景隨吾所接之事物也」

라고 說明을 더하고 있어 客體로서의 物理를 窮究하되 接之하는 吾의 事物로 그 物有本末의 物의 本旨喪失을 경계하고 있음을 알 수 있다.

　物을 이처럼 생각할 때 格은 어떻게 이해해야 할 것인지 다음에 格의 뜻을 살펴보기로 한다.

② 格

　朱子는 格을 至라고 한다. 格物을 窮至事物之理라고 한다. 이렇게만 보면 陽明의

　「朱子所謂格物云者 在即物而窮其理也 即物窮理 是就事事物物上求其所謂定理者也……夫析心與理而爲二 此告子義外之說」(傳習錄中)

이라고 한 心과 理를 분리해버린 告子의 義外의 非難을 면할 수 없겠지만 朱子는 다시 이어서

　「欲其極處無不到也」(大學經一章 格物條註)

라고 하여 欲하는 主體를 결부시키므로서 心과 理의 不可離에 대한 深慮를 기울이고 있음을 볼 수 있다. 北溪陳氏는

　「心以全體言 意是就全體上發起一念慮處言 格物必如吾身 親至那地頭見得親切方是格」(經一章註)

이라고 하여 心(吾身)과 意와 物의 一連性을 강조하고 格이란 그 一連性에서 하는 말이지 결코 단절된 一部를 지적함이 아니라고 주장한 것으로 이해된다.

雲峰胡氏는

「窮至事物之理 心外無理 理外無事 即事以窮理 明明德第一工夫也」
(同上)

라고 해서 格物이 明明德의 第一가는 공부라고 했고 또한 여기서 心과 理와 事가 各立할 수 없다는 주장임을 엿볼 수 있다.

「格汝禹」(書 大)

「格汝衆」(書 盤上)

「格汝舜」(書 舜)

에서 본다면 至나 혹은 來字의 뜻으로 풀이될 수 있고

「格其非心」(書 囧)

「格君心之非」(孟 離)

에서 본다면 正字의 意味로 파악된다. 즉 朱王의 解釋의 각각 端緖처럼 생각된다.

「格于上下」(書 堯)

「正己而物正者也」(孟 盡上)

라고 한 것을 미루어 볼 때 이 경우는 간단하게 來라든가 至라든가 사물을 바르게 한다는 것에 그치는 것이 아니라 그 속에는 窮이나 盡의 뜻이 포함되어 깔려 있는 것으로 여겨진다.

뿐만 아니라 더 나아가서

「誠者非自成己而已也 所以成物也」(中庸)

라고 한 成己成物이나

「致中和天地位焉萬物育焉」(同上)

에서의 致中和와 有關하게 느껴진다. 이와 같이 至나 來, 또는 正字의 뜻으로 본다 하더라도 窮至, 窮盡의 根源的 의미를 지니고 있는 것으로 생각된다. 이렇듯 物이라고 할 때에도 하나의 對象物로 보아버리지 않고 物有本末의 物이며 事有終始의 事를 겸한 物이며, 誠者物之終始의 物이요 또 格物이라고 할 때의 格은 來至나 혹은 正의 格이기도 하지만 窮盡의 뜻이 함축되어 있는 것으로 이해된다. 玄石 朴世采의 主張에서 더욱 분명한 것을 읽을 수 있다.

③ 朴世采의 格物과 窮至

그의 格物訓義說에 의하면 그 주장은 다음과 같다.

朱子의 誠意 致知 格物의 해석을 통해서 볼 수 있듯이 그는 因文主義로 그 字訓과 文義가 명백한 根據가 있은 연후에 채용한다.

「訓格以至非但爲爾雅吉訓程子亦旣屢以爲格至也則不敢有異議然也」

格을 至로 訓讀하는 점에 대해서는 爾雅에서 뿐만아니라 程子가 여러 차례 格은 至也라고 하였으니 감히 異議가 없지만, 大學章句에 있어서의 解釋과 大學或問에서의 解讀은 일련의 관계가 있음을 볼 수 있다는 것이다. 즉 大學章句註에는 格物註下에

「窮至事物之理欲其極處無不到也」

라고 했고 大學或問에는

「格者極至之謂如格于文祖之格言窮之而至其極」

「凡有一物必有一理窮而至之所謂格物者也」

라고 하였다. 格은 格于文祖의 格과 같아서 極至를 이르는 것이며 窮之而至其極을 말한다고 하고 또 格物이란 것은 一物一理를 窮而至之하는 것이라고 함을 보아서

　　格　　者…極至
　　　　　　　窮之而至其極
　　格物者…窮而至之
　　　　　　　窮至事物之理欲其極處無不到也

로 정리할 수가 있다. 여기서 至字와 窮至를 朴世采는 구분해서 설명한다. 즉

「至者乃字之正訓
　窮至事物之理欲其極處無不到者乃格物之全訓」

이라고 했듯이 正訓과 全訓으로 구별, 이것을 朱子가 程子의 뜻을 계승하여 준수한 것으로 이해한다. 또한 窮와 至를 분리해서 말한 경우는 즉

「窮之而至其極
　窮而至之」

에서는 혹 格字의 正訓을 申言하기도 하고 혹 格物의 全訓을 申言하기도 한 것이니 이는 역시 朱子가 程子의 說을 반복해 밝히고 「而」字

를 가해서 始終을 밝혔다는 것이다. 다시 말하자면 窮至는 統一體를
뜻하고 窮而至라고 할 때는 始終關係의 의미로 파악된다. 여기서 주
의해야 할 것은 至字를 이미 格字의 正訓이라고 해서 窮至를 분리시켜
서 생각하기 쉽다는 점이다. 그렇게 되면 窮은 窮究요 至는 極至로서
二義로 끊어지는 것 같아서 格은 窮義를 떠나버린 至가 되고 窮은 格
外에 있게 되는 誤認을 초래하게 된다. 그래서 大學章句에서

「格至也」

라고 한 至와 또는 大學或問에서

「格者極至之謂」

라고 한 至는 統一體의 全訓과 始終에서의 正訓과 無關한 것이 아니
라 반드시 관계를 맺어서 納得되어야 한다는 것이다.

「譬如一人之身有頭有足合成全體 過之者見其全體 而認之曰此頭也彼足
也則猶之可也顧乃見其一邊而曰足旣非頭是頭無足義其足也必當在於全
體之外則未知其說如何也」

에서 보는 바와 같이 全身을 보고 四肢를 말할 때는 그 部分이 옳게
표현되려니와 그것 없이는 全身밖의 것이 되고 마니 그 說이 어떻게
되겠느냐는 것이다.

이상은 格物의 格을 窮至 그리고 窮과 至로 分析綜合해서 설명한
주장이거니와 格物物格 또는 그 攷效注의 懸吐도 이러한 意味上의 納
得과 관계없이 이루어질 수는 없을 것으로 생각된다.

退溪의 이 問題를 고찰하기 위해서 우선 그 以前부터의 事況을 함
께 다음에 알아보기로 한다.

④ 몇가지 立場과 退溪의 見解

李丙燾박사는 그의 「韓國儒學史草稿」에서 다음과 같이

「考退溪集(卷26) 答鄭子中書 當時學者之間對於此問題似有三種解釋左
表」

라고 해서 三說로 분류하고 있다.

第1說은 李晦齋의 주장이요, 第2說은 金老泉(湜)과 朴瓢道(光佑)
尹倬의 주장이요, 第3說의 주장은 申駱峯(光漢)이 한 것으로서 이들
은 退溪의 先輩였다.

「湜窃詳申公此語實得其意云云」 (答鄭子中 格物物格兩註說記嘗聞見諸公

類別	格 物 物 格 吐	朱 子 註 토
第1說	A 格物——物乙(을)格 B 物格——物厓(에)格	A 欲其極處厓(에)無不到也 B 物理之極處厓(에)無不到也
第2說	A 格物——物乙(을)格 B 物格——物是(이)格	A 欲其極處是(ㅣ)無不到也 B 物理之極處是(ㅣ)無不到也
第3說	A 格物——物乙(을)格 B 物格——物厓(에)格	A ⎫ B ⎭ 厓是吐亦好

語)

이라고 해서 申光漢說을 옳다고 생각했음이 사실이다.

退溪는 생각하기를 當時人들의 吐의 厓(에)와 是(이)에 대한 의심을 두가지로 분류했다. 첫째는

「一謂理本在吾心 非有彼此 若云厓是則是理與我爲二而分彼此故不可也」(補亡章衆物之表裏精粗是無不到)

라고 하여 理와 心은 피차가 없는 것인데 厓是吐로 인해서 피차가 분리되므로 불가하다는 것이며, 둘째는

「一謂工效註若云厓是則是涉工夫著力故不可也」(同上)

라고 해서 工夫著力의 一連性을 害하는데 不可의 요인이 있다고 한다. 退溪는 申駱峯의 主張이 옳다고 생각하였다. 그에 의하면 앞의 分類表의 第3說과 같다. 즉 格物에서는 物「을」로 읽고 物格에서는 物「에」로 읽고 그 朱子註에서는 欲其極處, 物理之極處의 兩處에 「厓」「是」共히 무방하다는 것이다. 당시의 사람들의 疑心에 대해서 아무런 구애될 필요가 없다는 것이 退溪의 持論이어서

「讀之以厓是辭何不可之有哉」(補亡章衆物之表裏精粗是無不到)

厓是로 읽어서 아무런 지장이 없다는 것이다. 즉 內外彼此의 분리될 염려가 없다는 것이다.

事物의 理致가 내 마음에 갖추어져 있어서 事와 物과 吾心이 融會되어 있기 때문에 事를 말한다고 하더라도 物과 吾心이 無關한 것이 아니요 物을 말한다고 하더라도 事와 吾心이 有關된 것이요 吾心을 말한다고 해도 事와 物은 반드시 관계지어지는 까닭에 理와 둘로 切斷分離하는 것이 아니니 조금도 의심할 것이 없다는 것이다.

「惟其事事物物之理 卽吾心所有之理不以物外而外亦不以此 內而內故先

儒雖謂理在事物非遺此而言彼也　雖謂之即事即物非舍己而就彼也　雖
曰詣其極曰到極處曰到盡處亦非謂心離軀殼而自此走彼之謂也　然則讀
以厓是辭非有與理爲二之嫌有何所疑乎」(同上)

그렇기 때문에 所指를 위주로 해서 표현하는 경우와 그 部分만을
剔決하는 경우를 혼동해서는 아니될 것이다.

혹은 어떤 사람이 있어 이 자리부터 郡邑을 경과해서 서울에 도착하
는 것은 格物致知의 工夫와 같고 이미 郡邑을 지나서 서울에 도착한
것은 物格知至의 功效와 같다.

「比如有人自此歷行郡邑至京師猶格物致知之工夫也　已歷郡邑已至京師
物格知至之功效也」(同上)

라고 한다면

「工夫之說」——郡邑厓是歷行爲也京師厓是來至他

「功效」——郡邑是已歷爲也京師是已至羅

로 될 것인 즉 이미 經過한 者는 사람이 아니고 郡邑이요 이미 도달
한 者는 사람이 아니고 京師가 되어버린다. 따라서 物格의 格은 我
가 아니라 物이요 極處의 到者는 我가 아니라 極處가 되어버려서 語
不成說이라 厓辭만이 족하게 된다.

「若如說則已歷者非人乃郡邑也　已至者非人也乃京師也　釋極處則到者
非我乃極處也　此不成言語…只從厓辭足矣」(同上)

그러나 退溪는 厓에 한하는 것이 아니라 是도 통한다고 생각하면서
그 이유를 말하되

「何以云是辭亦通乎曰此與今人所云是辭者辭同而旨異者也　夫今所云是
者謂物理之極處是自無不到吾心即牽挽向裏之病非也　吾所云是者謂衆
理之極處是無一不到處也　則理在事物而吾之窮究無一不到耳故曰亦通」
(同上)

라고 함을 보면 厓만을 옳다고 하는 側에서는 事物과 否를 구별하는
데서의 관점이고 是도 또한 통한다고 생각하는 側으로 말하면 역시
事物과 吾心을 分辭區別해서 생각해서는 아니된다는 立場을 堅持하는
태도에서이다. 그래서 退溪는

「物航多格爲隱後厓如此則中含 無不到之意而無兩爭之端 但人創聞新語
未必相信耳」(同上)

라고 하여 「物마다 格한 後에」라고 한다면 그 中에 無不到의 뜻을 포

함하여 兩爭의 端이 없을 것이나 다만 사람들이 이 新語를 처음 듣고 반드시 서로 믿지는 않을 것이라고 겸손하게 말하고 있다. 그러나 四書大學釋義에 의하면 다음과 같이 풀이하고 있다.

「在格物…物을 格하욤에 잇ᄂ니라.
一云物에 格홈에 此說誤」

이것은 格物에 대한 것으로 「物에」는 잘못이고 「物을」로 釋讀해야 한다고 되어 있다. 鄭子中에게 답한 글 가운데

「格物物乙格乎㢱是註欲處其極㢱無不到也 … 格字有窮而至之義格物重 在窮字故云物乙格乎㢱是」

라고 하여 「을」로 할 것을 밝히고 있다. 釋義에서 物格에 대해서는

「物이 格한 ○物理之極處無不到駱峯申先生釋云物理의 極處ㅣ니르 지 아니ᄒ듸 없다. 仍按指傳十章之末曰假如言讀此書自卷初至此處 ㅣ無不盡也. 苟知此意則雖釋云到處에 亦無妨又曰極處到者窮格到此 耳會見李復古說心到極處此說非也 若謂心到則是屬知止非格物也 ○ 今按申公此說甚精微澀向問此于大成倬先生曰所謂到者心理極處否公 曰非也 當時未曉今方覺是又按若因此又釋格物云物에 格ᄒ다則不可」

라고 하였다. 즉 「物이 格한」이라고 할 것이지 「物에 格하다」는 옳지 못하다는 것이며, 格物도 物에라고 해서 不可하다는 것이다. 鄭子中 에게 답하는 글에서는

「物格物㢱格爲隱註物理之極處㢱是無不到也 … 物格重在至字故云物㢱 格爲隱一說物理之極處是亦通」

이라고 하여 物格은 「物에 格」으로 理物之極處는 「에」나 「이」가 다 통한다고 밝혔다.

요컨대 四書大學釋義에 의하면

「物이 格한…物理之極處是니르지아니ᄒ듸없다」

로 되어 있는데 비해서 鄭子中에 답한 글에서는

「物格物㢱格爲隱註物理之極處㢱是無不到也 …… 物㢱格爲隱一說物理 之極處是亦通」

이라고 하여 前者와 後者의 사이에 차이를 볼 수 있다.

그러나 차이의 有無보다도 앞서서 생각할 것은 退溪의 釋讀하는 眞意이어야 할 것이다. 物格과 그 功效註에서 格이든 極이든간에

「惟之以釋物格則格者非我乃物也 釋極處則到者非我乃極處也 此不成

言語不成義理云云」(同上)
에서 보는 보는 바와 같이 我의 格이요 我의 極處로 이해하려고 하는
것이 退溪의 執念이었다. 그렇지만 高峰과의 多年間의 論辨끝에 作故
하기 한달전에 修正을 하기에 이르렀다. 아마도 鄭子中에게 주는 글
과 四書釋義에서의 차이나는 까닭이 이러한데서 온 것이 아닌가 생각
된다.

　⑤ 修正의 理由

　從前의 생각은 物格의 格이나 極到의 到가 我의 格이요 我의 到極
으로 믿어왔던 것이다. 物理의 理가 어떻게 스스로 極處에 이를 수가
있느냐 하는 疑心은 朱子의 說을 견지한 때문이라고 退溪 스스로도
고백하고 있다.
　「滉所以堅執誤說者只知守朱子理無情意無計度無造作之說以爲我可以
　窮到物理之極處理豈能自至於極處故硬把物格之格無不到之到皆作己格
　已到看」(前引答奇明彥別紙)
　朱子가 말한
　「理無情意無計度無造作之說」(前所引)
이란 物理는 對象物의 理致로서 그 自體는 情意나 度量이나 造作이
불가능해서 사람이 관여해야만 用을 할 수 있는 것으로 생각해왔다.
즉 心을 度外視하고서는 理는 作用이 不可하다는 것이다. 이렇게 생
각하면 心之用과 理之用이 二元으로 되어버릴 우려가 있다. 이것이
退溪에 있어서도 항상 궁금한 곳이었다. 舊見을 용감히 씻어버리면서
　「虛心細意先尋箇理所以能自到者如何 …… 顧滉雖常有味其言而不能會
　通於此耳」(同上)
　理自到問題가 매우 自身을 괴롭힌 것으로 표현되어 있다. 退溪뿐만
아니라 哲學에 있어서 認識主體와 對象인 客體와의 관계는 중요하면
서도 대단히 어려운 것은 사실이다. 하나의 根源을 찾는 자리에서 心
과 物理를 놓고 心이다 또는 物理다 라고 함은 歸一하는 會通點이 없
이는 二元에 떨어질 危險이 있다고 해야 할 것이다. 退溪가 이것을
해결하는데는 끈질긴 高峰의 주장과 朱子의 所說이 또한 影響된 것으
로 생각된다. 心의 用과 理의 用이 別個의 것이 아니라 하나의 用일

수 있는 論理를 해결하는데 朱子의 或問小註를 인용하고 있음을 본다.

「理必有用何必又說是心之用乎」(同上)

心이 一身의 主요 理는 만물에 散在해 있고 그 用의 微妙함은 실로 一人之心에 불과하다고 할 때, 理의 用이라면 吾心의 用이 不具가 되고 吾心의 用이라면 理의 用이 無用이 되는 까닭에 一元的 說明이 궁해진다. 理에 반드시 作用이 있다면 하필 또 心의 用을 말할 필요가 있겠느냐 하는 것이다.

「心之體具於是理理則無所不該而無一物之不在然其用實不外乎人心蓋理雖在萬物而用實在心也」(同上)

즉 理는 萬物에 散在되어 있지만 用은 心에 있다는 것이다. 이렇게 해서

「其曰理在萬物而其用實不外一人之心則疑若理不能自用必待於人心似不可以自到爲言然而又曰理必有用何必又說是心之用乎則其用雖不外乎人心而其所以爲用之妙實是理之發見者隨人心所至而無所不到無所不盡云云」(同上)

散在된 萬理는 人心을 기다려서 發顯되는 것이요 또 그 用이 人心에 불과한 것이지만 用의 妙는 바로 理의 發見이라고 설명함으로써 心과 理의 그 二元性排除에 대한 試圖를 꾀한다. 즉 理의 발견은 人心의 用이라고 하므로서 無情意無計度無造作의 理는 人心을 기다려야 情意·計度·造作發見되는 것으로 생각하여 已格已到라는 주장을 완화하여

「及其言物格也則豈不可謂物理之極處隨吾所窮而無不到乎是知無情意造作者此理本然之體也其隨寓發見而無不到者此理至神之用向也但有見終本體之無爲而不知妙用之能顯行殆若認理爲死物其去道不亦遠甚矣乎」(同上)

라고 해서 理에는 體와 用이 있는데 앞서는 理의 體의 無爲한 것만 알고 그 妙用의 顯行을 몰랐다는 솔직한 答辯에서 堅執해오던 格과 到에 對我關係의 修正을 한 것을 명백히 읽을 수가 있다.

李丙燾박사는

「要之此時退溪之意謂物格及其註只是(我)窮到其極處之謂註吐如申駱峯所釋之意則或厓或是兩無所碍云爾然以余觀之駱峯及此時退溪說皆非以無所文法故也」(韓國儒學史草稿)

라고 하여 文法上으로 볼 때 退溪와 駱峯의 兩人 主張이 다 같이 틀렸다고 한다.

> 「何者物格即格物之被動詞其主格在物釋之以格語則爲 Things been investigated. 物被盡格之義也 格之者是吾而被盡格者乃物也 物理之極處云云亦爲此註之主格 此外非復有主格省略於前則不可以「匡」吐懸之 當以「是」吐甚明…」(同上)

이것을 보면 「匡」로 할 것이 아니라 「是」로 해야 옳을 것이 분명하다는 것이다. 그러나 앞에서 언급한 바와 같이 退溪는 晩年에 已格已到를 物格物到로 是正을 해서 理는 死物이 아니고 活物과 같아서 사람이 格하는 바에 따라서 스스로 發顯해서 이르지 않는 바가 없다고 하였다. 主格이 已가 아니라 物로 취급된 것을 볼 수는 있으나

> 「用雖不外乎人心而其所爲用之妙實是理之發見者隨人心所至而無所不到無所不盡」(答奇明彦別紙)

라고 한 바 理之發見이란 점으로 미루어 보면 理는 物을 뜻할진댄 理가 發顯된다는 의미로 간주되지만 隨人心所至란 人心을 介在시킴으로써 物과 心의 斷切을 예방하고 있음을 본다.

結　語

根本의 하나와 다양한 現象과의 관계는 不可分으로 생각되지만 그 論理追求에 있어 根本의 하나는 다양한 現象에서 다양한 現象은 根本의 하나에서 理論이 체계화되어야 할 것은 물론이다. 여기서 한가지 難點이 있다. 多樣으로부터 하나에로의 歸一은 分立이 地平으로의 擴散이 그 하나요, 하나로부터 多樣으로의 分派는 「永遠」이 「現實」로의 投影이 그 둘째일 것이다. 이 경우의 사람 사람은 그 어느 쪽에 위치하느냐 하는 境界를 설정한다는 것은 무리한 일로 생각된다.

> 「心主乎一身而其體之虛靈足以管乎天下之理理雖散在萬物而其用之微妙實不外一人之心初不可以內外精粗而論也云云」(答奇明彦別紙)

마음은 一身의 主요 心體의 虛靈性이 天下의 모든 理致를 관장하므로 萬理가 散在하지만 그 理致의 妙用은 한 사람의 마음에 불과하다. 그런데 처음에는 內外精粗로써 논하는 것이 不可하다는 것이다. 內와 精으로써 논한다면 外와 粗와 더불어 분리되어버리고 外와 粗로써 논

한다면 內와 精과 더불어 別個의 것이 되어버리기 때문일 것이다. 不可하다고 함은 그러한 의미에서인 줄로 안다. 그러나 처음에는 不可하다는 말 裏面에는 나중에는 可하다는 말일 것이다. 즉 內外精粗를 現實로의 投影이 아니라 無本의 多樣으로 보는 한에는 不可하다는 것이니 多樣속의 對象物이 根本에의 無所無到하는 物이요 根本이 多樣中의 各物을 하나도 빠짐없이 포괄할 수 있는 연후에는 可하다는 뜻으로 이해된다.

따라서 하나로서의 主格은 相對的인 賓辭속에서도 살 수 있고 잡다한 賓辭를 통해서 主格을 초월시킬 수 있는 경우 主語요 述語가 文法的으로 그다지 문제되지 않으리라고 생각된다. 그러므로 懸吐의 文法的 適否를 고집하기에 앞서서 內容이 어떻게 이해되고 있나하는 점이 중요하다고 믿는다. 즉「厓」나「是」의 토를 엄격히 가리려는 것이 本旨를 얻기 위함인데도 불구하고 그 때문에 도리어 喪失하는 拙을 범해서는 안될 것이다. 退溪의 懸吐가 옳으냐 그르냐 하는것은 文法上으로 따질 것이 아니라 格物의 物을 어떻게 이해하고 있느냐가 소중한 것으로 추측된다.

退溪의 理發問題는 理通氣局說에 逢着하여 辨說이 難하게 되어버렸으나 쉬운 곳에서는 쉬울 수 밖에 없고 어려운 자리에서는 역시 難할 수 밖에 없을 것이다. 物의 理解如何에 따라서 退溪의 생각이 達했다고 생각하는 이에게는 懸吐에 구애되지 않을 것이요, 未達이라 할 경우에는 懸吐의 올바름을 文法上으로 증명한다고 해도 헛수고가 될 수 있을 것이다. 心과 物의 關係를

「初不可以內外精粗而論也」(同上)

라고 한 朱子의 主張을 인용하여 濯去舊見한 것은 한편으로는 已格已到로 집착된 것도 朱子때문이었고 修正한 것도 물론 異議를 제기하는 高峰때문에 생각하게도 되었지만 역시 朱子思想의 영향이었다고 할 수 있다. 즉 경우에 따라서 內外精粗로써 논함이 가능한 때와 不可한 때를 想定할 수 있을 것이며 可能時의 物이라면 釋讀에 별로 구애되지 않으리라고 생각된다.

哲學과 倫理는 一貫性 있게 다루어져야 할 것이지만 哲學的 論理로 인해서 倫理에의 條理가 끊어지거나 倫理性을 강조하는 나머지 論理의 不調를 가져와도 안 될 일이다. 그러나 認識的인 것과 實踐的인

것의 方法上 한계가 있다고 할 때 兩者를 일관하는 데는 장애가 생긴
다. 完全이나 혹은 超越的인 것을 不完全이나 또는 現實的인 方法的
척도로서 條理를 구한다는 自體가 우선 문제가 아닐 수 없다. 退溪는
發의 問題를 들고 高峰과 여러해동안 論辨을 거듭하다가 理自體의 用
을 修正하기에 이르렀으나 그러나

「用雖不外乎人心而其所以爲用之妙實是理之發見者隨人心所至而無所
不到無所不盡」(前所引)

라고 한 것으로 미루어 그 根柢에는 여전히 理의 用이 所以者로서 動
하고 있음을 본다.

　心의 用이라고 하거나 理의 用이라고 하거나 그것은 모두 불완전한
표현이다.

　言語와 文字가 相對性을 벗어날 수 없는 制限性을 지닐 때 그것은
어떻게 표현한다고 하더라도 폐단은 생기게 된다. 理의 用이라고 할
때는 發處가 問題일 것이요, 心의 用이라고 할 때는 達處가 問題일
것이다.

「往年鄭生之作圖也有四端發於理七情發於氣之說愚意亦恐其分別太甚
……非謂其言無疵也」(答奇明彦四七分理氣辨第一書)

에서 보듯이 非謂其言之無疵也라고 하여 分別이 太甚한 것 같아서……
그 말이 흠없는 것이 아니라고 했으나 다시 말하면 흠이 있지만은 그
렇게 말할 수 밖에 없다는 뜻일 것이다. 「物에 格」으로 「物이 格」으
로 읽은 것은 묻는 이에 대한 答辯을 위해서이기도 했지만 退溪의 그
렇게 말하는 所從來를 이해함으로써 비로소 분명히 파악될 수 있으리
라 생각된다.

退溪의 韓國哲學史的 位置

退溪의 韓國哲學史的 位置

韓國儒學의 主流와 中軸은 哲學的 方面인 程朱學에 있었다[1]고 玄相允씨는 지적하고 있다. 程朱學이 전래하기 이전의 哲學思想과의 會遇와 수입이후의 韓國的인 受容은 韓國哲學史理解에 고려되어야 할 문제라고 할 것이다. 韓國의 哲學史에서 특별히 토론된 것으로 無極而太極論, 理氣論, 性情論, 人心道心論, 禮說, 人物性同異論 등의 問題를 들 수 있다.

첫째 無極而太極論은 晦齋 李彦迪(1491~1553)과 忘機堂 曹漢輔(?)와의 往復論辨한 史上最初의 문제였다. 忘機堂의 老莊的 禪의 要素를 비판하고 斯道의 本源에 대하여 천명한 晦齋의 입장을 밝혀주고 있다. 그의 이러한 理論은 「書忘齋忘機堂無極太極說後」를 통해서 분명해진다. 더우기 朱子學을 충분히 소화하면서 大學章句에 대한 自己見解를 大學章句補遺[2]로 제시하고 있음은 刮目할만한 일이다.

둘째 理氣論과 性情論에 관해서는 退溪 李滉(1501~1570)과 高峰 奇大升(1527~1572)과의 7년간에 걸친 토론으로서 史上 가장 유명한 것으로 알려지고 있다. 理氣論에서는 주로 「發」이 그리고 性情論에서는 「純善」이 문제의 焦點이었다. 이 辨析은 質量에 있어서도 놀랄 만하다. 往來된 書簡은 退溪全書에서는 卷 16에 高峰集에서는 理氣往復書 卷上下에 수록되어 있다.

셋째 人心道心論은 栗谷 李珥(1536~1584)와 牛溪 成渾(1535~1598)간의 心에 관한 토론이었다. 性情과 관련하여 人心道心을 分辨하였으나 相互不充分한 이해로 끝나게 된다. 性情이 하나의 善으로 이어지고 人心道心이 하나의 心으로 共約되는 일이 牛溪에 있어서 매우 어려웠음을 看破한 栗谷은 牛溪에게 詩一篇 「理氣詠」[3]을 주어 深思熟考할 것

---

1) 玄相允 韓國儒學史 p3
2) 書忘齋忘機堂無極大極說(晦齋全書 大學章句補遺)
3) 理氣詠 (栗谷全書 卷 10 答成浩原)

을 권유하고 있다.

넷째 禮說에 관해서는 尤庵 宋時烈(1607~1689)과 白湖 尹鑴(1617~16
80)사이에 벌어졌던 服喪에 대한 禮說討論이었다. 次子로서 繼位한 孝
宗이 승하한 뒤에 繼母인 趙大妃가 입어야 할 服이 期年이냐 三年이
냐 하는 논란이 벌어졌으나, 期年으로 일단락되었었다. 博文約禮라는
孔子精神에 비추어서 禮의 理論的 展開는 매우 가치있는 일이라고 하
겠다. 白湖는 庸學과 諸經의 註解[4]를 지어서 朱子中心이었던 당시 學
界를 놀라게 할 정도였다.

끝으로 人物性同異論은 巍巖 李柬(1677~1727)과 南塘 韓元震(1682~
1751) 사이에 人性과 物性의 同異를 가지고 토론된 論辨이었다. 兩人
은 遂庵 權尙夏(1641~1721)의 같은 門人이라는데 주의가 간다. 巍巖의
人物性이 相同하다는 주장에 상반하여 南塘은 그 不同함을 역설하여
마침내는 湖洛學派로 갈라지기에 이르렀다. 儒學에서의 性論이 중요
시된 결과로 생각된다. 南塘은 朱子語類의 내용을 확인하는 작업을
尤庵으로부터 계승하여 「朱子言論同異考」[5]를 펴내기도 하였다.

위의 다섯가지의 論辨된 문제를 통해서 두가지의 特色을 지적하고
싶다. 哲學的이면서 人間學的이라는 점이 그 하나요, 朱子學이 連綿하
게 저변에 흐르고 있다는 점이 그 둘째이다. 그 문제들이 哲學의 문
제이면서도 人間이나 社會性을 떠나지 않고 있으며 주장의 근거를 대
개 朱子學에 두고 있다고 생각되기 때문이다.

肇國 이래의 弘益人間의 思想으로부터 人乃天의 東學思想으로 一貫
하는 思想史의 文化史的 背景에서 學問이 人間學的 性格을 이탈할 수
없었음은 당연하다고 하겠거니와, 그 흐름속에서 「理」와 「純善」을 밝
히고 높히는 退溪는 그의 論理에 자세하게 反映되고 있다. 「學을 講
明하면서 분석을 싫어하고 合一을 힘쓰는 것은 古人이 이것을 鶻圇呑
棗라고 하였으니 그 病이 적지않다」[6]는 지칭은 高峰에게 친절히 일러
준 말이었다.

이제 退溪의 理論중에서 晚年(70세)에 정립된 致知格物說에 대하여
認識論的 側面에서 고찰해보고자 한다.

---

4) 讀書記(尹鑴)
5) 朱子言論同異考 韓南塘
6) 鶻圇呑棗(退溪全書 卷16 答奇明彦)

本   論

① 致知格物說의 問題點

大學八條目중의 致知格物에 대한 朱子의 註解는 다음과 같다.

「致推極也

知猶識也

   推極吾之知識欲其所知無不盡也

格至也

物猶事也

   窮至事物之理欲其極處無不到也」

補亡章에서는

「所謂致知在格物者言欲致吾之知在即物而窮其理也蓋人心之靈莫不有
知而天下之物莫不有理惟於理有未窮故其知有不盡也」

라고 하여 致知格物의 방법을 말함과 동시에 物格知至에 관해서는

「必使學者即凡天下之物莫不因其已知之理而益窮之以求至乎其極至於
用力之久而一旦豁然貫通焉則衆物之表裏精粗無不到而吾心之全體大用
無不明矣此謂物格此謂知之至也」

라고 하여 致知格物의 결과에 언급하고 있다. 즉 即物窮理는 「衆物之
表裏精粗無不到而吾心之全體大用無不明」의 功效를 가져온다는 것이다.

여기서 우선 문제되는 것은 窮理하는 나와 窮理되어지는 物과의 관
계라고 하겠다. 被認對象에 대한 문제로 지적된다.

둘째는 即物窮理란 어떻게 하는 것인가[7] 하는 문제로서 認識方法에
속하는 것이라고 하겠다.

大學或問에 의하면 主客과 窮理에 관하여 朱子의 친절한 견해를 읽
을 수 있다. 司馬溫公이 格物致知를 「外物을 扞禦해서 至道를 能知한
다」고 했고 孔周翰이 「外物之誘를 扞去함으로써 本然의 善이 자명해
진다」고 한데 대하여 批判을 가한다. 즉 外物을 扞禦하여 至道를 能
知한다함은 絶父子後에 孝慈를 알고 離君臣後에 仁敬을 안다함과 같
으니 이런 理致는 없다고 하여 司馬溫公의 格物의 物을 外物視하는 非
理를 지적하였다. 여기에 비해서 孔周翰의 見解대로 格物의 物을 「不

---

7) 大學章句大全 經一章 八條目註

善之誘」로 봄이 타당하다고 同調하는 뜻을 표한다. 外物之誘로서는 飮食男女에서 더한 것이 없는데 이것을 扞禦함은 閉口絕種함과 다를 바 없어서 부당하며, 外物之誘를 扞去한다함은 飮食 男女에서 所誘를 물리치고, 本然의 善대로 행한다함은 其說이 善하다고 칭찬을 하면서 여기에 天理와 人欲을 分辨하는 窮理의 필요성을 말하고 程子의 「格物은 窮理」라는 주장을 인용한다.

사실상 外物과 自身은 분리될 수 없는 일이다. 太陽과 공기와 물, 日常生活에서의 飮食 男女, 社會生活에서의 사건 등등으로부터 自身을 제외할 수 없다고 해서 無分別할 수도 없는 일이다. 大氣와 水質의 汚染, 公害飮食, 男女關係, 社會不義 등은 잠시도 等閑히 할 수 없는 自身에 직결되어 있는 外物이니 格物의 物을 이 外物로 생각할 때 그 유인을 扞去守善한다 함은 결코 부당하다고 할 수 없을 것이다. 外物之誘를 不善으로 보아서 그 不善을 扞去한다는 見解에 동조하면서 窮理를 강조한다.

窮理를 문제삼을 때 理의 內容과 窮의 방법으로 나누어 생각할 수 있을 것이다. 窮에 대한 理解는 漸修와 頓悟가 갈라질 수 있는 곳이며 理에 관한 解明은 一理와 事理, 天理와 人欲이 밝아지는 자리라고 생각된다. 朱子는 이 窮과 理를 呂大臨과 謝上蔡와 楊龜山과 尹和靖과 胡五峯의 견해를 인용평가하면서 自身의 주장을 立論한다.

萬理同出을 窮究함을 格物이라 하며 萬物同理를 인식함을 知至로 생각하여 天人物我가 一이요, 死生幽明이 一이요, 人獸魚鼈이 一이요, 天地山川이 一이라는 呂大臨의 주장에 대하여는, 一理를 강조함은 이해할만 하지만 在己之理에 어둡게 되는 弊端을 면할 수 없다는 것이다.

窮理란 옳은 곳을 찾는 것이지만 반드시 恕를 根本으로 삼고 또 大者를 앞세운 즉 一處에 理通하여 觸處가 모두 통하게 된다는 謝上蔡의 주장에 대해서는 是處를 찾는다함은 옳고 恕는 求仁法이지 窮理가 아니며 大者를 앞세움은 近者를 앞세움만 못하며 一處通이 一切通이라함은 顔子도 어려운데 程子가 감히 말할 수 없는 바라고 비판하여 漸修의 主張을 피력하고 있다.

天下의 物을 남김없이 모두 窮盡할 수 없다고 하지만 萬物이 나에게 갖추어져 있어서 밖으로 부터 얻어지는 것이 아니라 反身而誠이면 天下의 物이 나에게 있지 않음이 없다는 楊龜山의 말에 대하여는 근사하기는 하지만 反省而誠은 物格知至以後의 일이므로 工夫有序에 留意할 것을 권한다.

今日에 格一物하고 明日에 格一物한다는 것은 程子의 말이 아니라는 尹和靖의 주장에 대하여는 諸家가 기록한 바와 같은 것이 한 두가지가 아니지만 持敬과 觀理가 偏廢되지 않아야 한다는 것을 朱子는 제시하고 있다,

또 物物을 致察하여 宛轉歸己한다 함은 天行을 살펴서 自强하고 地勢를 살펴서 德을 厚하게 하는 것과 같다고 한 胡文定의 말에 대하여서 朱子는 그 말이 그럴듯 하지만 物物致察이란 말은 程子의 반드시 天下之物을 盡窮하는 것이 아니라는 뜻을 살피지 못한 결과며, 宛轉歸己란 말도 程子의 物我가 一理이므로 저것을 밝히면 곧 이것이 分明해진다는 뜻을 살피지 못한 所致라는 것이다. 다만 胡五峰의 卽事卽物, 不厭不棄하고 身親格之해서 其知를 精一하게 한다는 말이 옳다고 하면서 程子의 窮理說을 높이 평가한다.

이상의 窮理(格物)說을 통해서 窮의 方法으로는 格一格을, 理의 認識에서는 持敬觀理의 不可偏廢로 제시한 朱子의 傾向에 주의하고자 한다.

唐君毅씨는 朱子가 致知格物의 뜻을 말하는데는 두가지의 문제가 있음을 주의해야 한다고 하면서 하나는 格物의 目標와 범위를 어떻게 규정짓느냐는 문제요 또 하나는 이 格物之事는 外部에서 구하는 것인가 혹은 내면에서 구하는 것인가 하는 問題[8]라고 제기하였다.

대개 致知格物에서의 問題를 요약한다면 物我一理와 內外一貫으로 共約할 수 있을 것 같으며 認識論上 一理一貫은 그 핵심을 이루고 있음을 알 수가 있다. 一理一貫을 인식하는데 持敬과 識理아닌 觀理의 觀을 말하고 있는 점에 注意하여야 할 것으로 생각된다.

朱子는 나의 스승이라고[9] 한 退溪는 이 致知格物에 대한 見解를 長逝直前에 定立한 것으로 전해진다. 退溪에게는 朱子의 持論이 病도 되고 藥도 된 듯 하나 漢文을 이해하는데 吏讀懸吐의 習慣上 東人들은 致知格物의 文法的인 견해차로 주장이 갈라지기도 하였다. 여기에 대한 諸說을 먼저 窺見코자 한다.

---

8) 朱子之讀書原即致知格物之一事而關于朱子之言致知格物之義旨則有二問題爲吾人所當注意一是格物之目標與範圍如何規定之問題一是此格物之事畢竟是求諸外或求諸內之問題(中國哲學原論 p265)

9) 朱子吾所師也(退溪全書 卷16 答奇明彥)

② 巳格巳到의 立場

大學經文의 格物과 物格, 朱子註釋에서의 欲其極處無不到와 物理之極處無不到를 解讀하는데 東人들 사이에 異論이 있었음을 李丙燾박사는 三說로 분류하고 있다. [10] 이 分類는 退溪가 鄭子中에 답한 글에 의한 것으로서 다음과 같다.

	格 物 物 格 吐	朱 子 註 吐
第1說	A 格物─物乙格 B 物格─物厓格	A 欲其極處厓無不到也 B 物理之極處厓無不到也
第2說	A 格物─物乙格 B 物格─物是格	A 欲其極處是無不到也 B 物理之極處是無不到也
第3說	A 格物─物乙格 B 物格─物厓格	A B } 厓是吐亦好

第1說은 晦齋 李彦迪의 주장이요, 第2說은 老泉 金湜(1482~1520)과 瓢道 朴光佑(1495~1545)와 尹倬(1472~1534)의 說이요, 第3說은 駱峰 申光漢(1484~1555)이 주창한 것이다. 退溪는 駱峰의 說이 可하다고 한다. [11]

退溪의 생각으로는 當時人들의 吐의 厓와 是에 대한 疑心을 두가지로 분류하였다. 理는 본래 내 마음에 있어서 彼此가 없으므로, 厓나 是로 읽으면 理와 我가 둘이 되어서 彼此로 나누어지기 때문에 불가하다는 것이 하나요, 工效註에서 厓是로 읽으면 工夫著力의 一連性을 害하게 되는데 不可의 要因이 있다[12]고 한다는 것이다. 그러나 이러한 의심에 대하여 退溪는 第3說대로 格物에서는 物乙로 읽고 物格에서는 物厓로 읽으며, 朱子註에서는 欲其極處와 物理之極處 共히 厓 또는 是로 읽어서 무방하다는 것이다. [13] 즉 內外彼此의 분열될 염려가 없다는 뜻이다.

事物의 理致가 내 마음에 갖추어져 있어서 內外가 일관되어 있으므

---

10) 考退溪集答鄭子中書當時學者之間對於此問題似有三種解釋云(韓國儒學史草稿)
11) 湜竊詳申公此語實得其意云云(退溪全書 卷26 答鄭子中別紙格物格物兩註說記嘗聞見諸公語)
12) 一謂理本在吾心非有彼此者云厓是則是理與我爲二而分彼此故不可也一謂工效註若云厓是則是涉工夫著力故不可也(同 補亡章 衆物之表裏 精粗는 無不到)
13) 讀之以厓是辭何不可之有哉(同上)

로 비록 理가 事物에 산재해 있다고 하더라도 此를 배제하고 彼만을 말하는 것이 아니며 비록 即事即物을 말하더라도 己를 버리고 彼로 就하는 것이 아니라는 것이다. 그러므로 詣其極이라든가 到極處라든가 到盡處라고 하더라도 마음의 軀殼을 떠나서 此로부터 彼로 走함을 말하는 것이 아니기 때문에 厓是辭로 읽어도 事物과 吾心의 理가 분리되는 것이 아닌즉 의심할 아무것도 없다는 主張이다. [14) 文學表現이 같다고 해서 의미가 반드시 같다고 말할 수는 없느니만큼 所指하는 뜻을 바르게 이해해야 될 것이다. 만일에 或者가 이곳으로부터 郡邑을 경과해서 首都에 도착하는 것은 格物致知의 工夫와 같고 이미 郡邑을 지나서 首都에 도달한 것은 物格知至의 攻效와 같다고 한다면 工夫의 경우는 「郡邑厓是歷行爲也京師厓來至他」라고 해야 할 것이며, 功效의 경우는 「郡邑是已歷爲也京師是已至羅」라고 하게 되어서 이미 경과한 者는 사람이 아니라 郡邑이요, 이미 도달한 者는 사람이 아니라 京師가 되어 버린다. 따라서 物格의 格者는 我가 아니라 物이요 極處의 到者는 我가 아니라 極處가 되어버려서 語不成說이라 厓辭만이 足하게 된다. [15) 그러나 退溪는 是辭도 통한다고 하여 그 理由를 다음과 같이 진술한다.

「辭는 같은데 旨義가 다르기 때문이다. 사람들이 이해하는 是는 物理之極處是自無不到於吾心의 是로서 索捜向裏의 病을 초래하게 되므로 不當하다고 하지만, 내가 말하는 是는 衆理之極處是無一不到處也의 是로서 理가 事物에 自在하고 나의 窮究가 無一不致處일뿐이므로 또한 통할 수 있는 것이다.」[16)

즉 厓만을 옳다고 하는 側에서는 事物과 吾를 구별하는 태도이며, 是厓가 共히 통한다고 하는 退溪의 견해는 事物과 吾心을 分辭區別해서는 아니된다는 입장이다. 그래서 退溪는

「物厭多格爲隱後厓」

---

14) 惟其事事物物之理即吾心所具之理不以物外而外亦不以此內而內故先儒雖謂理在事物非遺此而言彼也雖謂之即事即物非舍己而就彼也雖曰詣其極曰到極處曰到盡處亦非謂心離軀殼而自此走彼之謂也然則讀之以厓是與理爲二之嫌有何所疑乎(同上)

15) 若如此說則已歷者非人也乃郡邑也已至者非人也乃京師也釋極處則到者非我乃極處也此不成言語……只從厓辭足矣(同上)

16) 何以云是辭亦通乎日此與今人所云是辭者辭同而旨異者也今夫所云是者謂物理之極處是自無不到吾心即牽拽向裏之病非也吾所云是者謂衆理之極處是無一不到處也則理在事物而吾之窮究無一不到之處也(同上)

라고 하면 그 속에 無不到의 뜻이 포함되어서 爭端을 면할 수 있겠으나 사람들이 新語를 처음 들어도 반드시 믿지는 않을 것이라고 겸손하게 말하고 있다. [17] 物是 또는 物厓에서 異見이 유발되므로 「物厤多格爲隱後」의 厤多로 創案했음을 알 수가 있다. 그러나 退溪의 四書釋義에는 格物에 대하여

「在格物…物을 格하음에 잇느니라 一云物에 格홈에 此說誤」

라고 해서 物厓는 잘못이고 物乙로 해독해야 한다고 되어 있다. 이것은 鄭子中에 답한 글에도

「格物物乙格乎厤是註欲其極處厓無不到也…… 格字有窮而至之義格物重在窮字故云物乙格乎厤是云」

라고 하여 역시 格物의 物은 物乙로 읽어야 한다고 밝히고 있다. 그러나 物格의 경우는 釋義와 答書間에 차이를 보이고 있다. 釋義에서 物格에 대하여는

「物이 格한……物에 格ᄒ다則不可」[18]

物厓는 불가하고 物是로 읽어야 하다고 하였으나 鄭子中에게는

「物格物厓格爲隱註物理之極處厓是無不到也…… 物格重在至字故云物厓格爲隱一說物理之極處是亦通」

이라 함을 볼 때 前後差異를 발견하게 된다. 格物의 解讀은 物乙로 통일되어 있는데 비해서 物格의 경우는 「物是」「物厓」「物厤多」의 세가지로 說明되어 왔음을 볼 때 解得에 고심하는 歷程을 충분히 생각할 수 있을 것 같다. 여기서 명백히 하고 싶은 것은 是나 厓나 厤多로 표현하고저 하는 退溪의 基本態度이다. 앞에서도 言及하였거니와 物格의 格과 그 功效註의 極에 대하여 鄭子中에게 밝힌 점이다.

「推之以釋物格則格者非我乃物也釋極處則非我乃極處也此不成言語不成義理」

여기서 보는 바와 같이 物格이라고 해도 그 格은 吾의 格이요 物理之極處無不到의 到者도 極處아닌 吾의 到로 이해하려는 것이 退溪의 執念이었던 것으로 생각된다. 主體的인 의미를 지닌다고 하겠다.

---

17) 物厤多格爲隱後厓如此則中含無不到之意而無兩爭之端但人創聞新語未必相信耳(同上)

18) 物이 格한○物理之極處無不到駱峯申先生釋云物理의 極處ᅵ니르지아니ᄒ터업다. 仍按指傳十章之末曰假如言讀此書自卷初至此處ᅵ無不盡也苟知此意則雖釋云到處에亦無妨又曰極處到者窮格到此耳嘗見李復古說心到極處此說非也註謂心到則是屬知止非格物也○今按申公此說甚精微渼向問此於尹大司成倬先生曰所謂到者心到理極處否公曰非也當時未曉今方覺是又按若因此又釋格物云物에格ᄒ다不可(四書大學釋義)

解讀에 있어서 文法의 機能을 무시할 수는 없지만 文法이 本旨를 해치는 경우도 있을 수 있다고 생각할 때 文法에 집착하는 측과 文法을 초월하는 측의 兩論이 있음직한 일이다. 이 史例는 晩悔 權得己(1570~1622)와 潛冶 朴仁之(1553~1635)사이에 있었던 格物物格에 관한 論爭으로 유명하기도 하다.

退溪의 已格已到의 格物物格觀은 그의 서거하던 해에 舊見을 씻어버리고 理到說의 정립을 보게 된다.

③ 理到로의 轉換

物格의 格과 極到의 到에 대하여 已格已到로 집착하던 이유를 退溪는 奇高峰에게 다음과 같이 토로하고 있다.

「滉이 誤說을 堅執한 所以는 다만 朱子의 理無情意無計度無造作之說을 알았을 뿐, 내 스스로가 物理之極處에 窮到하는 것이므로 理가 어찌 極處에 自至할 수 있겠느냐 하는 생각에서 物格의 格과 無不到의 到를 모두 已格已到로 생각해온 것이다」[19]

에서 보듯이 원인은 朱子의 理에 있었다고 하겠다. 그러나 奇高峰과 四端七情論을 가지고 往復論辨할 때는 自初至終 理發氣發의 互發說을 고수한 것을 감안할 때 朱子의 理無情意無計度無造作之說을 어떻게 받아들였나 하는 疑心을 자아낸다.

理氣互發說을 굳히게 한 것도 朱子때문이었다. 理發의 不當性을 들고 끈질기게 육박해오는 高峰에게 다음과 같이 말하고 있다.

「近來 語類를 읽다가 四端은 理의 發이요 七情은 氣의 發이라고 한 곳을 보고 愚見이 잘못이 아님을 믿게 되었다」[20]

이 말은 語類속의 輔漢卿의 기록으로서 韓南塘의 朱子言論同異考에서는 오기로 판단되어 있기도 하나 당시 退溪의 소신을 굳히게 한 동기를 제공했던 것이다. 物格의 格과 物理之極處無不到의 到를 已格已到로 굳히고 理氣說에서의 理發說을 확신하게 된 것도 모두 원인이 朱子의 理說에 있었던 것이다.

已格已到를 理到로 轉換시켜 준 계기는 무엇인가? 物格과 無極問題는 退溪 終生토록 窮究해가던 課題였던 것으로 보이는 바, 末年에

---

19) 退溪全書 卷 18 答奇明彦別紙
20) 退溪全書 卷 16 答奇明彦

주장을 고치게 되는 결정적인 글이 金而精과 高峰에게 보낸 書簡에서 발견된다. 金而精에게 준 內容은 다음과 같다.

「物格之釋

今引明彦引證理到諸說 參考大學或問 理雖散在萬物而實不外一人之心 一段 見補亡章或問小註朱子說而細思之 始悟理到之言 未爲不可今當 從明彦說」[21]

여기서 朱子로 인하여 理到之言을 始悟케 됨을 밝혔고 그 條理를 明 彦에게는 자세히 전개하고 있다.[22] 여기에 의하면 처음에는 補亡章或 問中에 보이는 朱子說을 흥미있게 느꼈을 뿐, 會通하지 못하였던 것 이나 朱子의 「理必有用」이라는 말에서 자극된 것으로 짐작된다. 54세 때의 4月 24日字 日記에는 「理有動靜故氣有動靜」이라고 기록되어 있 다. 朱子說을 인용하면서 결정되는 理到는 「格物의 結果」로 판단하기 에 이른다. 朱子의 理無情意無計度無造作의 理와 理必有用의 理를 모 순없이 解得하는데 苦心이 있었던 것으로 추측된다.

用之微妙는 心之用인가를 물었을 때 朱子는 「理必有用인데 하필이 면 또 心之用을 말하는가?」라고 답한다. 이렇게 되면 理用心用의 分 揀이 문제될 수 밖에 없다. 理無爲와 理有用, 理用과 心用問題는 朱 子와 退溪의 格致說 이해의 근간이 될 것이다.

物我一理라는 견지에서 理는 비록 萬物에 散在해 있지만은 用은 實 로 一人之心에서 벗어나지 않는다면 理는 自用이 不能하고 반드시 人 心의 用을 기다려서 發用되는 것으로 인정되어 理自到는 不可한 것처 럼 의심이 든다. 그러나 「理必有用인데 하필이면 또 心之用을 말하는 가」라고 한다면 理用이 비록 人心에서 벗어나지 않는다고 하더라도 그 用의 妙가 되는 所以는 실로 이 理의 발견이 人心所至를 따라서 無所 不到하고 無所不盡하다는 것이다. 다만 格物工夫의 미급함을 두려워 하는 것뿐이지 理의 不能自到를 근심하지 않는다고 한다. 理用心用의 會遇處에 대하여 이처럼 爲用之妙로 보았고, 이 妙는 바로 理之發見 者로서 物理와 心理의 경계가 사라진 자리로 간파한듯 하다.

格物에 따라서 理는 自到한다고 할 때 자연 理到의 不能보다 格物 未至를 앞서 염려하게 된다는 것이다. 과연 理無爲와 心有用이 해결

---

21) 退溪全書 卷 30 答金而精
22) 退溪全書 卷 18 答奇明彦別紙

이 된 셈이다. 즉 格物이라고 할 때는 物理之極處에 대한 吾의 窮至
며, 物格이라고 할 때는 物理之極處에 吾所窮을 따라서 無所不到하는
것이니 無情意造作者는 理의 本然之體며 隨寓發見해서 無不到하는
理는 至神之用이라는 體用一源의 理의 境界를 파악하게 된 것으로 보
인다. 스스로 言表한 것처럼 앞서는 本體의 無爲인 것만 알고 妙用의
능히 顯行하는 것을 알지 못하였으니, 마치 理를 死物로 인식한 것 같
아서 去道亦遠이라고 自述하고 있는 것[23]으로 보아 마침내 理는 死物
아닌 活物로 인정하게 된다. 宋尤庵은 이 活物의 능히 運用함을 退溪
의 특징으로 보아 朱子의 뜻과 다른 점이라고[24] 평가하고 있다. 그러
나 宋尤庵이 비판한「理是活物故能運用由此至彼也」중의 由此至彼條에
대하여는 과연 退溪의 의사가 그러한가? 하는데 의심을 품게 된다.
오히려 由此至彼라든가 由彼至此와 같은 것은 晩年의 理到定說이전의
주장일지인정 이후에는 그렇게 볼 수가 없을 것 같다. 그 理由를 다
음에 몇가지 들어보기로 한다.

첫째 尤庵의 由此至彼란 말의 뜻이 理之發見者가 人心所至에 따라
서 無所不到無所不盡하다고 할 때 理見과 心至에 선후가 있다는 의미
라면 或 몰라도 先後가 없는 同時所致라면 由此至彼란 타당치 못할 것
이다. 理雖散在萬物이나 其用의 微妙는 실로 一人之心에 벗어나지 않
는다는 朱子의 말의 뜻의 微妙로서 理와 心의 用을 一元化해준 것으
로 받아들일 때 결코 理와 心의 先後를 말할 수 없을 것이다. 朱子의
이 뜻을 계승했을 때 退溪가 표현한 無意作의 理體와 隨寓發見의 理
用사이에 由此至彼라는 事理는 성립될 수 없지않을까 생각한다. 已格
已到를 理到로 改意한 것은 처음에 物格物到의 非로부터 已格已到로
시정된 이후이니 만큼 物과 己의 先後를 구분해서 안되겠기에 朱子의
理心一用이 援用된 것으로 보아야 할 것이다.

둘째 말하고 싶은 것은 懸吐에서 退溪가 겪어오는 苦心을 통하여 내
려지는 斷案이다. 格物의 物은「物乙」로 읽는데 異議가 없었다. 그러
나 物格의 物은 읽는데 얼마나 焦思했던가?「物是」「物厓」를「物厓
多」로 창안해내는 心衷에서 由此至彼를 읽기는 어렵지 않을까 생각된

---

23) 是知無情意造作者此理本然之體其隨寓發見而無不到者此理至神之用也向也但有見於本
　　體之無爲而不知妙用之能顯行殆若認理爲死物其去道不亦遠乎(同上)
24) 其曰發見其曰顯行其曰非死物云者皆以爲理是活物故能運用由此至彼也此又與朱子之意
　　不同者也(宋子大全 卷 212 12)

다. 「物是」로 읽으면 物이 主格이 되어버리고 「物厓」로 해독하면 主格이 己가 되어서 是厓로 하면 物我分裂을 가져오므로 是厓를 배제한 「物庶多」로 是正했던 것으로 받아들여진다. 그러나 이 見解는 理到說이 主唱되기 이전이고 보면 아직은 생각뿐이지 感得에 미치지 못한 때로 짐작되며, 退溪의 말과 같이 朱子說을 深思한 끝에 始悟했다는 것을 생각할 때 여기서 由此至彼를 어떻게 생각할 수 있을까 의심이 아니갈 수 없다.

셋째 겸해서 奇高峰이 理到說에 대하여 「道理不自在의 累가 있다」고 말한[25] 바를 살펴본다.

高峰의 이 回信은 金而精에게 傳信한 2일후인 庚午 11월 17일 附이니 退溪가 서거한 12월 8일보다 21일전의 일이다. 高峰의 평에 대한 應信이 없으므로 알길이 없으나 충분한 應答資料를 가지고 있었으리라고 미루어진다.

道理가 自在한다는 말은 하나의 道에서 絶對性을 띠는 것으로 감수된다. 人心所至를 기다리지 않는 理의 自然發見을 의미하는 듯 하다. 道나 理를 높이는 태도에 二種類型이 있다고 한다면 하나는 人間을 도외시하거나 절대화하여 唯一者를 道理視하는 경우와, 또 하나는 人間을 중시하며 凡常한 속에서 純善이 공유되는 神聖性을 道理視하는 경우라고 하겠다. 前者에서는 自身의 境地를 天人合一로 絶對視할 염려가 있고 後者에서는 合一하는 속에 神聖性(純善)을 높이는 自覺(相對善)과 敬虔을 발견하게 된다고 생각된다. 理發이 잘못된 것이라고 공격하는 취지를 모르는 바 아니지만 氣發을 받아들이지 않는데는 그럴 만한 이유가 있을 것이다. 天人合一을 이해못하는 바 아니지만, 그 境地에서 人이 바로 天이라고 단정해서는 위험스럽다는데 의미가 있는 줄 안다. 따라서 道理의 自在도 天道에서의 이해로 그칠 것이 아니라 人道에서 받아들이는 道理의 自在이어야 할 것으로 믿는다. 高峰의 견해는 역시 理氣共發에서 氣發을 강조하는 底邊意識에서의 발로로 짐작된다. 理氣共發이라는 基底에서는 理發이라고 해도 氣發이라고 해도 틀린 말이라고 할 수는 없을 것이다.

---

25) 物格理到之說伏蒙訢諭忻幸不可言所辯無爲之體至神之用等語聞發幽微尤極精密反覆玩味若承面誨欽服尤深但細觀其間恐有道理不自在之累未知如何伏希鑑諒 (高峰文集往復書 卷 3 57)

위에서 退溪가 已格已到로부터 理到로의 轉換을 살펴보았다. 理發을 주장하던 已格已到時期와 理到를 제창한 晩年期와는 약 13년의 차이를 발견할 수 있는데 退溪의 認識論理를 이해함에 있어서는 이 理發과 理到問題에 근간을 두어야 할 것으로 본다.

理發理到의 一貫性

朱子의 格物窮理를 알려면 세가지 側面에서 고려되어야 할 것이다.[26] 첫째는 人心의 外物로 향하는 心面이요, 둘째는 外物의 理致를 아는 知面이요, 셋째는 理致를 아는 知의 作用 즉 知自體面이라고 하겠다. 朱子의 思想을 계승한 退溪의 格物窮理를 이해하는데 있어서는 理發理到를 연결하는 일관성을 파악하는 것이 도움이 될 것이다.

理發의 解得은 사실로서가 아니라 論理로 해석해야 하고 따라서 理發이란 말은 事實的으로는 氣發을 공유하지만 時差를 두어서 理先發이라고 하지 않고 다만 理發이라고 표현한 점이 숙고되어야 할 것이다. 理氣不離에서 心合理氣를 생각할 수 있고 退溪가 心動性動에 관하여 金而精에게 답한 것을 보면 動에 있어서 心性은 분리할 수 없다고 하였는데, 그렇다고 心과 性을 發에서 區分하지 않을 수 없다는데 특징이 있다고 하겠다. 心性區分은 論理며, 心與性이 非二物이라고 함은 사실을 지적한 것이다. 物我一理요 心性이 非二物인데 心이 在外之物로 向한다는 것이 무슨 말인가? 향한다면 한 地點에서 他地點으로 이동한다는 말인데 이것은 사실을 말함이 아니라 論理上의 구분임을 주의해야 할 줄 안다. 格物物格의 物이 사실상 物理·心理·性理·天理를 포함하고 있다면 論理上 物心性天을 구분하지 않을 수 없으며 天理로부터 物理를 보고자 하는 一次的인 側面의 요구는 認識上 자연스러운 階梯라고 할 것이다. 物是라는 해독에서 짐작할만 하다.

둘째 物의 理致를 인식한다는 側面을 생각할 때 이것은 知의 機能上의 문제로 여겨진다. 理致는 대상인 物에 있고 知의 기능은 주체인 心에 있다고 한다면 認識成立에 있어서 先後와 동시가 문제될 것이다.

---

26) 吾人便知朱子所謂格物窮理之事實當自三面了解其一是吾人之心之向彼在外之物二是知此物之理而見此理之在物亦在我之知中三是我之知此理即我之心體之有一「知此理」之用此知理之用云(唐君毅 中國哲學原論 原敎)

心先物後인가 그렇지 않으면, 物心同時인가 하는 難題에 부딪히게 된다. 物格의 物을 「物是」라고 釋義함은 物中의 天理를 존경하는 태도라고 한다면 「物厓」라고 訓讀함은 認識主體를 강조하는 의미가 들어있고 物格은 사람아닌 物이 格함이 아니라 物아닌 사람이 格하는 것으로 생각할 때 已格已到의 주장이 나올만 한 일이다. 物理속의 天理, 性理속의 天理를 존귀한 것으로 하려 함은 物是와 物厓의 釋義로 미루어 짐작이 간다. 그러나 이 物是와 物厓라고 할 때의 이 兩者의 대조적인 屬性을 굳이 天人으로 구별한다면 그 구분은 會通의 장애가 될 수도 있을 것이다. 理發이 發說되는 座標로 보고 싶다. 或問을 읽었을 때 溪退는

「滉顧雖常有味其言而不能會通於此耳」

라고 한 心情에서 會通前後의 境界를 참고할 수 있으리라고 생각된다.

셋째로 理致를 아는 知의 作用 즉 知自體에 관해서는 最後段階로 추측되며 이 側面은 理到境에 잘 나타난다고 하겠다. 理到에로의 接近過程은 物是, 厓로부터 物庶多로 試讀해가는데서 발견된다. 그러나 物庶多는 아직도 衆物之理의 點綴現象에 불과하다면 이에 成功達成된 곳이 理到가 아닌가 생각된다. 理到의 理는 衆理와 一理의 갈라질 수도 없고 모일 수도 없는 곳이라고나 할까? 理之發用과 人心所至의 不合不離하는 좌표였던 것으로 믿어진다.

理到說에서 「理는 死物이 아니라」고 한 말이 그 이전에는 死物이라고 생각했었던가 하는 의문이 제기될 수도 있겠다. 李鍾述씨에 의하면

「理到說에서 말한 退溪의 理를 死物로 오인할 뻔 했다는 것은 理到說만을 두고 한 것임을 알아야 할 것이고, 理의 作用에 대한 말은 그 本意를 活看하지 않으면 안될 것으로 안다」

라고 하여 理到의 淵源이 멀리 있었음을 시사하고 있다. 理發의 종점을 理到로 간주할 수는 없을까 생각해본다. 退溪의 墓碣自銘 末尾에

「憂中有樂樂中有憂乘化歸盡復何求兮」

라고 함을 읽을 때 退溪의 暮境에서의 진정한 자유를 느껴보게 된다.

한가지 부언하면서 끝을 맺고자 한다.

인식은 대상이 요구되며 認識原은 對象의 超越與否가 문제되는 데서 難點이 생긴다는 점이다.

現象과 事實속에서 絶對地域을 설정하는 일은 形而上學에서 絶對地

域을 설정하는 일과 똑같이 猛威를 생산하는 危險性을 지닌다고 보아서 退溪의 論理展開中 高峰에게 일러준 부분은 매우 意味深長하게 感受된다.

「學理를 연구할 때 정밀하게 고찰하여 同한 가운데서 異를 알고 異한 가운데서 同이 있는 것을 알아서 分하여 二가 되어도 그 不離性을 害하지 아니하고, 합하여 一이 되어도 또한 不雜性은 保全케 하여 충분히 周悉無偏하여야 된다.」

人類史에는 人道가 정립되어야 하겠고 民族史에는 主體性이 확립되어야 할 現實世界史에서 退溪의 理와 敬의 結晶體를 理到로 발견할 때, 朱子와 退溪의 學問이 儒學의 理論展開에 現實的으로 기여할 바 또한 여기서 기대된다고 생각된다.

退溪의 敬에 관한 倫理的 考察
——黃仲擧의 利義質疑를 中心으로——

序 言

倫理問題가 實踐에 관한 것인 한 當爲가 問題될 것이며 當爲를 問題로 삼는 限 價値 내지 「좋음」즉 善이 무엇인지를 탐구하게 된다.

從來의 倫理學에서 이러한 問題를 해결하는데 있어서 일반적으로 몇가지 傾向을 나타내고 있음을 본다. 즉 形而上學的인 傾向이 그 하나요 自然主義的인 傾向이 그 둘째요 直觀論的인 傾向이 그 셋째로 생각된다.

그러나 그렇다고 해서 形而上學的인 追求끝에 無實한 것으로 昇華되어 버리거나 一般化된 法則性 내지 善을 위한 善처럼 되어버리거나 또는 自然主義的인 探究끝에 公式化된 經驗性 내지 實踐을 위한 實踐으로 結果되거나 혹은 直觀을 至上으로 일삼는 나머지 偏見을 準則으로 오인해버리는 일이 있어도 안될 줄로 믿어진다. 人間을 어떻게 理解하느냐 하는 것은 기본적인 것이면서도 매우 重要한 일이라고 생각된다. 사람은 形而上學的인 面이나 自然的인 面이나 直觀的인 面을 兼有하고 있다 할지언정 어느 한 面으로 分析 斷定할 수는 없을 것이다. 退溪의 思想을 敬으로 集約할 수 있다면 그 人間觀은 역시 敬을 通해서 본 人間觀이며 여러가지 學術的 側面도 이 敬을 中心으로 해서만 理解될 것이다. 따라서 倫理問題도 그러한 角度에서 分析闡明되여야 할 줄로 생각된다. 이제 이 論稿에서는 黃仲擧에 의해서 質問된 「利」와 「義」를 중심으로 해서 敬의 倫理的 側面을 고찰해보고자 한다.

退溪의 人間理解

退溪는 韓國儒學史에서 栗谷과 더불어 主軸을 이루고 있다. 특히 退溪의 日本儒學에 끼친 影響은 실로 크며, 自省錄에 대한 評 「四端七情分理氣之義 退溪集十五數書論之自省錄所載最備 道諸儒道

　　不到處」(闇齋 文會錄 卷五 玄相允所引)

라든가, 退溪의 儒學이 中國元明間의 諸儒와 비교가 안된다는 豫齋의

　　「朝鮮李退溪 東夷之産 而悅中國之道 尊孔孟宗程朱 而其學識所造 大
　　非元明諸儒之儀」(渡邊豫齋 韞藏錄討論筆記 同上)

라고 한 것이라든가 藪孤山의 朱子를 계승한 사람은 바로 退溪라고 한

　　「大塚先生之言曰 勉齋之狀朱子 不如節要之盡朱子也　先子亦曰 百世
　　之下繼紫陽之緖者退溪其人也」(送亦彦禮序 同上)

라든가 에서 볼 수 있듯이 日本朱子學派에서는 退溪의 學說이 그 中
樞를 형성했던 것으로 보인다. 이것은 日本儒學의 道統에 대는

　　「孔子之道傳之乎曾子子思而傳乎孟子　孟子歿後久失其傳　至宋程朱二
　　子深求始得焉　其學傳乎朝鮮李退溪　退溪而傳之乎我國山崎闇齋云云」
　　(藪孤山 送亦崎海門序 同上)

을 보더라도 그것을 分明 뒷받침해주고 있음을 읽을 수가 있다. 退溪
는 程朱學을 忠實하게 계승했고 특히 朱子를 信奉하였다.

　　「近因朱子語類 論孟子四端處末一條正論此事其說云四端是理之發七情
　　是氣之發古人不云乎 不敢自信而信其師　朱子吾所師也　亦天下古今之
　　所宗師也云」(答奇高峰書)

　　朱子는 宋學을 集大成한 분이시며 宋學은 子思 孟子에서, 子思 孟
子는 孔子에 淵源하였다. 따라서 退溪의 人間觀은 이러한 系統을 생
각하지 않고서는 窺見하는데 어려우리라고 본다.

　　人間은 天地萬物과 遊離될 수 없다.
　　「有天地然後有萬物有萬物然後有男女有男女然後有夫婦云云」
　　(易 咸序卦)

　　사람을 自然이나 天과 하나로 생각함은 天人을 따로 보지 않으려는
儒學의 傳統思想에서 그러하다. 萬物이나 現實속에 存在하는 人間은
가장 뛰어나다는 것이다.

　　「惟人也得其秀而最靈」(太極圖說)

그러므로 사람의 힘으로 말미암아 自然도 國家도 安定될 수가 있는
것이다.

　　「致中和天地位焉萬物育焉」(中庸)

따라서 사람의 하는 일이란 至極히 聖스러운 것이다. 天事도 人間을
통해서 그리고 天道도 사람을 통해서만 實現될 수 있다는 것이다.

「天工人其代之」(書經 皐陶謨)

「子曰人能弘道非道弘人」(論語 衛靈公)

그토록 人間이 至貴한 까닭은 그러할 수 있는 尊貴性을 지니고 태어
나기 때문이다.

「天命之謂性」(中庸)

「人之生也直」(論語 雍也)

孟子에 와서는

「道性善言必稱堯舜」(滕文公上)

이라고 하여 天命의 性을 善으로 表現하였을 뿐만 아니라

「欲貴者人之同心也」(告子上)

즉 사람에 있어서 마음에 普遍된 것을 貴한 것으로 풀이함과 동시에

「至於心獨無所同然乎 心之所同然者何也理也義也」(同上)

에서 볼 수 있는 것처럼 理와 義가 萬人에 普遍된 것으로 인정하였다.
이 普遍性把握에 남보다 앞선이가 聖人이라는 것이다. 宋儒는 이러한
根源을 天人合一見地에서 論理를 전개하려 한다.

「天地之塞吾其體」(西銘 張橫渠)

라고도 했지만 天心人心은 心으로서 하나로 朱子는 생각하였다.

「蓋嘗論人心之虛靈知覺一而已矣而以爲有人心道心之異者則以其或生
於形氣之私 或原於性命之正云云」(中庸)

退溪는 程子의 말을 인용하면서

「自這一箇腔子通天地萬物只此一理理一氣亦非二故曰一人之心即天地
之心」(答黃仲擧 全書 卷19)

天人無二를 말하기도 하고 朱子의 말을 인용하여

「朱子亦云向腔子外尋則莽蕩無交涉曰以理言之固爲一體以分言之則不
能不殊在我則我底爲大本在佗則佗底郤爲大本」(同上)

에서 처럼 같은 점과 다른 점을 說明하기도 한다. 그러나 이러한 분
석된 理致에서 보다 人間의 온전한 全體面에서 살피려 한 退溪의 모
습을 엿볼 수가 있다. 神仙이란 꼭 鍊丹을 한 後에만 얻어지는 것이
아니라는

「蓋地上有神仙只投紱歸來之日是也何必鍊丹於赤城山下然後謂之仙耶」
(同上)

이 말로 미루어 人爲에 물들지 아니한 生來의 天然性에 關心이 깊었

던 事實을 알 수가 있다.

「淳風이 죽다 ᄒ니 眞實로 거즈마리 人性이 어디다 ᄒ니 眞實로 올
흔마리 天下에 許多 英才를 소겨 말씀ᄒᆞᆯ가」(陶山十二曲)

人性이 天命의 性이요 性善의 性이란 뜻이 마음속에 젖어있고

「春山에 花滿ᄒ고 秋夜에 月滿臺라 四時佳興 사롬과 ᄒᆞ가지라 ᄒᆞ가
며 魚躍鳶飛 雲影天光이사 어늬 그지 이슬고」(同上)

有無에 通하고 上下에 達한 이 心境은 自然으로 化한 느낌을 짙게 한다.

「靑山은 엇뎨ᄒᆞ야 萬古에 프르르며 流水는 엇뎨ᄒᆞ야 晝夜에 긋디아
니ᄂᆞᆫ고 우리도 그치디마라 萬古常靑호리라」(同上)

天長地久로 常綠을 향한 生活姿勢는 老境의 圓熟한 學問과 如如한 處
世의 面貌를 歷然하게 보여주고 있다. 이것은 65세의 作이지만 70세
의 마지막 臨終할 때의 兄子 寗에게 남긴 遺戒에서 「碑文을 他人에 맡
기어 實없는 말을 늘어놓아 사람들의 웃음을 사지말라」고 하여 스스
로 지은 銘文을 遺言한 바에 의하면 退溪의 人生觀을 그 속에서 한층
더 밝게 이해할 수 있다.

「生而大癡壯而多疾中何嗜學晚何叨爵學求猶邈爵辭愈嬰進行之跲退藏
之貞憨國恩亶畏聖言有山巍巍有水源源婆娑初服脫略衆訕我懷伊阻我
佩誰玩我思古人實獲我心寧知來世不獲今兮憂中有樂樂中有憂乘化歸盡
復何求兮」(年譜)

「聊乘化以歸盡하니 樂夫天命復奚疑아」라고 한 淵明의 歸去來辭가
聯想되기도 한다. 이러한 즐거운 心境은 義利辨析의 場을 이루고 있
으며 이 場의 母胎는 敬에 있음을 생각할 수가 있다.

「敬字一心之主宰而萬事之本根也」(大學圖)

이러한 점들은 每事 判斷의 重要한 根本을 이루고 있다.

그러나 바람직한 結果를 가져오지 못할 때 最靈은 커녕

「其違禽獸不遠矣」(孟子 離婁)

禽獸와 별다름이 없게 된다. 사람은 사람으로서 해야 할 일이 있다.

「禽獸不可與同羣」(論語 微子)

現實을 超然히 事實을 無關하게 처리할 수도 없고 禽獸로 전락될 수
도 없다. 물론 兩面性을 소유하고 있다고 해서 어느 쪽으로 기우러져
도 좋다 할 수는 없다. 形而上學的인 것, 自然的인 것, 直觀的인 것,
이러한 것들은 相互調和속에 有機的인 解決이 필요한 것으로 생각되

며 行動人으로서의 處理가 方向과 어긋남이 없어야 할 것으로 본다. 이러한 方向의 設定은 人間理解의 基底없이는 아니 될 것이며 그 基底에서 비로소 主體的 決斷을 얻을 수 있으리라고 생각된다.

主體的 判斷

退溪는 一般人으로서의 普遍性을 重要視하면서도 實存主體性을 강조한 것으로 보인다.

奇高峰이 한때 그 自身의 進退問題를 어떻게 정해야 좋을지 몰라서 물어온 때가 있었다.

「今觀來喩之意自謂學未成而遽出恐仕宦之奪志欲歸而卒究大業爾云」 (答奇明彦)

이에 대해서 進退去就問題는 스스로가 마음에 결정할 일이지, 이것을 他人에게 도모할 것도 아니며 또한 능히 謀議할 바도 아니라고 對答하였다.

「大抵出處去就當自決於心非可謀之於人亦非能與謀」(答奇明彦)

自己일은 스스로가 主體的 決定을 해야 한다는 것이며 또한 그렇게 않되는데는 그 理由가 있다는 것이다.

「平時理有所未盡志有所不剛則其所自決或不免眛於時義奪於願慕而失其意耳」(答奇明彦)

즉 平素에 理致에 未盡함이 있다든가 그 意志가 剛하지 못할 때 時宜를 잃고 願慕에 끌려서 當爲를 상실하게 된다는 意味다.

理致를 따른다는 것은 理性의 問題요 意志의 强弱은 感性에 속한 問題다. 理致에도 밝고 意志도 강해야 스스로의 정확한 판단이 가능하다는 말이다.

理性의 喪失은 感性때문이기 쉽고 感性의 激昂은 願慕에서 오고 願慕의 內容은 利不利의 關係가 많은 比率을 차지하고 있는 것으로 짐작된다.

오늘날 民主主義下에서 資本과 勞力을 가장 적게 들이고 가장 많은 利를 追求하려는 것이 實情으로 되어 있어 利에 예민한 것은 事實이다. 과연 利가 主體的 判斷의 障碍거리가 된다면 民主主義에 違背되는 結果가 되어 利의 眞意가 무엇인지의 옳바른 理解가 요구된다.

利의 眞意

退溪는 理明志剛을 判斷力의 所在處로 삼았기 때문에 理昧志弱은 主體喪失의 原因으로 파악하고 있다. 앞서도 言及하였거니와 理는 理性에, 志는 感性에 속한 것으로 생각되는 바 志剛이라 할 때에도 理明(順理)下의 志剛이어야지 그것을 떠난 것은 매우 위험한 일이다. 즉 志剛이라고 해서 興奮이나 노여움을 隨伴해서는 안될 것이다. 그러므로 「論語」에서는

「孔子曰君子有九思視思明聽思聰色思溫貌思恭言思忠事思敬疑思問忿思難見得思義」(論語 季氏)

라고 하여 忿을 경계할 것을 일러주었고 「易經」에서도

「象曰山下有澤損君子以懲忿窒欲」(損)

이라고 해서 忿慾의 感性을 억제할 것을 가르쳐주었을 뿐만 아니라 孔子는

「孔子對曰有顏回者好學不遷怒不貳過不幸短命死矣云云」(論語 雍也)

라고 하여 顏子를 칭찬할 때에 그 점을 높이 산 것을 볼 수 있다.

이렇게 感性의 發動으로 理性이 侵害를 아니받으면 좋으되, 받는 경우에 가장 主因이 되는 것이 義奪於願慕라고 해서 願慕를 지적했고 그 願慕의 衝動이 되기쉬운 것으로 利不利의 利를 들어보았다. 그렇다면 과연 民主主義에서 追求되고 있는 것이 그릇된 것인지, 아니라면 그 眞意는 어떻게 納得되어야 할 것인지가 問題된다.

儒學의 中心問題는 仁義에 있고 倫理的인 角度에서는 利와 義가 중요하게 탐구되어 온 줄로 안다. 過去의 聖賢들은 이 利에 대하여 어떻게 말해 왔나 하는 점을 여기서 잠깐 돌이켜볼 必要를 느낀다. 「論語」에 의하면 利만 좇아서 行動하면 怨恨을 많이 사게 된다.

「放於利行多怨」(論語 里仁)

이라고도 하고 小人은 利에 銳敏하다.

「小人喩於利君子喩於義」(論語 里仁)

라고 하여 매우 경계해야 할 것으로 表現되어 있고 「孟子」에서는 開卷 첫 장에

「王曰叟不遠千里而來亦將有以利吾國乎對曰王何必曰利亦有仁義而已

矣」(梁惠王上)

와 같이 王의 청하는 利에 대해서 仁義로 應酬하고 있음을 본다. 이렇듯 利에 대해서는 바람직한 것이 못됨을 말하고 있다. 實利를 强力하게 구하는 現社會에서는 대단히 問題거리가 아닐 수 없다. 그러나 그렇듯 否定만 하고 있는가? 또 왜 否定되어야 하는가 하는 점을 밝힐 必要가 생긴다.

利라고 할 때 有形無形으로 私慾에서 온 것은 淸濁이 다를 뿐이지 같은 것으로 조심해야 할 일이지만, 이렇게 有害한 것으로만 보아야 할 것인지? 劇藥이라도 病이 治癒되었다면 그것은 바람직한 것이다. 物質 그 自體는 利로웁게도 不利하게도 쓰여질 수 있는 점으로 미루어 반드시 否定만 되어야 할 것은 아니라고 본다. 아니 物質을 떠나서 우리는 살 수가 없다. 孔子께서는 不義에서 얻은 富貴는 뜬구름과 같다.

「不義而富且貴於我如浮雲」(論語 述而)

이라고 해서 一見 富貴를 否定한 것 같이 보이지만, 이 말의 裏面에는 不義로 얻은 것이 아닌 즉 義에서 획득된 富且貴란 바람직하다는 뜻이 깃들어 있다고 생각한다.

「曰今之成人者何必然見利思義見危授命久要不忘平生之言亦可以爲成
人矣」(論語 憲問)

에서 보듯이 利가 義의 害가 되기쉽기 때문에 利를 보면 義를 생각하라고 했을 것이고 害가 되지 않는 限 利를 금할 何等의 理由가 없다. 오히려 富해야 한다고 勸獎하고 있는 것을 볼 수가 있다.

「旣庶矣又何加焉曰富之」(論語 子路)

人口가 많은 나라에서는 우선 富해야 한다는 점을 오히려 강조하고 있음을 본다.

이렇듯 義와 利에 관한 問題는 儒學의 倫理的인 核心位置를 차지하고 있다. 사실상 우리의 生活內面을 들여다 볼 때 旣然에서 未然으로 行動해가는 時時刻刻이란 兩者를 擇一해가는 連續過程으로 보인다. 兩者란 利냐 義냐하는 것이요 擇一이란 이 中 어느 하나를 선택하는 것이다. 擇一하는 마당에서는 矛盾아닌 調和點이 바람직함은 두말할 必要조차 없다. 黃仲擧는 이러한 점에 대해서 退溪에게 質問한 바 있다. 內容인즉 董仲舒는 일찌기

「正其義而不謀其利明其道而不計其功」(春秋繁露)

에서 처럼 利와 誼(義)를 대립시켜서 말하고 있는데 비해서

「利者義之和也」(易 乾 文言)

에서 보듯이 利와 義는 矛盾이 아닌데 董仲舒의 不謀其利란 不當하지 않는가 하는 疑心이다. 前者는 否定的인데 後者는 肯定的인 것으로 齟齬의 결과에 대한 質問을 한 것이다.

義란 마땅한 것이요

「義者宜也」(中庸 20章)

사람이 마땅히 가야할 길이 義

「義人之正路也」(孟子 告子上)

라고 하였다. 이러한 마땅함이라든가 사람이 가야 할 길이 오늘날 사회에서 要求하고 있는 利와 어긋나는 일이어서는 아니될 줄로 믿어진다. 그러나 義를 바르게 하고 利를 도모하지 말라고 하는 董仲舒의 말은 마치 利와 義는 全然 別個의 것처럼 보이고 한편 義之和라고 한 易乾文言의 말은 利와 利는 一致하는 表現이고 보면 黃仲擧가 疑心을 품는 것도 當然한 일이다. 退溪는 여기에 대하여 두가지로 대답하였다. 그 하나는

「自利之本而言之利者義之和非有不善如易言利不利書言利用之類是也」
(答黃仲擧論白鹿洞規集解上)

라고 하였다. 즉 利의 根本으로부터 말하면 利라는 것은 義의 調和된 것이니 善한 것으로 易經에서 말하는 利不利와 같은 것이요 書經에서 말하는 利用의 類가 모두 그 例란 것이다. 易經에는 과연 여기 저기서 散見된다.

「利見大人」(易乾)

「利牝馬之貞」(易坤)

「利涉大川」(易 需 同人 蠱 大畜 頤 益 渙 中孚 未濟)

둘째로는

「自人之爲利而言之在君子則爲心有所爲之害在衆人則爲私己貪欲之坑
塹天下之惡皆生於此」(答黃仲擧論白鹿洞規集解上)

에서 말했듯이 君子에 있어서는 마음에 所爲의 害가 있게 되고 衆人에 있어서는 私貪의 坑塹이 되어서 天下의 모든 惡이 여기서부터 시작된다고 하였다. 다시 말해서 營利하려는 側面으로 말할 때에, 君子에 있어서는 窮極的으로 善을 위한다는 생각마저도 없이 自然的으로 善行이 이루어짐이 바람직한 일이다. 그 위한다는 마음이 孟子三勿에

비추어볼 때 혹 害가 될 수 있다는 말이며 衆人에 있어서는 利己之心
의 發動으로 말미암아 드디어는 헤어날 수 없는 구렁속에 빠지게 된
다는 것이다.

하나는 理致의 根本으로부터 본 體의 面이요 둘째는 自然的 面에서
본 바 向利하는 用의 面에서 생기는 害라 하였다. 그렇게 본다면 같은
利字로 표현되어 있지만 그 뜻에 있어서는 같고 다름의 差異點이 있
음을 看過할 수 없다. 같은 점으로 미루어볼 때는 서로 용납이 안되
는 것같이 보이나 사실은 그런 것이 아니라

「來喩所以疑其牴牾而其實非牴牾也」(同上)

라는 것이다.

그러나 牴牾되는 것처럼 보이지만 실제는 牴牾가 아니되려면 그것
은 계산하듯이 되는 것이 아니라 그렇게 될 때까지의 어느 정도의 時
間이 필요하게 된다. 果實이 처음 맺쳤을 때는 시고 떫지만 익은 뒤
에는 달(甘)게 되어, 生時와 熟後가 다 같은 果實에는 틀림없지만 그
相去는 매우 멀다.

「譬如梨柿生時酸澁喫不得到熟後自是一般甘美相去大遠只在熟與不熟
之間」(答金而精別紙)

흔히 理와 義가 人心에 있어서 사람 사람의 所同然으로 파악되지 아
니하고 牴牾되는 것처럼 생각되기 쉽지만 그런 것이 아니다. 사람들
이 좋아하는 점을 몇가지 단계로 나누어 생각해서 馮友蘭은 人間境界
를 自然生理的인 경계와 社會功利的인 경계와 道德, 宗敎的인 경계로
나누어진다고 보았다.

「人雖有各種但各種底都是人間就一個人是人說他的最底成就是成爲聖
人這就是說他的最高的成就最得到我們所謂天地境界」(新原道緒論)

이러한 경계들은 各人이 처해 있는 世界이기도 할 것이며 論理水準
의 구분으로도 생각할 수 있다. 모든 사람에게 普遍된 것, 바꾸어 말
해서 根本으로 관찰할 때 利와 義가 결코 서로 어긋나지 아니한다는
것을 사람의 先天性에서 發見하려 한 것이 孟子이다.

理義와 利義

飮食料理에서 사람마다 보다 맛있는 것을 취하려 함은 당연한 일이

다. 보통 혼하게 얻을 수 있는 生鮮과 天下珍味라는 熊掌과는 비교도 안될 만치 差異가 있는 것이므로, 두가지를 다 얻을 수 없을 때에는 물론 熊掌을 택하고 一般生鮮을 버릴 것이다.

「魚我所欲也熊掌亦我所欲也二者不可得兼舍魚而取熊掌者也」(告子上)

마찬가지로 산다는 것도 사람들이 다 願하는 바며 義도 또한 다 願하는 바이지만 義와 生의 두가지를 모두 얻을 수 없을 때는 生을 버리고 義를 求할 것이다.

「生亦我所欲也義亦我所欲也二者不可得兼舍生而取義者也」(同上)

과연 사람사람이 다 같이 이처럼 生까지 버리고서 義를 따를 것인지 劃一的으로 말할 수는 없겠으나, 적어도 이러한 傾向을 天賦에서 찾으려고 한다.

누구나 生의 愛着은 강한 것이지만 그 보다도 더 강한 것이 있기에 구차스럽게 해서까지 얻으려하지 않으며, 죽는다는 事實을 싫어하지마는 죽음보다도 더 강하게 싫어함이 있기에 患難을 當하여도 굳이 피하려하지 않는다.

「生亦我所欲所欲有甚於生者故不爲苟得也死亦我所惡所惡有甚於死者
故患有所不辟也」(同上)

그래서 살 수 있다고 해도 아니하는 경우가 있고 難을 避할 수 있다고 해도 아니하는 경우가 있다.

「由是則生而有不用也由是則可以辟患而有不爲也」(同上)

이러한 것들은 事實을 통해서 알 수가 있는 일이고 다만 賢者만이 가능한 것이 아니라 누구에도 이 마음이 있는 것이요 賢者는 이 마음을 잃지 않을 따름이다. 비록 死境에 처한 乞人일지라도 발길로 차주면서 먹으라고 할 때 조촐하게 생각하지 않는 것이니

「一簞食一豆羹……蹴爾而與之乞人不屑」(同上)

누구에게나 心性속 깊이 이러한 生보다 더 존중하고 죽음보다 더 미워하는 움직일 수 없는 先天的인 한 모퉁이를 간직하고 있다는 것이다.

食性도 사람마다 다르지만 共通으로 좋아하는 것이 있고, 音樂의 기호가 각각 다르지만 共通으로 즐겨하는 것이 있고, 보는 눈도 각각이지만 美人은 共通으로 首肯하는 점이 있는 것처럼 사람들 마음속에는 共通된 理와 義가 있다고 孟子는 지적한다.

「人心之所同然者理與義也」(告子上)

모든 사람의 內部心淵에는 이처럼 萬人에게 普遍된 理와 義가 깔려 있다는 것이다.

「孟子曰天下之言性也則故而已矣故者以利爲本」(離婁下)

여기서 朱子는 性에 註釋하기를

「性者人物所得以生之理也」(同上註)

性은 理이기에 故而已矣라고 하였다. 故는 其已然之跡이라기 보다는 까닭으로 새겨서 原因으로 理解할 수는 없을까 ? 그렇다면

「故者以利爲本」(前所引)

換言하면

「理者以利爲本」

이라고 할 수 있어 理와 利는 결코 矛盾이 아님을 알게 된다. 그렇다면 앞에서 인용한

「人心之所同然者理與義也」(前所引)

의 理與義는 利與義로도 推測이 가능해진다. 앞에서 退溪의 두가지 對答이 누구에도 마음속 깊이 간직되어 있는 根本(理與義 또는 利與義)으로부터 말하면, 결코 利와 義는 牴牾가 되지않는다고 함이 그 첫째요 爲利하는 점으로 말하면 君子와 衆人에게 害가 된다고 함이 그 둘째라고 하였다. 利之根本도 나 自身에서요 人之爲利도 나 自身의 爲利일진대 아마도 이것을「있어야 할 나」와「있는 나」로 바꾸어 말할 수 있지않나 생각된다.「있어야 할 나」와「있는 나」와는 調和됨이 바람직한 것은 물론이요, 여기서「있어야 할 나」를 義의 面에서「있는 나」를 利의 面에서 고찰해본다고 하더라도 무방할 것으로 보인다. 즉 이 義利의 관한 問題는 대단히 所重하게 다루어져왔다.

義의 根底

朱子는 義利의 說이 儒者에 있어서 가장 중요한 것이라

「義利之說乃儒者第一義」(上延平先生)

고 그의 스승 李延平에게 올리는 글에서 밝히고 있다. 退溪는

「夫士生於世或出或處或遇或不遇歸潔其身行其義而已禍福非所論也」
(答奇明彦)

라고 하여 禍福은 논할 바가 아니라 世上에 태어나서 出處遇不遇에 오

직 그 몸을 潔白하게 유지하고 義를 行할 따름이라고 주장하고 있다. 黃仲擧에게도 말한 바 있지만 義를 바르게 하면 利는 그 가운데 있다는 것이다. 義에 대해서

「仁者人也親親爲大義者宜也尊賢爲大」(中庸 20章)

宜라고 풀이하여 仁과 더불어 親親尊賢하는 力源으로 삼아왔고

「親親而仁民仁民而愛物」(孟子)

親親仁民에 그치지 아니하고 愛物에까지 가는 倫理的 實踐의 原初點을 義에 두어왔다. 親親하는 家庭과 仁民하는 社會는 協和萬邦하는 關係여야 하며, 協和하는 社會와 愛物하는 自然은 발전하는 大同團員으로서 位天地育萬物을 意味하는 것으로 간주된다. 孟子는 浩然의 氣를 설명하되 반드시 義와 道를 짝한다 하였다.

「敢問夫子惡乎長曰我知言我善養吾浩然之氣敢問浩然之氣曰難言也其爲氣也至大至剛以直養而無害則塞于天地之間其爲氣也配義與道無是餒也(公孔丑上)

「論語」에는 子路・冉有・公西華・曾晳의 4인과 孔子가 對話한 곳이 보인다. 4인 弟子가 서로 각각의 뜻을 말한 것을 보면 子路와 冉有는 政治에 自信을 스스로 과시했고 公四華는 禮樂에 特技를 말하는 가운데 曾晳이 홀로 辭讓하는 態度로서 晚春에 盛裝을 차려입고 冠者五六人과 童子 六七人과 沂水에 沐浴하고 舞雩에 바람쏘이고 詩나 한 首 읊고 돌아오고 싶다고 하는 말에, 孔子는 喟然嘆服하고 「나는 曾晳과 더불어 하겠노라」하고 칭찬을 하고 있다.

「點爾何如鼓瑟希鏗爾舍瑟而作對曰異乎三子者之撰子曰何傷乎亦各言其志也曰莫春者春服旣成冠者五六人童子六七人浴乎沂風乎舞雩詠而歸夫子喟然嘆曰吾與點也」(先進)

앞에서 언급한 親親仁民愛物이라든가 配義與道하는 浩然의 氣라든가 曾晳의 詠而歸는 一連의 共通性을 보여준다. 이것을 하나의「좋음」의 世界로 집약될 수 있다면 義의 根據로서 이「좋음」은 想定될만 한 것이요 이「좋음」의 實現은 곧 우리 生活의 利로움과 직결된다.

王陽明은 이 4弟子와 孔子와의 對話를 평한 곳에서 子路와 冉求는 政治를 自讚했고 公西華는 禮樂을 自任하고 나섰으나 이 세사람의 뜻은 꼭 期必하고저 하는 뜻이 있기때문에 이것이 능하면 저것이 不可能하게 되고 저것이 能하면 이것이 不能케 되어 一邊에 사로잡히는 결

과를 초래하지만

「問孔子言志冉求任政事公西華任禮樂……便着一邊能此未必能……」
(傳習錄)

曾晳의 詠而歸하는 心思에는 期必하고 執着하는 바가 없어 君子는 不器라 생각하는 孔子는 그를 許諾認定했을 것이다. 이 執着을 떠나는 問題는 行動할 때나 고요히 있을 때나 중요한 것이다. 만일 고요할 때나 혹은 行動할 때나 어느 한 때만을 重하게 생각한다면 한쪽을 좋아하고 다른 쪽을 싫어하는 폐단이 생겨서 허다한 病痛에 떨어지게 된다.

「不管寧靜不寧靜若靠寧靜不惟漸有喜靜厭動之廢中間許多病痛」
(傳習錄)

그래서 喜動厭靜이나 喜靜厭動의 弊端을 탈피하는 動靜一貫하는 定을 程子는 주창하였다.

「所謂定者動亦定靜亦定無將迎無內外苟以外物爲外索己而從之是以己性爲有內外也……旣以內外爲二本則又烏可遽語定哉」(定性論)

이러한 動靜內外를 一貫하는 程子의 定은 앞에서 말한 一連의 「좋음」과 相通되는 것으로서 조화된 利義의 基底로 생각된다.

程子는 周濂溪의

「主靜立人極」(太極圖說)

에서의 靜을 玩味하여 敬字로 바꾸어 생각하게 된 이후로 道家나 佛家에서의 靜의 意味를 구분하게 되었다.

敬

---

① 淵　源

程子의 學說은 朱子에 큰 影響을 주었고 朱子는 退溪의 師事한 바 間接的으로 나마 學問淵源上 不可分의 關係임을 추측하게 된다. 특히 敬思想에 있어서 그러하다.

程子는 처음에 周濂溪로부터 배웠던 바 周子의 主靜을 배우고서 程子는 이것을 敬으로 대치했다. 敬을 지킬 수 있으면 능히 主靜이 可能한 것으로 생각하였다.

「程子初年受學于周子周子之學主靜而程易之以敬蓋敬則能主靜矣」(宋

元學案 元吳草廬條 宇野哲人所引)

이제 先生의 敬에 언급하기 전에 程朱子以前에 생각해오던 敬에 관해서 잠시 살펴보고자 한다.

「論語」에는

「居處恭執事敬」(論語 子路)

이라든가 또는

「修己以敬」(論語 憲問)

이라고 하여 平常無事時에는 공손(外視)하고 有事時에 敬하라고 하였고 自己克服도 敬으로 할 것을 가르쳐주고 있으며, 孟子에서는

「敬人者人恒敬之」(離婁下)

라든가

「敬叔父」(告子上)

에서 처럼 當爲의 事實을 들어 敬을 표한데 불과하다.

「書經」에서는

「敷五敎在寬」(舜典)

라고 하여 態度로서 언급되어 있고

「詩經」에서도 마찬가지로

「敬而聽之」(小雅)

라고 하여 역시 하나의 事實的인 態度로 설명되어 있다. 다만 「易經」에서는

「敬以直內義以方外」(易坤)

라 하여 敬과 義를 內外表裏로 생각하고 있음을 본다. 程子는 여기서 敬을

「義形而外方義形於外非在外也敬義旣立其德盛矣」(易傳)

로 註釋을 가하여 義와 敬의 不可分의 關係를 명시하고

「又曰主一無適敬以直內便有浩然之氣」

이라고 해서 敬하면 心中이 虛하고 同時에 實한 것으로 믿어서 靜과 敬을 엄격하게 구분하였다. 朱子는 窮理를 添加함과

「所謂致知在格物者言欲致吾之知在即物而窮其理也」(大學 補註)

동시에 程子修養說의

「涵養須用敬進學則在致知」(遺書 卷 18)

用敬과 아울러 居敬窮理를 力說하게 되었다. 退溪는 그 뒤를 계승하

여 敬을 매우 重要視하기에 이르렀다.

　② 退溪의 敬

　周濂溪가 主靜을 향한 후 程子에 의해서 靜은 道佛과 混同을 염려하여 敬으로 바꿔게 되었고, 朱子가 다시 이 敬에 窮至事物之理를 가해서 居敬窮理를 그 修養說의 骨子로 삼아왔다. 退溪는 이 居敬窮理를 계승하고 敬에 대하여 더욱 力講하였다. 奇明彦의 質疑에 主體的 判斷을 강조했고 이 主體의 主宰는 敬에 根源하는 것으로 생각하였다.

　「用工之要俱不離乎一敬蓋心者一身之主宰而敬又一心之主宰」(心學圖)
마음이 一身의 主宰인데 그 마음의 主宰가 敬이고 보면 敬이 모든 일의 根本이 아닐 수 없다.

　「敬字一心之主宰而萬事之本根也」(大學圖)
물론 每事의 決斷이 他意에서가 아니라 自意의 主體的 判斷이 바람직하기는 하지만 어떻게 해서 그 主宰力을 지닌 主體를 확립하느냐 하는 것이 결국은 問題인 것이다. 일찌기 李德弘이 어떻게 하면 主體確立이 가능한가를 물었더니 잠시후에 敬이면 그것이 可能하다고 했고 敬說이 또한 허다한데 어떻게 하면 忘助의 病에 빠지지 않겠느냐를 물었을 때 그 많은 說 가운데서도 程謝尹朱의 說이 가장 절실한 것이라고 대답하였다.

　「如何可以能立其主宰乎久之曰敬以立主宰曰敬之爲說多端何如可以不
　陷於忘助之痛乎曰其爲說雖多而莫切於程謝尹朱之說乎」(言行錄 卷2)
　이 程謝尹朱의 說이란 程子・謝上蔡・尹和靖・朱子의 主張을 의미한다. 或者가 朱子에게 敬은 어떻게 用力해야 하는가를 물었을 때 朱子의 答이 程子는 일찌기 主一無適이라고 하고 또 整齊嚴肅이라고도 하였고 그의 門人 謝氏의 說은 소위 常惺惺法이라고 했고 尹氏의 說로 말하면 純粹收斂을 말한다는 것이었다. 朱子의 說은 앞에서 말한 바 居敬窮理를 뜻한다.

　「或曰敬若何以用力耶朱子曰程子嘗以主一無適言之嘗以整齊嚴肅言之
　門人謝氏之說則有所謂常惺惺法者焉尹氏之說則有其心收斂不容一物者
　焉云云」(大學圖)
　이 程謝尹朱의 어느 說을 막론하고 共通點을 살펴볼 때 主一無適이든 整齊嚴肅이든지 常惺惺法이든 其心收斂不容一物이든 간에 間斷이 없는 一連性에 있는 것으로 지적된다. 이렇게 함으로서 敬을 잃지 말 것이며 마땅히 敬해서 主體를 삼아야 한다.

「惟當敬以爲主」(答金惇叙)

따라서 이 敬은 聖學의 始終이 되는 줄로 안다.

「敬者聖學之始終也」(聖學輯要 收斂章)

歷代儒學者들이 敬을 매우 重要視해왔지만 退溪는 더우기 主力을 기울여 강조한다.

「吾聞敬之一字聖學之所以成始而成終者也」(小學圖)

程謝尹朱의 說이 一貫性에 共通點이 있다고 하였으나 聖學의 始終의 始終도 實은 一貫性을 말하는 것이다. 間斷없는 始終一如는 敬工夫만이 가능한 것이다.

「敬是入道之門必以誠然後不至於間斷」(言行錄 卷2)

일할 때나 일없이 고요히 있을 때나 動靜에 無關하게 敬해야 하고, 大學에서 일러주고 있는 戒懼나 愼獨은 다 같이 敬工夫라는 것이다.

「戒懼靜時敬也愼獨動時敬也」(雲峰胡氏戒愼註)

主體는 有事時나 無事時를 막론하고 잊어버릴 수 없는 것이요 主宰는 살아 있는 한 忘却될 수 없는 作用源이 아닐 수 없으니, 動靜이나 有無事時를 一貫하는 이 主體나 主宰야말로 敬의 功이라는 것이다.

「惟主敬之切通動靜庶幾不差於用工爾」(答李叔獻)

敬이란 실로 道에 들어가는 門이요 들어간 뒤에 最後로 도달되는 終點은 誠이요 그 결과는 動靜을 通貫해서 諸般事 用工에 適中한다는 것이다. 易坤文言의 敬以直內 義以方外란 바로 이 말로도 생각된다. 이러한 適中時는 하나의 「좋음」 혹은 「至善」이라고 할 수 있다. 至善이란 참으로 이 같이 事事物物에 각각 가장 알맞고 좋은 道理라는 것을 黃仲擧에게 일깨워주고 있음을 본다.

「至善是指事事物物各有恰好底道理」(答黃仲擧)

이 至善의 根源은 人間本性에 있고 모든 일의 根本은 마음에 있는 것으로 생각된다.

「心爲萬事之本性是萬善之原」(答奇明彦)

이상에서 대체로 利・義・敬・主體・主宰에 관하여 살펴보았거니와 退溪는 특별히 敬에 대하여 注力한 데에는 그러할만한 所以가 있으리라고 믿어진다.

生涯의 盡忠을 요약해서 올린 聖學十圖는 敬을 위주로 한 것이라고
스스로 토로하고 있다.

「今玆十圖皆以敬爲主焉」(大學圖)

그처럼 敬을 강조함은 그의 哲學에서 우러나오는 것으로 보인다. 人
間을 하나의 槪念으로 파악하려는 것이 아니라 生動하는 全人으로 이
해하려 하는 態度는 이미 앞에서 살펴보았다. 이러한 점은 그의 理氣
說에서 우선 찾아볼 수가 있다. 孟子도 사람에 있어서 穿鑿하는 점이
바람직한 것이 되지 못함을 지적하고 있거니와 退溪는 氣發理發說과
人心道心論은 다 穿鑿附會하면 하나도 可한 것이 없다는 것이다.

「氣發理發之說人心道心論皆穿鑿附會無一可者也」(答李宏仲問目 卷36)

性理之說이란 천착을 위한 것이 아니다. 相對的인 道具로서 사용되는
言語文字를 통한 主張이 그 絕對를 논술하기에 충분한 것은 아니다.
鄭秋巒의 天命圖에서

「四端發於理七情發於氣云云」(天命圖說)

라고 한 것을

「四端理之發七情氣之發」

로 訂正한 일이 있지만……생각해 보면 또한 愚意도 그 分別이 너무
심한 것 같아 그 말에 흠이 없는 것이 아니다.

「往年鄭生之作圖也有四端發於理七情發於氣之說愚意亦恐其分數太甚
……非謂其言之無疵也」(答奇明彦四七分理氣辨第一書)

라고 하여 言語文字의 制限性에서 오는 폐단을 말하고 있다. 分離와
間斷이 불가한 것을 갈라서 言語로 論理를 세우려는데 無理가 있고 그
결과는 穿鑿을 恣行하게 된다는 것이다. 哲學的 論理를 體系化하기 위
한 言語의 구사는 說明에 그칠 것이 아니라 倫理的 實踐의 能動을 觸
發하는 힘이 있어야 할 줄 안다. 四端은 理之發, 七情은 氣之發이라
고 訂正한 天命圖說이 奇高峰論辨으로 理發氣隨之氣發理乘之說로 다
시 再訂正됨은 儒學史上 유명한 論辨이지만 理發에 대한 根本姿勢는
一貫해서 不動한 것으로 보인다. 論理性을 강조하여 哲學的 體系는
확립되고 倫理가 侵害되기 보다는 未及하나마 言語文字로서 천명함보
다는 하나의 敬의 態度로서 哲學과 倫理를 一貫하고자 하는 것으로 간
주된다. 人間의 知覺이 때로는 理에 따르고 혹은 氣에 따른다함은 朱
子와 陳北溪의 주장에서 볼 수 있거니와

「朱子之說曰或生於形氣之私 或原於性命之正 陳北溪之說曰這知覺有
從理而發者 有從氣而發者」(大學序文仝註)

나타난 知覺面만으로 볼 때는 그 所從源을 알기 어렵고 따라서 氣發理
發이 所以의 主宰를 의미함이 아니라 불완전한 吾心主宰로 단정하는,
즉 天理와 人欲의 混同을 초래할 우려를 하게 된다는 것이다. 周子가
五性이 感動해서 善惡이 갈라진다고 한 말이나 程子의 善惡이 다 天
理라고 한 말이나 朱子의 天理로 인해서 人欲이 있다고 한 말과 같은
것들은 다 本源인 理致는 하나인데 支流인 現象은 둘이라는 뜻이다.

「周子曰五性感動而善惡分程子曰善惡皆天理朱子曰因天理而有人欲皆
此意也」(栗谷全書 卷14)

「源一而流二」(同上 卷10 書2)

本源의 一과 現象의 多樣이 通路가 열려서 生動하게 됨은 쉬운 일이
아닐 것이다. 理字를 알기가 매우 어렵고(退溪) 理氣의 妙는 보기도
말하기도 어렵다(栗谷)는 것도 그러한 意味에서 인 줄 안다. 더우기
이러한 難點이 知的 穿鑿으로 해소될 수 없을 것이요, 또한 제한된 言
語의 相對的 表現으로서 만족할 수는 없을 것이다. 形式上 論理는 타
당하나 강력한 實踐源이 되지 못할 때 그것은 천명때문에 篤行이 희
생되는 結果가 되는 것이다. 言語의 흠이 있기는 하지만 主體를 높이
는 意味에서 理發을 굽히지 않으며 그것은 敬이어야 가능한 것으로 믿
는다. 그러나 理先發이나 氣先發과 理發氣發과는 구별되어야 한다. 理
氣의 不可分離의 關係에서 지적하고자 하는 바를 가려서 理發이니 氣
發이니 하는 말은 朱子의 或生於形氣之私 或原於性命之正과 相通하
는 것으로 생각된다. 形氣之私의 發을 피하고 性命之正의 發을 보존
해야 함은 물론이요 그것이 敬이어야 가능하다고 생각하는 것이다. 私
意가 생기는 것은 마음에 主宰가 없는 까닭이다.

「其此心無主宰故爲私意所勝」(理學通錄 卷5 陳彦忠條)

마음의 主宰가 性命之正이 되어야 하고 그것은 換言하면 곧 敬이라고
생각하는 것이다.

「蓋心者一身之主宰而敬又一心之主宰」(心學圖 前所引)

이렇듯 退溪에 있어서 敬은 그 核心을 이루고 있음을 볼 수 있는 바,
요는 어떻게 해서 그것을 얻을 수 있는지 그 方法이 또한 重要視된다.
初學者의 通患은 察理未透와 鑿空强探에 있는 것으로 생각했다.

「心氣之患正緣察理未透而鑿空以强探操心眛方而揠苗以助長 …此亦初
學之通患」(答南時甫)

이 通患을 치료하는 方法으로는 우선 世間의 榮辱得失을 떠나 出世慾
心을 떠나야 하는 일이니, 이 일이 가능하면 벌써 五七分은 成就된 것
이나 다름이 없다고 생각한다.

「其治藥之方公所自曉第一須先將世間窮通得失榮辱利害一切置之度外
不以累於靈臺旣辨得此心則所患盖已五七分休歇矣」(答南時甫)

退溪는 奇明彦에게 主體的 判斷이 흔들리는 理由를 理眛志弱때문이라
고 지적하였다. 즉 理致에 밝고 意志가 강해야 한다는 것이다. 理
致에 밝음과 寡欲은 敬에서 이루어진다고 본다.

「敬則欲寡而理明」(第一太極圖)

大學에서는 格物致知를 말했고 「論語」에서는 學과 思를 말했고 孟
子는 存心養性을 말했고 子思는 戒愼恐懼를 말했을 뿐만 아니라 學問
思辨行을 갖추어 말했다. 이것들은 다 方法的 言明으로 간주된다. 周
子는 主靜立人極이라 하고 스스로 註하기를 無欲故靜이라고 하였다.
程子의 敬, 朱子의 居敬窮理 등은 각각 方法論이라고 생각되며 退溪는
理眛志弱을 극복해야 할 것을 늘 主張을 했고 寡欲해야 할 것을 역설
했다. 養心이 莫善於寡欲이라 해서 本心을 길러주는데 가장 중요한 일
로 삼아서 한결같이 窒慾을 말한다. 窒慾의 方法을 물었을 때 伊川은
思字로 일러주고 생각이란 言語와는 다르다는 것을 말하고 있다.

「何以窒慾伊川曰思此莫是言欲心一萌當思禮義以勝之否曰然」(理學通錄
金敬直條)

다시 思와 敬이 어떠한가를 물으니

「又問思與敬如何曰人於敬上未有用力處且自思入庶幾有箇巴攪處思之
一字於學者極有力」(同上)

라고 하여 사람들이 생각은 할 줄 알지만 敬에는 用力하지 않으며 또
생각으로부터 들어가면 거의 得處가 있을터이니 思字는 學者들이 특
히 힘을 기우려야 할 자리라고 하였다. 孔子는

「學而不思則罔思而不學則殆」(論語 爲政)

라고 하여 思를 學과 더불어 必須不可缺의 것으로 말했다. 이렇게 보
면 學과 思, 思와 敬은 一連의 관계를 갖고 있는 것으로 이해된다. 持
敬의 說이 허다하게 많지만 반드시 많이 말할 필요는 없고 다만 整齊

嚴肅嚴威儼恪動容貌整思慮正衣冠尊瞻視等의 말을 熟味하고 실천을 기울이면 身心이 숙연하고 表裏가 如一하게 된다는 黃升卿의 말을 引用說明(理學通錄 卷5)하는 것으로 미루어 退溪의 敬工夫를 짐작하게 된다.

結 語

이상에서 退溪의 人間의 全人的 理解를 살펴 判斷의 主體를 생각해 보았고 利와 義의 共通點과 差異點, 그리고 義의 根底로서의 敬, 특히 退溪의 人性의 순수한 理를 높히고 人心의 氣性과 엄격히 區別하는 姿勢에서의 主張되는 敬說을 고찰해보았다.

親親而仁民 仁民而愛物이나 義與道하는 浩然之氣나 曾哲의 詠而歸와 같은 「좋음」과 一心의 主宰는 하나의 敬으로 結晶되었고 이러한 敬의 生涯를 통한 실천은 곧 多年間의 官職生活이 動靜一貫하는 道의 生活처럼 보인다. 徐復觀은 그의 「中國人性論史」에서 「自己의 主體的 積極性과 理性作用을 드러내는 것이 周나라 初期에 강조된 敬이라」고 하였다.

「周初所强調的敬是人的精神由散慢而集中並解消自己的官能欲望於自己所負的責任之前凸顯出自己主體的積極性與理性作用」

과연 去就에 適中을 기해주는 것은 個人生活이나 社會生活에서 긴요한 것이며, 그것의 기반이 되는 것이 理明志剛임을 說했고 그것이 모두 敬으로 實現되는 것으로 믿었고 또 몸소 生涯를 所信대로 보낸 것으로 생각된다.

退溪의 哲學과 倫理가 理와 敬으로 요약될 수 있다면 理의 인식과 敬의 실천은 그 學問의 骨子라고 볼 수 있으며, 더우기 人類의 平和를 위해서 新文化의 뚜렷한 方向이 요구되는 現時點에서 自己分裂의 內的 統一, 分斷國家의 政治的 統一, 兩大 이데올로기의 國際文化的 調和의 一貫된 實現의 統一의 第一스텝으로 敬思想은 심히 意義 깊은 것으로 믿는다.

退溪의 哲學思想研究
——窮理와 居敬을 中心으로——

緒　言

　過去의 오랜 歲月을 두고 쌓아올린 人類의 現代文化는 오늘날 世界史時代로 접어든 20세기에 있어서 哲學的으로도 많은 문제를 안고 있는 것으로 보인다. 國家와 民族의 存立繁榮이 世界平和와 직결되어야 할 때이기 때문이다. 그러므로 새로운 文化의 創造가 요구되고 참신한 人物의 등장이 요청되는 줄 안다.

　孔子의 六經刪述은 新文化創造를 위한 것이요. 始終一貫 바람직한 人間像을 君子로 그려 弟子教育에 헌신한 것은 새로운 人間의 登場을 기대했던 까닭으로 생각된다.

　孔子의 이러한 貢獻은 顏子・曾子・子思에 의하여 계승되었고 程子를 거쳐 朱子에 이르러서 集大成되었으며 이 물결은 韓國에 影響되어 儒學史의 主軸을 이루었다. 麗末 朱子學의 傳來는 鄭圃隱 이후로 趙靜庵・李晦齋・李退溪・李栗谷을 經由하면서 꽃피어 갔으며 學派를 형성하여 갔다. 李朝의 儒教政策은 朱子學을 강화하는데 根源이 되었으며 따라서 文化의 中樞는 朱子學을 중심으로 하는 儒學에 있었고 大部分의 學者들도 朱子學을 기반으로 하여 各者의 論理를 전개하였다. 그 절정을 차지하고 있는 兩人이 退溪와 栗谷이었다.

　中國의 古代와 世界史로서의 現代, 그리고 우리의 文化와의 그 脈絡을 斷絕할 수는 없을 것이다. 孔子와 朱子와 退溪를 이어서 생각할 때 朱子속에서 孔子를 볼 수 있고 退溪속에 朱子를 볼 수 있다면 마땅히 현대속에서 退溪를 볼 수 있을 것이다. 그러나 朱子가 곧 孔子는 아니며 退溪가 바로 朱子도 아니며 現代人이 즉 退溪일 수도 없다. 다만 朱子에 의해서 孔子는 宋代에 새로와졌고 退溪에 의해서 朱子는 韓國에서 새로와졌다면 오늘날에 있어서 退溪는 새로와질 수 있는 時期에 놓인 것으로 생각해보는 것이다.

退溪를 研究함에 있어서 그의 尊理精神과 敬思想을 그의 哲學을 통해서 밝힘을 목적으로 하여, 形成 및 變遷過程과 哲學思想의 2章으로 大分하였다. 第1章의 形成過程에서는 어려서부터 理에 대한 注意와 成長하면서 自然에 대한 關心은 더불어서 理氣論으로 형성되어가는 樣相을 살펴가며 그의 獨創의 世界를 엿보았으며 變遷過程에서는 3段階로 구분해서 天命圖改訂에서 高峯과의 論辨을 거쳐 理到說로 定着되는 過程을 考察하였다. 第2章 哲學思想에서는 다시 이것을 4分하여 退溪가 생각하는 源頭處와 心性情과 人心道心問題, 四七論辨概要, 窮理와 居敬順으로 살펴보았다. 源頭處에서는 특히 순수한 理를 重視하였고 心性情과 人心道心問題에서는 尊理面을 基底로해서 분석해 보았으며, 四七論辨에서는 그 全貌를 요약해보았고 끝으로 窮理와 居敬에서는 理到說의 입장을 밝히면서 退溪가 重視하는 敬에 대하여 논술하였다. 日記를 얻어 援用할 수 있었음은 生活속에서의 學問成長과 敬에 대한 執念을 究明하는데 도움이 되었음을 다행스럽게 생각한다.

既成文化가 새 時代를 향해서 再評價되어야 하며 人間의 概念化로 인해서 喪失되어가는 人性의 回復이 절실히 요구되는 現時點에서 退溪의 哲學을 통해서 尊理의 입장을 밝히고 그의 人間性에서 스며나오는 敬의 意義를 고찰함은 새 理論의 定立을 위해서나 人性回復에 결코 無意味한 일만은 아니라고 생각된다.

I. 思想의 形成과 그 變遷過程

① 形成過程

退溪의 哲學思想을 그 形成과 變遷過程으로 나누어서 考察하기로 하고, 形成過程에서는 大體로 理氣論이 성립되는 經路를, 理에 대한 關心, 自然에 대한 關心, 理氣論의 形成, 그리고 思想의 獨創面의 4段階로 구별하여 논술하고 變遷을 3段階로 나누어 서술하고자 한다.

A 理에 대한 關心

理字는 「다스릴 리」 또는 「이치 리」라고 해서 所當然의 뜻이나 所以然의 뜻으로 쓰여진다. 所當然이라고 하면 社會에서 사람들이 每事處理를 바르게 한다는 意味가 포함되는 것이며, 所以然이라고 하면 모든 事物의 原因의 意味를 갖는다. 따라서 前者는 哲學的인 側面에서의 표현이며 後者는 倫理的인 側面에서의 用語로 구별된다. 哲學과 倫理가 서로 떨어질 수 없느니 만큼 所當然之理와 所以然之理에 있어서도 理로 一貫된다고 생각할 수 있다. 이러한 점에서 理는 매우 중요하다고 생각된다. 理에 대하여 退溪는 일찍부터 관심이 깊었던 것으로 보인다. 12歲時에 松齋 李堣(1469~1517)로부터 「論語」를 배웠다. 退溪의 叔父인 松齋는 그를 敎育하는데 몹시 엄격하였던 것이다. 退溪는 일찌기 말하기를 「叔父께서는 勸學이 매우 嚴하셔서 辭色을 구미지 않으시며 뒤로 돌아 앉아서 「論語」를 처음부터 끝까지 한 글자도 틀리지 않고 외워도 칭찬해 주시는 말씀이 없었다. 내가 學을 게을리 하지 않은 것은 다 松齋 叔父님의 恩惠로 생각한다.」[1]고 하였다.

子息처럼 돌보아 주는 叔父의 사랑을 받아가면서[2] 자라온 退溪는 그 고마움을 스스로 지은 松齋墓碣識에 기록하고 있다. 「論語」를 배우다가 「弟子入則孝 出則弟」에 이르러서 「人子된 道理가 마땅히 이와 같아야 한다.」[3]고 自警한 일이 있고, 또 어느날 松齋에게 理字를 가지고 「凡事의 옳은 것이 理입니까?」하고 물어서[4] 松齋를 기쁘게 해 준 일도 있었다. 退溪는 論語의 맛을 모르다가 某篇의 註 理字에 이르러서 恍然히 心得한 듯이 느껴서 松齋에게 물었다[5]고 하였다.

여기에 말한 某篇이라는 것은 艮齋 李德弘(1541～1596)은 子張篇이라고 이해하고 있는 것으로 생각된다. 艮齋는 어느날 退溪로부터 「論語」강의를 들었을 때 謝上蔡(朱子 門人)가 「聖人의 道란 微顯이 없고 內外가 없는 것이며 灑掃應對進退의 實踐을 통해서 天道本末과 一以貫之에 도달하는 것이니 一部「論語」도 이와 같이 보아야 한다고 한 것을 인용하면서 이렇게 읽은 뒤에야 비로소 「論語」의 뜻을 알 수 있고 聖人의 道를 볼 수 있다」라고 한 말이 言行錄에 기록되고 있다.[6]

艮齋가 지적한 子張篇에는 12章에 灑掃應對進退와 本末에 관한 子游와 子夏의 對談에 있어서 註中 理에 관한 것이 보인다.

程子가 「又曰 灑掃應對 便是形而上者 理無大小故也 故君子只在謹獨」(經書 p431). 이라고 註釋한 곳에 理字가 보인다. 뿐만 아니라 「又曰凡物有本末不可分本末爲兩段事 灑掃應對是其然 必有所以然」(經書 p432). 라고도 하여 本末과 所當然과 所以然의 通貫一理를 밝혀주고 있다. 年譜에는 이 「弟子入則孝 出則弟」를 배운 날짜와 理를 질문한 것이 同日인지 異日인지 분명치 않다. 同日이라고 한다면 艮齋의 말이 타당치 않을 것이다. 만약에 同日이라고 생각할 때에 「某篇註中理字」라는 退溪의 말은 學而篇 第6章의 註解[7]라고 생각된다.

言行錄 卷2, 雪錄에 보이는 退溪의 質問에는 事物之當然者는 事理之當然과 그 표현이 近似하다. 과연 退溪가 말한 某篇이 어느것일가를 究明하려고 해서 子張篇과 學而篇을 비교하는 것이 아니라 그 어느 쪽이든지 理에 관한 의심을 일찍부터 가졌었다는 것을 밝히고자 할 따름이다. 弟子들에게 敎育할 때에도 理의 알기 어려움을 말하고 또 一生동안 理를 極尊無對한 것으로 높인 退溪는 12세부터 그러한 싹을 보여 주었으며 成長해가는 동안에 自然에 대한 관심과 더불어 理에 關한 견해는 심화되어간 것으로 생각된다.

B 自然에 대한 關心

14세부터는 이미 讀書를 즐겨했고 사람이 많이 모인 자리에서도 반

---

6) 夫聖人之道無微顯無內外 由灑掃應對進退 而上達天道本末一以貫之 一部論語只恁地看上上今須知此讀然後 始知論語之意 而見聖人之道矣(退陶先生言行通錄 卷2 退溪全書下 p657)
7) 愚謂力行而不學文 則無以考聖賢之成法 識事理之當然 而所行或出於私意 非但失之於野而已(經書 p63)

드시 壁을 향해서 潛心玩味하게 되었으며, 陶淵明의 詩를 좋아하고 그 人品을 사모하게 되었다.[8]

18歲作으로 遊春詠野塘一絶이 있다.

「露草禾禾繞水涯 小塘淸活淨無沙
雲飛鳥過元相管 只怕時時燕蹴波」

多眠으로부터 萬物이 蘇生하는 春景속의 自然을 露草에서 보며 塘水와 飛雲이 어울린 하나의 世界를 읊은 것으로 생각된다. 雪錄에는 先生이 少時에 우연히 燕谷에 놀러갔던 바 谷內에 작은 못이 있는데 물이 하도 맑아서 生感作詩하였다고 했고, 天理流行하는데 人欲이 間之할까 두렵다고 한 것이 記錄[9]되어 있다.

李德弘이 이 詩를 어느 때 지었느냐고 물었더니 退溪 對答이 「18歲作이라」고 하면서 「當時에는 얻은 바 있는 것처럼 생각했는데 지금 생각하니 참으로 가소롭다고 하고 此後에 만일 다시 進一步하면 반드시 오늘의 前日을 웃는 것과 같으리라」[10]고 하였다는 것이다. 이 해가 辛酉年이니 退溪 61세때요, 18歲時의 作을 회상하면서 나눈 대화인 것이다. 19歲作인 다음 詠懷詩一絶을 보면 좋아하는 自然의 숲속에서 讀書와 思索에 잠겨 가는 모습을 보여준다. 이 詩에서 與源頭會라는 표현과 看太虛라는 말은

「獨愛林廬萬卷書 一般心事十年餘
邇來似與源頭會 都把吾心看太虛」

매우 깊이 있는 표현임이 注目되며 會나 看은 知的이라기보다는 느낌의 表示라고 생각할 때, 1年前 18歲作에서의 事實世界의 吟詠보다는 無形의 世界로 그 생각이 심화되어 가고 있음을 엿볼 수 있다. 또한 魯論을 읽고서 確固히 立志가 되었고 오랜 努力끝에 자연히 心과 理는 會通되어 차츰 위로 向해 갔으며 太極圖說을 읽고 나서 渙然히 造化의 根源과 人物의 根本이 이미 心目之間에 瞭然하게 밝아졌다.」[11]고 한 退

---

8) 年譜 卷一 退溪全書下 p576
9) 退陶先生言行通錄 卷2 退溪全書下 p643
10) 退陶先生言行通錄 卷2 退溪全書下 p643
11) 及讀魯論立志不群自能勤苦……瀾熟蓋久而自然心與理會 稍稍向上面去 及得太極圖說
而讀之 則渙然豁然而造化之源入物之本已瞭然於心目之間矣 艮錄(退陶先生言行通錄
卷2 退溪全書下上 p643)

溪의 말을 李德弘은 記錄하고 있다. 여기「自然心與理會」란 말은 앞의 詩中의 結句인「都把吾心看太虛」와 상통되는 것을 알 수 있다.

그리고 같은 이해에 性理大全의 首尾二卷을 처음으로 얻어 보고서 비로소 性理學을 알게 되었다고 退溪는 自言하고 있음을[12] 보면 뒤에 言及할 源頭處에 대하여 주의를 기울이기 始作한 것으로 보이며 性理學에서의 體段을 自別할 수 있을 정도로 進展되었음을 括目해보게 된다. 20세에 이르러서 周易을 耽讀하게 되었다. [13] 性理大全의 首卷에서 太極에 관한 것을 공부한 退溪는 1년후에 周易를 보게 되었고 寢食을 잃고 潛心해서 읽게된 것은 그럴만한 이유가 있었을 것이지만 最後의 根本問題 해결을 위한 進道過程이 아니었던가 생각된다. 다만 여기서 주의하고자 하는 것은 일찌기 陶淵明을 사모하면서 自然을 좋아하게 되었고 그 自然속에 깃들어 있는 理에 대한 哲學的인 탐구가 깊어갔다는 점이다. 太虛라는 用語가 張橫渠에서 나온 것이기는 하지만[14] 退溪는 그의 爲學方法을 援用하되 敬과 관련하여 이해하는 것이[15] 氣一元論과 구별되는 것이라고 생각된다.

어려서부터 理에 주의가 깊었고, 자라면서 自然을 사랑하는 가운데 所以然之理를 깊이 탐색하는 방향으로 진전되어 갔다. 그리하여 차츰 理氣論 形成의 基底를 굳혀가게 된 것으로 생각된다.

C 理氣論의 形成

松齋에게 理字를 물었던 것은 論語의 註釋에서 얻은 동기였고 陶淵明의 自然을 欽慕하는 가운데서 現象과 더불어 內在하는 本體를 생각하게 된 것으로 보임은 앞에서의 언급과 같거니와, 太極圖說을 爲始해서 性理大全, 그리고 周易을 차례로 讀破해 가면서 차츰 理氣에 관한 問題에로 발전되어 갔다. 이것은 退溪가 太學에 入校하기 이전 일이다. 太學을 거쳐 科學에 合格한 이후로 官職生活을 하면서부터는

---

12) 先生自言十九歲時 初得性理大全首尾二卷試讀之……自此始知性理之學體段自別矣(同上 p643)

13) 讀周易講究其義殆忘寢食(年譜 卷1 退溪全書下 p576)

14) 正蒙太和篇

15) 先生曰古入盤盂几杖 皆有銘 但心無儆省之實 則箴書滿壁 亦將視而不見 固何益哉 爲學如張橫渠畫有爲夜有得 言有敎 動有常 瞬有存 息有養 則此心常存而不放矣(退陶先生言行通錄 卷2 退溪全書下 p645)

暫時 그 學問의 進展이 모호해진다. 그러나 애당초 科擧에 應試할 때부터가 勸에 의한 官吏生活이었던 만큼 뜻은 學問에 있었던 것이요, 政治에 있었던 것은 아니다. 그런데다가 士禍로 말미암아 激動하는 雰圍氣 속에서 그는 일찌기 물러갈 것을 결심한 뒤로부터 學問道德은 날로 진보되어 갔다.

그의 理氣論은 鄭之雲(1509~1561)의 天命圖說을 수정해준 데 서부터 그 輪廓을 드러내기 시작한다. 이때는 退溪의 53歲時요, 이것은 장차 奇高峰(1527~1572)과의 四端七情論으로 발전되어 갔다. 高峰의 反論에 부딪치게 된 것이 그로부터 7년후인 60歲時의 일이다. 陶山書堂을 건축하여 學問研究에 몰두하고 弟子들의 敎育에 임한 時節이다. 高峰으로부터 四七論이 辨論을 받을 때까지는 退溪로서는 朱子書節要가 完成된 것으로 보아 朱子大全을 了讀한 것으로 보이며 그 뿐만 아니라 啓蒙傳疑와 宋季元明理學通錄을 저술했을 때이고 보면 宋學에 대한 造詣는 일단 段落을 지었던 時期로 생각된다.

國內學者의 사상을 접했다면 鄭圃隱(1337~1392)·權陽村(1352~1409) 鄭道傳(?~1398)등 麗末人士를 비롯해서 金宗直(1431~1492)·金宏弼(1454~1504)·趙靜庵(1491~1553) 등의 朝鮮初의 學者들, 그리고 退溪 當代로는 徐花潭(1489~1546)과 李晦齋(1491~1553)를 들 수 있다. 鄭圃隱에 대하여는 東方理學의 祖宗이라고[16] 하였고 金寒暄宏弼과 趙靜庵光祖를 理學의 으뜸[17]으로 退溪는 이해하였으며, 李晦齋는 近世에 가장 뛰어난 理學者로 생각하였다. 그러나 金佔畢齋宗直에 대하여서는 文章之士[18]라고 지적하였고 花潭에 대해서는 理에 있어서 심히 未透하며 主氣가 太過하여 認氣爲理하는 病이 있음을 證[19]하였다.

以上의 여러 國內學者들의 論著를 博覽하였을 것으로 보이나 花潭의 氣論은 甚한 攻擊을 받은 反面에 晦齋의 學術에 대해서는 높이기도 하였거니와 退溪自身이 매우 존경한 人物이었다. 退溪가 晦齋를 높인 것은 그가 지은 晦齋行狀에서 그 人品을 想慕했음을 告白[20]하고

---

16) 退陶先生言行通錄 卷五 退溪全書下 p717
17) 同上
18) 同上 p717
19) 同上 p719
20) 先生在當時 旣深自韜晦 故人未有知其爲道者 溪之不肖 固嘗獲登龍門 而望芝宇矣 亦懵然莫覺 不能以是深扣而登焉 十數年來病廢林居 若有窺覘於塵蠹間顧無所依歸而考問 然後未嘗不慨然想慕乎先生之爲人(退溪全書上 p1072)

있음을 보아서 알만하다. 學問 內容에 대해서 세가지 저서 大學章句
補遺·求仁錄·中庸九經衍義는 先生의 學이요, 獨創의 見解는 與曹忘
機漢輔論無極太極書四五篇에서 잘 알아 볼 수 있고 또 이것은 宋儒들
의 緖餘아님이 없으며 그 中에서도 朱子(考亭)에게서 얻은 바가 많다고
한 다음 獨學으로서 大成한 東方의 傑出이라고[21] 하였다.

大概 退溪의 理氣觀을 형성해 주는 과정에서 영향 또는 相互交涉을
주고받은 學者들을 살펴보았다. 여기서 이루어진 思想的 基盤에서 高
峰과의 討論이 시작되었고 7년이라는 오래 期間을 지나면서 이른바
互發說의 定立을 보게 되었다. 高峰과의 論辨이 일단 끝난 후에도 退
溪는 더욱 研磨를 거듭해서 聖學十圖를 宣祖께 올리게 되었고 心性情
問題, 致知格物問題等의 晚年定說을 확립하기에 이른다. 물론 理氣論
이 退溪에서 처음 始作된 것이 아니라 中國에 그 淵源을 두고 있지
만, 學術討論이 오래고 심각해가면서 獨創的인 데로 발전해 갔다는
데 의의가 있다.

Ⓓ 思想의 獨創面

사람은 他律보다는 自律을, 抑制보다는 自由를 누구나 다 원한다.
學者에게는 模倣보다는 創意가 중요하다.

어느 때 어느 곳에서든지 어느 누구도 그 以前의 영향없이 獨創的
인 思想이 형성될 수 없다. 소크라테스 以前에 自然哲學者들이 있었
고, 칸트 以前에 形而上學, 經驗論이 있었고, 그리스도 이전에 유태
敎가 있었고, 孔子以前에도 전통적 帝天思想이 있었고, 釋迦이전에는
印度傳統의 브라만敎가 있었다. 앞서 있었던 이러한 哲學과 思想들은
모두 뒤에 오는 學者들에게 影響을 주었고 이것을 계승한 그들은 그
것을 基盤으로 해서 그 나름대로의 獨創的 思想의 전개를 보았다. 退
溪는 朝鮮朝의 儒敎文化를 배경으로 해서 朱子의 性理說을 주축으로

---

21) 凡先生之出處大節忠孝一致 皆有所本也 先生在謫所 作大學章句補遺續或問 求仁錄
又修中庸九經衍義 衍義未及成書 而用力尤深 此三書 可以見先生之學 而其精詣之見獨
得之妙 最在於與曹忘機漢輔 論無極太極書四五篇也 其書之言 闡吾道之本原 闢異端
之邪說 貫精微徹上下 粹然一出於正 深玩其義 莫非有宋諸儒之緖餘而其得於考亭者爲
尤多也 嗚呼我東國 古被仁賢之化其學而無傳焉 麗之末 以及本朝 非豪傑之士 有志此
道而世亦此各歸之者 然考之當時則率未盡明誠之實 稱之后世 則又罔有淵源之徵 使後
之學者 無所尋逐以至于今泯也 若吾先生 無敎受之處而自奮於斯學 闇然日章 而德符
於行 炳燃筆出 而言垂於後者 求之東方 殆鮮有其倫矣(退溪全書上 p1072)

그 思想이 형성되었고 그 基礎 위에 그의 創見은 구축되어 갔다.

高峰과의 論戰이 한참 치열했을 때 退溪는 지원해 주는 이가 절실하게 필요했었다. 互發說의 主張은 결코 다른 곳에서 援用해온 것은 아니다. 肉迫해오는 高峰의 論理에 대하여 후원해주는 學者가 필요했던 바, 朱子語錄을 읽다가 뜻밖에도 이를 발견하여 勇氣百倍로 힘을 얻었고 自信을 굳혀가게 되었다. 退溪와 같이 互發說을 주장한 朱子는 1130년에 出生하여 1200년에 돌아갔으니, 退溪의 出生年代 1501년에 비교하면 300년의 差異가 난다. 즉 退溪의 한 말을 朱子가 이미 300년전에 하고 있다. 그러나 退溪의 이 互發說을 非難否定하는 나머지 朱子가 말한 그 自體에 대하여 비판을 加한 것이 宋尤庵時烈(1607∼1689)과 韓南塘元震(1682∼1751)이었다. 그들의 견해에 따르면 그 語錄의 記錄이 잘못이라는 것이며 그 까닭을 다음과 같이 설명하고 있다.

「四端七情을 論하는데 四端을 理之發이라고 하고 七情을 氣之發이라고 하는 것이 語錄에서 一見된다. 四端을 心之用이라고 한 것이 孟子集註에 보이고 七情을 性之發이라고 한 것이 中庸章句에 보인다. 또 四端七情은 다 情인데 先生이 혹은 情을 心之用이라고 하고 혹은 情을 性之動이라고 했는데, 대개 心은 氣이면서 性을 포함하고 性은 理이면서 心에 갖추어 있으니 즉 情은 心之動이면서 性之乘者라고 하였다. 心을 말하는데 性이 그 가운데 있고 性을 말하는데 心이 그 가운데 있다. 그러므로 先生은 情을 말하는데, 心으로 인해서 말하면 心之用이라고 하고 性으로 인해서 말하면 性之動이라고 해서 일찌기 分言하지 아니했다.

만일에 반드시 心性의 用을 분별하고자 한다면 또한 다만 情의 動處에서 그 氣의 動者를 가르켜서 心之用이라고 하고, 그 理之乘者를 가르켜서 性의 用이라고 하여 二者를 分開함은 옳지 못하다. 이것은 理氣에 二發이 없고 心性에 二用이 없다고 하는 까닭이다. 先生이 四端七情을 가지고 理氣의 發에 分屬시키는 것은 다만 一見해서 情을 가지고 혹은 性에 分屬시키는 것이니 心性에 分屬시키지 않는 것은 곧 雅言인 것이다. 그 一見한 것은 혹 記錄의 잘못일 것이다. 혹 이것은 一時의 見解요. 그 雅言은 그 平生의 定論임을 알 수가 있다.」[22]

---

22) 朱子言論同異考 卷第二 情

고 하였다. 일단 高峰・栗谷・尤庵・南塘의 系列과 반대였다. 그러나 여기서는 이들의 견해를 批判하자는 것이 아니라 비록 退溪의 互發說 이 朱子에 의해서 일찍이 言及된 바 있기는 하지만 이 語錄을 읽기 前에 발표된 것인 만큼 退溪의 創見이라고 해야 하고 또한 이로 말미 암아 後世에까지 問題가 되었다는 것을 지적하고자 할 따름이다. 다 시 具體的인 內容에 대해서는 뒤에 論及하겠지만 晚年에 가서 理到說 과 같은 理論은 역시 그의 獨創的인 견해에서 얻어진 것이라고 할 수 있다. 이렇게 형성되어 온 그의 學問은 그 變遷에 있어서 몇개의 段階로 구별해 볼 수 있다.

② 變遷過程

聖學十圖는 第一太極圖로부터 시작하여 第十夙興夜寐箴圖로 끝을 맺고 있다. 退溪는 弟子들에게 第一 먼저 太極圖說을 가르치고 또 그 이유로 退溪 自身이 이로 말미암아 入道한 까닭[23]이라고 하였음을 보 면 學問을 시작하는 데 있어서 太極圖說을 매우 중요시함을 알 수 있 다. 그 뿐만 아니라 性理大全의 太極圖說卷은 退溪의 入頭處를 啓發 해 준 바요, 敬齋箴은 受用之地[24]라고 하였다. 이것을 미루어 볼 때 一生의 硏學의 과정을 實地로 그와 같이 밟았고 또 그것이 學問을 달 성하는 데 겪어야 할 途程으로 생각하여서 그대로 講學한 것으로 보 인다. 그러므로 退溪에 있어서 學問의 시발점은 太極圖說에 있었고, 그 終點이 敬에 있었고, 그 中間期는 創意에로 發展해가는 時期로 생 각된다. 이러한 테두리 안에서 天命圖를 改作한 前後까지를 第1段階 高峰과의 四七論辨이 始終된 時期를 第2段階, 그 이후를 第3段階로 구분할 수 있을 것이다.

A 第1段階

이 時期에 著作된 論著로서 改訂鄭之雲天命圖・論夙興夜寐箴註解・

---

23) 先生講太極圖曰吾與人講學 必先講此者 吾初年由此而入故耳 艮錄(退陶先生言行通錄卷 二 退溪全書下 p651)
24) 嘗言性理大全太極圖說卷乃吾所啓發入頭處 敬齋箴乃吾受用之地(同上)
25) 退溪의 生涯와 學問 p8(李相殷著)

朱子書節要의 편찬과 그 序文, 靜齋記, 宋季元明理學通錄의 編纂 및 그 序文 등이 있다. 退溪의 學問 背景에 대하여는 心經附註와 性理大全과 朱子大全이 큰 비중을 차지하고 있거니와[25] 大槪 이것은 第 1 段階에서 그의 學問의 基盤으로 讀破, 정리되고 論著로 발표가 된다. 이 가운데서 心經附註와 靜齋記는 이 時期의 思想을 엿보는 데 主要處가 된다고 생각된다. 心經附註는 泮宮遊學時節에 처음으로 入手하여 工夫한[26] 것으로 보인다.

이것으로 말미암아 心學의 淵源과 心法의 精微를 알게 되었고 平生토록 이것을 神明과 같이 믿고 嚴父처럼 尊敬하였다.[27]

弟子들을 敎育하는데도 小學, 大學 다음에 心經를 가르쳤고[28] 스스로는 늘 새벽이면 이것을 暗誦하였다는[29] 것이다. 心經附註의 內容은 三經·四經·禮記·樂記, 周子·范氏·朱子 中에서 心學에 관한 것을 抄錄한 것으로 되어 있다.

退溪는 學者로 하여금 感發興起하여 眞知 실천에 힘쓰게 해야 하며 그것은 朱子書節要를 떠나서는 구할 수 없다고[30] 하였다. 가르치고 외우면서 感興實踐한 모습으로 간주된다.

이 時期에서 그의 思惟半徑은 天命圖說後叙와 靜齋記를 통해서 볼 수 있다. 天命新圖는 朱子說을 인용하고 太極의 本圖에 根據해서 中庸의 大旨를 述하였다[31]고 했으니 그 思考範圍는 朱子와 周濂溪와 子思로 윤곽지을 수 있다. 靜齋記는 위의 天命圖說後叙와 같은 癸丑年(53 時歲)에 지었던 것을 丙辰年(56 세)에 改撰한 것이다. 南時甫의 懇請에 의해서 지어 준 靜齋記는 時甫가 疑心處를 질문해 온 바 深思熟考한 나머지 부족한 곳이 많음을 부끄럽게 여기고 고쳐쓰기에 이르렀다.[32]

夫子의 寂感, 子思의 中和, 大學의 定靜, 周子의 主靜, 그리고 龜

---

26) 心經後論 退溪全書上 p316
27) 先生自言吾得心經而後 始知心學之淵源心法之精微 故吾平生信此書如神明 敬此如嚴父 ^良錄(退陶先生言行通錄 卷之二 退溪全書下 p644)
28) 先生敎人先之以小學 次及大學 次及心經 次及語孟 次及朱書而後及諸經(同上 p651)
29) 辛酉多先生居陶山玩樂齋 雞鳴而起 必莊誦一遍 諦聽之 乃心經附註也^鶴錄^良錄(同上 p644)
　　○德弘嘗侍宿樹谷 先生雞鳴而起 誦心經 因講論語 其自彊不息有如此者^錄(同上 p647)
30) 朱子書節要序 退溪先生文集 卷42 退溪全書上 p939
31) 今是圖也 不過用朱子說 據太極之本圖 述中庸之大旨(天命圖說後叔 退溪全書上 p912
32) 靜齋記 退溪全書上 p949

山, 豫章, 延平으로부터 朱子에 이르는 淵源을 따라서 靜의 문제를
다루면서 禪寂과 溺虛와를 엄격하게 구별하고 있다. 兩篇의 글로 보
아서 孔子·子思·孟子를 주축으로하고 宋學을 경과하면서 朱子 中
心의 性理說로 정착되는 경향을 알 수 있다. 그러다가 高峰의 質問에
봉착하면서 發의 問題를 가지고 새로운 양상을 띠게 되었다.

B 第 2 段階

思想發展을 뒷받침해주는 발효된 論著를 살펴보면 다음과 같다.
  ⓐ 答奇高峰書辨四端七情(60세)
  ⓑ 心無體用辨(64세)
  ⓒ 心經後論(66세)
  ⓓ 戊辰六條疏(68세)
  ⓔ 聖學十圖(68세)

高峰과의 論辨은 그 줄거리의 概略을 뒤에 별도로 취급하기로 하고
다만 兩人의 차이나는 입장이 接近을 보게 되었고 朱子語錄에 힘입었
다고는 하나 創見이 앞섰었음을 지적하고자 한다.

心無體用辨은 宗室鍾城令인 蓮坊에 대하여 心에 體用이 없다는 주
장을 반박하고 있다. 言及範圍를 보면 易·中庸·戴記, 子思·孟子·
程子의 心說을 인용하였고 특히 朱子의 말을 援用하여[33] 蓮老를 공박
하면서 끝을 맺고 있다.

心經後論은 退溪自身이 心經을 平生 尊信한다는 것과 篁墩에 관해
서 三條를 지적하여 그의 견해의 그릇됨을 비난했으며 朱子의 立場을
고수하여 末學의 잘못을 救하려는 뜻에 同調[34]하고 있다. 戊辰六條疏
에서는 ① 重繼統以全仁孝 ② 杜讒間以親兩宮 ③ 敦聖學以立治本 ④
明道術以正人心 ⑤ 推腹心以通耳目 ⑥ 誠修省以承天愛의 六條를 들어
서 殿下를 激勵했고 끝으로 理義의 悅心과 心情의 堯舜됨을 기대하였
다.[35]

---

33) 善乎朱夫子之破胡說 曰不與動對則不名爲靜 不與靜對則不名爲動 愚亦曰旣指靜爲體
    則更無可指爲無體處 旣指動爲用 則更無可指爲無用處矣 故合三賢之說而觀其病處蓮
    老之病可知矣(心無體用辨 退溪全書上 p920)

34) 若其遵朱子之意 贊西山之經註, 此於篇終欲以救末學之誤 實亦至當而不可易也(心經
    後論 退溪全書上 p918)

35) 毋欲途毋自畫 以極其至於此 而果有所得 則其他事固亦隨日隨事 而益明益**實** 理**義**之
    悅心 眞是如芻豢 吾入之性情眞可爲堯舜(戊辰六條疏 退溪全書上 p192)

聖學十圖는　第一太極圖・第二西銘圖・第三小學圖・第四大學圖・第五白鹿洞規圖・第六心統性情圖・第七仁說圖・第八心學圖・第九敬齋箴圖・第十夙興夜寐箴圖로 구성하고, 第一로부터 第五까지의 五圖는 天道에 根本하되 功이 人倫을 밝히고 德業에 힘쓰는데 있다고 하였으며 第六으로부터 第十까지의 五圖는 心性에 根源하되 모든 日用事에 힘쓰는 데 있으며 敬畏心을 높이는 데 있다고 하였다.

이상에서 본 各 論著의 요점을 約하면 答奇高峰書辨四端七情에서는 發의 問題가 새롭게 제기되면서 退溪의 創見이 움직이기 시작하였고, 心無體用辨에서는 蓮坊의 非를 分析, 지적하여 退溪의 立場을 분명히 해 주었고, 心經後論에서는 朱子의 大中至正의 立場을 수호하였으며, 戊辰六條疏에서는 六條項의 道治要領을 說하고 나서 孟子의 理義悅心과 堯舜性之로 끝을 맺고, 聖學十圖에서는 天道와 人道를 十圖로 풀이하여 天人合一의 善治를 勸하고 있다. 程朱의 思想圈內에 있으면서도 점차로 발전되어감을 이 時期에 볼 수 있는 것이 특색이며 心性情이나 格物致知의 未解決되었던 問題를 다음 時期로 넘겨주게 된다.

Ⓒ 第3段階

思想의 圓熟을 보여주는 이 時期의 主要論說은 다음의 두 가지를 들 수 있을 것이다.

ⓐ 答奇明彦書論改心統性情圖(70세)

ⓑ 答奇明彦書改致知格物說(70세)

聖學十圖中의 第六 心統性情圖의 中圖와 下圖에서 仁義禮智의 位置를 互易하였다. 그 이유의 요점은 河洛圖를 놓고 보는 사람의 위치를 相對化하는 데 있다. 이제 고치기 以前과 以後와를 비교해 본다.

改作 이전의 舊中下圖의구상은 河洛圖와 太極圖에 근거한다. 河洛圖와 太極圖는 아래와 같다.

〈河 圖 洛 書〉	〈太 極 圖〉
南	陽　陰
東　　西	動　靜
北	左　右
先後天方位	

圖書의 方位는 消長循環의 이치를 밝히고 左陽右陰으로 되어 있어

觀者도 또한 北에서 南을 향해서 보는 方位이므로 圖와 觀者사이에
賓主의 區分이 없다. 太極圖는 命物의 道를 주로 말한 것이므로 陰陽
이 交運하는데 南北上下의 方位區分에 관계없다는 것이다. 舊圖에서
의 구상은 賓主의 구분없이 河洛圖의 方位를 따라서 이루어졌다. 여
기 未發로부터 已發로 이어지는 과정이 圖上에서 명시되어야 하고 그
렇게 되려면 賓主의 구분이 分明해야 하며 따라서 方位도 바뀌어야
하고 仁義禮智의 위치도 바뀌게 된다. [36]

그러나 이것은 高峰의 異議에 의한 改作이지만 退溪의 本旨는 그것
만이 옳다는 것은 아닌 것으로 보인다. 오히려 人己를 지나치게 구별
만 할 것도 아니라는 뜻을 孔子의 「惟心之謂」, 孟子의 「人皆有不忍人
之心」, 朱子의 「人之所得以爲心」을 例擧하여 말하고 있다.

致知格物說을 高峰에게 보낸 것은70세때요, 作故 1個月前으로 生
前 最後의 論說이다. 朱子의 理의 無情意, 無計度, 無造作說을 고수
한 잘못을 시인하고 客觀事物界의 理와 主觀內心界의 理와 本源的 歸
一點을 명백히 해준 점은 退溪의 새로운 境地라고 할 수 있을 것이다.
뒤에 자세히 論述하겠지만 心의 體는 理에 갖추어져있고 理의 用은
實은 人心에 벗어나지 않기 때문에 理가 비록 萬物에 散在되어 있다
고 할지라도 用은 한 사람의 마음에 불과하다는 것이다. 즉 理의 作
用은 心을 떠나서 있을 수 없는 것이니 心의 작용이란 곧 理의 發現
者로 이해하여 理는 하나의 死物이 아니요 至神之用으로서 活物로 풀
이하고 있음을 보면, 退溪가 理發說을 주장하는 태도는 끝까지 고수
되고 있음을 보여주고 있다. 다시 無極而太極에 대한 그의 理的解釋
을 내리고 있다. 心이 合理氣라고 하면서도 統性情의 條理는 理로 세
워진 것으로 생각된다.

Ⅱ. 哲學思想의 內容

伏羲는 八卦를 그렸으되 [37] 太極을 말하지 아니했고 孔子는 太極을
말했으되 無極을 말하지 아니했고, [38] 周濂溪(1017~1073)는 無極而太極

---

36) 答金而精別紙 退溪全書上 p708
37) 易繫辭 下 2章

을 말했으되 理氣를 강조하지 아니했고,[39] 朱子(1130~1200)는 理氣論
을 정립하고 太極을 理라고[40] 말하였다. 退溪는 朱子를 尊信하면서
晩年까지 朱書에 뜻을 기울였다.[41] 八卦와 太極과 無極과 理氣와 理
는 모두 窮極의 근원을 밝히고자 하는 점에서는 다를 바 없을 것이요
이 점에 대해서 退溪自身도 關心이 깊었으리라고 생각되는 바 最初의
根源處를 源頭[42]라고 그는 말하였다. 그의 哲學思想을 ①源頭處 ②心
性情과 人心道心問題 ③四七論辨 ④窮理와 居敬으로 구분하여 그의
주장의 力點이 어디 있는가를 살피고자 한다.

① 源頭處

退溪는 天命圖說後叙에서 太極圖說은 命物을 위주로 하니 圖의 上
面이 곧 上帝降衷의 最初源頭요, 品彙根柢의 極致라고 하였다.
圖의 上面이란 無極而太極의 ○을 의미하는 것으로 보인다. 이 源
頭處를 다시 Ⓐ太極 Ⓑ理氣 Ⓒ理의 純粹性으로 나누어 논하기로 한다.

Ⓐ 太 極

退溪의 太極에 대한 理解를 살피기 위해서 첫째 聖學十圖의 第一太
極圖, 둘째 鄭子中에게 답하는 글에서 論沖漠無朕萬象森然已具, 셋째
奇明彦에게 답한 後論, 넷째 李晦齋의 無極太極辨, 다섯째로 奇明彦
에게 답한 致知格物說을 들 수 있다.
첫째 聖學十圖의 第一太極圖부터 살펴본다.
聖學十圖는 第一太極圖·第二西銘圖·第三小學圖·第四大學圖·第
五白鹿洞規圖·第六心統性情圖·第七仁說圖·第八心學圖·第九敬齋箴
圖·第十夙興夜寐箴圖로 되어 있어서 太極圖를 第一 먼저 놓고 根源
的인 것으로 다루고 있는데 주의하게 된다. 第一太極圖에서는 周濂溪
의 太極圖와 그 圖의 註 및 圖說을 게재하고 圖說의 註를 수록하고
있다. 周濂溪는 ○을 無極而太極이라고 하였는데 圖註에는

38) 易繫辭 上 11章
39) 太極圖說
40) 朱子語類 理氣上
41) 退陶先生言行通錄 卷之二 退溪全書下 p646 下段 14 行
42) 天命圖說後叙 退溪全書上 p913 下段 6 行

「○此所謂無極而太極也，卽陰陽而指其本體，不雜乎陰陽而爲言耳」
라고 되어 있었다. 「卽陰陽」은 「陰陽에 卽하여」란 말이며 不雜乎陰陽
而爲言은 陰陽과 섞이지도 않는다는 뜻이다. 떠날 수도 없고 섞일
수도 없다는 말이다. 本文을 게재하고서 末尾에는 朱子를 비롯한 몇
사람의 말로 註釋을 附加하고 있음을 본다. 즉 朱子의 말을 인용하여

　　「謂此圖卽繫辭易有太極 是生兩儀 兩儀生四象之義 而推明之 但易
　　以卦爻言 圖以造化言」
라고 하였고, 이어서 朱子의 말을 빌어서

　　「此易道理大頭腦處 又以爲百世道術淵源」(同上 p. 199 上段 20 行)
이라고 하였다. 여기 「道理大頭腦處」나 「百世道術淵源」이라고 함은
太極을 指摘한 말이라고 생각할 때, 말은 朱子의 말이지만 인용한 것
이 역시 退溪인 이상 退溪의 생각으로 看做할 수 있을 것이다. 둘째
로 鄭子中에게 답하는 冲漠無朕, 萬象森然已具條에서 살펴본다. 程子
와 朱子와 그리고 太極圖說解의 말을 援用하여 冲漠無朕과 萬象森然
已具를 事와 理, 著와 微로 구별하여 설명하였고 易序의 體用一源,
顯微無間을 인용해서 이것을 理와 象, 理와 事, 形而上과 形而下로
分別 해명하였다. 그리고나서 退溪는

　　「萬一 天地旣判, 萬物旣生之後에 無朕字를 붙이는 것이 不可하다
　　면 이것은 잘못이다」
라고 하고나서 「體用當隨處活看 不可硬定說」이라고 끝을 맺고 있다.
無朕에서 有朕으로 되는 것이 아니라 無朕有朕이 같이 있는 것으로 보
려는 退溪의 태도이다. 事와 理, 著와 微, 體와 用, 形而上과 形而下,
無朕과 有朕이 時差없이 공존한다는 것이며 어느 한쪽에만 주의가 執
着되었을 때 半失이 되므로 硬定說은 不可하며 活看해야 한다고 한
듯하다. 「所當然以然, 是事是理」를 論하는 끝에 가서 蔡氏의 所謂太
極者之下의 十九字는 그 語意가 圓足해서 병이 없다고 同調하고 있
다. 蔡氏의 所謂太極者之下十九字란 退溪는 다음과 같이 지적한다.

　　「其理已具 自陰陽旣生之時而言 則所謂太極者」(退溪全書上 p. 595 上
段 7 行)

　그러나, 性理大全, 太極圖說註에 蔡節齋의 말을 그대로 옮겨보면
아래와 같다.

　　「主太極而言 則太極在陰陽之先 主陰陽而言 則太極在陰陽之內 蓋

自陰陽未生之時而言 則所謂太極者其理已具 自陰陽旣生而言 則所
謂太極者卽在乎陰陽之中云」

한마디로 말해서 論理上으로는 現象에 앞서서 太極이 있다고 해야
할 것이요. 事理上으로 말하면 現象內에 공존한다는 뜻이 될 것이다.
蔡氏의 이 말에 退溪는 全的으로 同調하고 있다. 셋째로는 奇明彥에
게 답한 後論에서 살펴본다. 虛靈을 말하는 곳에서 朱子의 말을 인용
하면서 至虛至實을 虛而實로 至無至有를 無而有로 이해한다. 또한 程
子가 或人에게 대답한 바를 引用하여 指虛爲理를 지적하고 張子의 合
虛與氣有性之名, 朱子의 形而上底虛渾是道理, 또 太虛는 곧 太極圖上
面의 一圓圈이라고 한 것 등을 들어서 虛와 理의 一貫性을 설명하고
있다.

그리고 朱子의 無極而太極의 다음과 같은 解釋을 굳게 믿기에 이르
렀다.

「不言無極 則太極同於一物而不足爲萬化之根 不言太極 則無極淪於
空寂而不能爲萬化之根 嗚呼若此之言 可謂四方八面周徧不倚顚撲不
破矣(後論 退溪全書上 p.421 下段 14行)

虛와 靈, 虛와 實, 有와 無, 動과 靜 等의 共存, 一貫性을 太極(理)
에서 인정하려 하고 있음을 볼 수 있다.

넷째 李晦齋의 無極太極辨에서 살펴본다. 退溪는 晦齋의 行狀을 지
었고 그 가운데서 아래와 같이 칭찬하고 있다.

「凡先生之出處大節忠孝一致 皆有所本也 先生在謫所 作大學章句補
遺 續或問 救仁錄 又修中庸九經衍義 衍義未及成書而用力尤深 此
三書者可以見先生之學而其精詣之見獨得之妙最在於與曹忘機漢輔論
無極太極書四五篇也」(晦齋 李先生行狀 退溪全書上 p.1072 下段 15行)

獨得之妙가 無極太極辨에 있다고 하였으니 晦齋의 無極太極 理解에
관한 讚揚으로 미루어 退溪의 無極太極에 대한 파악을 짐작할 수 있
을 것이다. 晦齋의 이 論文은 忘齋孫叔暾과 忘機堂曹漢輔가 說한 無
極太極論을 비판하였고 曹漢輔와 晦齋와의 사이에 往復論難된 것으로
前後四回에 걸쳐서 相互論辨하였다. 忘齋와 忘機堂사이에 논한 無極
太極은 그 요지를 알 수 없으나 여기에 대해서 晦齋는 忘齋忘機堂無
極太極說後라는 글을 썼다. 여기서 忘機堂의 太極卽無極이라고 한 것
은 옳다고 하고 그의 學問上의 病을 다음과 같이 지적하였다.

「大抵忘機堂平生學術之誤 病於空虛而其病根之所在 則愚於書中求
之而得之矣 其曰太虛之體本來寂滅 以滅字說太虛體 是斷非吾儒之
說矣」

라고 비판하고 있으며 工夫에 있어서는 中正仁義에 힘써야 할 것을
강조하고 있다.

다음에 答忘機堂 第一書에서는 寂滅存養의 論은 道에 合當치 않은
것 같다고 지적하고 특히 有無關係를 아래와 같이 말하였다.

「來敎所云無則不無而靈源獨立 有則不有而還歸澌盡 是專以氣化而
語 此理之有無 豈云知道哉」

그 뿐만 아니라

「來敎所云一理太虛之說雖甚高而實未當」

이리고 하여 그 주장의 不當性을 말했고 그 被害의 尤甚함을 다음과
같이 언급하였다.

「若曰遊心於無極之眞 使虛靈之本體作得吾心之主 則是使人不爲近
思之學而馳心空妙 其害可勝言哉」

다음 答忘機堂 第二書에 의하면 忘機堂이 견해를 약간 是正하였다.

「來敎於無極上去遊心二字 於其體至寂下去一滅字 是不以愚言爲鄙
有所許採幸甚幸甚」

遊心二字와 滅一字를 削除한 것이다. 晦齋는 다시 朱子의 말을 인
용하여 老子와 周子의 有無觀의 차이를 아래와 같이 말하면서 下學上
達할 것을 附言하고 있다.

「朱子曰老子之言有無 以有無爲二 周子之言有無以有無爲一」

다음 答忘機堂 第三書에서도 忘機堂의 不滯寂滅之說이 反躬體道의
不足으로 曠蕩空虛에 빠지고 있음을 경고하고 寂滅이라는 말이 매우
害理함을 다음과 같이 공격하면서 寂滅의 敎는 空虛誕謾之境에 빠지고

「來敎又曰爲破世人執幻形爲堅實故曰寂滅此語又甚害理」

違天滅理의 罪를 면하기 어려우리라고 하였다.

그 다음 答忘機堂 第四書에서는 약간 主張을 고치기는 하였으나[43]
아직도 여전히 虛空之敎에 떨어지고 있음을 示唆하고 있다. 그리하여

---

43) 今承賜敎 辭旨醇醇 反覆不置 且去寂滅二字而存學人事之功迪之蒙許深矣 受賜至矣
更復何言 然而竊詳辱敎之旨 雖若盡去異說之謬入于聖門之學然其辭意之間 未免有些
病而至於物我無間之論 則依舊墜於虛空之敎

聖門의 敎는 敬을 주로 해서 本을 세우고 理를 窮究해서 그 知를 致하고 몸을 돌이켜서 그 實을 實踐하고, 敬은 또 三者之間을 관통해서 成始成終이 된다고 하였다.

이상에서 引用出處를 살펴보면 그 範圍는 周子·子思·程子·朱子·張南軒·論語·中庸·詩經·易經 등으로 集約되나 대체로 朱子의 생각을 줄거리로 이어가고 있음을 알 수가 있다.[44]

끝으로 奇明彦에게 답하여 改訂한 致知格物說에서 言及된 바를 살펴본다. 이 글은 作故하기 한 달 前에 高峰에게 送付되었다. 答書에 의하면,

「此事未結末 日夕鬱鬱 中間而精錄示所敎示理到無極等語覺昨非 所得數語 錄在別紙」

라고 하여 지금까지의 잘못을 깨닫고 다음 別紙에 기록하였다고 하였다. 여기 깨달았다는 잘못이란 무엇인가? 無極而太極의 一段解釋이 愚見의 잘못이었음을 깨달았다는 것이니 과연 그 解釋을 어떻게 하였었던가? 즉,「極字를 가지고 곧 바로 理字로 생각하여 함부로 無極을 說할 때를 당해서는 다만 이 形이 없다고만 말할 따름이니 어찌 이 理없음을 말하는 것이랴」[45]라고 하였고 諸先儒說을 歷檢해보니 그 중에서 黃勉齋의 說같은 것은 가장 詳靈한 것[46]이라고 하였으니 黃勉齋說이란 또 어떤 것인가?

「勉齋黃氏曰太極說云無極而太極 妄意謂無極而太極者 非老氏之出無入有 與佛之所謂空也 乃斯道之本體 萬化之領會 而子思所謂天命之性 而孟子所謂生之謂性也 通書統論之曰誠者聖人之本也 大哉乾元 萬物資始 誠之源也 乾道變化各正性命 誠斯立焉 純粹至善者也 此所以發明 無極而太極 原始而要其終也 旣又引易之繫辭而明之曰 一陰一陽之謂道 繼之者善也 成之者性也 元亨誠之通 利貞誠之復 大哉易也 性命之源乎 蓋冲漠無朕之中 萬象森然已具而無所虧缺 天

---

44) 無極太全體의 글을 通하여 晦齋는 朱子學의 正脈을 繼承한 것을 보여준다. 그 正脈이란 다름 아니라 理氣二元論인 宇宙觀, 人生觀에 根據하여 道義의 主體인 人間의 自我認識을 道의 體得과 實踐을 通해서 해야하며 道의 體得을 爲해서는 「主敬」과 「窮理」, 「直內」와 「方外」兩面의 並行的인 工夫가 必要하다는 思想이다(李晦齋 「無極太極辯」의 學術史的 意義……李相殷博士……學術院誌(1974年 9月) p191 25行

54) 奇明彦別紙 退溪全書上 p465 下段 2行
46) 退溪全書上 p465 下段 2行

地所以覆 地之所之載 日月之所以照 鬼神之所以幽 風雷之所以變 江河之所以流 性命之所以正 倫理之所以著 人之所以爲聖人本末上下貫乎一理其實然而不可易者歟」

여기서는 첫째로 無極而太極이란 것은 老氏의 有無와 佛氏의 空과는 다르다는 것, 둘째로 斯道의 本體요, 萬化領會라는 것. 셋째 本末上下가 一理로 通貫되어 있다는 것으로 요약할 수 있을 것이다. 그리고 「後世의 讀者들이 極字를 알지 못하고 다만 取譬하여 문득 理를 가지고 말하므로 오직 理는 없다고 함이 不可할 뿐만 아니라 周濂溪의 無極이란 말에 있어서 通하기 어려운 바가 있다」[47]고 그는 말하였다.

退溪의 太極에 대한 理解는 이상에서 열거한 聖學十圖 第一太極圖, 鄭子中에게 답하는 冲漠無眹, 萬象森然已具條, 奇明彦에 답하는 後論晦齋의 無極太極辯, 奇明彦에 답하는 致知格物說中에 나타난 바, 太極問題를 요약해본다면 첫째는 우선 致知格物說과 그 이전의 두 段階로 나눌 수 있고 그 以前期는 大體로 朱子說을 답습한 것으로 생각할 수 있으며 致知格物說에는 黃勉齋의 論旨를 重視했고 極字에 대한 파악이 중요한 것으로 표현되어 있다. 道理의 大頭腦處요, 百世道術의 淵源이라는 것, 論理上으로는 先後가 있지만 事實上으로는 共存한다는 것, 虛實有無動靜의 一貫性, 寂滅에 대한 異端的 理解 등은 退溪의 太極觀에서의 朱子的 要素라고 볼 수 있을 것이다. 栗谷은 退溪를 말하기를 「朱子의 가르침을 한결같이 지켰고 그 主張은 모두 朱子의 說을 折衷하고 있다」[48]고 하였다.

그러나 退溪는 退溪대로 得處가 있음을 看過할 수 없다. 太極을 理라고 함은 朱子以後에 通論이기는 하지만 理에서 機能的인 面을 특별히 강조하는 것은 理를 높이며 義理를 專重하는 傾向으로의 可能根據를 충분히 지니고 있음을 이해하게 된다. 이 體는 生生之理로서 萬物創造의 根源處로 보려는 것이다. 朱子가 일찌기 理의 普遍性을 물에 비유해서 「여러 물고기의 뱃속에 들어있는 물은 彼此가 없는 다 같은

---

47) 退溪全書上 p465 下段 7行~9行
48) 退溪之學 因文入道 義理精密 一遵朱子之訓 諸說異同 亦曲暢旁通 而莫不折衷於朱子 (石潭日記 李珥)
49) 鰕魚肚裡有水 此亦水也 鯉魚肚裡有水 此亦水也 此言無彼此也(退陶先生言行通錄 退溪全書下 p704 上段 7行)

물이라」⁴⁹⁾고 退溪는 이에 대해서 그 表現이 不足하다고⁵⁰⁾ 지적한 것
을 보면 물이란 벌써 資料를 가진 것으로 純粹한 理에 비할 수 없다
는 見解로 이해된다. 그러나 아무리 純粹한 理라고 할지라도 白色속
에 白色을 그릴 수 없는 것처럼 太極의 問題는 理를 理로써 밝히려는
데 難點이 있다. 여기 理氣를 논하게 되는 所以가 있다.

B 理 氣

理氣論의 穩當한 理解는 太極에 관한 意味把握이 先行되어야 하며
太極의 意味把握도 理氣論을 통해서 可能해지는 互相關係에 있음을
피할 수 없다. 本項에 의해서 前項은 더욱 분명해질 것이며 前項으로
인해서 本項의 論理確立에 도움이 될 것으로 생각된다.

本 理氣論에서도 退溪는 大體로 朱子의 理論을 繼承하는 것으로 보
인다. 理와 氣를 朱子는 二物로 보면서 그 關係를 말하되 같이 있으
면서도 섞이지 않는다⁵¹⁾고 하였다. 退溪는 이러한 理氣의 關係를 받
아들이면서 一而二, 二而一을 다음과 같이 말한다.

「就同中而知其有異　就異中而見其有同　分而爲二　而不害其未嘗離
合而爲一　而實歸於不相離」(答奇明彦 退溪全書上 p412 下段 6行)

이러한 關係는 理氣論에 있어서 通論으로 되어 있으나 그러면서도
退溪는 스스로 지키는 立場이 있는 것으로 보인다. 朱子의 主張속에
서도 구분해보는 態度에⁵²⁾ 關心을 기울이는 것이다. 太極을 理로 생
각하는 退溪로서는 이 理가 性에도 情에도 있고 그 性과 情은 妙한
關係에 있으므로 太極는 性情의 妙라고 하였고⁵³⁾ 다시 未發은 性이고
已發은 情이 아니냐는 물음에 대하여「비유하면 물과 같으니 고여있
는 물은 性이요, 흐르는 물은 情이며 고인 물이 밖으로 나와서 흐름
이 되고 흐름은 고인물로부터 始作되는 것이니 고인 물과 흐르는 물
이 어찌 물로써 다르랴」⁵⁴⁾고 함을 보면 理氣關係의 妙를 자세하게 엿

---

50) 某則猶以此比爲未精 蓋水有形也 理無形也(同上 9行)
51) 理與氣決是二物 但在物上看 則二物渾淪不可分開各在一處 然不害二物之各爲一物也
　　(答劉叔文)
52) 今按朱子平日論理氣許多說話 皆未嘗有二者爲一物之云 至於此書 則謂之理氣決是二
　　物 非理氣爲一物辯證(退溪全書上 p921 下段 3行)
53) 隆問太極性情之妙 何以言妙字 先生曰妙是至深至妙 難形難名底意 性亦有理情亦有理
　　故曰太極之妙也(退陶先生言行通錄 卷之二 退溪全書下 p661 下段 18行)
54) 同上 20行

볼 수 있을 것이다.

물고기의 뱃속의 물을 가지고 普遍性을 설명하려는 朱子의 主張을 未精이라고 한 退溪는 濘와 流水를 가지고 하나는 水之靜이요, 하나는 水之動으로 보아 理氣의 妙를 說明하고 있다. 普遍을 물로써 말하는 것은 부족하다고 하면서 理氣의 妙를 물의 動靜으로써 說하는 물은 물로써 무엇이 다른가? 물은 물이로되 普遍과 彼此를 구별하려는 것이니 바꾸어 말하면 理는 理로되 生生之理 즉 創造的 理와 理氣의 理를 구분하려는 心理에서의 所致가 아닌가 생각된다. 이러한 傾向은 非理氣一物辯證과 心無體用辯에서 더욱 밝혀진다.

孔子는 繫辭傳上에서 「易有太極 是生兩儀」라고 하였고 周濂溪는 太極圖說에서 「太極動而生陽 靜而生陰……無極之眞 二五之精, 妙合而凝」이라고 하였는데 退溪는 여기서 太極과 兩儀는 一物이 아니라는 점에서 또 妙合보다는 妙合以前의 眞과 精에 주의를 모아 다음과 같이 말한다.

「今按孔子周子明言陰陽是太極所生 若曰理氣本一物 則太極卽是兩儀 安有能生者乎 曰眞曰精 以其二物故曰妙合凝 如其一物寧有妙合而凝者乎……非理氣爲一物辯證」(退溪全書上 p920 下段 18行)

太極이나 妙合을 否定하려는 것이 아니라 太極과 兩儀는 混同을 할 수 없고 無極의 眞과 陰陽五行의 精과는 엄격히 구별하고자 하는 意圖로 생각된다.

道器問題에서도 退溪는 하나로 아니보려는 것은 아니나 구별해보려는데 關心이 간다.

孔子는 繫辭上에서

「形而上者謂之道 形而下者謂之器」

라고 하였고 程子는 遺書卷一에서

「形而上者爲道 形而下者爲器 須著如此說 器亦道 道亦器」

라고 한 것을 首肯은 하면서도 道器의 不可分離의 面보다도 서로 섞일 수 없는 面에 關心이 보다 깊음을 보여준다. 退溪는 이 점을 다음과 같이 말한다.

「今按若理氣果是一物 孔子何必形而上下分道器 明道何必曰須著如此說乎 明道又以其不可離器而索道 故曰器亦道 非謂器卽道也 以其不能外道而有器 故曰道亦器 非謂道卽器也……非理氣一物辯證」(退

溪全書上 p921 上段 7行)

理氣의 一物아님을 말하며 不雜性을 철저하게 강조하고 있는 것을 알 수 있다. 拙修齋 趙聖期(1638~1689)는 말하되 栗谷의 見解가 流行 混融面에 치우쳐 있는데 비해서 退溪는 理氣를 엄밀하게 구별한다[55] 고 하였고 農巖 金昌協(1561~1708)은 退溪는 理氣善惡의 뜻을 자세하게 말하고 치밀하게 구분해서 말함을 後學들은 살펴야한다[56]고 지적하고 있다.

理氣의 先後動靜問題를 一而二, 二而一에서 볼때 論理上으로는 理先氣後라고 해야하고 事實上으로는 共存한다는 것이며, 氣는 動靜하는 것이지만 理는 所以者로 理解함은 朱子以來의 通念이다. 退溪에 있어서는 이러한 基盤위에서 理氣를 구분하는데 力點이 있으며 그 理由는 앞에서 언급된 太極觀에 연유한다고 해야 할 것이다. 그러나 區別만 하는 것이 能事가 아니라 어찌하여 구별하는가의 所以가 더욱 중요할 것이다. 하나의 窮極的인 것, 生生하는 創造의 論理的인 것, 命令은 하되 命받지 않는 것의 絕對性이나 神聖性을 退溪는 다른 어떠한 것과도 混同하기를 원하지 않는다. 이 점에 대하여 다음에 논하고자 한다.

ⓒ 理의 純粹性

이미 太極을 말하고 理氣를 살펴 본 이상 다시 理를 고찰할 필요가 있겠는가 하는 의심이 있을 수 있겠으니, 退溪가 理와 氣의 不相雜을 力說하며 또 비난을 받아가면서도 理發說을 굽히지 않는 基底에는 움직일 수 없는 純粹하고 神聖함에 根據하고 있음을 보게 된다.

太極을 말한다고 하여도 理氣論的인 觀察로는 氣의 不雜性으로 말미암아 混雜으로 순수성을 드러내기 어려우며 그렇다고 無極으로 설명을 시도해 보아도 그것은 周濂溪의 주장에 불과하게 된다. 理氣를 論하여 理의 無形을 說한다고 하더라도 또한 氣와의 不相離로 인하여 그 汚染을 피하기 어렵게 되니 純粹性을 確保하기 어려워진다. 退溪는 至貴한 것을 위해서 至賤한 것을 우선 말한다. 理보다는 氣를 賤

---

55) 拙修齋集 朝鮮儒學史(玄相允 所引) p270
56) 盖七情雖兼理氣 而其善者氣之能順理者也 其不善者氣也不循理者也 初不害爲主氣也 退溪於此處極微難言 故分析之際輒成二岐 而至其氣發理乘理發氣隨則爲名言之差 然 其意之精詳緻密 則後人亦不可不察也(論四端七情說 農巖集 續集 卷之二 42面)

한 것으로 氣論者를 반박하게 된다. 徐花潭에 대하여 評함을 보면 如
實함을 알 수 있다.

「花潭이 奇乎奇, 妙乎妙라고 한 것은 잘 알 수 없으나 試驗삼아 花
潭說을 가지고 여러 聖賢의 말씀에 비추어 볼 때 하나도 符合되는 곳
이 없고……스스로는 깊고 妙한 것을 다했다고 하나 마침내는 理字에
투철하지 못하다. 죽을 힘을 또 해서 奇를 말하고 妙를 說한다고 하
더라도 形器粗淺一方에 落在함을 면하지 못한 것이니 可惜하다」[57]고
한 바 있고 또 「氣를 논하는 데는 지극히 精密하지만 理에 있어서는
매우 未透하며 지나치게 氣를 주장하여 氣를 理로 착각하고 있다」[58]
고 하여 花潭의 學說에서 理를 철저하게 알지 못함을 한스럽게 말하
고 있다. 理는 氣보다 소중하기 때문에 氣論者의 주장을 形器一邊에
落在하는 부족한 것으로 이해하는 것이며 반면에 理를 아는 것은 매
우 중요하고 또한 窮理하는 사람은 먼저 이 뜻이 어떠한가를 알아야
한다고 하였다. [59]

理를 氣와 구별하여 높이는 마음은 먼저 氣論者를 理에 未透한 者
라고도 했고 氣는 形器一邊이라고도 지적한 바로써 알 수 있고 그래
서 먼저 理를 알아야 하고 또 알되 대강 아는 것이 아니라 철저하게
알아야 한다고 하였다. 理字의 뜻을 물었더니 退溪는 알기가 어려운
것 같으면서도 實은 쉽다. 대개 天下에 마땅히 행해야 할 바가 理요,
마땅히 행해서 안 될 바는 非理니 이것으로 추측하면 理의 實處를 알
수 있다. 事에는 大小가 있으나 理에는 大小가 없는 것이다. 놓아서
바깥이 없는 것도 理요, 거두어서 안이 없는 것도 또한 理인 것이다.
方所가 없고 形體가 없으며 곳에 따라 넉넉하여 부족이 없어 각각 하
나의 極을 갖추고 있으므로 부족하거나 남는 곳을 볼 수 없는 것이
다[60]라고 대답하였다.

57) 不能窺覵到花潭奇乎奇妙乎妙處 然嘗試以花潭說 揆者聖賢說 無一符合處……自謂窮
深極妙 而終見得理字不透 所以雖拚死力談奇說妙未免落在形器粗淺一邊了 爲可惜也
(退溪全書 卷四十一 非理氣一物辯證 p.921. 下段 10行)

58) 論氣則精到無餘 而於理則未甚透徹 主氣太過 或認氣爲理(陶先生言行通錄 卷五 退溪
全書下 p719. 上段 12行)

59) 心雖主乎一身 其體之虛靈 足以管乎天下之理 理雖散在事物 其用之微妙 實不外一人
之心 初不可以內外精粗論註 理雖在物而用實在心 窮理者須先知此義之如何(退陶先生
言行通錄 卷五 退溪全書下 p702 上段 4行)

60) 問理字之義 先生曰知之似難而實易……凡天下所當行者理也 所不當行者非理也 以此
而推之 則理之實處可知也 又曰事有大小 而理無大小 放之無外者此

退溪의 이러한 대답을 미루어 보면 理를 하나의 普遍으로 파악하려
는 것을 알 수 있다. 無外無內요, 無方所無形體란 말은 바로 무한하
며 바로 普遍이란 말이다. 그러면서 그 普遍은 우리의 일상생활에 있
어서는 마땅히 행해야 바로 具體化되는 것이다. 具體化될 때에 普遍
에서의 能動을 理發이라고 하여 理를 귀하게 생각한다. 天理・道心・
四端・本然之性 등에 비중을 더 놓은 이유가 이 점에 있는 것이다.
朴澤之에게 주는 글에서 「理는 貴하고 氣는 賤한 것이나 그러나 理는
無爲요 氣는 有欲이므로 聖賢은 踐理를 主로 하되 氣를 기름이 其中
에 있고 老莊은 養氣에 치우치므로 반드시 賊性에 이른다」[61] 하였음
은 理를 높이는 證言이라고 할 수 있다. 그러므로 理를 主로 실천하
는 자는 上級者로 생각했고 따라서 李穡으로부터 「夢周論理橫竪說이
다 理에 합당치 않음이 없다」고 稱讚을 받은 鄭夢周(1337~1392)를 退
溪는 東方理學의 始祖로 모시기도 했다.[62]

老莊의 氣를 해로운 것으로 그리고 徐花潭의 論氣로서는 未透한 것
으로 보는 것은 退溪로서는 당연한 일이요 圃隱을 높히는 뜻도 짐작
이 간다. 그 뿐만 아니라 王陽明(1472~1528)의 心學을 배척하는 것도
「人心이 形氣에서 發하는 것은 배우지 않아도 알고 힘쓰지 않아도 능
할 수 있는 일이지만 義理에 이르러서는 그렇지 않다」고 하여 學과
勉을 중시한 것[63]과 또한 形氣와 義理를 嚴格하게 구분하는 태도에서
오는 것이다.

理를 이처럼 所以然이나 所當然에서 파악하는 것은 순수내지 신성
성과는 아직 구별된다. 理氣論上 湛然一氣를 말할 때는 또한 普遍이
아닐 수 없고 張橫渠의 太虛도 역시 普遍으로 이해할 수 있다. 所當
然은 日常事物과의 관계에서 즉 「理氣의 關係에서」 파악되는 것인 이
상 사실 내지 現象을 떠나서 생각할 수 없고 理論上으로 말한다고 하
더라도 그것은 특수한 分殊의 理에 불과하므로 理一의 理와는 구별되
는 것이다. 湛然一氣나 太虛를 普遍이라고 할 수는 있겠으나 그렇다

理也 歛之無內者亦此理也 無方所無形體隨處充足 各具一極 未見有欠剩處(退陶先生
言行通錄 卷五 退溪全書下 p702 上段 9行)
61) 理貴氣賤, 然理無爲氣有欲 故主於踐理者 養氣在其中 聖賢是也 偏於養氣者 必至於
賦性 老莊是也(退溪全書上 p335 下段 10行)
62) 嘗言吾東方理學以鄭圃隱爲祖(退陶先生言行通錄 卷五 退溪全書下 p717)
63) 蓋人之心發於形氣者 則不學自知 不勉而自能……至於義理不然也 不學則不知 不勉則
不能(傳習錄辨 退溪全書下 卷四十一 雜著下 p924)

고 해서 窮極의 超越者라고는 할 수 없다. 역시 氣는 有質的인 것이 기 때문이다. 所當然의 理도 理一의 理가 아닌 점에서는 創造的일 수 는 없다. 여기에 退溪의 요구하는 것이 있다. 氣論的인 普遍性을 超 越者와 엄격하게 峻別하고 理一의 理를 創造的인 論理로 이해하려는 退溪는 物에 命하기는 하여도「物에는 命받지 않은 것」으로 理를 神性 化한다. 李達 李天機의 太極의 動靜이 있다는 주장에 대답하는 退溪 의 答書에 의하면 분명해진다.

「太極에 動靜이 있음은 太極이 스스로 動靜하는 것이요, 天命이 유 행하는 것은 天命이 스스로 流行하는 것이지 어찌 다시 부리는 것이 있으랴! 다만 無極과 陰陽五行이 妙合해 응결되어 萬物을 化生하는 측면에서 본다면 主宰가 있어서 부리기를 이와같이 하는 것 같으니 이것은 書經에서 말하는 惟皇上帝, 降衷于下民이라는 것이요, 程子가 말하는「主宰를 일러서 帝라고 한다」는 것이다. 대개 理氣는 합해서 物을 命하는 것이지 그 神聖한 作用이 스스로 이와같을 따름이다. 天 命이 유행하는데 또한 따로 부리는 것이 있다고 함은 옳지 못하다.

이 理는 지극히 높아 相對가 없으며 物을 命하되 物에 命받지 않는 때문이다」[64]라고 하였음을 생각해 보면 여기서 物을 命하고 物에 命 받지 않는다는 뜻은 主體的이요 創造的인 論理를 의미한다. 여기서 理發의 문제가 발생하게 된다. 즉 主體的이요 創造的인 論理에 따르 자면 理가 發한다고 해야 할 것이나 理가 發한다고 하면 發이란 용어 의 意味把握에 混線이 생긴다. 發이란 용어의 適用이 現象界에 한한 다면 理가 發한다는 말은 성립될 수 없는 隘路가 생기고 그렇다고 해 서 氣가 發한다고 한다면 善惡兼有하는 입장에서 善의 當爲性 또는 純善無惡의 生生하는 論理性이 결여되는 폐단을 면할 수가 없게 된다 스스로 動靜하는 太極이나 스스로 流行하는 天命이란 能産的이요 論 理的인 측면에서 하는 말이요, 따라서 物에 命 받지 않고 物을 命하 는 궁극의 입장에서 하는 말이니 이는 곧 理의 純粹性의 표현이라고 할 수 있을 것이다.

---

64) 太極之有動靜 太極自動靜也 天命流行 天命自流行也 豈復有使之者歟……卽書所謂惟
皇上帝 降衷于下民 程子所謂以主宰謂之帝是也 蓋理氣合而命物 其神用自如此耳 不
可謂天命流行 處亦別有使之者也 此理極尊無對 命物而不命於物故也(答李達李天機
卷十三 退溪全書上 p354 上段 2行)

　退溪의 이러한 순수한 理는 創造的인 能力의 근거로서 그 用을 강
조하게 된다. 그가 神을 논하는 것을 보면 「周濂溪가 말한 動하면서
動함이 없고 靜하면서 靜함이 없다는 神, 晦庵이 말한 五行의 神, 子
思가 말한 神之格思의 神, 孔子가 말한 無方體의 神은 다 理가 氣를
타고서 출입하는 神이니 즉 在天의 神」[65]이라고 하였다. 아울러서 在
人之神을 말하되 陰爲精, 陽爲神으로 神에 대한 理氣論的인 견해를
보이고 陽神의 魂은 二而一이라고 말하면서도 여전히 理를 앞세워 「氣
는 理에 根據해서 날로 생기는 것이 浩然해서 無窮하다」[66]는 것이며
易中의 神明其德이라든가, 神而明之라든가 孟子의 不可知의 神 등은
다 이러한 의미를 뒷받침해 준다는 것이다.

　그러므로 그 理는 스스로 用이 있어서 자연히 陰陽을 낳고[67] 本然
의 體로서 能生하는 至妙의 작용을 갖는다고 하였다.[68] 奇高峰과의
學的 論辨은 彼我의 진전을 촉구해 주었다. 그 과정을 거쳐서 얻은
晩年의 結論이 理는 死物이 아니라는 점이다. 奇高峰에게 답하는 글
에서 「情意가 없고 造作이 없는 것은 이 理의 本體요. 發現을 따라서
두루 流行하는 것은 이 理의 至神한 作用이다. 먼저 다만 本體의 無
爲하다는 것만 보고 妙用의 能動的인 顯行을 알지 못하여 理를 死物
이라고 誤認한다면 道에서 또한 매우 멀지 않겠느냐」[69]라고 한 바 理
는 活物임을 암시해 주고 있다. 이렇듯이 理를 순수한 것으로 그리고
生生하는 根源者로 活物視함은 退溪가 理를 지극히 귀한 것[70]으로 信
奉하는 근원이 되었다.

　나아가서 性善을 강조하고 理發을 주장하게 하는 기반을 이루어 준
다.

---

65) 周子動無動靜無靜之神 晦庵五行之神 子思神之格思之神 孔子無方之神 是理乘氣出入
　　之神 卽所謂在天之神也(論李仲虎碣文示金而精別紙 退溪全書上 p689, 上段 20行)
66) 其氣之根於理而日生者浩然而無窮(退溪全書上 p689 下段 14行)
67) 理自有用故自然而生陽生陰也(答李公浩 卷三十九, 退溪全書上 p889 下段 15行)
68) 本然之體 能發能生 至妙之用也(同上 14行)
69) 無情意造作者 此理本然之體也 其隨寓發見而無不到者 此理至神之用也 向也 但見於
　　本體之無爲而不知妙用之能顯行殆若認理爲死物 其去道不亦遠甚矣乎(答奇明彦別紙,
　　卷十八, 退溪全書上 p465. 上段 15行)
70) 先生曰談命之事 亦豈可謂無其理也 但死生禍福豫定於冥冥 先知何用 且聖賢貴理而不
　　貴數(退陶先生言行通錄 卷五, 退溪全書下 p723 下段 5行)

② 心性情과 人心道心의 問題

退溪의 宇宙本體論的인 側面을 源頭處로서 太極·理氣·理의 순수
성으로 三分해서 논하였다. 이제 人生論的인 側面에서 性과 本然氣質
問題, 心統性情의 問題, 人心道心의 問題로 三分하여 고찰하기로 한
다. 退溪는 여기서도 理를 숭상하게됨이 구명될 것이다.

A 性과 本然氣質問題

「周易」繫辭傳上에
　「一陰一陽之謂道 繼之者善也 成之者性也」
라고 해서 性이란 말이 보이고,「中庸」1章에
　「天命之謂性 率性之謂道 修道之謂敎」
라고 해서 性字가 보인다. 成之者性이라고 하면 陰之陽之하는 道의
실현임을 의미하고 天命之謂性이라고 하면 主宰側에서는 命이요, 稟
受側에서는 性임을 뜻한다고 하겠다. 成之의 性이나 命之의 性이나 主
宰의 天과 관련을 갖는 표현이라는 것이 그 共通點이요,「成之」는 그
天意의 실현이란 점에서,「命之」는 天體의 分身이란 점에서 그 표현
이 달라졌을 뿐이다. 그러나 다같이 天人關係에서 하는 말일 것이다.
天理와 人性問題는 太極의 이해와 性善의 當爲性을 밝혀주는데 중요
한 기여를 한다고 생각된다.

栗谷은 太極을 本然의 妙로[71] 이해한데 비해서 退溪는 太極을 性情
之妙라고 함을 보면, 太極의 問題性은 共通點인데 妙는 妙이지만 하
나는 宇宙論的인 本然의 妙와, 하나는 人生論的인 性情의 妙라고 한
점이 차이나는 것이다. 退溪가 이렇게 太極을 性情의 妙라고 한 것은
太極을 理라고 생각하는 基盤에서 유래된 것으로 미루어 볼 때 理의
純粹性을 고수하려는 태도는 性의 純粹性도 지키려고 할 것이요, 情
에 연유하는 善惡의 善과 太極의 理, 性情의 妙로서의 性善의 善과
구별하고자 하게 될 것은 추측이 가능해진다. 여기서 退溪의 天人關
係에 대한 理解를 자세히 살펴 볼 필요가 있다.

朱子學을 충실하게 받아들이는 退溪로서는 역시 朱子의 天人觀이

---

71) 聖學輯要 栗谷全書 p446

배경을 이루고 있음을 간과할 수 없다. 朱子는 仁을 愛之理, 心之德이라고 설명한다. 仁의 顯現은 聖德에 도달하는 일이요, 性論은 人間이 天理를 實現하려는 데서 問題되며 天人이 合一하는 관계에서 天理와 人性은 解明되어야 할 것이다. 朱子의 性論은 天人合一의 경지에서 導出된다. 그의 仁說에 따르면「天地는 物을 낳아줌으로서 마음으로 삼고 人과 物의 生은 또 각각 그 天地의 마음을 얻어서 마음으로 삼는다」[72]고 하여 마음의 德을 말하였다.

天地之心으로 말하면 乾元 坤元이라고 하여 元亨利貞의 四德의 體가 自足하고 人心의 妙로 논하면 仁은 人心이라고 하여 仁義禮智의 四德이 또한 自足하다」[73]고 한다. 이 天地之心이나 人心之妙者는 德을 통하여 歸一된다. 天地에 있어서는 块然히 物을 낳는 마음이요, 사람에 있어서는 溫然히 사람을 사랑하고 物을 利롭게 하는 마음으로서[74] 天地之心은 普遍性을 말하는 것이요, 人心은 人間이 가지는 특수성이라고 할 수 있다. 孟子가 說하는 惻隱之心이 仁之端이라고 할 때 이 仁은 相對方을 동정하는 人心의 發露요, 天地가 生物하는 天地之心이 人間에 內在되어 발동된 것이다. 對自的으로는 살고자 하는 好生之心이요. 對他的으로는 弱者를 구하려는 惻隱之心이 人心이라면 이러한 人心은 天地生物之心이 人間에 稟受되어 發顯됨을 알 수 있다. 退溪는 朱子의 이러한 心境을 파악하였고 그것은 戊辰六條疏, 聖學十圖 그리고 致知格物說을 통해서 여실하게 보여주고 있다.

戊辰六條疏에 의하면 第四條에는 明道術以正人心을 말하여 道術이 天命에서 由出되어 社會에 彝倫으로 행해짐을 설명하였으며 第六條에서는 誠修省以承天을 말하여 마땅히 天心의 以仁愛我함을 알아야 한다고 설파하고 있다.

聖學十圖에 의하면 第二西銘圖에서 雙峰饒氏의 말을 인용하여「西銘의 前一節은 사람이 天地의 아들이 됨을 밝혔으며, 後一節은 사람이 天地를 섬기되 마땅히 아들이 父母를 섬기는 것처럼 해야 함을 말한 것이다」[75]라고 하면서「聖學이란 仁을 구하는 데 있으니 마땅히

---

72) 天地以生物爲心者也 而人物之生又各得夫天地之心以爲心者也(朱子大全 卷六七)
73) 論天地之心者則曰乾元坤元 則四德之體用 不待悉數而足論人心之妙者 則曰仁人心也 則四德之體用不待遍擧而該(同上)
74) 在天地則块然生物之心 在人則溫然愛人利物之心(同上)
75) 雙峯饒氏曰 西銘前一節明人爲天地之子 後一節言人事天地當如子事父母也(退溪全書 上 p200)

이 뜻을 깊이 체험해서 天地萬物과 一體가 됨을 이해해야 한다」[76]고 강조하고 있다.

高峰에게 답한 別紙 晚年(70세) 致知格物說에 의하면「體는 비록 萬物에 散在되어 있으나 用은 實로 마음에 있다」[77]고 하여 外界萬物의 理와 人心이 格致로 會通됨을 말하고 있다.

이상에서 退溪의 天人合一境地를 살펴보았다. 이 境地는 理요, 性이요, 純善이라고 한다. 退溪는 洪應吉에게 답하는 글에서「性은 즉 理이니 진실로 有善無惡하다. 心은 理氣를 답한 것이니 有惡을 면하지 못하는 것 같으나 그러나 그 애당초로 말하면 마음도 또 有善無惡하다. 어째서인가? 心이 發하지 않을 때 氣도 用事하지 아니 하고 오직 理 뿐이니 어찌 惡이 있겠는가? 다만 發하는 곳에 理가 氣에 가리워져 惡으로 기울어지게 되니 이른바「幾分善惡」(幾에서 善과 惡이 갈라진다는 것)이라는 것이요 兩物이 상대해서 생기는 것이 아니라고 先儒들이 力辯하였다」[78]고 지적하여 性의 純善임을 力說하고 있다.

退溪의 이러한 생각은 性의 本然과 氣質은 엄격하게 구별된다. 그는 말하기를「性의 한 글자로 말하면 子思의 所謂天命之性이요, 孟子의 所謂性善之性이니 이 二性字가 가리켜 말하는 것이 어디에 있는가? 理氣賦與之中에 나아가서 이 理의 源頭本然處를 지적해서 말하는 것이 아니겠는가? 지적하고자 하는 바가 理에 있고 氣에 있지 않으므로 純善無惡이라고 할 수 있을 따름이다. 만약에 理氣가 서로 떨어지지 않는다는 이유로 兼氣로 말하고자 한다면 이미 性의 本然이 아니라」[79]고 한다.

性을 論하려면 氣를 떠나서 말할 수 없다. 大概 性이란 生後의 問題 즉「氣以成形 理亦賦焉」의 問題인 까닭에 稟生 後에 비로소 性이

---

76) 蓋聖學在於求仁 須深體此意 方見得與天地萬物爲一體 眞實如此處 爲仁之功如親切有味(同上 p201)

77) 蓋理雖在物 而用實在心也(答奇明彦別紙 退溪全書上 p465)

78) 性即理 固有善無惡 心合理氣 似未免有惡然極其初而論之 心亦有善無惡 何者 心之未發 氣未用事 唯理而已 安有惡乎 惟於發處 理蔽於氣 方趨於惡, 此所謂幾分善惡 而先儒力辯其非兩物相對而生者也(答洪應吉 退溪全書上 p349)

79) 且以性之一字言之 子思所謂天命之性 孟子所謂性善之性 此二性字所指而言者何在乎 將非就理氣賦與之中 而指此理源頭本然處言之乎 由其所指者在理不在氣 故可謂之純善無惡耳 若以理不相離之故 而欲兼氣爲說 則已不是性之本然矣(答奇明彦論四端七情第二書 退溪全書上 p411)

있다는 것이며 氣의 淸濁粹駁의 차이로 人과 物을 달리한다는 것이다. 天命의 性과 性善의 性은 理氣賦與之中에서 指言하는 바가 理의 源頭 本然處이므로 性의 本然이라고 이해하고 있다. 退溪의 天人合一觀은 宇宙論的인 太極과 人生論的인 性을 源頭本然處로 一貫把握하고 있음을 보여주고 있다. 그러므로 本然과 氣質은 그의 理氣觀을 기초로 해서 생각한다면 현실적으로는 共存하고 있으나 論理上으로 구별할 따름이다. 奇明彦에게 답하는 論四端七情第三書에서 退溪는 朱子의 말을 인용하여 本然과 氣質의 설명을 분명히 해주고 있다. 즉

「朱子曰天地之性則太極本然之妙 萬殊之一本也 氣質之性則二氣交運而生 一本而萬殊也 氣質之性則此理墮在氣質之中耳 非別有一性也」(退溪全書上 p429)

라고 하여 本然과 氣質이 一性임을 말하면서도 天上月과 水中月로 다시 譬해서 「月은 같은 月이로되 水中之月의 水는 어찌 無碍라고 할 수 있겠느냐」라고 한 것을 보면 月(理, 性)로 會通되지만 天과 水(本然과 氣質)를 嚴分하려는 태도임을 간과할 수 없다. 그러므로 退溪는 性情圖에서도 中圖에서는 本然·氣質의 共存을 표시하면서 下圖에서는 역시 氣質에서 本然을 抽出明示 아니할 수 없었던 것으로 보인다.

B 心統性情의 問題

心에 관한 것은 性情問題와 아울러 허다하게 論及되어 있으나 傳習錄辯, 心無體用辯, 金而精과의 往復書, 心統性情圖, 宣祖와의 入對夜對問答, 答高峰論改心統性情圖에 잘 나타나 있다. 이 순서를 따라서 退溪論心의 역점이 어디 있는가를 알아보기로 한다.

傳習錄辯에 의하면 王陽明과 門人과의 對談中에서 心即理의 不當處를 指摘辯論하여 性即理의 입장을 견지하고 있음을 알 수 있다. 陽明은 心即理의 기반위에 知行合一을 주장하므로 溫凊奉養의 孝親은 心이 天理의 純善이요, 이것은 學問思辯의 功이 아니라는[80] 것이다. 여기에 대하여 陽明은 한갓 外物의 心累됨을 근심하고 民彝物則과 眞至之理即吾心의 本具之理를 알지 못하며 講學窮理가 바로 本心의 體를

---

80) 惟於溫凊時也 只此心純乎天理之極 奉養時也只要此心純乎天理之極 此非有學問思弁之功(退溪全書上 p923)

밝히고 本心의 用을 달성하는 바라』[81]고 비판한다.

人心이 形氣에서 發한 것은 배우지 않아도 자연히 好惡에 따라서 知行이 可能하지만 義理에 이르러서는 배우지 않으면 모르며 힘쓰지 않으면 능히 행할 수 없으며 內省이 부족하므로 善을 보아도 알지 못하는 경우가 있고 善을 알고도 행하지 않는 경우가 있으며 惡을 보아도 알지 못하는 수가 있고 惡을 알고도 心中에서 미워하지 않는 사례가 생긴다는 것을 攻駁하고 있다. 즉 陽明은 形氣의 所爲를 가지고 義理之行의 說을 밝히려고 하니 이것은 크게 잘못된 것[82]이라는 것이다. 心을 心卽理에서 파악하려는 陽明에 대하여 心에서 形氣와 義理를 明分하는 退溪의 모습을 볼 수 있다. 이러한 態度는 또한 太極을 理로 높이며 性을 天命으로 존중하는 底心에서 오는 것으로 생각된다

心無體用辯에 의하면 心에 體用이 없을 수 없음을 力辯하고 있다. 金而精으로부터 받은 蓮老의 心無體用說에 대해서 먼저 先儒들의 體用說을 인용하고 陳北溪와 程子와 朱子의 말을 援用, 體用觀을 지적하면서 楊龜山·胡五峰·胡廣仲의 주장의 不當處를 지적하여 蓮老의 病處를 밝혀내고 있다.

蓮老는 心이 본래 體用이 있으나 探其本則無體用이라는 持論이다.

先儒들의 心有體用說이란 大易의 「寂感」·載記의 「動靜」, 子思의 「未發·已發」, 孟子의 「性·情」을 열거하고 있다. 이 점에 대하여 陳北溪의 心說이 잘 드러내고 있다고 退溪는 동조한다.

北溪의 心說에 의하면 心에 體가 있고 用이 있는데 體로 말하면 「具衆理者 寂然不動者 所謂性 以其靜者言也」요, 用으로 말하면 「應萬事者 感而遂通者 所謂情 以其動者言也」[83]라고 하였고, 大用流行하는 가운데도 鑑空衡平之體가 亦常自若하다는 것이다. 또 退溪는 程子의 體用一源顯微無間說을 이끌어 말한 뒤에 「太極을 聖人의 所强名이라고 하여 體用이 없다고 할 수 있겠느냐」[84]고 말하고 있다. 그리고 楊龜山의 道之高妙, 胡五峰의 性之高妙, 胡廣仲의 動靜之妙가 다 病處임을 보아서 蓮老의 病을 알 수 있다고 退溪는 말한다. 妙를 退溪가 모르

81) 陽明徒患外物之爲心累 不知民彝物則 眞知之理卽吾心本具之理 講學窮理正所以明本心之體達本心之用(退溪全書上 p923)
82) 陽明乃欲引彼形氣之所爲 以明此義理 知行之說則大不可(退溪全書上 p924)
83) 論心有體用 性理字義 13面 陳北溪
84) 豈可以太極爲聖人之所强名 而謂之無體用乎(退溪全書上 p920)

는 바 아니나 過高著虛를 경계하므로 道理動靜之實이 즉 道理體用之
實이라고 이해한다.

金而精에게 答하는 글 가운데 心과 性의 動靜問題에 관해서 논한
바 있다. 心과 性의 動靜의 先後問題에 대해서 退溪는 다음과 같이
答하였다. 즉「大槪 情은 理를 갖추고 있어서 능히 動靜하는 까닭에
性情의 이름이 있는 것이요, 心과 상대해서 二物이 되는 것이 아니다.
이미 二物이 아닌 즉 心의 動은 바로 性의 所以然이요, 性의 動은 바
로 心의 所能然이니 어찌 先後를 분별하는 것이 불가하랴. 心은 性이
아니면 能動할 원인이 없으므로 心先動이라고 함은 不可하고 心이 아
니면 능히 自動하지 못하므로 性先動이라고 함은 不可하다」[85]라고 하
였다.

心의 動은 性의 所以然이요, 性의 動은 즉 心의 所能然이니 다시
말하면 性은 理가 되고 心은 氣가 되며 所以然은 理요, 所能然은 氣
가 된다는 것이다. 性理는 心氣가 아니면 顯現될 수 없고 心氣는 性
理가 아니면 動할 수 없다는 말이다. 그러므로 性은 心之體로서 心의
所以然이 되며 따라서 心之所能動이 實은 性之所以動이라고 한다. 여
기서 주의하게 되는 것은 所能動을 이어주는 일이며 또 心의 動이라
고 하지 않고 心의 能動이라고 能을 加한 점이다. 이것은 所以然을
機能化해서 강조한 것으로 보인다. 孟子가 四端處를 論하는데 性情을
다 心으로 칭하고 張子는 心統性情이라고 하는 것도 이 까닭이다. 所
以然의 機能化와 性情의 統攝은 主宰力을 의미하는 것이며 이 心은
太極[86]이라고까지 생각하기에 이른다. 心具太極을 心爲太極으로[87]까
지 擴大 理解함도 역시 退溪의 확고한 理觀의 所致로 보인다.[88]

이것은 쉽게 이해되는 일이 아니므로 退溪는 體認해야 함을 다음과
같이 말한다.

「須就所以然所能然六字體認出」(退溪全書上 p679)

---

85) 退溪全書上 p679
86) 心爲太極 即所謂人極者也……但心爲主宰……在心在事只是一理 則理之總腦不在於心
更當何在(答鄭子中 退溪全書上 p576)
87) 心靜而太極之體具 心動而太極之用行 故曰心爲太極(退溪全書上 p731)
88) 退溪亦是「心具太極」을 가지고 「心爲太極」을 말하였으니 大槪 「心動而太極之用行」
으로 立言한 것으로 退溪의 이와 같은 立言 理尊觀이나 理發說과 關係가 있는 것
같다(退栗性理學의 比較研究(蔡茂松) p70)

뿐만 아니라 活看[89]해야 한다고 했고, 「體用二字 活非死法」[90]이라고 하여 體得해야 함을 새삼 강조해 주고 있다.

聖學十圖의 第六心統性情에 의하면 上圖는 林隱程氏의 心統性情圖로 옮겨왔고 下二圖는 聖賢의 立言垂敎之意를 推原해서 지은 것이요, 中圖는 氣禀中에 나아가서 本然之性이 氣禀에 섞이지 않음을 指出해서 그린 것이며 下圖는 理氣를 합해서 말한 것이다. 여기서 氣禀中에서 本然을, 氣中에서 理를 추출해서 구별함을 주의해야 할 것이다. 退溪는 判中樞府事를 拜하고 詣闕謝恩하여 入對夜對했을 때 乞退하면서 宣祖와 나눈 대담가운데 心統性情에 言及된 것이 있다. 上이 「心統性情은 무엇을 말하는가?」라고 물었을 때 退溪는 아래와 같이 답하였다.

「西銘言天之塞吾其體 天地之帥吾其性 氣爲形而理具於其中 合理氣爲心 而爲一身之主宰 非統性情乎 蓋盛貯是性心也 發用亦心也 此所以心統性情也」

心이 一身의 主宰요, 性과 發用이 다 心인즉 心統性情이라는 뜻이다. 다 圖內에 虛靈二字가 上에 있고 知覺이 下에 있는 이유를 물었을 때 退溪는

「對曰虛靈心之本體 知覺乃所以應事接物者故如此矣」

라고 하였다. 本體이므로 上에 應事接物하는 發用이므로 下에 附屬시켰다는 뜻이다. 여기서도 또한 하나의 心가운데서 虛靈과 知覺을 구별하여 體用으로 나누어 體를 높이는 경향을 파악할 수 있다.

高峰에게 답하는 論改心統性情圖에 의하면 그의 心觀을 새롭게 보여주고 있다. 心合理氣나 心統性情은 先儒들의 通念이었던 바 退溪는 이를 계승한다. 高峰에게 답한 글은 70세의 臨終하던 해 10월의 견해라고 할 수 있다.

사람들이 爲學하는 바는 心과 理뿐이라[91]고 하여 爲學의 主要目標로 삼고 있다. 그는 心과 理에 관해서

「理雖散在萬物 而其用之微妙 實不外一人之心」

라고 했고 또

---

89) 眞西山所謂斂之方寸 太極在躬散之萬事 其用無窮當如此活看(退溪全書上 p90)
90) 心無體用辯 退溪全書上 p919
91) 答奇明彦別紙 退溪全書上 p464

「蓋理雖在物 而用實在心也」

라고 한 바, 이렇게 되면 主體的 機能의 所從來는 과연 理인가 心인가 하는 의심을 품게된다. 朱子의 理無情意 無計度 無造作之說에 따르면 理는 不能自用이므로 반드시 人心을 기다려야 한다는 결과가 되며 이렇게 되면 아마도 自到로 말하는 것이 불가하게 될 것이다. 또 理에 반드시 用이 있다고 하면 하필 또 心之用을 말할 필요가 있겠는가?

그러니 其用이 비록 人心의 밖에 나지 않는다고 할지라도 그 爲用之妙의 所以는 실로 理의 발견이므로, 人心의 所至에 따라서 이르지 않는 바가 없으며 다 하지 못하는 바가 없다는 것이다. 그러므로 格物의 未知함을 두려워 할 일이지 理의 능히 自到하지 못함을 근심하지 말라는 것이다.

요컨대 物格이 되고나면 理는 自到한다는 뜻으로 보인다. 及其也는 「無情意造作者는 此理의 本然之體」요, 「隨寓發見而無不到者는 此理의 至神之用」이라고 하기에 이른다. 本然의 體와 至神之用을 하나의 理로 묶어서 그 妙를 간파한 것이라고 할 것이다. 體와 用의 一源의 妙를 모를 때 退溪도 말했듯이 體用이 단절되어 그 理는 死物로 誤認되어 去道遠甚의 結果를 초래한다고 할 것이다.

이상에서 말한 바는 다음과 같이 要約된다. 傳習錄辯에서는 性卽理의 立場에서 義理를 높임으로 해서 心卽理의 氣性을 배제했고 心無體用辯에서는 心有體用을 論辯하고 虛性[92]을 배제하여 實理를 强調했으며 金而精과의 往復書에서는 性理와 心氣를 所以然과 所能然으로 區別하되 心으로 묶어서 性의 所以動이 心의 所能動이라고 性의 所以를 機能化하고 있다. 또 心統性情圖에서는 性情속에서 情을 배제한 純理를 확보하였고 宣祖와의 心統性情에 관한 對話에서는 같은 心속에서도 知覺보다 虛靈을 높이고 있음을 보았으나 끝으로 高峰에게 준 論改心統性情圖에서는 體用一源, 顯微無間의 妙境을 理到로 설파해주었다.

氣性[93]의 배제, 虛性의 배제, 性의 所以로서의 機能化, 純理의 확보, 虛靈의 上位 등은 둘로 區分해서 純粹性을 높이려는 意思의 發露

---

92) 虛實의 虛를 뜻함
93) 理氣의 氣面을 意味함

로 보이며 晩年의 理到主張은 둘을 하나의 妙로 모아 尊理로 結論짓
는 態度가 아닌가 생각된다. 이러한 退溪의 생각은 人心道心說에도
반영된다고 생각된다.

C 人心道心의 問題

孔子의 易有太極, 周濂溪의 無極而太極, 程子의 理는 朱子에 이르
러서 太極理氣論을 정립하는 데 基礎가 되었다. 舜이 人心道心을 말
한 후 朱子가 이를 問題삼아서 中庸序文에 언급한 이래로 孔門의 重
要한 心法으로 다루어 졌다. 太極理氣論이 性理學에 있어서의 宇宙本
體論的 側面이라면 人心道心論은 人間의 德性論的 側面이다. 理論의
論理的 展開의 便宜上 太極理氣論과 心性情人心道心論을 구별 설명하
는 것 뿐이다. 이것의 分裂을 忌避하는 退溪로서는 앞서 論한 太極理
氣論의 傾向을 人心道心論에서도 보여준다. 人心道心을 논한 것으로
는 答洪胖, 答審姪問目, 答李宏仲問目, 答李平叔問目에 보인다.

答洪胖에 의하면 人心道心說은 朱子로부터 계승된[94] 것으로 생각된
다. 그리고 人心과 道心이 二物이 아님을 역시 朱子의 말을 인용하여
다음과 같이 말한다.

「分而言之 人心固生於形氣 道心固原於性命 合而言之 道心雜出於
人心之間 實相資相發而不可謂判然爲二物也 故朱子言用功之際 必
曰道心爲主而人心聽命云云 此須親切體驗 用功之久 當自見也」(同上
上 20行)

大體로 中庸序文에 언급된 範圍에서 벗어나지 않는다.[95]

答審姪問目에 의하면, 中庸序의 人心과 人欲의 同異와 先後를 물어
온데 對하여 다음과 같이 退溪는 답하고 있다.

「人心者人欲之本 人欲者人心之流 夫生於形氣之心 聖人亦不能無
故只可謂人心 而未遽爲人欲也 然而人欲之作 實由於此 故曰人欲之
本 陷於物欲之心 衆人遁天而然 故乃名爲人欲 而變稱於人心也 是
知人心之初 本不如此 故曰人心之流 此則人心先而人欲後 一正一邪
不可以輕重言也」(退溪全書上 p897 上段 17行)

---

94) 人心道心之義 考亭發明無復餘憾 後來諸儒說 雖或有得失 苟能研思熟玩 何待吾說而
後知之耶(退溪全書上 p887 上段 18行)

95) 精則察夫二者之間而不雜也 一則守其本心之正 而不離也 從事於斯無少間斷 必使道心
常爲一身之主而人心每聽命焉

人心과 人欲은 二物이 아니요, 人心이 先, 人欲이 後라는 것이다.

答李宏仲問目에 의하면 「이미 七情四端을 말하고 人心道心을 또 말함은 무슨 까닭이냐」는 물음에 對하여 다음과 같이 答하고 있다.

「人心七情是也 道心四端是也 非有兩箇道理也」

人心道心을 七情四端으로 말하고 이 人心道心은 一箇道理임을 밝히고 있다.

答李平叔問目에 따르면 「먼저는 人心道心을 七情四端으로 말하는 것이 不可하다고 했는데, 李德弘錄에는 人心은 七情이요, 道心은 四端이라고 했으니 그 다른 까닭은 무엇이냐」고 물은데 대하여 退溪는 우선

「人心爲七情 道心爲四端 以中庸序朱子說及許東陽說之類觀之 二者之爲七情四端 固無不可」(退溪全書上 p849 上段 5行)

라고 하여 不可할 것이 없다고 하였고 道心은 心을 가지고 말한 것이므로 始終을 一貫하여 有無를 관통한 것이며 四端은 端을 가지고 말한 것이므로 發現處에 나아가서 端緒를 가리켜 말한 것이니 少異가 없을 수 없으나 歸結點은 다르지 않다고 하였다.

前者는 答李平叔의 경우요, 後者는 答李宏仲의 경우이다. 이 論旨에서 注意하고자 하는 것은 退溪가 人心과 道心에 대하여 구별하는 態度이다. 즉 人心을 道心에 相對해서 立言하면 落在一邊해서 命을 道心에서 들을 수는 있지만 「爲一不得」의 弊端이 생긴다는[96] 것이며, 人心道心을 渾淪해 말하면 七情이 氣에서 發한다고 하더라도 實은 公然平立之名이므로 落在一邊하지 않는다는 것이다. 「爲一不得」이란 人心道心의 分裂에서 오는 非實을 뜻하며 七情이 氣發이라고 할지라도 公然平立之名으로 純粹性을 가려내려는 態度를 간과해서는 아니될 部分으로 생각된다. 그리고 戒懼와 謹獨을 가지고 道心과 人心을 分屬시키는 問題에 對한 다음과 같은 質疑를 平叔이 해왔을 때

「心經贊戒懼屬道心謹獨屬人心」(退溪全書上 p849 下段 2行)

退溪는 여기에 對해서 存天理, 遏人欲으로 分屬함이 可함을 다음과 같이 말하고 있다.

「心學雖多端 總要而言之 不過遏人欲存天理兩事而已 故戒懼以下所

---

96) 蓋旣曰私有則已落在一邊了 但可聽命於道心而爲一不得(答李平叔, 退溪全書上 p843 上段 9行)

言諸說 不問已發與未發 做工不做工 凡遏人欲事 當屬人心一邊 存
天理事 當屬道心一邊 可也」(答李平叔, 退溪全書上 p845 下段 11 行)
答洪胖에서는 朱子說을 따르면서 人心道心이 二物아님을 말했고 答審
姪問目에서는 人心人欲이 非二物을 主張하면서 人心이 先이요, 人欲
이 後임을 들었고 答李宏仲問目에서는 人心道心을 七情四端으로 分屬
시킴이 可하나 다 같은 하나의 道理라고 하였고 答李平叔問目에서는
이 分屬問題에 對하여 人道가 一心이요, 性情이 一理라는 立場을 견
지하면서 分屬이 불가할 것 없다고 主張하는 同時에 戒懼謹獨으로 나
눌것이 아니라 存天理, 遏人欲으로 區分할 것을 말하였다.

大體로 人心道心을 一物로 보려는 傾向은 人心道心이 非二物이라고
한 點, 人心과 人欲이 非二物이라고 한 點, 人心道心이 다 같은 하나
의 道理라고 한 點, 人道性情을 一心一理라고 한 점을 미루어 指摘할
수 있고, 區別하려는 傾向은 人心이 先이요, 人欲이 後라고 한 점,
人心道心을 四端七情으로 分屬시킴이 不可하지 않다고 한 점, 存天理
遏人欲으로 分屬시킨 점을 들어서 지적할 수 있을 것이다. 여기서 특
별히 注意를 이끄는 것으로서 人心人欲을 구별하면서도 心을 欲보다
優位로 人心을 先으로 생각하려는 점, 人心道心을 區別하면서 道心과
四端을 心情속에서 優位로 놓으려는 點, 나아가서 道心을 存天理로
높히려는 점 등은 基底에 退溪의 理觀이 서려있는 것으로 理解된다.

③ 四七論辨에 관하여

四七論辨의 中心問題는 發에 있다. 이제 이를 밝히기 爲해서 먼저
發의 意味와 그 問題性을 살펴보고 論辨의 槪要를 조사하고 나서 未
解決部分의 問題點이 어디에 있는가를 알아본 다음 互發說이 가지는
眞義를 밝혀 보기로 한다.

A 發의 意味와 그 問題性

哲學에서 구하는 創造의 生生之理를 明確히 하기 爲하여는 두가지
側面이 考慮될 수 있을 것이다. 그러므로 形而上과 形而下, 本體와
現象이라든지 此岸과 彼岸, 道와 器, 本과 末, 體와 用 등으로 표현

되어 온 것으로 생각된다.

形而上과 形而下라고 하면 形體를 놓고 그것이 생기기 以前과 以後로 表示한 것이요, 本體와 現象이라고 하면 現象의 可能根據와 그 根據로부터 나타난 現象面을 구별한 用語요, 此岸과 彼岸이라고 하면 生死苦樂의 世界와 이 狀況을 넘어선 涅槃의 世界를 區分한 表現이요, 道와 器나 本末이나 體用이라고 하면 作用面과 作用하게 하는 面을 나누어 말한 것들이다. 두가지의 側面을 무엇이라고 하든지간에 남는 問題는 이 兩面의 關係에 대한 이해일 것이다. 信仰으로 처리해 버리면 主觀的인 理解로 끝나지만 論理로 體系를 客觀化하여 理解를 구하는 일은 簡單하지 않다. 이것은 主客이 관련되기 때문이다. 或은 有無라고 해서 有形의 世界와 無形의 世界로 나눈 것이지만 역시 그것만으로는 有無의 關係는 如前히 鮮明하지 않다. 이 두가지의 側面을 宇宙論的인 意味에서는 理와 氣, 人生論적인 意味에서는 性과 情으로 비교할 수 있을 것이다. 이 理와 氣, 性과 情의 體用關係를 發이란 用語로 表現한 것이 아닌가 생각된다. 發이라는 用語는 中庸에 보인다.[97]

사람의 感性인 喜怒哀樂이 發하기 以前을 中이라고 하고 發해서 모두 節度에 맞은것을 和라고 해서 發을 中과 和의 사이에 놓고 그 以前과 以後를 이어주고 있다. 動靜으로 바꾸어 말하면 靜은 發以前의 中이 될 것이요, 動은 發以後의 和가 될 것이다. 이처럼 中과 和사이 動과 靜사이를 發로 連接시켜 形而上과 形而下, 本體의 現象, 此岸과 彼岸, 道와 器, 本末體用의 體系를 이어주는 하나의 論理的인 표현으로 이해할 수 있을 것이다.

그러나 여기서 두가지 경우를 주의하게 된다. 發이라고 할 때 理와 氣사이에 適用되는 경우가 하나요, 性과 情사이에 적용되는 경우가 둘째이다. 退溪와 高峰사이에 벌어진 論辨은 처음에 性과 情사이의 問題였다. 그러나 이것이 發展되어 나중에는 理와 氣사이의 問題로 擴大되었다. 發이 하나의 動詞로서 述語에 속한다면 主語가 무엇이냐 하는 것이 問題된다. 即 發의 主格이 무엇이냐 하는 것이다. 理와 氣사이의 發의 主格은 創造源과 關連되는 것이요, 性과 情사이의 發의 主格은 人間의 主體와 關聯을 피할 수 없게 된다.

---

97) 喜怒哀樂之未發謂之中 發而皆中節謂之和 中也者天下之大本也 和之者天下之達道也

發을 나타난다는 뜻으로 생각할 때 무엇이 무엇으로 나타나느냐를 밝혀야 할 것이며 이 때에 무엇이라는 무엇과, 무엇으로라는 무엇과는 同質이냐 異質이냐 또는 善惡은 어떻게 갈라지느냐 하는 등등의 問題에 부딪치게 된다. 여러가지의 새로운 問題點이 많이 發生한다고 하더라도 이 밝히고자 하는 核心이 信仰으로써 絶對者를 가려내는 것이 아니요 論理로써 創造源을 體系化하는데 있어서는 主體가 中心問題일 것이다. 絶對者를 가려내는 것이 아니요, 發의 問題가 性과 情 사이의 關係로 始作된 것이요, 性情問題인 이상은 人間의 心理的인 面을 考察아니할 수 없으며 또 體系化過程에서는 두 개의 主體가 設定될 수 없는 일이다. 하나의 主體를 定礎하여 論理를 展開하는 作業을 哲學에 있어서는 매우 重要한 일이 아닐 수 없다.

發의 意義를 兩者사이의 關係로 볼 때 여기에 따르는 問題性은 高峰으로 하여금 點火토록 한 셈이다. 이제 附隨되는 問題性을 좀 더 자세히 알아 보고자 한다. 앞에서 言及한 바와 같이 理와 氣사이의 問題라든지 性과 情사이의 問題라든지 宇宙의 創造源이나 人間의 主體性과 關係없이 이 發問題는 解決되기 어려울 것이다. 論理를 追求하는 데 있어서 理氣性情의 主體確立은 問題解決의 열쇄가 될 것이며 이것과 關聯해서 論理의 體系도 세울 수 있을 것이다. 理와 氣, 性과 情사이의 發을 問題삼을 때 解決이 複雜해지는 理由도 그 때문인 줄 안다.

理氣論은 宋代에 成立된 것이다. 程子는 「理」論을 主張했고 張橫渠나 邵康節이 氣論을 主唱했고 朱子는 理氣論을 成立하는데 이르렀으나 以後 理一元論이나 氣一元論이나 또는 理氣二元論 등으로의 傾向을 보였고 發이 問題되지 않았다. 發을 問題삼은 것은 韓國性理學이 中國의 것과 비교되는 중요한 部分이라고 하겠다. 理氣論에 있어서 發을 問題삼을 때에 惹起되는 問題點은 理와 氣를 어떻게 理解하느냐에 따라서 달라지므로 그 解明이 先行되어야 할 것이다.

論語에 理字가 없고 孟子에는

「心之所同然者何也 理與義也」(告子上 經書 p672. 上段 末 5行)

라고 하여 人心의 普遍者로 지적하고 있는 周易에는

「窮理盡性以至於命」(說卦傳 第1章)

이라고 한 것이 보인다. 宋代에 와서는 理는 形而上學的인 意味로 자주 使用하게 되었다. 天이 萬物을 낳아 주었고 따라서 物이 있으면

則이 있게 98) 되며 一物이 있으면 반드시 一理가 있는 것으로 99) 말한
다 一理一物이나 有物有則의 一理는 萬理를 귀일시키는 하나의 根源
을 類推할 수 있다.

그러므로 理라고 할때에 同源으로서의 一般者인 理와 萬理의 特殊
한 理로 생각할 수 있다. 100) 氣에 關해서는 書經洪範에 이미 五行이
나와 있고 易經에는 陰陽으로, 孟子에는 浩然의 氣로 언급되어 있다.
漢代를 거치면서 氣論의 基礎가 굳어져 갔으며 宋代에 와서 張橫渠에
의해서 定立을 보게 되었다. 氣는 現象을 말하는 것이며 萬物이 各各
다르게 形體를 갖추게 됨은 氣의 凝聚의 差에서 오는 것이요, 形體가
형성되기 전에는 그것이 生成될 수 있는 基本으로서의 一氣를 想定하
기에 이르렀다. 따라서 氣에는 生成源으로서의 一般者인 氣와 萬物로
서의 特殊한 氣를 101) 생각하게 된다.

이렇게 보면 理에도 萬理와 理一을, 氣에도 萬物과 氣一을 생각할
수 있고 論理上 特殊는 一般에서 유래된다고 해야 할 것이며 發의 問
題는 一般者에게 特殊化할 때의 기능으로 볼 수 있을 것이다. 理에도
一般性과 特殊性의 兩面이 있고 氣에도 一般性과 特殊性의 兩面이 있
음을 알 수 있을 뿐만 아니라 理氣兩者의 一而二, 二而一의 관계에서
發을 問題삼을 때 創造源이나 人間主體와 關聯되므로 論理를 體系化
하는 데는 難點이 생기게 된다. 理發 또는 氣發이라고 할 때에 理와
이 불투명해지며 哲學과 倫理의 不連續現象을 가져오게되고 互發이라
氣의 直結고 할 때에는 더우기 論理의 主體機能上 二源性을 초래하
는 問題에 부딪치게 되는 難點이 생긴다. 退溪로서는 道德淵源을 고수
하면서 이 二源性을 변호하는 데의 苦心이 바로 여기에 있었던 것으로
생각된다. 高峰의 抗辯에 대해서 退溪가 展開하는 論理를 다음에 알
아보기로 한다.

B 論辯經緯의 概要

退溪가 高峰에게 四七論에 관해서 처음으로 書簡을 보낸 것이 己未

98) 天性蒸民有物有則(詩經 大雅篇)
99) 凡有一物 必有一理(大學或問二)
100) 蓋萬物各具一理而萬理同出一原 此所以可推而無不通也(大學或問二)
101) 理之源一而已矣 氣之源亦一而己矣 氣流行而參差不齊 理亦流行而參差不齊(栗谷全書
答成浩原 p204下段 19行)

年 59歲였다. 그로부터 여러 차례 往復書翰을 주고 받으면서 發問題를 피차에 논하였고 作故하면 庚午年(70세) 11月 己卯에 致知格物說을 고쳐서 답신한 것이 文書往來의 마지막이었다. 많은 往來書信中에서 四端七情에 관한 것만을 따라서 論辯經緯를 요약해 본다. 鄭之雲(1509~ 1561) 作으로 알려진 天命圖에는 「四端之發純理故無不善, 七情之發兼 氣故有善惡」으로 되어 있는 것을 退溪가 「四端理之發, 七情氣之發」로 修正을 가한 것이 論辯의 發火點이 된 것이다. 士友들의 論駁을 傳聞 하고 退溪는 高峰에게 書翰을 보낸 것이 始發點이 되어 論難이 계속 되어 갔다. 이제 차례로 書信內容을 간추려 그 要旨를 살펴본다.

ⓐ 退溪與奇明彥

四端理之發, 七情氣之發이라고 고친 것을 四端之發純理故無不善, 七情之發兼氣故有善發이라고 고치면 어떻겠느냐고 제의를 하였다.[102]

ⓑ 高峰上退溪四端七情說

첫째 그와같이 改訂하면 먼저것 보다는 좀 낫다고 肯定하고, 둘째 는 四端七情이 같은 情에 속한다는 것을 주장한다. 理氣는 떨어질 수 없는 하나요, 四端은 七情에 소속한다고 한다. 理氣가 二物일 수는 없는 性情이 人間의 問題인 限 七情사이의 四端을 포함시켜야 한다는 것이다.[103]

여기에 對해서 退溪는 12節로 構成된 理氣辯을 지어서 다음과 같이 答한다.

ⓒ 退溪答高峰四端七情分理氣辨(第一書)

1節──四端七情은 다 情이요, 理氣로 分說함을 못보았다.

2節──鄭之雲이 주장한 「四端發於理, 七情發於氣」는 구별이 너무 심해서 純善, 兼氣로 고쳤으나 말의 病弊가 없지 않다.

3節──고쳐보기는 했으나 잘못된 점은 자세히 지적해주기 바란다.

4節──四端七情이 다 같은 情이지만 말하는 側面이 다르다. 理 氣는 相須하여 體가 되고 相待하여 用이 된다.

5節──性情이 같은 情이기는 하나 本然之性은 混稱할 수 없다. 性에 있어서 本然과 氣質을 구별할 수 있는데 情에서만 理 氣로 分說이 不可할 수는 없다.

6節——四端七情은 發이 人心에서 벗어날 수는 없으나 所從來로 因해서 所主所重을 따라 理發, 氣發을 구별해서 不可할 것이 없다.

7節——理氣의 相循不離를 지나치게 固執함은 聖賢의 뜻에 어긋난다.

8節——一說에 先入見을 가지고 고집해서는 안되며 同中有異 異中有同을 알아야 한다.

9節——孔子의 繼善成性, 周子의 無極太極說은 理氣相須中의 理의 側面이요, 孔子의 相近相違之性, 孟子의 耳目口鼻之性은 理氣相成中의 氣의 側面이다. 이것들은 同中有異, 異中有同之說이다.

10節——同을 기뻐하고 分離를 미워하여 理氣를 一物로 보려 함은 부당하다.

11節——分析을 싫어하고 混全을 좋아하는 固執은 認氣論性의 폐단에 떨어져 人欲을 天理로 오인하는 病에 걸릴 것이다.

12節——朱子語類中 孟子의 四端을 논하는 末條에서 朱子가 「四端理之發, 七情氣之發」이라고 한 것을 읽고 자신을 얻었다.

12個節의 答이 장황하지만 첫째 理氣가 하나라고 하는데 대해서는 不相離의 關係에서 肯定이 되나 理氣의 不相雜까지 무시될 수는 없고, 둘째 四端 七情이 다 같은 屬性에서 하나의 情이라는 점에 대해서는 首肯을 하나 그렇다고 해서 四端의 性은 理의 發로 純善無惡하다는 것과 七情이 氣의 發로 有善惡이라는 것과를 混同할 수 없다는 것으로 요약된다. 純善과 有善惡의 善과를 구별하고자 하는 態度인 것이다. 高峰은 節別로 일일이 답한다.

ⓓ 高峰答退溪論四端七情書

1節——理氣妙合한 가운데서 理를 專指한 것이 孟子의 四端이고, 理氣妙合한 가운데서 渾論해서 말한 것이 子思의 情인데, 中節된 것은 天命의 性이요 不中節된 것은 氣稟物欲의 所爲이니 本然의 性이 아니다. 理氣의 妙合으로 보아 四端七情을 하나의 情으로 說할 수 있다.

2節——「四端七發純理故無不善, 七情之發兼氣故有善惡」이라고 고친 것은 먼저것 보다는 좀 낫지만 역시 未安하고 그러므

로 四端과 七情의 位置를 달리하면 兩情이 나오게 되며 純
理에서 오는 無不善의 善과 兼氣에서 오는 有善惡의 善의
二善이 나오게 됨은 온당하지 못하다.

3節——힘들여 性理學을 工夫한 바도 없고 自得한 바도 없이 되풀
이 해 말하는 것이 罪스럽고 부질없이 是非를 일삼자는 것
이 아니다.

4節——四端과 七情이 같은 情이지만 合해서 말할 때가 있고 區分
해서 말할 때가 있으니 旨意를 살펴서 所主 所重을 잘 가
려내야 한다.

5節——性과 情이 하나의 情인 이상은 發의 두가지가 있을 수 없
다.

6節——理氣를 分開함이 甚하면 氣는 理를 섞지 않는 純氣가 되어
이런 일은 일찌기 없었다. 子思의 中和의 和는 理를 遊離
시킨 것이 아니며 孟子의 性善, 情善의 主張도 子思에서
나온 것으로 미루어 七情이 결코 氣만을 專指한 것이 아니
다. 伊川이나 朱子의 생각도 다 이것과 符合된다. 그러므
로 氣도 中間에 理를 實有하므로 外感한다고 하더라도 分
開함은 부당하다.

7節——四端이란 七情中에서 中節된 것과 同實異名이라고 함이 根
源에 둘이라는 것으로 오해되어서는 아니되며 또 이것이
聖賢의 뜻에 어긋나지 아니한다.

8節——讀書窮理에 切要함으로 銘心不忘하겠다.

9節——理와 氣가 不相離한 關係에 있는데 偏指分說하면 二物이
되어버리니 부당하다.

10節——理氣의 不相離는 勿論이요 四端七情이 하나의 情임을 强調
하고 氣의 自然發現을 問題삼고 있다.

11節——다 같은 情인데 四端이라고도 하고 七情이라고도 함을 말
하는 側面의 差異일 뿐이지 二情이 있다는 것이 아니다.
人欲을 天理라고 해서는 아니된다.

12節——理發氣發로 偶發된 偏言에 집착되어서는 스스로를 그르치
고 他人마저 그르치게 된다.

이렇게 逐條로 答辯하고 나서 末尾에 長文으로 다시 보충 설명한다.

朱子大全 中에서 胡廣仲, 胡伯逢에 대한 朱子의 答書를 인용했고 또 大學經一章輯註를 援用했고 性理大全所載의 朱子性圖를 인용해서 설명했으니, 約言하면 理氣 性情 中節 不中節 등을 구분함이 아니라 하나에 根源한다는 點을 證明하고 있다.

未發이나 已發에 對해서도 未發을 寂이나 性이나 虛나 中이라고 한다면 已發은 感이나 情이나 靈이나 和라고 보아서 그 사이를 전혀 관계없는 二元的인 解釋을 해서는 不可하다는 것이다. 즉 所從來가 각각 다를 수 없고 그 發하는 端處로서 바꾸어 말하면 中節과 不中節의 差異로서의 所從來가 다르다는 것은 인정이 되나 本源을 두 곳에 둘 수는 없다는 것이다. 鄭秋巒을 직접 만나보고 見解를 피력했던 바 異議가 없었다고 한다.

退溪는 高峰의 위 答伸을 보고나서 앞서 보낸 書信을 고쳐 쓴 答高峰非四端七情分理氣辨第二書를 보냈다.

ⓔ 退溪答高峰非四端七情分理氣第一書改本

七個條項에 걸쳐서 고친 바 그 修訂內容의 共通點으로 말하면 所從來로서의 理와 氣를 철두철미하게 구별하는 態度며 天命으로서 性善의 純粹性을 투철하게 理氣의 不離性으로 긍정하면서도 「非一物」은 고수하는 것으로 指摘된다.

ⓕ 退溪答高峰非四端七情分理氣辨第二書

全體로 보아서 來書의 말이 옳은데 스스로 잘못 보았던 것을 고친 것이 1個條目이고, 나의 말이 옳지 못한 것을 發見하여 고친 것이 4個條目이며 나의 아는 바와 본래 같아서 다름이 없으므로 다시 辯論이 필요없는 것이 13個條目이요, 본래 같지만은 趣向이 달라진 것이 8個條目이며 見解가 달라서 끝까지 同意할 수 없는 것이 9個條目外에 5個條目이 있다고 指摘하였다. 要旨는 高峰이 「兼理氣有善惡」과 「發而中節 發而不中節」을 重要한 理由로 내세워서 四端七情이 다 같은 것이라고 하지만 所主而言에 따라서 다르며 그의 所從來의 不同합을 인식해야 한다는 데 있다. 여기서 「四端理發而氣隨之 七情氣發而理乘之」라는 결정적인 修訂이 가해진다. 答書에 이어서 다시 後論을 添加하였다.

〈後　　論〉

大體로 要約되는 對立點이 理發氣發問題와 理虛說로 좁혀진다. 여

기서 退溪의 發論은 「理發而氣隨之 氣發而理乘之」를 敷衍하고 理虛說에 있어서는 老莊의 虛無論에 빠질 것을 매우 염려하여 그 嚴別에 힘쓰고 있다. 高峰은 다시 여기에 응수한다.

ⓖ 高峰答退溪再論四端七情書

內容을 세가지로 간추릴 수가 있다.

첫째 가만히 있는 사람을 치고 넘어뜨렸다는 것과, 둘째는 四端七情의 兼理氣有善惡問題로서 高峰이 四端七情은 初非有二義라는 見解에, 退溪는 非有異義, 爲無異指라고 하여 相異點을 드러내는 것이며, 셋째는 中節에 대한 理解로서 高峰의 경우 中節의 發은 理에서 이루어진다는 것을 찬동하면서도 氣發의 善과 같다는 見解며, 退溪는 高峰의 氣發의 善을 받아들이면서도 純理의 善과 구별하고자 하는 경향이다. 그리고 逐條로 답신한 要旨는 다음과 같다.

첫째로 兩者의 立場이 因說과 對說로 구별된다는 것, 둘째로 孟子의 四端之發은 理發이라고 兩者가 승인하면서 性情에 한해서 高峰은 氣를 섞어서 생각해야 한다고 하며 退溪는 氣를 섞어서는 이미 純善이 될 수 없다는 것, 셋째는 退溪의 「四則理發而氣隨之 七則氣發而理乘之」를 高峰은 「情之發也, 或理動而氣俱 或氣感而理乘」으로 改修하고 싶다는 것이다. 넷째로 理氣를 分別해 말하는 것에 同意할 수 없다는 것, 다섯째로 大學 傳第7章 正心條의 好樂, 恐懼, 忿懷憂患도 感性을 섞지않고는 理解할 수 없다는 것, 여섯째 虛의 理解는 中庸의 無聲無臭, 張子의 天, 道, 性, 心의 立場에서 해야 한다는 것으로 간주된다.

退溪는 다시 여기에 回答한다.

ⓗ 退溪與高峰書

內容으로 보아 더 이상 論難할 必要를 느끼지 않는다. 아직 問題로 남는 것이 한 두가지 있지만 쓸데 없는 物件을 가지고 서로 올렸다 내렸다 하는 討論은 無意味하다고 하고 다음과 같은 戲作一絶을 첨부한다.

「兩人馱物重輕爭 商庀低昂亦己平
　更剋乙邊歸屬甲 幾時馱勢得勻停」

오랜 뒤에야 高峰이 回信을 보낸다.

ⓘ 高峰答退溪書

보낸 絶句一節을 읽고 深思熟考하여 스스로의 不足했던 것을 깨닫고 後說과 總論을 지어 보낸다. 지금까지의 긴 辯說이 이제 結論段階에 접어든다.

〈四端七情後說〉

이 後說의 核心處는 中節된 情이 理無不善의 善인가, 아니면 兼理氣有善惡의 善인가 하는 데 있다. 즉 本然의 善과 氣質의 善이 같은가, 다른가 하는 問題이다. 高峰의 생각으로는 如前히 氣質의 善이 本然의 善과 다를 바 없다는 것이며 이 점을 밝게 교시해달라고 청한다. 總論에서는 다음과 같이 後說과 類似한 뜻을 표시한다.

〈四端七情總論〉

四端之發과 七情之發에 있어서 善惡을 논하는데 純善無惡한 理之發의 善과 理氣를 兼하여 有善惡인 氣之發의 善이 처음에는 다르지 않다는 것을 反覆 强調하면서 七情四端之說이 各各一義를 發明할 것이지 合해서 一說로 만드는 것은 옳지 못하다는 뜻으로 매듭을 짓고 있다.

여기에 退溪는 다시 회답을 한다.

ⓙ 退溪答高峰書

四端七情의 後說과 總論을 잘 읽었고 舊見을 용감하게 고쳐서 新意를 따르니 좋은 일이며 論하는 가운데 聖賢의 喜怒哀樂과 각각 所從來가 있다고 한 말들은 과연 未安함이 있는 듯하니 三復致思할 것을 自省한다. 退溪는 거듭 書翰을 보낸다.

ⓚ 退溪與高峰書

相互 意見이 接近됨을 기뻐하면서 退溪는 本이 같은데 末은 다르다는 差異點을 밝힌다. 理之發은 理를 專指해서 말한 것이고 氣之發은 理氣를 섞어서 말한 것 뿐이니 高峰이 四端七情을 理氣로 分屬시킴이 不可하다고 함은 末이 다를뿐이라고 明示한 後 아직도 未盡한 部分에 대해서 遺憾의 뜻을 表한다.

이상에서 四七論에 관한 兩人의 往復文書를 통해서 그 전모의 개략을 살펴 보았다.

未解決部分에 관한 問題를 다음에 고찰해보기로 한다.

ⓒ 未解決部分의 問題點

往復辨論을 통해서 未解決部分을 두가지로 集約할 수 있을 것이다. 첫째는 理發의 可不可問題요, 둘째는 四端의 純善과 七情의 有善惡之 善의 同不同問題라고 하겠다.

첫째 : 理發의 可不可問題

大體로 理와 氣의 一而二, 二而一의 關係에 대해서는 退溪도 高峰 도 異議가 없다. [104]

發의 問題에 이르러서는 兩人이 서로 對立하여 合意를 못 보았다. 高峰은 四端七情總說에서 理發의 純善과 氣發의 有善惡之善은 같은 것[105]이라고 해서 氣를 배제한 理發은 疑心스러울 뿐만 아니라 理氣 를 二物化[106]하게 되어 不當하다고 한다.

그러나 退溪는 理氣之妙에서도 所主所重을 따라서 分言할 수 있다 고 應酬한다.

理發氣隨는 主理로 말한 것이요, 氣發理乘은 主氣로 말한 것[107]이 라고 맞선다.

兩人의 이러한 엇갈린 見解는 終始一貫 繼續되어갔다. 退溪는 끝에 가서 高峰에게 주는 글 속에서 다음과 같이 말하여 深思할 것을 自省 한다. [108]

여기서 말한 聖賢의 喜怒哀樂과 各有所從來는 似有未安이라 하여 熟考의 必要를 느끼고 있다. 그러나 역시 순수한 理의 수호를 의미하 는 것으로 생각된다. 그래도 不足해서 丙寅年(66세) 至月에 보낸 書 翰에서는 高峰과의 差異點을 本同末異로 結論짓는다. [109]

---

104) ○蓋理之與氣 本相須以爲體 相待以爲用 固未有無理之氣 亦未有無氣之理(答奇明彦 論四端七情 第 2 書 退溪全書上 p411 上段 18 行)
理氣在物 雖曰混淪不可分開 然不害二物之各爲一物也(高峰答退溪再論四端七情書 高 峰先生文集 理氣往復書下 7 面)

105) 其發而中節者 及發於理而無不善 則與四端初不異也

106) 今謂之偏指 而獨言氣恐未然也 且辨曰子思之論中和 是就理氣中混淪言之 則七情者豈 非兼理氣乎(高峰答退溪四端七情書 第 9 節)

107) 大抵有理發而氣隨之者 則可主理而言耳 非謂理外於氣四端是也 有氣發理乘之者則可主 氣而言耳 非謂氣外於理七情是也(答奇明彦論四端七情 第二書 退溪全書上 p419 下段 8 行)

108) 所論鄙說中聖賢之喜怒哀樂 及各有所從來等說 果似有未安 敢不三復致思於其間乎 當 反隅以求敎(答奇明彦 退溪全書上 p439 上段 10 行)

109) 其言理之發 專指理言 是氣之發者 以理與氣雜而言之 滉曾以此言爲本同末異者 鄙見

高峰과의 意見의 一致를 보았다면 本同의 同일 것이요. 末異의 異
는 如前히 相衝을 보인다. 高峰은 이 兩立場을 因說과 對說로 說明한
바[110] 스스로의 立場을 因說로 表明하고 退溪의 立場을 對說로 간주
하고 있다. 결국은 理發問題는 發에 있어서 氣를 섞느냐 섞을 수 없
느냐의 兩論으로 歸結된 셈이다. 退溪는「四端理發而氣隨之 七情氣發
而氣乘之」[111]로 發 問題의 結論을 지었다.

高峰의 생각으로는「情之發也, 或理動而氣俱, 或理動而氣乘」[112]
으로 是正하고 싶었지만 받아 들여지지 않은 채로 論辨이 끝나 버
렸다.

理發과 氣發이란 말을 쓰지 않고 情之發也라고만 한 것은 理는 無
爲이므로 이것을 피한 것처럼 생각되며 四端七情이란 말을 아니 쓰고
다만「或理動而氣俱, 或氣感而理乘」이라고만 한 理由는 四端七情은
같은 情이라고 생각하는 까닭이 아닌가 싶다. 分開해서 二物化하는
病을 免하려는 點에서 情之發로 統一한 것은 適切[113]한 것으로 생각된
다. 그러나「或理動而氣俱, 或氣感而理乘」은「理發而氣隨之」를「理
動而氣俱」로「氣發而理乘之」를「氣感而理乘」으로 代置한 것처럼 느껴
진다.

理無爲로 이해할 때 역시 理動이라고 해서 理發보다 別로 나을
것이 없을 것[114] 같다. 그러나 四端과 七情을 情之發로 約之하고 理
發氣發을「或理動, 或氣感」으로 바꾼 것은 二分을 피한 態度로서 因
說의 立場을 明證해 주는 것으로 생각된다. 退溪로서는 理發을 굽히
지 않았고, 高峰은 理發이 不可하다고 하면서도 理動이라고 한 것이
애석하게도 弱點으로 지적될 수 있을 것 같다.

둘째 : 四端의 純善과 七情의 有善惡之善의 同異問題
이 問題는 理氣의 各發을 인정하느냐, 아니하느냐와 직결되는 問題로

固同於此說 所謂本同也 顧高明因此而逐謂四七必不可分屬理氣 所謂末異也(重答奇明
彥 退溪全書上 p439 下段 6行)
110) 蓋對說者如說左右便是對待底 因說者說上下便是因仍底 聖賢言語固自有對說因說之不
同不可不察也(高峰答退溪再論四端七情書 條例의 首條 第二條)
111) 答奇明彥非四端七情分理氣 第二書(退溪全書上 p417 下段 4行)
112) 高峰答退溪再論四端七情書 條例 第四條 第六條
113) 情之發이라 하여 四와 七을 分對하지 않은 것은 七包四의 論理로 보아 매우 適切
한 表現이며(四七論辨과 對說因說의 意義 亞細亞硏究 第16卷 p61 16行)
114) 理動理乘의 말은 역시 退溪의「理發」「理乘」을 踏襲한 것으로 曖昧性을 免하지 못
한 것 같다(四七論辨과 對說因說의 意義 李相殷博士 亞細亞硏究 第16卷 p61 18行)

서 理氣論과 구별되는 性情論의 입장에서 比較해 보기로 한다. 理의 純粹性을 固守하려는 생각은 氣를 섞지 않으려고 한 것처럼 性의 純善을 수호하기 위해서는 有善惡의 善과 混同을 피하려고 함도 당연할 것이다. 中節의 善은 四端의 純善과 다르지 않다고[115] 하는데 비해서는 兼氣로 말할 수 없다[116]고 主張한다.

이러한 對立은 始終 一致를 못보고 끝난다. 여기서 退溪는 所從來를 가려서 純善을 지키는데 비해서, 高峰은 善의 二情이 있을 수 없다는 결론으로 생각된다.

發에 있어서 理發이 不可라고 하면서 理動으로 接近을 보였으나 性善에 있어서는 純善과 中節善의 同異問題는 合意를 못 본 結果가 되었다. 高峰의 생각으로는 理發이 못마땅한 것 같으나 理動으로 修訂을 하고 보니 理無爲를 完全히 드러내지는 못했다고 해야 할 것이다.

이제 다시 兩人의 持論을 比較해본다.

退溪──四端理發而氣隨之七情氣發而理乘之

高峰──情之發也或理動而氣俱或氣感而理乘

── 部分은 四端七情과 情之發로 兩人의 見解를 비교할 수 있고 ── 部分은 發이 動으로 代置되었을 뿐 같은 內容으로 짐작되며 ┄┄部分은 發이 感으로 代置되었을 뿐 역시 같은 意味로 추측된다. 그러니 旣往의 曖昧性을 免하지 못했다면 달라진 것은 退溪의 氣發을 氣感으로 고친 데[117] 不過한 것처럼 보인다. 즉 「四端理發而氣隨之, 七情氣感而理乘之」로 訂正된 것에 지나지 않는 것이 아닌가 한다. 그러므로 理發을 끝까지 否定을 못할 바에야 「情之發也或理動而氣俱 或氣感而理乘」이라고 했으면 차라리 高峰의 理氣兩發一途說이 貫徹되었을 것으로도[118] 推測이 간다. 兩人의 討論의 결과는 理氣性情問題에 있어

---

115) 四端之說前此認得七情之發而中節者 與四端不異(高峰答退溪書 四端七情後說 四七理氣往復書 下篇 24面)

116) 且性之一字言之 子思所謂天命之性 孟子所謂性善之性 此二性字所指而言者何在乎 將非就理氣賦與之中 而指此理源頭本然處言之乎 由其所指者 在理不在氣 故可謂之純善無惡耳 若埋氣不相離之故 而欲兼氣爲說 則已不是性之本然矣(退溪答高峰四端七情分理氣辯 退溪全書上 p411 下段 3行)

117) 그리고 또 「或」「或」에 관해서는 이미 말한 바 있지만 이 「或」「或」을 退溪와 같이 四와 七에 配當할 수도 있으니 그러면 退溪의 「氣發」 代身에 「氣感」을 使用한 것 뿐이라고도 볼 수 있을지 하다(亞細亞研究 第16卷 四七論辯과 對說, 因說의 意義(李相殷博士) p61 19行

118) 四七論辯과 對說, 因說의 意義(李相殷博士) 亞細亞研究 第16卷 p61 22行

서 그 立場이 각각 因說·對說에 있음이 밝혀졌고 다만 解決해야
할 問題는 兩人의 주장을 만족시킬 수 있는 공약되는 표현이 무엇이
겠는가에 있다고 생각된다.

Ⓓ 互發說이 가지는 眞意와 그 現代的 意義

退溪에 對하여 栗谷은 豁然貫通處에 未及하다[119]고 하였고 高橋씨
는 四端에도 理發氣發이 있고 七情에도 理發氣發이 있음을 退溪는 想
到하지 못하였다[120] 고 하였다.

後學들 中에 葛庵(李玄逸 1627~1704)은 理發氣發을 公과 私로 區分
하여 그 互發의 당연함을 시인하였고[121] 理發氣發을 구별은 하였으나
理와 氣의 不離性을 잃지 않으며 다만 四端에는 理가 主가 됨을 인
정[122]하고 있다. 大山(李象靖 1710~1781)은 理가 死灰아닌 活物[123]이
라고 하였고 定齋(柳致明 1777~1861)는 理가 活物임을 말하였다.[124]

氣發理乘一途說을 주장한 栗谷의 所信處는「聖人이 다시 난다고 하
더라도 이 말은 바꿀 수 없다」고 다음과 같이 말하였다.

「發之者氣也 所以發者理也 非氣則不能發 非理則無所發 發之以下
二十三字聖人復起不易斯言」(答成浩原 壬申 栗谷全書 卷12)

退溪는 無極을 말하는데 朱子의 말을 引用하면서「이와 같은 말은
四方八面으로 周偏不倚해서 메어쳐도 깨지지 않는다」고 다음과 같이

---

119) 其於朱子之意不可謂不契 其於全體不可謂無見 而若豁然貫通處 則獨有所未至 故見有
未瑩 言或微差 理氣互發 理發氣隨之說 反爲知見之累耳……答成浩原 栗谷全書

120) 苦し然らされば四端理發七情氣發の主張を罷めて四端にも理發氣發あり七情にも理發
氣發ありと改めて第三章に於て逑べる私の說と全く一致すること丶せなければならな
ぬ。併し此は退溪の未だ思ひ到らぬ所であった。……主理派主氣派の發達 p170, 3
行(高橋亨)

121) 四端之發公而無不善 達之天下 此其所以謂之理發也 至於七情……必克己去私然後 方
得公而善 是則七情之發 私而或不善 人人各異 此其所以謂之氣發也 是皆義理之當然
更何致疑之有(愁州管窺錄 葛庵集 卷29, 3面)

122) 七者易熾而蕩氣爲之主也 四者粹然而正理爲之主也 氣爲之主而理乘而行 理爲之主而
氣隨而發 然則理與氣是一物而四與七果無分別乎(讀金天休論李大柔理氣性情圖說辯
葛庵集 卷18, 25面)

123) 四端之所隨即七情之氣 而七情之所乘即四端之理也 妙合混融 元不相離 則又豈有彼此
之間融哉……彼見理氣之不離 而謂四端亦氣發者 固見一而不知二 其弊也鶻圇無別 而
其或專主分開不相統一 至謂七情不可謂性發 則又見異而不知同 其弊也闊疎不情(四端
七情說 大山集 卷39)

124) 如曰理無動靜 則是特認死灰無情之物 氣便無所自而爲動靜矣 大抵是理活物也 洋洋乎
流動充滿無乎不在 是豈漠然無爲哉(理動靜說 定齋集 卷19, 3面)

말하였다. 그리고

「不言無極 則太極同於一物 而不足爲萬化之根 不言太極 則無極淪
於空寂 而不能爲萬化之根 嗚呼與此之言可謂四方八面周偏不倚顚撲
不破矣」(退溪全書上 p421 下段 14)

理字를 투철하게 알고 실천해야 함을 강조하여 所信을 아래와 같이
피력하였다. 즉 眞知妙解到處가 어렵다는 것이며

「嘗深思古今人學問道術之所以差者 只爲理字難知故耳 所謂理字難
知者 非略知之爲難 眞知妙解到處爲難耳 若能窮究衆理到得十分透
徹 洞見得此個物事至虛而至實 至無而至有 動而無動 靜而無靜 潔
潔淨淨地一毫添不得 能爲陰陽五行萬物萬事之本 而不囿於陰陽五行
萬物萬事之中 安有難氣 而認爲一體 看作一物耶

其於道義 只見無窮 在我在彼 何有於町畦 其聽人言 惟是之從 如凍
解春融 何容私意之堅執」(退溪全書上 p424~425)

十分 透徹함을 얻었을 때 如解凍春融이라고 했으니 退溪에 있어서
이 말의 可能根據가 무엇일까를 了解한다면 그의 通貫處를 엿볼 수
있을 것이다.

高橋씨는 四七에 各各 理發氣發이 있음을 高峰의 論旨에 동조한다.
그러한 傾向은 理氣不相離를 강조하는 입장으로 간과된다.

葛庵 이후의 大山·定齋는 思想의 源流를 退溪에서 얻었다고 하겠
으나 互發로부터 理가 活物이라는 데로 發展이 되었다. 과연 退溪에
있어서 豁然貫通處에 未及한 바가 없는지는 妄說을 許하기 어렵다고
하겠으나 다음에 言及하고자 한다.

栗谷은「理氣의 妙는 보기도 어려웁거니와 그 說明도 쉽지 않다」[125)
고 하였다. 眞理把握이 어려운데다가 말하기도 어렵다는 뜻이다. 眞
理體認은 如解凍春融이란 표현으로 退溪의 會通處를 미루어 볼 수
있으나, 그 說明에 있어서 互發說을 주창함으로 해서 高峰과 栗谷, 高
橋씨의 批判을 받게 되었다. 互發說이 하나의 說明인 限 栗谷의 말과
같이 可說아닌 難說일진댄 무엇이라고 表現하든지 그것이 言說인 이
상 不足處는 면하기 어려울 것으로 안다. 退溪는 이미 설명한 바에
語病을 자인하고[126) 있는 데 注意를 하게 된다.

言說의 制限性을 가지고 眞理의 完全性을 表現한다는 것에서 생기는 難點이라고도 할 것이다. 그러므로 說明內容을 분석이해함도 중요한 일이지만 그렇게 설명하는 所以를 了解함은 더욱 소중한 일로 생각된다.

理氣와 不相雜不相離를 다 같이 論하면서도 發을 말할 때 差異가 나며 高峰이나 栗谷이나 高橋씨가 모를 바 아니건만 군이 理發을 굽히지 않는다면 거기에는 理由가 있다고 보아야 할 것이다. 吾心之用이 곧 天地之化란 말이 틀린 것이 아니며 天地之化에 二本이 없으므로 吾心之發에 二源이 없다고 함도 옳은 말이로되 吾心之發이 바로 天地之化라고 하기는 어렵지 않을가 생각된다. 그럴 수 있을 境遇를 생각할 수 있고 그렇지 못할 境遇도 생각할 수 있을 것이다. 그렇지 못한 境遇는 말할 것도 없거니와 그럴 수 있는 境遇라고 할지라도 宇宙와 人生의 主宰者가 아니고서는 敢히 斷言하기 어려울 것이며, 다만 天理에 承順하는 뜻에서 받아 들여져야 할 것이 아닌가 생각된다.

論理로 하는 말과 事理로 하는 말은 구별되어야 할 것이다. 論理之言을 事理로 誤解하거나 事理之言을 論理로 받아들여도 차질이 생길 것이다. 理發이 不當하다고 지적하는 것은 事理의 立場에서는 態度요, 氣發의 不足을 指摘하는 것은 創造機能을 수호코자 하는 論理의 立場에 서는 태도로 추측된다. 情의 善과 性의 善이 다른 것이 아니라고 함은 論理와 事理의 區分이 없이 하나로 묶어서 하는 判斷이요, 純善과 兼善惡의 善을 區別함은 神聖性의 能産的 純粹善의 論理와 日常性의 所産的 兼善惡의 事理를 嚴格하게 가려내는 判斷으로 보인다.

論理와 事理의 會通은 言語效果를 넘어서는 곳이 아닌가 생각된다. 그러므로 退溪도 語病을 自認할 수 밖에 없었던 것이 아닐까? 哲學과 倫理, 論理와 事理의 一貫展開는 言說을 빌리지 않을 수 없는 한 어느 쪽도 缺陷處가 따를 수 밖에 없으나 哲學的 條理로 因해서 倫理的 實踐에 敖慢을 초래하는 弊端보다는 차라리 엄격하게 구분함으로 해서 論理體系에 不透라는 弊端이 있더라도 倫理的 機能이 强化됨은 바람직한 것으로 믿어진다. 왜냐하면 言語의 制限性에서 오는 結果이

改下純善兼氣等語 蓋欲相資以講明 非謂其言之無疵也……退溪答高峰非四端七情分理氣 第一書 改本

지 退溪의 豁然未及에서 오는 것은 아니라고 생각되기 때문이다.

互發說이 本源의 二重性의 疑懼를 무릅쓰면서도 純善을 고수하려는 要旨가 여기에 있을 것이다.

이러한 問題는 東西가 더불어 찾고 있는 新文化創造에 기여되는 바 比重이 큰 것으로 생각된다. 文化的, 人間的 反省이 절실히 요구되고 있는 時期라고 생각되기 때문이다. 이 四七論의 發問題가 言語의 障碍要素를 넘어서 社會的, 個人的 主體確立에 이바지 될 수 있다면 중요하고도 흥미있는 일이[127] 아닐 수 없을 理와 氣의 普遍性과 特殊性의 發問題로 條理가 定立된다는 것은 하나의 歷史方向을 정초하고 機能化하는 뜻에서도 가치있는 일이라고 추측된다.

Ｅ 互發說이 學術的으로 끼친 直接的 影響과 間接的 影響

發을 問題삼은 結果 退溪는 理發而氣隨之, 氣發而理乘之로 그 主張이 굳어졌고, 高峰의 主張에 뒤이어 栗谷의 發은 氣發理乘一途說로 定立이 되었다. 發의 이 兩見解는 앞으로 嶺南을 中心으로 해서 직접적으로 主理說로 發展되어 갔으며 間接的으로는 唯理論으로의 계기가 되었고, 畿湖를 中心으로 해서 직접적으로는 主氣論으로 발전되어 갔으며 간접적으로는 唯氣論으로 變質되기에 이르렀다.

ⓐ 直接的인 影響

退溪의 弟子들은 退溪의 理發氣隨, 氣發理乘說에 별로 異議가 없었다. 元來 退溪의 互發說의 基底는 朱子에 의거한 것이요. 또 高峰이 退溪에 說服된[128] 것으로 생각했던 탓으로 보인다.

뒤에 氣發理乘一途說의 反論에 봉착하여 葛庵(李玄逸 1627~1704)이 그 辯護를 始作하여 다음과 같이 말하였다.

「大體로 理는 비록 無爲이지만 實로 造化의 樞紐요, 品彙의 根柢가 된다. 만약 李氏의 說과 같으면 理는 다만 虛無空寂한 것이 되어 萬化의 根源이 될 수 없으므로 홀로 陰陽氣化만이 縱橫顚倒하여 그 造化

---

127) 互發說, 一途說을 莫論하고 理氣의 論理的 函數關係를 現代哲學에서 이른바 存在乃至 存在性과 存在者, 또는 投企性과 被投性의 辯證法的인 制約關係에 비추어 考覈하면 무척 興味있는 諸問題가 發見되리라는 誘惑을 느끼곤 한다(四七論의 現代哲學的 展開에 關한 覺書, 哲學的 摸索 p267 朴鍾鴻 博士)

128) 아마도 이것은 저들 생각에 高峰은 退溪에게 說服되어 自己의 學說에 對한 主張을 버린 것이라 하며 또 退溪의 學說이 退溪一人의 主張뿐이 아니요, 朱子의 學說에 依據한 것인 즉, 正當한 見解라고 생각하였던 까닭이라고 推測된다(朝鮮儒學史 p370 玄相允)

를 行한다는 것이니 또한 잘못된 것이 아닐까?」[129]

　그러면서 朱子의 「理에 動靜이 있으므로 氣에 動靜이 있다」[130]고 함과 勉齋의 「所載의 理에 어찌 動靜이 없다고 말할 수 있으랴」[131]를 인용하여 栗谷의 氣發理乘一途說을 비난한다. 생각컨대 朱子의 소위 「理有動靜」은 有動靜之理란 뜻이요, 勉齋의 소위 「無形」은 觀念性의 뜻, 「有形」은 質料的이란 의미이다. 그러나 葛庵은 觀念性의 理를 質料的인 것으로 이해한 것이라고 하겠다.[132]

　質料的인 理解라면 退溪의 理로부터 主理의 傾向으로 달라져가고 있음을 여기서 볼 수 있을 것이다.

　密庵(李栽 1657~1730)에 와서는 太極의 動靜으로 인해서 陰陽이 갈라지고 五行이 구비되는 것으로 생각하여 氣의 관여없이 太極의 所爲로 日用動靜의 體用이 갖추어진다[133]고 하였으니 자못 退溪의 「太極의 動靜이 있음은 太極의 自動靜이라」[134]고 함은 연상케 한다.

　한편 高峰의 理氣分屬을 비난하는 태도는 栗谷에 와서 氣發理乘一途說로 整理되었고 그의 心是氣[135]라고 한 것을 다시 尤庵(宋時烈 1607~1689)이 이를 계승하여 心爲氣[136]라고 단언하였다.

　尤庵의 제자인 遂庵(權尙夏 1641~1721)은 栗谷의 心是氣를 이었으며[147] 南塘(韓元震 1682~1750)은 遂庵의 주장을 다시 계승하여 心是氣, 性即理[138]의 입장을 견지한다. 앞에서의 心即理와 對照를 이룬다.

---

129) 則夫理雖無爲而實爲造化之樞紐品彙之根抵 若如李氏之說 則此理只是虛無空寂底物 不能爲萬化之原 而獨陰陽氣化 縱橫顚倒 以行其造化也 不亦謬乎(葛庵集 卷18)

130) 理有動靜故氣有動靜 若理無形氣 氣何自而有動靜乎(朱子大全 卷56)

131) 太極是理 陰陽是氣 然理無形氣有迹 氣旣有動靜 則所較之理 安得謂之無動靜(葛庵集 卷18)

132) 韓國儒學史 p119……裵宗鎬

133) 太極有動靜而陰陽分五行具……是其日用動靜之間 體用全具 莫非此一太極之爲也(密庵集 卷25 附錄 墓誌銘 全羲山聖鐸撰)

134) 退溪全書上 p354 上段 2行

135) 朱子曰心之虛靈知覺一而已矣 或原於性命之正 或生於形氣之私 先下一心字在前 則心是氣也……答成浩原書理氣論 第四書 栗谷全書

136) 蘇問 心之虛靈只是氣歟 抑以理故歟 先生曰 是氣 蘇曰竊嘗思之 天地間萬物之生 莫非氣之所爲 而唯人也得其氣之秀……唯心也尤是氣之秀 是故其爲物自然虛靈洞澈……先生曰然故栗谷先生嘗以心爲氣(宋子大全七 p343 上段 14行(斯文學會)

137) 蓋栗翁所謂氣者即心也 所謂發者即心之用惻隱也 所謂所以發之理即仁之體仁也 孟子之言如彼其分曉(寒水齋集 卷21 雜著 四七互發辨)

138) 專言心 則固理氣之合 而與性對言 則心只是氣 性只是理(南塘集 卷36)

이렇게 보면 退溪의 發問題는 主理派와 主氣派의 學派를 兩立시키는 影響을 직접적으로 주게 되었고 간접적으로는 여기서 다시 唯理派·唯氣派로 발전시켜주는 간접적이 基點이 된 것으로 생각된다.

ⓑ 間接的인 影響

主理派와 主氣派의 論難은 다시 進一步해서 唯理, 唯氣를 주장하는 傾向을 띠게 되었으니 이것은 間接的으로 派生된 것이라고 생각할 수 있을 것이다.

遂庵의 門下에서 人物性同異問題를 가지고 湖洛論爭이 벌어졌을 때 洛派의 系統인 陶庵(李縡 1680~1746)의 弟子 鹿門(任聖周 1711~1788)은 師說을 계승하였으나 潛心默究 10여년에 舊說의 非를 깨닫고 自己의 學問體系를 따로 수립하게 되었다. 湖洛論爭의 根本要因은 兩派가 모두 理氣를 二物로 보려는 데 있다고 하여 그는 理氣를 一物로 이해하려고 한다. 理를 氣의 自然當然의 뜻으로 해석하여 理를 氣의 性이나 法則으로 파악하여 太極을 元氣[139]라고 했고, 사람들은 朱子의 決是二物이란 말만 믿고 理氣를 兩箇物事로 생각하니 슬픈 일이라고 까지 말하고 있다. [140] 그리하여 理一分殊를 世人들이 말하지만 그것은 主理의 見地에서 말하는 것이지, 理之一이 즉 氣之一임을 알 때 主氣로 말하면 氣一分殊라고 해도 無妨하다는[141] 것이다. 理氣 中에서 主氣로 논하는 것과는 달리 理氣를 一物視하였고 理를 氣의 屬性으로 보는 데서 唯氣論者로 지적될 수 있을 것이다. 또 한편 唯氣論과는 달리 主理派로부터 進一步하여 唯理論의 派生을 보게 되었다.

蘆沙(奇正鎭 1788~1879)는 다른 主理學派의 학자들이 二元的으로 理를 氣에 대립시켜서 생각하는 정도를 넘어서 氣를 어디까지나 理中에 포함되는 槪念으로 생각하는 데서 主理派中에서 異彩를 띠는 동시에 또 그 最高峰이 되므로 唯理論者라고 칭하게 되는 것이다. [142]

즉 鹿門이 理를 氣의 自然, 當然의 然字로 이해하여 氣中에 理를

---

139) 萬理萬象也 五常五行也 健順陰陽也 太極元氣也 皆即氣而名之者也(鹿門集 卷19 雜著 鹿蘆雜識)

140) 今人不識此意 只信朱子決是二物之語 往往以理氣爲有兩箇物事……亦可也夫……(仝上)

141) 今人之每以理 一分殊 認作理同氣異 殊不知理之一 即夫氣之一而見焉 苟非氣之一 從何而知其理之必一乎 理一分殊者 主理而言 分字亦當屬理 若主氣而言 則曰氣一分殊 亦無不可矣(仝上)

142) 朝鮮儒學史 (p385 13行 玄相允)

包含시키고 있는 것과 대조적이다. 그의 見解에 따르면 우선 湖洛諸
家의 非를 다음과 같이 말한다. 즉 諸家의 意思를 살펴보면, 한결같
이 다 理를 分이 없는 物로, 그리고 分을 氣로 말미암아 있게 된 것
으로 생각함으로써 理一은 形氣를 떠난 것에 限在시키고, 分殊는 形
氣에 墮在한 뒤로 局限해버린다. 여기서 理는 스스로 理, 分은 스스
로 分이 되므로 性과 命이 가로로 切斷되어 버린다[143]는 것이다.

　그러니 理와 分의 圓融은 體用一源을 말하는 것이요, 顯微無間이란
것은 同中의 有異, 異中의 有同을 의미하는 것인데, 이렇게 되면 天命
과 人性이 遊離되는 결과가 되어 不可하다는 뜻이다. 理와 氣를 氣대
신에 理와 分이라고 함은 隱然中에 理를 높히는 태도로 추측되거니와
氣字의 사용을 피하고 到處에서 理는 절대의 槪念이니 서로 대립시킬
槪念이 없다고 하는 이유도 이 때문일 것이다. 宇宙의 本體本質을 오
직 理가 있을 뿐이요. 氣도 理中에 내포되고 內在하는 細條理며 一屬
性이라고 이해하는 것이니 氣亦理中事라는 말은[144] 그의 持論을 端的
으로 드러내 주는 것이 아닌가 한다. 蘆沙에게는 宇宙의 本體本原이
오직 理 뿐이요, 人間道理의 基本根抵가 오직 理에 있다고 생각된
것이다. 氣가 理를 順하여 發하는 것은 마땅히 理發이라고 할 것이지
氣發이라고 할 것이 아니라[145]고 해서 尊理하는 경향을 뚜렷하게 볼
수가 있다.

　鹿門은 氣一分殊說 즉 一氣論의 立場에서 太極·陰陽·五行·萬物
을 元氣·兩儀·五氣·萬氣로 보는데 蘆沙는 一理論의 立場에서 太
極·陰陽·五行·萬物이 一理·二理·五理·萬理로[146] 비교되며 이 兩
人의 持論은 主理派와 主氣派사이에 人物性同異에 대한 激論을 거치
면서 發論의 발전된 간접 경향으로 간주된다.

143) 詳諸家之意 一是皆以理爲分之物 分爲因氣而有 限理一於離形氣之地 局分殊於墮形氣
　　之後 於是 理自理 分自分 而性命橫決矣(蘆沙集 卷12 雜著 納凉私議)
144) 把氣與理 喚作理氣 始於何時 愚意此必非聖人之言 何以言之 理之尊無對 氣何可與之
　　對偶 其濁無對 氣亦理中事 乃此理流行之手脚 氣於理本無對敵 非偶非敵 而對擧之何
　　哉 今人纔見理字 必覓氣來作對偶 於是理之流行一大事 盡被氣字帶去作家計 所餘者
　　只混淪也 沖漠也 此雙本領之履霜也 悲夫(蘆沙畏筆)
145) 氣之順理而發者 氣發即理發也 循理而行者 氣行即理行也 理非有造作自蠢動 其行明
　　是氣而謂之理發行何歟 氣之發行實受命於理(仝上)
146) 韓國儒學史 p262 20 裵宗鎬

---

④ 窮理와 居敬에 관하여

居敬과 窮理의 二事는 똑같이 중요한 것이며 窮理가 능하면 居敬工夫가 日進하며 居敬工夫 능하면 窮理工夫가 日密해지는 相互關聯을 가진다.[147] 이러한 窮理와 居敬을 중시하면서 退溪는 反躬踐實을 가하여 이 三者를 眞知에 到達하는 必須的인 功으로[148] 생각하였다. 먼저 窮理의 問題로부터 고찰한 다음에 居敬의 問題로 옮기기로 한다.

Ⓐ 窮理의 問題

窮理는 所以然之理와 所當然之理를 밝히는 것으로서 所以然을 알면 志의 惑됨을 면할 수 있고 所當然을 알면 行이 乖謬에 이르지 않는 것[149]이니 理를 높이는 退溪로서 이 窮理를 注意깊게 다루게 됨은[150] 당연한 일로 생각된다.

먼저 窮理를 格物致知와 관련시켜 고찰하고 나서 다시 理到說에 대해 언급하고자 한다.

ⓐ 窮理와 格物致知의 問題

大學或問 第1章에는

「天下之物 則必有所以然之故 與其所當然之則 所謂理也」

라고 하였고, 補亡章條에는

「身心性情之德 人倫日用之常 以至天地鬼神之變 鳥獸草木之宣 自

其一物之中 莫不有以見其所當然而不容已 與其所以然而不可易者」

라고 하였다. 事物에 具備된 이러한 理致를 窮究함은 바로 窮理인 것이다. 그러므로 窮理를 朱子는

「窮理者 欲知事物之所以然與其所當然者而已」(朱子大全 卷64 33面)

라고 하였으니 所以然之理와 所當然之理를 알고자 함이 즉 窮理라고 할 것이다. 이 窮理에 있어서 奇明彦이 所當然을 事, 所以然을 理로 보고자하는데 대해서 退溪는 朱子, 新安陳氏, 西山眞氏, 北溪陳氏의

---

147) 學者工夫 惟在居敬窮理二事 是二事互相發 能窮理則居敬工夫日益進 能居敬則窮理工夫日密 其實只是一事(朱子語類 卷九 三面)

148) 主敬以立其本 窮理以致其知 反躬而踐其實 三者之功互進積久 而至於眞知 其不可如此則庶可免矣(答李宏仲問目 退溪全書上 p819 下段 3行)

149) 知其所以然 故志不惑 知其所當然 故行不謬(朱子大全 卷六四 33面)

150) 嘗曰學貴窮理 理有未明則或讀書 或遇事無所往而不礙(退溪全書下 p651 下段 6行)

諸說을 인용하면서 所當然도 또한 理라는 것이며 事外에 따로 所當然이 있지 않음을 밝히고 있다. 新安陳氏가

「所當然之則理之實處 所以然之故乃其上一層理之源頭也……論所當然所以然是事是理」(退溪全書上 p594 下段 1行)

라고 한 것을 引用한 意圖로 보아 理의 源頭와 實處의 理로서 所以然과 所當然을 連結시키고 있음은 基底에 理一分殊의 생각이 깔려 있지 않나 생각된다. 이러한 見解는 言行錄에서 金隆과 退溪와의 問答 속에서도 發見된다. 그 問答은 다음과 같다.

「問圖解小註勉齋說所謂衆理之總會 萬化之本原 蓋指太極而言 若所謂萬物各具一太極者 亦可謂衆理之總會 萬物之本原否 人果具衆理矣 若物各自具適用之一理而已 豈備衆理乎 先生曰在一物者 似不可謂之衆理之總會 然其所禀來者 即太極之理 則豈不可謂各具一太極乎 豈太極衆理總會之中 割取一理各付一物乎 如一片月輝遍照 雖江海之大 一杯之水 無不照焉 一杯之月光 豈以其水之小 遂謂月不照也 金隆」(退陶先生言行通錄 卷 1 論格致 退溪全書下 p794 上段 14行)

여기서 보면 源頭를 衆理之總會 또는 太極이라고 생각하고 實處의 理를 各具一太極 또는 物各自具適用之一理라 했는데 金隆의 疑心은 「自具適用一理之理」가 어찌 衆理를 갖추고 있겠느냐에 있다.

退溪는 所禀來者로 보아서 太極之理가 아닐 수 없고 在物--理라고 하더라도 太極衆理總會中에서 割取一理해서 賦與된 것이 아님을 月水關係로 衆理總會處와 연계되어 있음을 말한다. 이러한 理를 궁리하려면 格物致知工夫가 必要하게 되는 것이니 朱子에 의하면 格致는 即物窮理에 있다고 하여 補亡章에서

「問嘗窃取程子之意 以補之曰 所謂致知在格物者 言欲致吾之知 在即物而窮其理也 盖人心之靈 莫不有知 而天下之物 莫不有理 惟於理有未窮 故其知有不盡也」

와 같이 언급하고 있다. 知盡이 即物窮理 여하에 매여 있다고 할 때 眞知를 강조하는 退溪로서 窮理를 重視함과 同時에 格物에 대해서 소홀히 할 수 없을 것이다.

退溪의 難知는 在心在事의 理에 있고[151] 在心在物의 一理에 투철한

---

151) 在心在事之說看得透 知此則理之難之處 漸可融會矣(答鄭子中別紙 退溪全書上 p578 下段 10行)

뒤에야 비로서 眞知에 도달된다[152]고 하였다. 여기서 말하는 在心은 人心의 靈이나 知에 관한 것이요, 在事在物의 天下의 物이나 理에 속한 것이니 致知와 格物의 問題로 轉移될 것이다.

大學章句에서 致知는 「推極吾之知識 欲其所知無不盡」, 格物은 「窮至事物之理 欲其極處無不到」라고 하였고 大學或問에서는 致者는 「致推致之謂 如喪致乎衷之致 言推之而之於盡也」 그리고 格者는 「極至之謂 如格於文祖之格 言窮至而其極也」라고 하였다. 즉 致는 推極, 推致로, 格은 窮至, 極至의 뜻으로 풀이되고 있다. 즉 致知在格物이라고 할 때 推極, 推致는 窮至에 在함을 알 수 있게 된다. 人心之知를 推極, 推致함이 物理를 窮至, 極至하는 데 있다고 할 것이다. 여기서 在心在物이 本無二致라는 말이 在心의 推極處와 하나의 極으로 會遇됨을 생각할 수 있을 것 같다.

이때에 다시 問題로 제기될 수 있는 것이 會極된 事物之理와 吾心之知의 體用關係일 것이다. 「補亡章衆物之表裏精粗是無不到」[153]에서 退溪는 程子・朱子・延平・西山의 格의 意味를 다음과 같이[154] 인용하고 나서 이것들은 다 理가 事物에 있으므로 即物해서 窮究到極處할 것을 말해준 것이지, 「비록 理로 말하면 物我의 구별이 없으나 事物로 말하면 天下事物이 實은 吾의 밖(外)에 있으니 理一이라고 해서 天下事物이 吾의 안(內)에 있다고 할 수 있겠는가」하여 心과 物의 區分이 없을 수 없음을 주장한다. 格物에 格과 物格의 格을, 사람이 이곳으로부터 郡邑을 歷行해서 京師에 到達하는 例를 들어서 說明한다. 萬一에 已歷者가 人이 아니고 郡邑이며 至者가 人이 아닌 京師라고 한다면 物格의 格도 我가 아닌 物이요, 到極處의 到者도 我 아닌 極處로 될 것인 즉 不成言語, 不成義理라고 하는 것이 다. 이러한 退溪의 생각은 「格物物格兩註說嘗聞見諸公語」에서 다음과 같이 表現되고 있다.

---

152) 但須知在心在物本無二致處 分明透徹然後始爲眞知(答鄭子中 退溪全書上 p577 上段 9行)

153) 退溪全書上 p627 下段 14行

154) 程子曰格至也 窮之而至其極
  朱子曰理之在物者 旣有以詣極而無餘
  又曰須窮極事物之理到盡處
  延平曰凡遇一事且當就此事反覆推尋以究其理
  西山曰於天下事物之理窮究到極處

「愚謂窮到極處固心也我也 然說著心到我到便有病 只嘗云窮到極處
可也」(退溪全書上 p630 上段 15行)

그가 70 세때 高峰에게 답한 글 속에 어제까지의 잘못을 깨달았다[155]
고 한 바, 그 잘못은 다만 朱子의 理無情, 意無計度, 無造作之說만을
堅守한데 있다고 告白하여 理到 아닌 窮到(心也我也)의 생각이었음을
솔직히 告白하고 있음을[156] 본다. 즉 理無爲이므로 己格己到라고 理
解하고 있음을 볼 수 있다. 이것은 晩年의 理到說以前의 主張으로서
비교되는 곳이다. 다음에 理到說에 대하여 밝혀본다.

ⓑ 格物致知와 理到說의 立場

退溪의 晩年定說은 庚午年 11 月 己卯에 高峰에 답한 改致知格物說
로[157] 확실해진다. 庚午年 11 月 17 日字로 高峰에게 보낸 글에는 지
금까지의 物格說과 無極太極說에 對한 자신의 見解가 잘못되었기 때
문에 金而精便에 改說을 보냈으나 或失傳을 걱정하여 一紙를 送呈[158]
한다고 되어 있다.

別紙에 의하면 往年에 在京中에 理到說을 듣고 되풀이 해서 생각해
보았으나 잘 알 수가 없었다[159]고 하였다.

高峰文集에는 다만

「物格 戊申封事理到之言發微不可見條下通書註隨其所寓而理不到
大學或問註無一毫不到處 以此等言句反覆求之 則理詣其極及極處無
不到者 如鄙意釋之固無不可也」(答退溪先生問目 卷三 65面 9行)

라고 있어서 退溪가 그것을 가지고 猶未解惑이라고 했는지 자세하지
않으나 近來에 金而精이 전하는 바에 따라서 舊見을 濯去하게 되었다
는 것이다. 여기서 밝혀야 할 것은 窮到를 주장하는 태도가 理到로
바뀌는 점이다.

到極이라고 할 때 到는 主賓이, 그리고 極은 內外가 問題될 것이다.

---

155) 而精錄示所教示理到無極等語 方覺昨非 所得數語錄在別紙(退溪全書上 p464 下段 1
行)
156) 滉所以堅執誤說者 只守朱子理無情意無計度無造作之說 以爲我可以窮到物理之極處 理
豈能自至於極處 故硬把物格之格 無不到之到 皆作己格己到看(答奇明彦 別紙 退溪全
書上 p464 下段 9行)
157) 答奇明彦 別紙 退溪全書上 p464 下段 8行
158) 向來物格說無極而太極說 鄙見皆誤 亦已改說寫奇于而精 恐或失傳故今呈一紙(高峰先
生文集 往復書 三 55面 8行)
159) 往在都中 雖蒙提諭理到之說 亦嘗反復紬思 猶未解惑(退溪全書上 p464 下段 12行)

主賓은「내가 物理極處에 到」하는 것인지,「極處가 나에게 自至」하는 것인지 兩論이 있을 수 있으며, 內外는 外物의 極과 內心의 極의 兩 說이 있을 수 있을 것이다. 여기서 主賓으로서의 物我가 分裂됨이 없 이 統을 유지하며, 내외로서의 兩極이 하나로 會通되는 境地는 退溪의 格致說과 理到說의 中心點이 될 것이다. 外物之理는 비록 萬物에 산 재하여 있지만 用之微妙는 實로 一人之心에 벗어나지 않는다고 하여 物我의 一理를 말한다. 이렇게 되면 物我一理라는 說明은 되지만 여 전히 理는 無爲로, 人心은 有爲로 되어 버린다. 여기서 小註或問의 朱子와의 問答을 원용하여 心「理」의 用과 無所不該의 理로 접근을[160] 시도한다.

그러나 朱子가 理必有用이라고는 하지만 其用은 人心에 不外한다고 하니 理用의 能動性으로는 아직 빈약함을 느낀다. 退溪는 朱子의 이 말을 이어서 아래와 같이 理到의 境地를 피력한다.[161] 所以로서의 理 와 用으로서의 氣는 자못 心合理氣를 연상케 하지만 心之體가 理에 具備되어 있으며 이 理는 無所不該라고 할 때 心合理氣의 理와 無所 不該의 理를 하나로 모아 理之發現이라는 主體機能에 想到하게 될 것 으로 理解된다. 이것은 物格이 되며 理能自到할 것이기 때문에 格物 의 未盡함을 염려할 것이요, 理의 不能自到를 근심하지 말라고 한다.

그러므로 格物로 말하면 本來 내가 物理之極處에 窮至한다고 할 것 이지만, 物格으로 말하면 物理之極處가 나의 窮至하는 바를 따라서 도달하지 않음이 없다고 어찌 말하지 못하겠는가? 情意와 造作이 없 는 것은 理의 本然의 體요, 그 器寓에 따라서 發現하여 到達하지 않 음이 없는 것은 이 理의 至神之用임을 알았다고 말하는 退溪의 意中 에는 내가 窮至한 物理之極處의 極과 物理之極處가 隨寓發見하여 無 不到하는 物理之極處의 極과는 二致가 아니라 會遇一致하여 至神之用 으로 生生(創造的, 主體的)의 機能으로 파악되고 있음을 엿볼 수 있을 것 같다.

이것은 分明히 窮到極處가 心이요 我이기는 하지만 心到나 我到라 고 해서는 病이 된다고만 하여 到極에 있어서의 主賓, 內外의 融會의

---

160) 其小註或問用之微妙是心之用否 朱子曰理必有用何必又說是心之用乎 心之體具乎是理 理則無所不該而無一物之不在 然其用實不外乎人心(退溪全書上 p465 上段 2行)

161) 其用實不外乎人心而其所以爲用之妙 實是理之發現者 隨人心所至而無所不到, 無所不 盡(退溪全書上 p465 上段 5行)

模糊性으로부터 理體心用의 妙를 理到로 천명한 것은 그 生涯의 學問
硏究의 決算으로 推測된다. 이렇게 생각할 때 다음에 提起되는 또 하
나의 問題는 理發의 理와 發到의 理는 과연 退溪의 理觀에 비추어서
어떻게 연결될 수 있느냐 하는 점이다.

退溪가 理發을 주장하는 理由를 들면 아래와 같다.

① 理尊, 命物者
② 理有動靜, 理動氣隨而生
③ 理必有用
④ 道體自能發現流行
⑤ 理能發能生[162]

至尊한 것으로 높히는 態度는 氣를 踐視하였고 氣의 動靜이 있는
것도 理有動靜 때문이며 그러니 理必有用의 朱子의 말이 옳게 받아
들여졌으며 道體의 自能發現과 理能發로 이어져 간 것으로 보인다.
改致知格物說에 理는 活物임을 暗示[163]하는 듯한 곳이 있다. 여기서
疑問나는 것은 이 이전에는 과연 理를 死物로 생각했었던가 하는 일
이다. 李鍾述씨는 「退溪先生의 理到說小考」(退溪學報 第4輯 1974.4)에
서 다음과 같이 말하고 있다.

> 「理到說에서 말한 退溪의 理를 死物로 誤認할 뻔 했다는 것은 理
> 到說만을 두고한 것임을 알아야 할 것이고 理의 作用에 대한 말
> 은 그 本意를 深察하여 活看하지 않으면 안될 것으로 안다」(p59
上段 2行)

이상에도 理의 活性을 인정하고 있었다고 해야 하고, 그렇지 않다
면 理發說이 나올 수 있었을까 疑心스럽다. 理發說의 理는 四端七情
이 感發되는 側面에서 말한 것이니 自內發外의 一邊 뿐이고 理到說의
理는 外物의 理를 窮究하여 致知하는 工夫인 데서 생긴 問題인듯 하
니, 認識의 主體와 客體사이에서 전개되는 것으로 外在事物의 理가 自
主的으로 心의 認識에 따라(自外入內하며) 豁然貫通의 內外一貫의 묘한
점이 비교되는 것[164]이 아닌가 한다. 認理爲死物로부터 認理爲活物로
轉移된 것으로 생각한다면 잘못일 것이다.

窮至를 설명하는 例로서 卷初부터 傳十章까지 無不盡이라고 할 때

---

162) 退栗性理學의 比較硏究 p80 25行 蔡茂松
163) 殆若認理爲死物 其去道不亦遠甚矣乎(退溪全書上 p464 上段 18行)
164) 退溪先生의 理到說小考 (李鍾述 退溪學報 第4輯 p58 上段 17行)

到라고 함은 卷初부터 이어온 것인즉 卷末傳十章만 단절해서 생각할
수 없음을 시사하고 있음[165]을 보면 卷初부터 자세히 읽어서 理解의
連續으로 卷末까지 도달한다는 뜻으로 미루어 理發說이 변질되어 理
到說이 되었다고 생각해서는 안될 것이다. 아마도 理發說은 그의 道
德淵源에 根本한 倫理的인 표현이라면 理到說은 理體心用의 豁然會通
하는 妙境의 哲學的인 표현이라고 비교됨직하다. 高峰은 因說과 對說
을 上下와 左右로 區分 理解하고 있는데[166] 退溪의 理發說을 因說의
立場에서, 理到說을 因說과 對說이 交叉하는 立場에서 이해할 수 있지
않을까 생각된다. 因說을 論理로 對說을 事理로 이해할 수 있다면 論
理와 事理의 共存속에서도 主賓을 嚴分하고자 하는 退溪의 本意로 추
측되기 때문이다.

窮理는 致知事요 主敬은 立本之事라고 退溪는 말하여 反躬踐實과
더불어 互進하는 결과는 眞知에 도달하게 된다고 생각하였으니 이제
이어서 敬에 關하여 고찰하고자 한다.

B 居敬의 問題

退溪는 學問의 始終을 敬으로 생각하였고 一生生活을 또 敬으로 實
踐하였다. 먼저 學問面에서 ⓐ 學問에 있어서의 敬의 位置, ⓑ 人間
의 主體性과 義利之辨의 問題, ⓒ 居敬工夫의 實質的 內容으로 나누
어 살펴본 다음, 日記를 통해서 본 退溪의 尊理와 敬의 生活을 살펴
보기로 한다.

ⓐ 退溪學問에 있어서의 敬의 位置

退溪는 學問하는 所以를 心과 理로 생각한다.[167] 心은 敬工夫요, 理
는 格致工夫로 理解할 수 있을 것이다. 心學을 敬工夫로 생각하기 때
문에 心經을 神明과 같이 믿었고 嚴父와 같이 尊敬하였으며 또 心經을
얻은 後에야 비로소 心學의 淵源을 알게 되었다[168]고 한다. 心을 一

---

165) 格物物格兩註說記嘗聞見諸公語(退溪全書上 p629 下段 13 行)
166) 大升以爲 朱子謂四端是理之發 七情是氣之發者 非對說也 乃因說也 對說者如左右便
    是對待底 因說者如說上下 便是因乃底聖賢言語 固自有對說因說之不同 不可不察也
    (高峰答退溪再論四端七情書 四七理氣往復書 下篇)
167) 其說曰人之所以爲學 心與理而已 心雖主乎一身而其體之虛靈足以管乎天下之理(答鄭
    子中別紙 退溪全書上 p464 下段 19 行)
168) 先生自言 吾得心經而後 始知心學之淵源 心法之精微 故吾平生信此書如神明 敬此書
    如嚴父 艮錄(退陶先生言行通錄 退溪全書下 p644 上段 7 行)

身의 主宰로 생각하고 敬은 또 心의 主宰[169]라고 한다. 退溪에 있어서 學問을 하는데 이 主宰를 세우는 일이 무엇보다도 가장 急한 일[170]로 생각하므로 心이 一身의 主宰요 敬은 다시 一心의 主宰라고 생각한다면 主敬으로 立本할 것을 쉽게 생각이 미칠 것이다.

天命圖에도 心圈內에도 敬을, 情意圈內에도 敬을 中心에 固定시키고 있다. 第10節에 의하면 心과 主宰와 敬과 學에 대하여 설명해주고 있다. 즉 一身의 主宰를 心이라고 하고 心之用이 情意며 君子는 靜時에는 存養해서 體를 보존하고, 情意發時에는 성찰해서 用을 바르게 한다는 것이다. 敬이 아니면 保性立體가 어려웁고 敬이 아니면 正幾達用이 어려우므로 君子의 學問은 心未發時는 主敬하여 存養工夫에 힘쓰고 心已發時도 主敬하여 省察工夫를 가해야 한다는 것이다. 그러므로 敬은 學의 成始成終이 되어 體用을 通貫하는 것이니 이 그림의 緊要한 뜻이 무엇보다도 여기에 있다고 하였다.[171]

이 說明에 의하면 敬이 心圈과 情意圈에 다 같이 표시되어 있는 理由는 心이 發하기 前에 있어서 心의 體인 性을 存養해야 하고 心이 發한 이후에 있어서는 心의 用인 情意에 대하여 省察을 가해야 하는데 이 存養과 省察은 모두 敬의 方法이 아니면 안되기 때문이다.[172] 要는 心體, 心用이 다같이 主敬으로 存養省察工夫가 가능하며 敬이 또한 學問의 始終이 된다는 것이다. 天命圖說을 修訂한 退溪는 聖學十圖를 지을 때의 資料로서 그 天命圖說이 생각될 수 있었을 것으로 추측된다.

聖學十圖 第三 小學圖에는

　「吾聞敬之一字 聖學之所以成始成終者也」

라고 함을 보면 자못 앞서 언급한 天命圖說 第十節을 聯想케 한다. 뿐만 아니라 同 第四 大學圖에서는 聖學十圖 全體가 敬을 위주로 한

---

169) 盖心者一身之主宰 而敬又一心之主宰(心學圖 退溪全書上 p208 上段 12行)
170) 德弘嘗侍坐巖栢軒 先生曰爲學莫如先立其主宰(同上 p795 下段 17行)
171) 人之受命于天也 具四德之理 以爲一身之主宰者心也 事物之感於中也 萌善惡之幾 以發一心之用者情意也 故君子於此心之靜也 必存養以保其體 於情意之發也 必省察以正其用 然此心之理浩浩然不可捉摸 渾渾然不可涯涘 苟非敬以一之 安能保其性 而立其體哉 此心之發微而爲毫髮之難察 危而爲坑塹之難蹈 苟非敬以一之 又安能正其幾而達其用哉 是以君子之學當此心未發之時 必主於敬 而加存養工夫 當此心已發之際亦必主於敬 而加 省察工夫 此敬學之所以成始成終而通貫體用者也 故圖之切要之義尤在於此也(天命圖說 8面)
172) 退溪의 生涯와 學問(李相殷博士) p240 8行

것이라[173]고 明言하고 있다.

退溪는 말하기를 「君子의 學이란 自己를 위할 따름이라」[174]라고 함은 一身의 主體確立이 요구되기 때문이며, 心之主宰로 더욱 敬이 중시된다는 뜻은 聖學十圖로서 충분히 알 수 있는 일이다. 退溪學의 最高目的은 바로 求仁成聖에 있다. 그러므로 十圖를 이름 붙여 聖學十圖라고 하였으니 여기에서 우리는 退溪學의 成就目標는 聖人에 있음을 알 수 있다.[175]

이렇게 볼 때 退溪의 學問에 있어서 敬은 그 基盤을 이루고 있음을 認識하게 되며 窮理가 學問上 貴重하다고 하지만 이 敬을 떠나서 이룰 수 없다고 함은 容易하게 추측할 수 있을 것이다. 窮極의 學問目標가 君子聖人이 되는데 있다면 退溪의 學問에서 敬을 遊離하고 成聖을 바란다는 것은 어려운 일로 생각되며 그 敬은 人間의 主體性과 分離할 수 없는 核心處로 보인다.

ⓑ 人間의 主體性과 義利之辨의 問題

義利判斷은 人間의 主體確立이 先行되어야 할 것이다. 退溪가 생각하는 人間의 主體性에 관해서 먼저 살피고, 나아가서 義利問題에 언급하고자 한다.

〈人間의 主體性〉

退溪의 學問에 있어서 敬은 必須不可分離의 位置에 있음을 앞에서 보았거니와, 退溪가 學問의 根據(所以)는 心과 理 뿐이라고 함도 人間의 主體性을 確立하는 일과 無關할 수 없는 일이요, 이 心은 理, 太極, 天, 帝와 一連의 脈을 함께 하면서 敬을 重視하는데 退溪의 主體觀의 生命이 있는 것으로 생각된다.

人間은 天地萬物과 遊離될 수는 없다.[176] 天人이 하나라는 理解는 儒學에서 連綿하게 이어오는 思想이요, 退溪에 있어서만 例外일 수도 없을 것이다. 陶山十二曲中에

「春風에 花滿山하고 秋夜에 月滿臺라

四時佳興 사름과 혼가지라

---

173) 敬者又徹上徹下著工收效 皆當從事而勿失者也 故朱子之說如彼而今玆十圖皆以敬爲主焉 退溪全書上 p203 下段 4 行)
174) 君子之學爲己而已(退陶先生言行通錄 退溪全書下 p652 上段 11 行)
175) 退栗性理學의 比較硏究 p88 7 行 蔡茂松
176) 有天地然後有萬物 有萬物然後有男女 有男女然後有夫婦云云(易咸序)

ᄒᆞ믈며 魚躍鳶飛雲影天光이아 어늬 그지 이슬고」

의 한 首를 읽을 때 그의 上下에 達한 心境을 느껴보게 된다. 이러한 自然의 調和속에서 의연한 主宰力을 간과할 수 없다. 모두 上帝의 所爲요, 이 上帝는 下民과 直結되어 있는 것으로 생각하는[177] 것이다. 上帝心과 下民心이 다를 수 없다면 心에서 그 疏通點을 생각할 수 있을 것이다. 天地는 物을 生함으로써 마음으로 삼고 物의 生은 또한 各各 天地의 마음을 얻음으로써 마음으로 삼는다[178]는 朱子의 생각은 退溪에 반영된다. 그리하여 程子의 말을 인용하면서 一人之心이 天地之心임을[179] 말한다.

一人之心이 即 天地之心이라고 할 수 있는 理由로서 退溪는 理一氣亦非二를 들고 있지만 그러나 그 以前에 다만 一理임을 지적하고 있음을 注意하게 된다. 通體를 一太極으로 파악할 때 一理 뿐이라면 太極은 理라고 할 수 있을 것이요, 人心, 天地心의 通體를 一太極으로 본다면 心이 太極이라고 할 수 있을 것이다. 退溪는 말하기를

「心이 太極이라고 함은 人極을 말하는 것이다. 이 理는 物我도 없고, 內外도 없고, 分段도 없고, 方體도 없는 것이다. 그 靜함에 있어서는 渾然히 全具하여 一本이 되니, 眞實로 在心在物의 分이 없는 것이요. 그 動하여 應事接物함에 있어서는 事事物物의 理가 吾心의 本具之理인 것이다. 다만 心이 主宰가 되어 各各 그 法則을 따라서 應하는 것이니 어찌 마음으로부터 推出한 다음에야 事物의 理가 될 것이랴.」[180]

라고 한 것을 보면 主宰는 心과 理와 太極을 연결하여 이해되고 있음을 엿볼 수 있다. 그러나 心이 一身의 主宰요, 敬이 또 心의 主宰가 된다는 退溪로서 敬을 떠나서 主體를 파악한다는 것은 不可能한 것으로 여겨진다.

이상으로 主宰의 本源面을 살펴 보았거니와 이 機能은 人間의 主體面에서 無所不在와 無時不然의 眞理性을 充足시켜주어야 할 것이다.

---

177) 就無極二五 妙合而凝 化主萬物處看 若有主宰運用而使其如此者 即書所謂惟皇上帝 降衷于下民 程子所謂以主宰謂之帝是也(答李達李天機 退溪全書上 p354 上段 3行)

178) 天地以生物爲心者也 而物之生 又各得夫天地之心 以爲心者也(仁說 朱子大全 卷67)

179) 自這一箇腔子通天地萬物 只此一理 理一氣亦非二 故曰一人之心即天地之心(答黃仲擧 退溪全書上 p485 上段 6行)

180) 答鄭子中 自省錄 卷一 退溪全書下 p158 上段 15行

이 點을 敬으로 補完하고 있다. 眞理는 잠시도 間斷이 있어서는 아니되며[181] 顏子에 있어서도 석달 이상을 넘지 못하였으니 그 어려움을 짐작할 만한 일이다. 補亡章에 人心의 靈은 知를 두지 않음이 없다고 하였는데 이것은 主體的 認識源을 지적한 것으로 보이며, 또한 이 機能은 空間的으로 內外가 없어야 하며 時間的으로는 動靜이 끊어져서는 아니 될 것이다. 이 점에 대한 解決을 退溪는 敬으로 시도한다. 退溪는 이르기를

「靜時不思 便認以爲窈冥寂滅 動時思量 又胡亂逐物去 都不在義理上 所以名爲學而卒不得力於學也 惟主敬之功 通貫動靜 庶幾不差於用功爾」(答李叔獻別紙 退溪全書上 p370 下段 18行)

라고 하여 敬의 功이야말로 動靜을 通貫하는 가장 큰 것으로 理解하고 있다. 眞知와 實得은 어느 한 쪽도 잃어버릴 수 없는 것이니 退溪에 있어서 眞知는 理의 파악으로, 實得은 主敬으로, 達成되는 것으로 보는 것이다. 眞理는 아는데 그치는 것이 아니라 모시는데 意義가 있다면 退溪의 敬天, 畏天은 그의 尊理, 踐理의 主體機能에서[182] 顯現되는 것이요 또한 모시는 敬虔한 모습도 여기서 유래되는 것으로 믿어진다. 坤文言에

「直其正也 方其義也 君子敬以直內 義以方外 敬義立而德不孤 直方大不習无不利 則不疑其所行也」

라고 함을 볼 때 敬과 義는 內外關係에 있는 것으로 이해되며 同傳註에

「直言其正也 方言其義 君子主敬以直內 守義以方其外」

라고 한 뜻은 退溪의 「主敬而能無二三爲實得」으로 이어지는 감을 준다. 要컨대 敬을 心의 主宰로 생각한다면 이러한 主體의 확립은 行動에 있어서 義利로 發揚됨을 능히 생각할 수 있을 것이다. 다음에 義利問題를 고찰하고자 한다.

〈義利의 分辨〉

사실상 義利說은 儒者의 第一義이다.[183] 退溪는 世上에 태어나서

---

181) 道也者不可須臾離也 可離非道也(中庸)
182) 이것이 退溪의 敬天, 事天, 畏天하는 思想인데 退溪에 있어서는 敬天, 事天, 畏天 함으로써 尊理, 踐理에서 나온 것이다(退栗性理學의 比較研究 p96 3行 蔡茂松)
183) 義利之說乃儒者第一義(上延平先生 朱子百選)

出處遇不遇에 오직 그 몸을 潔白하게 유지하여 義를 행할 따름이지, 禍福을 논할 바 가 아니라[184]고 말하고 있다. 義가 상실되는 가장 큰 原因을 退溪는 個人의 願慕때문이라고 하며 願慕의 克服이 안되는 까닭은 理의 未盡과의 不剛을 들고 있다.[185] 그러므로 事理를 窮盡하고 意志를 굳세게 가진다는 것은 實現할 수 있는 基盤이 된다는 것이다.

義利라고 할 때 義는 義以方外의 義요, 敬以直內에 淵源한 義인데 비해서 利는 두가지 傾向을 생각할 수 있으니, 義의 肯定이 그 하나요, 否定이 그 둘째이다. 董仲舒의 「正其義而不謀其利 明其道而不計其功」이라고 한 不謀其利의 利는「小人喩於利」의 利와 마찬가지로 부정하려는 利이며「利者義之和也」라고 한 利는 긍정하려는 利일 것이다.

이 兩利間의 矛盾齟齬되는 듯한 疑心에서 黃仲擧(俊良 1517~1563)는 退溪에 질문한 바 있다. 그의 質疑는

「正其義不謀其利 以義對利說 而又引利者義之和也 於不謀之意如何」에 있으니 謀하지 말라는 董仲舒의 利와 義之和라는 易의 利와에 대하여 疑心을 불러 일으켰던 것이다. 退溪는 두가지로 다음과 같이 對答한다.

㉠「自利之本而言之 利者義之和 非有不善 如易言利不利 書言利用之類是也」

㉡「自人之爲利而言之 在君子 則爲心有所爲之害 在衆人 則爲私己 貪欲之坑塹 天下之惡皆生於此」

즉 利之本에서 보면 義之和라고 해야 하며 人의 爲利에서 보면 有所爲의 害가 있다는 것이다. 그러나 利가 義의 和라면 義를 바르게 하면 利는 그 속에 있는 것이지 義外에 따로 利가 있는 것이 아닌데 其利를 謀하지 말라고 하면 利는 義外에 따로 또 있는 것처럼 되어, 이것을 하고자 하면 저것을 하지 못하는 듯이 생기게 된다. 利가 비록 義之和에 있다고 하더라도 필경은 義와 相對的으로 消長勝負하므로 牴牾되는 것이 아니라는 것이다. 有所爲의 害란 義를 바르게 하고자 해서 일에 임하였을 때, 혹 義에 專一하지 못하면 向利心이 생겨서

184) 未士生於世 或出或處或遇不遇 歸潔其身 行其義而已 禍福非所論也(答奇明彦 退溪全書上 p403 下段 15行)
185) 平時理有未盡 志有所不剛 則其所自決 或不免昧於時義奪於願慕 而失其宜耳(答奇明彦 退溪全書上 p402 下段 13行)

自然 義和의 利로부터 멀어지게 된다고 하였다.

이렇게 생각하면 義利는 間斷이 없는 것이요, 따라서 善惡是非도 또한 消長勝負하는 것으로 미루어 역시 尊理와 持敬하는 마음을 지킴으로써 義의 實現이 可能하며 그렇게 함으로써 義之和로서의 利는 保有된다고 할 것이다.

이렇듯이 敬이 主體性의 確立 또는 利와 義의 根源이 된다면 그 居敬工夫의 實質的 內容이 무엇인가를 밝힐 必要가 있다.

ⓒ 居敬工夫의 實質的 內容

退溪에 있어서 敬이 一心의 主宰라고 함은 이미 앞에서 言及하였거니와 그 敬은 有事無事, 有意無意, 動靜을 一貫하는 것이다. [186]

「聖學十圖」 第九 敬齋箴圖 註에는 다음과 같은 臨川吳氏의 말을 인용하고 있다.

「箴凡十章四句 一言靜無違 二言動無違 二言表之正 四言裏之正 五言心之正而達於事 六言事之主一而本於心 七總前六章 八言心不能無適之病 九言事不能主一之病 十總結一篇」

이것 또한 動靜表裏間에 一貫한다는 뜻이라고 생각된다. 뿐만 아니라 實地로 敬하는 방법이 무엇인가 알아야 할 것이다. 이 持敬하는 方案을 알면 理에 밝고 心이 安定된다. [187]

방법은 두가지로 생각할 수 있을 것이니 存養이 그 하나요, 省察이 그 둘째이다. 天命圖의 心圈과 情意圈에 다같이 敬이 표시되어 있는 理由는 心이 發하기 前에 있어서 心의 體인 性을 存養해야 하고 心이 發한 이후에 있어서는 心의 用인 情意에 대하여 省察을 加해야 하는 데 이 存養과 省察은 모두 敬의 方法이 아니면 안되기 때문이다. [188]

이제 存養과 省察에 대하여 차례로 논하고자 한다.

㉮ 存 養

退溪는 存養을 無事時의 敬工夫로 생각하여 惺惺일 따름이라 [189]고

---

186) 人之爲學 勿論有事無事 有意無意惟當敬以爲主 而動靜不失 則當其思慮未萌也 心體虛明 本領深純 及其思慮已發也 義理昭著 物欲退聽(答金惇叙 退溪全書上 p660 上段 2行)

187) 敬者 徹頭徹尾 能知持敬之萬 則理明而心定 以之格物 則物不能逃吾之鑑 以之應事則不能爲心累(答金惇叙 退溪全書上 p654 下段 10行)

188) 退溪의 生涯와 學問 p240 8行 李相殷 博士

189) 無事時存養 惺惺而已(答李叔獻別紙 退溪全書上 p370 下段 15行)

했고 靜時에는 天理의 本然을 涵養한다[190]고 말하였다. 이와같이 無事時나 靜時의 敬工夫는 또한 由來가 있는 듯하다. 主宰를 세우기를 敬으로써 하는데 爲說이 많지만 程謝尹朱의 說이 가장 적절하다.[191] 程謝尹朱의 說이란 程子·謝上蔡·尹和靖·朱子에게 敬은 어떻게 用力해야 하는가를 물었을 때 朱子의 答이「程子는 일찌기 主一無適이라고 했고, 또 整齊嚴肅이라고도 하였고, 그의 門人 謝氏의 說은 소위, 常惺惺法이라고 했으며, 尹氏의 說로 말하면 純粹收斂을 말한다」[192]고 하였다. 여기 常惺惺法이란 다름아닌「無事時存養 惺惺而已」라고 한 惺惺일 것이다. 惺惺이란「깨닫는다」,「각성한다」,「정신차린다」로 번역될 수 있다. 常惺惺이란 마음이 항상 각성상태에 있음을 말한다.[193] 이렇게 連綿한 각성상태는 應事接物의 資賴하는 바가 될 것이다. 그러므로 이 無事時의 敬은 有事時의 敬과 연관되는 것이며 또 連關되어야 主體일 수 있을 것이다.

㉰ 省　察

主體는 無事時나 有事時를 막론하고 維持되어야 할 것이요, 살아있는 限 忘却될 수 없는 生生源이 아닐 수 없으니, 이 主宰의 確立과 固守를 위한 敬工夫는 無事時와 똑같이 有事時에도 필요한 것이다. 움직일 때나 고요히 있을 때나 動靜의 喜厭없이 敬해야 할 것이다. 大學에서 雲峯胡氏는 戒懼를 靜時敬이라고 하며 愼獨은 動時敬이라고 하였다. 愼獨에 관해서는「聖學十圖」第十 夙興夜寐箴圖에서「夙寐箴與 日乾夕惕」하는 뜻을 충분히 살필 수 있을 것이다. 道의 流行은 잠시도 間斷이 없으므로 無理의 一席도 없으며 無理의 一刻도 없으니 어느 곳에서 敬工夫를 놓으며 어느 때인들 敬工夫를 놓을 수 있으랴. 道라는 것은 잠시도 떠나서는 不可한 것이므로 君子는 不睹處에 戒愼하고 不聞處에 恐懼하며, 顯微無間의 敬을 愼獨으로 實踐하는 것[194]이다.

無事時의 惺惺은 有事時의 恐懼로 이어져야 할 것이며 이것은 또한

190) 靜而涵天理之本然 動而決人欲於幾微(答金惇敍 退溪全書上 p661 上段 18 行)
191) 如何可以能立其主宰乎 久之曰敬以立主宰 曰敬之爲說端 何如可以不陷於忘助之病乎 曰其爲說雖多而莫切於程謝尹朱之說(退陶先生言行通錄 退溪全書下 p652 上段 16 行)
192) 聖學十圖 第四 大學圖 退溪全書上 p203 上段 4 行
193) 退溪의 生涯와 學問 p243 3 行 李相殷 博士
194) 退溪全書上 p210 下段 20 行

敬의 一貫性에서 奏效될 수 있을 것이다. 晨興으로부터 夙寐까지 日乾夕惕하는 恐懼愼獨은 聖學十圖의 第十圖에서 볼 수 있는 有事時의 敬工夫로 생각된다.

「孟子」 公孫丑章句上의 浩然章에서 「必有事焉而勿正心勿忘勿助長」 註에

> 「必有事焉而勿正 趙氏程氏以七字爲句 近世或並下文心字讀之者亦通 必有事焉有所事也 如有事於顓臾之有事」

라고 하여 「態有事焉」이 「有所事」라고 한 것은 無事時를 말함은 아니다. 有事時로 보아야 할 것이다. 同疏註에는

> 「問必有事焉 當用敬否 程子曰敬只是涵養一事 必有事焉須當集義 只知用敬不知集義 却是都無事也」

라고 하여 「必有事焉」을 集義로 말하고 있어서 역시 有事時의 用敬으로 理解되고 있음을 볼 수 있다. 退溪는 趙氏와 程氏처럼 「必有事焉而勿正」의 七字를 一句로 보는 것이 아니라 四項으로 나누어서 다음과 같이 解釋한다.

> 「先生曰必有事焉而勿正心勿忘勿助長 當作四項看 有事一也 勿正二也 勿忘三也 勿助長四也」(退陶先生言行通錄 退溪全書下 p653 下段 15行)

「有事一也」의 有事는 「必有事焉」의 有事로서 正心勿忘勿助長은 集義하는 有事時의 敬으로 생각된다. 飛躍이 아니라 하나의 成長過程으로 생각할 때 成熟에 소요되는 時間은 持敬으로 持續되어 가는 처럼 보인다. 講習應接時에는 義理를 思量하고 動해서는 人欲을 幾微에 決斷함이 退溪의 省察 即, 有事時의 敬工夫라면 夙興乾惕과 有事·勿正·勿忘·勿助長은 그것을 實現하려는 具體的 方案이 아닌가 생각된다.

앞에서 論及된 學術鍊磨나 敬工夫는 그의 日記속에서 역력히 읽을 수 있다.

ⓓ 日記를 통해 본 竆理와 敬의 生活

日記는 그 사람의 私生活을 가장 정확하게 말해주는 것이다. 이제 알려진 退溪의 日記로는 54세 當時의 8個月分이 있을 뿐이다. 즉 1554年 2月부터 6月까지, 10月부터 12月까지의 部分이 보존되어 있다. 그 사이라고 할지라도 記錄되지 않은 날도 많고, 또한 記錄한

날이라고 하더라도 簡略하게 표시되어 있기는 하나 退溪의 生活態度
라던지 學術思想 發展의 자취를 어느 程度 알아 볼 수 있음이 多幸한
일이라고 생각된다. 다음은 日記의 保存된 部分이다.

〈甲寅 2月〉

10日   平心和氣 養理去吝

12日   樂易叔泰

13日   弘毅叔泰

17日   勿靠他人 勿等後日

21日   觸處皆理 何時不樂

23日   瞬存息養 涵養從容

26日   頻復之厲 頻巽之吝

23日   觀物生意 私化仁得

         ＊當日欄이 좁아서 追記된 것으로 보임 (筆者註)

〈同 3月〉

3 日   一念之邪 和根斬斷

4 日   樞機之發 榮辱之主

5 日   頤保精神 暢舒志氣

11日   隨時隨事 勿志勿助

15日   答仲擧書 欣慕愛樂 不能自己

17日   同上 內重外輕 學以終身

22日   本書與時甫

         集義爲養氣之事 居敬爲集義之本

         鄭韓 愼狂樂塡汗堅

28日   相規 戒他惑崇朱學

〈同 4月〉

1 日   未歸言歸 □□□□ 先行其言而後從之

2 日   語宰自口作 狂藥從口入 至戒在此

3 日   有能一日厓用其力於仁矣乎 如云一日ヘ那則一日之後□可
         輆非聖人之意又我未之見也□□□□元太初

4 日   待人吹噓非丈夫

5 日   存亡進退 陟降飛潜 曰毫曰釐 匪差匪繆

6 日   必中必正 乃吉乃亨 匪警滋荒 匪識滋漏

7日　　無求眞樂事 有累必凡人 ——答松岡詩

9日　　靜時存應事接物 不覺失去曰敬義夾持久則內外打成一片

10日　　存心未久輒走作 力制則心恙只於非着意非不着意上用功熟
　　　　——惟一

12日　　立脚能堅不轉機 ——答時甫詩

13日　　放開心胷 平易廣闊 徐徐旋看 道理浸灌培養 忌立己意把捉太
　　　　緊 ——朱子答廣仁卿

15日　　接而知有禮 交而知有道 惟敬者能守而不失耳 謂飮食男女之
　　　　事 ——朱答伯逢

17日　　持於此者足以勝乎彼則自然有進步處 ——朱子答潘叔昌

19日　　天地生物以四時運動 學者常喚今此心口則日有進 ——朱子

20日　　求放心不須注解只日用十二時常切照管不令　放出即久久自見
　　　　功效義理自明持守不費氣力也 ——朱子答李叔文

22日　　常日端的用功逐時漸次進步 ——朱子答潘文叔

24日　　理有動靜故氣有動靜 ——答鄭子上

26日　　鄭子上問和靖論敬以整齊嚴肅無專主於內上蔡專於事上作工夫
　　　　故　云常惺惺法曰二.說難分內外皆心地上功夫事上豈可不常惺
　　　　惺乎

〈同 5月〉

4日　　呂伯恭曰學者須是專心致志絶利一源凝聚停滀方始收拾得上

30日　　丈夫五十年 要須識行藏

〈同 10月〉

1日　　□假使高聲句便是罪過

2日　　□矜字罪過 須按伏得

3日　　□要富貴要他做甚□討病根將來斬斷

4日　　□多着靜不妨

5日　　□儼若思時可以見敬之貌

6日　　□聖人以愼言語爲善學君子之言聽之也

7日　　□屬須存這箇氣味在自胷中朝夕玩味不須轉說與人

8日　　□先學文未有能至道

9日　　□作簡請客如法是合做底只下面一句是病根得人道好於我何加

10日　　□投壺神中

11日　　□出門如見大賓 使民如承大祭

12日　　□烏頭力去當如之何

13日　　□動容貌斯遠暴慢正顏色斯近信出辭氣斯遠鄙倍

14日　　□毋以一第置胷中

15日　　□於人主宰相得稱譽因喪其亦守者多

16日　　□胷中不可有一事 非着意非不着意

17日　　□敏是得理之速 明理而行不期而速

19日　　□正其衣冠端坐儼然自有一般氣象不如執事上尋便更分明

20日　　□靜坐

23日　　□晦默

30日　　□遷怒

〈同 11月〉

8日　　□舊聞宗聖戒淵氷 今悟程門印去矜

10日　　□心纔慢即理差而欲滋所以無時不戒懼即敬敬便欲消而理存

16日　　□事之不正者積之之多亦足以害吾之大正使吾至大至剛之氣日
　　　　有所屈於中而德望威嚴日有所損於外 與梁丞相書

　　　　（自註 : 文中의 □은 分明치 않은 字를 表示함）

　　退溪의 54세때는 서기 1554년이요, 그 해에는 成均館大司成으로
있으면서 鄭之雲의 天命圖說을 改訂한 다음해의 日記이다. 李芑, 尹
元衡等이 일으킨 乙巳士禍로 인해서 政局이 흐려진 때인 만큼 退溪의
政治生活에 대한 意慾은 減退되어 갔고 反比例해서 學問研究의 熱은
더욱 굳어간 時期로 보인다.

　　2月 17日字 日記에

　　「內重外輕 學以終身」

이라고 記錄된 것은 學으로 종신할 決心이 뚜렷하게 보인다. 朝廷에
서 부르면 辭讓하고 거듭 仕官을 命하면 不得已 仕官하였다가도 오래
머무르지 않는 것이 통상이었다. 日記에서 읽을 수 있는 것처럼 學問
을 사랑하고 道學研究를 위한 決心으로 기인한 것으로 생각된다. 退
溪의 思想을 理와 敬으로 집약해볼 때 奇高峰과 오래도록 논란된 理
發問題와 連綿하게 이어온 敬에 관한 執念의 자취를 日記속에서 찾아
볼 수 있다. 氣發을 主張해 온 高峰에 대하여 끝내 理發을 굽히지 않
았고 이러한 論理構成의 자취를 읽을 수 있다.

4月 24日字 日記에 의하면 朱子가 鄭子上에게 答하는 글 中의 한 句節이 기록되어 있어 後人들에게 尊理思想의 成長過程의 一面을 보여주고 있다. 朱子의 思想을 充實하게 繼承하고 또 朱子를 배우려는 學徒들을 위해서 理學通錄을 편찬한 退溪는 여러 朱門學徒들과의 왕복문답한 書簡을 간추려서 모은 것이며 鄭子上도 여기에 물론 들어 있는 것이다.

「理有動靜 故氣有動靜」(4月 24日字)

日記中의 이 表現은 朱子가 鄭子上에게 答한 글이기는 하지만 이 句節에 對한 共感이 깊었고 또 鄭之雲의 天命圖를 改訂한 다음해의 日記라고 생각할 때, 退溪의 理發說은 이미 이 當時에 굳어져 있었던 것 같이 보인다. 그토록 오랫동안 理가 어떻게 發할 수 있느냐는 爭點을 일으켜 왔으나, 그 理發에 대한 退溪의 共鳴을 받은 時期를 이 記錄을 통해서 추측할 수가 있다. 理에 통달하여 生活이 즐거웠음은 2月 21日字의 다음과 같은 記錄으로 미루어 보기에 충분하다.

「觸處皆理 何時不樂」

더욱 놀랄만한 일은 2月 10日字 日記에 있는 養理라는 表現이다. 孟子는 存心養性을 말했는데 性則理라고 한다면 養性을 養理라고 해도 無妨할 것이다. 尊理에 대한 생각에 徹底함을 볼 수 있다고 할 것이다. 退溪에 있어서는 養性보다도 養理라고 함이 實感이 있어서가 아닐까 한다. 敬에 關해서는 여러곳에 散見된다.

4月 9日字 記錄에는,

「靜時存應事接物 不覺失去曰敬」

라고 하여 敬의 一貫性을 말해 주었고 儼若思時의 敬貌를 볼 수 있다고 10月 5日字에는 다음과 같이 기록되어 있다.

「儼若思時可以見敬之貌」

뿐만 아니라 接交間에 禮와 道 있음을 알아서 오직 이것을 지키고 잃지 않음은 敬뿐이라고 다음과 같이 말하고 있다.

「接而知有禮 交而知有道 惟敬者能守而不失耳 謂飮食男女之事——朱答伯逢」(4月 15日字)

이 敬工夫에 대해서는 內만을 專主할 것도 아니요 事上工夫만을 일삼을 것도 아니며 內外의 整齊嚴肅과 常惺惺法을 분리하기 어려움을 4月 26日字 日記에서 볼 수 있다.

「鄭子上問 和靖論敬以齊莊嚴肅 然專主於內 上蔡專於事上工夫 故
云常惺惺法 曰二說難分內外 皆心地上工夫 事上豈可不常懼懼乎」
(4月 26日字)

이러한 內外工夫를 해 가면서 居敬하는 生活을 集義하는 根本으로
삼았고(集義爲養氣之事, 居敬爲集義之本……3月 22日字), 3月 11
日字 日記에는「隨事隨時 勿忘勿助」라고 해서 省察하는 敬工夫의 자
취를 보여주고 있다. 더우기 明理心定이 持敬하는 方案을 알고난 뒤
의 일이라고 할때 10月 17日字 日記에「敏是得理之速 理明而行不期
而速」의 敏은 의미있는 表現이며, 11月 10日字 記錄에 의하면「心纔
慢即理差」란「敏是得理之速」이란 말이며, 戒懼의 持續이 敬이라고 했
고 消欲이 되어야 存理가 된다는 것이며, 特別히 注意를 끄는 것이
理와 敬의 互連關係이다. 이밖에 退溪와 靜坐와 投壺를 한 記錄이 보
인다.

「靜坐」……10月 20日字
「投壺神中」……10月 10日字

靜坐는 얼른 보기에 佛敎의 靜坐처럼 보이나 그런 것이 아니라 이
것은 하나의 敬工夫인 것이다. 周濂溪가 主靜立人極이라고 하여 靜을
立論한 以後로 儒家에서도 靜坐에 關心을 갖기에 이르렀지만 程朱以
後에 敬工夫로 解釋하게 되었고 退溪는 또한 이것을 이어받은 것으로
생각된다. 靜坐를 無事時의 敬工夫라고 한다면 하나의 有事時의 敬工
夫로 投壺를 한 것이 아닌가 한다. 至今 陶山聖域內의 紀念館안에는
使用하던 投壺가 保存되어 있다. 所定의 크기의 병에 일정한 距離에
서 矢를 던져서 壺口에 命中시키는 運動이다. 이 投壺에 關한 오랜
記錄으로는 禮記에서 볼 수 있으며 우리나라에서는 李朝時代에 盛行
했던 것으로 짐작되며 실록에서 그 斷片을 찾아볼 수 있는데 單純히
勝敗를 겨루는 競技가 아니었던 점에 注意가 간다.

世祖 6年 3月에는 明나라 使臣이 왔을 때 投壺를 한 기록이 있고,
同 13年 12月에는 世祖가「先王이 겨울에는 擊毬를 했고, 여름에는
投壺를 했으며 春秋로는 弓射를 했는데 이제 겨울을 당해서 世子에게
이 모든 勳習을 주고자 한다.」는 말이 있다. 成宗 9年 10月에는 投
壺란 戲玩之事가 아니라 治心을 하는 것이라고 記錄되어 있고, 明宗
乙巳年에는 慶會樓下에서 上王이 完親과 儀賓을 引見하고 講經製述과

投壺를 하여 成績順으로 施賞을 한 記事가 보인다.

이 實錄을 通해서 생각되는 것이 첫째는 年中行事中 夏節에 하는 일이었음이 하나요, 投壺란 單純한 戱玩事가 아니라는 것이 그 둘째이다.

退溪는 隨時로 投壺를 한 것으로 推測된다. 靜坐를 한 일과 投壺를 한 것은 이 記錄에서는 各各 한군데 밖에 없다. 그러나 聖學十圖에서 읽을 수 있듯이 敬에 대한 退溪의 執念으로 미루어서 비록 이 日記에 보이는 곳은 不過一處이지만 中斷없이 修練이 繼續되었을 것으로 미루어진다.

投壺가 單純한 戱事가 아니라고 함은 또 다른 治心一事가 있음을 말하는 것이요, 이 運動을 通해서 治心한다는 말은 有事時의 敬工夫로 미루어 볼 수 있을 것 같다. 10月 10日字에는 投壺神中이라고 表現되어 있다. 이 날은 얼마나 命中率이 좋았기에 神妙하게 的中되었음을 特記했을까를 생각한다면 하루이틀이 아니라 連日있었을 것이라고 함은 쉽게 추측이 간다. 退溪는 投壺에 對하여 詩를 읊은 바 있다

「神樂從來和與嚴　投壺一藝已能兼

　　主賓有黨儀無敖　算爵非均意各厭

　　比射男兒因肄習　其爭君子可觀瞻

　　心平體正何容飾　一在中間自警潛」

이 詩에 依하면 投壺란 一藝이기는 하지만 神樂의 和와 嚴을 겸하고 있는 것이며 따라서 主와 賓사이에 理想的인 應接일 뿐만 아니라 前後를 通해서 밖으로 꾸밈이 없고, 안으로는 自警을 하게 되는 君子의 敬工夫임을 隱然中에 표시하고 있는 것으로 보인다. 이 日記를 통하여 볼 때 거의 全部가 日常生活의 世俗事가 아니라 學問에 관한 記事며 修養論에 關한 內容이 壓倒的임에 놀라게 되며 겸해서 또 한가지는 朱子에 대한 尊敬心이라고 할 것이다. 물론 高峰에 대한 答書에서 「朱子吾所師」라고 한 바 있지만 日記에서까지 볼 수 있음은 그 尊慕心을 한층 더 두드러지게 보여주는 것이라고 믿는다. 書簡은 相對方에게 보이기 爲함이지만 日記는 그런 것이 아니라 衷心에서 우러나오는 것이기 때문이다.

3月 28日字 記錄에는

「戒他惑崇朱學」

이라고 하였으나 다른 惑을 경계하고 朱子學을 崇尙해야 한다는 退溪의 赤裸裸한 表現에 그의 朱子觀을 더 한층 정확하게 보여주는 一面이라고 할 것이다. 不過 數個月間의 日記이기는 하지만 理와 敬과 朱子學에 對한 退溪의 所信을 읽을 수 있는데 本 日記의 價値가 있는 것으로 이해된다.

結 論

退溪의 思想을 형성하는 要素로서 어려서부터의 探理하는 노력, 성장해 가면서 自然에 대한 愛護, 朱子로부터 받은 學術的인 影響, 高峰과의 論辨을 통한 理論의 進展등을 살폈고, 그의 哲學思想에서는 尊理의 基底에서 純粹理, 本然의 善, 道心, 「理」發, 敬 問題들이 一貫되어 흐르고 있음을 보았다. 이제 退溪哲學의 本旨理解를 위한 淺見으로 結論을 맺고자 한다.

栗谷에 있어서 氣發理乘一途說과 誠이 특징이라면 溪退에 있어서는 尊理의 思想과 敬을 지적할 수 있을 것이다. 「理」論體系를 요약해본다면

① 極尊無對로서의 理
② 이것을 認識할 수 있는 眞知
③ 眞知를 위한 窮理와 居敬
④ 이상 三者의 溶解된 義理生活

로 묶을 수 있을 것 같다.

源頭處를 生生하는 創造源으로 생각하여 純善의 神聖性을 「理」發說로 固守하였고, 眞知는 그 理字의 難知를 克服하는데서 파악된다고 생각하였고 이 克服은 窮理와 居敬에 힘입어서 可能한 것으로 믿었으며, 이와 같은 思惟半徑에서 그의 一生은 義理로 一貫하는 生活로 具現된 것이 하나의 特徵이 아닌가 한다.

가장 問題가 되었던 것이 「理」의 發問題였던 만큼 「理」發을 正確히 理解한다는 것은 그의 哲學思想理解의 骨子가 되는 것으로 생각되며 理到說의 了解도 여기서 부수된다고 추측된다.

理氣의 主體를 太極이라고 한다면 太極은 理氣의 妙라고 할 수 있으며 이 妙에서 볼 때는 「理」發이라고 해도 또는 「氣」發이라고 해도

全然 不當한 말은 아닐 것이다. 退溪에 있어서 「氣」發이라고 할 때
다만 「形而下」이라고 하는 非超越性에서 純理를 汚染시키는 憂慮때문
에 그것을 피하려는 것 뿐이지 高峰의 「理」發을 反駁하는 意趣를 몰라
서가 아닐 것이다. 理氣의 妙에서 「理」發을 강조하는 退溪의 立場이
主體的 내지 倫理的인 데 長點이 있고 氣發을 力說하는 高峰의 立場이
知識的 乃至 合理的인 데 長點이 있다면 兩側이 다 首肯할 만한 일이
다. 그러나 「理」發의 純善이 情善의 善과 無關하거나 「氣」發로서의
善惡의 善이 天理의 純善과 無關하다면 또한 똑같이 否定되어야 할
것이다.

　退溪의 理는 純理의 純善과 情善의 善이 有關하며, 善惡의 善과 天
理의 純善이 無關한 것이 아니라고 하면서도 이것을 嚴格하게 區別히
는데 用心이 뚜렷하며 이 論理를 闡明하는데 苦心이 있었던 것이다.

　그러나 格致工夫의 漸進으로 物格知盡에 도달한 모습을 晚年定說에
서 우리는 理解할 수가 있다. 理到의 不能到를 근심하지 말고 物의
未格을 걱정하라고 했으니 格物에 理到는 附隨된다는 뜻인데 그리고
보면 여기서 말하는 理到說에서는 主賓問題가 야기된다. 退溪가 말한

> 「蓋理雖在萬物 而用實在心也 其曰理在萬物 而其用實不外一人之心
> 　則疑若理不能自用 必待於人心 似不可以自到爲言 然而又曰理必有
> 　用 何必又說是心之用乎 則其用雖不外乎人心 而其所以爲用之妙 實
> 　是理之發見者 隨人心所至而無所不到 無所不盡 但恐吾之格物有未
> 　至 不患理不能自到」

를 吟味해 볼 때 物과 心의 理를 직결시켜서 그 主體的인 用이 一人
之心에 不過하다고 하는 것까지는 理解가 容易하다고 하더라도 所以
爲用之妙 是理之發見者」라고 한 理는 在心之理인가 아니면 在物之理
인가에 對한 疑心이 생긴다. 理로 말하면 物我의 구별이 없다고 하였
는데 物我의 理를 어느 한 쪽으로 偏重시켜서 他邊을 잃을 수도 없고
그렇다고 해서 하나로 묶어 無偏을 주장하여 主體를 잃을 수도 없는
難境에 부딪치게 된다. 여기서 不得已 妙字를 놓아서 物我의 어느 理의
一邊도 잃지 않으려했고 그 「會理氣爲心」의 理에서 本然之性을 守護
하며 敬으로 格致해 가면서 理必有用의 理到境을 開拓한 것으로 짐작
된다.

　尊理의 立場에서 「理」發을 끝내 지켰고 眞知를 力說하였으며 窮理

와 敬을 강조한 것은 모두 源頭處에서 일관되어 나오는 思惟體系의 所致로 생각되는 바 晚年의 理到說은 그의 哲學思想의 統一의 場이요, 「晚隱退陶眞城李公之墓」의 墓碑를 遺言마저 하는 義理生活의 權化로 서 自證된 것이 아닌가 한다. 더우기 哲學과 科學으로 人類文化를 쌓아 온 20세기는 尙今도 不安의 要素가 의연히 殘存한다고 생각할 때 여러가지 再評價되어야 할 것이 있으며, 哲學과 科學以前에 더욱 소중한 것이 있음을 無視할 수 없다면 現實文化의 病弊는 그것으로 보완해야 할 것으로 생각된다.

또한 孔子의 「篤信而好學」하는 理由가 退溪의 「敬과 理의 眞知」에서 闡明 實踐될 수 있다면 人類將來의 新文化를 위해서 매우 有益할 것으로 믿어진다. 「理」發說의 難解點은 情意造作이 없는 理가 어떻게 發하느냐에 있고, 理到說의 難解點이 主賓關係를 어떻게 파악하느냐에 있다고 하더라도 退溪의 哲學思想이 하나의 知識體系에만 限한 것이 아니라고 생각할 때, 지나친 分析的인 고찰이 도리어 退溪學問에 대한 損傷이 되지 않을까 두려운 마음 禁할 수가 없다.

< 參考文獻 및 論文 >

經　　書(大東文化硏究院)	退溪全書上·下
詩　　經	宋字大全
書　　經	葛庵集
易　　經	大山集
論　　語	定齋集
中　　庸	密庵集
大　　學	寒水齋集
孟　　子	南塘集
二程遺書	鹿門集
朱子大全	蘆沙集
朱子百選	拙修齋集
朱子語類	農巖集
性理字義(陳北溪)	高峯先生文集 理氣往復書
正　　蒙	朱子書節要
朱子言論同異考	大學或問

聖學輯要
石潭日記
太極圖說
忘齋忘機堂無極太極說後
理學通錄
自省錄
退陶先生言行通錄
退溪年譜
非理氣爲一物辨證
晦齋李先生行狀
天命圖說後叙
靜齋記
心無體用辨
心經後論
戊辰六條疏
聖學十圖
答金而精
答高峯後論
傳習錄辨
答李達李天機
論李仲虎碣文示金而情
答李公浩
答洪應吉
答鄭子中

答洪胖
答審姪問目
答李宏仲問目
答李平叔問目
答黃仲擧
答李叔献別紙
答金惇叙
栗谷答成浩原
朱子答劉叔文
朝鮮儒學史(玄相充)
韓國儒學史(裵宗鎬)
韓國儒學史草稿(李丙燾)
中國哲學史(馮友蘭)
中國人性論史(徐復觀)
亞細亞研究 第16輯
退溪學報 第4輯
李晦齋「無極太極辨」의 學術史的 意義
　(李相殷)
退溪의 生涯와 學問(李相殷)
四七論辨과 對說 因說의 意義(李相殷)
哲學的摸索(朴鍾鴻)
退栗性理學의 比較研究(蔡茂松)
主理派主氣派の發達(高橋亨)

■ 著者略歷

1921年 황해도 延白郡에서 出生. 1951年 成均館大學校 東洋哲學科를
졸업한 뒤 1965年 이래로 同 大學校 助教授, 副教授를 거쳐 教授로
승진하여 1984年 5月 23日, 63歲로 別世할 때까지 成均館大學校
儒學大學 儒學科 教授로 在職.
    1975年에는 哲學博士 學位를 取得하였으며, 1973年부터 1977年까지
同 大學校 儒學大學長을 역임.
    著譯書로는 『儒學原論』(共著), 『退溪의 生涯와 思想』,
『朝鮮儒教淵源(譯)』外 多數의 論文이 있음.

東洋哲學의 基礎的 研究

1986年 12月 30日 1版 1刷
1995年 8月 20日 1版 2刷

著者————————柳正東

發行人————————丁範鎭

發行處————————成均館大學校 出版部

서울特別市 鍾路區 明倫洞 3街 53
登錄 1975. 5. 21 第 1−217號
전화 (02) 760−1252 · 1253
팩시 (02) 762−7452

印刷處————————홍진프로세스

∗ 저자와의 협약 하에 인지를 생략합니다.
  ISBN 89−7986−037−4 93150

값 10,000원